20世纪儒学研究大系

主编：傅永聚　韩钟文

儒家政治思想研究

本卷主编　王曰美

中 华 书 局

中国文化的基本精神（代序）

在现今时代，做一个中国人，最重要的是具有爱国意识。爱国意识有一定的思想基础。必须感到祖国的可爱，才能具有爱国意识。而要感到祖国的可爱，又必须对于中国文化的优秀传统有正确的理解。中国文化，从传说中的羲、农、黄帝以来，延续发展了四五千年，在15世纪以前一直居于世界文化的前列。15世纪，中国的四大发明传入欧洲，促进了西方近代文明的发展，于是西方文化突飞猛进，中国落后了。19世纪40年代之后，中国受到资本主义列强的侵略凌辱，中国各阶层的志士仁人，奋起抗争，努力寻求救国的道路，经过一百多年的艰苦斗争，终于取得了胜利，于1949年建立了新中国，"中国人民站起来了！"中国文化虽然一度落后，但又能奋发图强，大步前进。这不是偶然的，必有其内在的思想基础。中国文化长期延续发展，虽曾经走过曲折的道路，但仍能自我更新，继续前进。这种发展更新的思想基础，就是中国文化的基本精神。

何谓精神？精神即是思维运动发展的精微的内在动力。中国文化中的基本精神，在中国历史上确实起到了推动社会发展的作用，成为历史发展的内在思想源泉。当然，社会发展的基本原因在于生产力的发展，但是思想意识在一定条件下也有一定的积极作用。文化的基本精神必须具有两个特点：一是具有广泛的影响，为大多数人民所接受领会,对于广大人民起了熏陶作用;二是具有激励进步、促进发展的积极作用。必须具有这两方面的表现,才可以称为文化的基本精神。

我认为,中国几千年来文化传统的基本精神的主要内涵有四项基本观念,即(1)天人合一;(2)以人为本;(3)刚健有为;(4)以和为贵。

一　天人合一

天人合一即肯定人与自然的统一,亦即认为人与自然界不是敌对的,而具有不可割裂的关系。所谓合一指对立的统一,即两方面相互依存的关系。天人合一思想在春秋时即已有之。《左传·昭公二十五年》记载郑大夫子大叔述子产之言说:"夫礼,天之经也,地之义也,民之行也。天地之经,而民实则之。"又记子大叔之言说:"礼,上下之纪,天地之经纬也,民之所以生也,是以先王尚之。"这是认为礼是天经地义,即自然界的必然准则,"天经"与"民行"是统一的。应注意,这里天是对地而言,天地相连并称,显然是指自然之天。子产将天经地义与民则统一起来,但也重视天与人的区别,他曾断言:"天道远,人道迩,非所及也,何以知之?"(《左传·昭公十八年》)当时占星术利用所谓天道传播迷信,讲天象与人事祸福的联系,子产是予以否定的。孟子将天道与人性联系起来,他说:"尽其心者,知其性也。知其性,则知天矣。"(《孟子·尽心上》)孟子认为人性是天赋的,所以知性便能知天。但孟子没有做出明确的论证。《周易大传》提出"裁成辅相"之说,《象传》云:"天地交,泰。后以裁成天地之道,辅相天地之宜,以左右民。"《系辞》云:"范围天地之化而不过,曲成万物而不遗。"《文言》提出"与天地合德"的思想:"夫'大人'者,与天地合其德,与日月合其明,与四时合其序，与鬼神合其吉凶。先天而天弗违，后天而奉天时。"这里所谓先天指为天之前导，后天即从天而动。与天地合德即与自然界相互适应，相互调谐。

汉代董仲舒讲天人合一，宣扬"天副人数"，陷于牵强附会。宋代张载明确提出"天人合一"的四字成语，在所著《西铭》中以形象语言宣示天人合一的原则。《西铭》云："乾称父，坤称母，予兹藐焉，乃混然中处。故天地之塞，吾其体；天地之帅，吾其性。民吾同胞，物吾与也。"所谓天地之塞指气，所谓天地之帅指气之本性，就是说："天地犹如父母，人与万物都是天地所生，人与万物都是气构成的，气的本性也就是人与万物的本性，人民都是我的兄弟，万物都是我的朋友。这充分肯定了人与自然界的统一。但张载也承认天与人的区别，他在《易说》中讲："鼓万物而不与圣人同忧者，此直谓天也，天则无心……圣人所以有忧者，圣人之仁也。不可以忧言者天也。"天是没有思虑的，圣人则不能无忧，这是天人之别。所谓天人合一是指人与自然界既有区别，而又有统一的关系，人是自然界所产生的，是自然界的一部分，人可以认识自然并加以改变调整，但不应破坏自然。这"天人合一"的观念与西方所谓"克服自然"、"战胜自然"有很大区别。在历史上，中西不同的观点各有短长，西方近代的科学技术取得了改造自然的辉煌成绩，但也破坏了自然界的生态平衡。时至今日，重新认识人与自然的统一，确实是必要的了。

二　以人为本

以人为本是相对于宗教家以神为本而言的，可以称为人本思想。孔子虽然承认天命，却又怀疑鬼神。他说："务民之义，敬鬼神而远之，可谓知矣。"（《论语·雍也》）认为人生最重要的是提高道德觉悟，而不必求助于鬼神。孔子更认为应重视生的问题，而不必考虑死后的问题。《论语》记载:"季路问事鬼神,子曰:'未能事人,焉能事鬼?'曰:'敢问死!'曰:'未知生,焉知死?'"(《先进》)孔子更不赞成祈祷,《论语》载:"子疾病,子路请祷。子曰:'有诸?'子路对曰:有之,诔曰:'祷尔于上下神祇。'子曰:'丘之祷久矣。'"(《述而》)孔子对于鬼神采取存疑的态度,既不否定,亦不肯定,但认为应该努力解决现实生活中的问题,而不必向鬼神祈祷。孔子这种思想观点可以说是非常深刻的。

这种以人为本的思想,后汉思想家仲长统讲得最为鲜明。仲长统说:"所贵乎用天之道者,则指星辰以授民事,顺四时而兴功业,其大略也,吉凶之祥,又何取焉? ……所取于天道者,谓四时之宜也;所壹于人事者,谓治乱之实也。……从此言之,人事为本,天道为末,不其然与?"(《全后汉文》卷八十九)这里提出"人事为本",可以说是儒家"人本"思想最明确的表述。所谓以人为本,不是说人是宇宙之本,而是说人是社会生活之本。

佛教东来,宣传灵魂不灭、三世轮回的观念,一般群众颇受其影响,但是儒家学者起而予以反驳。南北朝时何承天著《达性论》,宣扬人本观念。何承天说:"人非天地不生,天地非人不灵……安得与夫飞沈蠕蠕,并为众生哉? ……至于生必有死,形毙神散,犹春荣秋落,四时代换,奚有于更受形哉!"这完全否定了灵魂不灭、三世轮回的迷信。范缜著《神灭论》,提出形为质而神为用的学说,更彻底批驳了神不灭论。

宋明理学中,不论是气本论,或理本论,或心本论,都不承认灵魂不灭,不承认鬼神存在,而都高度肯定精神生活的价值。气本论以天地之间"气"的统一性来论证道德的根据,理本论断言道德原于宇宙本原之"理",心本论则认为道德伦理出于"本心"的要求。这些道德起源论未必正确,但是都摆脱了宗教信仰。受儒家影响的中国知识分子,宗教意识都比较淡薄,在中国文化中,有一个以道德教育代替宗教的传统。虽然道德也是有时代性的,但是这一道德传统仍有其积极的意义。

三　刚健自强

先秦儒家曾提出"刚健"、"自强"的人生准则。孔子重视"刚"的品德,他说:"刚毅木讷近仁。"(《论语·子路》)刚毅即是具有坚定性。孔子弟子曾子说:"可以托六尺之孤,可以寄百里之命,临大节而不可夺也。君子人与? 君子人也。"(《论语·泰伯》)临大节而不可夺,即是刚毅的表现。《周易大传》提出"刚健"、"自强不息"的生活准则。《大有·象传》云:"大有,柔得尊位大中,而上下应之,曰大有。其德刚健而文明,应乎天而时行,是以元亨。"《乾·文言传》云:"大哉乾乎! 刚健中正,纯粹精也。"《乾·象传》云:"天行健,君子以自强不息。"乾指天而言,天行即日月星辰的运行。日月星辰运行不已,从不间断,称之曰健,亦曰刚健。人应效法天之运行不已,而自强不息。自强即是努力向上、积极进取。《系辞下传》又论健云:"夫乾,天下之至健也,德行恒易以知险。"这是说,天下之至健在于能知险而克服之以达到恒易(险指艰险,易指平易)。所谓自强,含有克服艰险而不断前进之意。儒家重视"不息",《中庸》云:"故至诚无息。不息则久,久则征;征则悠远,悠远则博厚,博厚则高明。……《诗》云:'维天之命,於穆不已。'盖曰天之所以为天也。'於乎不显,文王之德之纯!'盖曰文王之所以为文也,纯亦不已。"儒家强调不懈的努力,这是有积极意义的。

在古代哲学中,与刚健自强有密切联系的是关于独立意志、独立人格和为坚持原则可以牺牲个人生命的思想。孔子肯定人人都有独立的意志,他说:"三军可夺帅也,匹夫不可夺志也。"(《论语·子罕》)又赞扬伯夷叔齐"不降其志,不辱其身"(《论语·微子》),即赞扬坚持独立的人格。孔子更认为,为了实行仁德可以牺牲个人的生命,他说:"志士仁人,无求生以害仁,有杀身以成仁。"(《论语·卫灵公》)孟子进而提出:"生亦我所欲也,义亦我所欲也,二者不可得兼,舍生而取义者也。生亦我所欲,所欲有甚于生者,故不为苟得也;死亦我所恶,所恶有甚于死者,故患有所不辟也。"(《孟子·告子上》)这里所谓"所欲有甚于生者"即义,其中包括人格的尊严。他举例说:"一箪食、一豆羹,得之则生,弗得则死。呼尔而与之,行道之人弗受;蹴尔而与之,乞人不屑也。"不受嗟来之食,即为了保持人格的尊严。坚持自己的人格尊严,这是刚健自强的最基本的要求。

先秦时代,儒道两家曾有关于刚柔的论争。与儒家重刚相反,老子"贵柔"。老子提出"柔弱胜刚强"(《老子》三十六章),认为"天下之至柔,驰骋天下之至坚"(《老子》四十三章)。他以水为喻来证明柔能胜强:"天下柔弱莫过于水,而攻坚强,莫之能先,其无以易之。故弱胜强,柔胜刚,天下莫能知,莫能行。"(《老子》七十八章)老子贵柔,意在以柔克刚,柔只是一种手段,胜刚才是目的,贵柔乃是求胜之道。孔子重刚,老子贵柔,其实是相反相成的。

在中国古代哲学中,儒家宣扬"刚健自强",道家则崇尚"以柔克刚",这构成中国文化思想的两个方面。儒家学说的影响还是大于道家的,在文化思想中长期占有主导的地位。刚健自强的思想可以说是中国文化思想的主旋律。《周易大传》"天行健,君子以自强不息"的名言,在历史上,对于知识分子和广大人民,确实起了激励鼓舞的积极作用。

四　以和为贵

中国古代以"和"为最高的价值。孔子弟子有若说:"礼之用,和为贵。先王之道斯为美，小大由之。"(《论语·学而》)孔子亦说：
"君子和而不同，小人同而不和。"(《论语·子路》)区别了"和"与
"同"。按：和同之辨始见于西周末年周太史史伯的言论中。《国
语》记述史伯之言说："夫和实生物，同则不继。以他平他谓之和，
故能丰长而物归之。若以同裨同，尽乃弃矣。"(《郑语》)这里解释
和的意义最为明确。不同的事物相互为"他"，"以他平他"即聚集
不同的事物而达到平衡，这叫做"和"，这样才能产生新事物。如果
以相同的事物相加，这是"同"，是不能产生新事物的。春秋时齐晏
子也强调"和"与"同"的区别，他以君臣关系为例说："君所谓可而
有否焉，臣献其否，以成其可。君所谓否而有可焉，臣献其可，以去
其否。"这称为"和"。如果"君所谓可"，臣亦曰可；"君所谓否"，臣
亦曰否，那就是"同"，而不是"和"了。晏子说："若以水济水，谁能
食之？若琴瑟之专一，谁能听之？同之不可也如是。"(《左传·昭公
二十年》)这是说，必须能容纳不同的意见，兼容不同的观点，才能
使原来的思想"成其可"、"去其否"，达到正确的结论。孔子所谓
"和而不同"也就是能保留自己的意见而不人云亦云。"和"的观
念，肯定多样性的统一，主张容纳不同的意见，对于文化的发展确
有积极的促进作用。

老子亦讲"和"，《老子》四十二章："万物负阴而抱阳，冲气以为
和。"又五十五章："知和曰常，知常曰明。"这都肯定了"和"的重要。
但是老子冲淡了"和"与"同"的区别，既重视"和"，也肯定"同"。五
十六章："塞其兑，闭其门，挫其锐，解其忿，和其光，同其尘，是谓玄
同。"这"和光同尘"之教把西周以来的和同之辨消除了。

墨子反对儒家，不承认和同之辨，而提出"尚同"之说。墨家有
许多进步思想，但是尚同之说却是比和同之辨后退一步了。

儒家仍然宣扬和的观念，《周易大传》提出"大和"观念，《乾·象
传》说："乾道变化，各正性命，保合大和，乃利贞。"这里所谓大和指

自然界万物并存共育的景况。儒家认为，包含人类在内的自然界基本上是和谐的。《中庸》云："万物并育而不相害，道并行而不相悖。"这正是儒家所构想的"大和"景象。

孟子提出"人和"，他说："天时不如地利，地利不如人和。三里之城，七里之郭，环而攻之而不胜。夫环而攻之，必有得天时者矣；然而不胜者，是天时不如地利也。城非不高也，池非不深也，兵革非不坚利也，米粟非不多也，委而去之，是地利不如人和也。故曰：域民不以封疆之界，固国不以山溪之险，威天下不以兵革之利。得道者多助，失道者寡助。寡助之至，亲戚畔之；多助之至，天下顺之。"（《孟子·公孙丑下》）这里所谓人和是指人民的团结，人民的团结是胜利的决定性条件。"得道多助，失道寡助"，这是今天仍然必须承认的真理。

儒家以和为贵的思想在历史上曾经起了促进民族团结、加强民族凝聚力，促进民族融合、加强民族文化同化力的积极作用。在历史上，得民心者得天下，失民心者失天下，已成为长期起作用的客观规律。在历史上，汉族本是由许多民族融合而成的；在近代，汉族又和五十几个少数民族融合而成中华民族。中华民族内部密切团结而成为一个统一的整体。中华民族是多元的统一体，中国文化也是多元的统一体。多元的统一，正是中国古代哲学家所谓"和"的体现。所谓"和"，不是不承认矛盾对立，而是认为应该解决矛盾而达到更高的统一。

以上所谓"天人合一"、"以人为本"、"刚健自强"、"以和为贵"，都是用的旧有名词。如果采用新的术语，"天人合一"应云"人与自然的统一"，或者如恩格斯所说"人与自然的一致"（《自然辩证法》，人民出版社1971年版第159页）、"自然界与精神的统一"（同上第200页）。"以人为本"，应云人本主义无神论。"刚健自强"，应云发扬主体能动性。"以和为贵"，即肯定多样性的统一。这些都是中国古代哲学中的精湛思想,亦即中国文化基本精神之所在。

以上,我们肯定"天人合一"、"以人为本"、"刚健自强"、"以和为贵"等思想观念在历史上曾经起了促进文化发展的积极作用。但是,历史的实际情况是非常复杂的,许多思想观念的含义也不是单纯的。正确的观念与荒谬的观念、进步的现象与反动的落后的现象,往往纠缠在一起。所谓天人合一,在历史上不同的思想家用来表示不同的含义。例如董仲舒所谓天人合一主要是指"人副天数"、"天人感应",那完全是穿凿附会之谈。程颐强调"天道人道只是一道",认为仁义礼智即是天道的基本内容,也是主观的偏见。在董仲舒以前,有一种天象人事相应的神学思想。认为天上星辰与人间官职是相互应合的,所以《史记》的天文卷称为"天官书",但这不是后来哲学家所谓的"天人合一"。如果将上古时代天象与人事相应的神学思想称为天人合一,那就把问题搞乱了。这是应该分别清楚的。儒家肯定"人事为本",表现了无神论的倾向,但是这并不意味着宗教迷信在中国社会并无较大的影响。事实上,中国旧社会中,多数人民是信仰佛教、道教以及原始的多神教的。但是这种情况也不降低儒家人本思想的价值。"以和为贵"是儒家所宣扬的,但是阶级斗争、集团之间的斗争、个人与个人的斗争也往往是很激烈的。我们肯定"和"和观念的价值,并不是宣扬调和论。

中国文化具有优秀传统。同时也具有陈陋传统。简单说来,中国文化的缺陷主要表现于四点:(1)等级观念;(2)浑沦思维;(3)近效取向;(4)家族本位。从殷周以来,区分上下贵贱的等级,是传统文化的一个最严重的痼疾,辛亥革命推翻了君主专制,但等级观念至今仍有待于彻底消除。中国哲学长于辩证思维,却不善于分析思维。事实上,科学的发展是离不开分析思维的。如何在发扬辩证思维的同时学会西方实验科学的分析方法,是一个严肃的课题。中国学术向来注重人伦日用,注重切近的效益,没有"为真理而求真理"的态度,表现为一种实用主义倾向,这也是中国没有产生自己近代实验科学的原因之一。中国近代以前的社会可以说是以家族为本位。西方近代社会可以说是"自我中心、个人本位",而中国近代以前则不重视个人的权益,这是一个严重的缺陷。五四运动以来,传统的家族本位已经打破了。在社会主义时代,应该是社会本位、兼顾个人权益。

我们现在的历史任务是创建社会主义的新文化,正确认识中国传统文化的长短得失,是完全必要的。

傅永聚、韩钟文同志主编的《20世纪儒学研究大系》,循百年思想学术发展的脉络,以现代学术分类的原则,择选有学术价值、文献价值的代表文章,以"大系"的形式编纂而成,共有21卷,每卷附有专题研究的"导言"一篇。这部《20世纪儒学研究大系》是由曲阜师范大学、孔子研究院、山东大学、复旦大学等单位的中青年学者合力编纂而成,说明了儒学研究事业后继有人。《大系》被列入国家社会科学基金规划项目,又由中华书局出版,这是在弘扬和培育中华民族精神方面做出了一件非常有意义的事情,我感到十分欣慰。编者征求我的意见,于是略陈关于中国文化的基本精神和儒家文化传统的一些感想,以之为序。

张岱年

前　言

傅永聚　韩钟文

儒学犹如一条源远流长的大河,导源于洙泗,经过二千五百多年生生不息的奔腾,从曲阜、邹城一带流向中原,形成波澜壮阔的江河,涉及整个中国,辐射东亚,流向全球,泽惠万方。儒学曾经是中华文化的主流,东亚文明的精神内核。但是进入20世纪后的儒学,遭遇到空前严峻的挑战,也面临着再生与复兴的历史机遇。一百多年来,儒学几经曲折,备受挫折,又有贞下起元、一阳来复之象,至20、21世纪之交成为参与"文明对话"的重要角色。

牟宗三先生说:"察业识莫若佛,观事变莫若道,而知性尽性,开价值之源,树价值之主体,莫若儒。"(《生命的学问》)儒、道、释及西方的哲学、耶教等都指示人的生命意义的方向,但就中国人特别是中国古代知识分子而言,儒学是安身立命之道。孔子、儒家追求的"内圣外王之道",一直是中国人的人格修养与经世事业的价值理想。"士不可以不弘毅,任重而道远。仁以为己任,不亦重乎?死而后已,不亦远乎?"(《论语·泰伯》)从孔子、曾子、子思、孟子至康有为、梁启超、梁漱溟、熊十力、牟宗三,中国的儒学代表人物就是怀抱志仁弘道的精神去实践自己的生命价值,开拓教化天下的事业与创建文化中国的理想的。中华文化历尽艰难,几经跌宕,却如黄河、长江一样流淌不息,且代有高潮,蔚成奇观,与孔子及其所创建的儒家学派所做的贡献是分不开的。

儒学一直对中华文化各个层面产生着巨大而又深远的影响。儒学统摄宗教、哲学、伦理、政治、教育、艺术等人文社会科学的学术品格及关怀现世人生的精神,使它成为一套全面安排人间秩序的思想体系,从一个人的生存方式,到家、国、天下的构成,都在儒学关怀与实践的范围之内。经过二千多年的传播、积淀,儒学一直影响着中华民族的民族性格、心理结构的形成。然而,进入20世纪,又出现类似唐宋之际"儒门淡泊,收拾不住"的危机,陷入困境之中。唐君毅以"花果飘零"、余英时以"游魂"形容儒学危机之严峻,张灏则称这是现代中国之"意义危机"、"思想危机"。

从19世纪中后期开始,中国社会、文化进入从传统农业社会向现代工业社会、从传统文化向现代文化转型的时代。1905年废除科举制度,1911年辛亥革命推翻了帝制,"五四"新文化运动的兴起,西方各种思潮、主义潮水般地涌入,风起云涌的政治革命、文化革命、社会转型、文化转型,导致了传统士阶层的解体与分化,新型知识分子的诞生与在文化思想领域倡导"新思潮"、"新学说",激进的反传统思潮的勃兴,现代化进程的启动和在动荡不安中急遽推进,使20世纪中国处于"三千年未有之大变局"的境遇之中,儒学的危机也由此而生。

一个世纪以来,儒学的命运与中国现代化的历史进程相消长,也与学术界、思想界及政治界对儒学与现代化的关系、儒学与西方文化的关系、儒学与全球的"文明对话"的关系所形成的认识有关。从19世纪末至21世纪初,一百多年来,中国的学术界、思想界与政治界围绕着孔子、儒家及儒学的命运、前景问题展开了广泛的、持久的争鸣,而这类争鸣又直接或间接地同传统文化与现代化、中学与西学、新学与旧学、科学主义与人文主义、全球化与中国化、文明冲突与文明对话、西方智慧与东方智慧等等论题交织在一起,使有关儒学的思想争鸣远远超出中国儒学史的范围,而成为20世纪中国思想史、学术史的有机组成部分。

百年儒学的历史大致沿着两个方向演进:一、儒学精神的新开展,使儒学于危机中、困境中得以延续、再生或创造性转化;二、儒家学术思想的研究,包括批判性研究、诠释性研究、创造性研究在内。由于20世纪中国是以"革命"为主潮的世纪,学术研究与政治革命的关系特别密切,故批判性研究常常烙上激进的政治革命的烙印,超出学术研究的范围,并形成批判儒学、否定儒学的思潮,酿成批判论者、诠释论者与复兴论者的百年大论争,并一直延续到21世纪。

回顾百年儒学精神新开展与儒学研究的历程,有一奇特现象值得重视。活跃于20世纪中国思想界、学术界、政治界、教育界的精英或代表人物,都不同程度地介入或参与了有关孔子、儒家思想的争鸣。如:早期马克思主义者陈独秀、李大钊、瞿秋白、李达、郭沫若、范文澜、侯外庐等,三民主义者蔡元培、陶希圣、戴季陶等,自由主义的代表人物严复、胡适、殷海光、林毓生等,无政府主义者吴稚晖、朱谦之等,现代新儒学的代表人物梁漱溟、熊十力、唐君毅、牟宗三、徐复观等,学衡派的代表人物梅光迪、吴宓、陈寅恪、汤用彤等,东方文化派的杜亚泉、钱智修等,新士林学派的罗光等,以及张申府、张岱年等,都参与了有关儒学的争鸣,并在争鸣中形成思想的分野,蔚成中国近代思想文化史上最壮观的一幕。

20世纪中国思想史的复杂性、丰富性远远超出了唐宋之际和明清之际,其思想争鸣具有现代性或现代精神的特色。美国学者列文森在《儒教中国及其现代命运》中以"博物馆化"象征儒学生命的终结,有些中国学者也说儒学已到"寿终正寝的时节"。但从百年儒学的精神开展与儒学研究的种种迹象看,儒学的生命仍然如古老的大树一样延续着。儒学曾经创造性地回应了印度佛教文化的挑战,儒学也正在忧患之中奋然挺立,回应西方文化的挑战。这是儒学传统现代创造性转换的契机。人们在展望"儒学第三期"或"儒学第四期"的来临。百年儒学的经历虽曲折艰难,时兴时衰,但仍是薪火相传,慧命接续,间有高潮,巨星璀璨,跨出本土,落根东亚,走向世界,成为一种国际性的思潮,在全球性的"文明对话"中扮演着重要角色,为人类重建文明秩序提供了可资汲取的智慧。儒学并没有"博物馆化",儒学的新生命正在开始。因此,对百年儒学作系统的全面的反思与总结,是一项具有历史意义与现实意义的学术课题。

纵观百年儒学的历程,大致经历了五个阶段,在这五个阶段中,儒学的命运、所遭遇的景况不尽相同,分述如下:

19世纪末至1911年辛亥革命为第一阶段 洋务运动、戊戌变法导致儒家经世思想的重新崛起,晚清今文经学的复兴,特别是康有为《新学伪经考》、《孔子改制考》的出版,托古改制,以复古为解放,既开导儒学的新方向,又开启"西潮"的闸门,如思想"飓风",如"火山火喷"。章太炎标举古文经学的旗帜,与以康有为为代表的今文经学派展开经学论争,而这场思想学术争鸣又与政治上的革命与改良、反清与保皇、君主立宪与民主共和等论争交错在一起,显得格外严峻与深沉。诸子学的复兴,西学输入高潮的到来,政治革命的风暴席卷神州,社会解体与重建进程加速发展,传统士阶层的分化与新型知识分子的诞生,预示后经学时代的降临。思想界、学术界先觉之士以"诸子学"、"西学"为参照系,批判儒学或重新诠释儒学,传统儒学向现代儒学转型已初见端倪。

以辛亥革命至1928年南京政府成立为第二阶段 康有为、陈焕章等仿效董仲舒的"崇儒更化"运动创建孔教会,"五四"新文化运动兴起,吴虞、胡适等提倡"打孔家店",《新青年》派陈独秀、胡适与文化保守主义者梁启超、梁漱溟、杜亚泉等,学衡派梅光迪、吴宓等展开思想文化争鸣,以张君劢、梁启超等为代表的人文主义与以丁文江、胡适、王星拱等为代表的科学主义的论辩,马克思主义者李大钊、瞿秋白等也积极参与思想争鸣,各大思潮的冲突与互动,不论是批判儒学,还是重释儒学及复兴儒学,都有一个共同的特点,就是将儒学的研究纳入现代思想学术的领域之中,使思想争鸣具有了现代性,从而导致儒学向现代思想学术转型。20世纪中国人文社会科学的学科建制、研究方法深受"西学"的影响,有关孔子、儒学的论争已不同于经学时代,且与国际上各种思潮的论争息息相通。以现代西方哲学、科学、政治等学科的范畴、概念、方法去解读、分析、批判或重新诠释儒学,成为一时的学术风气,并出现了"援西学入儒学"的现象。有些思想家、哲学家试图摄纳西学、诸子学及佛学中有价值的东西重建儒学,如梁启超的《儒家哲学》及《欧游心影录》,梁漱溟的《东西文化及其哲学》,冯友兰的《人生哲学》,已透露出现代新儒学即将崛起的消息。

1928 年至 1949 年中华人民共和国建立为第三阶段　30年代后,中国思想界、学术界出现"后五四建设性心态"。吸取西学的思想、方法,以反哺儒学传统,创造性地重建传统儒学,如张君劢、冯友兰、贺麟等;或者回归儒学传统,谋求儒学的重建,如熊十力、钱穆、马一浮等;即使是"五四"时期反传统的学者,在胡适提倡"研究问题,输入学理,整理国故,再造文明"之后,也将儒学作为"国故"的重要组成部分,作为学术史、思想史、文化史的思想资料加以系统的研究。胡适的《说儒》就是一篇以科学方法研究孔子、儒学的示范之作。"后五四建设性心态"的形成,对中国现代学术的建构起了积极的作用。一大批专家、学者参照西方人文社会科学学科建制的原则与方法,分哲学、宗教学、政治学、经济学、伦理学、社会学、法学、史学、美学、文学艺术、教育学、心理学等等,对儒学进行系统的研究,还对不同学科的发展史作深入的探讨。如中国哲学史、中国教育思想史、中国政治思想史、中国学术史、中国伦理学史、中国文化史、中国通史等等,儒学研究也纳入分门别类的学科及学科发展史的研究之中。钱穆在《现代中国学术论衡》中说:"民国以来,中国学术界分门别类,务为专家,与中国传统通人通儒之学大相违异。"将数千年经学、儒学作为学术思想的资源或资料,分门别类地纳入学科专题研究之中,虽然使儒家"内圣外王之道"的"道"变为"学术",由"专门之学"代替"通儒之学",但恰恰是这种转变,才促使了儒学由传统形态向现代形态转型。这一阶段是中国社会动荡不安的年代,令人惊异的是,在动荡的岁月中出现了一个学术繁荣期,学术研究的深度与广度并不亚于乾嘉时代,儒学研究也是如此。"专门之学"代替"通儒之学"乃大势所趋,是现代学术的进步。

　　抗日战争的爆发、救亡运动的高涨,把民族文化复兴运动推向高潮,为儒学精神的新开展或创造性重建提供了历史机缘。儒学在民族文化复兴的大潮中获得再生并走向现代。1937 年沈有鼎在《中国哲学今后的开展》,1941 年贺麟在《儒家思想之开展》,1948 年牟宗三在《鹅湖书院缘起》中,都强调中国进入一个"民族复兴的时代"。民族复兴应该由民族文化复兴为先导,儒家文化是中华文化的主流,儒家文化的命运与民族文化的命运血脉相连、息息相关。他们认为,如果中华民族不能以儒家思想或民族精神为主体去儒化或汉化西洋文化,则中国将失掉文化上的自主权,而陷于文化上的殖民地。他们期望"儒学第三期"的出现,上接宋明儒学的血脉,对儒学作创造性的诠释,或者会通儒学与西学,使古典儒学向现代思想学术形态转换。以熊十力、贺麟、牟宗三等为代表的新心学,以冯友兰、金岳霖等为代表的新理学,是儒学获得现代性并走向成熟的重要标志。此外,王新命、何炳松等十教授发表

《中国本位的文化建设宣言》（1935年1月10日），新启蒙运动倡导者张申府、张岱年等提出"打倒孔家店，救出孔夫子"的口号及综合创造论，都体现了"后五四建设性心态"，都有利于儒学的学术研究之开展。

1949年至1976年"文革"结束为第四阶段　余英时在《现代儒学论》序言中指出：20世纪中国以1949年为分水岭，在前半个世纪与后半个世纪，中国的文化传统特别是儒家命运截然不同。1949年以前，无论是反对或同情儒家的知识分子大部分曾是儒家文化的参与者，他们的生活经验中渗透了儒家价值。即使是激进的反传统者，他们并没有权力可以禁止不同的或相反的观点，故批判儒学或复兴儒学之争可以并存甚至互相影响。1949年以后，儒家的中心价值在中国人的生活方式中已退居边缘，知识分子无论对儒学抱着肯定或否定的态度，已失去作为参与者的机会了，儒学和制度之间的联系中断，成为陷于困境的"游魂"。

就实际状况而言，这一阶段的儒学研究或者儒家思想之开展，比余英时分析的还要复杂。其中值得注意的是分化现象：大陆出现批判儒学的新趋向，50年代至60年代中期，以批判性研究为主，除梁漱溟、熊十力、陈寅恪等少数学人外，像冯友兰、贺麟、金岳霖等新理学与新心学的代表人物，都在思想改造、脱胎换骨之后批判自己的学说，即使写研究孔子、儒学的文章，也离不开批判的框框。当时思想界、学术界的儒学研究，多以"苏联哲学"为范式，进行"唯心"或"唯物"二分式排列，批判与解构儒学成为当时的风潮。70年代中期出现群众性的批孔批儒运动，真正的学术研究根本无法进行。儒学已经边缘化了。在港台地区和海外华人社群中，儒学却得到不同程度的认同，移居港台、海外的学者，如张君劢、钱穆、陈荣捷、唐君毅、牟宗三、徐复观、方东美等，继续以弘扬儒家人文精神为己任，立足于学术界、教育界，开拓儒学精神的新方向，成就了不少持之有据、言之成理的"一家之言"。

70 年代后期至 21 世纪初为第五阶段 中国大陆的改革开放,思想解放运动,传统文化与现代化的论争,"文化热"的出现,以及日本、韩国、新加坡等国与香港、台湾地区经济腾飞所产生的影响,东亚现代化模式的兴起,全球化进程中形成的文化多元格局,文明对话,全球伦理,生态平衡,以及"文化中国"等等课题的讨论,使人们对孔子、儒学的研究逐渐复苏,重评孔子、儒学的论文、论著陆续出版,有关孔子、儒学、中国文化的学术会议频繁举行,中国孔子基金会、国际儒学联合会、中华孔子学会、中国文化书院、孔子研究院等学术团体和研究机构的建立,历代儒家著作及其注解、白话文翻译、解读本的大量出版,有关儒家的人物评传、思想研究、专题研究以及儒学与道、释、西方哲学及宗教的比较研究,成为学术界关注的课题。还有分门别类的人文社会科学及自然科学,也将儒学纳入其中作专门研究,如儒家哲学思想、儒家伦理思想、儒家美学思想、儒家史学思想、儒家政治思想、儒家教育思想、儒家宗教思想、儒家科学思想、儒家管理思想等等。专门史的研究也涉及儒学,如中国哲学史、中国经济思想史、中国教育思想史、中国伦理思想史等等,一旦抽掉孔子、儒家与儒学,就会显得十分单薄。此外,原来处于边缘化的港台、海外新儒家,乘改革开放的机遇,或者进入大陆进行学术交流,或者将其思想、学说传入大陆。至 90 年代,出现当代新儒家、自由主义与马克思主义重新论辩、对话与互动的格局,有关"儒学第三期"、"儒学第四期"的展望,儒学在国际思想界再度引起重视,说明儒学的确在展示着其"一阳来复"的态势。

纵观百年儒学的历程,不论在哪一个阶段,不论是儒家思想之新开展,或者是有关儒学的学术研究,都积有丰富的思想资源或文献资料,已经到了对百年儒学进行系统研究、全面总结的时候了。站在世纪之交的高度,我们组织编纂《20 世纪儒学研究大系》,就是为了完成这一学术使命。

　　《20世纪儒学研究大系》是孔子研究院成立后确定的一项浩大的学术工程,现已列入2002年国家社会科学基金项目。《大系》的编纂与出版,实为孔子、儒学研究的一大盛事,必将对21世纪的儒学研究产生积极而又深远的影响。

编选原则及体例

《20世纪儒学研究大系》是一部大型的相对成套的专题分卷的儒学研究丛书,力求通过选编20世纪学术界研究儒学的代表性论文、论著,全面反映一百年来专家、学者研究儒学的学术成果及水平,为进一步研究儒学提供一部比较系统的学术文献。

一、将20世纪海内外专家、学者研究儒学的代表性论文、论著按研究专题汇集成册,共分21卷。所选以名家、名篇及具有代表性的观点为原则,不在多而在精,力求反映20世纪儒学研究的全貌。

二、所选以学术性讨论材料、思想流派性材料为主,兼收一些具有代表性并产生过重大影响的批判性文章。

三、每一卷包括导言、正文、论著目录索引三个主干部分。

四、每卷之始,撰写导言,综论20世纪该专题研究的大势及得失,阐发本专题研究的学术价值和意义,为阅读利用本卷提示门径。

五、一般作者原则上只入选一篇具有代表性的成果,重要代表人物可选2—3篇。

六、所收文章均加简要按语,介绍作者学术生平及本文内容。合作创作的论著,只介绍第一作者。

七、每卷所收文章,原则上按公开发表或正式出版的时间先后为序。

八、所收文章,尽量使用最初发表的版本,并详细注释文章出处、发表或写作时间。

九、入选文章、论著篇幅过长者,适当予以删节,并予以注明。

十、为统一体例,入选文章一律改用标准简化字,一律使用新式标点。

十一、所选文章的注释一律改为文中注和页末注,以保持丛书的整体风格。材料出处为文中注(楷体),解释性文字为页末注。

十二、每卷后均列论著目录索引,将未能入选但又有学术价值与参考价值的论著列出。论文和著作分门别类,并按公开发表和正式出版的时间先后为序。

目　录

20世纪儒学研究大系

导　言

王曰美

儒家是我国诸子百家中最主要的一家,是中国传统文化中影响最大的学派。汉武帝时期,儒家由先秦时期在野的诸子之一,独步登上了统治阶级意识形态的宝座,从此之后,儒家学说尤其是儒家政治思想对中国人的影响就几乎从未中断过,成为中国传统政治思想的主流,对于中国传统社会的政治、经济、文化等诸方面均有极大的影响。

从 1900 到 2000 年,一个世纪以来,中国学术界关于儒家政治思想方面的研究成果可谓林林总总,蔚为壮观。从大的方面分,可以新中国的成立为界,分为前后两个时期。余英时在《现代儒学论》中概括的就极为精当:

> 20 世纪中国以 1949 年为分水岭,1949 年以前,无论是反对或同情儒家的知识分子大部分曾是儒家文化的参与者,他们的生活经验中渗透了儒家价值;即使是激进的反传统者,他们并没有权力可以禁止不同的或相反的观点,故批判儒学或复兴儒学之争可以并存甚至互相影响。而 1949 年以后,儒家的中心价值在中国人的生活方式中已退居边缘,儒学和制度之间的联系中断,成为陷于困境的"游魂"。

其中建国前以 1919 年五四运动为界可分为两个时期,建国后以 1976 年为界也分为两个时期。下面分别对其予以概述。

一、第一阶段(1900—1919 年)

在这一时期,对儒家政治思想的论述出现过两个高峰,一为戊戌变法派人物"以经论政";一为资产阶级革命派以釜底抽薪的手法,借批判孔子,抽掉了封建政治思想的理论基础。

康有为是资产阶级维新派的代表人物,戊戌变法的领袖。他最负盛名的三部著作《新学伪经考》、《孔子改制考》和《大同书》,无不具有丰富的政治内涵,无不对儒家政治思想作出了论述。

在当时,要进行变法,就必须从思想上破除"祖宗之法不可变"的迷信,打击"恪守祖训"的封建政治势力,辩明变法的合理性,解放人的思想。康有为在这种形势下采取了"以经论政"的手法,即利用儒家"今文经"的旧形式来发挥资产阶级变法维新的新内容。他站在今文经学派的立场,在《新学伪经考》中指出:《毛诗》、《古文尚书》、《逸礼》、《左氏春秋》皆西汉末刘歆为了"佐莽篡汉"的政治需要而伪造出来的。它根本不是孔子的真经,是为王莽新朝服务的"新学伪经"。故康有为宣称:"阅二千年岁月日时之绵暖,聚百千万衿缨之问学,统二十朝王者礼乐制度之崇严,咸奉伪经为圣法。"(《新学伪经考·序》)康有为否定、打击的面很大,既包括东汉以来的儒学,也包括程朱理学,这就否定了儒家政治思想赖以生存的重要理论基础——古文经学,促使人们对封建正统的政治思想产生怀疑。

康有为断言,后世儒学都不是孔学的本来面目。那么,孔学面目到底怎样?他认为《春秋》一书的宗旨在改制,而《易经》的精神在"变易",这两种精神高度概括,即是"与时进化",这才是孔子学说的真精神。康有为又通过《孔子改制考》一书全面重塑了孔子形象。他认为六经实际上是孔子为了"改制"而假托古人的事迹、言论来表述自己的政治理想的作品,其中充满了"改制"的"微言"。在康有为笔下,孔子不再是一位"述而不作,信而好古",颇具保守色彩的圣人,而成了立志变革的"改制教主"。康有为还认为,孔子所以在六经中"托尧舜",是为了"行民主太平",这样孔子又成了民主政治家。他还将"绌君威而申人权,夷贵族而尚平等",以及议会民主制度说成是孔子之道的真义。在一些场合,他干脆宣称孔子之道、之制的真精神,直接体现于西方资产阶级政治制度之中。他说:"外国全用孔子制。"(《万木草堂讲义·讲王制》)又说:"泰西立国之本末,重学校,讲保民、养民、教民之道,议院以通下情,君不甚尊,民不甚贱,制器利用以前民,皆与吾经义合。"(《京师保国会第一集演说》)康有为所说的孔子的政治思想都是他赋予的,是"以己之意见治经"。

康有为"以经论政",虽主观武断,但他关于儒家政治思想的论述实在有思想解放的意义。正如梁启超所说:"南海之功安在?则亦解二千年来人心之缚,使之敢于怀疑,而导人以入思想之自由之途径而已。"(《论中国学术思想变迁之大势·近世之学术》第三节,载《饮冰室合集·文集》之一)

总之,康有为对儒家政治思想的论述采取了"六经注我"的方法,带有极大的任意性,他并未能在儒家政治思想中找到使之实现中国近代化的依据。这样一来,他的论述就不可能是科学的,也就没什么学术的生命力。因此,康有为对儒家政治思想的论述主要不在学术方面,而在政治宣传方面。

戊戌时期维新派对儒家政治思想的论述,粗而言之分为两个阶段。前一段以康有为为代表,欲以旧瓶装新酒的方法论述儒家政治思想,建立一种近代新儒学。后一段以梁启超、严复为代表,他们明显不同于康有为的神化孔子,而是开始对孔子和儒家政治思想作正面的清理和公开的批判。

　　梁启超对孔子及儒家政治思想的态度前后有明显的变化。起初,他也曾追随康有为尊孔,仿效康有为搞"托古改制",曾认为在原始儒学中"虽无议院之名,而有其实"(《变法通议·古议院考》,载《饮冰室合集·文集》之一)。梁启超以孟子的"民为贵"思想为中介,论证儒家的仁政、王政、不忍人之政,与"泰西诸国今日之政治制度近之"。东渡日本后,梁启超广泛接触西学,思想水平进一步提高,于是他对儒家政治思想的态度发生了变化,对孔子的政治活动和政治思想作了公开批判。他写道:"以孔子之大圣,甫得政而戮少正卯。……其毋乃滥用强权,而为思想自由、言论自由之蟊贼耶?"(《论中国学术思想变迁之大势·全盛时代》第四节,载《饮冰室合集·文集》之一)在梁启超的笔下,孔子成了限制人们思想自由的蟊贼。他还认为,儒家政治思想的最大弊端在于维护封建政治等级制度和君主专制。他说:"孔学则严等差,贵秩序,而措而施之者,归结于君权。……于帝王驭民,最为合适,故霸者窃取而利用之以宰制天下。"又说:"儒教之最缺点者,在专为君说法,而不为民说法。"(《论中国学术思想变迁之大势·儒学统一时代》第四节,载《饮冰室合集·文集》之一)

　　梁启超对儒家政治思想的论述,在维新派中最具学术性,并将维新派对儒家政治思想的论述推到了一个新阶段。他的《先秦政治思想史》于1923年出版,此书虽已超出我们规定的时代断限,但由于此书在学界影响巨大,我们在这里一并论述。

　　梁启超的《先秦政治思想史》将先秦政治思想分为四大潮流:儒家、道家、墨家、法家。他指出儒家始祖孔子为"礼治主义",主张"化民成俗",理想为"仁的社会",手段为"修身"即完善个人人格,以"人治""齐天下"。孟子进而提倡道德至上论,实行仁政保民,反对功利主义;而荀子则注重社会生计问题,礼乐相辅。

　　在《先秦政治思想史》中,梁启超提出了一些十分重要的思想见解。例如他指出，先秦思想家的所谓"百家言"，"罔不归宿于政治"。而"中国学术，以研究人类现世生活之理法为中心，古今思想家皆集中精力于此方面的各种问题，以今语道之，即人生哲学及政治哲学所包含之诸问题也。盖无论何时代何宗派之著述，未尝不归结于此点"。他又一针见血地总结了中国学术以及先秦诸子的特点、缺点和优点。如梁启超深入地分析了儒家的礼治主义，指出，其实是由于"家族本位政治"，才造成儒家政治与伦理的紧密结合。

但《先秦政治思想史》在政治思想的论述方面也存在着很多谬误，例如认为中国自古以来就有社会主义；中国两千年前，即已倡导"除却元首外，一切人在法律之下皆应平等"。这依然是沿着他所批评的那种康有为的"取近世之新学理以缘附"古人的道路走，其结论必然错误。

在戊戌变法时期，从学理上批判儒家政治思想者，首推严复。他受中国传统文化影响不深，而于西方政治思想则有较深的修养。就此而言，严复优于其他维新思想家。在中国近代思想政治史上，严复首次把矛头直指"六经五子"（五子谓周敦颐、程颢、程颐、张载、朱熹）。他写道："今日请明目张胆为诸公一言道破可乎？四千年文物，九万里中原，所以至于斯极者，其教化学术非也。不徒嬴政、李斯千秋祸首，若充类至义言之，则六经五子亦皆责有难辞。嬴、李以小人而陵轹苍生，六经五子以君子而束缚天下。"（《救亡决论》）在戊戌时期严复能将矛头直指六经五子，思想堪称激进。同时严复又对封建君主专制展开了猛烈的批判，将矛头指向了儒学大师韩愈，用犀利的文笔写成《辟韩》一文。

陈寅恪有言："退之者，唐代文化学术史上承先启后转旧为新关捩点之人物也。"韩愈不仅牌位进了文庙，而其思想对宋明理学也有重大影响。基于后者，陈寅恪才有如上评述。在儒家中，韩愈是明目张胆地为封建专制主义辩护的代表人物,他主张"民不出粟米麻丝,作器皿,通财货以事其上,则诛"。维新派对儒家政治思想的批判都采取迂回的手法,基本上在尊儒的旗帜下进行。而严复则以西方资产阶级的"契约论"为武器,用资产阶级的观点解释了君、臣、民的关系以及君主和国家的产生。他尖锐驳斥了韩愈关于"古之时人之害多矣,有圣人者立,然后教以相生相养之道,为之君,为之师"的谬论,认为君主乃是远古人民为了共同利益的需要而推举出来的。因为"君主不能独治也,于是为之臣,使之行其令,事其事"。这样便产生了君主和国家。由此,严复得出结论:第一,君、臣、刑、兵都是因人民的需要而产生的,并不是天生的,"君臣之伦,盖出于不得已也"。第二,"斯民也,固斯天下之真主也"。这一观念在中国政治思想史上由严复首次提出。他认为"民贵君轻"乃是"古今之通义"。第三,君和臣的任务是为人民"锄强梗","防患害","君不能为民锄其强梗,防其患害则废。臣不能行其锄强梗,防患害之令则诛"。严复的论述虽然是唯心史观,他却将儒家政治思想中君、臣、民的关系完全颠倒过来,沉重打击了君主专制制度,有巨大的启蒙意义。因此《辟韩》一文受到维新派的热烈赞扬,而封建保守势力却视之为洪水猛兽,张之洞特命人作《辟韩驳议》进行反扑。

　　戊戌时期发动的思想文化运动,是中国思想史上的划时代的重大转折,是思想启蒙运动。在这个运动中思想批判的矛头直指儒家思想,故而,出现了一次论述、批判儒家政治思想的高潮。但这次批判多采取"以经论政"的方法,在"尊孔"的旗帜下,以偷梁换柱的手段否定孔孟之道的某些根本性的东西,使之变形、变质。直到20世纪初,资产阶级革命派登上了历史舞台,近代的批孔斗争才以公开的形式出现。其中批孔影响最大的当推章太炎。章太炎以"有学问的革命家"出现于资产阶级革命派中,他写的《订孔》、

《诸子学略说》堪称当时剥去孔子神圣外衣,深刻批判孔子思想的最犀利的文字。

章太炎在《诸子学略说》中,按照刘歆《七略》把西汉中期以前的学术派别分为九流十家,并逐一考察了各派的起源、发展和流变。他指出:"所谓诸子学者,非专限于周、秦,后代诸子亦得列入,而必以周、秦为主。"又说:"惟周、秦诸子,推迹古初,承受师法,各为独立,无援引攀附之事。"章太炎不仅全面扭转了两千年来传统经学家所设定的孔子神圣形象,而且淋漓尽致的发挥了"尊子贬孔"的观点,将孔子从神圣的殿堂中拉来与诸子同列。章太炎严厉批判汉武帝"独尊儒术",认为"汉武以后,定一尊于孔子。虽欲放言高论,犹必以无碍孔氏为宗。强相援引,妄为皮傅,愈调和者愈失其本真,愈附会者愈违其解故"。他尖锐地指出后代儒者必将自己的学说推源于孔子,其实这都是"强相援引,妄为皮傅"。章太炎"援引诸子以夺孔孟之正位"的批判,无疑是掘了中国封建政治思想的祖坟。

章太炎还从道德上批判孔子,他曾一再指出:"孔教最大的污点,是使人不脱富贵利禄的思想。""孔子最是胆小,虽要与贵族竞争,却不敢去联合平民,推翻贵族政体。"(《东京留学生欢迎会演说词》,载《章太炎政论选集》,中华书局1977年版,第272页)他又指责孔子的中庸,认为"所谓中庸者,是国愿也,有甚于乡愿者也"。他断言:"用儒家之道德,故艰苦卓厉者绝无,而冒没奔竞者皆是。"(《诸子学略说》)章太炎对孔子道德的批判是与革命活动和政治思想联系在一起的。他认为:"今日我们想要实行革命,提倡民权,若夹杂一点富贵利禄的心,就像微虫霉菌,可以残害全身,所以孔教是断不可用的。"(同上第273页)在章太炎看来资产阶级无论是进行革命,或者实行民权,断不可用儒家政治思想。

总之,20世纪初,一些革命党人对孔子儒学的批判,标志着资产阶级清算封建思想文化的深入,标志着中国思想界的新觉醒。它是"五四"时期大规模批孔的先声,在中国思想史上具有重要意义。

这一时期,以陈独秀、李大钊等人为代表的激进民主派对孔子和儒家思想也展开了猛烈的批判,我们将在下一阶段合并叙述。

二、第二阶段(1919—1949 年)

在这一时期,虽有以梁漱溟为代表的现代新儒家的尊孔崇经,但批孔批儒却成为这一时期主要之社会政治思想。

民国四五年之交,整个中国陷在革命顿挫,内部危机四伏,外患侵入不已的苦闷之中,作为全国政治文化中心的北京城却浸没在一片尊孔复古的逆流之中。手中握有实权的袁世凯,是当时全国性尊孔复古逆流的策动者。为复辟帝制,他推翻了南京临时政府所作的废止尊孔读经、祀孔祭天的决定,支持形形色色尊孔组织的成立,多次发布尊孔通令。尽管袁世凯做洪宪皇帝的美梦只有几十天,张勋与康有为还政于清室的复辟时间更为短促,但帝制复辟的事实,说明君主专制的影响仍然浸透于中国社会的机体之中。这使得一批年轻的激进民主主义者感到,民主共和国制度未能在中国真正确立,其根本原因在于没有触动以孔教为核心的旧思想、旧道德、旧文化。基于这种需要,他们进行了一场精神解放运动,对孔子、儒学做出有力的批判,提出了"打倒孔家店"的口号,形成了"五四"时期轰轰烈烈的批判儒家政治思想的时代潮流。在这种潮流的冲击下,儒家传统对中国知识分子的吸引力丧失殆尽。1949 年中国共产党夺取政权被美国学者列文森(Joseph R. levenson)视为儒家传统业已死亡的证明。然而,就在中国知识分子的全盘性反传统思想达到顶点之际,另一股为儒家传统辩护的文化保守主义思潮也开始形成。这股思潮以梁漱溟开其端,至抗战时期已成为一股不可忽视的力量。他推崇孔子思想,维护世代相传之礼教、伦理,反对西洋工业资本之思想、政治,同时也反对社会主义的社会文化、政治,要实行"村治",提倡中国民族自救运动。这股乡村建设派政治思潮在学术思想方面,足以与当时鼓吹英、美议会民主的中国自由主义和以俄国革命为师的中国马克思主义鼎足而立,但对现实政治却没有多大影响,故这一时期以批孔批儒为主要之社会政治思想。

"五四"时期,对于孔子的攻击最激烈、最有力者首推陈独秀、吴虞两位先生。胡适在《吴虞文录·序》中写道:"吴先生和我的朋友陈独秀是近年来攻击孔教最有力的两位健将。他们两人,一个在上海,一个在成都,相隔那么远,但精神上很有相同之点。……独秀攻击孔丘的许多文章专注重'孔子之道不合现代生活'的一个主要观念,……吴先生非孔的文章,也是'孔子之道不合现代生活的'一个观念。……他的非孔文章大体都注重那些根据孔道的种种礼教、法律、制度、风俗。"

陈独秀是新文化运动的领袖,其思想敏锐,魄力坚强。他鉴于辛亥革命由于缺乏思想文化上的革命而告失败,于是首揭民主和科学两面大旗,向封建主义思想堡垒发动了猛烈的进攻,指出中国急需"改弦更张","以科学与人权并重"。号召青年大胆解放思想,用理性和科学衡量一切,用"自由的、自治的国民政治"取代几千年来的"官僚的专制的个人的政治";扫荡陈朽腐败的旧道德、旧观念,打倒骗人的偶像,树立自由平等、个性解放的新的伦理准则。针对尊孔复辟逆流,他号召对孔孟应予"毁庙罢祀",实行决裂。其攻击孔子学说文章主要有《宪法与孔教》、《孔子之道与现代生活》、《偶像破坏论》等。

吴虞是中国近代著名学者,"五四"时期批评儒家最激进的人物。1921年6月,胡适在《晨报》上发表《吴虞文录·序》,内称吴虞为扫除"孔渣孔滓"的中国思想界的一个"清道夫",是四川省只手打孔家店的老英雄。吴虞确实是位攻打孔孟儒家伦理道德的勇将和先锋,新文化运动初期就积极地投入到了反孔斗争之中,在《新青年》上陆续发表了《致陈独秀》、《家族制度为专制主义之根据论》、《儒家主张阶级制度之害》、《吃人与礼教》等文章,痛斥尊孔派利用儒学"笼罩天下后世,阻碍文化之发展,以扬专制之余焰",指出反孔的实质是反对复辟、倒退,争取民主、进步;痛斥孔丘是遗祸万年的"盗丘",流毒遍天下的"国愿",指出孔孟之道的危害"诚不减于洪水猛兽"。在鲁迅的《狂人日记》的启发下,吴虞进一步引证史实,论证了封建专制制度下"吃人"与"礼教""并行不悖",对封建礼教灭绝人性的凶残及其伪善进行了批判,号召人们粉碎孔孟之道的精神枷锁,挣脱"吃人的人设的圈套",起来革儒教的命,做中国的马丁·路德。指出:"儒教不革命,儒学不转轮",国家就没有革新的希望,警告那些尊孔复辟之徒,如果"甘为孔氏一家之孝子贤孙,挟其游獥怒特蠢悍之气",同时代潮流相对抗,将如不自量力的"蚍蜉蚁子",必归失败。

　　除陈独秀、吴虞外,胡适、李大钊、鲁迅等人也纷纷著书撰文对孔子思想学说施以批评、攻击。其中胡适的《吴虞文录·序》;李大钊的《由经济上解释中国近代思想变迁之原因》、《孔子与宪法》、《自然伦理观与孔子》;鲁迅的《狂人日记》等都在思想界引起了极大轰动,成为人们争相传看的佳作。

　　五四运动后,新文化运动阵营发生了分化,陈独秀、李大钊成为早期的马克思主义者,胡适则成为自由主义西化派的核心人物。

　　在中国近现代史上,较早提出西化要求的是湖南维新志士樊锥和易鼐。到20世纪30年代,在关于中国文化出路的讨论中,胡适、陈序经、蒋廷黻、罗家伦等人又提出了全盘西化的主张。其中陈序经是全盘西化派的一个最彻底的代表。他的全盘西化政治思想集中体现在他的《东西文化观》、《中国文化的出路》、《关于中国文化之出路答张磐先生》、《关于全盘西化答吴景超先生》、《对于一般怀疑全盘西化者的一个浅说》、《再谈"全盘西化"》、《全盘西化的辩护》、《一年来国人对于西化态度的变化》等论著中。他主要从西方近代资本主义物质、精神文明与中国传统文化的实际对比中得出结论：既然西方近代文化比中国传统文化更先进，更能适应现今时代与环境的需要，那么，不管双方各有什么样的优缺点，我们只能全盘放弃中国传统文化，同时必须全盘接受西方近代文化。他毫不留情地攻击了中国传统文化落后的一面，指出全盘西化乃中国政治上的惟一出路。尽管他对中国传统文化的攻击有些过激之处，但其主导倾向是继承"五四"新文化运动的精神，反对当时开倒车的复古主义思潮。企图通过东西文化的研究，为中国的救亡图存找到一条出路。而胡适、蒋廷黻、罗家伦等人的政治立场和观点是与之不同的，尽管他们通过著书立说或者发表时论，都不同程度地宣扬全盘西化，但在政治思想上除了反对封建主义的"光荣"之处，其他则基本上无可取之处。

　　胡适是全盘西化论的核心人物。其政治思想的基础是资产阶级的实用主义哲学，实用主义思想是胡适思想的灵魂。他在《胡适留学日记》1936年版的序言中承认："实用主义成了我生活和思想的一个向导，成了我自己的哲学基础。"但胡适自由主义的思想并没有超出西方自由主义的范围。然而自由主义西化派和马克思主义派在政治思想上却有一大共性，即他们不约而同地提倡科学与民主，对传统儒学都作了猛烈的批判。胡适对儒家的态度是分阶段的。在"五四"时期，胡适对反孔派给以声援，盛赞"四川省只手打孔家店"的吴虞是"中国思想界的一个清道夫"。他自己更将批判矛头指向儒家政治思想，大声疾呼"何以那种种吃人的礼教制度都不挂别的招牌,偏爱挂孔老先生的招牌呢? 正因为二千年吃人的礼教法制都挂着孔丘的招牌——无论是老店,还是冒牌——不能不拿下来,槌碎,烧去!"(《吴虞文录·序》,载《晨报》副刊,1921年6月21日)20世纪30年代以后,胡适对儒家的态度已由先前严厉的批评转变为较为客观的评价,其转变的代表作为长文《说儒》。他在文中指出:孔子创立儒家,提出了人文主义的观念,通过"仁政以影响社会","用吾从周的博大精神,担当起仁以为己任的绝大使命","就是把整个人类看作自己的责任"。故胡适认为孔子是一位"伟大的历史趋势的代表者"。因此胡适在最后岁月回忆往事时说:"我不能说我自己在本质上是反儒的。"(唐得刚:《胡适口述自传》,华文出版社1992年版,第283页)胡适之后,他的学生傅斯年在1940年发表的《性命古训辨证》中也指出:孔子"是春秋晚期开明进步者之最大代表"。他在《论孔子学说所以适应于秦汉以来的社会的缘故》一文中,则从"孔子的国际政治思想是霸道,国内政治思想是'强公室杜私门'主义,甚合孔子时代"几个方面回答了"孔子及其学说为何支配中国社会这样长久"这一当时社会最关注的问题。

　　"五四"批孔风暴之后,中国学界坚持唯真唯实的一批学者开始认真思考关于孔子评价和中国传统文化的批判与继承问题。他们对孔子、对儒家政治思想开始重新研究。除上面已经提到的胡适、傅斯年外,一批马克思主义史学家在这一时期对儒家政治思想也有全面精当的论述,郭沫若的《孔墨批判》就是代表。郭沫若说:"孔子的基本立场既是顺应着当时的社会变革的潮流的,……大体上他是站在代表人民利益方面的。"继起的吕振羽的《中国政治思想史》和侯外庐的《中国思想通史》都运用唯物史观对儒家政治思想作了深入研究。而对儒家肯定最多的是范文澜,他在《中国通史》中指出:"古代优秀的人民文化即多少带有民主性和革命性(反对残暴政治)的言论和事迹,很大一部分是与儒家学说有关的。"就连当时被多数马克思主义史学家基本否定的宋明理学,他也给予充分肯定。同时,现代新儒家的开山祖师——梁漱溟在"五四"时期也逆"潮流"而行,再次重倡尊孔读经,兜售其乡村建设理论和政治措施,反对新文化运动,但他却回天无力,再也无法重新树立儒学的独尊地位。

1922年梁漱溟的《东西文化及其哲学》一书出版。从这本书中,我们可以看出,梁漱溟对于东西文化的态度,就是反对西洋文化,拥护中国文化。他认为世界文化有三个方面:一、西洋文化是向前要求,二、印度文化是向后要求,三、中国文化调和其中。他对于这三方面的态度是:

第一,要排斥印度的态度,丝毫不能容;

第二,对于西方文化是全盘承受,而根本改过,就是对其态度改一改;

第三,批评的把中国原来态度重新拿出来。

1929—1931年梁漱溟又完成了《中国民族自救运动之最后觉悟》一书,书中对于西洋文化之反对,对西方政治之鄙视;对于社会主义政治之反对;对于中国文化之拥护,对孔子之尊崇,表现得更为淋漓尽致。他在书中说"我们今后的新趋向"是:

一、我们政治上的第一个不通的路——欧洲近代民主政治的路;

二、我们政治上的第二个不通的路——俄国共产党发明的路;

三、我们经济上的第一个不通的路——欧洲近代资本主义的路;

四、我们经济上的第二个不通的路——俄国共产党要走的路。

1937年梁漱溟的《乡村建设理论》(又名《中国民族之前途》)出版,此书与《中国民族自救运动之最后觉悟》共同构筑成了其乡村建设论的主要观点,即要进行民族自救不能学习西方,而须复兴传统儒学,从"老根里发出新芽"。因此他积极投身"乡村建设",兴办学校,教化礼俗,复兴农村,以实验自己的理论,但梁漱溟搞的"乡村建设"运动,遭到了农民的坚决反对,以致"号称乡村运动而乡村不动",最终以失败而告终。

　　"五四"后的保守主义思潮并不只有以梁漱溟为代表的现代新儒家。旅欧归来发表《欧游心影录》、鼓吹东方文化救世思想的梁启超;积极参加东西文化论战、主张折衷调和论的《东方杂志》主编杜亚泉及钱智修等;有提倡新旧文化调和,反对道德革命的《甲寅杂志》主编章士钊;有以"昌明国粹、融化新知"为宗旨的"学衡派"人士吴宓、梅光迪等,都在当时的文化反省中力图用西方的学理来维护中国传统的价值,互相唱和,同声相应,但又属于不同的系统。但上述的文化保守主义者除了现代新儒家之外,主要从事于纯文化(如杜亚泉、钱智修、章士钊)或纯文学(如吴宓、梅光迪等)或纯史学(如梁启超)的研究,缺乏对现实、政治的兴趣,也没有形成系统的理论体系。惟有现代新儒家能够保持一贯宗旨,传承不绝,始终和马克思主义、自由主义西化派在政治思想领域形成鼎足之势。

　　与梁漱溟同为现代新儒家第一代大师的还有冯友兰、熊十力、贺麟、张君劢和钱穆。在现代新儒家中,冯友兰比梁漱溟更加自觉、更加明确地以儒学的继承者自命,他在《新原人》序中引用张载的几句话,自述其思想旨趣:"为天地立心,为生民立命,为往圣继绝学,为万世开太平。"他心目中的"往圣"、"绝学"就是以程朱理学为代表的儒家正统哲学。1931年冯友兰的两卷本《中国哲学史》出版,由于冯友兰已受到唯物史观影响,所以对儒家政治思想的评价更显公允。1939年以后,他又先后出版了《新理学》、《新世论》、《新原人》、《新世训》、《新原道》、《新知言》六部著作,称为"贞元六书",集中体现了他致力于弘扬儒学优秀传统,极力推崇儒学"极高明而道中庸"之天地境界的政治思想,强调人生的终极追求是人与自然的和谐发展。熊十力的政治思想集中体现在他的力作《新唯识论》、《原儒》等书中,他主张复兴民族文化,"掘发其固有宝藏,涵养其自尊自信之毅力",强调由"内圣"开出"外王"。而贺麟则对传统儒学注重道德的精神作了进一步的引申,强调道德决定经济,决定社会发展,认为三纲五伦是"维系中华民族的群体的纲纪",不仅没有过时,而且应在现代社会进行重建与发扬。张君劢一生徘徊于学术与政治之间,是中国国家社会党的缔造者和领袖。他一生倾心于比较宪法学的研究,是国民党政府宪法(台湾现行宪法)的起草者。他一生追求多党的民主政治,主张国家社会主义,极力倡导儒家思想在现代社会的复兴。其政治思想集中体现在《社会主义运动概观》、《中国专制君主政制之评议》、《明日之中国文化》、《国宪议》、《立国之道》、《民族复兴之学术基础》、《中华民族的复兴与之精神基础》等论著当中。钱穆是我国现代著名的史学家和教育家。其政治思想集中体现在他的《国史大纲》、《中国文化史导论》、《中国历代政治得失》、《中国传统政治与儒家思想》等著述中。他一贯反对"全盘西化",始终以维护中国传统文化为己任,他强调中国人要首先了解中国传统文化,要在继承传统的基础上再适当吸收西方文化之长,以期重振中国文化。他尤其不能接受用"专制黑暗"四个字来全盘否定中国自秦汉以来的封建政治,他在《中国传统政治与儒家思想》中明确提出了"中国传统政治非专制论"的主张,认为儒家政治思想提倡臣权,轻视君权,所以使得中国贤人士大夫都心怀社稷,以天下为己任,从而使中国文明昌盛几千年而不衰。

　　关于"中国历史上是否有专制政治"的争论,是钱穆与现代新儒家其他主要代表人物张君劢、唐君毅、牟宗三、徐复观之间最严重的分歧。此文发表后,张君劢为反驳此文之观点,竟然撰成一巨著《中国专制君主政制之评议》。徐复观也于 1978 年 12 月 16 日至 20 日的《华侨日报》上，发表《良知的迷惘——钱穆先生的史学》一文，驳斥钱穆此论。1958 年张君劢、唐君毅、牟宗三、徐复观四人共同在《民主评论》及《再生》两杂志发表《为中国文化敬告世界人士宣言》一文，钱穆不肯在这篇《宣言》上签名就可以理解了。余英时甚至据此反对将钱穆归于"新儒学"之列（参看余英时《钱穆与新儒家》，载《犹记风吹水上鳞》，台北：三民书局，1991 年版）。笔者认为，尽管钱先生与唐、牟、徐、张四人在学术观点及政治思想上有所分歧，但就大方向而言，他们之间有更明显的相同之处，即：他们均坚持以儒家思想为本位，吸纳西方文化，以促成中国之现代化。所以钱穆先生应归入"现代新儒家"之列。

这一时期关于儒家政治思想研究的论著颇丰，除上面已经介绍过的外，具有代表性的还有蒙文通的《儒学五论》，主要叙述儒家政治思想发展之历程，指出"儒家之政治思想取之于法墨"。另外梅思平《春秋时代的政治和孔子的政治思想》、杨筠如《荀子研究》、〔日〕五来欣造《儒教政治哲学》、萧公权《中国政治思想史》、蒋廷黻《中国近代史》、陶希圣《中国政治思想史》、杨熙时《中国政治制度史》、曾资生《中国政治制度史》、杨幼炯《中国政治思想史》、周谷城《中国政治史》、郭湛波《近五十年中国思想史》、张荫麟《中国史纲》等都有儒家政治思想或孔、孟、荀等儒学大师政治思想研究的专章专论。因这些著述皆为名家名作，多有"最精辟之论述"，是研究儒家政治思想必读之佳作。而王亚南的《中国官僚政治研究》，又对中国自秦汉至民国的官僚政治与儒家政治思想之联系做了较为深入的研究，认为儒家的"天道观念、大一统观念、纲常教义"对于维护中国封建社会之官僚统治，"始终起着基本的治化酵母的作用"，颇多卓越创见。王国维《殷周制度论》、《三代体制小记》则对儒家政治思想的渊源与流变做了新的、开拓性的研究。他认为西周创始的宗法制度是儒家宗法思想的源头,且对维护中国古代政治和社会的稳定起了很大作用。陈寅恪《唐代政治史述论稿》、《隋唐制度渊源略论稿》、《金明馆丛稿初编》、《金明馆丛稿二编》等书,则考证了隋唐政治制度的渊源。他认为中国政治制度皆渊源于儒家政治思想,并指出我国以儒家政治思想为指导的政治制度富有极强的生命力;而在《冯友兰〈中国哲学史〉下册审查报告》一文中,陈寅恪进一步指出儒家政治思想"在制度法律公私生活方面"对华夏民族"影响最深、最巨"。费孝通《乡土中国》、《皇权与绅权》则考证了皇权与儒家政治思想之联系,指出:"儒家最后能超过其他百家而成为皇权时代最有力的思想体系,是因为它所表达出来的观点,是最适合于皇权时代政治结构中所需的意识形态。"柳诒徵《中国文化史》则考证了儒家政治思想与中国文化的关系。杨向奎在《中国古代社会与古代思想研究》中,对"礼乐文明与宗法社会"以及"大一统"等问题有专题研究。

三、第三阶段(1949—1976 年)

这一时期,中国大陆以马克思主义为指导思想,对中国传统文化,尤其是儒家之政治伦理思想偏重于批判,并且随着思想文化领域里"左"倾思潮的日趋严重,最终导致"文化大革命"、"破四旧"、全民批孔、全盘否定以孔子为代表的儒家政治思想。

1949 年,新中国成立后,我国大陆对于儒学和传统文化的态度发生了较大的变化和转折,随着学习和宣传马克思主义运动的广泛深入和开展,从根本上否定了儒家政治伦理的统治思想地位,代之以马克思主义学说,这是历史的必然进步,也是中国走向现代化道路上的新的历史转折。而儒学,这时已成为学术界中诸多学派中之一派,学界同仁在批判继承方针指引下,对其作为一种历史文化遗产进行研究,还其自身的历史真面目,吸其精华,弃其糟粕,古为今用,为建设具有中国特色的社会主义新文化添砖加瓦。其中关于儒家政治思想方面颇具影响的有:冯友兰《中国哲学遗产的继承问题》《论孔子关于"仁"的思想》,蔡尚思《孔子思想体系》、《论章炳麟思想的阶级性》《康有为黄金时代的思想体系和评价》,车载《论孔子的"为政以德"》,刘炳福《司马迁的政治思想》,赵金钰《论章炳麟的政治思想》,李星《关于司马迁的政治思想——与刘炳福同志商榷》等。它们有一个共性:文章的作者都用实事求是的态度和历史唯物主义的阶级分析方法来评判儒家代表人物的政治思想,避免了"五四"时期对儒家政治伦理思想"一棍子打死"的简单化批判和否定。如冯友兰在《论孔子关于"仁"的思想》一文中指出:"孔子的政治思想是改良主义的,是从奴隶主贵族转化来的地主阶级思想上的代表。……专从'克己'这一方面看,孔子所讲的'忠恕之道',在人与人的关系上,是一个很大的进步。"又说:"这些思想(指'克己复礼')不管它的欺骗性大小,在当时说,总是比较新的进步思想,当然,他们的世界观都没有超过剥削阶级的局限,这是他们所不能超过的,……但是,在人类意识发展史上看,孔子自觉地提出世界观问题,这是有很重要意义的。这是人类自觉的一种表现。"又如蔡尚思在《孔子思想体系》一书中认为:近代学者都有程度不同的唯心史观,不能正确评价孔子的政治思想,但即使在熟悉历史唯物论的学者中间,由于种种原因,对同一历史问题也会出现分歧的看法。所以他认为:孔子的政治思想总的说来是落后的、保守的,但也"不乏可取之处"。车载在《论孔子的"为政以德"》一文中也运用对立统一的方法,从"谈德"、"谈政"、"谈礼与刑"和"谈惠"四个方面,把孔子的政治思想概括为"为政以德",并指出"为政以德"在某种情况下具有的积极意义和阶级局限性。另外,一些学者在双百方针的指引下,对某一儒家代表人物的政治思想展开了讨论。最好的例子是冯友兰与赵光贤关于孔子是代表没落的奴隶主阶级还是代表新兴地主阶级的说理式讨论,推动了对孔子政治思想研究的深入发展。

　　由于国际国内、客观主观等等方面的原因,尤其是思想文化领域里"左"倾思潮的日趋严重(冯友兰在1957年针对"左"的否定一切倾向而提出的"抽象继承法"一再遭到批判就是最好的例证),学术研究很快地变成了批判压倒继承,并且几乎是政治批判代替了学术批判,以至于最终发展到"文化大革命",全面地否定了孔子和儒学。"文化大革命"期间,对于以孔子为代表的儒学,进行了反复的政治性批判,被全面否定。但值得一提的是梁漱溟于1974年发表的《今天我们应当如何评价孔子》一文。认为:孔子乃中国五千年文化史上承前启后的关键性人物,其功过是非应视中国文化在世界史上表现出的成败而定,驳斥了当时流行的"孔子护卫奴隶制之说"。

　　1949年前后,现代新儒学在香港及台湾两地得到重要发展。主要代表人物有唐君毅、牟宗三、徐复观、方东美等人。他们被称为现代新儒家的第二代(有人也称之为当代新儒家)。1958年唐君毅、牟宗三、张君劢及徐复观四位学者联名发表《为中国文化敬告世界人士宣言》,表达他们对中国文化(尤其是儒家思想)的共同理解和期望,代表这股势力的重新集结。这个宣言实质上是现代新儒家学派第一个系统性、纲领性文件,它批驳了海内外汉学家对中国文化的种种误解,阐述了现代新儒家对中国文化的过去、现状和未来的看法,反映出他们对时代病痛和人类前途的忧虑,体现了他们对中国文化乃至人类文化的整体构想。这个宣言的问世表明一个颇具规模且影响日增的现代新儒家学派的真正形成。

　　以唐君毅、牟宗三、徐复观、张君劢为代表的现代新儒家对儒学的历史命运尤其是当代命运进行了通彻反省,在政治思想方面,开创了儒学通向现代民主政治的新理论。其中牟宗三的《政道与治道》、《历史哲学》、《一个真正的自由人》、《生命的学问》；徐复观的《中国思想史论集》、《学术与政治之间》、《儒家政治思想与民主自由人权》、《儒家政治思想的构造及其转进》、《孔子德治思想发微》等在学术界、思想界都颇具影响。

综观这些著述可以看出，以牟宗三、徐复观等为代表的现代新儒家的第二代大师的民主政治思想也源于儒家政治思想的精髓——"德治"。以徐复观与牟宗三为例。他俩都是现代新儒家的重要代表人物，二人都认为儒家的政治理想是德治主义，都认为儒家的德治主义在境界上高于西方的民主政治，但又都承认中国传统政治毕竟没有走向民主政治，而且迫切需要走向民主政治，即由"老内圣"（传统儒学）开出"新外王"（民主与科学）。他们抱着严肃、认真的态度，冷静地分析中国传统政治的不足，揭示中国未走向民主的根源。都认为中国传统政治一大不足是政治主体未立，政治主体之所以挺立不起的原因在于缺乏人民政治自觉这一环，他们都认为传统儒家解决政治问题只从治者一面想，使治者负担过重。不过，牟宗三更注重从中国社会制度上，从中国政治形式的根源上寻求中国未走上民主政治的原因。徐复观则从儒家的政治思想与中国的政治现实的脱节上挖掘中国未走上民主政治的病根。

在如何走上民主政治的问题上，徐复观与牟宗三的看法有相同处，也有不同处。徐复观主张中国传统政治的出发点应倒转过来，由仅从统治者一面想转而由人民一面想，由传统的民本跳出一步转而为民主。但对如何跳出，徐复观并没有做出系统的说明。"牟宗三则认为，中国传统政治欲实现民主政治，应从根本精神方面有所改变，即道德理性经过自我坎陷或曰自我否定转出理论理性，认知理性，开出民主与科学"（颜炳罡：《当代新儒学导论》，北京图书馆出版社，1997 年版，第 308 页），建立道统（孔孟之道）、政统

（政治制度）、学统（科学知识）三统并建之思想体系来发展中国现代民主政治。"自我坎陷"与"三统说"可视为是牟宗三对徐复观跳出说的进一步说明。

除徐复观、牟宗三外，梁漱溟、张君劢等对中国如何才能走向民主政治问题也有较深入的探讨。"梁漱溟主张先将孔子的刚的人生态度复兴起来，以便融纳西方的民主与科学，张君劢则是民主宪政的实践者，他同样主张将西方的民主政治安立在儒家的精神上。徐复观、牟宗三的工作可视为对梁漱溟、张君劢的进一步拓展，即将这一工作拓展到历史领域和哲学领域，力图对中国未走上民主政治作出历史的说明与哲学的论证，对中国如何走向民主政治作出现实的探求与义理的疏导，他们的工作都有着不可忽视的意义。"（同上，第449页）

与现代新儒家的整体联盟不同，在当代中国文化建设问题上的中西古今论争中，自由主义西化派出现了分化：一方面，全盘西化的自由主义代表胡适当时活跃于国际学术舞台，他的《中国哲学里的科学精神与方法》、《中国的传统与将来》等文章表明，其政治思想已到了总结反省期。另一方面，具有西化色彩的自由主义派代表殷海光在《中国文化的展望》中展示了"一个中国知识分子追求中国现代化的学术良心与道德勇气"，克服了全盘西化的思想偏向，承认了民族传统文化在现代化建设中的价值与作用，反映出较为理性的文化批判精神。

四、第四阶段（从1976年"文革"结束至今）

伴随着盛行一时的极左思潮的消退，儒学在这一时期开始"复兴"，并随着蓬勃而起的改革开放和现代化建设兴盛起来，甚至成为当代中国的"显学"。

　　1978 年中国大陆举行了"文化大革命"结束后的第一次儒学讨论会,随后儒学研究开始"解冻",走出"冷宫",并随着改革开放政策的实行,蓬勃兴盛起来。据统计,仅在 20 世纪 80 年代的十年间,中国大陆学者发表研究儒学的文章就超过 1000 篇,不怪乎有人发出了"儒学复兴"的慨叹。

　　经济的发展,政治环境的宽松,学术交流的频繁使儒家政治思想的研究在这一时期进入到了黄金阶段。这主要表现在五个方面。其一,"反传统"文章增多。针对"文革"时期左倾思潮对儒家政治思想研究的消极影响,在批判继承、古为今用的方针指引下,对"传统看法"多有质疑与讨论。这类著述很多,在学术界颇有影响的有:匡亚明的《孔子评传》,这是文革后第一本用唯物史观全面评价孔子及其思想的专著,对当时及后世学术界都有较大影响。赵光贤《驳孔子要恢复奴隶制说》一文则针对"现今史学界有一个很流行的说法,说孔子要恢复奴隶制……我却以为有些材料可以说明孔子是反对奴隶制的。从孔子的思想体系来说,孔子的中心思想——仁的学说正是对奴隶制的否定,而建立在以仁为中心的世界观,又是在封建社会上升时期儒家思想的基础,具有进步的历史意义。对孔子和儒家的全面否定是与马克思主义的历史主义不相容的。"此文一反"文革"中全盘否定孔子政治思想的毛病,在国内学术界引起了强烈反响。又如施丁《司马迁与董仲舒政治思想相通论》一文也是针对"学术界某些人往往把司马迁与董仲舒作为一对矛盾,大谈这两人的思想是唯物主义同唯心主义的斗争,有进步性与反动性的分野"的说法,认为"司马迁与董仲舒政治思想及政治态度,异的不多,同的不少,其思想是相通的。"施丁此观点新颖独特,在学术界颇具影响。又如樊树志《朱熹:作为政治家的评价》一文也是针对"当代中国大多数论者对朱熹作为一个政治家都横加非议,多所责难",提出自己独到的见解,说:"朱熹一贯反对和议,岂可列入妥协派","当权者禁锢朱熹道学与反投降无涉","朱熹为政实有可观",故朱熹作为一个政治家是值得赞许的。还有顾全芳《司马光的政治思想》一文,作者针对学术界只肯定司马光的史学成就,在政治思想方面却论定他是"守旧派"、"顽固派"的看法,用大量史实证明"作为政治家,司马光不是帅才而是干才……其政治思想,并不落后于时代,一些方面,还提供了时代所缺少的东西"。呼吁"当代的史学家,应当笔下留情,摘掉司马光的'守旧'、'顽固'帽子,还司马光以本来面目"。

其二,研究领域在不断拓宽。以前学术界对儒家政治思想的研究面较窄,往往主要集中在儒家重要代表人物的政治思想研究上。而近20年来,除了孔、孟、荀、董仲舒、韩愈、二程、朱熹、康有为、梁启超等重要儒家外,探讨贾谊、司马光、李贽、唐甄、苏轼、黄宗羲、曾国藩、魏源、林则徐等人政治思想的文章开始出现,且愈来愈多。其中不乏有真知灼见的好文章,除前面提到的施丁《司马迁与董仲舒政治思想相通论》、顾全芳《司马光的政治思想》外,还有张岱年《黄梨洲与中国古代的民主思想》,在这篇佳作中,张岱年认为:"中国自殷商以来没有民主制度,但在学术史、思想史上也还是有民主思想的,在中国思想史上,讲民主讲的有典型意义的,要算是黄梨洲了",并从黄梨洲民主思想的渊源、民主思想的特点及中西民主思想的比较三个方面具体阐述其民主思想,呼吁我们"要发扬其民主观念,健全我们的社会主义民主。"易孟醇《曾国藩的礼治思想》认为,"礼治"乃曾国藩政治思想的核心,"以礼"为根本,以"刑"为手段,以"诚"为途径,以"恕"为条件,是曾国藩"礼治"思想的全部内涵和特点。马育良则在《汉初政治与贾谊的礼治思想》一文中对贾谊的礼治政治思想作了系统而详实的论述。而对于现代新儒家——梁漱溟、牟宗三、徐复观、张君劢等人政治思想的探讨更成为这一时期关于儒家政治思想研究中最亮丽的一点。如解见伟《张君劢的新儒家政治哲学》一文就很有代表性。作者认为：张君劢"一生兴趣，徘徊于学术与政治之间，……他的以儒家人文主义与'德性的理性主义'为两大支点的新儒家政治哲学，是中国现代民主思想史上的一个重要成果，至今仍有启发意义"。再如陈少明《徐复观：政治儒学的重建》一文指出：在传统社会解体后，儒学原有的社会、政治功能被一再削弱，徐复观作为当代新儒家的一员，矢志负起重建现代政治儒学的重任。他的重建有其重要特点："强化儒家思想的批判功能，在与专制政治势不两立的鲜明态度下，彰显儒学为现代政治发展张目的经世意义。"另外由百花文艺出版社从1992—1996年陆续出版的《国学大师丛刊》中也有专门的梁漱溟、熊十力、贺麟、钱穆、冯友兰、张君劢等人的评传，在相关章节对他们的政治思想有比较客观、中肯的剖析和评价。

其三，研究深度不断加大。这一时期知识界之学人大多都能用唯物辩证的观点对儒家之政治思想作出较为客观的评价，而且还能运用比较分析的方法深入探讨形成这些思想的原因、与西方民主思想的区别及对当代社会的指导意义。如王好立在《从戊戌到辛亥梁启超的民主政治思想》一文中说："梁启超的政治思想可以析解为三大要素：民族主义、民主主义、进步主义，这三大要素的相互关系及其内在结构的变化，使他的政治思想呈现出不同的面目，但是万变不离其宗，爱国主义的主题始终是鲜明的。民族、民主、进步三大要素，围绕爱国主义的主题，客观上构成了结合松散的资产阶级政治思想体系。"又如罗耀九、郑剑顺《林则徐与龚、魏政治思想之比较》一文指出："改革内政、振兴国力、抵御外侮"是林则徐、龚自珍和魏源政治思想之共性，接着又指出："林、龚、魏虽同为地主阶级改革派，同为改良维新思潮之先驱，然而，他们的政治思想仍然各有自己的特性，同中有异。林则徐基本上是个实干家，龚自珍开风气之先，而魏源思想则富于历史性指导意义"。再如路德斌《面对君权:儒家的思考、理想及其困境——试论儒家政治观念之根本误区和盲点》一文,就儒家政治观念之根本误区和盲点即"避免君主滥用权力从而促成君主专制制度的瓦解"这一问题作了系统的阐述,观点新颖,视角独特,发人深省。汤一介《评亨廷顿的〈文明的冲突?〉》一文,就美国哈佛大学教授亨廷顿1993年发表的《文明的冲突?》一书中的一些观点,如"儒家思想是将来引起政治上的冲突和战争的因素"及"西方中心论"等做了全面批驳,认为"我们应在全球意识下来发展我们的民族文化,以保卫世界和平和促进各个国家与民族的共同发展"。牟钟鉴《国际政治需要儒学》一文,从分析20世纪90年代科索沃战争爆发之原因,引发对当前国际政治之思考。认为,当今社会更应大力提倡孔子"和而不同"之政治主张,指出:"国际政治需要儒学,世界政治家需要孔子的智慧。我们应当把儒家仁爱通和之学推向全世界,让孔子的思想成为人类和平与发展道路上一面鲜艳的旗帜。"楼宇烈《儒家思想与官僚文化》一文则深入探讨了儒家思想对于中国历史上官僚文化的影响,指出:"如果我们善于吸收的话,儒家'以修身为本'的理念,乃不失为今日官僚文化的重要组成内容之一。"

其四,关于政治思想专题研究的著作大量问世,其中不乏宏篇巨著。如由张岱年、敏泽主编的《回读百年——20世纪中国社会人文论争》于1999年10月由大象出版社出版,这部巨著共五卷,400万字,内容涵盖整个20世纪百年来中国社会人文思潮发展所积累起来的浩繁文献史料,对于每个历史时段有关儒家政治思想方面的"论争"都作了专题研究,且立论新颖,史料翔实,分析透彻。又如,刘泽华《先秦政治思想史》及其主编的《中国政治思想史》、《中国古代政治思想史》,中共中央党校文史教研室中国近代史组主编的《中国近代政治思想论著选辑》,崔薇圃《中国近代社会政治思潮研究》,朱义禄、张劲《中国近现代政治思潮研究》,蔡尚思主编

《中国现代思想史资料简编》，高军、李慎兆等编《中国现代政治思想史资料选辑》，陈哲夫、江荣海、谢庆奎、张晔主编《现代中国政治思想流派》，郑家栋、叶海烟主编《新儒家评论》，罗义俊《评新儒家》，颜炳罡《当代新儒学引论》等，这些著作对儒家政治思想从古代到当代各个历史时期的特征及其代表人物之思想作了较为系统详实的论述及相关资料的收集。再有，这一时期还出现了专门论述"马克思主义与儒学"关系的专著，其中崔龙水和马振铎主编的《马克思主义与儒学》就是非常出色的一部。该书围绕着"如何以马克思主义为指导，批判地继承儒学"、"如何总结'五四'以来批判儒学的经验教训"和"如何理解中国特色的社会主义与中国传统文化的关系"三个专题，收集了全国26位著名专家学者关于这些方面的有真知灼见的论著，于1996年集结成书。此书一问世，立即在学术界引起广泛影响，好评如潮。

其五，"大陆新儒家"的出现。例如李泽厚等就自称为"新儒家"，试图在大陆形成异于港台的"新儒家群体"；由青年学者编辑的《原道》辑刊，也公开表明其文化保守主义宗旨。他们在《原道》第五辑中就公开地打出了"大陆新儒学"的旗号，说："如果我们已经克服了对儒学的排斥心理，开始把儒家视为一种荣誉，那么，接下来的问题就是，我们应该做些什么，才能建立可与港台新儒家互补对话的大陆新儒学？"(《原道》第五辑，贵州人民出版社1999年版，编后语)尤其值得注意的是，台湾《鹅湖》月刊在1989年分两期连载了大陆学者蒋庆写的3.5万字的长文《中国大陆复兴儒学的现实意义及其面临的问题》，文章指出，中国大陆当前最大的问题不是发展经济和政治民主问题，而是"复兴儒学，……我们要恢复其历史上固有的崇高地位，成为当今中国代表中华民族生命与民族精神的正统思想。"蒋庆又于1995年出版了《公羊学引论》一书，"希图从〔公羊学〕中发掘出儒家传统的政治智慧，以解决中国政治文化重建中如何吸取传统思想资源的问题","重构儒学,重建中国文化"。

另外,港台与海外学者关于儒家政治思想研究的论著也大量问世。萨孟武的《中国政治思想史》是台湾地区系统研究中国政治思想,且有很高学术价值的专著。萨孟武有扎实的国学功底,对西方政治思想史有深入的了解。他在对儒家政治思想深入研究的基础上,利用中西对比的方法,以西方政治思想为参照,对儒家政治思想的精义略加点染,给人以耳目一新的感觉。萨孟武的《中国政治思想史》实为研究中国政治思想的扛鼎之作,在海峡两岸学术界很有影响。而余英时的《反智论与中国政治传统》、《中国思想传统的现代诠释》,何信全的《晚清公羊学派的政治思想》,成中英的《论孔孟的正义观》,刘述先的《从民本到民主》,杜维明的《现代精神与儒家传统》、《儒家思想新论——创造性转换的自我》,李明辉的《当代儒学之自我转化》,林毓生的《中国传统的创造性转化》、《中国意识的危机》等则大都是现代新儒家继续对儒学进行创造性诠释的著述,他们力图通过对儒家政治思想的研究,最终完成儒学向现代民主的自我转化。虽然被称为现代新儒家的第三代之代表人物余英时、杜维明、成中英、刘述先等,在海内外学术界十分活跃,且影响越来越大,但他们在政治思想方面的研究和著述并没有突破他们的前辈。正如霍韬晦所说,第一代新儒家以熊十力、梁漱溟、钱穆为代表。他们在西方各种各样的思想一窝蜂地被引进中国的时代背景下紧紧地守住传统文化,指出中国的优点,批判西方之缺点,他们"理论虽未完熟,但展现信心"(霍韬晦:《世纪之思:中国文化的开新》,法住出版社,1998年版,第86页)。第二代的代表人物有徐复观、牟宗三和唐君毅。他们在前辈的基础上做了大量的、扎实的中西文化和哲学的比较工作,"令我们对中国文化的信心有经得起理性考验的基础,使儒学走上现代化,走上国际学术之林"

（同上书，第 87 页）。而第三代新儒家的主要代表人物对这一问题，"是一个至少还要十年、甚至二十年才能确切回答的问题"（方克立：《现代新儒学与中国现代化》，天津人民出版社，1997 年版，第 140 页）。对第三代新儒家的评价，方克立认为"还没有看见他们有重要的学术理论建树"（同上书，第 152 页），也还"不知道它在超克前辈理论的局限和儒学的现代化方面会有什么新的进境"（同上书，第 153 页）。

这一时期，在中国大陆随着改革开放的深入和西方文化的冲击，"全盘西化"论曾一度泛滥。而港台的自由主义派阵营大致有两种思想倾向：一种是全盘西化的自由主义派，以柏杨、李敖等人为代表。柏杨的"酱缸文化论"和李敖的"剪断传统脐带"论，20 世纪 80 年代曾经在大陆风行一时。另一种是具有西化色彩的自由主义派，这派的直接继承人以林毓生、傅伟勋、张灏等人为代表。林毓生通过对"五四反传统思想以解决问题"的思想模式，在传统与现代关系上，提出了"中国传统的创造性转化"理论和用"比慢"精神重建"中国人文"的中国文化出路观。傅伟勋提出了创造性的诠释学，中西互为体用论。张灏则认为，自由主义与传统文化的沟通是中国走向现代化的基本途径，沟通的思想出发点是"以传统批判现代化，以现代化批判传统"。不仅如此，林毓生、张灏等人还批评了现、当代新儒家，指出新儒家用特殊的中国传统具有普遍通性的认定来维护和保存这一特殊传统，这种论辩方式在思想上陷入了严重的困境（洪晓楠：《文化哲学思潮简论》，上海三联书店 2000 年版，第 35 页）。

总之，儒家之政治思想在 20 世纪的命运可谓大起大落，颇具戏剧性。在 20 世纪初，由于思想文化的"滞后性"，代表中国数千年自给自足宗法封建社会意识的儒家政治伦理，出现了"寿终正寝"前的回光返照，加上康有为、袁世凯及封建遗老遗少们的推波助澜,在中国大地上掀起了一场尊孔复古的逆流,袁世凯称帝和张勋复辟为其高潮。然而随着儒学所维护的封建官僚制度无法回应咄咄逼人的西方资本主义的挑战,儒家之政治思想很快陷入危机,并在激进的知识阶层的反对声中开始了它的历史性衰落。从"五四"运动的"打倒孔家店"到"文化大革命"的"批林批孔"、"评法批儒"都带有一种猛烈批儒反孔的色彩。尽管在这期间,有以梁漱溟先生为代表的少数知识分子竭力维护中国文化的民族性,反对把文化的民族差异完全归结为时代差异,主张"对于西方文化是全盘承受,而根本改过",要"批评地把中国原来的态度重新拿出来",坚持走中国自己的路即"中国民族自救运动"。但在现实政治方面,这股思潮并没有发挥多大的力量。80年代以来,随着改革开放的深入和全球经济的一体化以及东亚各国(特别是日本、"亚洲四小龙")经济的相继崛起和腾飞,儒学(包括儒家政治思想)又时来运转,几乎在一夜之间改变了它的形象,由现代化的障碍性因素一变成为现代化的推动力量或现代文明的资源,知识界响起了"儒学复兴"的声音。

其实,"儒学复兴"并不限于中国大陆、香港、澳门和台湾,在东亚及欧美各国也到处都有儒学及其复兴的讨论。它是一个具有广泛国际背景的思潮和运动。"亚洲四小龙"之一的新加坡甚至由官方出面在全社会推行儒家教育,原总理李光耀更是以倡导儒学政治伦理价值观念而闻名于世。比较而言,国外学者较之中国大陆学者对"儒学复兴"的前景似乎更为乐观。许多外国学者认为,儒学将在21世纪兴旺发达起来,"儒家文化将成为21世纪的世界文化中心"。

但对于"儒学复兴",我们必须有清醒的头脑。正如张岱年先生所说:"儒家定为一尊的时代已经过去了,儒家占据意识形态的统治地位的时代已经过去了,反儒的时代也已经过去了。"(崔龙水、马振铎主编,《马克思主义与儒学》,当代中国出版社,1996 年版,第 1 页)因此,我们要厘定儒家政治思想之精华,为建设具有中国特色的社会主义现代化国家提供一个具有本民族特点的文化背景和文化资源。

《孔子改制考》① 序

康有为

　　孔子卒后二千三百七十六年,康有为读其遗言,渊渊然思,凄凄然悲,曰:嗟夫! 使我不得见太平之泽、被大同之乐者,何哉? 使我中国二千年,方万里之地,四万万神明之裔,不得见太平之治、被大同之乐者,何哉? 使大地不早见太平之治、逢大同之乐者,何哉?

　　天既哀大地生人之多艰,黑帝② 乃降精而救民患,为神明,为圣王,为万世作师,为万民作保,为大地教主。生于乱世,乃据乱而立三世之法,而垂精太平③,乃因其所生之国而立三界之义,而注

---

　　① 《孔子改制考》:康有为的重要著作,1897 年刊行于上海。书中用资产阶级历史进化论的观点解释"公羊三世说",用西方议会民主制比附儒家经典,把孔子说成是受天命改制的"新王",把儒家经典及其"微言大义",说成孔子所创造的由"据乱世"到"升平世"再到"太平世"的"新王之法",而康有为等主张变法维新,就是孔子这一套改制思想的恢复和继承。

　　② 黑帝:古代统治阶级为了建立神权统治所伪造的五天帝之一。西汉末期方士伪造的《春秋纬演孔图》中说:孔子的母亲颜征在梦中和黑帝交媾而生孔子。

　　③ 垂精太平:指孔子向往"太平世"。垂精,精神专注。

意于大地远近大小若一之大一统。乃立元以统天①,以天为仁,以神气流形而教庶物②,以不忍心而为仁政。合鬼神山川、公侯庶人、昆虫草木一统于其教③,而先爱其圆颅方趾④ 之同类,改除乱世勇乱争战角力之法,而立《春秋》新王行仁之制⑤,其道本神明,配天地,育万物,泽万世,明本数,系末度,小大精粗,六通四辟,无乎不在⑥。此制乎,不过于一元中立诸天,于一天中立地,于一地中

①　乃立元以统天:《春秋》第一句是"元年春王正月",康有为在《春秋笔削大义微言考》中发挥了董仲舒和何休的说法,认为鲁国旧史题的是"一年春一月公即位",孔子修改后的《春秋》,把"一年"改为"元年",因他认为元气是天地万物的根本,所以说孔子作《春秋》改"一"为"元",就是"立元以统天"。《春秋》这部书包括统一天地万物万世的大道理,体现这个大道理,人类就会从据乱、小康进化到大同世界。

②　"以天为仁"二句:作者认为元具有感通天地,吸摄一切的爱力,元就是仁,天充满元气,也就充满了仁。元气因其具有神妙作用,又叫神气。生在天地间的万物,都是由于元气的流布而成形。

③　合鬼神山川、公侯庶人、昆虫草木一统于其教:语本《公羊传》隐公元年何休注,是说《春秋》所谓受天命大一统的王,能够把天地万物都统一在他的政教之中。

④　圆颅方趾:指人类。

⑤　立《春秋》新王行仁之制:是说孔子作《春秋》是改乱世之制,立新王之制。公羊家说孔子作《春秋》,书"元年春王正月"的王,不是周王,是孔子理想中受天命,体元气,行仁道,除乱反正,大一统的新王。《春秋》就是为这种理想的新王创立仁制。

⑥　"其道本神明"九句:参见《庄子·天下》。意思是说孔子之道神通广大,泽厚流长,无所不包,无所不通,无所不在,无论何时何地何人何事都离不开孔子之道。明本数,道的根本是仁。系末度,道的具体表现,是孔子所创造的一切礼制。

立世,于一世中随时立法①,务在行仁,忧民忧以除民患而已。《易》之言曰:"书不尽言,言不尽意②。"《诗》、《书》、《礼》、《乐》、《易》、《春秋》为其书,口传七十子后学为其言。此制乎,不过其夏葛冬裘,随时救民之言而已。

若夫圣人之意,窈矣,深矣,博矣,大矣。世运既变,治道斯移,则始于粗粝,终于精微。教化大行,家给人足,无怨望忿怒之患,强弱之难,无残贼妒疾之人。民修德而美好,被发衔哺而游,毒蛇不螫,猛兽不搏,抵虫③不触,朱草生,醴泉出,凤凰麒麟游于郊〔椒〕〔陂〕,囹圄空虚,画衣裳而民不犯④。则斯制也,利用发蒙,声色之以化民,末矣⑤。

夫两汉君臣、儒生,尊从《春秋》拨乱之制而杂以霸术,犹未尽行也。圣制萌芽,新歆遽出,伪《左》盛行,古文篡乱。于是削移孔子之经而为周公,降孔子之圣王而为先师⑥,公羊之学废,改制之义湮,三世之说微,太平之治,大同之乐,暗而不明,郁而不发。我华我夏,杂以魏、晋、隋、唐佛老词章之学,乱以氐、羌、突厥、契丹、

---

① "于一元中立诸天"四句:诸天,指各种星球上的天空,参见康有为著《诸天讲》。立地,指在这个星球上建立了地。立世,指在地球上建立了三世。于一世中随时立法,指在据乱世、升平世立小康之法,在太平世立大同之法。

② "书不尽言"二句:见《易经·系辞上》。

③ 抵虫:有角的兽类

④ "囹圄空虚"二句:指大同世界没有犯罪的人。传说唐虞时代,对罪犯只在衣服上画出应受的刑罚,就没有人再敢犯法。

⑤ "声色之以化民"二句:语见《礼记·中庸》,作者认为利用大同之制才可以变野蛮为文明,仅用言语教化人民是微不足道的。

⑥ "圣制萌芽"六句:圣制,指孔子之制,新,王莽的国号。歆,刘歆。伪左,指《左传》。作者站在今文经学的立场,指责刘歆伪造古文经篡乱了孔子的圣经,并且把孔子从改制的圣王降到"述而不作"的先师地位。到唐贞观时,就"以周公为先圣而黜孔子为先师",见《孔子改制考》卷十。

蒙古之风，非惟不识太平，并求汉人拨乱之义亦乖剌① 而不可得，而中国之民遂二千年被暴主、夷狄之酷政。耗矣，哀哉！

朱子生于大统绝学之后，揭鼓扬旗而发明之，多言义而寡言仁，知省身寡过而少救民患，蔽于据乱之说而不知太平大同之义，杂以佛老，其道礐苦②。所以为治教者，亦仅如东周、刘蜀、萧詧③之偏安而已。

大昏也，博夜也，冥冥汶汶，雺雾雰雰，重重锢昏④，皎日坠渊。万百亿千缝掖俊民，跂跂脉脉而望，篝灯而求明，囊萤而自珍⑤，然卒不闻孔子天地之全⑥、太平之治，大同之乐。悲夫！

天哀生民，默牖其明，白日流光，焕炳莹晶。予小子梦执礼器而西行⑦，乃睹此广乐钧天，复见宗庙百官之美富⑧。门户既得，乃扫荆榛而开途径，拨云雾而览日月，别有天地，非复人间世矣。不

---

①　乖剌：抵触。

②　礐苦：礐（què确），通确，瘠薄。这里是说朱熹不理解孔子太平、大同的学说，只是一味提倡内省制欲，近于僧侣主义，这种"道"太刻苦了。

③　萧詧（chá察）：梁武帝之孙，梁敬帝元年（55 年）叛梁，降西魏，据江陵一州之地称帝，史称后梁。

④　"大昏也"五句：形容天昏地暗，不见光明。博夜，长夜。雺（méng蒙），雾气。雰（fēn分）雰，纷纷。

⑤　"万百亿千缝掖俊民"四句：缝掖，古代读书人穿的一种宽大的衣服。缝掖俊民，指士人。跂（qí歧）跂脉脉，形容爬虫缘壁而上。篝灯、囊萤，都是古人勤奋求学的典故，分别见《汉书·陈彭年传》和《晋书·车胤传》。

⑥　天地之全：指孔子之道像天地一样无所不包。

⑦　梦执礼器而西行：借自《文心雕龙·序志》："尝夜梦执丹漆之礼器，随仲尼而南行。"作者以此自喻得到了孔子之道。

⑧　"乃睹此广乐钧天"二句：《史记·赵世家》记载，赵简子病中不省人事，梦醒之后说，到了上帝的地方，和百神游玩于钧天，听到了天上奏的广乐。宗庙百官之美富，比喻孔子之道的优美丰富。语见《论语·子张》。

敢隐匿大道,乃与门人数辈朝夕钩掟①,八年于兹,删除繁芜,就成简要,为《改制考》三十卷②。同邑陈千秋礼吉、曹泰箸伟,雅才好博,好学深思,编检尤劳,墓草已宿③。然使大地大同太平之治可见,其亦不负二三子铅椠之劳也夫!

嗟夫!见大同太平之治也,犹孔子之生也。《孔子改制考》成书,去孔子之生二千四百四十九年也。有清光绪二十四年正月元日,南海康有为广夏记。

（选自《康有为政论集》,中华书局 1981 年版）

康有为(1858—1927),广东南海人。清末资产阶级改良派领袖,后为保皇派首领。1888 年康有为第一次上书光绪帝,提出变法主张。1895 年联合北京会试举人 1300 余人发动公车上书,提出了变法改革的具体措施,初步形成资产阶级改良主义的变法纲领。创办《中外纪闻》、《强学报》,鼓吹变法维新。1898 年光绪帝任他为军机处章京上行走,主持变法。变法失败后,逃亡海外,组织保皇会,积极从事立宪活动。辛亥革命后,鼓吹"虚君共和",创办《不忍》杂志,大搞尊孔,积极参与张勋复辟。晚年在上海办天游学院,讲授国学。康有为一生著作甚丰,达 139 种,主要有《新学伪经考》、《孔子改制考》、《大同书》等,台湾蒋贵麟辑成《康南海先生遗著汇刊》、《万木草堂遗稿》、《万木草堂遗稿外编》等。

---

①　钩掟:推敲、取舍。
②　《改制考》三十卷:《孔子改制考》实为二十一卷。
③　墓草已宿:指帮助作者写作《孔子改制考》的弟子陈千秋、曹泰等已死去几年了。宿,陈旧。

　　本文选自《康有为政论集》。文章指出：孔子"生于乱世，乃据乱而立三世之法，而垂精太平，乃因其所生之国而立三界之义，而注意于大地远近大小若一之大一统"，故孔子之思想"窈矣，深矣，博矣，大矣"。

《新学伪经考》序

康有为

① 重刻本误作“秦汉”。

　　《新学伪经考》凡十四篇①，叙其目而系之辞曰：始作伪，乱圣制者，自刘歆，布行伪经，篡孔统者，成于郑玄。阅二千年岁月日时之绵暧，聚百千万亿衿缨之问学，统二十朝王者礼乐制度之崇严，咸奉伪经为圣法，诵读尊信，奉持施行，违者以非圣无法论，亦无一人敢违者，亦无一人敢疑者。于是夺孔子之经以与周公，而抑孔子为传，于是扫孔子改制之圣法，而目为断烂朝报，六经颠倒，乱于非种，圣制埋瘗，沦于雺雾，天地反常，日月变色。以孔子天命大圣，岁载四百，地犹中夏，蒙难遘闵，乃至此极，岂不异哉！且后世之大祸，曰任奄寺，广女色，人主奢纵，权臣篡盗，是尝累毒生民、覆宗社者矣，古无有是，而皆自刘歆开之，是上为圣经之篡贼，下为国家之鸩毒者也。夫始于盗篡者终于即真，始称伪朝者后为正统。司马盗魏，嵇绍忠，曹节矫制，张奂卖，习非成是之后，丹黄乱色，甘辛变味，孤鸣而正易之，吾亦知其难也。然提圣法于既坠，明六经于暗昒，刘歆之伪不黜，孔子之道不著，吾虽孤微，乌可以已！窃怪二千年来，通人大儒，肩背相望，而咸为瞀惑，无一人焉发奸露覆，雪先圣之沈冤，出诸儒于云雾者，岂圣制赫暗有所待邪？不量棉薄，摧廓伪说，犁庭扫穴，魑魅奔逸，雺散阴豁，日戬星呀，冀以起亡经，翼圣制，其于孔氏之道，庶几御侮云尔。

　　光绪十七年夏四月朔，南海康祖诒长素记②。

　　　　述叙既讫，乃为主客发其例曰：客问主人曰："伪经"何以名之"新学"也？《汉·艺文志》号为"古经"，《五经异义》称为"古说"，诸书所述"古文"尤繁；降及隋、唐，斯名未改，宜仍旧

---

① 重刻本作"吾为《伪经考》凡十四篇"。
② 重刻本作"南海康有为广厦记"。

贯，俾人易昭。主人听然曰①：若客所云，是犹为刘歆所绐也。夫"古学"所以得名者，以诸经之出于孔壁，写以古文也；夫孔壁既虚，古文亦赝，伪而已矣，何"古"之云！后汉之时，学分今古，既托于孔壁，自以古为尊，此新歆所以售其欺伪者也。今罪人斯得，旧案肃清，必也正名，无使乱实。歆既饰经佐篡，身为新臣，则经为新学，名义之正，复何辞焉！后世汉、宋互争，门户水火，自此视之，凡后世所指目为"汉学"者，皆贾、马、许、郑之学，乃新学，非汉学也；即宋人所尊述之经，乃多伪经，非孔子之经也。新学之名立，学者皆可进而求之孔子，汉、宋二家退而自讼，当自咎其凤昔之眛妄，无为谬讼者矣。客又问主人曰：别伪文，正新名，既得闻命矣。主人所著《毛诗伪证》、《古文尚书伪证》、《古文礼伪证》、《周官伪证》、《明堂月令伪证》、《费氏易伪证》、《左氏传伪证》、《国语伪证》、《古文论语伪证》、《古文孝经伪证》、《尔雅伪证》、《小尔雅伪证》、《说文伪证》，既遍攻伪经，何不合作一书；沧海之观既极，犁轩之幻自祛，发蒙晓然，绝其根株？离而贰之，鄙犹惑诸。主人曰：伪经虽攻，然其蒂附深远，未能尽去也。百诗证王肃之伪书，而王书自行也；司马证刘炫之伪传，而刘传自传也。吾采西汉之说以定孔子之本经，亦附新学之说以证刘歆之伪经，真伪相校，黑白昭昭，是非襦襦；虽有苏、张，口呿舌挢，无事麋聚于此，致启哓哓。客又问主人曰：主人之于文字，既攻许学之伪矣。然三古之真字不传，后世之野文日增；传流有绪，无如《说文》，虽乱淄渑，犹有寄君；若舍泾长，将何依因？主人曰：文字之别，有户有门，寻端绎绪，承变相因。若欲复篆，中隔汉隶，难逾此

---

① 重刻本作"主人唱然曰"。

关。魏、晋争乱，书体杂越，更难求真。唯开元之定今隶，为后世之矩绳，于今用之，正极为衡。《开成石经》、《干禄字书》、《九经字样》、《五经文字》，依此写定，是师是承。其张、唐二本，如"桃枇"、"刊刋"，《说文》、《石经》，两体并存。(《九经字样》不言《石经》，然曰"经典相承"，即《石经》之类也。)考中郎刊正，本主今文，南阁积撰，专宗古学。今尊《石经》，其诸雅正欤！门人好学，预我玄文；其赞助编检者，则南海陈千秋、新会梁启超也①，校雠讹夺者，则番禺韩文举、新会林奎也。

【说明】《新学伪经考》，光绪十七年广州康氏万木草堂刊本，接着，"各省五缩印"，曾见"光绪辛卯年暮春武林望云楼石印本"。一八九四年，遭清政府焚毁。一九一七年重刻出版，改名《伪经考》，书前有题词："光绪辛卯，初刊于广州；各省五缩印。甲午奉旨毁板；戊戌、庚子两次奉伪旨毁板。丁巳冬重刊于京城，戊午秋七月成。更甡记。"一九三一年有北平文化学社铅字排印本，一九三六年有商务印书馆的国学基本丛书本。

《新学伪经考》以为东汉以来经学，多出刘歆伪造，"始作伪，乱圣制者，自刘歆；布行伪经，篡孔统者，成于郑玄"，所以叫做"伪经"。刘歆"饰经佐篡，身为新臣"，是新莽一朝之学，与孔子无涉，所以叫做"新学"。他的攻击"新学"，指斥"伪经"，是为了推翻古文经学的"述而不作"，打击顽固派的"恪守祖训"，从而拨除变法维新的封建绊脚石，在当时影响很大。

今据光绪十七年万木草堂原刊本录出，校以一九一七年重刻本。

---

① "新会梁启超也"，重刻本作"最勤而敏也"。下增"其"字。

（选自《康有为政论集》，中华书局 1981 年版）

　　本文选自《康有为政论集》。文章认为：东汉以来的经学，多为刘歆伪造，所以叫做"伪经"。"伪经"是新莽一朝之学，与孔子无涉，所以叫做"新学"。作者在文中大力攻击"新学"，指斥"伪经"，是为了推翻古文经学的"述而不作"，打击顽固派的"恪守祖训"，从而拔除变法维新的绊脚石，在当时影响很大。

20世纪儒学研究大系

诸子学略说(节选)

章太炎

所谓诸子学者,非专限于周秦,后代诸家,亦得列入,而必以周秦为主。盖中国学说,其病多在汗漫。春秋以上,学说未兴,汉武以后,定一尊于孔子,虽欲放言高论,犹必以无碍孔氏为宗。强相援引,妄为皮傅,愈调和者愈失其本真,愈附会者愈违其解故。故中国之学,其失不在支离,而在汗漫。自宋以后,理学肇兴。明世推崇朱氏,过于素王。阳明起而相抗,其言致良知也,犹云朱子晚年定论。孙奇逢辈遂以调和朱、陆为能,此皆汗漫之失也。

惟周秦诸子,推迹古初,承受师法,各为独立,无援引攀附之事,虽同在一家者,犹且矜己自贵,不相通融。故荀子非十二子,子思、孟轲亦在其列。或云子张氏之贱儒,子游氏之贱儒,子夏氏之贱儒,诟詈嘲弄,无所假借。《韩非子·显学篇》云:世之显学,儒墨也,儒之所至,孔丘也,墨之所至,墨翟也。自孔子之死也,有子张之儒,有子思之儒,有颜氏之儒,有孟氏之儒,有漆雕氏之儒,有仲良氏之儒,有孙氏之儒,有乐正氏之儒。自墨子之死也,有相里氏之墨,有相夫氏之墨,有邓陵氏之墨。故孔、墨之后,儒分为八,墨离为三,取舍相反不同,而皆自谓真孔、墨,孔、墨① 不可复生,谁

---

① "孔、墨"二字原脱,据《韩非子·显学篇》补。

使定世之学乎^①！此可见当时学者，惟以师说为宗，小有异同，便不相附，非如后人之忌狭隘、喜宽容、恶门户、矜旷观也。盖观调和独立之殊，而知古今学者远不相及。佛家有言，何等名为所熏，若法平等，无所违逆，能容习气，乃是所熏。此遮善染，势力强盛，无所容纳，故非所熏。若法自在性，非坚密能受习气，乃是所熏。此遮心所。及无为法，依他坚密，故非所熏。(见《成唯识论》)此可见古学之独立者，由其持论强盛，义证坚密，故不受外熏也。

或曰：党同门而妒道真者，刘子骏之所恶，以此相责，得无失言。答曰：此说经与诸子之异也。说经之学，所谓疏证，惟是考其典章制度与其事迹而已。其是非且勿论也。欲考索者，则不得不博览传记，而汉世太常诸生，唯守一家之说，不知今之经典，古之官书，其用在考迹异同，而不在寻求义理。故孔子删定六经，与太史公、班孟坚辈，初无高下，其书既为记事之书，其学惟为客观之学，党同妒真，则客观之学，必不能就，此刘子骏所以移书匡正也。若诸子则不然。彼所学者，主观之学，要在寻求义理，不在考迹异同。既立一宗，则必自坚其说，一切载籍，可以供我之用，非束书不观也。虽异己者，亦必睹其籍，知其义趣，惟往复辩论，不稍假借而已。是故言诸子，必以周秦为主。

古之学者，多出王官世卿用事之时，百姓当家，则务农商畜牧，无所谓学问也。其欲学者，不得不给事官府为之胥徒，或乃供洒扫为仆役焉。故《曲礼》云：宦学事师。学字本或作御。所谓宦者，谓为其宦寺也；所谓御者，谓为其仆御也。故事师者，以洒扫进退为职，而后车从者，才比于执鞭拊马之徒。观春秋时，世卿皆称夫子。夫子者，犹今言老爷耳。孔子为鲁大夫，故其徒尊曰夫子，犹是主

① 《韩非子·显学篇》作："将谁使定后世之学乎！"

仆相对之称也。《说文》云："仕,学也。"仕何以得训为学？所谓宦于大夫,犹今之学习行走尔。是故非仕无学,非学无仕,二者是一而非二也。(学优则仕之言,出于子夏。子夏为魏文侯师。当战国时,仕学分途久矣,非古义也。)秦丞相李斯议曰："若欲有学法令,以吏为师。"亦犹行古之道也。惟其学在王官,官宿其业,传之子孙,故谓之畴人子弟(见《史记·历书》)。畴者,类也。汉律,年二十三傅之畴官,各从其父学,此之谓也。(近世阮元作《畴人传》,以畴人为明算之称,非是。)其后有儒家、墨家诸称,《荀子·大略篇》云:此家言邪学,所以恶儒者。当时学术相传,在其子弟,而犹称为家者,亦仍古者畴官世业之名耳。《史记》称老聃为柱下史,庄子称老聃为征藏史,道家固出于史官矣。孔子问礼老聃,卒以删定六艺,而儒家亦自此萌芽。墨家先有史佚,为成王师,其后墨翟亦受学于史角。阴阳家者,其所掌为文史星历之事,则《左氏》所载瞽史之徒,能知天道者是也。其他虽无征验,而大抵出于王官。是故《汉·艺文志》论之曰:

> 儒家者流,盖出于司徒之官。道家者流,盖出于史官。阴阳家者流,盖出于羲和之官。法家者流,盖出于理官。名家者流,盖出于礼官。墨家者流,盖出于清庙之守。纵横家者流,盖出于行人之官。杂家者流,盖出于议官。农家者流,盖出于农稷之官。小说家者流,盖出于稗官。

此诸子出于王官之证。惟其各为一官,守法奉职,故彼此不必相通。《庄子·天下篇》云:譬如耳目鼻口,皆有所明,不能相通,是也。亦有兼学二术者,如儒家多兼纵横,法家多兼名,此表里一体,互为经纬者也。若告子之兼学儒、墨,则见讥于孟氏,而墨子亦谓告子为仁,譬犹跂以为长,隐以为广,其弟子请墨子弃之(见《墨子·公孟篇》)。进退失据,两无所容,此可谓调和者之戒矣。

今略论各家如左:

一论儒家。《周礼·太宰》言儒以道得民，是儒之得称久矣。司徒之官，专主教化，所谓三物化名。三物者，六德、六行、六艺之谓。是故孔子博学多能，而教人以忠恕。虽然，有商订历史之孔子，则删定《六经》是也；有从事教育之孔子，则《论语》、《孝经》是也。由前之道，其流为经师；由后之道，其流为儒家。《汉书》以周秦、汉初诸经学家录入《儒林传》中，以《论语》、《孝经》诸书录入《六艺略》中，此由汉世专重经术，而儒家之荀卿，又为《左氏》、《穀梁》、《毛诗》之祖，此所以不别经、儒也。若在周秦，则固有别。且如儒家巨子，李克、宁越、孟子、荀卿、鲁仲连辈，皆为当世显人，而《儒林传》所述传经之士，大都载籍无闻，莫详行事。盖儒生以致用为功，经师以求是为职。虽今文古文，所持有异，而在周秦之际，通经致用之说未兴，惟欲保残守缺，以贻子孙，顾于世事无与。故荀卿讥之曰：鄙夫好其实，不恤其文，是以终身不免捭污庸俗。故《易》曰：括囊，无咎无誉。腐儒之谓也。（见《非相篇》）此云腐儒，即指当时之经师也。由今论之，则犹愈于汉世经师，言取青紫如拾芥，较之战国儒家亦为少愈，以其淡于荣利云尔。

儒家之病，在以富贵利禄为心。盖孔子当春秋之季，世卿秉政，贤路壅塞，故其作《春秋》也，以非世卿见志，公羊家及左氏家张敞皆有其说。其教弟子也，惟欲成就吏材，可使从政。而世卿既难猝去，故但欲假借事权，便其行事。是故终身志望，不敢妄希帝王，惟以王佐自拟。观荀卿《儒效篇》云：大儒者，天子三公也。杨注，其才堪王者之佐也。小儒者，诸侯大夫士也。众人者，工农商贾也。是则大儒之用，无过三公，其志亦云卑矣。孔子之讥丈人，谓之不仕无义。孟子、荀卿皆讥陈仲，一则以为无亲戚君臣上下，一则以为盗名不如盗货（见《荀子·不苟篇》）。而荀子复述太公诛华仕事（见《宥坐篇》）。由其不臣天子，不友诸侯（见《韩非子·外储说》右上），是儒家之湛心荣利，较然可知。所以者何？苦心力学，约处穷身，必求得雠，而后意歉，故曰："沽之哉！沽之哉！"不沽则吾道穷矣。

《艺文志》说儒家云，辟者随时抑扬，违离道本，苟以哗众取宠。不知哗众取宠，非始辟儒，即孔子固已如是。庄周述盗跖之言曰："鲁国巧伪人孔丘，不耕而食，不织而衣，摇唇鼓舌，擅生是非，以迷天下之主。使天下学士，不反其本，妄作孝弟，而徼幸于封侯富贵者也。"此犹曰道家诋毁之言也，而微生亩与孔子同时，已讥其佞，则儒家之真可见矣。孔子干七十二君，已开游说之端，其后儒家率多兼纵横者。（见下）其自为说曰："无可无不可。"又曰："可与立，未可与权。"又曰："君子之中庸也，君子而时中。"孟子曰："孔子，圣之时者也。"荀子曰："君子时绌则绌，时伸而伸也。"（见《仲尼篇》）然则孔子之教，惟在趋时，其行义从事而变，故曰"言不必信，行不必果"，如《墨子·非儒》下篇讥孔子曰：

> 孔子穷于陈、蔡之间，藜羹不糁十日，子路为烹豚，孔丘不问肉之所由来而食。褫人衣以酤酒，孔丘不问酒之所由来而饮。哀公迎孔丘，席不端弗坐，割不正弗食，子路进请曰："何其与陈、蔡反也？"孔丘曰："来！吾语汝！囊与汝为苟生，今与汝为苟义。"夫饥约，则不辞妄取以活身；赢饱，则伪行以自饰①。污邪诈伪，孰大于此。

其诈伪既如此。及其对微生亩也，则又以疾固自文，此犹叔孙通对鲁两生曰："若真鄙儒不知时变也。"所谓中庸，实无异于乡愿。彼以乡愿为贼而讥之。夫一乡皆称愿人，此犹没身里巷、不求仕宦者也。若夫逢衣浅带，矫言伪行，以迷惑天下之主，则一国皆称愿人。所谓中庸者，是国愿也，有甚于乡愿者也。孔子讥乡愿，而不讥国

---

① "则"字原脱，据《墨子·非儒》下补。

愿，其湛心利禄又可知也。

君子时中，时伸时绌，故道德不必求其是，理想亦不必求其是，惟期便于行事则可矣。用儒家之道德，故艰苦卓厉者绝无，而冒没奔竞者皆是。俗谚有云："书中自有千钟粟。"此儒家必至之弊。贯于征辟、科举、学校之世，而无乎不遍者也。用儒家之理想，故宗旨多在可否之间，论议止于函胡之地。彼耶稣教、天方教，崇奉一尊，其害在堵塞人之思想，而儒术之害，则在淆乱人之思想，此程、朱、陆、王诸家所以有权而无实也。虽然，孔氏之功则有矣，变机祥神怪之说而务人事，变畴人世官之学而及平民，此其功亦复绝千古。二千年来，此事已属过去，独其热中竞进在耳。

次论道家。道家老子，本是史官，知成败祸福之事，悉在人谋，故能排斥鬼神，为儒家之先导。（道家如老、庄辈，皆无崇信鬼神之事，列子稍近神仙，亦非如汉世方士所为也。）《老子》"谷神不死，是谓玄牝"等语，未知何指。道士依傍其说，推为教祖，实于老子无与，亦以怵于利害，胆为之怯，故事事以卑弱自持。所云无为权首，将受其咎，人皆取先，己独取后者，实以表其胆怯之征。盖前世伊尹、太公之属（《汉·艺文志》道家有《伊尹》五十一篇、《太公》二百三十七篇）。皆为辅佐，不为帝王。学老氏之术者，周时有范蠡，汉初有张良，其位置亦相类，皆惕然于权首之戒者也。孔子受学老聃，故儒家所希，只在王佐，可谓不背其师说矣。

……

虽然，老子以其权术授之孔子，而征藏故书，亦悉为孔子诈取。孔子之权术，乃有过于老子者。孔学本出于老，以儒道之形式有异，不欲崇奉以为本师（亦如二程子之学本出濂溪，其后反对佛老，故不称周先生，直称周茂叔而已。东原之学，本出婺原，其后反对朱子，故不称江先生，直称吾郡老儒江慎修而已）。而惧老子发其覆也，于是说老子曰：乌鹊孺，鱼傅沫，细要者化，有弟而兄啼。（见

《庄子·天运篇》)(意谓己述六经,学皆出于老子,吾书先成,子名将
夺,无可如何也。)老子胆怯,不得不曲从其请。逢蒙杀羿之事,又
其素所怵惕也。胸有不平,欲一举发,而孔氏之徒,遍布东夏,吾言
朝出,首领可以夕断,于是西出函谷,知秦地之无儒,而孔氏之无如
我何,则始著《道德经》以发其覆。借令其书早出,则老子必不免于
杀身,如少正卯在鲁,与孔子并,孔子之门,三盈三虚(见《论衡·讲
瑞篇》)。犹以争名致戮,而况老子之陵驾其上者乎!呜呼!观其
师徒之际,忌刻如此,则其心术可知,其流毒之中人,亦可知已。
　　……

　　次论墨家。墨家者,古宗教家,与孔、老绝殊者也。儒家公孟言
无鬼神(见《墨子·公孟篇》)。道家老子言以道莅天下,其鬼不神,是
故儒、道皆无宗教。儒家后有董仲舒,明求雨禳灾之术,似为宗教。
道家则由方士妄托,为近世之道教,皆非其本旨也。惟墨家出于清
庙之守,故有《明鬼》三篇,而论道必归于天志,此乃所谓宗教矣。兼
爱、尚同之说,为孟子所非;非乐、节葬之义,为荀卿所驳。……

　　虽然,命者孰为之乎?命字之本,固谓天命。儒者既斥鬼神,
则天命亦无可立。若谓自然之数,数由谁设,更不得其征矣。然墨
子之非命,亦仅持之有故,未能言之成理也。特以有命之说,使其
偷惰,故欲绝其端耳。其《非命》下篇云:今天下之君子之为文学出
言谈也,非将勤能其颊舌而利其唇吻也,中实将欲其国家邑里万民
刑政者也。今王公大臣,若信有命而致行之,则必怠乎听狱治政
矣,卿大夫必怠乎治官府矣,农夫必怠乎耕稼树艺矣,妇人必怠乎
纺绩织纴矣。是故非命者,不必求其原理,特谓于事有害而已。

　　夫儒家不信鬼神而言有命,墨家尊信鬼神而言无命,此似自相
刺缪者。不知墨子之非命,正以成立宗教,彼之尊天右鬼者,谓其
能福善祸淫耳。若言有命,则天鬼为无权矣。卒之盗跖寿终,伯夷
饿夭,墨子之说,其不应者甚多,此其宗教所以不能传久也。又凡

建立宗教者，必以音乐庄严之具感触人心，使之不厌。而墨子贵俭非乐，故其教不能逾二百岁。秦汉已无墨者。虽然，墨子之学，诚有不逮孔、老者，其道德则非孔、老所敢窥视也。

……

次论纵横家。纵横家之得名，因于从人横人，以六国抗秦为从，以秦制六国为横，其名实不通于异时异处。《汉志》所录，汉有《蒯子》五篇、《邹阳》七篇。蒯劝韩信以三分天子鼎足而居，邹阳仕梁，值吴、楚昌狂之世，其书入于纵横家，亦其所也。其他秦《零陵令信》一篇、《主父偃》二十八篇、《徐乐》一篇、《庄安》一篇、《待诏金马聊苍》一篇，身仕王朝，复何纵横之有。然则纵横者，游说之异名，非独外交颛对之事也。

儒家者流，热中趋利，故未有不兼纵横者，如《墨子·非儒》下篇记孔子事，足以明之：

> 孔丘之齐，见景公，景公欲封之以尼溪。晏子曰："不可。"于是厚其礼，留其封，数见而不问其道，孔乃恚怒于景公与晏子，乃树鸱夷子皮于田常之门，告南郭惠子以所欲焉。归于鲁。有顷间，齐将伐鲁，告子贡曰："赐乎，举大事于今之时矣。"乃遣子贡之齐，因南郭惠子以见田常，劝之伐吴，以教高、国、鲍、晏，使毋得害田常之乱。

《越绝书》内传《陈成恒篇》亦记此事云：子贡一出，存鲁、乱齐、破吴、强晋、霸越。是则田常弑君，实孔子为之主谋，沐浴请讨之事，明知哀公不听，特借此以自文。此为诈谖之尤矣。便辞利口，覆邦乱家，非孔子、子贡为之倡耶？《庄子·胠箧》云：田成子一旦杀齐君而盗其国，所盗者岂独其国耶？并举其圣知之法而盗之，故窃钩者死，窃国者为诸侯，诸侯之门，而仁义存焉。此即切齿腐心于孔子之事也。

自尔以来，儒家不兼纵横，则不能取富贵。余观《汉志》儒家所列，有《鲁仲连子》十四篇、《平原老》七篇、《陆贾》二十三篇、《刘敬》三篇、《终军》八篇、《吾丘寿王》六篇、《庄助》四篇。此外，则有郦生，汉初谒者，称为大儒。而其人皆善纵横之术。其关于外交者，则鲁仲连说辛垣衍，郦生说田横，陆贾、终军、严助谕南越是也。其关于内事者，则刘敬请都关中是也。吾丘寿王在武帝前，智略辐辏，传中不言其事，寿王既与主父偃、徐乐、庄助同传，其行事宜相似。而平原老朱建者，则为辟阳侯审食其事，游说嬖人，其所为愈卑鄙矣。

纵横之术，不用于国家，则用于私人，而持书求荐者，又其末流。曹丘通谒于季布，楼护传食于五侯。降及唐世，韩愈以儒者得名，亦数数腾言当道，求为援手。乃知儒与纵横，相为表里，犹手足之相支、皮革之相附也。宋儒稍能自重。降及晚明，何心隐辈又以此术自豪。及满洲而称理学者，无不习捭阖，知避就矣。孔子称达者察言观色，虑以下人，闻者色取行违，居之不疑。由今观之，则闻者与纵横稍远，而达者与纵横最近，达固无以愈于闻也。程、朱末流，惟是闻者；陆、王末流，惟是达者。至于今日，所谓名臣大儒，则闻达兼之矣。若夫纵人横人之事，则秦皇一统而后，业已灭绝，故《隋书·经籍志》中，惟存《鬼谷》三卷，而梁元帝所著《补阙子》与《湘东鸿烈》二书，不知其何所指也。

次论法家。法家者，略有二种，其一为术，其一为法。《韩非子·定法篇》曰：申不害言术，而公孙鞅为法。术者，因任而授官，循名而责实，操杀生之柄，课群臣之能者也。此人主之所执也。法者，宪令著于官府，刑罚必于民心，赏存乎慎法，而罚加乎奸令者也，此臣之所师也。然为术者，则与道家相近；为法者，则与道家相反。《庄子·天下篇》说慎到之术曰：椎拍辊断，与物宛转，推而后行，曳而后往，若飘风之还，若羽之旋，若磨石之隧，全而无非，动静无过，未尝有罪。此老子所谓圣人无常心，以百姓为心也。此为术者与道家相近也。老子言民不畏死，奈何以死惧之。太史公《酷吏列传》亦引法令滋章、盗贼多有之说，而云法令者，治之具，而非制治清浊之源，此为法者与道家相反也。亦有兼任术法者，则管子、韩非是也。《汉志》，《管子》列于道家，其《心术》、《白心》、《内业》诸篇，皆其术也，《任法》、《法禁》、《重令》诸篇，皆其法也。韩非亦然，《解老》、《喻老》，本为道家学说。少尝学于荀卿，荀卿隆礼义而杀诗书，经礼三百，固周之大法也。韩非合此二家，以成一家之说，亦与管子相类。(惟《管子·幼官》诸篇，尚兼阴阳，而韩非无此者，则以时代不同也。)后此者惟诸葛亮专任法律，与商君为同类。故先主遗诏，令其子读《商君书》(见裴松之《三国志注》引《诸葛亮集》)。知其君臣相合也。其后周之苏绰、唐之宋璟，庶几承其风烈。

　　然凡法家必与儒家、纵横家反对，惟荀卿以儒家大师，而法家韩、李为其弟子，则以荀卿本意在杀诗书，固与他儒有别。韩非以法家而作《说难》，由其急于存韩，故不得不兼纵横耳。其他则与儒家、纵横家未有不反唇相稽者①。《商君·外内篇》曰：奚为淫道，为辩知者贵，游宦者任，交学私名显之谓也。此兼拒儒与纵横之说也。《靳令篇》曰：六虱：曰礼乐，曰诗书，曰修善，曰孝弟，曰诚信，曰贞廉，曰仁义，曰非兵，曰羞战。此专拒儒者之说也。《韩非·诡使篇》曰：守度奉量之士欲以忠婴上而不得见，巧言利辞②，行奸轨以幸偷世者数御。《六反篇》曰：游居厚养，牟食之民也，而世尊之曰"有能之士"。曲语牟知③，伪诈之民也，而世尊之曰"辩智之士"。此拒纵横家之说也。《五蠹篇》曰：儒以文乱法，侠以武犯禁。

---

　　① 原作"其余则与儒家从纵横未有不反唇相稽者"，据国学讲习会本改。

　　② 原作"巧言利群"，据《韩非子·诡使篇》改。

　　③ 《韩非子·六反篇》作"语曲牟知"。

《显学篇》曰:藏书策,习谈论,聚徒役,服文学而议说,世主必从而礼之。国平则养儒侠,难至则用介士,所养者非所用,所用者非所养,此所以乱也。此拒儒家之说也。《五蠹篇》曰:明主之国,无书简之文,以法为教;无先王之语,以吏为师。此拒一切学者之说也。至汉公孙弘、董仲舒辈,本是经师。其时经师与儒已无分别。弘习文法吏事,而缘饰以儒术;仲舒为《春秋决狱》二百三十二事,以应廷尉张汤之问,儒家、法家,于此稍合。自是以后,则法家专与纵横家为敌,严助、伍被,皆纵横家,汉武欲薄其罪,张汤争而诛之。主父偃亦纵横家,汉武欲勿诛,公孙弘争而诛之。而边通学短长之术,亦卒潜杀张汤。诸葛治蜀,赏信必罚,彭羕、李严,皆纵横之魁桀,故羕诛而严流。其于儒者,则稍稍优容之。盖时诎则诎,能俯首帖耳于法家之下也。然儒家、法家、纵横家,皆以仕宦荣利为心,惟法家执守稍严,临事有效。儒家于招选茂异之世,则习为纵横;于综核名实之世,则毗于法律。纵横是其本真,法律非所素学。由是儒者自耻无用,则援引法家以为己有。南宋以后,尊诸葛为圣贤,亦可闵已。然至今日,则儒、法、纵横,殆将合而为一也。

(选自《章太炎政论选集》上册,中华书局1977年版)

章太炎(1869—1936),浙江余姚人。近代著名国学大师、民主革命家、思想家。甲午战后,痛感民族危亡,参加强学会,投身维新变法运动。变法失败后,流亡日本,结识了孙中山,参加民主革命。1902年在日本发起支那亡国242周年纪念会,后与蔡元培等组织中国教育会和爱国学社。1903年写《驳康有为论革命书》,并为邹容《革命军》作序,歌颂革命、驳斥保皇言论,影响很大,名震海内,遭到清廷镇压,酿成"《苏报》案",被囚于上海。出狱后参加同盟会。1906年去日本,主编《民报》,与康梁改良派论战。辛亥革命前夕,章太炎在政治思想上开始倒退,同孙中山公开分裂。追随袁世凯、黎元洪,反对孙中山,攻击南京临时政府和约法。后因反对袁世凯称帝,被软禁。袁死后被释,参加护法运动,继续反对北洋军阀。"五四"运动后,思想渐趋保守,提倡国粹,鼓吹尊孔读经,反对新文化运动和国民革命。"九·一八"事变后,主张抗日救国,反对蒋介石的不抵抗政策,热情支持"一二·九"学生爱国运动,保持了爱国主义的晚节。他一生著述丰富,主要编入《章太炎全集》、《章氏丛书》及续编等。

本文选自《章太炎政论选集》。文章介绍了儒家、道家、墨家、纵横家、法家各派之思想,着重论述了儒家政治思想与各派之间的关系。并指出"儒家之病,在以富贵利禄为心","儒家者流,热中趋利"。

20世纪儒学研究大系

辟　韩①

严　复

往者吾读韩子《原道》之篇，未尝不恨其于道于治浅也。其言曰："古之时，人之害多矣。有圣人者立，然后教之以相生相养之道，为之君，为之师，驱其虫蛇禽兽而处之中土。寒，然后为之衣；饥，然后为之食；木处而颠② 土处而病也，然后为之宫室。为之工以赡其器用，为之贾以通其有无，为之医药以济其夭亡，为之葬埋祭祀以长其恩爱，为之礼以次其先后，为之乐以宣其湮郁，为之政以率其怠倦，为之刑以锄其强梗；相欺也，为之符玺、斗斛、权衡以信之；相夺也，为之城郭、甲兵以守之；害至而为之备，患生而为之防。""如古之无圣人，人之类灭久矣。何也？无羽毛、鳞介以居寒热也，无爪牙以争食也。"如韩子之言，则彼圣人者，其身与其先祖父必皆非人也而后可，必皆有羽毛、鳞介而后可，必皆有爪牙而后可。使圣人与先祖父而皆人也，则未及其生，未及成长，其被虫蛇、禽兽、寒饥、木土之害而夭死者，固已久矣，又乌能为之礼乐刑政、以为他人防备患害也哉？老之道其胜于孔子与否抑无所异焉，吾

---

① 《辟韩》：即批判韩愈。作者通过批判韩愈的《原道》，抨击封建君主专制制度，宣传西方资产阶级民主思想。文章从理论上否定"君臣之伦"，但又主张君臣关系不能废弃，反映了严复民权思想的局限性。

② 木处而颠：住在树上跌落下来。

不足以定之;至其自然,则虽孔子无以易。韩子一概辞而辟之,则不思之过耳。而韩子又曰:"君者,出令者也。臣者,行君之令而致之民者也。民者,出粟米麻丝、作器皿、通货财以事其上者也。君不出令,则失其所以为君;臣不行君之令而致之民,则失其所以为臣;民不出粟米麻丝、作器皿、通货财以事其上,则诛。"嗟乎!君民相资之事,固如是焉已哉!夫苟如是而已,则桀、纣、秦政之治,初何以异于尧、舜、三王?且使民与禽兽杂居,寒至而不知衣,饥至而不知食,凡所谓宫室、器用、医药、葬埋之事,举皆待教而后知为之,则人之类其灭久矣,彼圣人者,又乌得此民者出令而君之?

　　且韩子故不云民者出粟米麻丝、作器皿、通货财以相为生养者也,其有相欺、相夺而不能自治也,故出什一之赋,而置之君,使之作为刑政、甲兵以锄其强梗,备其患害;然而君不能独治也,于是为之臣,使之行其令,事其事。是故民不出什一之赋,则莫能为之君;君不能为民锄其强梗、防其患害则废;臣不能行锄其强梗、防患害之令则诛乎?孟子曰:"民为贵,社稷次之,君为轻。"此古今之通义也。而韩子不云尔者,知有一人而不知有亿兆也。老之言曰:"窃钩者诛,窃国者侯。"① 夫自秦以来,为中国之君者皆其尤强梗者也,最能欺夺之一人,使安坐而出其唯所欲为之令,而使天下无数之民,各出其苦筋力、劳神虑者以供其欲,少不如是焉则诛,天之意固如是乎?道之原又如是乎?"于乎!其亦幸出于三代之后,不见黜于禹、汤、文、武、周公、孔子也;其亦不幸不出于三代之前,不见正于禹、汤、文、武、周公、孔子也。"②

　　且韩子亦知君臣之伦之出于不得已乎?有其相欺,有其相夺,

----

① "窃钩者诛"二句:见《庄子·胠箧》。作者误作老子之言。

② "其亦幸出于三代之后"四句:是借用韩愈《原道》中驳斥佛老的话回击韩愈。

有其强梗,有其患害,而民既为是粟米〈麻〉丝、作器皿、通货财与凡相生相养之事矣,今又使之操其刑焉以锄,主其斗斛、权衡焉以信,造为城郭、甲兵焉以守,则其势不能。于是通功易事,择其公且贤者立而为之君。其意固曰,吾耕矣、织矣、工矣、贾矣,又使吾自卫其性命财产焉,则废吾事,何若使子独专〔立〕〈力〉于所以为卫者,而吾分其所得于耕、织、工、贾者以食子给子之为利广而事治乎?此天下立君之本旨也。是故君也、臣也,刑也、兵也,皆缘卫民之事而后有也。而民之有待于卫者,以其有强梗、欺夺、患害也。其有欺夺、强梗、患害也者,化未进而民未尽善也。是故君也者,与天下之不善而同存,不与天下之善而对待。今使用仁义道德之说,而天下如韩子所谓"以之为己,则顺而祥;以之为人,则爱而公;以之为心,则和而平"。夫如是之民,则将莫〔之〕〈不〉知其性分之所固有、职分之所当为矣,尚何有强梗欺夺?尚何有于相为患害?又安用此高高在上者,朘①我以生,出令令我,责所出② 而诛我,时而抚我为后③,时而虐我为仇也哉!故曰:君臣之伦,出于不得已也。患其不得已,故不足以为道之原。彼佛之弃君臣,是也;其所以弃君臣,非也④。而韩子将以为是固与天壤相弊⑤ 者也,又乌足以为知道者乎?

　　然则及今而弃吾君臣可乎?曰:是大不可。何则?其时未至,其俗未成,其民不足以自治也。彼西洋之善国且不能,而况中国

---

①　朘(juān 捐):剥削。

②　责所出:索取生产所得。

③　后:君主。

④　"彼佛之弃君臣"四句:指佛教抛弃君臣关系是对的,但其理由是为了出世成佛,则是错误的。

⑤　与天壤相弊:与天地共存亡。

乎？今夫西洋者，一国之大公事，民之相与自为者居其七，由朝廷而为之者居其三，而其中之荦荦尤大者，则明刑、治兵两大事而已。何则？是二者，民之所仰于其国之最急者也。昔汉高入关，约法三章耳，而秦民大服。知民所求于上者保其性命财产，不过如是而已。更骛其余，所谓代大匠斲，未有不伤指者也①。是故使今日而中国有圣人兴，彼将曰：吾之以藐藐之身托于亿兆人之上者，不得已也，民弗能自治故也。民之弗能自治者，才未逮，力未长，德未和也。乃今将早夜以孳孳求所以进吾民之才、德、力者，去其所以困吾民之才、德、力者，使其无相欺相夺而相患害也，吾将悉听其自由。民之自由，天之所畀也，吾又乌得而靳②之！如是，幸而民至于能自治也，吾将悉复而与之矣。唯一国之日进富强，余一人与吾子孙尚亦有利焉，吾曷贵私天下哉！诚如是，三十年而民不大和，治不大进，六十年而中国有不克，与欧洲方富而比强者，正吾菶言乱政之罪可也。彼英、法、德、美诸邦之进于今治者，要不外数百年、数十年间耳。况夫彼为其难、吾为其易③也。嗟乎！有此无不有之国，无不能之民，用庸人之论，忌讳虚怯，至于贫且弱焉以亡天下，恨事孰过此者！是故考西洋各国，当知富强之甚难也，我何可以苟安？考西洋各国，又当知富强之易易也，我不可以自馁；道在去其害富害强，而日求其能与民共治而已。语有之曰："曲士不可与语道者，束于教也。"④苟求自强，则古人之书且有不可泥者，

────────────

①　"代大匠斲"二句：见《老子》："夫代大匠斲者，希有不伤其手矣。"是说一般人去干熟练工匠的活，难免伤手。这里指君主谋求更多的权力是没有好结果的。

②　靳：吝惜，不肯给。

③　吾为其易：指我国有欧美经验可以借鉴，走富强的道路比较容易。

④　"曲士不可与语道者"二句：见《庄子·秋水》。曲士，固陋偏执的人。束于教，这里指被封建教条束缚。

况夫秦以来之法制！如彼韩子，徒见秦以来之为君。秦以来之为君，正所谓大盗窃国者耳。国谁窃？转相窃之于民而已。既已窃之矣，又惴惴然恐其主之或觉而复之也，于是法与令猬毛而起。质而论之，其什八九皆所以坏民之才，散民之力，漓民之德者也。斯民也，固斯天下之真主也，必弱而愚之，使其常不觉，常不足以有为，而后吾可以长保所窃而永世。嗟乎！夫谁知患常出于所虑之外也哉！此庄周所以有胠箧之说① 也。是故西洋之言治者曰：国者斯民之公产也，王侯将相者，通国之公仆隶也。而中〈国〉之尊王者曰："天子富有四海，臣妾亿兆。"臣妾者，其文之故训犹奴虏也。夫如是，则西洋之民其尊且贵也过于王侯将相，而我中国之民其卑且贱，皆奴产子也。设有战斗之事，彼其民为公产公利自为斗也，而中国则奴为其主斗耳。夫驱奴虏以斗贵人，固何所往而不败！

（选自《林严文钞》卷三，《戊戌变
法》（三）神州国光社 1953 年版）

严复（1854—1921），福建侯官人。近代著名思想家、翻译家。福州船政学堂第一届毕业生，后留学英国海军学校，广泛涉猎了西方政治、经济、哲学学说。1880 年任北洋水师学堂总教习，后升总办。1894 年甲午中日战争后，在天津《直报》发表一系列文章，宣扬维新变法、救亡图存。1897 年在天津创办《国闻报》，并翻译出版了《天演论》，以激励民众自强图

---

① 　庄周所以有胠箧之说：《庄子·胠箧》说：为了防备小偷，把箱子锁牢。大盗一来，连箱子一起背走。作者用以比喻封建统治者实行愚民政策，防止人民造反，结果外国入侵，整个国家都有被吞并的危险。胠（qū 区）箧，撬开小箱。

存,振兴民族。1898 年参与向光绪帝上万言书,提出变法的具体方案。戊戌变法失败后,曾任京师大学堂编译局总办、资政院议员等。先后翻译了《原富》、《群学肄言》、《法意》、《穆勒名学》等,传播西方政治和经济思想及社会学、逻辑学等。辛亥革命后,思想渐趋保守,反对民主革命。1915 年参加筹安会,拥戴袁世凯复辟帝制。晚年提倡尊孔读经,反对新文化运动。著译主要有:《愈樊堂诗集》、《严几道诗文钞》、《侯官严氏丛刊》、《严译名著丛刊》等。

本文选自《林严文钞》。文章通过批判韩愈的《原道》,抨击封建君主专制制度,宣传西方资产阶级民主思想。文章从理论上否定“君臣之伦”,但又主张君臣关系不能废弃,反映了严复民权思想的局限性。

20世纪儒学研究大系

儒 家 思 想

梁启超

其一

儒家言道言政,皆植本于"仁"。不先将仁字意义说明,则儒家思想末由理解也。仁者何? 以最粗浅之今语释之,则同情心而已。"樊迟问仁,子曰:爱人。"(《论语》)谓对于人类有同情心也。然人曷为而有同情心耶? 同情心曷为独厚于人类耶? 孔子曰:

"仁者人也。"(《中庸》)

此言"仁"之概念与"人"之概念相函。再以今语释之,则仁者人格之表征也。故欲知"仁"之为何? 当先知"人"之为何? "人"何以名? 吾侪因知有我故比知有人,我圆颅而方趾,横目而睿心,因此凡见有颅趾目心同于我者,知其与我同类。凡属此一类者,锡予以一"大共名"谓之"人"。人也者,通彼我而始得名者也。彼我通,斯为仁,故"仁"之字从二人。郑玄曰:"仁,相人偶也。"(《礼记》注)非人与人相偶,则"人"之概念不能成立。申言之,若世界上只有一个人,则所谓"人格"者决无从看出。人格者,以二人以上相互间之"同类意识"而始表现者也。既尔,则亦必二人以上交相依赖,然后人格始能完成。

智的方面所表现者为同类意识。情的方面所表现者为同情心。荀子所谓"有知之属莫不知爱其类也"。爱类观念,以消极的

形式发动者则谓之恕,以积极的形式发动者则谓之仁。子贡问一言可以终身行,孔子曰:

> "其恕乎。己所不欲,勿施于人。"

于文,如心为恕,推己度人之谓也。惟有同类意识故可以相推度,吾所不欲者以施诸犬马,或适为彼所大欲焉,未可知也。我既为人彼亦为人,我感受此而觉苦痛,则知彼感受焉而苦痛必同于我,如吾心以度彼,而"勿施"焉。即同情心之消极的发动也。故孟子曰:

> "强恕而行,求仁莫近焉。"

消极的恕,近仁而已。积极的仁,则更有进。孔子曰:

> "夫仁者,己欲立,而立人,己欲达,而达人。能近取譬,可谓仁之方也已。"

譬者比也。以有我比知有彼,以我所欲比知彼所欲,是谓"能近取譬。"近取譬即"如心"之恕也。然恕与仁复异名者,恕主于推其所不欲,仁主于推其所欲。我现在所欲立之地位,必与我之同类相倚而并立,我将来所欲到达之地位,必与我之同类骈进而共达。何也?人类生活方式皆以联带关系(即相人偶)行之,非人人共立此地位,则我决无从独立,非人人共达此地位,则我决无从独达。"立人达人"者,非立达别人之谓,乃立达人类之谓。彼我合组成人类,故立达彼即立达人类,立达人类即立达我也。用"近譬"的方法体验此理,彻底明了。是谓"仁之方"。手足麻痹,称为"不仁",为其同在一体之中而彼我痛痒不相省也。二人以上相偶,始能形成人格之统一体,同在此统一体之中而彼我痛痒不相省,斯谓之不仁。反是斯谓仁。是故仁不仁之概念可得而言也。曰不仁者,同类意识麻木而已矣;仁者,同类意识觉醒而已矣。

儒家曷为对于仁之一字如此其重视耶?儒家一切学问,专以"研究人之所以为人者"为其范围,故孟子曰:

"仁也者,人也。合而言之道也。"

荀子曰:

"道仁之隆也。……非天之道,非地之道,人之所以道也。"(《儒效》)

吾侪若离却人之立脚点以高谈宇宙原理物质公例,则何所不可? 顾儒家所确信者,以为"人能弘道,非道弘人"。故天之道地之道等等悉以置诸第二位,而惟以"人之所以道"为第一位。质言之,则儒家舍人生哲学外无学问,舍人格主义外无人生哲学也。

吾为政治思想史,曷为先缕缕数千言论人生哲学耶? 则以政治为人生之一部门,而儒家政论之全部,皆以其人生哲学为出发点,不明乎彼,则此不得而索解也。今当入本题矣。孔子下"政"字之定义,与其所下仁字定义同一形式,曰:

"政者正也。"

然则如何始谓之正,且何由以得其正耶? 彼有"平天下絜矩之道"在。所谓:

"所恶于上,毋以使下;所恶于下,毋以事上。所恶于前,毋以先后;所恶于后,毋以从前。所恶于右,毋以交于左;所恶于左,毋以交于右。此之谓絜矩之道。"(《大学》)

儒家政治对象在"天下"。然其于天下不言治而言平,又曰:

"天下国家可均。"平也,均也,皆正之结果也。何以正之? 道在絜矩。矩者以我为标准,絜者以我量彼。荀子曰:

"圣人者以己度者也,故以人度人,以情度情,以类度类。"(《非相》)

故絜矩者,即所谓能近取譬也,即所谓同类意识之表现也。吾侪读此章,有当注意者两点。

第一,所谓絜矩者,纯以平等对待的关系而始成立,故政治决无片面的权利义务。

　　第二，所谓絜矩者，须人人共絜此矩，各絜此矩，故政治乃天下人之政治，非一人之政治。

　　此文絜矩之道，专就消极的"恕"而言，即荀子所谓"除怨而无妨害人"也。

　　欲社会能为健全的结合，最少非相互间各承认此矩之神圣焉不可。然"矩"之作用，不以此为止，更须进而为积极的发动，夫然后谓之"仁"。孟子曰：

　　　　"仁者以其所爱及其所不爱。"

　　又曰：

　　　　"人皆有所不忍，达之于其所忍，仁也。"

　　人类莫不有同类意识，然此"意识圈"以吾身为中心点，随其环距之近远以为强弱浓淡。故爱类观念，必先发生于其所最亲习，吾家族则爱之，非吾家族则不爱，同国之人则不忍，异国人则忍焉。由所爱以"及其所不爱"，由所不忍以"达于其所忍。"是谓同类意识之扩大。孟子曰："古之人所以大过人者无他焉，善推其所为而已矣。"推者何？扩大之谓也。然则所以推之道奈何，彼之言曰：

　　　　"老吾老，以及人之老；幼吾幼，以及人之幼，天下可运诸掌。《诗》云：'刑于寡妻，至于兄弟，以御于家邦。'言举斯心加诸彼而已。"

　　　　"举斯心加诸彼"，即"能近取譬"、"老吾老以及人之老……"，即"欲立立人欲达达人"。循此途径使同类意识圈日扩日大，此则所谓"仁之方"也。

　　明乎此义，则知儒家之政治思想，与今世欧美最流行之数种思想，乃全异其出发点。彼辈奖励人情之析类而相嫉，吾侪利导人性之合类而相亲。彼辈所谓国家主义者，以极褊狭的爱国心为神圣，异国则视为异类，虽竭吾力以鏖之于死亡，无所谓"不忍"者存，结果则糜烂其民而战以为光荣，正孟子所谓"不仁者以其所不爱及其所爱"也。彼中所谓资本阶级者,以不能絜矩,故恒以己所不欲者施诸劳工,其罪诚无可恕,然左袒劳工之人——如马克思主义者流,则亦日日鼓吹以己所不欲还诸彼而已。《诗》曰:"人之无良,相怨一方。"以此为教,而谓可以改革社会使之向上,吾未之闻。孟子曰:

> "离则不祥莫大焉。"(《离娄上》)

荀子曰:

> "彼将厉厉焉,日日相离嫉也;我今将顿顿焉,日日相亲爱也。"(《王制》)

以吾侪诵法孔子之中国人观之,所谓社会道德者,最少亦当以不相离嫉为原则。同类意识,只有日求扩大,而断不容奖励此意识之隔断及缩小以为吉祥善事。是故所谓"国民意识"、"阶级意识"者,在吾侪脑中殊不明了,或竟可谓始终未尝存在。然必以此点为吾侪不如人处,则吾之不敏,殊未敢承。

且置此事,复归本文。儒家之理想的政治,则欲人人将其同类意识扩充到极量,以完成所谓"仁"的世界。此世界名之曰"大同"。大同政治之内容,则如《礼记·礼运篇》所说:

> "大道之行也,天下为公,选贤与能,讲信修睦。故人不独亲其亲,不独子其子,使老有所终,壮有所用,幼有所长,鳏寡孤独废疾者皆有所养。男有分,女有归;货恶其弃于地也,不必藏诸己;力恶其不出于身也,不必为己。是故谋闭而不兴,盗窃乱贼而不作,故外户而不闭。是谓大同。"

此章所包含意义当分三段解剖之:

一、"天下为公,选贤与能,讲信修睦。"此就纯政治的组织言。所言"天下"与下文之"城郭沟池以为固"相对,盖主张"超国家"的组织,以全世界为政治对象。所言"为公"及"选贤与能",与下文之"大人世及以为礼"相对,盖不承认任何阶级之世袭政权,主张政府当由人民选举。所言讲信修睦,指地域团体(近于今世所谓"国际的"而性质不同),相互间关系,主张以同情心为结合基本。

二、"故人不独亲其亲……女有归",此就一般社会组织言。主张以家族为基础,而参以"超家族"的精神。除老壮幼男女废疾……等生理差别外,认人类一切平等。在此生理差别上,充分利用之以行互助,其主要在"壮有所用"一语,老幼皆受社会公养,社会所以能举此者,则由壮者当以三四十年服务于社会也。

大戴记云:"六十以上,上所养也。十五以下,上所长也。""上"即国家或社会之代词。

三、"货恶其弃于地也,不必藏诸己;力恶其不出于身也,不必为己。"此专就社会组织中关于经济条件者而言。货恶弃地,则凡可以增加生产者皆所奖励,然不必藏诸己,则资本私有甚非所重,不惟不肯掠取剩余价值而已。力恶不出,故常认劳作为神圣,然不必为己,不以物质享乐目的渎此神圣也。此其义蕴,与今世社会主义家艳称之"各尽所能,各取所需"两格言正相函,但其背影中别有一种极温柔敦厚之人生观在,有一种"无所谓而为"的精神在,与所谓"唯物史论"者流乃适得其反也。

儒家悬此以为政治最高理想之鹄,明知其不能骤几也,而务向此鹄以进行。

故孔子自言曰:"丘未之逮也,而有志焉。"(《礼运》此文之冠语)进行之道奈何,亦曰以同类意识为之枢而已。故曰:

"圣人耐(即能字)以天下为一家,中国为一人,非意之也。(意即臆字,言非臆度之谈)必知其情,辟(即譬字)于义,明于其利,达于其患,然后能为之。"(《礼运》末段文)

不仁之极,则感觉麻木,而四肢痛痒互不相知;仁之极,则感觉锐敏,而全人类情义利患之于我躬,若电之相震也。信乎"以天下为一家中国为一人非意之也。"

其二

　　大同者,宇宙间一大人格完全实现时之圆满相也。然宇宙固永无圆满之时,圆满则不复成为宇宙。儒家深信此理,故《易》卦六十四,始"乾"而以"未济"终焉。然则在此不圆满之宇宙中,吾人所当进行者何事耶?曰:"吾人常以吾心力所能逮者向上一步,使吾侪所响往之人格实现宇宙圆满的理想稍进一著稍增一分而已。其道奈何?曰:吾侪固以同类意识扩大到极量为职志,然多数人此意识方在麻木状态中,遑言扩大。故未谈扩大以前,当先求同类意识之觉醒,觉醒之第一步,则就其最逼近最简单之"相人偶"以启发之。与父偶则为子,与子偶则为父,与夫偶则为妇,与妇偶则为夫,……先从此等处看出人格相互关系,然后有扩充之可言。此则伦理之所由立也。《论语》记:

　　　　"齐景公问政于孔子,孔子对曰:'君君,臣臣,父父,子子。'公曰:'善哉,信如君不君,臣不臣,父不父,子不子,虽有粟,吾得而食诸。'"

　　《大学》称"止于至善"。其条理则:

　　　　"为人君,止于仁;为人臣,止于敬;为人子,止于孝;为人父,止于慈;与国人交,止于信。"

　　《中庸》述孔子言亦云:

　　　　"所求乎子,以事父;所求乎臣,以事君;所求乎弟,以事兄;所求乎朋友,先施之。"

　　此即絜矩之道应用于最切实者。凡人非为人君即为人臣,非为人父即为人子,而且为人君者同时亦为人臣或尝为人臣,为人父者同时亦为人子或尝为人子,此外更有不在君臣父子……等关系范围中者,则所谓"朋友",所谓"与国人交"。君如何始得为君?以其履行对臣的道德责任,故谓之君,反是则君不君。臣如何始得为臣?以其履行对君的道德责任故谓之臣,反是则臣不臣。父子兄弟夫妇朋友莫不皆然,若是者谓之五伦。后世动谓儒家言三纲五伦,非也。儒家只有五伦,并无三纲。五伦全成立于相互对等关系之上,实即"相人偶"的五种方式。故《礼运》从五之偶言之,亦谓之"十义"。(父慈、子孝、兄良、弟悌、夫义、妇听、长惠、幼顺、君仁、臣忠)人格先从直接交涉者体验起,同情心先从最亲近者发动起,是之谓伦理。

君字不能专作王侯解。凡社会组织,总不能无长属关系。长即君,属即臣。例如学校,师长即君,生徒即臣。工厂经理即君,厂员即臣。师长对生徒,经理对厂员,宜止于仁。生徒对师长所授学业,厂员对经理所派职守,宜止于敬。不特此也,凡社会皆以一人兼君臣二役,师长对生徒为君,对学校为臣,乃至天子对天下为君,对天为臣。儒家所谓君臣,应作如是解。

凡伦理必有差等,"于所厚者薄,无所不薄也。"(《孟子》)故先务厚其所不得不厚者焉。于是乎有所谓"亲亲之杀,尊贤之等"(《中庸》)。即吾前文所谓意识圈以吾身为中心点,随其环距之近远以为强弱浓淡也。此环距之差别相,实即所以表现同类意识觉醒之次第及其程度。墨家不承认之,儒家则承认之且利用之。此两宗之最大异点也。

儒家欲使各人将最切近之同类意识由麻木而觉醒,有一方法焉,曰:"正名"。此方法即以应用于政治。《论语》记:

"子路曰:'卫君待子而为政,子将奚先?'子曰:'必也正名乎。'子路曰:'有是哉!子之迂也。奚其正?'子曰:'野哉由也。君子于其所不知,盖阙如也。名不正则言不顺,言不顺则事不成,事不成则礼乐不兴,礼乐不兴则刑罚不中,刑罚不中则民无所措手足。故君子名之必可言也,言之必可行也。君子于其言,无所苟而已矣。'"

吾侪幼读此章,亦与子路同一感想,觉孔子之迂实甚。继读后儒之解释,而始知其深意之所存。董仲舒《春秋繁露》云:

"名者,大理之首章也。录其首章之意以窥其中之事,则是非可知,逆顺自著……(《深察名号篇》)

又云:

"名生于真,非其真弗以为名。名者,圣人之所以真物也,故凡百议(原作讥疑误)有黮黮者,各反其真,则黮黮者还昭昭耳。欲审曲直,莫如引绳;欲审是非,莫如引名,名之审于是非也,犹绳之审于曲直也。诘其名实,观其离合,则是非之情,不可以相谰已。"(同上)

荀子云:

"王者之制名,名定而实辨,道行而志通,则慎率民而一焉。……今圣王没,名守慢,奇辞起,名实乱,是非之形不明,则虽守法之吏诵数之儒,亦皆乱也。……异形离心交喻,异物名实互纽,贵贱不明,同异不别。如是则志必有喻之患,而事必有困废之祸,……"(《正名篇》)

君君臣臣父父子子,则名实相应,斯可贵。君不君臣不臣……则名不副实,斯可贱。此文"明贵贱"当作如是解,非指地位之尊卑言。

荀董书中此两篇,皆《论语》正名章注脚。欲知儒家对于"正名"之义曷为如此其重视,当先略言名与实之关系。实者,事物之自性相也。名者,人之所命也。每一事物抽出其属性而命以一名,睹其名而其"实"之全属性具摄焉。所谓"录其首章之意以窥其中之事"也。由是循名以责实,则有同异离合是非顺逆贵贱之可言。第一步,名与实相应谓之同谓之合,不相应谓之异谓之离。第二步,同焉合焉者谓之是谓之顺,异焉离焉者谓之非谓之逆。第三步,是焉顺焉者则可贵,非焉逆焉者则可贱。持此以裁量天下事理,则犹引绳以审曲直也。此正名之指也。

> 《繁露·深察名号篇》举命名之一例云:"合五科以一言谓
> 之君,君者元也,君者原也,君者权也,君者温也,君者群也。"
> 此言君之一名,含有此五种属性,必具此五乃副君名,缺一则
> 君不君矣。

正名何故可以为政治之本耶? 其作用在使人"顾名思义"。则麻木之意识可以觉醒焉,即如子路所假设"待子为政"之卫君。其人即拒父之出公辄也。其父蒯聩,名为人父,实则父不父;辄名为人子,实则子不子。持名以衡其是非贵贱,则俱非也,俱贱也。使各能因其名以自警觉,则父子相人偶之意识可以回复矣。又如今中华民国号称共和。"共和"一名所含属性何如? 未或能正也。从而正之,使人人能"录其首章之意以窥其中之事",以力求实际之足以副此名者,则可以使共和之名"如其真"矣。此正名之用也。

孔子正名之业在作《春秋》。庄子曰:"《春秋》以道名分。"(《天下篇》)董子曰:"《春秋》辨物之理以正其名,名物如其真,不失秋豪之末。"(《繁露·深察名号篇》)司马迁曰:"《春秋》文成数万,其指数千,万物聚散,皆在《春秋》。"(《太史公自序》)盖孔子手著之书,惟有一种,其书实专言政治,即《春秋》也。故孟子曰:"《春秋》天子之事也。"其书义例繁赜,非本文所能具详。举要言之,则儒家伦理之结晶体。从正名所得的条理,将举而措之以易天下者也。故《春秋》有三世之义,始据乱,次升平,终太平。谓以此为教,则人类意识渐次觉醒,可以循政治上所悬理想之鹄而日以向上也。

"仁"之适用于各人之名分者谓之义,"义者宜也"(《中庸》)。其析为条理者谓之礼,"礼者所以履也"(《礼器》)。孔子言政,以义礼为仁之辅,而孟子特好言义,荀子尤善言礼,当别于第六七两章详解之。

其三

儒家此种政治,自然是希望有圣君贤相在上,方能实行。故吾侪可以名之曰"人治主义"。人治主义之理论何由成立耶? 儒家以为圣贤在上位,可以移易天下,所谓:

"君子……修己以敬,……修己以安人,……修己以安百姓。"(《论语》)

"君子笃恭而天下平。"(《中庸》)

"君子之守,修其身而天下平。"(《孟子》)

问其何以能如此? 则曰在上者以心力为表率,自然能如此。故曰:

"政者正也,子帅以正,孰敢不正。"(《论语》)

"子欲善,而民善矣。君子之德,风也;小人之德,草也;草上之风,必偃。"(同上)

"上好礼,则民莫敢不敬;上好义,则民莫敢不服;上好信,则民莫敢不用情。"(同上)

"上老老,而民兴孝;上长长,而民兴弟;上恤孤,而民不悖。"(《大学》)

此类语句,见于儒家书中者,不可枚举。既已如此,则政治命脉殆专系君主一人之身。故曰:

"君仁莫不仁,君义莫不义,君正莫不正,一正君而国定矣。"(《孟子》)

惟其如此,则所谓善政者必

"待其人而后行。"(《中庸》)

惟其如此,故

"惟仁者宜在高位,不仁者而在高位,是播其恶于众也。"

（《孟子》）

虽然，仁者不出世，而不仁者接踵皆是。如何能使在高位者必皆仁者耶？儒家对此问题，遂不能作圆满解答。故其结论落到：

"其人存则其政举，其人亡则其政息。"（《中庸》）

儒家之人治主义，所以被法家者流抨击而几至于鏖灭者，即在此点。敌派之论调，至叙述彼派时更定其评价，今不先赘。

吾侪今所欲讨论者，儒家之人治主义。果如此其脆薄而易破耶？果真如世俗所谓"贤人政治"者，专以一圣君贤相之存没为兴替耶？以吾观之，盖大不然。吾侪既不满于此种贤人政治，宜思所以易之，易之之术，不出二途。其一，以"物治"易"人治"。如法家所主张，使人民常为机械的受治者。（法家所以为物治为机械的之理由俟于叙彼派时更详论。）其二，以"多数人治"易"少数人治"。如近世所谓"德谟克拉西"以民众为政治之骨干。此二途者，不待辨而知其应采第二途矣。而儒家政治论精神之全部，正向此途以进行者也。

儒家深信非有健全之人民，则不能有健全之政治。故其言政治也，惟务养成多数人之政治道德政治能力及政治习惯，谓此为其政治目的也可，谓此为其政治手段也亦可。然则挟持何具以养成之耶？则亦彼宗之老生常谈——仁义德礼等而已。就中尤以礼为主要之工具，故亦名之曰"礼治主义"。孔子尝论礼与法功用之比较曰：

"凡人之知，能见已然，不能见将然。礼者禁于将然之前，而法者禁于已然之后，……礼云，礼云，贵绝恶于未萌，而起敬于微眇，使民日徙善远罪而不自知也。"（《大戴礼记·礼察篇》《小戴礼记·经解篇》）

此言礼之大用，可谓博深切明。法禁已然，譬则事后治病之医药；礼防未然，譬则事前防病之卫生术。儒家之以礼导民，专使之

在平日不知不觉间从细微地方起养成良好习惯,自然成为一健全之人民也。孔子又曰:

> "礼义以为纪,⋯⋯示民有常,如有不由此者,在势者去,众以为殃。"(《礼运》)

法是恃政治制裁力发生功用。在此政府之下,即不能不守此政府之法。礼则不然,专恃社会制裁力发生功用,愿守此礼与否,尽可随人自由。但此礼既为社会所公认时,有不守者则视同怪物。(众以为殃)虽现在有势位之人,亦终被摈弃,(在势者去)此种制裁力虽不能谓全无流弊,(第七章别论之)然最少亦比法治的流弊较轻,则可断言。孔子于是下一决论曰:

> "道之以政,齐之以刑,民免而无耻。道之以德,齐之以礼,有耻且格。"(《论语》)

此章在中外古今政治论中,实可谓为最彻底的见解。试以学校论,道之以政齐之以刑,则如立无数规条罚则,如何如何警学生之顽,如何如何防学生之惰,为师长者则自居警察,以监视之勤干涉之周为尽职。其最良之结果,不过令学生兢兢焉期免于受罚,然以期免受罚之故,必至用种种方法以逃监察之耳目,或于条文拘束所不及之范围内故意恣恣,皆所难免。养成此种卑劣心理,人格便日渐堕落而不自觉,故曰免而无耻。道之以德齐之以礼者,则专务以身作则,为人格的感化,专务提醒学生之自觉,养成良好之校风。校风成后,有干犯破坏者,不期而为同辈所指目,其人即亦羞愧无以自容,不待强迫,自能洗其心而革其面也。故曰有耻且格。此二术者,利害比较,昭然甚明。学校且然,国家尤甚。且如英国人者,以最善运用宪政闻于今世者也。问彼有宪法乎?无有也。有选举法议院法乎?无有也。藉曰有之,则其物固非如所谓"宪令著于官府",不过一种无文字的信条深入人心而已。然而举天下有成文宪法之国民,未闻有一焉能如英人之善为政者。此其故可深晏思也。无文字的信条，谓之习惯，习惯之合理者，儒家命之曰："礼"。故曰："礼也者，理之不可易者也。"（《乐记》）儒家确信非养成全国人之合理的习惯，则无政治可言。不此之务，而鳃鳃然朝制一法律暮颁一条告，不惟无益而徒增其害。此礼治主义根本精神所在也。

儒家固希望圣君贤相，然所希望者，非在其治民莅事也，而在其"化民成俗"（《学记》），所谓：

"劳之，来之，匡之，直之，辅之，翼之，使自得之。"（《孟子》）

政治家惟立于扶翼匡助的地位，而最终之目的乃在使民"自得"。以"自得"之民组织社会，则何施而不可者。如此则政治家性质，恰与教育家性质同。故曰："天相下民，作之君，作之师"。（《孟子》引《逸书》）吾得名之曰："君师合一主义"。抑所谓扶翼匡助，又非必人人而抚摩之也。儒家深信同类意识之感召力至伟且速，谓欲造成何种风俗，惟在上者以身先之而已。前文所引"上好礼则民莫敢不敬……"、"上老老而民兴孝……"诸义，其所重全在此一点，即以在上者之人格与一般人民人格相接触，使全人类之普遍人格循所期之目的以向上。是故：

"民日迁善而不知为之者。"（《孟子》）

此种感召力，又不徒上下之交而已，一般人相互关系，莫不有然。故曰：

"一家仁，一国兴仁；一家让，一国兴让；一人贪暴，一国作乱；其机如此。"（《大学》）

一人一家之在一国，如一血轮之在一体也。或良或窳，其影响皆立遍于全部所谓"正己而物正"者，非独居上位之人为然也，凡人皆当有事焉。故《大学》言修身齐家治国平天下之事，而云：

"自天子以至于庶人，壹是皆以修身为本。"

由此言之，修其身以平天下，匪直天子也，庶人亦然。故：

"或谓孔子曰：'子奚不为政？'子曰：《书》云：'孝乎。惟孝友于兄弟，施于有政。'是亦为政，奚其为为政。"（《论语》）

由孔子之言，则亦可谓全国人无论在朝在野，皆"为政"之人。吾人之行动无论为公为私，皆政治的行动也。此其义虽若太玄渺而无畔岸，虽然，吾侪苟深察"普遍人格"中各个体之相互的关系，当知其言之不可易。呜呼，此真未易为"机械人生观者流"道也。

明乎此义，则知儒家所谓人治主义者，绝非仅恃一二圣贤在位以为治，而实欲将政治植基于"全民"之上。荀子所谓"有治人无治法"，其义并不谬，实即孔子"人能弘道非道弘人"之旨耳，如曰法不待人而可以为治也。则今欧美诸法之见采于中华民国者多矣。今之政，曷为而日乱耶？

要而论之，儒家之言政治，其唯一目的与唯一手段，不外将国民人格提高。以目的言，则政治即道德，道德即政治。以手段言，则政治即教育，教育即政治。道德之归宿，在以同情心组成社会，教育之次第，则就各人同情心之最切近最易发动者而浚启之，"孩提之童，无不知爱其亲，及其长也，无不知敬其兄"（《孟子》）。人苟非甚不仁，则未有于其所最宜同情之人（父母兄弟）而不致其情者。既有此同情，即可藉之为扩充之出发点。故曰：

"君子笃于亲，则民兴于仁。故旧不遗，则民不偷。"（《论语》）

又曰：

"慎终追远，民德归厚矣。"（《论语》）

全社会分子，人人皆厚而不偷以共趋向于仁，则天下国家之治平，举而措之而已矣。何以能如是？则"施由亲始"（《孟子》），"杀人之父者，人亦杀其父；杀人之兄者，人亦杀其兄"（《孟子》）。故"爱亲者不敢恶于人，敬亲者不敢慢于人"（《孝经》）。儒家利用人类同情心之最低限度为人人所同有者，而灌植之扩充之，使达于最

高限度,以完成其所理想之"仁的社会"。故曰:

> "人人亲其亲长其长而天下平。"(《孟子》)

儒家此种理想,自然非旦夕可致,故孔子曰:

> "如有王者,必世而后仁。"(《论语》)

又曰:

> "善人为邦百年,亦可以胜残去杀矣。"(《论语》)

后儒谓"王道无近功",信然。盖儒家政治之目的,诚非可以一时一地之效率程也。宇宙本为不完成之物创造进化曾靡穷期,安有令吾侪满足之一日。满足则乾坤息矣。或评孔子曰:

> "是知其不可而为之者与。"

夫"不可"固宇宙之常态也,而"为之"则人之所以为人道也。孔子曰:

> "鸟兽不可与同群,吾非斯人之徒与而谁与?天下有道,丘不与易也。"(《论语》)

同类意识与同情心发达到极量,而行之以"自强不息"。斯则孔子之所以为孔子而已。

其四(孟子)

儒家政治思想,其根本始终一贯。惟自孔子以后经二百余年之发挥光大,自宜应时代之要求,为分化的发展,其末流则孟子、荀卿两大家,皆承孔子之绪,而持论时有异同,盖缘两家对于人性之观察异其出发点。孔子但言"性相近习相远",所注重者在养成良"习"而止,而性之本质如何,未尝剖论。至孟子主张性善,荀卿主张性恶。所认之性既异,则所以成"习"之具亦自异,故同一儒家言而间有出入焉。然亦因此而于本宗之根本义益能为局部细密的发明,故今于两家特点更分别论之。

　　儒家政治论,本有唯心主义的倾向,而孟子为尤甚。"生于其心,害于其政,发于其政,害于其事。"(《公孙丑上》、《滕文公下》)此语最为孟子乐道。"正人心"、"格君心"等文句,书中屡见不一见。孟子所以认心力如此其伟大者,皆从其性善论出来。故曰:

　　　　"人皆有不忍人之心。先王有不忍人之心,斯有不忍人之政矣。以不忍人之心,行不忍人之政,治天下可运诸掌。"(《公孙丑上》)

　　何故不忍人之心,效力如此其伟大耶? 孟子以为人类心理有共通之点,此点即为全人类沟通之秘钥。其言曰:

　　　　"故凡同类者举相似也,何独至于人而疑之,……口之于味也,有同耆焉;耳之于声也,有同听焉;目之于色也,有同美焉;至于心独无所同然乎。"(《告子上》)

　　何谓心之所同然?

　　　　"恻隐之心,人皆有之;羞恶之心,人皆有之;辞让之心,人皆有之;是非之心,人皆有之;……恻隐之心,仁之端也;羞恶之心,义之端也;辞让之心,礼之端也;是非之心,智之端也;……凡有四端于我者,知皆扩而充之矣。若火之始然,泉之始达,苟能充之,足以保四海。……"(《公孙丑上》)

　　人皆有同类的心,而心皆有善端,人人各将此心扩大而充满其量;则彼我人格相接触,遂形成普遍圆满的人格。故曰"苟能充之足以保四海"也。此为孟子人生哲学政治哲学之总出发点。其要义已散见前数章中,可勿再述。

　　孟子之最大特色,在排斥功利主义。孔子虽有"君子喻义小人喻利"之言,然《易传》言"利者义之和",言"以美利利天下",《大学》言"乐其乐而利其利",并未尝绝对的以"利"字为含有恶属性,至孟子乃公然排斥之。全书发端记与梁惠王问答,即昌言:

　　　　"何必曰利,亦有仁义而已矣。王曰:何以利吾国? 大夫曰：何以利吾家？士庶人曰：何以利吾身？上下交征利，而国危矣。万乘之国，弑其君者，必千乘之家。千乘之国，弑其君者，必百乘之家。万取千焉，千取百焉，不为不多矣。苟为后义而先利，不夺不餍。"（《梁惠王上》）

宋牼将以利不利之说说秦楚罢兵，孟子谓"其号不可"。其言曰：

"先生以利说秦楚之王，秦楚之王悦于利以罢三军之师，是三军之士，乐罢而悦于利也。为人臣者，怀利以事其君；为人子者，怀利以事其父；为人弟者，怀利以事其兄。是君臣父子兄弟，终去仁义，怀利以相接，然而不亡者，未之有也。……何必曰利。"（《告子下》）

书中此一类语句甚多，不必枚举。要之此为孟子学说中极主要的精神。可以断言，后此董仲舒所谓"正其谊不谋其利，明其道不计其功，"即从此出。此种学说在二千年社会中，虽保有相当势力，然真能实践者已不多。及近十余年泰西功利主义派哲学输入，浮薄者或曲解其说以自便，于是孟董此学，几成为嘲侮之鹄。今不能不重新彻底评定其价值。

营私罔利之当排斥，此常识所同认，无俟多辨也。儒家——就中孟子所以大声疾呼以言利为不可者，并非专指一件具体的牟利之事而言，乃是言人类行为不可以利为动机。申言之，则凡计较利害——打算盘的意思，都根本反对，认为是"怀利以相接"，认为可以招社会之灭亡。此种见解，与近世（就中美国人尤甚）实用哲学者流专重"效率"之观念正相反。究竟此两极端的两派见解孰为正当耶？吾侪毫不迟疑的赞成儒家言。吾侪确信"人生"的意义不是用算盘可以算得出来。吾侪确信人类只是为生活而生活，并非为求得何种效率而生活有绝无效率的事或效率极小的事。吾侪理应做或乐意做者，还是做去。反是，虽常人所指为效率极大者（无论为常识所认的效率或为科学方法分析评定的效率）吾侪有许多不能发见其与人生意义有何等关系。是故吾侪于效率主义，已根本怀疑。即让一步，谓效率不容蔑视，然吾侪仍确信效率之为物不能专以物质的为计算标准，最少亦要通算精神物质之总和（实则此总和是算不出来的）。又确信人类全体的效率，并非由一个一个人一件一件事的效率相加或相乘可以求得。所以吾侪对于现代最流行的效率论，认为是极端浅薄的见解，绝对不能解决人生问题。

"利"的性质，有比效率观念更低下一层者，是为权利观念。权利观念，可谓为欧美政治思想之唯一的原素。彼都所谓人权，所谓爱国，所谓阶级斗争……等种种活动，无一不导源于此。乃至社会组织中最简单最密切者如父子夫妇相互之关系，皆以此观念行之。此种观念，入到吾侪中国人脑中，直是无从理解。父子夫妇间，何故有彼我权利之可言，吾侪真不能领略此中妙谛。此妙谛既未领略，则从妙谛推演出来之人对人权利，地方对地方权利，机关对机关权利，阶级对阶级权利，乃至国对国权利，吾侪一切皆不能了解。既不能了解，而又艳羡此"时髦"学说谓他人所以致富强者在此，必欲采之以为我之装饰品。于是如邯郸学步，新未成而故已失。比年之蜩唐沸羹不可终日者岂不以此耶。我且勿论，彼欧美人固充分了解此观念，恃以为组织社会之骨干者也。然其社会所以优越于我者何在？吾侪苦未能发明，即彼都人士亦窃窃焉疑之，由孟子之言，则直是"交征利"、"怀利以相接"、"不夺不餍"、"然而不亡者，未之有也"。质而言之，权利观念，全由彼我对抗而生，与通彼我之"仁"的观念绝对不相容。而权利之为物，其本质含有无限的膨胀性，从无自认为满足之一日。诚有如孟子所谓："万取千千取百而不餍"者，彼此扩张权利之结果，只有"争夺相杀谓之人患"（《礼运》）之一途而已。置社会组织于此观念之上而能久安，未之前闻。欧洲识者，或痛论彼都现代文明之将即灭亡，殆以此也。我儒家之言则曰：

　　"能以礼让为国，夫何有？"（《论语》）

　　此语入欧洲人脑中，其不能了解也或正与我之不了解权利同。彼欲以交争的精神建设彼之社会，我欲以交让的精神建设我之社会。彼笑我懦，我怜彼犷，既不相喻，亦各行其是而已。

　　孟子既绝对的排斥权利思想，故不独对个人为然，对国家亦然，其言曰：

　　"我能为君辟土地，充府库，今之所谓良臣，古之所谓民贼也。……我能为君约与国，战必克，今之所谓良臣，古之所谓民贼也。……"（《告子下》）

又曰：

　　"争地以战，杀人盈野；争城以战，杀人盈城。此所谓率土地而食人肉，罪不容于死。故善战者服上刑，连诸侯者次之，辟草莱任土地者次之。"（《离娄上》）

　　由孟子观之，则今世国家所谓军政财政外交与夫富国的经济政策等等，皆罪恶而已。何也？孟子以为凡从权利观念出发者，皆罪恶之源泉也。惟其如是，故孟子所认定之政治事项，其范围甚狭。

　　"滕文公问为国。孟子曰：民事不可缓也。"（《滕文公上》）

民事奈何从消极的方面说，先要不扰民。所谓：

　　"不违农时，谷不可胜食也。数罟不入洿池，鱼鳖不可胜食也。斧斤以时入山林，材木不可胜用也。谷与鱼鳖不可胜食，材木不可胜用，是使民养生送死无憾也。养生送死无憾，王道之始也。"（《梁惠王上》）

从积极的方面说，更要保民。保民奈何？孟子以为：

　　"无恒产而有恒心者，惟士为能。若民则无恒产，因无恒心，苟无恒心，放辟邪侈，无不为矣。及陷乎罪，然后从而刑之,是罔民也。是故明君制民之产,必使仰足以事父母,俯足以畜妻子,乐岁终身饱,凶年免于死亡。然后驱而之善,故民之从之也轻。"(《梁惠王上》)

政治目的,在提高国民人格,此儒家之最上信条也。孟子却看定人格之提高,不能离却物质的条件,最少亦要人人对于一身及家族之生活得确实保障,然后有道德可言。当时唯一之生产机关,自然是土地。孟子于是提出其生平最得意之土地公有的主张,——即井田制度。其说则:

"方里而井,井九百亩,其中为公田,八家皆私百亩同养公田。"(《滕文公上》)

"五亩之宅,树之以桑,五十者可以衣帛矣。鸡豚狗彘之畜,无失其时,七十者可以食肉矣,百亩之田,勿夺其时,八口之家,可以无饥矣。"(《梁惠王上》)

既已人人有田可耕,有宅可住,尤忧饥寒,虽然,

"饱食暖衣,逸居而无教,则近于禽兽。"(《滕文公上》)

于是:

"设为庠序学校以教之。"(《滕文公上》)

使:

"壮者以暇日,修其孝弟忠信。"(《梁惠王上》)

在此种保育政策之下,其人民:

"死徙无出乡,乡田同井,出入相友,守望相助,疾病相扶持,则百姓亲睦。"(《滕文公上》)

孟子所言井田之制,大略如是。此制,孟子虽云三代所有,然吾侪未敢具信。或远古习惯有近于此者,而儒家推演以完成之云尔,后儒解释此制之长处,谓"井田之义,一曰无泄地气,二曰无费一家,三曰同风俗,四曰合巧拙,五曰通财货"(《公羊传》宣十五何注)。此种农村互助的生活,实为儒家理想中最完善之社会组织。

所谓"王者之民皞皞如也"(《尽心上》)。虽始终未能全部实行,然其精神深入人心,影响于我国国民性者实非细也。

由是观之,孟子言政治,殆不出国民生计、国民教育两者之范围。质言之,则舍民事外无国事也。故曰:

"民为贵,社稷次之,君为轻。"(《尽心下》)

政府施政,壹以顺从民意为标准。

"所欲,与之聚之,所恶,勿施尔也。"(《离娄上》)

顺从民意奈何?曰:当局者以民意为进退:

"左右皆曰贤,未可也;诸大夫皆曰贤,未可也;国人皆曰贤,然后察之,见贤焉,然后用之。左右皆曰不可,勿听;诸大夫皆曰不可,勿听;国人皆曰不可,然后察之,见不可焉,然后去之。"(《梁惠王下》)

其施政有反于人民利益者,则责备之不稍容赦。其言曰:

"杀人以梃与刃,有以异乎?曰:无以异也。以刃与政有以异乎?曰:无以异也。曰:庖有肥肉,厩有肥马,民有饥色,野有饿莩。此率兽而食人也。兽相食,且人恶之,为民父母行政,不免于率兽而食人,恶在其为民父母也。"(《梁惠王上》)

此等语调,不惟责备君主专制之政而已。今世欧美之中产阶级专制,劳农阶级专制,由孟子视之,皆所谓"杀人以政,不免于率兽而食人"者也。

儒家之教,虽主交让,然亦重正名。"欲为君,尽君道。"(《离娄下》)既不尽君道,则不能复谓之君。故:

"齐宣王问曰:'汤放桀,武王伐纣,有诸?'孟子对曰:'于传有之。'曰:'臣弑其君可乎?'曰:'贼仁者,谓之贼,贼义者,谓之残,残贼之人,谓之一夫。闻诛一夫纣矣,未闻弑君也。'"(《梁惠王下》)

儒家认革命为正当行为,故《易传》曰:"汤武革命,顺乎天而应乎人。"(《革象传》)孟子此言,即述彼意而畅发之耳。虽然,儒家所主张之革命,在为正义而革命,若夫为扩张一个人或一阶级之权利而革命,殊非儒家所许。何也?儒家固以权利观念为一切罪恶之源泉也。

孟子言仁政,言保民,今世学者汲欧美政论之流,或疑其奖厉国民依赖根性,非知治本,吾以为此苟论也。孟子应时主之问,自当因其地位而责之以善。所谓"与父言慈与子言孝。"不主张仁政,将主张虐政耶?不主张保民,将主张残民耶?且无政府则已,有政府,则其政府无论以何种分子何种形式组织,未有不宜以仁政保民为职志者也。然则孟子之言,何流弊之有?孟子言政,其所予政府权限并不大。消极的保护人民生计之安全,积极的导引人民道德之向上,曷尝于民政有所障耶?

其五(荀子)

荀子与孟子,同为儒家大师,其政治论之归宿点全同,而出发点则小异。孟子信性善,故注重精神上之扩充。荀子信性恶,故注重物质上之调剂。荀子论社会起源,最为精审。其言曰:

"水火有气而无生,草木有生而无知,禽兽有知而无义,人有生有气有知亦且有义,故最为天下贵也。力不若牛,走不若马,而牛马为用何也?曰:人能群彼不能群也。人何以能群?曰:分。分何以能行?曰:义。故义以分则和,和则一,一则多力,多力则强,强则胜物。"(《王制》)

此言人之所以贵于万物者,以其能组织社会。社会成立,则和而一,故能强有力以制服自然。社会何以能成立?在有分际。分际何以如此其重要?荀子曰:

"万物同宇而异体,无宜而有用为人(王念孙曰:为读曰于,古同声通用,言万物于人虽无一定之宜,而皆有用于人)数也。人伦并处,同求而异道,同欲而异知,生也,(王念孙曰:生读为性)皆有可也。知愚同,所可异也。知愚分,势同而知异。行私而无祸,纵欲而不穷,则民心奋而不可说也。……天下害生纵欲,欲恶同物,欲多而物寡,寡则必争矣。……离居不相待则穷,群而无分则争,穷者患也,争者祸也。救患除祸,莫若明分使群矣。"(《富国》)

又曰:

"礼起于何也? 曰:人生而有欲,欲而不得则不能无求,求而无度量分界则不能不争,争则乱,乱则穷。先王恶其乱也,故制礼义以分之,以养人之欲,给人之求。使欲必不穷乎物,物必不屈于欲,两者相持而长,是礼之所起也。"(《礼论》)

又曰:

"分均则不偏(案当作遍),势齐则不壹,众齐则不使,……夫两贵之不能相事,两贱之不能相使,是天数也。势位齐而欲恶同,物不能澹(杨注云澹读为赡)则必争,争则必乱,乱则穷矣。先王恶其乱也,故制礼义以分之。使有贫富贵贱之等足以相兼临者,是养天下之本也。《书》曰:'维齐非齐。'此之谓也。"(《王制》)

此数章之文极重要,盖荀子政论全部之出发点。今分数层研究之。第一层,从纯物质方面说,人类不能离物质而生活,而物质不能为无限量的增加,故常不足以充餍人类之欲望(欲多物寡,物不能赡)。第二层,从人性方面说,孟子言"辞让之心人皆有之"。荀子正与相反,谓争夺之心,人皆有之(纵欲而不穷不能不争)。第三层,从社会组织动机说,既不能不为社会的生活(离居不相待则穷),然生活自由的相接触,争端必起(群而无分则争)。第四层,从社会组织理法说,惟有使各人在某种限度内为相当的享用,庶物质

分配不至竭蹶(以度量分界,养人之欲,给人之求)。第五层,从社
会组织实际说,承认社会不平等,(有贫富贵贱之等,维齐非齐)谓
只能于不平等中求秩序,生活不能离开物质,理甚易明。孔子说
"富之教之",孟子说"恒产恒心",未尝不见及此点。荀子从人性不
能无欲说起,由欲有求,由求有争,因此不能不有度量分界以济其
穷。剖析极为精审,而颇与唯物史观派之论调相近,盖彼生战国末
受法家者流影响不少也。荀子不承认"欲望"是人类恶德,但以为
要有一种"度量分界",方不至以我个人过度的欲望,侵害别人分内
的欲望。此种度量分界,名之曰礼。儒家之礼治主义,得荀子然后
大成,亦至荀子而渐滋流弊,今更当一评骘之。《坊记》云:

> "礼者,因人之情而为之节文以为民坊者也。"

"人之情"固不可拂,然漫无节制,流弊斯滋。故子游曰:

> "有直道而径行者,夷狄之道也。礼道则不然,人喜则斯
> 陶,斯陶咏,咏斯犹(郑注犹当为摇声之误也),犹斯舞,愠斯
> 戚,戚斯叹,叹斯辟(郑注辟拊心也),辟斯踊矣。品节斯,斯之
> 谓礼。"(《檀弓》)

礼者,因人之情欲而加以品节,使不至一纵而无极,实为陶养
人格之一妙用。故孔子曰:"礼之用和为贵",又曰:"恭而无礼则
劳,慎而无礼则葸,勇而无礼则乱,直而无礼则绞。"通观《论语》所
言礼,大率皆从精神修养方面立言,未尝以之为量度物质工具。荀
子有感于人类物质欲望之不能无限制也,于是应用孔门所谓礼者
以立其度量分界(此盖孔门弟子早有一派,非创自荀子,特荀子集
其大成耳),其下礼之定义曰:

> "礼者,断长续短,损有余益不足,达爱敬之文,而滋成行
> 义之美者也。"(《礼论》)

断长续短损有余益不足云者,明明从物质方面说,故曰:

> "人之情,食欲有刍豢,衣欲有文绣,行欲有舆马,又欲夫

余财蓄积之富也。然而穷年累世不知不足(杨注云:当为不知足),是人之情也。今人之生也,方知蓄鸡狗猪彘,又畜牛羊,然而食不敢有酒肉。余刀布,有囷窌,然而衣不敢有丝帛。约者有筐箧之藏,然而行不敢有舆马。是何也? 非不欲也。几不(王念孙谓此二字涉下文而衍)长虑顾后而恐无以继之故也。……今夫偷生浅知之属,曾此而不知也。粮食大侈,不顾其后,俄则屈安穷矣(杨注云:安,语助也,犹言屈然穷。案荀子书中安字或案字多作语助辞用)。是其所以不免于冻饿操瓢囊为沟壑中瘠也。况(案况当训譬)夫先王之道仁义之统诗书礼乐之分乎。彼固天下之大虑也,将为天下生民之属长虑顾后而保万世也……"(《荣辱》)

荀子以为人类总不容纵物质上无壑之欲,个人有然,社会亦有然。政治家之责任,在将全社会物质之量,通盘筹算,使人人不至以目前"太侈"之享用,招将来之"屈穷"。所谓"欲必不穷乎物,物必不屈于欲"也。其专从分配问题言生计,正与孟子同,而所论比孟子尤切实而缜密,然则其分配之法如何? 荀子曰:

"夫贵为天子,富有天下,是人情之所同欲也。然则从人之欲,则势不能容,物不能赡也。故先王案为之制礼义以分之,使有贵贱之等,长幼之差,知愚能不能之分,皆使人载其事而各得其宜,然后使悫(俞樾曰:悫当作谷声之误也)禄多少厚薄之称。……故或禄天下而不自以为多,或监门御旅抱关击柝而不自以为寡,故曰:斩(刘台拱曰:斩读如儳《说文》'儳儳互不齐也')而齐,枉而顺,不同而一。"(《荣辱》)

荀子所谓度量分界(一)贵贱,(二)贫富(《王制篇》所说),(三)长幼,(四)知愚,(五)能不能。以为人类身份境遇年龄材质上万有不齐,各应于其不齐者以为物质上享用之差等,是谓"各得其宜",是谓义。将此义演为公认共循之制度,是谓礼。荀子以为持此礼

义以治天下,则:

> "以治情则利,以为名则荣,以群则和,以独则足。"(《荣辱》)

是故孔子言礼专主"节"(《论语》所谓不以礼节之亦不可行),荀子言礼专主"分",荀子以为只须将礼制定,教人"各安本分",则在社会上相处,不至起争夺(以群则和),为个人计,亦可以知足少恼(以独则足)。彼承认人类天然不平等,而谓各还其不平等之分际,斯为真平等。故曰:"维齐非齐。"然则荀子此说之价值何如?曰:长幼知愚能不能之差别,吾侪绝对承认之。至于贵贱贫富之差别,非先天所宜有,其理甚明。此差别从何而来?惜荀子未有以告吾侪。推荀子之意,自然谓以知愚能不能作贵贱贫富之标准。此说吾侪固认为合理,然此合理之标准何以能实现?惜荀子未能予吾侪以满意之保障也。以吾观之,孔子固亦主张差等,然其所谓差等者与后儒异。孔子注重"亲亲之杀",即同情心随其环距之远近而有浓淡强弱,此为不可争之事实。故孔子因而利导之,若夫身份上之差等,此为封建制度下相沿之旧,孔子虽未尝竭力排斥,然固非以之为重。孔门中子夏一派,始专从此方面言差等。而荀子更扬其波,《礼论》篇中历陈天子应如何,诸侯应如何,大夫应如何,士应如何,庶人应如何,《戴记》中《礼器》、《郊特牲》、《玉藻》……等篇,皆同此论调,断断于贵贱之礼数。其书出荀子前抑出其后,虽未能具断,要之皆荀子一派之所谓礼,与孔子盖有间矣。

荀子生战国末,时法家已成立,思想之互为影响者不少,故荀子所谓礼,与当时法家所谓法者,其性质实极相逼近。荀子曰:

> "礼岂不至矣哉。立隆以为极,而天下莫之能损益也。……故绳墨诚陈矣,则不可欺以曲直;衡诚县矣,则不可欺以轻重;规矩诚设矣,则不可欺以方圆;诸子审于礼,则不可欺以诈伪。故绳者直之至,衡者平之至,规矩者方圆之至,礼

者人道之极也。"(《礼论》)

法家之言曰:"有权衡者不可欺以轻重,有尺寸者不可差以长短,有法度者不可诬以诈伪。"(马总《意林》引《慎子》)两文语意若合符节,不过其功用一归诸礼一归诸法而已。究竟两说谁是耶?吾宁取法家。何也?如荀子说,纯以计较效率为出发点,既计效率,则用礼之效率不如用法,吾敢昌言也。法度严明,诈伪不售,吾能信之,谓"审礼则不可欺以诈",则礼之名义为人所盗用,饰貌而无实者,吾侪可以触目而举证矣。故荀子之言,不彻底之言也。慎子又曰:"一兔走,百人追之;积兔于市,过而不顾;非不欲兔,分定不可争也。"荀子之以分言礼,其立脚点正与此同。质言之,则将权力之争夺变为权利之认定而已。认定权利以立度量分界,洵为法治根本精神。揆诸孔子所谓"道之以德齐之以礼"者,恐未必然也。

复次,礼为合理的习惯,前既言之矣。欲使习惯常为合理的,非保持其弹力性不可,欲保持其弹力性,则不容有固定之条文。盖必使社会能外之顺应环境,内之浚发时代心理,而随时产出"活的良习惯",夫然后能合理。其机括在个性与个性相摩,而常有伟大人物,出其人格以为群众表率,群众相与风而习焉。反是则"众以为殃",斯则所谓礼矣。《易传》曰:"通其变,使民不倦;神而化之,使民宜之。"惟"不倦"故"宜"。此礼之所以可尊也。荀派之言礼也不然,其说在"立隆以为极,而天下莫之能损益"。吾闻之孔子矣。"殷因于夏礼,所损益,可知也。周因于殷礼,所损益,可知也。"(《论语》)未闻以莫能损益为礼之属性也。荀派所以以此言礼者,盖由当时法家者流,主张立固定之成文法以齐壹其民,其说壁垒甚坚,治儒术者不得不提出一物焉与之对抗。于是以己宗夙所崇尚之礼充之,于是所谓"礼仪三百威仪三千"者,遂成为小儒占毕墨守之宝典,相与致谨于繁文缛节。两戴记所讨论之礼文,什九皆此类也。他宗非之曰:"累寿不能尽其学,当年不能究其礼。"(《墨子·非儒篇》)岂不以是耶？吾侪所以不满于法治主义者,以其建设政治于"机械的人生观"之上也。如荀派之所言礼则其机械性与法家之法何择？以《大清通礼》比《大清律例》、《大清会典》,吾未见《通礼》之弹力性能强于彼两书也,等是机械也。法恃国家制裁,其机械力能贯彻;礼恃社会制裁,其机械力不贯彻。故以荀派之礼与法家之法对抗,吾见其进退失据而已。要而论之,无论若何高度之文化,一成为结晶体,久之必僵腐而蕴毒,儒家所以不免有流弊为后世诟病者,则由荀派以"活的礼"变为"死的礼"使然也。虽然,凡荀子之言礼,仍壹归于化民成俗,与孔子提高人格之旨不戾。此其所以为儒也。

孔子常言君子,君子即指有伟大人格可以为群众表率者。如"君子笃于亲则民兴于仁","君子之德风小人之德草"等,皆当如是解。

儒家言礼,与乐相辅,二者皆陶养人格之主要工具焉。荀子言乐,精论最多,善推本于人情而通之于治道,其言曰:

"夫乐者乐也,人情之所必不免也。故人不能无乐,乐则必发于声音,形于动静,……形而不为道,则不能无乱,先王恶其乱也,故制雅颂之声以道之,使其声足以乐而不流,使其文足以辨而不諰,使其曲直繁省廉肉节奏足以感动人之善心,使夫邪污之气无由得接焉……

凡奸声感人而逆气应之,逆气成象而乱生焉。正声感人而顺气应之,顺气成象而治生焉。……故乐行而志清……耳目聪明,血气和平,移风易俗,天下皆宁,美善相乐。故曰乐者乐也。君子乐得其道,小人乐得其欲,……故乐者所以道乐也,……乐行而民乡方矣。"(《乐论》)

《荀子·乐论篇》与《小戴记》中之《乐记》,文义相同者甚多,疑《乐记》本诸荀子也。

此言音乐与政治之关系,可谓博深切明。"美善相乐"一语,实为儒家心目中最高的社会人格,社会能如是,则天下之平,其真犹运诸掌也。故儒家恒以教育与政治并为一谈,盖以为非教育则政治无从建立,既教育则政治自行所无事也。

孔子谓《韶》尽美矣,又尽善也,谓《武》尽美矣,未尽善也。美善合一,是孔子理想的人格。

(选自梁启超《先秦政治思想史》,东方出版社 1996 年版)

梁启超(1873—1929),广东新会人。著名的资产阶级维新派政论家、宣传鼓动家。是康有为的学生和得力助手,参与发起公车上书、组织学会、办报等活动。创办《湘学报》和《湘报》。百日维新期间,被光绪帝召见,赏六品衔。变法失败后逃亡日本,协助康有为组织保皇会,主编《清议报》和《新民丛报》。1905—1907 年,鼓吹君主立宪,反对革命,同资产阶级革命派展开激烈论战,辛亥革命后,历任袁世凯政府的司法部长、段祺瑞政府的财政总长。1915 年策动蔡锷起兵讨袁。晚年任清华研究院导师。他一生著述丰富,涉及政治、经济、哲学、史地、新闻、教育、宗教、文艺等领域,编为《饮冰室合集》。

本文选自梁启超《先秦政治思想史》第三、四、五、六、七章。作者认为,"儒家之政治思想,其根本始终一贯",即"家族的本位政治,乃儒家政治思想之主要成分"。又说,"其政治论之归宿点全同,而出发点则有小异,孟子信性善,故注重精神上之扩充。荀子信性恶,故注重物质上之调剂。故同一儒家言而间有出入焉"。

20世纪儒学研究大系

　　建国前关于儒家政治思想的论著凤毛麟角,梁启超《先秦政治思想史》中有关儒家政治思想的论述是学术界公认的"权威性"著作,对当时及后世具有极深的影响。

孔子之道与现代生活

陈独秀

　　甲午之役，兵破国削，朝野惟外国之坚甲利兵是羡，独康门诸贤，洞察积弱之原，为贵古贱今之政制学风所致，以时务知新主义，号召国中。尊古守旧者，觉不与其旧式思想、旧式生活状态相容，遂群起哗然非之，詈为离经叛道，名教罪人。湖南叶德辉所著《翼教丛篇》，当时反康派言论之代表也。吾辈后生小子，愤不能平，恒于广座为康先生辩护，乡里瞀儒，以此指吾辈为康党，为孔教罪人，侧目而远之。

　　戊戌庚子之际，社会之视康党为异端，为匪徒也（其时张勋等心目中之康有为，必较今日之唐绍仪尤为仇恶也），与辛亥前之视革命党相等。张之洞之《劝学篇》，即为康党而发也。张氏亦只知歆羡坚甲利兵之一人，而于西洋文明大原之自由平等民权诸说，反复申驳，谓持此说者为"自堕污泥"（《劝学篇》中语），意在指斥康、梁，而以息邪说正人心之韩愈、孟轲自命也。未开化时代之人物之思想，今日思之，抑何可笑，一至于斯！

　　不图当日所谓离经叛道之名教罪人康有为，今亦变而与夫未开化时代之人物之思想同一臭味。其或自以为韩愈、孟轲，他人读其文章，竟可杂诸《翼教丛篇》、《劝学篇》中，而莫辨真伪。康先生欲为韩愈、孟轲乎？然此荣誉当让诸当代卫道功臣叶德辉先生。叶先生见道甚早，今犹日夜太息痛恨邪说之兴，兴于康有为，而莫可息;人心之坏,坏于康有为,而莫可正;居恒欲手刃其人,以为叛道离经者戒。康先生闻之,能勿汗流浃背沾衣耶?

或谓"叶、康皆圣人之徒,能予人以自新;康既悔过自首,叶必嘉其今是而赦其昨非"。此说然否,吾无所容心焉。盖康先生今日应否悔过尊从孔教问题,乃其个人信仰之自由,吾人可置之不论不议之列。吾人所欲议论者,乃律以现代生活状态,孔子之道,是否尚有尊从之价值是也。

自古圣哲之立说,宗教属出世法,其根本教义,不易随世间差别相而变迁,故其支配人心也较久。其他世法诸宗,则不得不以社会组织生活状态之变迁为兴废。一种学说,可产生一种社会;一种社会,亦产生一种学说。影响复杂,随时变迁。其变迁愈复杂而期间愈速者,其进化之程度乃愈高。其欲独尊一说,以为空间上人人必由之道,时间上万代不易之宗,此于理论上决为必不可能之妄想,而事实上惟于较长期间不进化之社会见之耳。若夫文明进化之社会,其学说之兴废,恒时时视其社会之生活状态为变迁。故欧美今日之人心,不但不为其古代圣人亚里斯多德所拘困,且并不为其近代圣人康德所支配。以其生活状态有异于前也。

即以不进化之社会言之,其间亦不无微变。例如吾辈不满于康先生,而康先生曾亦不满于张之洞与李鸿章,而张之洞、李鸿章亦曾不满于清廷反对铁路与海军之诸顽固也。宇宙间精神物质,无时不在变迁即进化之途。道德彝伦,又焉能外?"顺之者昌,逆之者亡",史例俱在,不可谓诬。此亦可以阿斯特瓦尔特之说证之:一种学说,一种生活状态,用之既久,其精力低行至于水平,非举其机械改善而更新之,未有不失其效力也。此"道与世更"之原理,非稽之古今中外而莫能破者乎?

试更以演绎之法,推论孔子之道,实证其适用于现代与否,其断论可得而知之矣。康先生前致总统总理书,以孔教与婆、佛、耶、回并论，其主张以"孔子为大教，编入宪法"，是明明以孔教为宗教之教，而欲尊为国教矣。今观其与教育范总长书（见《国是报》），乃曰："孔子之经，与佛、耶之经有异：佛经皆出世清净之谈，耶经只尊天养魂之说，其于人道举动云为，人伦日用，家国天下，多不涉及：故学校之不读经无损也。若孔子之经，则于人身之举动云为，人伦日用，家国天下，无不纤悉周匝；故读其经者，则于人伦日用，举动云为，家国天下，皆有德有礼，可持可循：故孔子之教，乃为人之道。故曰：'道不远人。人之为道而远人，不可以为道。'若不读经，则于人之一身，举动云为，人伦日用，家国天下，皆不知所持循。"是又明明不以孔教为出世养魂之宗教而谓为人伦日用之世法矣。

　　余以康先生此说诚得儒教之真，不似前之宗教说厚诬孔子也。惟是依道与世更之原理，世法道德必随社会之变迁为兴废，反不若出世远人之宗教，不随人事变迁之较垂久远。（康先生与范书，极称西洋尊教诵经之盛，不知正以其为出世远人之宗教则尔也，今亦已稍稍杀矣。）康先生意在尊孔以为日用人伦之道，必较宗教之迂远，足以动国人之信心，而不知效果将适得其反。盖孔教不适现代日用生活之缺点，因此完全暴露，较以孔教为宗教者尤为失败也。

　　现代生活，以经济为之命脉，而个人独立主义，乃为经济学生产之大则，其影响遂及于伦理学。故现代伦理学上之个人人格独立，与经济学上之个人财产独立，互相证明，其说遂至不可摇动；而社会风纪，物质文明，因此大进。中土儒者，以纲常立教。为人子为人妻者，既失个人独立之人格，复无个人独立之财产。父兄畜其子弟（父兄养成年之子弟，伤为父兄者之财产也小，伤为子弟者之独立人格及经济能力也大。儒教慈孝悌并称，当然终身相养而不以为怪），子弟养其父兄（人类相爱互助之谊，何独忍情于父兄？况养亲报恩，乃情理之常。惟以伦理见解，不论父兄之善恶，子弟之贫富，一概强以孝养之义务不可也）。《坊记》曰："父母在，不敢有其身,不敢私其财。"此甚非个人独立之道也。康先生与范书,引"鳏寡孤独有所养","我不欲人之加诸我也,吾亦欲无加诸人"等语,谓为个人独立之义,孔子早已有之。此言真如梦呓!夫不欲人我相加,虽为群己间平等自由之精义,然有孝悌之说以相消,则自由平等只用之社会,而不能行之于家庭。人格之个人独立既不完全,财产之个人独立更不相涉。鳏寡孤独有所养之说,适与个人独立之义相违。西洋个人独立主义,乃兼伦理经济二者而言,尤以经济上个人独立主义为之根本也。

现代立宪国家,无论君主共和,皆有政党。其投身政党生活者,莫不发挥个人独立信仰之精神,各行其是:子不必同于父,妻不必同于夫。律以儒家教孝教从之义——父死三年,尚不改其道;妇人从父与夫,并从其子。——岂能自择其党,以为左右袒耶?

妇人参政运动,亦现代文明妇人生活之一端。律以孔教,"妇人者,伏于人者也";"内言不出于阃";"女不言外"之义,妇人参政,岂非奇谈?西人孀居生活,或以笃念旧好,或尚独身清洁之生涯,无所谓守节也。妇人再醮,决不为社会所轻。(美国今大总统威尔逊之夫人,即再醮者。夫妇学行,皆为国人所称。)中国礼教,有"夫死不嫁"(见《郊特牲》)之义。男子之事二主,女子之事二夫,遂共目为失节,为奇辱。礼又于寡妇夜哭有戒(见《坊记》)。友寡妇之子有戒(见《坊记》及《曲礼》)。国人遂以家庭名誉之故,强制其子媳孀居。不自由之名节,至凄惨之生涯,年年岁岁,使许多年富有为之妇女,身体精神俱呈异态者,乃孔子礼教之赐也!

今日文明社会,男女交际,率以为常。论者犹以为女性温和,有以制男性粗暴,而为公私宴聚所必需。即素不相知之男女,一经主人介绍,接席并舞,不以为非。孔子之道则曰:"男女不杂座";曰"嫂叔不通问";曰"已嫁而反,兄弟弗与同席而坐,弗与同器而食";曰"男女非有行媒,不相知名;非受币,不交不亲";(均见《曲礼》)曰

"女子出门，必拥蔽其面"；曰"七年（即七岁）男女不同席，不共食"；（均见《内则》）曰"男女无媒不交，无币不相见"；曰"礼非祭，男女不交爵"。（均见《坊记》）是等礼法，非独与西洋社会生活状态绝殊，又焉能行于今日之中国？

西洋妇女独立自营之生活，自律师医生以至店员女工，无不有之。而孔子之道则曰："男女授受不亲"（见《坊记》）；"男不言内，女不言外，非祭，非丧，不相授器"（见《内则》）；"妇人，从人者也"。是盖以夫为妇纲，为妇者当然被养于夫，不必有独立生活也。

妇于夫之父母，素不相识，只有情而无义。西洋亲之与子，多不同居；其媳更无孝养翁姑之义务。而孔子之道则曰："戒之敬之，夙夜毋违命"（见《士昏礼》）；"妇顺者，顺于舅姑"（见《昏义》）；"妇事舅姑，如事父母"；"父母舅姑之命，勿逆勿怠"；"子甚宜其妻，父母不悦，出"（古人夫妻情好甚笃，若不悦于其亲而出之，致遗终身之憾者甚多。例如陆游即是也）。"凡妇，不命适私室，不敢退；妇将有事，大小必请于舅姑"。（均见《内则》）此恶姑虐媳之悲剧所以不绝于中国之社会也！

西俗于成年之子，不甚责善，一任诸国法与社会之制裁。而孔子之道则曰："父母怒不悦，而挞之流血，不敢疾怨，起敬起孝。"此中国所以有"父要子死，不得不死；君要臣亡，不得不亡"之谚也。

西洋丧葬之仪甚简，略类中国墨子之道。儒家主张厚葬。丧礼之繁，尤害时废业，不可为训。例如"寝苫枕块，非丧事不言"之礼，试问今之尊孔诸公居丧时，除以"苫块昏迷"妄语欺人外，曾有一实行者乎？

以上所举孔子之道，吾愿尊孔诸公叩之良心：自身能否遵行；征之事实能否行之社会；即能行之，是否增进社会福利国家实力，而免于野蛮黑暗之讥评耶？吾人为现代尚推求理性之文明人类，非古代盲从传说之野蛮人类，乌可以耳代脑，徒以儿时震惊孔夫子

20世纪儒学研究大系

之大名,遂真以为万世师表,而莫可议其非也!

孔子生长封建时代,所提倡之道德,封建时代之道德也;所垂示之礼教,即生活状态,封建时代之礼教,封建时代之生活状态也;所主张之政治,封建时代之政治也。封建时代之道德,礼教,生活,政治,所心营目注,其范围不越少数君主贵族之权利与名誉,于多数国民之幸福无与焉。何以明之?儒家之言:社会道德与生活,莫大于礼;古代政治,莫重于刑。而《曲礼》曰:"礼不下庶人,刑不上大夫。"此非孔子之道及封建时代精神之铁证也耶?

康先生所谓孔子之经,于人身之举动云为,人伦日用,家国天下,无不纤悉周匝,吾知其纤悉周匝者,即在数千年前宗法时代封建时代,亦只行于公卿士大夫之人伦日用,而不行之于庶人,更何能行于数千年后之今日共和时代国家时代乎?立国于今日民政民权发张之世界,而惟注意于少数贵族之举动云为,人伦日用,可乎不可?稍有知识之尊孔诸公,其下一良心之判断!

康先生与范书曰:"中国人,上者或博极群书,下者或手执一业,要其所以心造自得,以为持身涉世修己治人之道,盖无不从少年读《论》、《孟》来也。"斯言也,吾大承认之。惟正以社会上下之人,均自少至老,莫不受孔教之陶熔,乃所以有今日之现象。今欲一仍其旧乎?抑或欲改进以求适现代之争存乎?稍有知识之尊孔诸公,其下一良心之判断!

康先生与范书曰:"夫同此中国人,昔年风俗人心,何以不坏?今者,风俗人心,何以大坏?盖由尊孔与不尊孔故也。"是直瞽说而已!吾国民德之不隆,乃以比较欧美而言。若以古代风俗人心,善于今日,则妄言也。风俗人心之坏,莫大于淫杀。此二者古今皆不免,而古甚于今。黄巢、张献忠之惨杀,今未闻也。有稍与近似者,亦惟反对新党赞成帝制孔教之汤芗铭、龙济光、张勋、倪嗣冲而已。古之宫廷秽乱,史不绝书。防范之策,至用腐刑。此等惨无人道之事,今日尚有之乎? 古之防范妇人,乃至出必蔽面,入不共食;今之朝夕晤对者,未必即乱。古之显人,往往声妓自随,清季公卿,尚公然蓄媵男宠,今皆无之。弱女蛮风,今亦渐息。此非人心风俗较厚于古乎?

共和思想流入以来,民德尤为大进。黄花冈七十二士,同日为国就义,扶老助弱,举止从容。至今思之,令人垂泪! 中国前史,有此美谈乎? 袁氏称帝,冯、段诸公,竟不以私交废公义;唐、蔡、岑、陆,均功成不居。此事在欧美、日本为寻常,而为中国古代军人所罕有。国民党人,苦战余生,以尊重约法之故,首先主张癸丑年与为政敌之黎元洪继任为天下倡。此非共和范为民德之效耶?

浅人所目为今日风俗人心之最坏者,莫过于臣不忠,子不孝,男不尊经,女不守节。然是等谓之不尊孔则可,谓之为风俗人心之大坏,盖未知道德之为物,与真理殊,其必以社会组织生活状态为变迁,非所谓一成而万世不易者也。吾愿世之尊孔者勿盲目耳食,随声附和,试揩尔目,用尔脑,细察孔子之道果为何物,现代生活果作何态,诉诸良心,下一是非善恶进化或退化之明白判断,勿依违,勿调和,——依违调和为真理发见之最大障碍!

(选自《新青年》第 2 卷第 4 号)

陈独秀(1879—1942),安徽怀宁(今安庆市)人。现代启蒙思想家和政治活动家。1897 年入杭州求是书院学习。1901 年赴日本留学。1904 年创办《安徽俗话报》,创建反清组织岳王会,任会长。后入同盟会。辛亥革命后,任安徽省都督府秘书长和安徽高等学堂教务主任。1915 年创办《青年》杂志,后改名《新青年》,首揭"科学"与"民主"两面大旗,开启了新文化运动,为新文化运动的领导者。1917 年出任北京大学文科学长。1918 年与李大钊合办《每周评论》，宣传马克思主义。1919 年参加"五四"。1920 年发起组织上海共产主义小组和筹备成立中国共产党。在 1921 年中国共产党第一届全国代表大会上当选为总书记。中国共产党第二、三届中央执行委员会委员长，第四、五届中央委员会书记。由于在国民革命中的右倾机会主义错误，在 1927 年中国共产党"八七"会议上被撤销党的总书记职务。1929 年被开除出党。12 月与彭述之等人发表《政治意见书》。1932 年在上海被国民党逮捕。抗战爆发后出狱，主张抗战。1942 年病逝于四川江津。主要著述编入《独秀文存》、《陈独秀著作选》等。

本文选自《新青年》第 2 卷第 4 号。本文用丰富的史料、幽默的语调、犀利的语言论述了孔子所提倡之道德、礼教、生活、政治乃封建时代之道德、礼教、生活、政治，维护的是少数君主贵族之权利与名誉，于多数国民之幸福没有关系。认为今日之文明社会，以经济上个人独立主义为根本，主张人们信仰自由、妇人参政、男女交际、率以为常、丧葬之仪从简、用社会制度及国法来约束人的行为等等，这些都与孔子之道相违背。故作者得出结论说，孔子之道已不适用于现代生活，成为现代生活之最大障碍。

儒家主张阶级制度之害

吴　虞

满清时,京师大学堂监督刘廷琛者,素主"三纲"之说;杨度在谘政院演说忠义之衰,由于孝悌,刘大非之,诋杨为少正卯,宜加两观之诛,大有息邪说、正人心、觊觎两庑特豚之意。然吾于其奏疏中"欧美主耶教,重平等;中国主孔、孟,重纲常"数言,谓足证东西教义之优劣。盖耶教所主,乃平等自由博爱之义,传布浸久,风俗人心皆受其影响,故能一演而为君民共主,再进而为民主,平等自由之真理,竟著之于宪法而罔敢或渝矣。孔氏主尊卑贵贱之阶级制度,由天尊地卑演而为君尊臣卑,父尊子卑,夫尊妇卑,官尊民卑,尊卑既严,贵贱遂别;所谓"礼不下庶人,刑不上大夫";所谓"王臣公,公臣大夫,大夫臣士,士臣皂,皂臣舆,舆臣隶,隶臣僚,僚臣仆,仆臣台";几无一事不含有阶级之精神意味。故二千年来,不能铲除阶级制度,至于有良贱为婚之律,斯可谓至酷已!守孔教之义,故专制之威愈衍愈烈。苟非五洲大通,耶教之义输入,恐再二千余年,吾人尚不克享宪法上平等自由之幸福,可断言也。

或曰:孔、孟之书,未尝无公平之理。不知尊卑贵贱之阶级既严,虽有公平之理,亦断不能行。此考之于历史易知也。《荀子·宥坐篇》记孔氏诛少正卯之言曰:"心达而险,行辟而坚,言伪而辩,记丑而博,顺非而泽;此五者有一于人,则不免于君子之诛,而少正卯兼有之,不可不诛也。是以汤诛尹谐,文王诛潘止,周公诛管叔,太公诛华仕,管仲诛付里乙,子产诛邓析、史付,此七子者,皆异世同心,不可不诛也。"尹谐、潘止、付里乙,杨倞注:"事迹皆未闻"。而就管叔、华仕、邓析之事迹推之,则据近世文明法律,固无可诛之道;然七子者皆不获免,此则以尊贵治卑贱,竟无学说异同,政治犯之可言,何公理之得伸耶?又据范家相《家语证伪》云:"少正卯一事,即以《论语》证之,可见其非:夫子对季康子患盗曰:'子为政,焉用杀?'岂身甫执政,先杀少正卯以立威哉?据称少正卯闻人之伪,不过褫其鞶带,甚则投之远方,已足蔽辜,初无死法。乃以是为爱书,遽杀之两观之下,尸于朝三日。鲁君与季氏,其何以堪?即臣庶亦不服也。若其人别有乱政之实,何以不为子贡明言之?"然此非但《家语》之失也。北齐刘昼曰:"少正卯在鲁,与孔子同时,孔子门人三盈三虚,唯颜渊不去。夫门人非不知孔子之圣也,亦不知少正卯之佞。子贡曰:'少正卯鲁之闻人也,夫子为政,何以先之?'夫子曰:'赐也!非尔所及。'云云。其言未知何本,如所言似子诛少正卯,以其欺世盗名故耳,然总非圣人作用。"是少正卯之诛,儒教徒亦不敢竟以为是。盖孔子之七日而诛少正卯,实以门人三盈三虚之私憾,所以一朝权在手,便把令来行;梁任公亦谓此实孔氏之极大污点矣。自孔氏演此丑剧,于是后世虽无孔氏,而所诛之"少正卯"遍天下。至明思宗,亦以"少正卯"斥黄道周,几不免于死。作俑之祸,吁可悲也!今满清已亡,君纲早绝,而刘廷琛不闻远希王蠋,长揖齐、夷,斯亦可谓"色厉内荏",深愧当日道学家主持纲常名教之门面语矣!

盖孔氏之徒,湛心利禄,故不得不主张尊王,使君主神圣威严,不可侵犯,以求亲媚。而当时之人格高洁如沮溺之流,皆鄙夷不屑,观微生亩"丘,何为是栖栖者欤?毋乃为佞"之言,及孔氏"事君尽礼,人以为谄"之语,则孔氏之谄佞,当时固暴著于社会矣。

夫孔氏对于尊卑贵贱之态度,于《乡党篇》记之特详。其种种面目,变幻不测,虽今日著名之丑角,亦殆难形容维肖,诚可为专制时代官僚派之万世师表者也!韩子《外储说》:"仲尼曰:'与其使民谄下也,宁使民谄上'",孔氏之主张,固如此矣。然孔氏尊卑贵贱之见,深中于心,则尤不止此。《家语·子路初见篇》曰:"孔子侍坐于哀公。赐之桃与黍焉。孔子先食黍而后食桃。左右皆掩口而笑。公曰:'黍者所以雪桃,非为食也。'孔子对曰:'丘知之矣。然夫黍者,五谷之长,郊礼宗庙以为上盛;果属有六,而桃为下,祭祀不用,不登郊庙。丘闻之,君子以贱雪贵,不闻以贵雪贱。今以五谷之长雪果之下者,是从上雪下,臣以为妨于教,害于义,故不敢。'公曰:'善哉!'"(《韩非子·外储说》同)余谓此如《世说新语》载"王敦初尚主,如厕,见漆箱盛干枣,本以塞鼻,王谓厕上亦下果,食遂尽。既还,婢擎金澡盘盛水,琉璃碗盛澡豆,因倒著水中而饮之,谓是干饭。群婢莫不掩口笑之"。其纰漏与孔氏正同。夫乡里小人初入餐馆,不辨刀叉之用,本无足异。而孔氏于桃黍之微,亦必强借贵贱上下之义以自饰其陋,而公然面谀;哀公亦勉强称善,不欲穷人。王闿运谓以名尊孔氏而师之者,犹哀公之诛丘,哀公殆已知儒可以为戏而不可用矣!

且孔氏生平,动以礼自文,故当其问礼于老聃,而老子即以"其人与骨皆已朽"谕之。又于《道德经》深斥"礼为忠信之薄,乱之首"。今《礼记》多引"吾闻诸老聃"之言,大抵皆孔氏所问而得之语,然其失老子之本意则远矣。

呜呼!孔、孟之道在《六经》,《六经》之精华在《满清律例》;而《满清律例》,则欧美人所称为代表中国尊卑贵贱阶级制度之野蛮者也。好学深思之士,试研究之!

自孔氏诛少正卯,著《侮圣言》《非圣无法》之厉禁;孟轲继之,辟杨、墨,攻异端,自附于圣人之徒;董仲舒对策,以为诸不在《六艺》之科,孔氏之术者,皆绝其道,勿使并进;韩愈《原道》,"人其人,

火其书，庐其居"之说昌；于是儒教专制统一，中国学术扫地！观顾
炎武谓"韩文公起八代衰，若但作《原道》、《谏佛骨表》、《平淮西
碑》、《张中丞传后》诸篇，而一切谀墓之文不作，岂不诚山斗乎?"张
尔岐记六祖衣钵传自达摩，藏广东传法寺；衣本西方诸佛传法信
器，钵则魏主所赐；嘉靖中，庄渠魏校，督学广东，取衣焚之，钵碎
之，旷代法物，一朝沦毁。明李卓吾以卑侮孔、孟，专崇释氏，为张
问达所劾，逮死狱中；所著《焚书》，两次禁毁，言论出版皆失自由。
则儒教徒之心理与犷悍可以想见。谬种流传至今日，某氏收取章
太炎《诸子学略说》，烬于一炬，而野蛮荒谬之能事极矣！

呜呼！太西有马丁路德创新教，而数百年来宗教界遂辟一新
国土；有培根、狄卡儿创新学说，而数百年学界遂开一新天地。儒
教不革命，儒学不转轮，吾国遂无新思想，新学说，何以造新国民?
悠悠万事，惟此为大已！吁！

（选自《新青年》第 3 卷第 4 号）

吴虞（1872—1949），四川新繁（今新都）人。1905 年留学
日本法政大学，开始批判孔教。1907 年回国，任成都府立中
学教员，一度主编《蜀报》。因反孔而被逐出教育界。1913 年
加入共和党，1917 年加入南社。五四运动前后，在《新青年》
杂志发表《吃人与礼教》、《家族制度为专制主义之根据论》等
文章，大胆冲击旧礼教和封建文化，被胡适称为"只手打孔家
店"的老英雄。1921 年任北京大学国文系教授，1926 年后在
成都大学、四川大学任教。1949 年在成都病逝。著有《吴虞
文录》、《吴虞日记》及诗集《秋水集》等。

本文选自《新青年》第 3 卷第 4 号。作者就孔孟主张的三

纲五常(尤其是三纲)进行了尖锐的批判,指出它的作用在于
保证尊贵者对"卑贱者"的绝对统治,保证"以尊贵治卑贱"的
绝对权力,进而指出,"儒教专制统一中国,学术扫地",故"儒
教不革命,儒学不转轮,吾国遂无新思想,新学说,何以造新国
民",号召人们起来革儒教的命,做中国的马丁·路德。

冯友兰《中国哲学史》下册审查报告

陈寅恪

此书上册寅恪曾任审查，认为取材精审，持论正确。自刊布以来，评论赞许，以为实近年吾国思想史之有数著作，而信寅恪前言之非阿私所好。今此书继续完成，体例宗旨，仍复与前册一贯。允宜速行刊布，以满足已读前册者之希望，而使清华丛书中得一美备之著作。是否有当，尚乞鉴定是幸！寅恪于审查此书之余，并略述所感，以求教正。

佛教经典言："佛为一大事因缘出现于世。"中国自秦以后，迄于今日，其思想之演变历程，至繁至久。要之，只为一大事因缘，即新儒学之产生，及其传衍而已。此书于朱子之学，多所发明。昔阎百诗在清初以辨伪观念，陈兰甫在清季以考据观念，而治朱子之学，皆有所创获。今此书作者，取西洋哲学观念，以阐明紫阳之学，宜其成系统而多新解。然新儒家之产生，关于道教之方面，如新安之学说，其所受影响甚深且远，自来述之者，皆无惬意之作。近日常盘大定推论儒道之关系，所说甚繁（东洋文库本），仍多未能解决之问题。盖道藏之秘籍，迄今无专治之人，而晋南北朝隋唐五代数百年间，道教变迁传衍之始末及其与儒佛二家互相关系之事实，尚有待于研究。此则吾国思想史上前修所遗之缺憾，更有俟于后贤之追补者也。南北朝时，即有儒释道三教之目（北周卫元嵩撰《齐三教论》七卷。见《旧唐书》四七《经籍志》下），至李唐之世，遂成固定之制度。如国家有庆典,则召集三教之学士,讲论于殿廷,是其一例。故自晋至今,言中国之思想,可以儒释道三教代表之。此虽通俗之谈,然稽之旧史之事实,验以今世之人情,则三教之说,要为不易之论。儒者在古代本为典章学术所寄托之专家。李斯受荀卿之学,佐成秦治。秦之法制实儒家一派学说之所附系。《中庸》之"车同轨,书同文,行同伦"。(即太史公所谓"至始皇乃能并冠带之伦"之"伦"。)为儒家理想之制度,而于秦始皇之身,而得以实现之也。汉承秦业,其官制法律亦袭用前朝。遗传至晋以后,法律与礼经并称,儒家《周官》之学说悉采入法典。夫政治社会一切公私行动,莫不与法典相关,而法典为儒家学说具体之实现。故二千年来华夏民族所受儒家学说之影响,最深最巨者,实在制度法律公私生活之方面,而关于学说思想之方面,或转有不如佛道二教者。如六朝士大夫号称旷达,而夷考其实,往往笃孝义之行,严家讳之禁。此皆儒家之教训,固无预于佛老之玄风者也。释迦之教义,无父无君,与吾国传统之学说,存在之制度,无一不相冲突。输入之后,若久不变易,则决难保持。是以佛教学说,能于吾国思想史上,发生重大久远之影响者,皆经国人吸收改造之过程。其忠实输入不改本来面目者,若玄奘唯识之学,虽震动一时之人心,而卒归于消沉歇绝。近虽有人焉,欲然其死灰,疑终不能复振。其故匪他,以性质与环境互相方圆凿枘,势不得不然也。六朝以后之道教,包罗至广,演变至繁,不似儒教之偏重政治社会制度,故思想上尤易融贯吸收。凡新儒家之学说,几无不有道教,或与道教有关之佛教为之先导。如天台宗者,佛教宗派中道教意义最富之一宗也。(其创造者慧思所作誓愿文,最足表现其思想。至于北宋真宗时,日本传来之《大乘止观法门》一书,乃依据《大乘起信论》者,恐系华严宗盛后,天台宗伪托南岳而作。故此书只可认为天台宗后来受华严宗影响之史料,而不能据以论南岳之思想也。)其宗徒梁敬之与李习之之关系,实启新儒家开创之动机。北宋之智圆提倡中庸,甚至以僧徒而号中庸子,并自为传以述其义(孤山《闲居编》)。其年代犹在司马君实作《中庸广义》之前,(孤山卒于宋真宗乾兴元年,年四十七。)似亦于宋代新儒家为先觉。二者之间,其关系如何,且不详论。然举此一例,已足见新儒家产生之问题,犹有未发之覆在也。至道教对输入之思想,如佛教摩尼教等,无不尽量吸收,然仍不忘其本来民族之地位。既融成一家之说以后,则坚持夷夏之论,以排斥外来之教义。此种思想上之态度,自六朝时亦已如此。虽似相反,而实足以相成。从来新儒家即继承此种遗业而能大成者。窃疑中国自今日以后,即使能忠实输入北美或东欧之思想,其结局当亦等于玄奘唯识之学,在吾国思想史上,既不能居最高之地位,且亦终归于歇绝者。其真能于思想上自成系统,有所创获者,必须一方面吸收输入外来之学说,一方面不忘本来民族之地位。此二种相反而适相成之态度,乃道教之真精神,新儒家之旧途径,而二千年吾民族与他民族思想接触史之所昭示者也。寅恪平生为不古不今之学,思想囿于咸丰同治之世,议论近乎曾湘乡张南皮之间,承审查此书,草此报告,陈述所见,殆所谓"以新瓶而装旧酒"者。诚知旧酒味酸,而人莫肯酤,姑注于新瓶之底,以求一尝,可乎?

(选自陈寅恪《金明馆丛稿二编》,上海古籍出版社 1980 年版)

陈寅恪(1890—1969),江西修水人。曾任清华国学研究院导师、清华大学、北京大学、岭南大学、中山大学教授,中央研究院院士,中国科学院哲学社会科学学部委员。著有《隋唐制度渊源略论稿》、《唐代政治史述论稿》、《金明馆丛稿初编》、《金明馆丛稿二编》、《寒柳堂集》、《论再生缘》等。

　　本文选自《金明馆丛稿二编》，文章指出：儒家理想之制度乃《中庸》之"车同轨，书同文，行同伦"，"于秦始皇之身而得以实现"。"儒家《周官》之学说悉采入法典。夫政治社会一切公私行为，莫不与法典相关，而法典为儒家学说具体之实现。故二千年来华夏民族所受儒家学说之影响，最深最巨者，实在制度法律公私生活之方面"。

20世纪儒学研究大系

儒教在汉代被确立为国教考^①

胡　适

本文试图叙述儒家学说在公元前 200—100 年期间的变迁史。并指出由于汉王朝把它奉为国教,因此而产生的后果一直影响中国两千年的真正性质。

I

当秦始皇统一了整个中国,并建立起第一个中华帝国时,他和他的大将及政府官员们对盛行在战国时代的无数哲学学派抱非常敌视的态度。耗时空谈的时代过去了。提上日程的问题是怎样来统治这新成立的帝国。他们废除了世袭的诸侯分封制度,把帝国划分为 36 个郡县,建立起全国统一规格的道路,统一的文字书写形式和标准的度量衡制度。这些为了控制全国而计划进行的庞大的政策,常常遇到守旧的学者们的非难。政府为了镇压反抗就不得不使用激烈的迫害手段。几乎有 500 人被活埋致死。公元前 213 年,政府下令一切属于私人所有的书必须烧掉。著名的焚书令(引自司马迁:《史记》卷 6,第 255 页)中说:

①　本文(原文为英文)根据 1929 年亚洲文会北华分会杂志第 60 卷中载文译出。

"史官非秦记皆烧之。非博士官所职,天下敢有藏诗、书、百家语者,悉诣守、尉杂烧之。有敢偶语诗书者弃市,以古非今者族。……所不去者,医药卜筮种树之书。"

秦帝国只持续了 15 年(公元前 221—前 206 年)。经过七年剧烈的战争,国家重新统一在汉王朝的统治下。到公元前 195 年内战仍未结束。长时间的革命和战争使国家遭到破坏,新建立起来的帝国到处是一片废墟。米价 5000 钱一石。由于战争和饥荒,人口减少了一半,帝国政府不得不颁布政令,允许人民为了生存可以出卖他们的孩子和移居西边各地。朝廷穷困到甚至找不出四匹同样颜色的马作为皇帝出门时乘坐的马车。大臣和将军们常常只能用牛车代步。(见班固:《汉书》卷 24,第 1127 页)

他们确实是处在困难时期。除了最迫切需要的和平和下令容许人民休养生息以外,其他都是不切实际和多余的。所以汉初的政治家们实施和平和放任政策。学者和思想家们都倾向于崇尚道家教人清静无为、顺乎自然的哲学。在某些情况下是有意识地鼓励这种道家哲学的做法。汉初的丞相之一曹参是道家盖公的信徒,有意实施放任自流的政治哲学。在他担任丞相的三年期间,他每天饮酒,他的部下来向他提新的建议时,他就请他们一同饮酒,直到酩酊大醉,无法谈论他们想提出的新建议方案时方休。(见《汉书》卷 39,第 2019 页)另一位信奉道家哲学的统治者是窦太后(死于公元前 135 年),她是汉初 40 年间最强有力的政治人物。她严格要求她的所有儿孙们学习老子哲学。(见《汉书》卷 97,第 3945 页)

所以,汉初 70 年间占统治地位的思想学派是道家。道家这一名称是这一时期提出来的,是公元前二世纪时出现的著名的折衷主义哲学,它试图把先前哲学上众说纷纭时代涌现出来的各种思想学派中的基本学说都包括在内。这种不拘于一家之言的中心见

20世纪儒学研究大系

解就是老子的自然主义哲学,和具体体现了"道"的概念的庄子,因此称为道教或道家。这一折衷主义学派的最著名的著作是《淮南子》,是由一群哲学家在汉高祖的孙子淮南王的支持下编纂完成的。伟大史家司马迁的父亲司马谈在一篇文章里进一步概括地阐明了这种折衷的见解。他说:

> "道家使人精神专一,动合无形,赡足万物。其为术也,因阴阳之大顺,采儒墨之善,撮名法之要,与时迁移,应物变化,立俗施事,无所不宜,指约而易操,事少而功多。……道家无为,又曰无不为,其实易行,其辞难知。其术以虚无为本,以因循为用。无成势,无常形,故能究万物之情。不为物先,不为物后,故能为万物主。"(《史记》卷130,第3289、3292页)

这就是道家哲学,它是顺从自然主义的、唯理主义的和宿命论的。这种主张革命者和改革者是不赞成的;但保守者也反对。它的政治含义是自由放任政策。由它顺从自然趋势,并保持这种状况。我在前面已经提到,这种态度正好与当时的时代趋势相适应,使人民在七十多年的时间里享受着和平和繁荣昌盛。

太史公司马迁说:

> "至今上即位数岁(武帝,公元前140—前87年),汉兴七十余年之间……京师之钱累巨万,贯朽而不可校。太仓之粟陈陈相因,充溢露积于外,至腐败不可食。众庶街巷有马,阡陌之间成群,而乘字牝者傧而不得聚会。守闾阎者食粱肉,为吏者长子孙,居官者以为姓号。……当此之时,网疏而民富,役财骄溢,或至兼并豪党之徒,以武断于乡曲。"(《史记》卷30,第1420页。又见《汉书》卷24)

从这些同时代的证言,我们可以看到一个新时代的来到——这是一个物产丰富、资财集中并崇尚奢侈豪华的时代。这一时代的到来使一项更加独断的政治计划和帝国的向外扩张的时机成熟了,为更具独断精神的权势和儒教政治哲学安排好了活动的舞台。

Ⅱ

汉代是第一个由下层社会人民建立起来的王朝。开国皇帝是个酒徒和无赖。他的一些大将曾经是屠夫和流氓。他们对知识阶层毫不尊重。汉高祖是出名的不喜欢儒家学者,用最轻蔑的方法去对待他们。他曾经摘掉儒生的帽子并用污物把它弄脏。(《史记》卷97,列传37,第2692页。观《汉书》卷3)他边接待儒生来访边由两名女子侍候为他洗脚;以憎恶的眼光看待学者阶层穿的飘拂的长袍。那些去求见的儒学经师为了避免受到嘲弄,不得不在供职时穿上短衫。(《史记》卷99,列传39,第2721页。观《汉书》卷43)

不过儒家学者在王朝初建的时候是有用的人,因为他们通晓历史传统,并精通社会和宗教的典礼仪式。他们还懂得法律和制度,并能用丰富的历史实例来谈治国方案。所有这些对于一个刚登上开国皇位的新军阀来说都是有用的。当儒生陆贾(《史记》卷97,列传37,第2699页。观《汉书》卷43)在汉高祖面前引用儒家经典时,高祖立即打断他的话并叱责说:"你这个书呆子,老子在马背上得到天下,你的经书对我有什么用?"陆贾反驳说:"是的,陛下,您能在马背上得天下,但是您能在马背上治天下吗?"皇上想想可能是那么回事,就让他写一本关于秦朝为什么会灭亡的书。这本书很快地写了出来,皇上一章接一章地读下去,他高兴了,给书取名为《新语》。这书一直保存至今。

另一个小故事在汉初的儒教史上也是很重要的(《史记》卷99,列传39,第2722页。又见《汉书》卷43)。汉高祖首先宣布:所有旧的朝廷礼节制度对于他的那些原来出身低微、从来不讲礼貌

的新任将军和贵族领导层来说统统废除不用。于是这些人在朝廷
举行的酒宴上互相打骂,喝醉了酒大声喊叫,甚至拔出佩剑在宫廷
的墙壁和柱子上乱砍乱刺,使汉高祖感到大大地受到了伤害,十分
恼火。

一位儒家学者叔孙通为此提出建议:要有一套朝廷觐见的礼
仪制度以维持秩序。高祖说:"可以试试。但要简单明了,对我来
说要容易执行。"于是叔孙通从孔夫子的老家山东请来了 30 名儒
生,由他们协助,再加上他自己的弟子们。他开始为朝廷设计新的
朝觐仪式。设计出来后,又带着这些儒生到远离都城的郊野,模仿
朝廷典礼进行演习。这样进行了一个月以后,邀请皇上观看了他
们的排练。高祖说:可以。并命他的朝廷的全体成员都要学会这
套仪式。

公元前 200 年十月初一日,为新建成的长乐宫举行落成典礼,
新制定的仪式就从这一天开始实行。整个仪式体现了王朝帝国的
壮丽豪华的气魄,在庄严和有条不紊中完成。由专司典礼的官员
执掌进行,敬酒九巡以后就停止。没有喧闹的声音,也没有出现失
礼的行为。典礼结束之后,汉高祖说:"今天我才尝到了当皇帝的
尊荣和乐趣。"

叔孙通由此官拜太常寺卿,并赏赐黄金五百斤。他请求皇帝
赐给和他一起进行这项礼仪工作的儒生们一个微小的官职。离开
皇宫以后,他当即把五百斤黄金分给他的弟子们,弟子们非常高兴
并欢呼:叔孙老师是圣人,他知道当世最需要的是什么。五年以
后,汉高祖出巡到山东地区,用太牢,也就是以祭天子的规格用全
羊、全猪、全牛作为祭品祭祠孔陵。

叔孙通后来又升为太子太傅。在太子即位时,他再一次主持
了新皇登基大典。汉初的许多有关朝廷庆典、公众集会及宗教礼
拜的仪式,都是他设计制订出来的。

　　这些小插曲都发生在汉代建国初期,显示了儒家学派以教育和培养人为主的实际效益。这就阐明了在当时,尽管缺乏教育的皇帝和野性未驯的显贵们轻视学术和学习,尽管有主张放任自流和清静无为的道家哲学的反对,儒教则仍能跻身于政治势力中的原因。

　　但是对于采取好干预别人和家长式统治的儒家学派来说,时机并不总是一帆风顺的。出于曾经反抗过秦王朝专制主义的反应,人们开始疑惧这种独断的政治改革。给以更多的安宁和更少的法规是时代的愿望。汉高祖在取代了秦以后,废除了一切旧有的详细法规,公布约法三章:"杀人者死,伤人及盗抵罪。"(见《汉书》卷23,第1096页)这种简化法规的巧妙一着,受到人民热烈的拥护,欢呼新统治者是被压迫人民的救星。帝国很快就发觉有必要把它发展为《九章律》,但这在开国后的三代统治中,由于不希望作过分详细的修订,《九章律》仍是一部简单的法典。

　　帝国在建国初期几十年间的趋势是不惜任何代价获得和平,让人民从他们过去遭受的苦难中恢复元气。在汉文帝在位的23年中(公元前179—前157年),没有新建一所宫殿,增加一名宫廷侍卫和新盖一处御用马厩。文帝还废除了肉刑,在他统治的末期,全国每年只有数百件判处死刑的案例。他鼓励农民在自己的土地上耕种,皇后在宫中养蚕。赋税每年减轻,至公元前167年,全部废除了土地税。(见《汉书》卷4,第125页)

　　汉武帝17年时,丞相卫绾为首进行了一次使儒家学派教育宗旨的地位高于其他一切学派的活动。朝廷的推崇使儒家学者更显突出。这使年迈的窦太后不高兴,她是道教教义的虔诚的信奉者,而这时她正代替年轻的皇帝摄政。儒家学者试图颠覆她的摄政地位,但是没有成功。她把领头的两名儒家学者投入监狱,那两人在狱中自杀身死。其他的儒家学者领袖人物被黜退。(见《汉书》卷

6,第 157 页）

直到公元前 135 年窦太后逝世，儒教活动才得完全恢复。在窦太后逝世的前一年，为了抑止民间原有的博士私相传授经书，政府设立了专门传授弟子的儒学博士官，以五名为限，每人传授五经中的一门，即《易经》、《诗经》、《尚书》、《仪礼》和公羊《春秋》。公元前 125 年，丞相儒家学者公孙弘提议有限度地从全国各地选拔招收学习每门经书的学生。第一次为官学选来的学生共 50 名，到公元前一世纪末年，帝国官学成立，选入学生 3000 名；公元二世纪时，已扩大到拥有学生 30000 名以上了。（见《史记》卷 121；《汉书》卷 88，第 3596 页。参见王国维：《汉魏的太学》）

不过把儒教作为国教的建立，或者更确切地说定为国教的最重要的一步，则是采用儒家经籍作为政府文官考试制度的基础。当时书面的经书语言早已成为死的语言，所有用经书语言书写的敕令和法规对广大民众来说都无法领悟，甚至在政府部门供职的小官们也常常不明白朝廷在公文上写的是什么。公元前 125 年，丞相公孙弘为此向武帝上奏，提议是否可通过考试取士，对儒学经籍中的一门考试合格者，方能充当京城以及全国各地各级政府部门的官员。（见《史记》卷 121，第 3119 页。又见班固《汉书》）总之，最有学问的人常居优先地位。这是文官考试制度的开始。以后逐渐修改完善，一直施行了两千年。这是普及儒家经籍知识最有效的手段。因为后来这种对古典经籍的考试实际上成为对非显贵出身的平民能升入仕途的唯一途径。政府只宣布考试的各项标准要求，所有对自己的儿子抱有希望的民众就得自己想各种办法教育孩子，使他们谙熟古代经籍，并具有用这种文字写作论文的能力。用这种方法，儒家经籍，有时主要用孔子以前的原著中所提到的；有时用孔子以后的经书（特别是称谓《四书》）中的，成了自从汉武帝以来两千年间一直保持下来的所有中国的学校里的主要课本。

汉武帝在位53年,这期间很多儒家学者擢升为政治上的显要人物。著名史家司马迁在武帝在位的下半叶写出他的伟大著作。说明自从公元前125年新的教育法规实施以来,越来越多的学者作为各部大臣、高级官员和地方长官进入了政府各部门(见《史记》卷121,第3119页)。官学中的儒学博士虽然官阶品位并不高,却常常参加朝廷集会,决策国家大事,特别是在起草和讨论法规以及觐见和祭祀仪式中常常起着十分重要的作用(见王国维:《汉魏的太学》)。确实地说,儒教至此已作为汉王朝帝国的正式国教或正统的教旨牢固地树立起来了。

Ⅲ

通过上述对汉代开国以来一百年间儒家思想兴衰的描述,我们现在可以试图观察一下受到政府如此器重的荣誉,并抬高到一个无与伦比的正统地位的儒教是哪一种儒家思想? 为了了解这新建立起来的儒教的真正内容,有必要先描述一下当时的宗教和思想背景图,在这种背景下儒教运动才得以形成。当我们明白了这一背景以后,才能够鉴别为什么和怎么这种儒教根本不是孔子或孟子的哲学思想,而是某种与原来的学派教导毫不相干,以致我们必须称它为"汉儒",以便一方面有别于孔、孟关于道德伦理和社会的教导;另一方面也有别于宋代的新儒家哲学。

这种宗教和思想背景中最重要的因素是普遍广泛流行的各种信仰和由于移民、军事上的征服,最后由于秦、汉王朝帝国的形成所带来的各个民族和各个地方的神秘莫测的迷信。秦民从西北来,随着他们的向东移动,带来了他们的原始崇拜和時,当他们征服了整个中国时,这种崇拜就成为帝国宗教信仰的重要组成部分。

这些宗教信仰之一是崇拜一块肝形的石头或者是化石,名为"陈宝",他们认为这块石头是秦民的守护女神神雉转变而成的。她是专门负责一切军事行动和征服其他民族的神。每隔二三年,她的配偶神,也是一只雉,会到她的時里与她相会。他的到来常会有一种红色和黄色的奇异光彩出现,约有 40—50 英尺长,同时伴随有附近所有的雉和公鸡的叫声。如遇到这种情况出现,帝国的僧侣们,就要用羊、猪、牛各一头作为祭品向時献祭,并作为重要新闻,派专使、备驿马飞驰京城向当时的秦王、后来的皇帝报告。据当时著名的儒家学者刘向(死于公元前 6 年)的记载,这种闻名的神雉对已化为石头的配偶的拜访的正式记录在公元前 206—前 31 年间共有 151 次。就这样,再加上秦民的另外一些带神秘色彩的崇拜,相继构成为秦、汉两代的国教部分,而以汉武帝在位期间特别盛行。到公元前 31 年才废除;但对这一废止持反对态度的表现得非常强烈,以致在第二年由王太后下特别敕令重新恢复。

这种原始崇拜,在构成帝国组成部分的其他民族中也有存在。居住在山东东部沿海的齐民崇拜他们的"八神",这也是武帝在位时盛行的宗教。武帝曾多次出巡山东祭祀八神。八神之首称为"天主"。这一名称后来为 17 世纪时耶稣会传教士所用,译为"上帝"。从此,罗马公教直至今天仍以"天主教"闻名。后来罗马教廷发现这一命名源于一个低级的异教,于是引出一场激烈的争辩,部分地促进了耶稣会在中国活动的衰落。这则故事出在勃朗宁(Robert Browning)的长诗《环与书》(The Ring and the Book)中著名的一节中。

居住在齐、燕(现在的山东和河北)沿海居民的丰富的想像力对中国的宗教作出了最大的贡献。他们相信世上有神仙存在,神仙们在海上的三座神山或称为海岛上居住。他们相信这些岛上所有的鸟兽都是白色的;神仙居住的房子用白银建成并以黄金为大门,在那里可以找到长生不老药。据说曾有人去这些岛屿上寻仙,神仙出现在那些具有彻底献身精神并有所准备的人们面前。在汉以前有许多统治者曾派人到这些圣地去寻找仙踪。秦始皇是一个虔诚的信奉者,并数次派出由童男童女组成的探险队去海上寻求神仙和神秘的长寿秘方。汉武帝决意要完成秦始皇没有办到的这件事。在他长达50年的统治期间,他不断地赞助这个和那个炼丹术士或方士,希望有朝一日神仙会有幸给予他一次会晤的机会,并赠给他长生不老丹方。

　　这不过是无数迷信传说中的很少几个和帝国的实施常例。当汉高祖得意洋洋地进入秦国都城时,他颁布一项文告(见《史记》卷28,第1378页)说:"吾甚重祠而敬祭。今上帝之祭,及山川诸神当祠者,各以其时礼祠之如故。"几年以后(公元前200年),汉王朝完成统一大业,长安城成为新建帝国的都城。所有各民族和地方宗教及祭祀仪式在都城中都能充分体现,各种教派在都城中都有各自的寺庙、僧侣和祭祀仪式。梁巫代表今属四川西部居民的教派;晋巫代表今属山西的部族;秦巫代表今属陕西及其以西的部族;荆巫代表汉水、长江流域的部族。当汉武帝征服了今属广东的部族后,粤巫也加入了都城中无数部族和地方神职的行列,容许礼拜他们自己的神灵,并按照他们自己的奇特方式进行鸡卜,就是用雏鸡的骨头占卜。(见《汉书》卷25上,第1211页;卷25下,第1241页)

　　帝国由多民族组成,使京城里有这么众多部族和地方的宗教教派及迷信活动,这些都成了国教中的组成部分,全归祠官管辖。迷信的朝廷和百姓杂乱无章地崇拜着其中的任何一个寺院庙宇,幻想着祝祷着神灵能保佑他们。

　　如上所述,汉代的缔造者们出身十分寒微,一般地说,天然受制于各种形式的迷信,不过仍有显著的例外。如汉文帝和他的皇后窦太后及他们的儿子汉景帝(公元前157—前141年)时的状况就不一样。但总的来说,朝廷和皇族都是十足的愚昧无知和迷信的人,是他们使大量的原始崇拜提高了声望,因为在他们取得显赫地位以前曾经利用过这些东西。在这些普遍流行的迷信崇拜中最显著的例子是礼拜长安城的"神君"。

长安附近有一位年轻妇女因难产死去。据说她的鬼魂常常出现并与她的姻娌谈话。这位姻娌开始在他们的屋子里礼拜她。很快这里成了轻信的老百姓们朝圣礼拜的中心。鬼魂通过其中的一名妇女说话,这名妇女就成了所谓代神传谕的巫师。凑巧在众多的神君崇拜者中有一名地位低微的妇女,她的女儿从丈夫家中逃了出来,被带进了皇宫,成了太子最宠爱的嫔妃,并生了一个儿子。太子即位以后,这名逃出来的妇女成了皇后。这是公元前151年的事。十年以后,她的儿子当上了皇帝,就是汉武帝。武帝为他出身微贱的母亲赐上平原君的封号。她的哥哥和两个同父异母的兄弟都得以封侯。另一个同父异母的兄弟当上了帝国的丞相。像这样一个出身微贱的女子突如其来地使家庭交了好运的事,自然而然地认为是由于受到了代神传谕的女巫的祝福。这种代神传谕的女巫是由武帝祖母、她的虔诚信奉的娘家介绍到宫中来的。就这样,神君成了皇帝虔诚崇拜的偶像,专设两处宫殿作为供奉神君的神殿。公元前118年,皇帝出巡寻求新的崇拜神殿时,又出现了新的显圣方法。皇帝感到不舒服,所有的男女神巫和方士都无法为他祛除病痛。于是,派遣使者去向神君求教。神君答称:"转告皇帝,不必为他的病痛焦虑;转告他,病稍愈,请到甘泉来与我相会。"皇帝的病真的好了,赶紧去甘泉,在那里大摆酒宴,向神君表示敬意,并宣布大赦天下。(见《汉书》卷25上,第1220页)

上述事例都发生在皇帝提倡以儒教作为帝国的正统国教教旨以前。

这是一个崇尚巫术、炼丹术和信奉神仙的时代,汉武帝对这些都深信不疑。他在位期间,许多方士被捧到具有最高政治权力的地位,当然,这就成为一股促使人们去研究探索各种神秘主义的巨大的推动力。司马迁对此有如下一段记载:公元前110年,武帝出巡到齐地沿海祭祀八神。至少有一万人请求皇帝赐给一次机会,试一下他们崇拜和炼就的新的神奇秘方。(见《史记》卷28,第1397页。又见《汉书》卷25)

在所有的方士中最走运的要数栾大,他巧言令色,敢说大话,说服了轻信的皇帝。他说他的奇妙无比的方法不仅能点石成金,能使神仙降临并得到长生不老药,而且可以阻止黄河洪水泛滥,而这正是政府多年来感到棘手难办的问题。他略施富于幻术魔力的小计,就使皇帝十分信服,封栾大为五利将军。在短短一个多月的时间里,他接连获得另外三个头衔奇怪的官职;不久又封他为乐通侯,赐给他一座宫殿似的豪华府第,拥有千余奴仆和一套皇帝自己在宫中使用的精美的帷帐家具。尤其值得一提的是皇帝把自己的大女儿卫长公主嫁给他为妻,赐给黄金万斤作为卫长公主的嫁妆。皇帝经常亲临栾的府第;每天派人送去新的礼物,礼物摆满了从宫中到他的府第的街道上。不久皇帝又赐给他一方新的上面刻有"天道将军"的玉印,专派一名穿着羽衣的特使送去授予他的女婿,象征着神仙飞向天国,天道将军也穿上白色羽衣庄严地接受了玉印。几个月内他接连接受了六个最高荣誉的官印,使当时的儒家学者们感到极度的钦羡和嫉妒。栾大的奇丹妙方没有一个证明是有效的。公元前112年,他的欺骗行为终于全部暴露,皇帝一怒就把他处死了。(见《汉书》卷25上,第1232页)

有着皇帝的女婿、乐通侯、天道将军等等头衔的栾大,他的虔诚的保护人不是别的什么人,而正是在历史上赫赫有名的把儒教捧为正统国教的统治者汉武帝本人。

这就是那一时代的宗教和思想背景。神祇寺庙在数量上不断增加,而且越来越豪华奢侈。公元前 31 年,据丞相上奏,在长安城内有 683 座寺庙,寺庙里面都配备有官方供养的僧侣负责管理前来朝拜的信徒,其中,有 475 座寺庙在当年就被废除了,但这些被废停止的寺庙似乎很快又恢复起来。到公元 20 年,仅长安城内又有了 1700 座政府设置的让人朝拜的寺庙。政府每次用于向这些寺庙献祭的飞禽和走兽的数量达 3000 头以上。后来几年为筹备这么多用于献祭的牲类感到很困难,于是只好用公鸡代替野鸭,用狗作为麋鹿的代用品了。(见《汉书》卷 25 下,第 1270 页)

IV

儒教是在国家处于这样一种充满神秘主义和迷信色彩的环境里被提升为正统教义的。儒教和儒家学者都不可能不受到这种庞大而有权势的环境的感染和影响。事实上,一些著名的儒家学者也并不想避开它。孟子曾评论过孔夫子是适时的圣人。儒教也常有适时的教旨,它常能把握住时代的风尚。汉代儒教的真正创始人叔孙通就被他自己的门徒形容为当世最识时务的圣人。当时的一些儒家学者的领袖人物也说过同样的话。汉代儒家思想最杰出的代表人物董仲舒,他那在历史上闻名的祈雨方法是:当他站在北门向过往行人喷洒水滴时,关闭城里一切朝南开的门,并禁止一切场所用火(见《汉书》卷 56,第 2524 页)。另一儒家学派的大学者刘向是个炼丹术士,相信通过神秘的幽灵的介入可以使顽铁变成黄金。有一次,他因用伪造炼得的丹药欺骗汉宣帝(公元前 73—前 49 年)而险被判处死刑。(见《汉书》卷 36,第 1929 页)

新儒教在一位具有如此五花八门爱好而又永不知足和轻信的统治者的鼓励下,和同样如此轻信的一些学者的倡导下应运而生了。——这种新儒教必然是一种人为合成的宗教，里面融入了众多民间流行的迷信和国家崇尚的因素。为了稍为显得合理一点，除去了少数最站不住脚的成分，并薄薄地涂上一层儒家以前和儒家的经籍作为伪装，以便使它以文雅和权威的姿态出现。从这方面来说，汉代的新儒教确实是中国的国教。它是一种民间普遍流行的信仰和长时间实践并通过轻微的润饰使它稍为合理的大的凝聚体。

必须注意的是《五经》公认是儒家文化以前的主要经文，儒家学派为后代保存了这些具有历史意义的文献。这些经文，大量地汇集了民间文献、传统历史、占卜、社会和宗教仪式，自然还包含了无数关于上古的迷信和习俗。这些很容易与后来的民间宗教信仰结合起来。孔学以后的经文以及哲学争鸣时代的其他各种学派的著作，由于轮廓鲜明、概念清晰、复杂老练而不适用于这一新儒教的目的。归根到底，儒教建立在中国国民文化生活的这个时期，只因为这时期有最适合于它生存的土壤。

不过，即使是儒学以前的经籍，由于太简要和太实在，也不能把它作为儒教的唯一基础，奢望它能把众多的民间崇拜和迷信统统都综合在一起，所以需要为儒教活动去寻找一种超出这些经籍以外的，制造出一种只属于它自己的新的文献。这种新的儒教文献采取两种不同的形式：一种形式是由对原有经籍的解释评注所组成，这种解释评注又被混进了经籍本文之中，而这种胡说在经籍中原本是没有的；另一种形式是在生疏和奇特的标题下为新儒教伪造纯粹是虚构杜撰的经文。由于古代经籍被称作"经"，所以这些伪造的文本就叫作"纬"。有七种这类伪造文献记载，在古老的书目中，称为"七纬"。这些纬书的残篇至今仍有保存下来的。

研究这些文献能从中看出汉代新儒教的观点，至少包括下列各要点：——（1）信奉天上有神，它有意志，有意识，并监视着人们和政府的所作所为;(2)信奉一切神怪及死后灵魂也监视着人们和政府的一切行动;(3)信奉善恶因果报应思想;(4)信奉天人感应,邪恶的行为会带来上天预先的警告和事后盛怒的惩罚,善良的行为会带来吉利的征兆和回报;(5)信奉凡事都有先兆,并能人为地使天意转缓,甚至靠做大量的善行义举来改变天意;(6)信奉占星学是一门解释天象和人类及政治事件关系的科学。

所有这些要点是在儒家经籍的伪装下,把政治宗教哲学都混杂在一起组成的。这种哲学或者叫做宗教的中心思想是:上帝或天是有意志或目的的,他的意志或目的是对人类以慈善为本。天意可以通过小心观察天空和地面上的异常现象了解到。这些异常现象就是上天对人们和政府的警告。人们,特别是政府的一举一动必须按照观察到的这些现象为指导去进行,不按照预示的现象去做,结果必将使天意作出进一步盛怒的警告,甚至会导致王朝的崩溃和民族的毁灭。

总而言之,新儒教完全是宗教的口气,它的根本目的,无论是有意还是无意,几乎全部是为政治服务的。自从秦帝国形成以来,皇帝的权力已成为真正的专制,但这种专制权力缺少可用来限制或控制人的适当的武器。儒家学者有意或无意地发现了这种宗教武器,似乎可用来成为使人在敬畏中完全听从统治者掌握的工具。这宗教因素在当时是如此的突出和强有力,以致可以利用作为有成功前途的基础,在这基础上建立起一个在思想上和信仰上令人敬畏的政治宗教制度。

这种新儒教的政治目的,董仲舒作了最好的表述。他本人在政治上从没有达到过杰出人物的地位,而他为新儒教提供的哲学和逻辑方法的著作,给从司马迁时代到康有为时代的中国思潮以巨大的影响。董仲舒的大量的哲学著作是解释《春秋》,从中他推论出这一重要主旨:《春秋》教民服从统治者,教统治者服从上天。

(见董仲舒:《春秋繁露》)这就是汉儒提出的要旨。这一新的政治宗教体系的目的是为统治者的绝对权威寻找力量的。

董仲舒对新儒教"神学"的本质也有简单明了的说明:

> "人之所为,其美恶之极,乃与天地流通而往来相应。"(见《汉书》卷56,第2515页)

> "国家将有失道之败,而天乃先出灾害以谴告之;不知自省,又出怪异以警惧之;尚不知变,而伤败乃至。以此见天心之仁爱人君,而欲止其乱也。自非大亡道之世者,天尽欲扶持而全安之,事在强勉而已矣。"(见《汉书》卷56,第2498页)

汉武帝召集众多儒家学者于朝廷,询问治国良策。董仲舒的这些大胆的言论已被写进在答武帝问当中了。他的发言像是带有权威性的预言。这些言论奠定了使汉代儒教成为高度复杂的神学,有时称它为灾异之学。因为它的实际用途在于解释两类现象。例如大火、洪水、灾荒、地震和山崩等灾的现象;另一类是异常的现象,如日蚀、慧星出现、星体不正常的活动以及妇人长出胡须等等。

但是,我们怎样才能知道天或地的特别警告的意义呢?用什么方法来解释那些异常现象的含意呢?对这问题,董仲舒用奇妙的逻辑方法来解决:他把汉代儒教的逻辑推理方式说成是历代的模式来回答这问题。他说:

> "《春秋》之道举往以明来,是故天下有物,视《春秋》所举与同比者,精微眇以存其意,通伦类以贯其理,天地之变,国家之事,粲然皆见,亡所疑矣。"(见《汉书》卷27,第1331—1332页)

这是新儒教方法论的声明,本质上是一种历史类推的逻辑学。它使每一个特殊事件都包括在三步各不相同的推理过程中。(1)把《春秋》中记载的每一种异常现象用因果关系把某些政治事件与这些现象直接联系起来,找出它的"意义"。(2)其次,如当前出现了异常现象,就设法从《春秋》中找出与其相对应的现象。(3)找到后就用来解释它所隐含的意义,依据历史类推的方法使它适合于解释当前的现象。

这里我引用一个几乎使我们的哲学家董仲舒丢了性命的著名实例(见《汉书》卷27)。《春秋》记载了发生在鲁国的两场大火(一场在公元前507年,另一场在公元前491年)。对此董仲舒把它解释为上天由于鲁国国君对臣下的不义举动所发出的警告。如今,公元前135年,几个月内接连发生两场大火,烧掉了汉王朝祖先的两座陵庙。董仲舒对此解释为上天对武帝的警告,因为武帝要罢黜两位有权势的、和皇帝有着极其亲密的血缘关系的人物,这一不义的举动使上天发出了警告。董仲舒并没有亲自将这种解释向皇帝奏告,是他的仇人拿此话去向皇帝献殷勤。每一个看到注释的人都明白文中的语气所暗示的是两位大人物:一位是太后的同父异母兄弟,当朝丞相;另一位是皇帝的大伯父淮南王。于是,这位哲学家被判处死刑,好容易得到皇帝的特赦,总算免于一死。(见《汉书》卷27)

不过董仲舒以他的擅长的学问和勇敢的预言为新儒教建立了神学基础。他建立起他的《春秋公羊传》体系。另一些儒家学者开始以另外的古代经籍作为他们注释的基础,企图超过他。有一学派用《尚书》中的一章(《洪范》)为基础,精心计划一种更为复杂的儒教逻辑或者诡辩的体系。另一学派开始以《易经》作基础进行注释。那位获罪的炼丹术士刘向建立了他的《春秋穀梁传》体系,但这在当时就被认为是不可信的。他的儿子刘歆,是王莽所信任的顾问,建立了他的《春秋左传》体系,这在当时也是有争议的。但最不可思议的是翼奉学派,他完成了以《诗经》为基础作注释,建立起详细的占卜和解释灾异现象的体系。(见《汉书》卷27及卷75,第3168—3178页)

如此各式各样的儒教神学和诡辩的体系,还在继续不断地增多。当然,没有两个学派在解释任何特殊灾异现象时会得出一致的结论。每当一次地震或日蚀发生,各种各样的关于灾异对人或事的实际意义的解释就会像潮水一样涌向朝廷。大量的这种解释事例都发生在公元前135年到元年之间。都载上了史家班固所撰的《汉书·五行志》之中,这一卷(第27卷)成了《汉书》中最长的一卷(在刊行的《汉书》中, 这章大约有280页)。班固的先例,几乎被后来各朝代的历史所遵循,有的还比照着有所发展,或者至少使儒教的这种局面随着时间的推移一直存在下去。

从上所说,我们可以容易地了解到汉代的新儒教是完全不同于孔子的不可知论的人文主义或孟子的民主主义政治哲学的。可以看出这是中国第一个帝国时代的奇特的产物。当各部族的宗教思想和实践聚集在一起并融合成为一个具有杂乱的信仰和崇拜的庞大的聚合体时,整个的宗教和智力气氛,即便在最高层的贵族和皇族方面,都是原始的和浅薄的迷信。新儒教在这样的环境里受到保护和滋养,也必将采用大量的原始的和浅薄的迷信,这是很自然的。新儒教,它明白地摒弃了早先从杰出的儒学思想家荀子那里接受的自然主义哲学(见荀子:《天论》);它明白地拒绝了孔子本人的不可知论思想,公然采取一种有神论的立场,它类似于曾被早先的儒家责难过的墨翟学派。这些汉代的新儒教徒们相信他们能通晓上天的意志,并能解释出隐含在天地间显示出来的一切现象中的意义;他们相信巫术和炼丹术;他们采用占星家们的方法论,穷毕生精力试图用历史上和经籍中的相似处去解释自然界发生的灾难和异常现象。

虽然如此,我们仍然应该原谅他们,这些儒家学者是处在这样一种只能明白一些原始的和浅薄的事物的环境中的人。他们在黑暗中摸索寻求一种方法,怎样才能在一个刚刚合并成立起来的帝国里,去抑制那无法避免的统治者的专制主义。宗教似乎是一种具有约束力的武器,于是新儒教采用了宗教的形式。迷信似乎能引起统治者的注意,于是儒教利用迷信作为它的主要部分。他们想建立这样一种宗教:它能教统治者本人服从天意,对他属下的人民施行仁政。为了这种缘故,新儒教常常勇敢地触怒皇帝和有权势的大臣们,强使他们在社会和政治方面作出不少对人民有利的改革。

汉代儒教运动最大的成就在教育领域。在学习研究古代经籍文献的基础上建立起全国性的教育和考试制度。儒学的头面人物为未来的文官考试的民主制度的发展播下了种子。这种考试制度有可能使任何一个穷乡僻壤的男孩通过他自己的努力和良好的资质进入并上升到国家的最高政治阶层。更重要的是由于政府对教育和学习的鼓励,新儒教在不知不觉中为自己挖掘着坟墓。经过几代人的进程,逐渐出现了一大批学术思想界的领袖人物,他们对建立起来的国教中的原始和粗糙部分寻求补救办法。这样,到公元前一世纪末兴起了一支称为"古文经学"学派,他们代表更清楚和更成熟的思想,于是逐渐地、部分地代替了"今文经学",即汉初建立起来的新儒教。数十年以后出现了大思想家王充(公元27—100年),他重振并发展了道家的自然主义哲学,并借此严厉地批评和清除了汉代儒教政治——宗教制度中所有的基本概念和信仰。

(韩荣芳译　陆发春校)

(注:引注中所注页码,均为中华书局版《史记》、《汉书》页码,个别注释在译校中稍有改动)

（选自沈寂主编《胡适研究》，东方出版社 1996 年版）

胡适(1891—1962)，安徽绩溪人。五四时期资产阶级右翼代表人物。1910—1917 年留学美国，获哲学博士学位。归国后历任北京大学教授、校长，中华民国驻美大使、国民代表大会主席等。解放前夕去美国，后去台湾，任中央研究院院长。1962 年病逝。著有《中国哲学史大纲》、《白话文学史》、《胡适文存》等。他提倡"大胆假设，小心求证"的研究方法，对学术界颇有影响。

本文选自《胡适研究》。文章指出："儒教是在国家处于一种充满神秘主义和迷信色彩的环境里被提升为正统教义的"，而"采用儒家经籍作为政府文官考试制度的基础"是儒教"定为国教的最重要的一步"。汉王朝把儒教奉为国教，"因此而产生的后果一直影响中国两千年的真正性质"。

中国民族自救运动之最后觉悟(节选)

梁漱溟

一 解一解中国之谜

关于西洋文化中国文化在近世来一飞一停,西洋社会中国社会一变一不变的问题,自以产业革命 industial revolution 之或见或不见为其最重要关目。虽西洋之飞,中国之停,皆有其存乎产业革命之前者;然其产业革命或见或不见,则其社会文化或大变化之所以分也。产业革命与工业资本主义殆相连之一事;故其问题亦即中国何为而不进于工业资本主义?论者于此辄比照西洋往事而为解释。或以为中国不是海上国家如英国,从其自然地理上不能有殖民地之扩大①;或以为西洋于经济上不能自足,而中国能自足,

---

① 中国手工业何以不能往前发展到近代工业?决不由于中国没有强力的政权与自然科学,而主要的是因为中国商业资本太狭,及中国不能有殖民地的扩大。(拉狄克《中国革命运动史》克仁译本82页)而中国所以没有扩大殖民地是由自然地理条件;详言之,中国不是海上国家如英国(见《新生命》三卷五号托洛斯基派之《中国社会论》第6页)

无向前发展之必要①；或以为中国无大量资本之聚积与自由出卖劳动力之多数劳动者(见朱新繁著《中国革命与中国社会各阶级》56页)；或以为中国封建制度虽已破坏，而犹有所谓封建思想封建势力，桎梏着资本主义不能作进一步的发展②。诸如此类，大抵都归于无此需要，或某条件之未备，或某障碍为之抑阻。这是何等浅薄没力气的话！人类只有主观方面的不贪，绝没有客观的满足不需要之事。以十六七世纪欧洲人向外发展的渴热强烈寻求，回证他们经济的不能自足；以中国安于其农业上的生产方法和商业的贸迁流通，回证他们的可以自足，何其无意味！全不理会那时欧洲人冒险进取精神和他的贪欲——这是从他人生态度和郁蕴的力气而来；全不理会中国人精神又另从一途发挥去，和他的淡泊寡求。从自然地理上解说西洋中国产业革命之见不见，工业资本之成不成，如果中国在自然地理上的差异居然会到这程度，则论者原初想将产业革命工业资本说成人类文化上普遍一定的阶段，却恐说成是局于欧洲一隅所特有的现象了。说封建制度虽已破坏，犹有封

----

①　何以欧洲人要找寻东方贸易有这样的热烈？这显然可以看出他们经济力之不足。(中略)中国历史上每一期扩大的经济区域都可以使那时这种社会满足，于是代替封建社会的商业农业结合而成的小资产阶级社会遂这样长久地存在下来。这只可供环境主义的解释。(《中国问题之回顾与展望》196页，梁国东著)

②　顾孟馀先生分析中国社会而为之结语云：这个构造可以叫做一个"为封建思想所支配的初期资本主义"；思想是封建的，保存这个思想的有《圣经贤传》；经济与社会倒是初期资本主义的。陶希圣先生则更诘以《圣经贤传》是什么势力保存着的；而为之说云：士大夫阶级的势力表现于政治则为官僚政治；对战斗团体的依赖性及对生产庶民的抑制性是官僚政治的特征；表现于社会上人与人的关系则为隶属关系；表现于思想则为等级思想。这种社会实具有封建社会的重要象征。工商业资本主义在这种势力桎梏下没有发展的可能。这种势力只有叫做"封建势力"。

建势力抑阻着经济进步;不知制度既破坏者抑阻力强大,还是有制度存在者抑阻力强大？有制度在抑阻不了西洋人,而制度破坏却抑阻了中国人,这是什么道理？假定其犹有所谓封建思想封建势力,亦只是主观的无力,容他残存;不好说作客观的有力,阻我进步。客观的阻碍可以说没有的。你只看见他所为生产主于自给自足,大体上只是地域经济未进于国民经济耳;你只看见他商业资本早见于数千年之前,而自然经济犹滞于数千年之后,为大可异耳;你绝寻不见客观上有什么闭锁障阻他往前进的大形势存在着。欧洲中世封建下的土地支配制度,手工业的基尔特组织,所为经济上之闭锁抑阻,中国初未有之,而中国却总是不前进;是其故必有在矣。我非能断言诸此推论——绝无影响关系;然举轻末不足数者,大言之以为原因在是,殊无聊;而一般人之耳目或不免为所蔽,不可以无辨。

我们首先要一眼看明,这是陷于顿滞一处盘旋不进的绝境,而后"进行迟慢"与"客观阻碍"等说乃一切刊落不必更提。其次很容易看出,其往昔成就大有过人之处,其全体表现自有积极精神,则知其既向别途以进,产业革命之不见,工业资本之不成,固有由矣。更次乃见其所遗之一途固为所遗而不进,其向别途以进者亦卒有所限而止于其可能之度;而同时又还以此所牵,不能复回向于彼一途。彼此交相牵掣,是即绝境所由陷,而后产业革命之不见,工业资本之不成,乃决定矣。倘更能参伍错综比较寻绎,以发见世界各系文化之所以异趣,与人类文化转变之前途,则知中国文化者盖人

类文化之早熟，如我往常所说者①。好比一个人的心理发育本当

---

① 《东西文化及其哲学》小字本 199 页。论起来，这三态度都因人类生活中的三大问题而各有其必要与不适用，如我前面历段所说，最妙是随问题的转移而变其态度——问题问到那里就持那种态度；却人类自己在未尝试经验过时，无从看得这般清楚而警醒自己留心这个分际。于是古希腊人，古中国人，古印度人，各以其种种关系因缘凑合不觉就单自走上了一路，以其聪明才力成功三大派的文明——迥然不同的三样成绩。这自其成绩论，无所谓谁家的好坏，都是对人类有很伟大的贡献。却自其态度论，则有个合宜不合宜：希腊人态度要对些，因为人类原处在第一项问题之下；中国人态度和印度人态度就嫌拿出的太早了些，因为问题还不到。不过希腊人也并非看清必要而为适当之应付，所以西洋中世纪折入第三路一千多年。到文艺复兴乃始拣择批评的重新走第一路，把希腊人的态度又拿出来。他这一次当真来走这条路，便逼直的走下去不放手，于是人类文化上所应有的成功如征服自然，科学，德谟克拉西都由此成就出来，即所谓近世的西洋文化。西洋文化的胜利，只在其适应人类目前的问题，而中国文化印度文化在今日的失败，也非其本身有什么好坏可言，不过就在不合时宜罢了。人类文化之初，都不能不走第一路，中国自也这样，却他不待把这条路走完，便中途拐弯到第二路上来；把以后方要走到的提前走了，成为人类文化的早熟。但明明还处在第一问题未了之下，第一路不能不走，那里能容你顺当去走第二路？所以就只能委委曲曲表出一种暧昧不明的文化——不如西洋文化那样鲜明；并且耽误了第一路的路程，在第一问题之下的世界现出很大的失败。

又《东西文化及其哲学》小字本 202 页。照我们历次所说，我们东方文化其本身都没有什么是非好坏可说，或什么不及西方之处；所有的不好不对，所有的不及人家之一点，就在步骤凌乱，成熟太早，不合时宜。并非这态度不对，是这态度拿出太早不对，这是我们唯一致误所由。我们不待抵抗得天行，就不去走征服自然的路，所以至今还每要见厄于自然。我们不待有我就去讲无我，不待个性伸展就去讲屈己让人，所以至今也未曾得从种种威权底下解放出来。我们不待理智条达，就去崇尚那非论理的精神，就专好用直觉，所以至今思想也不得清明，学术也都无眉目。并且从这种态度就根本停顿了进步，自其文化开发之初到他数千年之后，也没有什么两样。他再不能回头补走第一路，也不能往下去走第三路，假使没有外力进门，环境不变，他会要长此终古！

与其身体发育相应;或即谓心理当随身体的发育而发育亦无不可。而中国则仿佛一个聪明的孩子,身体发育未全,而智慧早开了;即由其智慧之早开,转而抑阻其身体的发育,复由其身体发育之不健全,而智慧遂亦不得发育圆满良好。实言之,中国不是幼稚而是成熟;虽云成熟,而形态间又时显露幼稚;即我前说的"非循夫自然之常"是已。

循夫自然之常理者,必先完成人类第一期文化,乃开始第二期文化。所谓人类第一期文化之完成,以人对物的问题得解决为度;——恩格斯有几句话将这界划说得很清楚:

> 社会掌握生产手段的时候,商品生产已取消,同时生产物对于生产者的支配亦已取消。在社会的生产内部,以计划的意识的组织而代浑沌的无政府状态。个人的生存竞争亦随着停止。接着,人类在某种意义上决定地与动物的王国分离,由动物的生存条件进至真正人类的生存条件。围绕着人类,而在今日已是支配着人类的外界,于此时乃服从于人类的支配与统制;而人类对自然乃开始为意识的真实主人。(《社会进化的铁则》千香译本 74 页)

人类必自此以后,乃逼近于人生的第二问题(人对人的问题),而引生第二态度,入于第二期文化(参看《东西文化及其哲学》小字本166—198 各页)。顾不料数千年前之中国,当农业略有进步商业资本初见之时,去此界度尚远,而已迈进于第二态度第二问题之途,向内而不向外,勤于作人而淡于逐物,人对物的问题进展之机于是以歇。此其中重要可指之点,殆在商业资本虽有,而始终不成其为商业资本主义以演动于社会,产业革命乃无由促成。产业革命工业资本之不成,社会组织结构自无由变。虽数千年中国人之所为,忽于物理,明于人事,而人事之变卒所不能尽;而由物理之忽,科学及科学方法不能产生,学术发达上乃大有缺憾与局限;所谓向别途以进者亦止于其可能之度，即谓此。此时亦更不能返于向外逐物之第一态度；以牵于既进之精神而不许也。进退两所不能，是其所以盘旋一处，永不见新机杼之开出的由来。大抵一切不能前进之事，莫不有此一种交相牵掣的形势在内；——只有此交相牵掣，其为力乃最大也。中国文化之所以停滞不进，社会之所以历久不变，前就礼俗制度本身言之，特言其一义；语其真因乃在此。

我们重说几句话结束这一段。中国数千年文化，与其说为迟慢落后，不如说为误入歧途。凡以中国为未进于科学者，昧矣，谬矣！中国已不能进于科学。凡以中国为未进于德谟克拉西者，昧矣，谬矣！中国已不能进于德谟克拉西。同样之理，其以中国为未进于资本主义者，昧矣，谬矣！中国已不能进于资本主义。不能理会及此，辄以为前乎资本主义社会，而称之以封建云云者；此犹以前乎科学而判中国为有宗教，实大不通之论，极可笑之谈，为学术上所不许。中国之于西洋，有所不及则诚然矣；然是因其不同而不及；或更确切言之，正唯其过而后不及；时至今日吾侪盖已察之熟而辨之审矣。

二　我们一向的错误

我以 1893 年生，其时中国人不幸的命运，早已到来好几十年，而一天紧似一天了。其次年，便是中日甲午之战；中国人的大倒霉，更由此开始。而我们许多先知先觉，所领导的中国民族自救运动，亦于此加紧的、猛烈的进行了。（康梁一派变法维新运动，孙先生的革命运动，均自此猛进。）我真是应着民族不幸的命运而出世的一个人啊！出世到今天（1930）已是三十七年；所谓命运的不幸，已非止门庭衰败，而到了家人奄奄待毙的地步。民族自救运动就我所亲眼见的，前后亦换了不知多少方式，卖了不知多少力气，牺牲不知多少性命；而屡试无效，愈弄愈糟，看看方法已穷，大家都焦闷不知所出。究竟我们怎么会到得这步天地？事到今日，不能不回头发一深问。

这自然是我们数千年文化所演的结果。我既曾说过：

譬如西洋人那样，他可以沿着第一条走去，自然就转入第二路；再走去，转入第三路；即无中国文明或印度文明的输入，他自也能将他们开辟出来。若中国则绝不可能；因为他态度殆无由生变动，别样文化即无由发生也。从此简直就没有办法；不痛不痒真是一个无可指名的大病。及至变局骤至，就大受其苦，剧痛起来。他处在第一问题之下的世界，而于第一路没有走得几步，凡所应成就者都没有成就出来；一旦世界交通，和旁人接触，那得不相形见绌？而况碰到的西洋人偏是专走第一路大有成就的，自然更禁不起他的威棱，只有节节失败，忍辱茹痛，听其蹂躏，仅得不死。国际上受这种种欺凌已经痛苦不堪；而尤其危险的，西洋人从这条路上大获成功的是物质的财，他就挟着他大资本和其经济的手段，从经济上永远制服了中国人，为他服役，不能翻身，都不一定。至于自己眼前身受的国内军阀之蹂躏，生命财产无半点保障，遑论什么自由？生计更穷得要死，试去一看下层社会简直地狱不如！而水旱频仍，天灾一来，全没对付，甘受其虐。这是顶惨切的三端；其余种种太多，不须细数。然试就所有这些病痛而推原其故，何莫非的的明明自己文化所贻害；只缘一步走错，弄到这般天地！还有一般无识的人硬要抵赖不认，说不是自己文化不好，只被后人弄糟了，而叹惜致恨于古圣人的道理未得畅行其道。其实一民族之有今日结果的情景，全由他自己以往文化使然：西洋人之有今日全由于他的文化，印度人之有今日全由于他的文化，中国人之有今日全由我们自己的文化而莫从抵赖;也正为古圣人的道理行得几分,所以才致这样,倒不必恨惜(此几分是天然限定的,即前云"有所限"是也)。(《东西文化及其哲学》小字本203页)

中国的失败自然是文化的失败;西洋的胜利自然亦是他文化的胜利。我们前曾说过西洋文化便是一种强力①;现在要补说一句,中国文化的特征正是弱而无力。

文化随人产生,人随文化陶养;岂唯中国文化非失败不可,中国人亦是天然要受欺侮的。罗素在他所著《中国之问题》上说:"欧洲的人生是以竞争 Strife 侵略 Exploitation 变更不已 Restlest Change 不知足 Discontent 与破坏 Destruction 为要道;而中国人则反是。"又说:"中国人之性质,一言以蔽之,曰与尼采 Nietzsche 之道相反而已;不幸此性质不利于战争,然实为无上之美德。"

又说:"世有'不屑战争'Too proud to fight 之国家乎?中国是已。中国人天然态度,宽容友爱,以礼待人,亦望人亦礼答之。"(具见《中国之问题》11页,74页,192页)大概一种特异处,单看不易见,两相对照,便易看得出;自家看不出,人家却易见。东西人诸如此类的说法,实不胜征举;要皆所见略同,而都不明其所以然。然试寻绎我前边的话,便自明晓。近世的西洋人是新兴民族而又曾被宗教关闭了,绝似小孩子关在书房,一旦放学,准他任情玩耍;自尔欢奔乱跳,淘气冒险打架破坏。(先时颇可喜爱,久而闹得太凶,就不免讨厌,而且损伤亦太多)而中国民族则正好像年纪大,更事多,态度自宽和,举动自稳重了。理会得此层,更须加意理会:

---

①　第32页引日本人金子马治说西洋为帕玩 power 之文明;又第43页指出西洋文化有其特异征服世界的威力在人心向外科学发达而社会以进于组织性机械性。反之,中国文化所以弱在人心向内科学杜闭而社会特别散漫。

一则是从人类与一切生物所同的"有对性"出发的人生第一态度；

一则是向往人类所以异乎一切生物的"无对性"的人生第二态度。

西洋人自近世以来，大发挥其人类的'有对'精神，真是淋漓尽致！（此句话无贬无褒，即褒即贬。）这在今日风气将变之会，回看当年是尤其清楚的。今日无论在经济上、法律上、政治上，一切学术思想，都从个人本位主义翻转到社会本位思想，更易感觉那近世来个人主义之强盛，而弥漫一切。本来一部近世史，就是一部个人主义活动史；就是以人的自我觉醒开其端，从认识了我，肯定了自己，而向前要求现世幸福、本性权利；后来更得着"以'开明的利己心'为出发"的哲学论据，"以'自由竞争'为法则"的社会公认，于是大演其个体对外竞争的活剧；所有征服自然的物质文明，打倒特权阶级的民治制度，一切有形无形，好的坏的东西，便都是由此开发出来。大概好一面，便是打倒排除许多自然障碍，人为障碍；不好一面，便是不免有己无人，恃强残弱——例如资本主义，帝国主义，此为两眼向前看，力气往外用，必有的结果，原不足怪。然在我们正为太不具备他这种精神了，正为与他恰相反了，所以一旦相遇，当然对付不了他。自鸦片之役以来，所有我们近八十多年间的事，就是为这种强力（西洋文化）强人（西洋人）所欺凌、侵略、颠倒、迷扰的痛苦史。我常说，现在眼前的种种，身受的种种，实不必气恼着急，叹息发闷，更不用呼冤喊痛；你若看清中国这一套老古董是怎样，再明白西洋那一套新玩艺是什么，试想他们相遇以后该当如何；则今日的事正一点一毫都有其来历，无足异者。从来中国民族在文化上的自大，很快地为西洋之实际的优胜打击无存，顿尔一变为虚怯之极。方当受欺吃苦，民族命运危殆之时，我民族志士仁人，先知先觉，未有不急起以图自救者；而内审外观，事事见绌，不能不震惊歆羡于他；所以自救之道，自无外学他。……（略）由是他加于我之欺凌侵略，犹属可计，——漆树芬先生一部《经济侵略下之中国》记之甚悉，推阐甚明——而我颠倒迷扰以自贻伊戚者，乃真不可胜计！吾人今日所食之果，与其说为欧洲人日本人所加于我者，宁曰吾人所自造。此由今以溯观近四十年间事，不难见也。

近四十年间民族自救运动，总算起来，可大别为一个前期，一个后期。此前期后期者，非果我所自成分段则然，特以西洋近事有此转变，思想有此迁易，其所以为我刺激者，前后分殊，于是我亦被动的截然有二期。所谓欧洲之变易者何也？其始也制造帝国主义，其继也则打倒帝国主义，以是成其近世潮流，与最近代潮流焉。感受着欧洲近世潮流——其最有力之刺激则近在眼前之东邻日本——而讲富强，办新政，以至于革命共和，虽其间尽多不同，而总之结晶在一"近代国家"的目标。此即所谓前期运动。感受着欧洲近代潮流——其最显著时期，即在欧战一停之后，其最有力之刺激则西邻之俄国——而谈思想主义，采取直接行动（五四、六三以来各运动），以至于国民党改组容共，十五年北伐，纵其间不尽一致，而总之背后有一反资本主义、反帝国主义的空气。此即所谓后期运动。于前期种一有力之因，则练新军是也；辛亥革命由之以成功。然十余年军阀互哄之局，非食其赐乎？于后期种一有力之因，则培养共产党是也；十五年北伐赖以成功。然两湖粤赣其他各省焚杀之惨，不知有多少有才有志好青年之葬送，非食其赐乎？又有贯乎前期后期而种一深且远之因，则全不对题的教育制度是也；今日社会现象种种皆成问题，非食其赐乎？任举一事，何莫非自己铸错？

又试观廿年间，凡今之所谓祸国殃民亟要铲除打倒者，皆昨之沐受西洋教育或得西洋风气最先，为民族自救的维新运动革命运动而兴起之新兴势力首领人物，初非传统势力老旧人物。已往之研究系北洋派固皆此例；而眼前之南京政府不尤其显著乎！近二三十年间事正为维新革命先进后进自己捣乱自己否认之一部滑稽史。其关乎私人恩怨,喜怒为用者此不说;且言其一时所谓公是公非者。始则相尚以讲求富强,乃不期一转而唱打倒资本主义帝国主义矣!始则艳称人家的商战以为美事,今则一转而咒骂经济侵略以为恶德。模仿日本之后,菲薄日本;依傍苏俄之后,怨诋苏俄;昨日之所是今日之所非;今日寇仇;昨日恩亲。所谓"不惜以今日之我与昨日之我挑战者",自己之颠倒迷扰,曾无定识,固自白之矣;改过虽勇,宁抵得贻误之已大。自救运动正是祸国运动,时至今日吾愿有真心肝的好汉子一齐放声大哭,干脆自承;即不自承,而事实不已证明之乎!

何为而颠倒迷扰如此?则震憾于外力,诱慕于外物,一切落于被动而失其自觉与自主故也。是又何为其然?则以有清一代实中国文明外面光华内里空虚之候。吾前既言之矣:"中国的人生远从两千年近从八百年递演至此,外面已僵化成一硬壳,内容腐坏酵发臭味,……盖不独于今日为西洋所丑化了中国人不足以见所谓中国人生,即倒退六七十年欧化未入中国之时,固已陵夷至最后一步,不成样子。"民族精神浸浸消涸,自不胜外来新颖剧烈的刺激。虚骄自大之气,瞬即打破;对西洋国家乃不胜其景慕。我们一向民族自救运动之最大错误,就在想要中国亦成功一个"近代国家",很像样的站立在现今的世界上。这不但数十年前,一般人的讲富强是如此;便试问,今日大家的心理,果真明断不存此想,又有几人呢?原只有十三年后容共期间的空气,稍为不然;然而现在又随着反共潮流,而消散了那股盛气,模糊了那刚刚萌露的方针;"近代国家",仍是多数人理想的梦!曾不知现代国家是怎样一个东西,他的政治背后,有他的经济;他的政治与经济出于他的人生态度;百余年间,一气呵成。我国数千年赓续活命之根本精神,固与大异其趣,而高出其上,其何能舍故步以相袭?至于数千年既演成的事实社会，条件不合，又不待论。乃一切不顾，惟亟亟于摹取追踪；于是①：

> 乍见其强在武力，则摹取之；乍见其强在学校，则摹取之；乍见其强在政治制度，则摹取之。乃其余事，凡见为欧人之以致富强者，罔不摹取之。举资本主义的经济组织之产物，悉以置办于此村落社会而欲范之为近代国家。近代国家未之能似，而村落社会之毁其几矣！

迨所求既不得达，正在穷极思异，而欧洲潮流丕变，俄国布尔塞维克之成功尤耸动一世；于是我们亦掉转头来又唱打倒资本主义帝国主义。最近五年间，表面上为国民党领导着，精神上为共产党领导着的革命高潮，遂应运以实现。所谓共产党其物者，从其所以解决政治问题社会问题的方向来看，则诚然一变于欧洲之故，而从其所由出发的人生态度来看，则正是从来西洋人根本精神赤裸裸地表现，最澈底地发挥。沿着"功利主义""自由竞争"的理想，而出现的资本主义社会，演到大家都受不了的时候，自然要从个人本位主义翻转到社会本位思想，然当社会本位的经济将现未现之时，则正是经济抬到最高位，人们视线所集中，摆开阵营大事决斗之际。以"唯利是视"解释人类行为，以经济一事说明社会一切现象的"唯物史观"，就成了人们的指针，而共产党便是最擅长以战阵攻取之略，巧用之人群社会的。人类"有对性"的发挥，固非此不算到家，而西洋人所耍的把戏，这亦就是极轨。乃不谓夙讲理义是非，最耻言利，夙爱礼让和平，最恶相争的中国民族，亦抛丧他祖宗高尚伟大精神，跟着人家跑，而不复知耻。盖自光绪年间讲富强，已开其渐，今亦不过更达于赤裸裸耳。无论前期后期运动，一言以蔽之，总皆

---

① 见后《河南村治学院旨趣书》一篇。（编者按：这里指作者原书中后篇）

一反吾民族王道仁义之风,而趋于西洋霸道功利之途(孙中山先生在日本讲演,对中西文化作此分判)。然讲功利,则利未见,而固有之农业反以毁,民生日以蹙;讲强硬,尚武力,则武力之施,强硬之果,不中于人而中于己。凡今日之"穷且乱",正由卅余年间唯尚"利与力"而来;一言可以尽之矣。

呜呼! 数十年间,颠倒迷扰的可怜,亦可怜极矣! 时至今日,其可以知返矣! 一民族真生命之所寄,寄于其根本精神;抛开了自家根本精神,便断送了自家前途。自家前途,自家新生命,全在循固有精神而求进,而向上;不能离开向外以求,不能退坠降格以求。只有发挥自己特长,站在自家原来立脚地上以奋斗,离开不得这里一步。譬如一个忠厚老实者,一个精明强干的漂亮人物,你受欺负是一定的;相形之下,觉着人家种种可羡是一定的;然而你索性老实到家,发挥你忠厚的精神,不要学乖弄巧。你要学,学不来,并失忠厚。所谓邯郸学步,并失故步,匍匐而归,真为善譬。今之救国不得其方者,还要出洋考查,真是可笑已极! 古人说的好:"归而求之有余师";如再不赶紧回头,认取自家精神,寻取自家的路走,则真不知颠倒扰乱到何时为止矣!

然而,错自是一向都错了,但天然不能不有此错。譬如他以拳来,我自然要以足当;他手中握着利刃,我自然亦要急觅个家伙。以御他为自救之道,以学他为御他之道,此盖必有之反应,未假思索者。仿佛机械的反射运动一样,未有自觉的意识。在今日不可不悟昨非,而却不容责当日之错——当日无论是谁,亦要错的了。即因错误而生出的灾祸痛苦,似亦并不冤枉。好比流行传染病,要不传染已是不行的,倒不如小染其病,而得一个免疫性。到今日可算是种种的病都传染到了,如果不是体不胜病,则今后吾民族其必有回苏之望乎!

三　我们今后的新趋向

无论前期运动后期运动,我们皆见其始盛,继衰,终穷;由极有力的高潮退落归于无力。自其加于社会的结果言之,始而都像是好消息;继而影响远近,实际地感受到了,似利弊互见,希望未绝最后则祸害酿成,社会上的痛苦乃有长足的进步。前所谓"愈弄愈糟"者,盖真痛心绝望之言。方其造端经始,亦非没人看到其将酿乱贻祸,预断其错误失败;然个人的先见可以有(究不能澈见真切),社会则是没有先见的。当一世之人心思耳目方有所蔽之时,要扭转得这社会倾向,实有绝对地不可能。远从世界来的剧变,将这数千年历史长久不变的庞大社会卷入旋涡,而扰动发生的大转大变,其波折复有非偶然;我们已往的错误或者一一皆是铁的。然即今事后,有些人犹不能悟,于兹后期运动途穷之际,或则复返于清末民初的旧梦,或则激进于共产党,总之囿于西洋把戏的圈而不能出,则未免太笨!且由此而民族自救运动的新趋向为其所蔽,不得大开展,则是我们所为不能已于言者。

关于这些错误的批评,我将分别为四篇文字,在本刊上继此陆续发表;其目如次:

一、我们政治上的第一个不通的路——欧洲近代民主政治的路;

二、我们政治上的第二个不通的路——俄国共产党发明的路;

三、我们经济上的第一个不通的路——欧洲近代资本主义的路;

四、我们经济上的第二个不通的路——俄国共产党要走的路。

现在只想对于至今执迷不醒的通蔽,说一句话。此所指之通蔽,便是他们大家总以为:我的药方还没吃下去,不能怪我的药方不

20世纪儒学研究大系

对。有此一段谬误心理横亘在衷,所以总不死心,总不服气,更不往旁处去想。在法治梦想家,便谓:法治何曾在中国实行一天来?都是不照法去行,毁法弃法,所以才致今日之乱。在作党治梦的先生亦是责某某毁党弃党,全不按照党治路去走;如果没有个人独裁,没有小组织,没有新军阀的割据,则党治实行,三民主义的建设岂不早见?夫谓法治未行,党治未行,我亦何能否认;抑且亦半点都不想否认。我想这正是药不对症的证验。政治上的路向不是有形的药水,你可以眼看他吞下去,再验他效果的。要问一条政治的路向是否合我们之用,就全看其用得上,用不上,以为断;而更无其他可以为验者。中国民族既曾往这条路向(法治或党治)上努力来,即可于其努力之无成。进行之多乖,而判知其不对症。其所以始终未见实行者,正以其实行不去也;若实行得去,便已对症,早任何话不必说矣。谓必实行后,再看其对症不对症者,此不通之论也。更细审之,并不是谁毁法弃法,谁毁党弃党,而实在是方方面面自大岢以讫末节,皆见出法或党无可树立得起之机;所谓实行不去,正非推论之词,固有可征。乃以归罪某某所为,未免太看重个人:天下事固不如是偶然也。——试从这两层研思之,其或可以省悟乎?

不管你怎样执迷,民族觉悟的时机是已到了。自近年从经济上将资本帝国主义揭穿,一切欧化的国家——或云近代国家,是一个什么东西,亦既明白矣。"欧化不必良,欧人不足法",是后期运动在中国人意识上开出的一大进步[1]。此时还要复返于前期运动,真是所谓思想落伍;谁则能从公等之后者?清末民初旧梦之又作,不过是后期运动落归无力之时,观念上的一时回溯耳。自最近

---

① 参看后面《河南村治学院旨趣书》一篇

两年于革命热潮过后,沉下来讨论中国革命问题,乃补作中国社会之历史的研究一段工夫;今后之革命运动将非复感情冲动的产物,而不能不取决于理性。此时还要激进于共产党,谁则能从公等之后者?这不过是短于智慧而富革命性的朋友,于后期运动穷促之际,显出的一时急迫神情耳;后期运动讵以是而为进一步的开展哉!要知今日已是西洋化的中国民族自救运动之终局。前期运动过去了;后期运动过去了;再不能有第三期。就中国一面言之,一向懵懂糊涂,既没认清他人,又不了解自己者,由事实之推演而逐步进于认识与自觉。……(略)今后除非中国民族更无前途,即亦没什么自救运动再发动起来;如其有之,此新运动之趋向,将不能不从"民族自觉"出发。

所谓从民族自觉而有的新趋向,其大异于前者,乃在向世界未来文化之开辟以趋,而超脱乎一民族生命保存问题。此何以故?以吾民族之不能争强斗胜于眼前的世界,早从过去历史上天然决定了;而同时吾民族实负有开辟世界未来文化之使命,亦为历史所决定;所谓民族自觉者,觉此也。以吾民族精神早超过一般生物之自己保存性,而进于人类所有之宝爱理义过于宝爱生命之性;吾人今日正当宝爱此民族精神,而不以宝爱民族生命者易之;不然者,苟为生命之保存而不惜吾民族固有精神委于尘土,则顽钝无耻,岂复得为中国人哉!所谓民族自觉者,觉此也。中国人其果如此而不知耻也,则是其生机已绝矣!复何处有前途?中国人其果知耻而至死不易吾精神也,则是其所以生者方劲然以在,何忧前途无活命?中国人其果审于世界文化转变之机已届,正有待吾人之开其先路,而毅然负起其历史的使命;则民族前途之恢张,固又于此日之志气卜之矣。所谓民族自觉者,觉此也。

呜呼!中国人虽不识此义,而西洋高明之士则有识之者矣!罗素于其所著《中国之问题》开首即云:

> 中国今日所起之问题,可有经济上政治上文化上之区别。三者互有连带关系,不能为单独之讨论。惟余个人,为中国计,为世界计,以文化上之问题为最重要;苟此能解决,则凡所以达此目的之政治或经济制度,无论何种,余皆愿承认而不悔。(罗素《中国之问题》1页、8页)

此其意盖宝爱中国文化上之精神,宁牺牲其他,不愿稍损及此也。又有云:

> 由华盛顿会议之结果观之,远东问题欲得一乐观之答覆,较前更形困难;而国家主义军国主义苟不大发达于中国,中国能否独立?此问题也,尤难答覆。余不愿提倡国家主义军国主义。但爱国之中国人苟以不提倡何以图存为问,恐无辞以对。余研究至今,仅能得一答覆。中国实为世界最忍之国家,历史之永久,远非他国可比,他国终不能灭之;即多待亦不妨也。(同上)

此实为最有深情与高识之言,细味之,可为堕涕。更于其书结末处谆谆焉郑重言之不已:

> 余于本书,屡次说明中国人有较吾人高尚之处;苟在此处,以保存国家独立之故,而降级至吾人之程度,则为彼计,为吾人计皆非得策。中国政治独立所以重要者,非以其自身为最终之目的,乃以为中国旧时之美德与西洋技艺联合之一种新文化非是莫由发生也。苟此目的不能达,则中国政治之独立几无价值可言。

> 苟中国之改良家……而开创一种较现今更良之经济制度,则中国对世界可谓实行其适当之职务;而于吾人失望之时代,与人类以全新之希望。余欲以此新希望,唤起中国之新少年;此希望非不能实现者。唯其能实现也,故中国当受爱人类者极高之推崇。(见罗素《中国之问题》241页、253页)

呜呼！贤矣，罗素！伟矣，罗素！即此言其当受吾人极高之推崇。如我向者之所测，世界未来文化正是中国文化之复兴；罗素之言，果"非不能实现者"，我能信之。（参看《东西文化及其哲学》第五章）我匪独信之也，抑又深识其所以然之故，而窃有见乎其达于实现之涂术；——是即我所谓村治或乡治是已。我将于本刊陈其义，约分为五篇文字，继此陆续发表；其目如次：

一、村治在解决中国政治问题上的意义；

二、村治在解决中国经济问题上的意义；

三、村治在解决中国文化上的意义；

四、村治在解决中国教育及其问题上的意义；

五、倡行村治的方法。

罗素以政治经济文化三问题中，必先文化问题；其言虽是，其计则左。中国问题，原来是浑整之一个问题；其曰三问题者，分别自三面看之耳。此问题中，苟其一面得通，其他皆通；不然，则一切皆不通。中国之政治问题经济问题，天然的不能外于其固有文化所演成之社会事实，所陶养之民族精神，而得解决；此不必虑，亦不待言者。吾人但于此政治经济之实际问题上，求其如何作得通，则文化问题殆有不必别作研究者。倘先悬一不损文化之限定，而文化为物最虚渺，则一切讨论皆将窒碍，陷于捉空，问题或转不得解决矣！我之研究中国问题，初未尝注意有所谓文化问题者；而实从政治经济具体问题之研索，乃转而引出比较抽象的文化问题之注意；此愿为朋友告者也。

我们于是恍然，中国人今日之痛苦，乃大有意义。使吾人倒返于百年以前之中国社会，或无今日之痛苦；然而正是文化上生不得生，死不得死，"无可指名的大病"，更无一毫办法。西洋文化之撞进门来，虽加我重创，乃适以启我超出绝境之机；其为惠于吾族者大矣！凡今日一切问题皆若不得解决者，正以见问题之深且大，意义不寻常,而极勉吾人之为更大努力,以开此人类文化之新局也。呜呼!吾人其当如何以负荷此使命!

（选自《中国哲学思想论集》第七册,台北:水牛出版社 1986 年版）

梁漱溟(1893—1988),广西桂林人。早年参加同盟会,投身辛亥革命,后潜心研究佛学。1917 年后,应聘为北京大学主讲印度哲学。1924 年辞去教职,到山东自办教育,从事乡村建设。曾任河南村治学院教务长,山东乡村建设研究院院长。抗日战争爆发后,任最高国防参议会参议员、国民参政会政员,后参与发起组织"统一建国同志会",1941 年改组为"中国民主政团同盟",任中央常务委员,并任其机关报《光明报》社长。1946 年参加政协会议。建国后,历任全国政协委员、常务委员,中国文化书院院务委员会主席,中国孔子研究会顾问。1988 年 6 月 23 日在北京病逝。著有《东西文化及其哲学》、《印度哲学概论》、《乡村建设论文集》、《中国文化要义》、《人心与人生》及《梁漱溟教育论文集》等。

本文选自《中国哲学思想论集》(第七册),台北:水牛出版社 1986 年版,最早发表于 1930 年。本文用丰富的史料论证了中国在政治上不能走"欧洲近代民主政治的路"和"俄国共产党发明的路",中国惟一的出路是进行"乡村建设"。

东西政治思想之比较研究

张君劢

东西政治思想之异同，可以一语别之：曰东方无国家团体观念而西方有国家团体观念是矣。惟以团体观念为本，然后知国家之为一体，其全体之表示曰总意，全团体号令所自出曰主权，更有政权活动之方式曰政体，与夫本于团体目的之施为曰行政；反之，其无团体观念者，但知有国中之各种因素，如所谓土地、人民、政治、所谓君君臣臣、父父子子是矣。东方惟无团体观念，故数千年来儒、道、法、墨各家政治思想之内容，不外二点：曰治术，所以治民之方术也；曰行政，兵刑、铨选、赋税之条例而已。

儒家好言德治，孔子曰：

"为政以德，譬如北辰，居其所而众星拱之。"又曰："其身正，不令而行；其身不正，虽令不从。""苟正其身矣，于从政乎何有？不能正其身，如正人何？"

此但言乎治人者有正身修心之必要，而治人者所属之团体，则未之及也。孔子曰："道之以政，齐之以刑，民免而无耻；道之以德，齐之以礼，有耻且格。"

此亦言乎治国者应舍刑法而重道德，与希腊政治思想中之注重伦理者，未为不合，然希腊之所谓伦理，则团体自身之伦理也，非君主一人之尚德或尚刑也，

孟子最认人民在一国中之重要，故曰：

"民为贵,社稷次之,君为轻。"

孟子对于害民之君,则不认之为君,而认之为独夫,故曰:"贼仁者为之贼,贼义者谓之残,残贼之人谓之一夫,闻诛一夫矣,未闻杀君也。"

至于《礼运篇》:"大道之行也,天下为公。"等语,其所谓公者,充其量,不过欧洲之所谓 Public welfare,不得谓为此"公"字涵有团体之意义也。

道家主张无为政治,其言曰:

"我无为而民自化,我好静而民自正,我无事而民自富,我无欲而民自朴。"道家既重自然而反对人为,故对于知识之进步认为非人类之福。其言曰:"古之善为道者,非以明民,将以愚之,民之难治,以其智多,故以智治国,国之贼,不以智治国,国之福。"又曰:

"绝圣弃智,民利百倍,绝仁绝义,民复孝慈。绝巧弃利,盗贼无有。"道家之根本观念在法自然,以"在宥天下"为宗旨,所谓"正",所谓"治",本非其所乐闻,与西方之所谓放任政策相合,而更过之矣。

墨家之尚贤与儒家之言必称尧舜,与"选贤与能"出于同一精神,独其所谓"尚同",与西方 Community 之意,或有相似之处,但其结论,则归于"选择贤者",恐亦不得与西方所谓 Community 相提并论。试举墨子之言如下:

"古者大之始生民,未有正长也,百姓为人。若苟百姓为人,是一人一义,十人十义,百人百义,千人千义,逮至人之众不可胜计也,则其所谓义者,亦不可胜计。此皆是其义,而非人之义。是以厚者有斗,而薄者有争,是故天下之欲同一天下之义也,故选择贤者,立为天子。"又曰:

"国君亦为发宪布令于国之众曰:若见爱利国者,必以告。若见恶贼国者,必以告,若见爱利国以告者亦犹爱利国者也,上得且赏之,众闻则誉之。若见恶贼国不以告者,亦犹恶贼国者也,上得且罚之,众闻则非之。是以偏若国之人,皆欲得其长上之赏誉,避其毁罚,是以民见善者言之,见不善者言之。国君得善人而赏之,得暴人而罚之。善人赏而暴人罚,则国必治矣。”

依以上两段观之,本于“同”之义,而选择贤者,本于国人所谓爱利者与恶贼者而加以赏罚,是乃今日之所谓民意与舆论,依卢梭之名词言之,是所谓 Will of all,非 General will,是各个人全部之意,非总意也。

法家之注重法律,与近代国家中法治主义,最相吻合。管子曰:

“不法法,则事无常,法不法,则令不行,令不行,则令不法也。”又曰:

“使民众为己用奈何? 曰:法立令行,则民之用者众矣。法不立,令不行,则民之用者寡矣。故法之所立,令之所行者多,而所废者寡,则民不诽议,则听从矣,法之所立,令之所行,与其所废者钧,则国无常经;国无常经,则妄行矣。法之所立、令之所行者寡,而所废者多,则民不听,民不听,则暴人起而奸邪作矣。”

商君曰:

“世之为治者,多释法而任私议,此国之所以乱也。”又曰:“是故先王知自议私誉之不可任也,故立法明分。中程者赏之,毁公者诛之。赏诛之法,不失其议,故民不争。”“故明主慎法制。言不中法者,不听也;行不中法者,不高也;事不中法者,不为也。言中法则辩之,行中法则高之,事中法则为之;故国治而地广,兵强而主尊,此治之至也。人君者不可不察也。”

管子商君等但知法律之当严守而已,至于法律与人民意志之关系如何,制定法律之权应属于何人,法律应代表全体之意志,皆非彼等所见及也。

　　我辈执西方学者之言论,以评儒、道、墨、法四家之主张,初非有菲薄先人之意,不过思想上有此大不同之点,因而影响于东西两方之政治,故不可不抉而出之。

　　自秦以后,君主专制政体确立,朝野所讨论者,更不外行政之制度,曰田赋,曰考试,曰兵制,曰封建,试举《通典》、《通考》等书而考之,皆不外此。一民族之中,其本体曰国家,其活动曰政治,因政治之目的而有所施设,是曰行政。秦以后之中国,但有行政制度之讨论,无所谓政治,更无所谓国家。

　　一国人民之政治思想,不从国家本体着眼,不从主权行使之方式着眼,虽谓其国中绝无政治思想可也。

　　反而观之,欧洲希腊与夫近代各国,其政治学之重心,厥在以国家为团体、以国家为道德的团体。人类不能一日而离团体,离团体则物质上无以生活,道德上无以立己立人。希腊之所谓团体,即各人所隶属之国家也。亚里士多德曰:国家先个人而存在。又曰:人类者,政治的动物,皆言乎人类不能一日离国家也。国也者,积民而后成,然所谓民,非乱石之堆积,非泥沙之散布,其间有互相维系之关系,犹之一人之身,手自手,足自足,头目自头目,则不成为人,必合手足头目而成为运动自如之一体,而国之所以不可不成为一体或曰或机体者,即以此也。国之所以为国,非徒曰各人之饱食暖衣已焉,其间有公善之追求(Pursuit of common good)。曰治安之维持,曰文化之发展,曰国民生活之改善,曰国家对外之生死存亡,此皆所谓公善,而常有以实现之者。故亚氏曰:国家者,人类求公善实现之组织也。柏拉图更考求国家所以实现此公善之法,在以公道为精神,其所谓公道,即各人应于其地位而尽其应尽之职责,即一国之内,有治者,有兵,有农,有工商,此等等人,各具真知,各具专长而不忘其应尽之职责,则国家治矣。若是,国家庶几为道德的团体。

迄于近代,社会公约(Social Contract)之说昌,国家之为人民公共团体之理因以大明,由此而释之,则有卢梭之总意说,以立国家之真基础,更有黑格尔之客观精神说,以明国家与其制度,皆为人类在同一地域上精神之实现,虽二氏之说,难者蜂起,然国家为一体(Unity)之义,则欧洲各国不独公认,固已现之于事实。若法律上之人民主权说,若国会为民意之机关,若战时国民采对外一致之态度,非所谓"一体"精神之至显者乎? 国家之为性,其在对外之日,无所谓道德,诚哉然矣。然一国以内人民在法律前之平等,人人有生活之权利。人人求智识而受教育,以养老金制,予人民以老年退居安息之乐,以征兵制平等各人执干戈而卫社会之义务,盖亦可谓合于善字之义者矣。

国人或有解民族之义,视之与国家同,以为了解民族之意义,同时即了解国家之意义,而实误矣。民族者,同言语,同历史,同风俗之人种而已。学者名之曰自然概念,其地位与领土之为地理的因素等。国家云者,发号施令之主体,因其政策而能生死人民,故德人名之曰价值概念,意谓道德上善恶是非之标准存乎其中也。民族之所以能对外有力者,以其为国家之故,若但有民族而无国家之组织,虽有林林总总者同处于一隅,然亦无对外争存之能力如吾国今日是也。故民族之义,固为国人所不可忘,然苟不能以民族二字与国家相连续,以成所谓"民族的国家",则所谓买椟而遗珠,但存其外壳而失其至宝矣。读者既明此二者之异同,则三义相缘以生:(1)国家之存在理由(Raison detre)在一切之上。(二)个人利益应因国家之利益而牺牲。(三)国难之日,以举国一致之态度待外国,不得逞私人意气之争。惟如是,国家团体之概念,俨如道德上之规律,为国人所常共守者矣。

惟欧洲之政治以国家团体说为出发点,故有所谓国家本体说,国家目的说,乃至议会之制,各人根本权利之说,政府官吏为国家之公仆而不应自居于主人云云,皆此种学说之效果也,惟吾国无此种学说,数千年来以国家为力争经营之具,以国家为君主之私产。项羽曰:彼可取而代焉。高祖曰:仲之所就,孰与某多。皆不以国为团体之环境中所产而出者也。国家既非团体,为英雄豪杰者,尤便于操纵,人民之品质,虽日令其堕落而不加爱惜。曹操下令国中,求不忠不孝之人才。唐太宗视考试之制,则曰天下英雄皆入彀中。彼等心目中,岂尝计及国民之品质可以影响于国家之存亡者哉?乃国家对外之日,个人意气之争持,重于外患之应付,亦为此种学说中只知有个人之流毒有以致之。若是乎今日东西政治之优劣,惟以团体说之有无为关键,诚非过甚其辞之言矣。

吾人以三四千年来吾国之国家观念,与欧洲今日互为比较,则两方之差别,尤为显著。试表而列之:

历史上吾族之国家观念	欧洲之近代国家观念
(一)吾国尚未脱中世纪之天下观念,或曰世界观念,其所以搏成一国者,除汉族因夷夏之界而稍具有自觉性外,蒙藏等皆由历史之因袭而来。	(一)欧洲之近代国家,以民族为本位,以同言语、同风俗、同历史之民族成为一国,其有属地之国家,则属地另为一单位。
(二)政体为专制君主,主权在君主一人之手中,领土主权视同君主私产。	(二)近代国家之主权,为宪法所限定,有为民主国,有为君主立宪,有主权属于人民全体之规定。
(三)立法、司法、行政三权,同属于行政机关。	(三)立法,司法,行政分属于三机关。
(四)行政权力不集中,故无所谓真正之统一,其影响于国防者尤大。	(四)近代国家为民族之组织,故保持中央权力之统一。

（五）君主平定天下后，分封同姓异姓，故封建遗迹，至今犹有存者。

（六）吾国数千年立于君主专制政体下，故无所谓个人自由，或曰人民之权利。

（七）惟其不承认个人之权利，故公法与私法混而为一，即民事案中原被告同受刑讯。

（八）以君主之喜怒为法律，无有宪法，故称曰德治国。

（九）所以统治之方，听君主与大臣之意思行动，并兼重成例。

（十）社会组织之基础为家族，且有所谓连坐法。

（十一）教育委之于士大夫之手。

（十二）吾国古代之国家观念，合道德、法律、政治、学术于一处，故有所谓名教罪、文字狱、教匪案。

（十三）吾国虽无宗教，然教权操于君主，故可以得罪名教罚人民。

（十四）中国对于外族，名之曰夷狄，向不认识外族之团体性。

（五）欧洲虽亦存封建之迹象，然近三百年经君主专制之阶段后，已成为民族的统一国家。

（六）近代国家确认各阶级中各个人之根本权利。

（七）近代国家公法私法完全划分，公法所以限制国家，私法规定个人之事。

（八）近代国家之统治，以立法为法律之源，且为法治国。

（九）所以统治之方，出于自觉性，其行动侧重理性。

（十）西方以个人为本位，各个人自负其责。

（十一）教育为国家之职掌，以强迫教育施之于全国人民。

（十二）近代国家之行动，在一定范围以内，以法律与政治为限，不涉及宗教与学术。

（十三）神道设教之制，与国家无涉，以国家专管人事，不管宗教。

（十四）欧洲各国对内之民族性固发展，同时认外族为平等之国，故有所谓国际法与国际关系。

20世纪儒学研究大系

中国近来提出东方文化说者日盛，即吾辈亦以为东方文化自有其价值，不可忽视也。然但就政治就国家之理论言之，则古人之言，绝少可以为新国家建设之凭藉者，此国人所当确认者也。惟其然也，除以西方柏拉图以来之国家论，大昌明于国中外，无他法矣。欧谚有之曰："思想者，事实之母也。"有欧洲昔日之政治思想，乃有欧洲今日之政治事实，亦惟中国有昔日之政治思想，乃有中国今日之政治事实，吾人之第一义务，亦曰改造思想，以待新事实之滋长而已。

（选自张君劢《民族复兴之学术
基础》，北平再生社 1935 年版）

张君劢（1887—1969），上海市宝山县人。先后留学日本、德国。一生徘徊于政治与学术之间。曾先后任北京大学教授、自治学院院长、国立政治大学校长、云南大理民族文化书院院长等职。著有《立国之道》、《民族复兴之学术基础》、《新儒家哲学思想史》、《中华民国民主宪法十讲》等。

本文选自《民族复兴之学术基础》。作者以丰富的史料，对东西之国家观念作了细致、深入的比较。指出："东西政治思想之异同，可以一语别之：曰东方无国家团体观念而西方有国家团体观念。"作者认为儒家在政治思想上"舍刑法而重道德，与希腊政治思想中之注重伦理者，未为不合"。

论孔子学说所以适应于
秦汉以来的社会的缘故

傅斯年

一

孟真兄：

弟有一疑难问题，乞兄一决：

在《论语》上看，孔子只是旧文化的继续者，而非新时代的开创者。但秦汉以后是一新时代，何以孔子竟成了这个时代的中心人物？

用唯物史观来看孔子的学说，他的思想乃是封建社会的产物。秦汉以下不是封建社会了，何以他的学说竟会支配得这样长久？

商鞅、赵武灵王、李斯一辈人，都是新时代的开创者，何以他们造成了新时代之后，反而成为新时代中的众矢之的？

弟觉得对于此问题，除非做下列的解释才行：

孔子不是完全为旧文化的继续者，多少含些新时代的理想，经他的弟子们的宣传，他遂甚适应于新时代的要求。

商鞅们创造的新时代，因为太与旧社会相冲突，使民众不能安定，故汉代调和二者而立国。汉的国家不能脱离封建社会的气息，故孔子之道不会失败。汉后二千年，社会不曾改变，故孔子之道会得传衍得这样长久。

兄觉得这样解释对吗？请批评，愈详细愈好。

　　　　　弟　颉刚　十五．十一．十八

二

颉刚兄：

　　十八日信到，甚喜。

　　你提出的这个问题，我对于这个问题本身有讨论。你问："在论语上看……何以孔子成了这个时代的中心人物？"我想，我们看历史上的事，甚不可遇事为他求一个理性的因，因为许多事实的产生，但有一个"历史的积因"，不必有一个理性的因。即如佛教在南北朝隋唐时在中国大行，岂是谓佛教恰合于当年社会？岂是谓从唯物史观看来，佛教恰当于这时兴盛于中国？实在不过中国当年社会中人感觉人生之艰苦太大（这种感觉何时不然，不过有时特别大），而中国当年已有之迷信与理性不足以以安慰之，有物从外来，谁先谁立根基，不论他是佛，是袄，是摩尼，是景教，先来居势，并不尽由于佛特别适于中国。且佛之不适于中国固有历史，远比景教等大。那种空桑之教，无处不和中国人传统思想相反。然而竟能大行，想是因为这种迷信先别种迷信而来，宣传这种迷信比宣传别种迷信的人多，遂至于居上。人们只是要一种"有说作"的迷信，从不暇细问这迷信的细节。耶稣教西行，想也是一个道理。我们很不能说那萨特的耶稣一线最适宜于庞大而颓唐的罗马帝国，实在那时罗马帝国的人们但要一种"有说作"的迷信以安慰其苦倦，而恰有那萨特的耶稣一线奋斗的最力，遂至于接受。我常想，假如耶稣教东来到中国，佛教西去欧洲，未必不一般的流行，或者更少困难些。因为佛教在精神上到底是个印度日耳曼人的出产品，而希伯来传训中，宗法社会思想之重，颇类中国也。（此等事在别处当

详说）

　　我说这一篇旁边话,只是想比喻儒家和汉以来的社会,不必有"银丁扣"的合拍。只要儒家道理中有几个成份和汉以来的社会中主要部分有相用的关系,同时儒家的东西有其说,而又有人传,别家的东西没有这多说,也没有这多人传,就可以几世后儒家统一了中等阶级的人文。儒家尽可以有若干质素甚不合于汉朝的物事,但汉朝找不到一个更有力的适宜者,儒家遂立足了。一旦立足之后,想他失位,除非社会有大变动,小变动他是能以无形的变迁而适应的。从汉武帝到清亡,儒家无形的变形甚多,但社会的变化究不曾变到使他四方都倒之势。他之能维持二千年,不见的是他有力量维持二千年,恐怕是别家没有力量举出一个 Alternative(别家没有这个机会)。

　　儒家到了汉朝统一中国,想是因为历史上一层一层积累到势必如此,不见得能求到一个汉朝与儒家直接相对的理性的对当。

　　这恐怕牵到看历史事实的一个逻辑问题。

　　说孔子于旧文化之成就,精密外,更有何等开创,实找不出证据。把论语来看,孔子之人物可分为四条:

　　(一)孔子是个入世的人,因此受若干楚人的侮辱。

　　(二)孔子的国际政治思想,只是一个霸道,全不是孟子所谓王道,理想人物即是齐桓管仲。但这种浅义,甚合孔子的时代(此条长信说)。

　　(三)孔子的国内政治思想,自然是"强公室杜私门"主义。如果孔子有甚新物事贡献,想就是这个了。这自然是其合战国时代的。但孔子之所谓正名,颇是偏于恢复故来的整齐(至少是他所想像的故来):而战国时之名法家则是另一种新势力之发展。且战国时之名法家,多三晋人,甚少称道孔子,每每讥儒家。或者孔子这思想竟不是战国时这种思想之泉源。但这种思想,究竟我们以见之于孔子者为最早。

（四）孔子真是一个最上流十足的鲁人。这恐怕是孔子成为后来中心人物之真原因了。鲁国在春秋时代，一般的中产阶级文化，必然是比那一国都高，所以鲁国的风气，是向四方面发展的。齐之"一变至于鲁"，在汉朝已是大成就，当时的六艺，是齐鲁共之的。这个鲁化到齐从何时开始，我们已不可得而知，但战国时的淳于髡邹衍等，已算是齐采色的儒家。鲁化到三晋，我们知道最早的有子夏与魏文侯的故事。中央的几国是孔子自己"宣传"所到，他的孙子是在卫的。荀卿的思想，一面是鲁国儒家的正传，一面三晋的采色那么浓厚。鲁化到楚，也是很早的。陈良总是比孟子前一两辈的人，他已经是北学于中国了。屈原的时代，在战国不甚迟，离骚一部书，即令是他死后恋伤他的人之作，想也不至于甚后，而这篇里"上称帝喾，下道齐桓，中述汤武，远及尧舜"四端中，三端显是自鲁来的。又《庄子·天下篇》，自然不是一篇很早的文，但以他所称与不称的人比列一下子，总也不能甚迟，至迟当是荀卿吕不韦前一辈的人。且这文也看不出是鲁国人做的痕迹。这篇文于儒家以外，都是以人为单位，而于邹鲁独为一 Collective 之论，这里边没有一句称孔子的话，而有一大节发挥以邹鲁为文宗。大约当时人谈人文者仰邹鲁，而邹鲁之中以孔子为最大的闻人。孔子之成后来中心人物，想必是凭藉鲁国。

论语上使我们显然看出孔子是个吸收当时文化最深的人。大约记得的前言往行甚多，而于音乐特别有了解，有手段。他不必有什么特别新贡献，只要鲁国没有比他更大的闻人，他已经可以凭藉着为中心人物了。

鲁国的儒化有两个特别的采色：

（一）儒化最好文饰，也是长于文饰。抱着若干真假的故事，若干真假的故器，务皮毛者必采用。所以好名高的世主，总采儒家，自魏文侯以至汉武帝。而真有世间阅历的人,都不大看得起儒家,如汉之高宣。

(二)比上项更有关系的,是儒家的道德观念,纯是一个宗法社会的理性发展。中国始终没有脱离了宗法社会。世界上自有历史以来,也只有一小部分的希腊及近代欧洲,脱离了宗法社会。虽罗马也未脱离的。印度日耳曼民族中,所以能有一小部分脱离宗法社会的原故,想是由于这些民族的一个最特别的风俗是重女子(张骞的大发明)。因为女子在家庭中有力量,所以至少在平民阶级中,成小家庭的状态,而宗法因以废弛。中国的社会,始终以家为单位。三晋的思想家每每只承认君权,但宗法社会在中国的中等阶级以上,是难得消失的,这种自完其说的宗法伦理渐渐传布,也许即是鲁国文化上风的由来。

本来宗法社会也但是一个有产阶级的社会,在奴婢及无产业人从来谈不到宗法。宗法的伦理必先严父,这实于入战国以来专制政治之发达未尝不合。那样变法的秦伯,偏谥为孝公。秦始皇统一后,第一举即是到峄山下,聚诸儒而议礼,迨议论不成,然后一人游幸起来。后来至于焚书坑儒,恐惧非其本心。秦王是个最好功喜名的人,儒家之文饰,自甚合他的本味。试看峄山刻石,特提"孝道显明",而会稽刻石,"匡饬异俗"之言曰,"有子而嫁,背死不贞,防隔内外,禁止淫佚,男女洁诚,夫为寄豭,杀之无罪,男秉义程,妻为逃嫁,子不得母。"看他这样以鲁俗匡饬越俗的宗旨,秦国的宗法伦理,在上流社会上是不会堕的。故始皇必以清议而纳母归。孝之一字必在世家方有意义,所以当时孝字即等于 lecency,甚至如刘邦一类下等流氓,亦必被人称为大孝,而汉朝皇帝无一不以孝为谥,暴发户学世家,不得不如此耳。有这个社会情形,则鲁儒宗之伦理传布,因得其凭藉。

封建一个名词之下,有甚多不同的含义。西周的封建是开国殖民,所以封建是谓一种特殊的社会组织。西汉的封建是割裂郡县,所以这时所谓封建但是一地理上之名词而已。宗周或以灭国而封建,如殷唐等,或以拓新土而封建,如江汉,其能封建稍久的,在内则公室贵族平民间相影响成一种社会的组织。其中多含人民的组织。人民之于君上,以方域小而觉亲,以接触近而觉密。试看《国风》那时人民对于那时公室的兴味何其密切。那时一诸侯之民,便是他的战卒,但却不即是他的俘虏。这种社会是养成的。后来兼并愈大,愈不使其下层人民多组织(因为如此最不便于虏使)。其人民对于其公室之兴味,愈来愈小。其为政者必使其人民如一团散沙,然后可以为治。如秦始皇之迁天下豪杰于咸阳,即破除人民的组织最显明的事。封建社会之灭,由于十二国七国之兼并,秦只是把六国灭了罢了。封建的社会制早已亡,不待秦。

中国之由春秋时代的"家国"演进为战国时代的"基于征服之义"之国,是使中国人叫以有政治的大组织,免于匈奴鲜卑之灭亡我们的;同时也是使中国的政治永不能细而好的。因为从战国秦的局面,再一变,只能变到中央亚细亚大帝国之局面,想变到欧洲政治之局面是一经离开封建制以后不可能的。(从蒙古灭宋后,中国的国家,已经成了中央亚细亚大帝国之局面了。唐宋的政治虽腐败,比起明清来,到底多点"民气"。)

在汉初年,假如南粤赵氏多传一百年,吴濞传国能到宣元时,或者粤吴重新得些封建社会的组织。但国既那么大,不是经过一番郡县之后,这般想是甚不自然的。汉初封建只是刘家家略,刘邦们想如此可以使姓刘的长久,遂割郡县以为国。这是于社会的组织上甚不相涉的。顶多能够恢复到战国的七雄,决不能恢复到成周春秋之封建。封建之为一种社会的组织,是在战国废的,不是在秦废的。汉末尝试着恢复这社会的组织,也正不能。

我觉得秦国之有所改变,只是顺当年七国的一般趋势,不特不曾孤意的特为改变,而且比起六国来反为保守。六国在战国时以经济之发展,侈靡而失其初年军国之精神,(特别是三晋),秦国则立意保存,从孝公直到秦皇。

汉初一意承秦之续,不见得有一点"调和二者"的痕迹。这层汉儒是很觉得的。太史公把汉看得和秦一般,直到王莽时,扬雄剧秦美新,亦只是剧汉美新耳。东汉的儒家,方才觉得汉不是秦。

儒家虽由汉武定为国教,但儒家的政治理想,始终未完全实现。东汉晚年礼刑之辨,实是春秋理想与战国理想之争,鲁国理想与三晋理想之争。鲁国以国小而文化久,在战国时也未曾大脱春秋时封建气。儒家的理想,总是以为国家不应只管政刑,还要有些社会政策,养生送死,乃至仪节。三晋思想总是以为这都非国家所能为,所应为,国家但执柄。其弊是儒家从不能有一种超予 Ethics 的客观思想,而三晋思想家所立的抽象的机作,亦始终不可见,但成君王之督责独裁而已。

近代最代表纯正儒家思想者,如顾亭林,其封建十论,何尝与柳子厚所论者为一件事。柳子厚的问题是:封建(即裂土,非成俗)于帝室之保全,国内之秩序为便呢,或是但是郡县? 亭林的问题是:封建(即成俗,非裂土)能安民或者郡县? 亭林答案,以为"郡县之弊其弊在上"必层层设监,愈不胜其监。刺史本是行官,旋即代太守,巡按本是行官,旋即代布政,愈防愈腐,以人民之中未有督责也。

中国离封建之局(社会的意义),遂不得更有欧洲政治的局面,此义我深信深持,惜此信中不能更详写下。

商鞅赵武灵王李斯实在不是一辈人。商鞅不是一个理想家,也不是一个专看到将来的人。他所行的法,大略可以分做四格:(一)见到晋国霸业时之军国办法,以此风训练秦国;(二)使警察成人民生活的习惯;(三)抑止财富的势力侵到军国。此亦是鉴于晋之颓唐。(四)使法令绝对的实行。商君到底是个三晋人。自孝公以来秦所以盛,我试为此公式"以戎秦之粗质,取三晋之严文"。

商鞅这种变法,是与后来儒家的变成法家,如王莽,王安石等,绝然不同的。

赵武灵王不曾变法,只是想使人民戎俗而好战,以便开拓胡地中山,并以并秦。他是一个甚浪漫的人。但不见得有制度思想。

李斯的把戏中,真正太多荀卿的思想。荀卿所最痛言的"一天下建国家之权称",李斯实现之。他的事作与商君的事作甚不类。商君是成俗,李斯是定权衡。

这些人不见得在当时即为"众矢之的。"我们现在读战国的历史,只能靠一部《史记》。《战国策》已佚,今存当是后人辑本(吴汝纶此说甚是),而这部《史记》恰恰是一部儒家思想的人做的。商君的人格,想也是很有力量而超越平凡的。看他答公孙痤之言,何其有见识而有担当。且后来一靠孝公,不为私谋,秦国终有些为他诉冤的人。即令有人攻击他,也必是攻击他的私人,不闻以他之法为众矢之的。至于李斯,后人比忠者每称之。《史记》上有一个破绽"人皆以斯极忠而被五刑。察其本,乃与俗议之异。不然,斯之功且与周召列矣。"可见子长时人尚皆称许李斯,非子长一人在史记上作翻案文章耳。子长最痛恨公孙弘,最看不起卫霍一流暴发户,最不谓然的是好大喜功,故结果成了一部于汉武帝过不去的谤书。他这"一家之言",我们要留神。陈涉造反,尚用扶苏的名义,可见当时蒙将军之死,必是世人歌泣的一件事。蒙氏有大功,而被大刑,不合太史公的脾胃,把他一笔抹杀,这岂能代表当年的舆论哉。如果《史记》有好处,必是他的"先黄老而后六经,退处士而进奸雄,羡货利而羞贱贫"。但头一句尚是他的老子的好处,他的儒家思想之重,使这书但成"一家之言"。假若现在尚有当年民间的著述,必另是一番议论。我们现在切不可从这不充足的材料中抽结论。

到了后世甚远,儒家思想,儒家记载,专利了。当年民间真正的舆论,就不见了。

宋前曹操在民间的名誉不坏,从宋起,儒家思想普及民间,而曹公变为"众矢之的"。当年何曾是如此的。

以上一气写下,一时想到者,意实未尽也。

弟　斯年　十五·十一·廿八

（选自国立中山大学《语言历史研究所周刊》第1集第6期,1927年11月）

傅斯年（1896—1950），山东聊城人。1913年考入北京大学,后由英赴德,入柏林大学哲学院学习。曾任中山大学、北京大学教授,晚年任台湾大学校长。著有《夷夏东西说》、《性命古训辨证》等。

本文选自国立中山大学《语言历史研究所周刊》第1集第6期。本文是傅斯年就顾颉刚提出"孔子及其学说为何支配中国社会这样长久"这一问题的答复。作者认为"孔子真是一个最上流十足的鲁人。这恐怕是孔子成为后来中心人物之真原因"。孔子的国际政治思想是霸道,国内政治思想是"强公室杜私门"主义,甚合孔子时代。"儒家的理想总是以为国家不应只管政刑,还要有些社会政策,养生送死,乃至仪节",而"儒家虽由汉武定为国教,但儒家的政治理想,始终未完全实现"。

中国传统政治与儒家思想

钱　穆

一国家一民族之政治,乃其国家民族全部文化一方面之表现,抑且为极重要而又不可分割之一面。除非其国家民族传统文化可以全部推翻彻底改造,否则其传统政治之理论与精神,势必仍有存在之价值。我国自辛亥革命前后,一辈浅薄躁进者流,误解革命真义,妄谓中国传统政治精神与理论全无是处。彼辈盛夸西国政情,以谓中西政治不同,乃一种文野明暗之分,不啻如霄壤之悬绝。彼辈既对传统政治一意蔑弃,亦势必枝蔓牵引及于国家民族传统文化之全部。于是而有打倒孔家店、废止汉字、全盘西化等种种理论,相随俱起。然正使其国家民族数千年传统文化果能快意毁灭,扫地无存,则其国家民族之政治事业亦将失所凭依而无可建树。辛亥以来之政论,先犹限于一院制、两院制、总统制、内阁制,中央集权、地方分权诸问题,大率不外美国法国两派别。及第一次世界大战后,西方政治形态剧变,于是铜山西崩,洛钟东应,国内政治理论亦有轩波时起之概。于共和政体外别有唱法西斯独裁与苏维埃共产之说者。于是在主英美政体之外,别有主德意与主苏联政体之两派别,不仅见之言论,抑且发之行动。并至於劫胁屠杀,不恤赌国命以争其必胜。夫流血革命,亦人类社会进步中所不免。然使一国家民族之政治精神与其理论,乃全部汲源仰流于外邦异族,其自身仅如一生气已绝之僵死,有待于借导外魂,使之复起。今日之争论,则仅在于将借谁氏之魂而已。俗语有之曰借尸还魂。今日之中国,则为借魂起尸。一旦此尸复起,体面犹是,情态全非,其家属亲友,固将向之痛哭不止,抑其人生机实尚健,而故意扼肮塞颈,自使气绝,而妄觊引,来一不可知之外魂以一新其生命,则不谓之极人事之狂妄不可矣。

夫政治自有生命,自有渊源,非可貌袭而取。今日之言政制者,或拥英美,或祖德意,或护苏联,诚各言之成理,持之有故。然此皆依傍门户,如仆隶之各随其主。桀犬吠尧,未必桀是而尧非。若能超然远观,则泰西政制,显属同根。苟非斩其条肄,亦将昧其本干。近人言政,盛夸西洋德谟克拉西。德谟克拉西远源,当溯自希腊之城邦。此实一种小国寡民之政制也。希腊东西一百八十哩,南北二百五十哩,然当雅典战胜波斯后(前 478—前 431)主宰狄罗 Delus 同盟,所统市府多及两百。希腊当时一国家,实不过一城市,附以一片海岸及港口,又一带平原环绕,点缀以数个村落而已。此一城可以窥见他一城之城寨山脉海港,而各自为一国。距城十五哩以外,即往往称异国焉。每城居民以千计,最大者不及二十三十万人,犹不能以平等相与。其得预闻城中政事者称市民,亦称公民。雅典最盛时,自由公民九万人,奴隶三十六万五千人,非全权公民四万五千人。或谓雅典以市民二万而拥有奴隶四十万,科林斯(Corinth)以市民五千而拥有奴隶四十六万,当波斯战争时,斯巴达公民仅一万人,战胜雅典后,财富集中,渐趋腐化,贫者失其资格,公民递减至二千人。逮后不到千五百人而其势遂衰。而斯巴达农奴有二十万,其他臣民亦十二万,斯巴达人盖不啻以一制十也。近世好举美国林肯总统民有民治民享三语,若以当时实况衡之,则民主乃指市民言,不主居民言,政治即属于此少数市民组成之,亦为此少数市民而营谋,而其势亦终遂不能扩。依柏拉图所拟议一国公民,仅可在一千乃至五千零四十人之间而已。亚里斯多德则谓适宜于民主国家之全体公民,必在一个讲演者之声音所能传达之范围以内。此实为欧洲民主政体一个最早之剪影也。

罗马建国,遥为恢宏矣。然罗马乃以一核心征服其四围,就其核心言之,则依然希腊一市府也。罗马乃以古希腊城邦为主体,而外罩一帝国之长袍。罗马建国亦犹希腊,非以全部居民建设之,乃由全部公民建设之也。被征服各地之居民,并不能加入罗马为公民,仅为罗马帝国之臣仆俘虏,以待罗马公民之宰制与剥削。全意大利公民最盛时曾达五十万人,而所谓公民者,其间亦不平等。有贵族焉,有骑士焉,有平民焉,复有所谓新自由民焉。是则奴隶之得脱籍而解放者也。罗马富人有畜奴一万二万者,罗马人畜三奴则为穷人矣。罗马以战立国,有战神庙,出战则开庙而祭。罗马战神庙之庙门,乃常开不闭。共和五百年间,神庙闭门仅一次,闭亦仅数年间耳。罗马既以军力征服各地,乃有税吏团承包各征服地之税收,银货聚敛集中于罗马,复有银行家贷之四出,乃以放债收息于各地。

泰西政治,远溯不出希腊罗马两型。此两型者,有一共同之特征,即皆以一小范围为中心而向外放射是也。希腊以商货贸易,罗马济之以军队。而此小范围之中心,又自有其中心焉为之主宰,此即所谓民主政治。故民主政治实以个人主义之权利思想为出发点。所谓民有民治民享,即若干个人共有此种权利,因共同管理之,为此共同体谋乐利,无他义也。此种政治,换辞言之,实一种强凌弱(以一中心征服四围为殖民地),富欺贫(富者为公民,贫者为奴隶),众暴寡(政治取决于会议,以多数压制少数),之政治。其政治理论之最后根源,既为一种个人主义,故政治事业亦不啻为各个人各以其自身力量营谋自身福利之一种活动。行之而弊,则不免于少数压多数。行之而利,亦不过为多数压少数。此项政治之最大缺点,乃在并无一种着眼于人类大群全体之精神。故面对此种政治而起者,常不免有两大冲突,对外则有民族之争,对内则有阶级之争。再换辞言之,此种政治常含有一种对抗性与征服性,而绝少教育与感化之意味。因此民族与阶级间之罅缝,常愈演愈深,而终不免于破裂。

罗马帝国覆亡,耶稣教会之势力,乘之而起,扶摇直上如日中天。耶教教义,超阶级,超民族,正与希腊罗马政治截然异趣。虽谓欧洲中古时期之耶教势力即为希腊罗马传统政策之反动可也。然耶教教义终与希腊罗马政治沆瀣一气,相织互染以共成近世欧洲文化之大源者,则亦有故。盖耶教教义有与希腊罗马传统精神至相密切至相类似之一点,即其亦带有极浓厚的个人主义之色彩是也。(此层待另篇详论。)然耶教教义虽足以补偿古希腊罗马狭窄的民族阶级局部权利之缺点,而耶教之终极精神,又在天不在地,宗教上来世之祈求,不能代替政治上现实之活动。故中古时期之耶教,虽炽盛一世,亦并不能为欧洲传统政治辟一新境。于是遂有所谓神圣罗马帝国之形成。其帝国之皇帝与罗马教皇异源同流,平分江汉。一主俗事,一掌教义。欧洲中古时代政教之判分,正足证明欧洲传统政治之缺陷。盖卑之无甚高论,政治职权仅止于掌管处理分配,而教化指导之责,不得不仰赖于教会。然教会既主天国主出世,其预闻俗世政事,即已不啻为教会之堕落。而当时所谓神圣罗马帝国者,究其实不过古罗马庞大躯壳之遗蜕,既无若罗马之军队与法律为之统制,如雾如影,有其相像,无其实体。浸假而教会益失势,天国来世之崇向,不能常此羁縻久静欲动之人心。一日新城市兴起,海上商业复苏,古代之文艺再生,而为欧洲中古教堂几百年所牢笼之人心遂奔轶绝尘而去。于是民族国家与民主政治之创建,遂为欧洲近古史开始两大主潮。其政治理论之最高标准,曰自由,曰平等,曰人权,曰宪法,曰民意,曰多数,然试一究其实,则亦不过古希腊罗马城邦中心政治之一种扩大的变相而已。故民族国家之建立,同时即引起民族间相互之冲突,民主政治之提倡,同时即引起社会各阶级相互之斗争。近世欧洲政治之波谲云诡,以是观之,如乱丝在蹑,无不有绪,如毁犀为照,无不有迹矣。

卢梭《民约论》,为近世民治思想之宗主。卢氏生于瑞士之日内瓦,其时为瑞士一小省,其最高行政机关,即为全体公民大会,与古希腊雅典无异。卢氏民约论序言极称之,自谓生而为一自由国之公民,又谓每沉思及于政府组织,便不觉乐自心生。因彼愈觉其祖国之可爱也。此为近世欧洲民治思想导源古希腊小国寡民城邦政体之显证。然论近世欧洲民主政体之楷模,则在英不在法①。而英国宪政创建,固常以理论随事实,不以事实随理论者。今试一浏览英伦七百年宪政进展大体,则明是一阶级势力之斗争消长史也。上下二院之对立,保守自由两党之并峙,此皆以代表其背后之阶级权利而存在,尽人知之,无事烦论。今试推广一看欧洲各国之政党,其背后几无不代表一种阶级之权利。凡曰保守党复辟党云云,则必代表王室僧侣贵族之特权。凡曰民主党立宪党自由党云云,则必代表中产阶级职业知识者之利益。凡曰社会党激进党劳工党云云,则必代表无产阶级下层民众之呼号。其间虽有出入,大体言之如此。其有政党而不代表阶级利益者,则必代表民族界线。如前奥匈帝国各政党,有代表日耳曼民族,匈牙利民族,斯拉夫民族之分。而斯拉夫民族中复有代表波兰人、捷克人种种之界线。今试设想一旦各阶级、各民族间之疆界得以铲除,则政党精神即不存在。政党不存在,则七百年来演进所成之英伦宪政为举世所艳

---

① 英语政治 Politics 由希腊语 Polis 引伸,Polis 即城市国家之谓,如斯巴达雅典罗马各国,皆只包一个城市及其近郊。拉丁语称为 Civitas 由此引伸为文化 Civilization。

称者,亦即失其柱石无可撑架。然则欧洲民主政治之最高境界亦不过在各阶级各民族权利相争之局面下,求得弥缝勿至破裂,而犹往往不可能。如北美殖民地之革命,即一种阶级斗争之破裂也。爱尔兰之屡兴叛乱,屡谋独立,即一种民族斗争,虽未达十分之破裂,而亦未臻十分之融和也。然则人类固不能有一超阶级超民族之较高原则以为指导督率之方向乎,曰此在欧洲宗教则有之,政治则否。宗教既偏于出世,不足以降伏跳荡之人心,而政治又仅止于民有民治民享,以个人主义之乐利观念为圭臬,则宜乎欧洲阶级民族之争,终且相寻于无已矣。

称论欧洲民主政治者,必举英法。欲明英法政体渊源,当上溯古希腊之城邦政治。而英法国体,则远承罗马帝国之统绪。帝国特征在于征服。所谓民主政治者,仅适用于其核心之主体,其外围之征服地,则平等自由博爱之说皆无当。如英之于印度,法之于安南然。此以供其宰制剥削而非所语于共有共治共享。究极言之,苟以希腊城邦政治之精神为核心,其势不能不有罗马帝国之规模以为之外围。希腊城市文化有二大支撑点,其内包者曰奴隶,其外延者曰商业。奴隶来源有竭,罗马人济之以俘虏,近代欧洲代之以机器①。商业之推进与保护,则古罗马与近代欧洲皆以军事之征服与占领尽其职。古希腊人大率一人畜五奴,今日机械文明发达之美国,则一人畜无血肉之奴五十,英国亦得二十。内包外延,相

---

① 19世纪初,欧人殖民地中约有奴隶七百万。其死亡率之高,达百分之二十五,以前尚数倍于此。1807年至1840年间,自非洲输入美洲五百万以上之奴隶。黑奴之外尚有白人之半奴,所谓契约佣工是。尤以在北美殖民地中为最多,17世纪时,其数超出黑奴以上。其中一部分为被处流刑之罪人,一部分为穷人。而殖民地规律对驱使奴隶之残酷,及继续的奴隶输入,(奴隶不能自行生殖。)与掠夺的农业经营,皆为当时殖民地商业之基础。

引并长,中心蓄力愈厚,向外放射愈远。然自世界殖民地大体为英法宰制分割已无余剩,而别有新民族国家崛起,新中心蓄力形成,则其向外发射势必侵入英法旧有辐线而冲突乃不免。此则英德对峙,所以为造成最近两次大战争之主因也。

德意新兴其民主宪政之成绩,本较英法为落后,而帝俄尤以专制黑暗称。自第一次世界大战后,此三国者,乃各以其崭然的新政体震惊一世,德意之独裁,苏俄之共产,疑若与英法民主政体截然两途,而其实不然。德意独裁,仍不过民族斗争过程中一姿态,苏俄共产,仍不过阶级斗争过程中一步调而已。若使易地以处,德意肆其大欲,而宰制世界一切殖民地,居于国际最高领导地位,对外既无顾忌,对内即生破裂。德意民众亦复以个人乐利为出发,不幸而强敌在前,不得不协以相处。欧洲政治本一权利争论角逐之场,若以一国家譬之一政党,以全欧洲譬之一大国会,则德意乃一民族政党而非阶级政党也。爱尔兰议员之出席于英国国会也,彼辈自成一民族政党,而与英国议员之分保守自由党者不同。然使爱尔兰一旦完全脱离英伦,独立自主,其国会中政党,必代表阶级不代表民族无疑矣。故德意独裁,必非其国人内心所要求之终极政体,而不过为民族斗争中一过程。至于苏俄若使工商实业亦得早如英德诸国之发达,中产阶级握有不可摇动之地位,则苏俄政治不效英即效德。今苏俄国内中产势力既未形成,王室贵族一旦推翻,自然走向无产阶级专政。又其在全欧诸大民族中苏俄工商业独为落后,苏俄独为一无产阶级的民族。然则苏俄之高呼无产阶级专政者,其针锋相对处乃在国外而非国内。苏俄之共产主义,虽其外貌(从向内看)俨然一代表阶级的政党,而其底里(从向外看)亦仍是一代表民族的政党也。若使苏俄积极造产之狂热,得遂其愿,使苏俄一旦操握世界经济金融之大权,其民众决不甘常为无产为劳工,抑且未必愿为世界他民族之无产劳工宣传共产主义,又断断然矣。

故若揭破政治上国内与国际之烟幕而透视其实际,则苏联之与德意,其貌异,其情实同。而之三国之与英法,其貌异,其情亦同。欧洲传统政治之血液中,本含有阶级斗争与民族斗争两大毒菌。此远自古希腊城市文化以来,盖不啻即其血液中主要一元素,而莫可清除。惟有耶教教义,超阶级超民族,欧人资取以为解消之方,而宗教政治世间出世之隔阂,终无以浑成一片。遂若一落世间相,即不免有民族阶级权利之对立,此为欧洲传统政治症结所在。其病害之襮著,一见于古希腊之衰亡,再见于罗马帝国之崩溃,三见于今日欧陆之大战争而尚莫知其所届。至于所谓中古时期之黑暗,此则无可论也。

今日国人所醉心低首之欧洲政治,就实论之如上列。则试返而观吾国家民族数千年来所传统独擅之政制为何如。若就大体较量言之,吾传统政治有与西方截然不同者两大端。一曰吾国自古政体,开始即形成一种广土众民大一统之局面,与希腊市府之小国寡民制不同。而吾所谓大一统者,乃由国家整部全体凝合而形成一中心,与罗马帝国之由一中心放射而展扩及于四围者又不同。故罗马帝国之创建,由于向外征服,而汉唐政府之完成,由于向心凝聚。此中西之不同者一也①。二曰吾国自古政治,即抱有一超阶级超民族的理想,即抱有一对人类全体大群尽教导督率之责任。故政术人心天道,往往合一言之,政治在能上本天道,下符人心。

---

① 美国以人权自由为革命之标帜而建立新邦,其国体乃与我近似。故美国不要殖民地,菲列宾仅属代治,将来当许其独立。此为美国立国精神所寄。然美国亦以工商立国,最近已超越其以前孤立自守之孟罗主义而与全世界相接触。美国既主海洋自由、商业自由,若永不要殖民地,如何保持其主张,此为世界最近发展中一有趣之问题。至如中国明代之于安南朝鲜,清代之于蒙古西藏,仅为其宗主国而许其自治,与欧人殖民地性质绝不同。

而所谓人心者,不以小己个我之乐利为心,而以大群全体文化进向之大道为心。此即所谓天道。非本天道,即不符人心。故王者为众心所归往,而又曰内圣外王。盖吾国自古政治,即已兼尽宗教教育之任。故西国政教两剖,有政治不可无宗教,而中国则政教一治,政治即已尽宗教之职能,此又中西之不同者二也。

西人论中国政制,每目之曰专制,国人崇信西土,亦以专制自鄙。寻其说不外两义:一则中国有王统,常数百年不绝。二则中国无代表民意之机关,如国会议员政党宪法皆缺如。然皇帝所以象征一国之有元首,数百年王室传统绵亘不辍,此乃政局稳定之兆,所谓长治久安,未必即专制。言宪政必推英国,英国王室统绪至今未斩。则政府有王室不为病。若论代表民意机关,则中国传统政制本与西方异趣。西国政府如一商铺,商铺经理特为店主经营业务,经理之黜陟及其设施营为,凡一铺之股东皆有权过问。中国政府如一学校,学校师傅对其子弟负教诲护导之责,而师傅之所以为教诲护导者,则不能转听命于子弟。故国君之最大责任在为天下得人,必使贤者在位,能者在职,而贤能之识拔,非必民意所能胜。故于两汉有察举,而察举之任委之地方之长吏。魏晋南北朝有九品中正而中正之选限于朝中之高位。隋唐以下迄于清季有科举考试。而考试之权亦操之在上。今若谓中国政体为专制,试问此巍然一王孤悬子寄于广土众民之上,将如何而专制之。若为与宗亲近戚专制之,则自秦以下诸王室之宗亲近戚例不得预政事。若谓拥强兵悍卒而专制之,则自唐以前之军队,皆由国民义务充役,不私隶于王家。自宋以下,军队虽出招募,而政府别有管军之部,亦不由王室统领。若为与官僚群吏专制之,则此官僚群吏之察举考试进退黜陟,在政府又自有主者,非帝王私意所能指挥。然则此孤悬子寄之皇帝,终以何道而得专制。盖中国帝王本以民众信托而踞高位,故曰天生民而立之君,又曰作之君,作之师。君师合一,为君者宜为贤圣杰出之人才,而天下之大非可独治,故物色群贤而相与共治之。若依卢梭民约论,谓西国政治权之理论来源,为由于民众之契约,则中国传统政权之理论来源乃在民众之信托。若目西国政权谓契约政权,则中国政权乃一种信托政权也。西人亦自有其信托,其所信托者,常在教会而不在政府。然则中国之政府岂即等于西国之教会乎?曰是又不然。西国教会之所率导向往者在出世,而中国政府之责任则即在世间。故曰,天视视我民视,天听视我民听。西国教会之归极曰上帝曰天国,而中国政府之归极则仍在此茫茫禹迹中之广大民众。故西国于宗教外不得不别有政治,而中国于政治外却可以不复需宗教也。

然若为之君者未必贤,又所谓物色群才以共治天下者,其群才之陶铸培养又如之何?曰此胥赖于教。无君无臣,无不有待于教。中国政治之终极责任在教中国政治之基础条件,亦在教。故学校与教育,其地位意义,常在政府行政之上。西土中世教育权,操诸教会,晚近世民族国家崛起,中产新兴阶级,常欲夺贵族僧侣之特权,于是政府乃与教会争学校。自代表无产阶级之政党渐盛,于是乃向政府争教育之普及。教育既主持于政府,亦仍不免为民族斗争阶级斗争之利器。中国传统教育,常主于超民族超阶级而为人类全体大群文化进向辟康庄示坦途,而政府亦受其指导。任其职者,则为士,自孔子以来谓之儒家。故欲明中国传统政治之理论与精神,必先从事于儒家思想之探究。

近人既目中国传统政治为专制,因疑儒家思想导奖君权,此亦相引而起无据之说。儒家思想重臣不重君,与其谓之导奖君权,毋宁谓是提倡臣权,儒家思想之在政治,乃臣学非君学也。儒家政治重心在臣不在君,君属王室,臣属政府,臣之领袖为相。孔子曰,我久矣不复梦见周公,周公即相权之代表。孟子盛称伊尹子思;伊尹得君行道,子思则否,要皆其君之所不得臣。故儒家论君道亦主无为①。孔子曰,北辰居其所而众星拱之,群臣即众星,儒家极推尧舜,尧以不得舜为己忧,舜以不得禹为己忧,既得其臣,则无为而自治。故曰共己正南面而已矣。然大舜先为臣,后为君,尚非无为之极则。故《论语》尤推尧,曰大哉尧之为君,惟天为大,惟尧则之,荡荡乎民无能名焉。

古者称天而治,掌天道者在巫史,为君者即凭巫史以为治。儒家之学兴,明天道者归于大儒,为君者乃亦凭儒以为治。孔子曰:文王既没,道不在兹乎。天之将丧斯文也,后死者不得预于斯文也。天之未丧斯文也,舍我其谁哉。君权源于天,天道在乎臣,此臣也,即孟子之所谓师,亦荀子之所谓大儒。故儒家兴,古者巫史尊严不复在。宗教之权日替,学校之任日隆。自秦以下,百官之长为丞相,丞相乃副二之义。以今语译之,则丞相即副天子也。天子世袭不尽贤,而丞相为百官选,以贤不贤为进退,可以救天子世袭之敝。天子为一国之元首,而丞相乃百官之表率,天子诏书非丞相副署不得行下。因天子之世袭而有王室,丞相百官不世袭而有政

----

①　儒家无为之治与道家理论不同。儒家以仁为人道之极则,孝弟为仁之本,而孝弟出于天性。尽性知天,故儒家之天道,证之于人心之孝弟,大学言为人君止于仁是也。是儒家虽颇主君之无为,而未尝谓政治当无为也。道家以"无"为天道之极则,又曰道法自然,君即当代表此"无",一任自然。所谓天地不仁,以万物为刍狗,圣人不仁,以百姓为刍狗。君既无为,臣亦不当有为。尽认政治根本当无为也。墨家亦以君为代天而治,又奉禹为法,非无为者。然墨家主君由民选,则亦无导奖君权之弊。惟民选君主之制度,以古代中国之情形论,颇不易实现耳。俱为拥护君权者惟法家,法家亦更不论矣。故先秦思想只以儒墨道三家为大宗,法家偏狭,向为国人所轻视。又道家重自由,墨家重平等,儒则二者皆尽,法家二者皆缺。此所以申韩卑卑,不足与三家并齿也。又西国中世以后有所谓开明专制者,亦与儒墨理论不同。开明专制之重心在君主,而儒墨政治理论,其重心均不在君主也。

府。天子拥其尊位，政府掌其实权。政府百官之推选，则一本于学校，学校之教一本于道，人道之至中大极溯于天。宗教政治教育一以贯之，而世间出世之障隔亦不复存在。此儒家论政理想之大端也。

孔门论政，常以仁礼相济。礼有秩序等衰，仁则民胞物与，人我一体。儒家论政，盖主以无人我之公心而创建大社会之秩序者。惟后儒各有偏倚，大率孟子论政偏于仁，荀子论政偏于礼。自秦以下，儒学昌明，首推汉宋。而宋儒偏仁，汉儒偏礼，亦各有其特诣。汉儒恢伟，颇羼阴阳家言，以孔子为教主，奉尧舜礼让为绳律，推演五德终始，发明无万世一统之帝王。既主禅国让贤，而一代之新王兴，又必变法易德，与民更始，以符大化之运，而归其极于天人之相应。其立说虽时杂谶纬迷信，要之儒学大义存焉。宋儒较谨严，不重天道而重性理，以天道玄虚而性理切近。又不言禅让，惟极推皋夔稷契。若臣道能隆则君位可以不问。师相合一，为之相者为之师，否则昌明治道于学校，以待王者之来法，为之师即为之相。故范文正为秀才时，即以天下为己任。先天下之忧而忧，后天下之乐而乐。仕学相表里，而莫不有一段宗教之精神焉，则又汉宋之所同也。

盖西土政治源于城邦，小国寡民，易与政事亲接，故主民治。中国以广土众民为大一统，国民预闻政事不易，不得不别辟径途而造士治。政事由国民直接操握。故主平等自由，尚多数表决。政事间接委之贤才之士，则不得不重教育，重考选，务使贤者在位能者在职。此一说也。西洋政教分峙，政事率重乐利，崇权力，亦仅为局部者谋之。中国融教于政，故政事目标常较远大，斥为局部人谋乐利权力者谓之霸术，而治道以王天下为归趋。此又一说也。中国四千年来政事，固常有晦明隆污之不齐，然吾先民固亦自有其理想，亦自有其途径，其未能达其所欲向往则有之，若谓中国千古长夜,其人民惟蜷伏于专制君王淫威之下,初未尝有政理光昌之一日,则其为诬说瞽见,可以不辨而自晓。

中国传统政治,其所悬目标既较高,(以不为局部人营乐利权力,而以王天下为归趋故。)其所当处理之对境又较难,(以非小国寡民故。)故其见效亦较不易。然大体言之,中国传统政治,有与人共见之效果二。一曰可久,一曰可大。何以谓之可久?以西土言之,其先如希腊次如罗马,又次如中古封建,晚近世有诸民族国家,政权传递,新者未立,旧者已仆,各自为政,盖皆数百年而声销响歇,尚未有能持续至于千年之久者。中国四千年来有三代,有秦汉,一部二十四史,虽朝代更迭,要之由中国人操握中国政治而不失其传统。常此持续,与西土之彼仆此起先后为传递者不同。此可久之效一也。何以谓之可大?希腊城市,并殖民地算之,其最盛时数逾一千。罗马领土兼跨欧菲亚三洲,尤称恢广。近世英法殖民地,散遍五大洲,视罗马疆境又扩。然其所展布推扩者,乃其权力之所及,乐利之所依,至其主宰所在放射所自之中心,则常自封自限而不能扩。否则如蜂之分房,脱绝而去,如美之于英是也。再不然,如两雄不并栖,必灭其一而存其一。如最近大战迭起,举国一志而赴者,凡以两雄不并栖故也。中国三代建国,大率在黄河中流之两岸耳。秦汉以下,国土日宏,历代建都,或在长安,或在洛阳,或在燕京,或在金陵。然建都长安,非陕西人创国之谓,建都洛阳,非河南人擅权之征。盖中国者,由中国人创立之,东北自龙江,西南达昆明,西北自天山之外,东南达粤海之滨,凡中国人之所生息安居于是者,其风俗教化皆从同,其在政治上权利义务之地位亦相等。盖中国乃由四方辐凑共成一整体,非自一中心伸展其势力以压服旁围而强之从我。其四邻之风俗教化不能尽同者,中国人亦常愿被以惠泽,感以德意,常务相安并处,以渐达悦化之境,如安南朝鲜之朝宗于我是也。此可大之效又一也。故中国传统政治在内不许有阶级之对峙,在外亦不乐有民族之相争。可大可久之效,盖由此而著。

　　然中国传统政治,亦非无流弊,既鄙斥霸术,不务于富强兼并,乃时为强邻蛮族所乘,一也。民众不获直接预政,士大夫学术不常昌,乃时有独夫篡窃,肆其贱志,二也。而晚近元明清三代所加于传统政治之病害为尤大。元代入主,中国传统政治几于尽绝。明祖光复,而不胜其匹夫之私意,废宰相,设内阁,政府大权,辖于王室,遂开晚近六百年君主独裁之新局。满清盗憎主人,踵明祖私意而加厉,又增设军机处,于是中国乃有皇帝而无大臣①。是一病也。考试制度为中国传统政治一柱石,至明之中叶而有八股,及清代道咸以来又偏重小楷。不惟无以拔人才,抑且锢其聪明,靡其精力,不啻于戕贼之,此二病也。明代既罢相权,因亦不乐士议,书院讲学朝廷常加敌视。清代益厉禁,书院皆由官办,以膏火津贴卖收来学。又大兴文字之狱,惨施焚戮,学者怵于淫威,相率埋首故纸堆中,以考据训诂为蠹虫,此三病也。

---

　　①　罗马共和国既覆亡,遂有帝国,除皇帝外别无所谓长官。八千万人之帝国政事,皆主于皇帝之一身,皇帝之秘书与大臣,则皆自新自由民中拔用,大半皆外国人,故史家谓罗马皇帝乃以从前之奴隶统治其本来之公民。即就后世西洋史观之,其历史上有关系之人物,有皇帝,有教主,有军人,有艺术家,文学家,科学家,哲学家,探险家等,其他有为皇帝管理财政者,有为皇帝办理外交者,而极少所谓大臣。有之自英伦宪政之责任内阁始,中国史上不仅每一时代皆有所谓大臣,皆占极重要之地位,而群臣之地位亦极重要。史有所谓地方循吏,贤良的小区域的地方长官,在中国史上为常见,在西洋史则少有,此亦见中西传统政治形态之不同。

三病所阶,至今为厉。然因病发药,亦贵勿伤本原,昧者不察,乃欲铲根削迹,并数千年传统政治理论及其精神全部毁弃,赤地新建,另造炉灶,一惟西土之是崇。此犹七巧拼图,一块移动,块块皆须改位。中西政理,各有渊源,此皆全民族整个文化之一部。文化更新亦需自本自根,从内身活力发荣滋长。非如拆屋造屋,可视国族传统为砖瓦死物,而以一二人之私智短见,自负为匠心之独运也。今之言政者,曰英美,曰德意,曰苏联,固已如数家珍,秘若王氏之青箱矣。问其传统政制之沿革利弊,则往往瞠目结舌,不知所对。一若此不祥之噩梦,不足复追忆于光天化日之下。则不知寿陵余子学步邯郸,不惟故步难忘,而邯郸之新步,亦有未可跷足即能者。英伦宪政,姑勿远溯,言其本国之演进,亦已逾七百年以上之历史。卑斯麦乃谓英伦政党政治,非吾日耳曼人所能操。今纳粹党之独裁,亦已自卑斯麦威廉第二以来远有承受。若苏俄布尔雪维克之胜利,端在其国内工农阶级合并,爆发,此乃西欧各国煽动无产阶级革命者所馨香祷祝而终难幸遇之一境。之三国者,文化渊源本出一族,而立政定制,尚犹因势利导,随地成形。岂有建国于大地之上,而可寄托其国家民族安危存亡所系之政治精神与政治理论于某一外国异族脚跟之后,随其趋向以为奔走之理。更岂有各挟一外国异族之政制政论为标帜为号召,自分明类,相争相笑,而谓可以措其国家民族于磐石之安之理。然则欲完成建国大业,端在自本自根,汲出政治新理论,发挥政治新精神,使政局有安谧之象,而后凡百改进有所措手。而儒家思想之复活,中国传统教育精神之重光,尤当为新政导其先路。凡此所论,固不在彼我之较量,亦非为恋旧而怖新,爱国深识之士,当体斯旨①。

（选自贺麟等《儒家思想新论》,正中书局 1948 年版）

钱穆（1895—1990）,江苏无锡人。幼年家贫,辍学后自学。先后在小学、中学任教,并开始著述。历任燕京大学、西南联合大学、云南大学等院校教授。1949 年去香港,创办新亚书院。1967 年移居台北,任教于中国文化书院（今文化大学）。他还任"中央研究院"院士、台北故宫博物院特聘研究员。他强调中国历史的独特而长久的传统,倡中国自秦以来封建社会非专制政治说,被公认为现代中国三大史学派别之一——传统史学的代表。有专著 80 种以上,主要有《刘向歆父子年谱》、《先秦诸子系年》、《中国近三百年学术史》、《国史大纲》、《中国文化史导论》、《宋明理学概述》、《论语新解》、《诸子新学案》、《中国学术通义》等。还有结集出版的文集多种。

本文选自《民国丛书》第四编·2·《儒家思想新论》,中华书

---

① 本文立论宗旨,并不谓现行欧西政论政制,绝无可为中国取法学步之处。更非谓中国政治可以复古汉唐遗规,或甚至再立一个皇帝。然如辛亥革命以后,中国本只有一个国民党,那时因欧洲尚未有一党专政之新制度出现,中国模仿西洋,偏要勉强成立几个政党,结果遂为北洋军阀所利用,驯至洪宪称帝,中国扰攘不宁者有年。……（略）苟非自己能有一套政治理论,何以英美的必对,苏联的必不对。势必学英语者主英美,识俄文者主苏联。否则且看别人打架,英美胜则主英美,德意胜则主德意。自己政治理论不能独立,则一切国是何从竖起。若欲政治理论独立,除非从自己传统中找一条路发挥改进,此全与顽固守旧不同。辞烦不杀,幸读吾文者谅之。又此文仅粗陈指要,其相关涉各方面,当俟络续各为单篇再论之。

局 1948 年版。作者在本文中反对"中国传统政治为专制,儒家思想重君权"的传统观点,提出了"中国传统政治非专制论"的主张,认为儒家政治思想提倡臣权,轻视君权,所以使得中国贤人士大夫都心怀社稷,以天下为己任,从而使中国文明昌盛几千年而不衰。

官僚政治与儒家思想

王亚南

一

在任何一个阶级社会里面,把握着社会物质基本生产手段的阶级,同时必定要占有或支配社会基本的精神生产手段。这已经很明显的表现为一个法则。社会基本的精神生产手段被把握着:那第一,将可能使不合理的物质生产手段的占有,逐渐取得合理的依据;第二,将藉此继续制造出或生产出维护那种占有的动力;第三,将用以缓和或团结同一支配阶级内部的分离力量。所以,就中国历代王朝统治的经历讲,它们对于精神生产手段的把握是否牢固,运用是否得宜,颇有关于它们历史命运的修短,虽然在实质上,它们的存亡兴废,根本的还是看它们对于物质的基本生产手段的把握方面是否发生了破绽或动摇。

在西周之世,世卿世禄,子就父学,世世相承,一切精神传授的手段,通在官府。当时农业劳动生产力尚因铁耕未行而留在极低阶级,剩余劳动生产物有限,在官府的精神生产活动便受到限制,一般人民更无此"清福"了。"不识不知,顺天之则",原来是贵族统治的安稳场面。但"自老聃写书征藏,以贻孔氏,然后竹帛下庶人。六籍既定,诸书复稍出金匮石室间。民以昭苏,不为徒役;九流自此作,世卿自此堕。朝命不擅威于肉食,国史不聚歼于故府"(章太炎《检论订孔》上）。这段话是有不少漏洞的。精神生产手段把握不牢了，实际乃由于当时的物质生产手段，已逐渐从贵族的手里滑脱出来：暴君污吏在漫其经界，"田里不粥"的神圣规制亦维持不住了。然而，世卿世禄的秩序，显然大大的受到九流百家嚣杂议论的影响。

战国的分立混乱局面，无疑是邪说横议的温床。

秦併六国，从丞相李斯的建议中，知道它是曾在控制精神生产手段上作过一番努力的。李斯很机智的表示：以前诸侯并争，厚招游学，由是一般读书人"皆道古以害今，饰虚言以乱实。人善其所学，以非上之所建立。今皇帝併有天下，别黑白而定一尊。私学相与，非法教人，闻令下则以其所学议之，入则心非，出则巷议。夸言以为名，异取以为高，率群下以造谤。如此弗禁，则主势降乎上，党与成乎下。禁之便。臣请史官非秦纪皆烧之，非博士官所职，天下敢有藏诗书百家语者，悉诣守尉杂烧之；敢有偶语诗书，弃市；以古非今者，族；吏见之不举者，与同罪。……若欲有学，以吏为师"（《史记·秦始皇本纪》）。这个建议被秦始皇接受了，于是秦及始皇帝，便被天下后世讥嘲谩骂，一提到"秦为无道"，就把"焚书坑儒"作为有力的注脚。其实，单就学术的立场讲，秦朝所作的孽，与此后汉代相比，真不可以道里计。而依维护统治的立场讲，秦禁造谤、禁巷议；只许"诗书百家语"藏之于博士官衙，只许学者"以吏为师"，想把私学重新回到官学，并不是念头错了，而是不得其法，不知道"百家语"中，究竟哪一家之言之教，才宜于利用而不必禁止，且无妨广为宣扬。李斯师事荀卿，渊源孔孟，其所建议创制，大体皆本儒家精神，而对于黜百家，崇儒术，未肯公然主张，而必留待汉武帝董仲舒君臣去做，谅不是为了避讳，乃是由于统治经验不够。

所以，以小亭长出身而为天子的汉高祖，原本非常侮谩儒生，甚至"取儒冠以溲溺"，迨叔孙通略施小技，制定朝仪，始知此道有益于统治,乃不惜"至曲阜以太牢祀孔"。然儒家思想真正有益于治道的体验,还是经过高、惠、文、景数世的不愉快事变,才逐渐领会到的。高祖在世有信、越等功臣叛变,惠帝之世有诸吕外戚叛变,景帝之世有吴、楚等宗室叛变。功臣靠不住,外戚靠不住,宗亲也靠不住,该如何才能使此大一统的局面,好好维持下去呢?武帝一朝的君臣们对此是颇费了一番心机的。他们知道高帝那样形式的尊孔是没有用处的,文、景治黄、老之学,适足增野心者的势焰,要天下一乃心德,非专尚一家学说不可。董仲舒谓:"今师异道,人异论,百家殊方,指意不同,是以上无以持一统。法制数变,下不知所守。臣愚以为诸不在六艺之科,孔子之术者,皆绝其道,勿使并进。"(《汉书·董仲舒传》)这建议被武帝采纳了,于是孔子学说乃开始定为正统。然则他们为什么在百家之言中,独选中了孔学呢?原来百家以孔、老、墨三者为最著。"封建社会重阶级名分,君权国家重一尊威权:老子主无名无为,不利于干涉;墨家创兼爱,重平等,尚贤任能,尤不便于专制。惟独孔学,严等差,贵秩序,与人民言服从,与君主言仁政,以宗法为维系社会之手段,而达巩固君权之目的,此对当时现实社会,最为合拍;帝王驭民之策,殆莫善于此,狡猾者遂窃取而利用之,以宰制天下。"(苏渊雷:《孔学判摄》,见《新政治》第四卷第二期)因此,夏曾佑推论汉武帝尊重儒术之动机,谓其"非有契于仁义恭俭,实视儒术为最便于专制之教耳。"(《中国古代史》,第274页)

二

　　"最便于专制"的儒术,或者当作一种专制官僚统治手段来看的儒家学说,稍微仔细分析起来,就知道它备有以这三项可供利用的内容:

（一）天道观念；

（二）大一统观念；

（三）纲常教义。

这三者对于专制官僚统治的维护，是缺一不可的。

先就第一点天道观念来说。

儒家不言鬼，不言神，却昌言"天"。言神，在神学范畴，言天，进了一步，在玄学范畴。在近代初期的欧洲，专制官僚政治的推行，例皆配衬以强调所谓"自然秩序"、"自然法"、"自然权"的玄学。以往贵族社会的秩序，原被宣扬为由神所定立，各国启蒙学者殆无一不抬出"自然"的大帽子，在消极方面藉此否定神，否定神定的贵族政治的社会秩序；而在积极方面，则又是藉此定立新的专制官僚秩序，以为这新的专制官僚社会秩序乃依据自然秩序而建立起来。这种玄学，在我们今日稍受政治科学洗礼的人听来，虽觉得非常好笑，但当时作这种主张的，却是一些头号的哲学家、经济学家或法学家哩！

中国儒家所强调的"天"，显然比欧洲启蒙学者所宣扬的自然，有更多的神性，所谓"君万物者莫大乎天"（《易·系辞上》），所谓"天道福善祸淫"（《书经·汤诰》），所谓"皇矣上帝，降临有赫，监观四方，求民之莫"（《诗经·小雅》）……都表明冥冥之中，有一个司吉凶祸福的人格神在那里主宰；但同时却又有更浓厚的政治性，所谓"天生民而树之君，以利之也"（《左传·文公》），所谓"天佑下民，作之君，作之师，惟其克相上帝，宠绥四方"（《书经·秦誓》），所谓"天子为民父母，以为天下王"（《书经·洪范》）……都表明天或上帝不能自行其意志，而必假手于天子或帝王以行之，于是帝王或天子的所作所为，就是所谓"天功人其代之"，换句通俗的话，就是"替天行道"。

可是替天行道的事过于繁重，天子一个人作不了，要大大小小的官吏在一种政治组织下来代他或帮同他处理,结局,单是把帝王或天子的存在地位神秘化了、神圣化了还不够,必得使他的官吏们,使他们大家所由进行统治的政治秩序,也都取得一种"玄之又玄"的或"先天的"存在依据才行。关于这一点,儒家的集大成者如孔子乃至以后的孟轲都不曾讲得明白,直到汉武帝时主张罢黜百家、崇尚儒术的董仲舒,才为了适应专制官僚体制合理化、神圣化、神秘化的要求而痛快地予以发挥了。他说:"一岁之中有四时,一时之中有三长(按指上文之'有孟有仲有季'),天之节也。人生于天而体天之节,故亦有大小厚薄之变,人之气也。先天因人之气而分其变,以为四选。是故三公之位,圣王之选也;三卿之位,君子之选也;三大夫之位,善人之选也;三士之位,正直之选也。分人之变,以为四选,选立三臣,如天之分岁之变以为四时,时有三节也。天以四时之选,与十二节相和而成岁,王以四位之选与十二臣相砥砺而致极。"(《春秋繁露·官制象天》)不仅如此,天有春夏秋冬之异气,圣人则"副天之所行以为政",而分别出以庆赏罚刑,所谓"王者配天"。

　　这天人相通的玄学,与欧洲启蒙学者所强调的自然秩序与社会秩序相通的玄学比较,显然表现得很低级,更牵强附会,但其本质的要求是极相类似的:即专制官僚政治秩序,没有贵族政治秩序那样有外部的一见便明的自然血统条件可资依据;它就需要托之于天,假手于不可见、不可知的冥冥主宰,以杜绝野心者的非法觊觎。至若中国历代王朝末期的犯上作乱者,往往也假托天命,讹言端异,以加强其政治号召。那正是现实历史辩证表现之一例,而于专制官僚政体需要一种玄学为其政治出发点的主张,并无抵触,每一个王朝的开国君臣,都是会把"天予不取,反受其殃","予弗顺天,厥罪惟钧"的经典文句,背诵得烂熟的。

　　次就第二点,大一统主义而言。

前所谓"受命于天"的帝王或天子,乃是"天地"或"天下"的最高主权者,所谓"皇天眷命,奄有四海,为天下君"(《书经·大禹谟》)这句话的翻译,就是"普天之下,莫非王土,率土之宾,莫非王臣"。孔子依着这天命最高主权不可分割的命题出发,而主张"尊王",主张恢复西周形式上的大一统,而对于破坏那种大一统,并各霸一方各自为政的乱臣贼子,不惜口诛笔伐。至于"作春秋"而乱臣贼子是否真正有些恐惧,当然是另一个问题,但孔子托春秋以明其"复梦见周公"之志,想把当时分崩离析的局面多少挽回过来,却是一个事实。又孔子所梦想恢复的大一统,原不过是西周那种只在形式上表示"礼乐征伐自天子出"的贵族政治秩序,可是专制的官僚的统治,却正好需要这种"天无二日,民无二王"的学说来支持其中央集权的政治独占局面。假使在四境之内,或在声教所及的小天地间,有一个国土或有一个民族自树一帜,不肯对那个自视为"诞受天命"的政权表示服从,就算它安其土而子其民,治理得颇有条理秩序,也认为非挞伐用张使其解体屈服不可。而且,那种独树一帜或未曾就范的政权,愈是治理得有办法,它便愈要成为"王赫斯怒,爱整其族"的征伐的目标。照理,"天下为私"的专制者,自己既强制别人接受自己的统治,他究竟何所根据而阻止别人不各自为治?或者至少他将如何劝说别人不各自为治呢?在这种场合,"天命"和"春秋大一统主义"便被反复发挥与宣传,大一统主义在吕不韦的《吕氏春秋》中是讲解得非常明透的,到了"天人相通"的董仲舒则更公式化为"春秋大一统者,天地之常经,古今之通谊"。由是,久而久之,"谬种流传,演为故智",致使在现代以前,中国人的政治辞典中,始终没有"分治","联治"那一类名词。"一统的江山"或"一统的政治"未曾实现,就称为"创业未半",已实现而后为人割裂,就称为"偏安"。每到一个朝代末期,群雄并起,互相厮杀,直到最后有力有势者,混一宇内,才使那些为人忙着打天下的老百姓,得到一点喘息的机会。"真命天子"出现了,儒家"大一统"的理想,又实现一回。

最后,就纲常教义来说。

任何一个专制君主,无论他的天下是怎么得来的,是出于强夺,抑是由于篡窃,他一登大宝,总不会忘记提出与他取得天下正相反对的大义名分来,藉以防阻他臣下的效尤"强夺"或"篡窃"。所谓"窃国者侯,侯之门仁义存",就是这个道理。

本来在统一的专制政治局面下,始终存在一个统治上的矛盾:一方面要尽可能使普天之下都收入版图,接受治化,同时,扩充的版图愈大,要使宇内道一风同、心悦诚服就愈感困难。为了解决这个治化上的矛盾,自汉朝武帝君臣起就多方设法推行儒家的纲常教义。纲常之教的重心在乎三纲,即所谓君为臣纲,父为子纲,夫为妻纲,亦即君权、父权、夫权的确认。从表面上看,只有君臣的关系是有关政治的,而父子、夫妇关系则是有关家族的。但中国纲常教义的真正精神,却正好在于它们之间的政治联系。中国一般读书人都很记得"天下之本在国,国之本在家,家之本在身"的格言,把表现的方式换一下,就是"身修而家齐,家齐而国治,国治而天下平"。为什么一般人也有这大的政治作为呢? 我们的"圣人"是这样注释得明白的:在积极一方面讲,"君子之事亲孝,故忠可移于君;事兄弟,故顺可移于长;居家理,故治可移于君"(《孝经·广扬名》)。在消极一方面讲,"其为人也孝悌,而好犯上者鲜矣,不好犯上而好作乱者,未之有也。"(《论语·学而》)所以,孔子答复一个说他不肯从事政治工作的人说:在家里孝顺父母,友爱兄弟,就有政治作用,就等于从政,何必一定要立在政治舞台上?("惟孝友于兄弟,施于有政,是亦为政,奚其为政?"——《论语·为政》)这在一方面说,是家族政治化,在另一方面说,又是国家家族化,伦理政治的神髓就在此。但我们应当明了,这种政治的目的不在使全国的人都变成一家人一样的互相亲爱,而在使全国被支配的人民都变成奴隶一般的驯顺。所谓"居家理,故治可移于君",所谓"移孝作忠",都不过表示"父为子纲","夫为妻纲",结局无非是要加强"君为臣纲"的统治作用。把防止"犯上作乱"的责任,通过家庭,通过族姓关系,叫为人父的,为人夫的,为人族长、家长的去分别承担。在社会上,父子夫妇的关系是到处存在的,亦就因此之故,政治统治的功用,就无形渗透进了社会每一个角落,每一个人间的毛细孔。而且,家族政治有一种联带责任:在有所劝的场合,就是"一人成佛,鸡犬皆仙","满门有庆";在有所惩的场合,就是一人犯法,九族株连。其结果,父劝其子,妻励其夫,无非是要大家安于现状,在现状中求"长进",求安富尊荣。而天下就因此"太平"了。

所以,儒家的"大一统",由尽量扩大政治版图所造出的上述统治上的困难问题,就由其尽量推行纲常之教或伦理的治化,而相当的得到解决,而这又暗示那些把广土众民治理得服服贴贴的专制君主及其"燮理阴阳"、"参赞化育"的大臣们,真像是"呜呼!惟天生民有欲,无主乃乱,惟天生聪明时乂!"(《书经·仲虺之告》)"天地生君子,君子理天地。"(《荀子·王制篇》)这一来,天道观念,大一统主张,纲常教义,就成功为"三位一体"了。

三

当然,在长期的专制官僚统治过程中,儒家学说之被御用或利用,往往是采行不同的姿态。据陶希圣先生的研究,孔子曾有这样七阶段的发展:"封建贵族的固定身份制度的实践伦理学说,一变为自由地主阶级向残余贵族争取统治的民本政治学说与集团国家理论;再变为取得社会统治地位地主阶级之帝王之学,带有浓厚的宗教色彩,孔子遂由此成了神化的伟大人格;三变而拥抱道教佛教,孔子又变为真人至人及菩萨;四变而道士化;五变而禅学化;六变而孔学之经世济民的探讨失败,所留存者,伟大的孔子,为地主阶级与士大夫集团之保护神。"(《中国社会与中国革命》,第187页)还没有变完,他接着指出:"现在孔子到了第七次发展或转变的时期了。有人想把孔子来三民主义化。"这所谓"有人"中,陶先生"现在"应不辞把他自己也放在里面。也许就因为他自己也在里面的缘故,当时他认定"把孔子来三民主义化"为"不可能",现在应相信是"可能"的。但这是题外话。

我以为,孔子无论如何"变化",在我们的社会还大体是专制官僚统治的限内,儒家的上述三种教义始终起着基本的治化酵母的作用,至多不过依据社会物质的与精神的现实条件的发展与演变,分别在那几种基本的治化酵母中,加进了或从儒家学说当中抽取了一些可以比附的有效因素,使原来的治道治术改变一些形象罢了。

原来孔子以儒者问世,备有三种资格:其一为经师,商订历史,删定六经;其二为教育家,讲述《孝经》、《论语》。此二者,章太炎先生于其《诸子学略说》中已明白道及。但还有其三,政治说教者,一车两马,历访各国,以冀学之见用,道之得行,而这点却为以后儒家政客官僚,作了投机干禄榜样。至其教人以"中庸",教人以"言不必信,行不必果",其私淑者孟轲虽以"圣之时者也"目之,但后儒为目的不择手段的实利主义精神,固因此渊源有自,而其学说之"应时"支离演变,亦不无来由了。

在战国末期传授孔门衣钵的荀卿,他目睹当时社会的实际变化,知道恢复旧有封建秩序没有可能,知道天命说、性养说、礼治说都不大靠得住,于是他认定封建体制须予以改造,应崇功利,尚干涉,以刑法巩固君权。到了他的两大弟子韩非与李斯,更变本加厉,专为刑名法术是尚,韩非想用严刑峻法去造成有权有势的绝对专制主义,而李斯则实行制定严刑峻法以体现那种绝对专制主义。他们无疑是太对儒家根本思想傍趋斜出了。但仔细考察,"祖述尧舜、宪章文武"的儒家,对于"五刑之属三千",是用"刑期于无刑"来遮饰的。他们始终都认为,刑与德两者不可偏废,所谓"明主所以道制其臣者二柄而已矣。二柄者,刑、德也。何曰刑、德? 曰:杀戮之谓刑,庆赏之谓德。为人臣者畏诛戮而利庆赏"(《韩非子·二柄上》)。孔子于刑德二者之间,虽略示差别,谓"道之以政,齐之以刑,民免而无耻;道之以德,齐之以礼,有耻且格"(《论语·为政》)。但从他所说的"上好礼则民莫敢不敬"(《论语·子路》),及"小人学道则易使也"(《论语·阳货》)一类文句看来,礼义道德都不外是达成治化的手段,而不是目的。只要有助于治化上的目的,在相当范围内,"杂以名法"的荀学,并不是孔学怎样不容许的。

至若孔子学说在汉代被杂以谶讳神怪之谈,那不过是"天道观念"的发挥,"天人相通"理论的副产物。"天"既可以对"天子""授命",它就可以把它对天子乃至对人民的吉凶祸福,用种种"自然的"灾异或祥瑞,预为表现出来,使他们分别知所警或知所励。原来《易经》就充满了这种谶讳性的玄谈,而《春秋》更如实指点出了各种各色灾异祥瑞的后果。董仲舒、刘向父子辈之把自然界各种特异现象拿来作出附会政治的解释,无非是想藉此补充当时三纲五常教义尚未深入化和普遍化的缺点。

东汉末叶,道教曾经一度成为愚夫愚妇信仰的目标,但张角、张宝一流黄巾所宣传的"苍天已死,黄天当立,岁在甲子,天下大吉"一类谶语,显然和刘向辈所藉以愚弄小民的谶讳说教,保有极密切的脉络。同一被愚弄得糊里糊涂的小民,要叫他们相信"苍天",就没有法子禁止他们不相信"黄天";这种辩证关系,聪明睿智的大儒们也许还是不曾想得透彻的。

魏晋以后,佛教逐渐盛行,当时儒家纲常教义,虽已成为一般人民精神生活中之重要因素,但儒家对于此种可藉以助成治化的思想工具,当然不会漠不关心。于是,心性之学特别昌明于宋、元、明诸代,朱、程、陆、王分立门户,道问学,尊德性,由无极而太极,由寡欲而无欲,禅意盎然,然任谁都未忘记援引经典,以明其说之有据。

降及清代,儒家研究重心,渐由理性玄谈,而转变到要求真凭实证的考据。此在研究的某一方面讲,或为一种进步,但就政治立场言,其离隔现实,钻入"国故"牛角尖中,使人忘怀异族统治,殆与玄谈太极,求致良知,有异曲同工之雅。

四

要之,儒家学说之历史的变化,殆皆如所谓"以夏变夷,而非变于夷",以孔孟教义吸收名法、谶纬、道佛,直至斯近,又还锲而不舍提出"中学为体"的主张,真所谓"万变不离其宗"。这原因,一方面由于,中国专制官僚统治一日没有根本变革,儒家的天道观念、大一统主义、纲常教义便一日要成为配合那种统治的支配意识形态;另方面又因为专制官僚的封建体制,比之过去贵族封建社会秩序,毕竟有了更大的变异性、流动性,单是那种支配的意识形态,难免形格势禁,在统治上不易收到运用自如的效果,于是,每临着一个新的发展阶段,就以孔变刑名,变谶纬,变道佛,以扩大其精神支配影响。但无论如何变法,大成至圣先师的牌位,始终没有受到动摇,而在异族入主中华的场合,亦没有例外。所谓"二千年无思想,非无思想也,以孔子的思想为思想;二千年无是非,非无是非也,以孔子的是非为是非"(李卓吾语)。归根结底,不是中国人对于孔子学说特别有好感,而是中国的社会统治,特别需要孔子学说。自孔子学说被汉武帝君臣定为正宗正统以后,在实质上,以地主经济为基础,土地得相当自由买卖,农民得相当自由转动,而原本不能造成世卿世官那样的贵族身份的社会,却藉着知识的统制和长期独占,而无形中帮同把士大夫的身份更特殊化或贵族化了。这一来,本来在一般人眼中看得有些迷糊的中国官僚社会阶级关系,就似乎因此显出了一个明显的轮廓。

(选自王亚南《中国官僚政治研究》,

中国社会科学出版社,1981年版)

　　王亚南(**1901—1969**),湖北黄冈人。1927年毕业于武汉中华大学教育系。曾在上海暨南大学、中山大学、厦门大学任教。新中国成立后,曾任厦门大学校长,第一、二、三届全国人民代表大会代表,福建省政协副主席,中国科学院哲学社会科学部学部委员、常委。著有《经济学史》、《中国官僚政治研究》、《中国官僚政治与官僚资本》、《中国经济原论》、《现代外交与国际关系》等,并与人合译《资本论》三卷。

　　本文选自《中国官僚政治研究》。文章指出:"当作一种专制官僚统治手段来看的儒家学说",它具有"(一)天道观念;(二)大一统观念;(三)纲常教义"三项内容。"这三者对于专制官僚统治的维护,是缺一不可的。"作者认为"儒家的上述三种教义始终起着基本的治化酵母的作用"。

圣教与异端

——从政治思想论孔子在中国文化史中的地位

萧公权

一

近代人士讲到中国文化,总不免拿儒家思想来做代表,好像认识了儒家思想就可以认识中国文化的全体。其实民族文化是一个复杂的体系,决不是一家一派的思想所能包括。儒家思想虽然博大宏深,有合文通治的妙用,然而它原来不过是先秦显学之一。儒家以外还有许多"持之有故,言之成理"的学说。这些学说都是先民思想的结晶,中国文化的泉源。我们尽可认儒家为思想的主潮。但是舍百川而不受,必定无以成就沧海的洪深。我们尽可奉儒家为文化的大宗,但是弃小宗而不祀,恐怕要犯"数典忘祖"的错误。

认儒家思想为中国文化的代表,其事不始于今日。我们试加推究,便知道由来久矣。孔子本人即以"道统"自任。所以他说:"天之未丧斯文也,匡人其如予何?"又说:"攻乎异端,斯害也已!"孟子诵法先王,愿学孔子,也以"圣人之徒"自任。所以他说:"我亦欲正人心,息邪说,距诐行,放淫辞,以承三圣者。"荀子虽被后人批评为大醇而小疵,择焉而不精,但他自己也未尝不以圣教自任。他把春秋战国时代墨翟、宋钘等十二家的学说分别加以非难。他说:"假今之世,饰邪说,文奸言以浇乱天下,欺惑愚众,谲宇嵬琐,使天下混然不知是非治乱之所存者,有人矣。"邪说既然可以乱天下,仁人君子的责任就在"上则法舜禹之制,下则法仲尼子弓之义,以务息十二子之说。如是则天下之害除,仁人之事毕,圣人之迹著矣。"荀子死后约一百年,董仲舒建议于汉武帝,"以为诸不在六艺之科,孔子之术者,皆绝其道,勿使并进。"内多欲而外施仁义的武帝果然采用其说,表章儒学,罢黜百家,于是二千年尊孔之风以朝廷的提倡而正式开始。从此以后,中国的君相士大夫,无论出身或贵或贱,品行或正或邪,在口头上文字上总要奉孔子为宗师。甚至异族入主的时候,只要征服者能够行先王之法,中国的士大夫就可以俯首贴耳,奉之为君,丝毫不感觉良心上的谴责。例如元初的许衡、吴澄,清初的汤斌、李光地一般人,都以程朱派的大儒,为异族之名臣。华夷可以不分,圣教不可不奉。尊孔崇儒,可谓至极。到了这个地步,普通的读书人除了四书五经之外,几乎不知道中国尚有其他可供研讨的学术。张之洞说:"九流之精皆圣学之所有也,九流之病皆圣学之所黜也。"又说:"诸经之义其有迂曲难通,纷歧莫定者,当以《论语》、《孟子》折衷之。"号称儒臣的文襄公尚且如此,其他可以不言而喻了。

这种罢黜百家的偏见实在是认识中国文化全体的障碍,我们必须加以矫正。我们要承认:在先秦思想发源的时候,儒家不过是"九流"之一;在汉代儒术"独尊"以后,诸子的道统也未曾完全断绝;而且在汉清二千年之间,儒术并不曾完全领导中国的政治和社会生活。

二

儒家在先秦时代并未曾被一般人视为学术正统,这是人所共知的事实。孟子论战国的学风曾说:"杨墨之言盈天下。"韩非说:

"天下之显学,儒墨也。"《庄子·天下》篇列举儒墨道名诸家的要旨以说明作者所见"天下之治方术者多矣"及古之道术"无乎不在"的现象。我们若证以齐稷下招贤的史迹,更可确知儒家思想在当时决未能取得正统的圣教地位。稷下先生知名者十余人当中属于儒家者只有荀卿。孟子虽曾游齐,或不隶于稷下。此外彭蒙、慎到、宋钘、尹文、接子、环渊、邹衍、邹奭等人都与孔门无涉。我们若就先秦学术地理分布的情形来看,儒家的地位也不能够凌驾诸子。庄子论儒学说:"其在于诗书礼乐者,邹鲁之士,缙绅先生多能明之。"照我们所知,儒学传布的范围虽不限于邹鲁,然而就孔子和孔门弟子的国籍游踪来看,儒家的影响所及实不出邹鲁及邻国的范围。西方的秦晋,南方的楚越,都是当时"圣教"不曾达到的区域。孟子说:"陈良楚产也。悦周公仲尼之道,北学于中国。"这不是在战国的时候,儒学还未曾盛行于楚国的明证? 其余诸子的学术,单就与政理有较大关系的墨、道、法三家说,墨学传布的区域显然比儒家较为广阔。墨子本人为鲁人(或说宋人),墨徒的国籍游踪却远达南北。楚人有苦获、已齿、邓陵子,秦人有唐姑果。游仕所及,于北有代中山,于南有楚越。道家和宗派接近的诸子也有比较儒家略为广阔的活动范围。老子为周守藏室史。楚威王想聘庄子为相。子华子曾游韩魏。韩非有《解老》《喻老》。可见道家思想的影响深入了盛行秦晋的法家。法家的范围虽未必广于儒家,然而他们自有其领域,不容儒家侵占。申不害相韩,商鞅先后仕魏秦,韩非游秦,李斯楚产而相秦;总而言之,法家盛行的区域,恰是儒术未及的秦晋。

儒家思想在战国以前不但是不曾取得正统的地位,而且备受"异端"的排斥,几有并偏安局面难于维持之势。古书中纪载侮慢孔子的言词,数见不鲜。《论语》一书所录便有几件。至于攻击儒家学说的话,在先秦子书中更是指不胜屈。《墨子》、《老子》、《庄

子》、《商君书》、《韩非子》等书，或立"非儒"的专篇，或随处加以指
摘，或指名驳难，或暗致诋毁，真所谓"彼亦一是非，此亦一是非"。
诸子的攻儒和孟荀的辟异端，在当时是旗鼓相当，未知鹿死谁手！
孟子说："予岂好辩哉？予不得已也！"照孟子看来，在当日学派混
战的前线上儒家并不曾取得主动的攻势。

<h2 style="text-align:center">三</h2>

　　秦始皇吞并六国以后，处士横议的局面随政治统一而归于结
束。然而，儒家思想却不能取得完全的与最后的胜利。论史的人
都承认始皇统一，开二千年郡县天下之大业，其功不可埋没。但是
我们往往不注意助成嬴秦统一的学术不是儒家而是法家。秦代以
吏为师，无疑地这是一个法家思想独尊的时代。汉以后的人追论
秦二世而亡的原因，几乎众口一声，归咎于仁义不修而专用刑法。
其实二世而亡的原因决不如此简单。假如与法家有关，我们应该
说秦亡于胡亥任情纵欲，破坏孝公所立法治的规模；亡于李斯逢迎
上意，诬蔑管商所传学说的精神；亡于赵高盗弄国柄，违犯韩非"八
奸"的教训。《史记·李斯列传》的记载，十分清楚，我们尽可加以覆
按。

　　汉高祖翦灭群雄，天下再归于平定。各处儒生来投效新主的
颇不乏人。陆贾、叔孙通就是其中最出色的人物。高皇帝虽然承
认马上不可以治天下，虽然很满意朝仪的效用，然而在汉初几十年
中，盛行于朝野的学术不是孔孟，而是黄、老、申、韩。孝文皇帝"好
道家之学"。他所行的政策简直是老子所说慈、俭、不敢为天下先
的"三宝"。文帝死后，因为窦太后极力提倡，到了景帝的时候，大
臣学者反对黄老的竟至免官受罚。朝廷尊崇道家的情绪是如何的
热烈！公卿士大夫实行黄老政术的为数更多。高、惠两朝有陈平、

曹参,文、景两朝有邓章、田叔、直不疑、司马谈,武帝时有汲黯、郑当时。我们要注意,这些黄老后学不仅传受清静之道术,而且应用清静之政策。史家论汉朝的政治成绩,首称文、景;因为文、景"与民休息",奠定了四百年国祚的根基。这话大体上是不错的。我们虽不可完全归功于道家,然而黄老信徒的帮助是不容抹杀的。至于《淮南子》和《论衡》二书都曾深受道家思想的影响,这更是人所习知的事实。

法家的政术在汉代也曾一时盛行。帝王当中虽不肯公然以申韩号召,然而暗用刑名者却不只一人。以文帝的慈俭也"本好刑名之言"。宣帝为政,"信赏必罚,综核名实""所用多文法吏,以刑名绳下"。太子劝他稍从宽厚,他竟说:"汉家自有制度,本以霸王道杂之,奈何纯任德教,用周政乎?"这真是坦率大胆的自白!武帝好大喜功,开边拓土,广义言之,何尝不是商鞅农兵政策的变相?汉朝的声威,到武帝而极盛。汉朝的法纪,经宣帝而一振。法家治术的效用是未可厚非的。至于臣下应用刑名为治的尤属不胜枚举。大概的说,《汉书·酷吏传》中的人物,几乎全是申韩的后学。所谓"酷吏"并不尽是惨刻寡恩的刽子手、杀人取乐的屠伯,其中也有深得任法精意的能臣。酷吏以外的刑名大师更不愧为管商的法裔。文景时代的河南守吴公、张叔、晁错;光武时的樊晔;和帝的周纡;灵帝时的阳球;这些都是以治申韩之学著名的。晁错且曾著书三十一篇,《汉书·艺文志》列入法家。可惜原书现已失传了。蜀汉丞相诸葛亮所著的书也不幸佚亡,然而从他的治迹看,他也显有法家的色彩。如果我们把佐高祖定天下的丞相萧何算入,我们可以说法家的政术在四百多年当中与刘汉的国祚终始!

我们若把汉代法家的治迹和言论加以分析,我们可以发现他们似乎自成守法、严刑、尊君主、图富强的几派。景帝时郅都为中尉,"行法不避贵戚"。武帝时以刀笔吏为中大夫的赵禹"据法守正"，"绝知友宾客之请"。光武时洛阳令董宣按治湖阳公主奴杀人罪。至于文帝时廷尉张释之不让文帝违法诛杀犯驾盗环的罪人，更能充分表现重法的精神。他对文帝说："法者天子所与天下公共也"。他这句话倘使写在管商书中，真是丝毫没有逊色！这些都是守法派的著例。严刑派的代表，人数更多。义纵为定襄太守，一天杀四百多人，"郡中不寒而栗"。王温舒为河内太守，杀人甚多，"至流血十余里"。王吉为沛相，五年当中，杀万余人。此外《酷吏传》中所载者尚多，不必悉举。尊君主的代表如杜周事武帝，为廷尉，"善候伺，上所欲挤者因而陷之，上所欲释者久系待问而微见其冤状"。有人批评他不守法，不公平。他答复说："三尺法安出哉？前主所是著为律，后主所是疏为令。当时为是，何古之法乎？"这简直是李斯"督责书"的口吻而变本加厉！张汤的作风与杜周相像，更加上了假公济私的手段。这只可认为法家的败类，大违商韩尊君的本旨。富强派的代表多生在武帝一朝。张汤、桑弘羊等请笼盐铁，置均输等事，就是最著名的实例。晁错请文帝以粟为赏罚，募民屯边地，毫不客气地抄袭了商鞅市利尽归于农，边利尽归于兵的原则。文帝虽不能尽用，武帝却完全接受了晁大夫富国强兵的观点而成为历史上少数雄才大略君主之一。

照我们上面的叙述，可见在二千年君主政体形成时期的秦汉两朝中，先秦主要学派，除墨家归于消沉外，道家与法家均保持不容轻视的力量，而且对于郡县下的政治建设确有不可否认的功绩。倘若当时没有黄老的清静以调济长期战争后的民生疾苦，没有申韩的刑名以树立长期紊乱后的秩序，而单靠叔孙通的朝仪，陆贾的仁义，公孙弘的经术，董仲舒的灾异，恐怕刘家的天下未必能维持几百年之久。宋襄公、徐偃王岂不是前车之鉴？矫枉过正，秦二世不免要窃笑于九泉之下！

魏晋以后，儒家的政理也不曾继续地取得独尊的地位。魏晋的士大夫多喜老庄，务清谈，这是人所共知的事实。汉朝的君主，从武帝到献帝虽然一贯表彰六艺，然而到了安帝以后，儒学竟趋衰微。于是讲"内圣"之学者往往自逃于虚无，求"外王"之用者多致意于法术。魏晋"名士风流"的影响，几乎把汉儒所提倡的礼教完全摧毁。孔融曾说："父母与人无亲，若瓶寄盛其中。"阮籍居母丧，饮酒食肉。他骂礼法之士为虱处裈中。谢鲲挑邻女，投梭折其齿。《晋书》记载当时妇女的情形："先时而婚，任情而动。故皆不耻淫佚之过，不拘忌妒之恶。父兄不之罪也，天下莫之非也。"这些言行直接的否定了父子夫妇大伦的尊严。石崇和王敦到太学。石崇见颜渊、原宪的塑像而叹他们的贫穷。王敦说："子贡去卿差近。"石崇正色说："士当身名俱泰，何至以瓮牖语人？"这两句话明白地看不起从祀孔庙的"先贤"。当时"八达"、"七贤"一般人的狂荡，比较起来，孔、阮诸人还算略为含蓄些。至于法术的应用，也彰然可考。自从汉高祖"约法三章"以后，法律的条文随着实际需要，随时都有增益改进，趋于繁密。举其要者，如萧何作《律九章》。叔孙通益之成《傍章》十八篇。张汤、赵禹等论定律令，作"见知故纵监临部主"之法。后来条文更密，多到三百五十九章。魏晋以后的法条虽不必尽承汉律，有如汉承秦律一样，然而任法明刑的治术是一贯不改的。汉以后的君相尽管诵法周孔，但并不曾真实地施行囹圄空虚，必使无讼的德导礼齐政策。不但如此，一统天下的君相既默认先秦法家的观察，相信亿兆的臣民是"杀然后从，见利然后用，被治然后正"的坏子，而因此视刑法为治国经郡之要道，于是不仅刀笔吏应普遍的需要而产生，当时儒生中的一部分，为用世起见，不免兼取申韩以与孔孟相糅杂。在两汉先秦学派界限依然明白存在的时候，这种兼用儒法的倾向尤属显然。贾谊兼明申商，晁错受书伏生，董仲舒作《春秋决事比》，都是最著之例。后汉桓谭、崔寔等大倡杂霸的主张，更可为二家合流的明证。自此以后如诸葛亮、张居正等人都实行法术而不公然鼓吹。宋代攻击王安石的人往往斥他为法家。虽不完全确当，但是王荆公的学术确与理学家不同，而微带法家的意味。我们只要加以探寻，我们不难在汉魏后人的当中得到更多的实例。

四

我们如果把秦汉以后二千年的思想史加以分析，我们可以发现儒家思想的进行并不循着一条直线，而是随着时代的变迁，大有起伏。墨家思想，上面已经提到，到了汉代成了绝学。法家主张的一部分，从秦汉起，成了百世不废的实用治术。这两家当然谈不到进行或起伏。儒道二家却与此不同。就大势说，每逢政治比较安定的时候，儒家思想便占上风，道家思想就随之衰微。反过来，到了社会衰乱的时候，道家思想便一时盛行，而儒家思想就相形见绌。不但如此。先秦儒家政治思想有孟、荀两大宗派。孟倾向于民本思想，荀倾向于尊君思想。秦汉以后的道家有"黄老"与"老庄"两派。黄老倾向于以清静之术用世，老庄倾向于以逍遥之旨养生。当儒家独尊的盛世，荀派尊君的学说较受欢迎，而孟派的民本学说往往在大乱方治或盛极而衰的时候代之兴起。老庄思想虽然每应乱世而生，但是在乱极初治的时候黄老思想却占优势。我们不敢说这是中国思想史里面的定律。这只是中国思想史里面的事实。

具体的说：汉初鉴于秦法惨刻的流弊，想用宽大的政策去收取人心。于是清静无为的治术盛极一时。满口仁义道德的贾生也大讲虚无之道。到了武帝以后，天下治安已久，黄老遂趋隐微，儒学立为正统。而当时一般的儒生已不甚明贾生"民无不为本"的学说。西汉第一大儒董仲舒因为阐发《春秋》天人灾异的理论，藉以防止君主专制、君权无限的流弊,大为朝廷所不喜。他不但终身不得高官,而且几乎被处死罪。"曲学阿世"的公孙弘反致位卿相,封爵列侯。其中消息,大可玩味!东汉始重提倡经术,皇帝且亲自讲经,然而儒家思想却并无显著的发展。肃宗以后的经学已有徒具形式之感。和帝安帝以后,连徒具的形式也难于保持。于是老庄的"虚无"便有乘虚而入的便利。西汉建立的儒家霸权,到了魏晋就暂为异军突起的"玄言"所夺。其实履霜冰至,由来已久。在光武帝的时候,王充已经得风气之先,而单枪匹马,对汉朝的经术来了一次带有歼灭战意味的总攻击!

　　唐宋到明清千余年中,大概说来,是儒学复盛的时期。然而仔细考察一下,我们也会发觉儒家的据点,依然受着"异端"野战军或游击队奇袭的威胁。先就儒学本身说。唐初士大夫的一部分颇受王通的影响而成为开国的儒臣。原来在南北朝的时候,南朝的君臣偏重文章清谈,对于周孔的圣教并不重视。梁元帝在投降西魏以前,把所藏古今图书十余万卷一齐焚毁。有人问他何以焚书,他说:"读书万卷,犹有今日,故焚之。"即此一端,可以想见当时的风气。至于江左君臣佞佛的恶习,更是人所共知。杜牧的诗有"南朝四百八十寺,多少楼台烟雨中"之句。这真是诗人的实录。用诗人的眼光来看,"楼台烟雨"的确是江山如画的妙景。然而用政治或史家的眼光来看,就不免有"乌烟瘴气"之感了。南朝虽不信奉圣教,北朝的索虏却极力摹仿汉族的文化,提倡孔子的道术。北魏一朝的制度风尚,尤表现儒家的色彩。魏周两朝都曾有毁寺诛僧的举动,和七百多年前秦始皇焚书坑儒的举动遥成对照。所以就大势说,南北朝时代中国圣教的保持者是北朝的胡人而不是南朝的汉族。这真是一个有趣的矛盾!王通生在大河以北的龙门,他所以成为隋唐间的大儒,恐怕还是受北朝学风之赐。等到唐太宗撰"帝范"以教太子,武则天著"臣轨"以训百官,尊儒的趋势便经朝廷的承认而表面化了。

唐代儒家思想的变化,可以韩愈、柳宗元及林慎思三个人的言论中得一线索。韩柳同时生在唐运盛极始衰的大历长庆年间。林慎思却生逢懿宗僖宗大乱之世。韩柳的思想都近荀学,而前者尊君轻民的态度更为露骨。《原道》一篇当中曾说:"君者出令者也;臣者行君之令而致之民者也;民者出粟米麻丝,作器皿,通货财以事其上者也。君不出令则失其所以为君,臣不行君之令而致之民,民不出粟米麻丝,作器皿,通货财以事其上,则诛。"严复在清末的时候,专写《辟韩》一文来驳他,认为韩学是民权思想的障碍。严氏的看法,并非没有根据。韩柳死后约五十年,林慎思便著《续孟子》和《伸蒙子》二书申述"亚圣"的民本学说。这是衰世儒学的自然倾向。

照上文所说看来,唐代儒术虽然在汉族恢复神州疆土的一统天下当中,同时也转败为胜,重掌旧有的霸权。然而道家思想的主力不但未被消灭,且有结阵反攻的征兆。唐朝皇帝,自以姓李,为迎合门阀的风尚起见,遂和道教宗师的李老君联了谱。于是推崇老聃为"太上玄元皇帝",在宗正寺里面设立了一个崇玄署来管理天下的道士女冠。宗正寺本是掌管皇族事务的机关,道士女冠受它管理,不啻承认他们都是皇族或享受皇族的待遇。老、庄、文、列的遗书全被尊为"经"典,全指定为国立道教大学(崇玄学)的教本,全成了士子应科举必读的要籍。《道德经》、《南华真经》、《通玄真经》等在学术的地位上与儒家五经平等。不但平等,而且有时还侵占五经的地盘。开元年中,玄宗曾下诏令贡举人减试《尚书》《论语》加试《老子》! 我们要注意,唐代提倡老庄并不认它做纯粹的宗教信仰,而把它看做用世的治术。白居易、元稹都是一代词人。他们准备应举,揣摩时尚作《策林》七十五门,当中便有不少汉代所谓黄老家言。例如第十七目"黄老术在尚宽简,务清静,则人俭朴,俗和平"就是最好的证据。道教既被认为治术,道士也自然取得做官的权利。李国桢、刘玄靖等都以道士仕至高位。虽然中唐以后的皇帝多以迷信神仙丹药而崇信道教,和盛唐以前的用意有乖,然而尊崇道教的事实是勿庸讳言的。

唐代前期的道家思想大体倾向于"黄老",后期的道家思想却转向于"老庄"。最可惊异的例子是黄巢乱中无名氏所作的《无能子》一书。作者的根本思想虽然因袭道家的传统,并无新义,他对于政治及社会生活的论调则十分激烈,几乎是儒家思想中一切价值的倒转。他认定人类所遭遇的争乱苦痛都生于"圣人"所创设的伦理道德、礼乐兵刑种种不合自然的制度。于是照他看来,儒家所尊奉的圣人实在是摧残人类幸福的罪魁祸首。圣人提倡人伦,教人以亲亲之道,勉人以孝弟之行,督人以君臣之义,这实在是误尽苍生的教化。父母兄弟的关系是由名号的幻觉而产生。天下的人和我的父母兄弟同具圆颅方趾,事实上有何区别?君臣之义立于君之可尊。但是中国的君主不过是在地面上极小一部分中暂时锦衣玉食的一个人。他生无治安的能力,死与蝼蚁同腐朽。他有何值得尊贵的地方?杨子为我,墨子兼爱,孟子已经骂他们"无父无君,是禽兽也"。《无能子》的这些议论才真是无父无君。假如孟子听见,恐怕要骂为禽兽之不如了。

宋朝定鼎,儒学又有复盛的景象。赵普半部《论语》治天下的话固然是不足凭信的大言,我们却可以从它窥见圣教再起的消息。但是宋朝的儒学既不是汉代的经学,更不是先秦的孔孟荀学,而是具有特殊观点和内容的理学。理学是中国思想史中光荣的创造,这是无人否认的。理学家的一部分援道入儒,另一部分援佛入儒。能够真拒"二氏"之异端者,几乎不可得见。道、佛二者之中,尤数后者的影响为深刻。倘若魏晋隋唐时代佛家哲学不大量输入中土,宋儒不闻彼宗心性诸说,理学的发生是很难想像的。明代"心学"流入"禅狂",这是自然的趋势。宋明理学虽然刷新了儒学的阵容,但是它所援用精锐武器一重要部分是取资于国内外的异端!

元、明、清三朝的儒学思想,严格的说,不曾表现真正重大的进步。许衡吴澄一般人妄想用周孔的政教同化蒙古。元朝在表面上虽然虚与委蛇,实际上却用征服者马上治天下的手段来压制汉人。读书人拿五帝三王的大道去事奉异族,其结果只取得了"九儒十丐"的身份。明朝的儒学略呈昭苏之象。明初的刘基、方孝孺和清初的黄宗羲、唐甄等在乱极初定的时代大倡民本的孟学,王守仁和他的门徒在明朝的中叶提出思想自主的大胆主张,这是比较可以注意的两件事。后者尤其是思想史上值得大书的贡献,然而王学是从禅学一转手,并非纯粹的儒学。王阳明虽然说满街都是圣人,孔子是否承认他是圣人而不发"非吾徒也"之叹,是不易答复的疑问。至于清儒多承宋明理学的余波,于政理更少发明,我们无庸赘及。晚清海通以后,西洋思想输入,孔孟之学每遭急进维新论者之唾弃。曾国藩消灭太平天国的最大目的不是扶清,而是保卫唐虞三代以来历世圣人所扶持的"名教"。倭仁反对变法,他不是反对扶清,而是反对与圣教不合的夷法。张之洞厌恶新党,他不是拒绝富强的西学,而是恐惧谭嗣同等"冲决网罗"的主张,怕他们会打倒儒家三纲五常的大道。在曾、倭诸公的心目当中,晚清的西学正如晚周时候的杨墨,都是无父无君的异端,都应该拒而辟之。在他们的心目当中,他们所负的使命正如孟子所说:"我亦欲正人心,息邪说,距诐行,放淫辞,以承三圣者。"不过孟子说:"杨墨之道不息,孔子之道不著。"他们应加改正而说"西夷之道不息,中圣之道不著"罢了。今日事后平心论之,儒家思想在清末的时候,的确遭逢了空前的危机。就儒家的立场看,卫道的工作实在有其必要。然而这却证明了我们上文所说:在一统天下时代儒学不曾取得最后的绝对胜利,是一句不无根据的话。

五

但是在儒学独尊的时候,例如汉唐的盛世,孔子之道是否果然实行于政治而为全国大多数人安身立命的领导原则呢? 以往学者的意见极不一致。张之洞鼓吹保教,因为他相信"我圣教行于中土数千年而无改"。从五帝三王到明清,一贯地"政教相维",崇尚儒术。康有为主张立孔圣为国教,因为他相信"孔子为万世制宪"。孔子"所为经传,立于学官,国民诵之,以为率由;朝廷奉之,以为宪法"。"中国能晏然一统致治二千年者何哉? 诚以半部《论语》治之也"。这是极端的肯定答复。朱熹却相信从汉唐到南宋一千五百年中虽不无小康,"而尧舜三王周公孔子所传之道未尝一日得行于天地之间"。这是极端的否定答复。照我们看来,张、康仅着眼于形式,朱子独严论历代君相的心术及其政事的内容。比较之下,似乎后者更加确切可信。

我们不妨略考史实,就历代帝王的行事以为朱说的佐证。"其身正,不令而行"、"身修而后家齐,家齐而后国治"、"一正君而国定",这些都是儒家政理中的要旨。但是三代以下的皇帝有几个能够实行修齐的圣教呢? 昏庸的汉献、唐僖一流君主固不必说,采用异端的汉文也不必说,我们姑且把首先推尊孔氏的汉武帝加以考察。汲黯说他"内多欲而外施仁义",从他的行为去看,大概并不十分冤屈。第一,武帝好内宠,终久酿成巫蛊大狱以及卫后戾太子自杀的家庭巨变。第二,武帝好长生,求神仙,用方士,莫名其妙的妖道竟冒大将军的高爵。第三,武帝好大喜功,开边武。用近代的眼光看,他不失为民族的英雄。但是用儒家的眼光看,他却不免为圣教的罪人。这三桩事都是"多欲"的表现。武帝毕竟是雄才大略的英主,他虽多欲而不纵欲,所以很聪明地"外施仁义",以表彰六艺来粉饰太平。如果我们勉强要认武帝是修齐治平的圣主,恐怕孔子未便承认。鲁国季氏将伐颛臾,孔子斥之。卫灵公问阵于孔子,孔子不对。齐人馈女乐,哀公三日不朝而孔子去鲁。假如孔子生为武帝之臣,他纵然不批评讨伐匈奴的武功,恐怕在武帝纳李夫人或钩弋夫人的时候也会乘桴浮海!武帝以后值得考察的首推唐太宗。贞观之治,的确是中国政治史上光荣之一页。当时的名臣如魏徵、房玄龄等也以儒家自命。然而杀害弟兄,纳武氏,废太子;无论如何宽解曲说,我们总不能承认太宗实践了齐家的圣教。汉武唐太是历史少有的英主,他们尚且不能真行儒术,何况其余?

朱子的论断既确然有据,我们就可以随之再下一论断:汉武帝以后号称儒术盛行的时代,不过是形式上的尊尚六艺,与孔学的宗旨或实际的政治并无深远的关系。这种名与而实不与的尊儒,和孔孟在世时的情形比较起来,也并无重要的区别。孔子虽然畏于匡,厄于陈蔡,见侮于楚狂,然而他为鲁人所尊是没有疑问的。当时君主卿相时时向他谘问政事。他也曾仕至中大夫;傥若他不自动去国,也许还可向上升迁。他死后哀公亲自致诔,仿佛得了国葬的荣典,至少可抵国家的褒扬。鲁君固然不曾罢百家,但他也不曾采用杨墨法道等任何异端。然而孔子却自叹道不行而之异国,甚至于想浮海,想居夷。孟子后车数十乘以传食于诸侯,宣王尊称为叟,食禄至于万钟。安富尊荣,胜过孔子。然而《史记》却说:"当是之时,秦用商君,富国强兵;楚魏用吴起,战胜弱敌;齐威王、宣王用季子、田忌之徒,而诸侯东面朝齐。天下方务于合纵连衡,以攻伐为贤,而孟轲乃述唐、虞、三代之德。是以所如不合,退而与万章之徒序诗书,述仲尼之意,作《孟子》七篇。"足见孟子的遭际,和孔子大同小异。以孔子之至圣尚且不能自行其道,以汉武唐太的英主尚且不能真行孔子之道。我们应当推广朱子之说而说:"二千五百年中孔子所传之道未尝一日得行于天地之间!"我们如果说孔子之后有人已经实行孔子之道,这不是诬蔑圣教的内容便是侮辱孔子的能力。

我们不禁要问:何以孔子之道在一统天下之中始终不能实行?

我们第一个答案是:从政治的立场看,孔学陈义过高,有难于实行的苦衷。儒学精深博大,值得任何人的赞美崇拜。然而它是否可以普遍奉行,却还待考。孔子把人品分为中人、上智、下愚三等。上智与下愚不移,中人可上可下。按照统计学的定理,中人占大多数而上下各为少数。天下亿兆人当中能学孔子的必然是如凤麟罕见。我们不要忘了,从晚周到清末只生了一个孔子!我们不妨套韩非的语调说:待孔子然后治,是千世乱而一世治也!不但如此,据孔子的自白,他的学术并非容易得来。孔子说:"吾十有五而志于学,三十而立,四十而不惑,五十而知天命,六十而耳顺,七十而从心所欲不逾矩。"孟子也说:"我四十不动心。"孔孟正心修身的工夫到了四十岁才大体告成,到了七十岁才完全成熟。天资学力不及他们的人必然更需时日。所以及门的大弟子会有"仰之弥高,钻之弥坚,瞻之在前,忽焉在后"以及"道则高矣美矣,疑若登天"的感叹。一个政治家倘若要先做到了正心修身的工夫方才从政,他已到了衰暮之年,不免要叹"吾老矣,不能用也"!倘若正心修身的工夫未曾做到便去柄国执政,也不免如朱子所说在"利欲场中头出头没"。

内圣外王兼行的困难极为明显。然而宋代第一大儒朱子仍向孝宗皇帝强聒不舍,一贯地拿"维精维一"的尧舜心传去劝他实行。从前希腊大哲学家柏拉图曾说:除非哲学家成了政治家,或政治家成了哲学家,天下事是无可为的。他自己是哲学家,但是没有机会取得大权,所以不能兼做政治家。于是他终于应了叙拉古斯国舅底昂之聘去教导它的专制君主帝奥尼修,希望把他变成哲学家。无奈柏拉图陈义过高,使他的学生也有疑若登天之感。例如他规定必修课目中的算学、几何、辩证等项当然要弄得一般的南面王头昏脑晕。结果是不但哲君治国的理想不能实现，一代哲人的本身几乎沦为奴隶，不能自拔。朱子晚年遭受削官职、禁伪学的待遇，竟和柏拉图略相仿佛。二哲如在九泉相遇，也许会莫逆于心，喟然而叹。但是其间却有一点不同。柏拉图死后，他的后学颇能指出他陈义过高的困难，而设法加以补正。程朱以后的儒者却谨守师说，始终要拿正心修身的最高理想去期待政治家。这是否儒者胜过（或不及）柏拉图后学的地方？

　　我们第二个答案是：从历史的立场看，孔子思想有封建宗法的背景，未必能够全部适用于一统郡县天下的政治环境。秦汉以后中国的社会和政治均有重大变动。在春秋以前，中国的政治组织是以列"国"为单位，而以"天下"为全体。天子在名义上君临万邦，为各国的共主；在实际上他也是一个国君，只能直接享有管治"王畿"以内的人民土地，和列国君主直接享有管治他们"四境之内"的人民土地相仿佛。这就是封建制度。那个时候的社会组织是以宗族为本位，而个人一切的权利义务都依照他宗族上的身份而确定。贵族平民的阶级于以产生，宗子庶子的地位于以区别。古人所谓"家"，并不是今日由己身、配偶和直系血亲所组成的"家庭"，而是包含若干家庭的宗族。宗族与封建两个制度又联结一体，相辅为用。大概的说，天子国君是大宗的宗子，小宗宗子便做"世卿"，士大夫多是宗族庶子。在这种制度里面，只要宗子能够修身谨礼，自然可以有齐家治国平天下的效用。孔子的政治哲学并不是空中楼阁的乌托邦。他把封建宗法的制度理想化、道德化，而创造了空前美大的政理。严复说孔子是宗法社会的圣人，这话容有不尽妥当的地方；但就上述一点而论，未尝不含有一部分的真理。

　　到了晚周时代，孔子思想所反映的政治社会已经迅速崩溃而归于完全变形。各国的世卿衰亡，阶级荡平，君主独尊，庶民解放。

大国兼并，最后成了天下一统的局面。就政治和社会制度的形态看，孔子所立为政的四个对象都起了非常大变。第一，宗族之"家"已经分解破裂成为缺乏正式政治地位的较小社会单位。第二，"国"的遗蜕虽在汉初短期存留，而不久完全消逝。第三，"天下"的名称虽沿用直到明清，然而秦汉以后的天下是郡县一统，和周代的天下名同实异。四个对象之中，两个变质，一个灭亡。个人失去了宗族的凭借和束缚，失去了政治的身份和阶级的界限，他的力量和地位也随之大异。社会的形态既殊，生活的内容必改。在春秋时代郑著刑书晋铸刑鼎，当时的政治家已经感觉礼不足以维持秩序而必需乞灵于法；秦用商鞅不过是顺着这个方向更进一步。汉以后法条更密，虽然表面上避免任法之名，实际上比秦代又较进步。在这种小家、无国、一统天下的新环境当中来实行修身齐家治国平天下的政理，必然是窒碍难通。一个小百姓修身齐家不一定能平天下，这不用赘说。韩非说得好："尧为匹夫不能正三家。"这正是适合新环境的推论。即使一个尊居九五的帝王，果然正心修身，他也未必单恃此而能平天下。天子尽管是皇族的首领，但是皇族和天下百姓并无政治的联系。天子是用政治首领而不是用皇族首领的资格去统治臣民。当然，一个昏淫的天子，一个秽邪的皇族，往往是政乱的重要成因；但是一个皇帝德如曾史，孝友慈爱，"九族既睦"，而别无材能设施，也难保不会有权臣夺位，暴民犯上，或强邻压境的祸事。反过来说，一个英明有为的皇帝，纵使心不正，身不修，家不齐，仍然可以得天下，安百姓。汉高祖，孝武帝，唐太宗，宋太祖，明太祖——这些第一流的皇帝那一个是由修齐的工夫而造就了丰功伟烈？朱子尽管骂他们在"利欲场中头出头没"，时代的逻辑却不允许他们兼顾内圣外王的工夫。

六

我们不惮烦絮地辨明二千余年儒术不曾独尊、不曾实行的史迹,我们的用意不是攻排孔子,更不是看轻中国固有文化。孔学伟大的地方,正如诗人所谓"不废江河万古流",岂是任何人攻排得倒的。我们的目的在开端的时候已经明白透露:我们不揣谫陋,想对于阐扬民族文化的工作小尽微力。但是我们相信阐扬文化不可"食古不化"或生今反古,而应当对先民的成绩加以了解,分析,评量,抉择。评量抉择的标准,不是任何一时一代、一家一派的主观意见,而当于全体文化、全部历史中求之。传统学者所定圣教与异端的区别,正是儒家主观的标准,我们不敢轻于接受。

每年到了八月二十七日(农历)全国各地都要举行祀孔典礼,崇敬先民,推尊师道,这个大典的用意是不错的。但我们在上文所得的结论如果不误,可见先秦诸子对于中国的文化典章都各有贡献,纵然不及孔子的伟大,似乎还可以和孟荀以下的"四配十哲"以及其他"配享"的"先贤先儒"较短长。我们何妨也举行一个纪念的典礼来对墨、老、庄、韩诸子表示钦崇之意呢?

(选自《中国现代学术经典·萧公权
卷》,河北教育出版社 1999 年版)

萧公权(1897—1981),江西泰和人。1920 年毕业于清华大学,后赴美留学,专攻政治哲学,于 1926 年获哲学博士学位,同年回国,后曾在南开大学、东北大学、燕京大学、清华大学等校任教,讲授政治哲学。1947 年任南京政治大学教授,后当选为中央研究院院士。1948 年去台,后长期在美国任

教,1981年在美国病逝,著有《中国政治思想史》、《中国乡村》
等。

　　本文选自《中国现代学术经典·萧公权卷》,河北教育出版
社1999年版,最早发表于1946年上海《观察》第十、十一、十
二期。本文就近代人士往往把"儒家思想当作中国文化的全
体"的偏见,认为:"这种罢黜百家的偏见实在是认识中国文化
全体的障碍,我们必须加以矫正。我们要承认:在先秦思想发
源的时候,儒家不过是'九流'之一;在汉代儒术'独尊'以后,
诸子的道统也未曾完全断绝,而且汉清二千年之间,儒术并不
曾完全领导中国的政治和社会生活。"故"传统学者所定圣教
与异端的区别,正是儒家主观的标准,我们不敢轻于接受"。

儒家政治思想的构造及其转进

徐复观

一、我们对中国历史文化的态度

任何思想的形成,总要受某一思想形成时所凭藉的历史条件之影响。历史的特殊性,即成为某一思想的特殊性。没有这种特殊性,也或许便没有诱发某一思想的动因,而某一思想也将失掉其担当某一时代任务的意义。历史上所形成的思想,到现在还有没有生命,全看某一思想通过其特殊性所显现的普遍性之程度如何以为断。换言之,即是看其背后所倚靠以成其为特殊性的普遍性的真理,使后世的人能感受到怎样的程度。特殊性是变的,特殊性后面所倚靠的普遍性的真理,则是常而不变。历史学之所以能成立,以及历史之所以可贵,正因它是显现变与常的不二关系。变以体常,常以御变,使人类能各在其历史之具体的特殊条件下,不断的向人类之所以成其为人类的常道实践前进。有的人不承认在历史转变之流的后面有不变的常道,便蔑视历史,厌恶传统,觉得他自己是完全站在历史范畴之外,纯靠自力以创造其人生;而不知这种横断面的想法,正自侪于无历史意识的一般动物[……]。在另外一方面,则有的人死守时过境迁的历史陈迹,死守着非变不可的具体的特殊的东西,而想强纳于新的具体的特殊条件之下,这是把历史现象混同为自然现象,不仅泥古不可以通今,而且因其常被历

史某一特殊现象所拘囚，反把构成特殊现象后面的普遍性的常道
也抹煞了。这名为尊重历史，结果还是糟蹋历史。最坏的是这种
错误的努力，很易被野心家所利用。有的野心家喜欢利用革命的
名词，也有的野心家喜欢利用复古守旧的心理。有的野心家更喜
欢把两者结合起来，作左右逢源的利用。所以我们对中国文化的
态度，不应该再是五四时代的武断的打倒，或是颟顸的拥护。而是
要从具体的历史条件后面，以发现贯穿于历史之流的普遍而永恒
的常道，并看出这种常道在过去历史的具体条件中所受到的限制。
因其受有限制，于是或者显现的程度不够，或者显现的形式有偏
差。今后在新的具体的条件之下，应该作何种新的实践，使其能有
更完更正确的显现，以汇合于人类文化之大流，且使野心家不能
假借中国文化以济其大恶，这才是我们当前的任务。

　　儒家思想，是凝成中国民族精神的主流。儒家思想，是以人类
自身之力来解决人类自身问题为其起点的。所以儒家所提出的问
题，总是"修己""治人"的问题。而修己治人，在儒家是看作一件事
情的两面，即是所谓一件事情的"终始""本末"。因之儒家治人必本
之修己，而修己亦必归结于治人。内圣与外王，是一事的表里。所
以儒家思想，从某一角度看，主要的是伦理思想；而从另一角度看，
则亦是政治思想。伦理与政治不分，正是儒家思想的特色。当然，
在这一点上，也表现出这是一种思想在草创时的规模，在以后没有
得到充分的分科发展。现在仅从政治思想这一面来看儒家思想到
底有些什么成就，有些什么限制，须要作如何的转进，而后始能把它
所体现的常道，重新由我们的实践显现出来，以继续造福于人类。

二、儒家政治思想的构造

　　儒家的政治思想，从其最高原则来说，我们不妨方便称之为德

治主义。从其基本努力的对象来说,我们不妨方便称之为民本主义。把原则落到对象上面,则以"礼"经纬于其间。

德治的出发点是对人的尊重,是对人性的信赖。首先认定"民之秉彝,好是懿德";所以治者必先尽其在己之德,因而使人人各尽其秉彝之德。治者与被治者间,乃是以德相与的关系,而非以权力相加相迫的关系。德乃人之所以为人的共同根据。人人能各尽其德,即系人人相与相忘于人类的共同根据之中,以各养生而遂性,这正是政治的目的,亦正是政治的极致。而其关键端在于治者的能先尽其德。《论语》所谓"政者正也,子率以正,孰敢不正",及"为政以德,譬如北辰,居其所,而众星拱之","君子笃恭而天下平",皆系此意。《大学》上所谓三纲领、八条目,尤其是这种德治主义有系统的说明。其实,此种思想导源甚早。《尚书·尧典》上说:"克明俊德,以亲九族。九族既睦,平章百姓。百姓昭明,协和万邦。黎民于变时雍。"此与《大学》之修齐治平,仅有立说上的疏密之殊,在基本概念上,并无二致。中国最早而可信的有关政治思想的书,当首推《尚书》。其第一篇的德治主张,已如上述。第二篇之《皋陶谟》,首先说"慎厥身,修思永";又曰"亦行有九德";又曰"日宣三德","日严祇敬六德"。这是所谓二帝三王的一贯思想,而集其大成于《洪范》。《洪范》的主眼,在于"彝伦攸叙"。彝伦攸叙,即是大家率性以成治的德治。此种政治思想,为内发的政治思想,治者内发的工夫,常重于外在的限制与建立。治者不是站在权力的上面,运用权力去限制些什么;而主要的是站在自己的性分上作内圣的工夫。由内圣以至外王,只是一种"推己及人"的"推"的作用,亦即是扩而充之的作用,其所以能推,能扩充,是信任"人皆可以为尧舜"的性善。只要治者能自己尽性以建中立极,则风行草偃,大家都会在自己的性分上营合理的生活。政治主要是解决人与人之关系的一种最集中的形式。德治的基本用心,是要从每一人的内在之德去融合彼此间之关系,而不要用权力,甚至不要用人为的法规把人压缚在一起,或者是维系在一起。权力的压缚固然要不得,即法律的维系,纵然维系得好,也只是一种外在的关系。外在的关系,要以内在的关系为根据,否则终究维系不牢,而且人性终不能得到自由的发展。德治是通过各人固有之德,来建立人与人之内在的关系。在儒家看来,内在的关系,才是自然而合理的关系。中国一谈到"治术",便要谈到"正人心",人心乱,即是无德,即是内在的合理的关系之失坠。人心本来是正的,其所以不正,多半是由于有权有势的人玩弄其权势,以丧其德丧其心。于是不仅社会没有一个建中立极的标准,而且他一定乱用其权势,举措乖方,赏罚颠倒,以破坏人的正常合理的生活。而社会之奸狡者,也便随波逐流,以作恶来保障其生存,这还不天下大乱吗?……(略)换言之,社会要以不德相竞,而后始能生活。结果,这种亘古的不德,便演成亘古未有的沦胥之痛。这样看来,中国儒家之主张德治,是对政治上的一种穷源竟委的最落实的主张,并不玄虚,并不迂阔。也或许有人问,为什么古今许多人尽管口头上仁义道德,但结果,常恰与其所说者相反呢?这道理很简单,德不德,是实行的问题,而不是说不说的问题。站在统治者的地位以言德,首先是看其公不公,首先看其对于权力所抱的基本态度。固然不公的也常常要装做公,但这其间便要弄诈术,行诡道,越走越不能上正路。所谓"生于其心,害于其政",毕竟是隐瞒不住的。所以古今遇着这种伪德的统治者的时候,首先以不德暴露于天下,甚至以不德来拆他自己的台的人,都是他所亲信之左右。这种不德与不德之间的感应,及由此种感应所招致的祸乱,也是德治可以成其为治的一种反证明。以道德为玩弄权力的一种工具者,乃实所以彰其最大的不德。假定我们便因此而不主张德,不主张以德去烛照一切,则只有增加社会的混乱,而深中这种人的诡计。于是人与人的正常关系恢复不起来,失掉了拨乱反正的凭藉。

《尚书》"民为邦本"的观念,正与德治的观念互相表里。中国政治思想,很少着重于国家观念的建立,而特着重于确定以民为政治的惟一对象。不仅认为"天生民而立之君,以为民也",并且把原始宗教的天的观念,具体落实于民的身上,因而把民升到神的地位。《尚书·皋陶谟》上面说:"天聪明,自我民聪明。天明畏,自我民明畏。"《泰誓》说:"天视自我民视。天听自我民听。"《左传》宋司马子鱼和随季梁二人皆说:"民,神之主也。"《国语·周语》说:"民和,而后神降之福。"① 又谓:"民之所欲,天必从之。"所以民不仅是以"治于人"的资格,站在统治者之下;而且是以天与神之代表者的资格,站在统治者之上。由此可知孟子"民为贵"的说法,只是中国政治思想之一贯的观点。在人君上面的神,人君所凭藉的国,以及人君的本身,在中国思想正统的儒家看来,都是为民而存在,都是以对于民的价值的表现,为各自价值的表现。可以说神、国、君都是政治中的虚位,而民才是实体。所以不仅残民以逞的暴君污吏,在儒家思想中不承认其政治上的地位;即不能"以一人养天下",而要"以天下养一人"的为统治而统治的统治者,中国正统的思想亦皆不承认其政治上的地位。此一民本思想之彻上彻下,形成儒家思想上的一大特色。

由德治思想,而否定了政治是一种权力的观点,更否定了国家纯是压迫工具的谰言。由民本思想,而否定了统治者自身有何特殊权益的观点,更否定了统治与被统治乃严格的阶级对立的谰言。因为德治是一种内发的政治,于是人与人之间,不重在从外面的相互关系上去加以制限,而重在因人自性之所固有而加以诱导熏陶,使其能自反自觉,以尽人的义务。法重在外制,而礼则来自内发;

---

① "民和,而后神降之福。"语出《国语·鲁语上》,非《国语·周语》。

因此德治所凭藉以为治的工具，当然重礼而不重法。朱子谓："礼者，天理之节文，人事之仪则。"黄冈熊先生《读经示要》释之曰："然此仪则，却非纯依外面建立，乃吾心之天理，于其所交涉处，自然泛应曲当。曲当者，犹云凡事各因其相关之分际，而赋予一个当然之序也。即此曲当，在心名天理节文。而发于外，名人事仪则。"简言之，天理流行而具体化于外者即为礼。礼之所从出者为天理，亦即所谓德；而德之彰著于外者即系礼。德与礼，本系一而非二。所以《论语》说："道之以政，齐之以刑，民免而无耻。道之以德，齐之以礼，有耻且格。"政系由外所安排，刑系由外所强制。德系人性所固有，礼系德之所流行。故政与刑，系在一起。而德与礼，系在一起。因政治的发动处系基于人性之德，而德为人所共有，则凡"人迹所至，舟车所通"，即为治者德量之所至所通，于是不仅无治者与被治者的对立，亦且无人我的对立。所以"天下有溺者，如己溺之。天下有饥者，如己饥之"。"文王视民如伤"，"如保赤子"。德治的统治者，是把自己融解于被治者之中，浑为一体，此其间并无做作。而其所藉以融贯内外、表达上下的，自然以礼为主。礼的基本精神，对己而言则主敬，敬是克制小我，故《曲礼》曰："勿不敬"；对人而言则主让，让是伸张大我。故《论语》曰："能以礼让为国乎，何有？不以礼让为国，如礼何？"德治思想，民本思想，礼治思想，在儒家完全是一贯的。儒家的政治境界，即是人生的最高境界。所以《大学》上一开头便说："大学之道，在明明德，在新民，在止于至善。"至善正是儒家人生的归结，也是儒家政治的归结。

三、儒家政治思想与民主政治

西方近代的民主政治，是以"我的自觉"为其开端。我的自觉，克就政治上面来说，即是每一个人对他人而言，尤其是对统治者而言,主张自己独立自主的生存权利,争取自己独立自主的生存权利。民主政治第一个阶段的根据,是"人生而自由平等"的自然法。第二个阶段的根据,是互相同意的契约论。自然法与契约论,都是争取个人权利的一种前提,一种手段。所以争取个人权利,划定个人权利,限制统治者权力的行使,是近代民主政治的第一义。在划定权利之后,对个人以外者尽相对的义务,是近代民主政治的第二义。因为民主政治的根源是争个人权利,而权利与权利的相互之间,必须有明确的界限,有一定的范围,乃能维持生存的秩序,于是法治便成为与民主政治不可分的东西。把民主政治思想背景,来和中国儒家的政治思想作一对比,即不难发现其精粗纯驳之别。所以我认为民主政治,今后只有进一步接受儒家的思想,民主政治才能生稳根,才能发挥其最高的价值。因为民主之可贵,在于以争而成其不争,以个体之私而成其共体的公。但这里所成就的不争,所成就的公,以现实情形而论,是由互相限制之势所逼成的,并非来自道德的自觉,所以时时感到安放不牢。儒家德与礼的思想,正可把由势逼成的公与不争,推上到道德的自觉。民主主义至此才真正有其根基。此点另待专文研究,这里不多所申论。惟我们于此有不能不特须注意者,即是儒家尽管有这样精纯的政治思想,尽管其可以为真正的民主主义奠定思想的根基;然中国的本身,毕竟不曾出现民主政治。而民主政治,却才是人类政治发展的正轨和坦途。因此,儒家的政治思想,在历史上只有减轻暴君污吏的毒素的作用,只能为人类的和平幸福描画出一个真切的远景;但并不曾真正解决暴君污吏的问题,更不能逃出一治一乱的历史上的循环悲剧。并且德治系基于人性的尊重,民本与民主,相去只隔一间,而礼治的礼,乃"制定法"的根据,制定法的规范。此三者皆已深入到民主主义的堂奥。且德治礼治中的均衡与中庸的观念,亦为民主主义的重大精神因素。而中国本身却终不曾转出民主政治来,民国以来的大小野心家,且常背着中国文化的招牌,走向反民主的方向。此其原因何在? 这是我们目前所不能不加以急切解答的问题。

儒家集大成的孔子,自称"述而不作"。而《中庸》称之为"祖述尧舜,宪章文武",此确系一历史的事实。孔子祖述之大源,当不外于《六经》。儒家的政治思想,亦皆汇集于《六经》。《六经》者,多古帝王立身垂教的经验教训。其可宝贵处,乃在居于统治者之地位,而能突破统治者本身权力之利害范围,以服从人类最高之理性,对被统治者真实负责。此求之于西方,实所罕见。梁漱溟先生说中国文化为理性的早熟,从这种地方,也可以看得出来。儒家总结中国古代的传统思想,加以发扬光大,以陶铸我民族的精神,其贡献昭如日星,不待赘述。但儒家所祖述的思想,站在政治这一方面来看,总是居于统治者的地位来为被统治者想办法,总是居于统治者的地位以求解决政治问题,而很少以被统治者的地位,去规定统治者的政治行动,很少站在被统治者的地位来谋解决政治问题。这便与近代民主政治由下向上去争的发生发展的情形,成一极显明的对照。正因为这样,所以虽然是尊重人性、以民为本、以民为贵的政治思想,并且由仁心而仁政,也曾不断考虑到若干法良意美的措施,以及含有若干民主性的政治制度,但这一切,都是一种"发"与"施"的性质(文王发政施仁),是"施"与"济"的性质(博施济众),其德是一种被覆之德,是一种风行草上之德,而人民始终处于一种消极被动的地位。尽管以民为本,而终不能跳出一步,达到以民为主。于是政治问题,总是在君相手中打转,以致真正政治的主体,没有建立起来,一直到明末,黄梨洲氏已指明君主是客,天下是主,但跳出君主圈子之外,在人民身上来想政治的办法,这只隔住薄薄的一层纸,而这层薄纸终不曾被中国文化的负担者所拆穿;则当思想结集之初,所受的历史条件的限制,即是只站在统治者的立场来考虑政治问题的特殊条件的限制，是值得我们深思长叹的。所以在我们的传统政治思想中，不能不发生下面几个问题：

第一，因为总是站在统治者的立场来考虑政治问题，所以千言万语，总不出于君道、臣道、士大夫出处之道。虽有精纯的政治思想，而拘束在这种狭窄的主题上，不曾将其客观化出来，以成就真正的政治学，因之，此种思想的本身，只算是发芽抽枝，而尚未开花结果（此系亲闻之于黄冈熊先生者）。

第二，德治的由修身以至治国平天下，由尽己之性以至尽人之性，都是一身德量之推，因之，"君子笃恭而天下平"，"恭己正南面而已"的想法，在理论上固为可通，但在事势上容有未许。将一人之道德，客观化于社会，使其成为政治设施，其间尚有一大的曲折。而中国的德治思想，却把这不可少的曲折略去。其实，假使政治的主体真正建立起来了，政治的内容主要为各种自治团体的综合，则政治领导人物亦未始不可做到"笃恭而天下平"的境地。政治的主体不立，即生民的人性不显，于是德治的推扩感应，便不能不有一定的限度。

第三，因政治上的主体未立，于是一方面仅靠统治者道德的自觉，反感到天道的难知，而对历史上的暴君污吏，多束手无策。在另一方面，则纵有道德自觉的圣君贤相，而社会上缺乏迎接呼应承当的力量，圣君贤相也会感到孤单悬隔，负担太重，因之常常是力不从心。由此可以了解历史上的朝廷，何以君子之道易消，而小人之道易长！

第四，因政治的主体未立，于是政治的发动力，完全在朝廷而不在社会。智识分子欲学以致用，除进到朝廷外别无致力之方。若对现实政治有所不满，亦只有当隐士之一法。在这种情势之下，智识分子除少数隐士外，惟有一生奔竞于仕宦之途。其有奔竞未得者，则自以为"不遇"，社会亦以不遇目之。不遇的智识分子，除了发发牢骚以外,简直失掉其积极生存的意义。这样一来,智识分子的精力,都拘限于向朝廷求官做的一条单线上,而放弃了对社会各方面应有的责任与努力。于是社会既失掉了智识分子的推动力,而智识分子本身,因活动的范围狭隘,亦日趋于孤陋。此到科举八股而结成了活动的定型,也达到了孤陋的极点。同时,智识分子取舍之权,操于上而不操于下;而在上者之喜怒好恶,重于士人的学术道德;士人与其守住自己的学术道德,不如首先窥伺上面的喜怒好恶,于是奔竞之风成,廉耻之道丧;结果,担负道统以立人极的儒家的子孙,多成为世界智识分子中最寡廉鲜耻的一部分。此种现象,自古已然,于今尤烈。而智识分子反变成为历史的一大负担。所以袁子才有"士少则天下治"的说法。

四、儒家政治思想的当前问题及其转进

……(略)

站在德治观点,天下事皆性分内事,所以圣君贤相对于天下事,皆有无限的责任感。《汤诰》上说:"万方有罪,罪在朕躬。"①《泰誓》上说:"百姓有过,在予一人。"即系此意。"伊尹圣之任者也。"其实,"任"是中国圣贤一片不得已的共同精神,并不止于伊尹。因此,儒家的伦理思想、政治思想,是从规定自己对于对方所应尽的义务着眼,而非如西方是从规定自己所应得的权利着眼。这自然比西方的文化精神要高出一等。例如"父慈",是规定父对子的义务。"子孝",是规定子对父的义务。"兄友",是规定兄对弟的义务。"弟恭",是规定弟对兄的义务。"君义",是规定君对臣的

---

①　"万方有罪,罪在朕躬。"语出《论语·尧曰》,非《尚书·汤诰》。《尚书·汤诰》有"万方有罪,在予一人"语。

义务。"臣忠",是规定臣对君的义务。其余皆可例推。所以中国是超出自己个体之上,超出个体权利观念之上,将个体没入于对方之中,为对方尽义务的人生与政治。中国文化之所以能济西方文化之穷,为人类开辟文化之新生命者,其原因正在于此。但就文化全体而论,究竟缺少了个体自觉的一阶段。而就政治思想而论,则缺少了治于人者的自觉的一阶段。理论上缺少此一阶段,应无大问题。然现实上则人有其理性的自克自制的一面,也有其动物性的"欲动"的一面。尤其是政治的本身离不了权力。一个人,基于道德的自觉以否定其个体,这是把个体融入于群体之中。若非基于道德的自觉而未意识其个体,则其个体全为一被动的消极的存在,失掉了人性主动自由发展的作用。社会上有道德自觉者究系少数。若大多数人缺乏个体权利的政治自觉,以形成政治的主体性,则统治者因不感到客观上有政治主体的存在与限制,将于不识不知之中,幻想自己即是政治的主体(如"朕即国家"之类),于是由道德上的无限的责任之感,很容易一变而引起权力上的无限的支配的要求,而不接受民主政治上所应有的限定。一个政府知道自己权力的限定,这是民主政治起码的要求。近代西方民主的统治意识,好像是有限公司的性质;而中国的到像是无限公司,所以民国以来之出现袁世凯[……]。我想,我们文化历史上缺少个体自觉的这一阶段,缺少客观的限定的力量,应负其咎。但这并不能说是德治本身的流毒。因为凡是基于道德自觉的政治,其内心必有不容自己的歉然不足之情。"万方有罪,罪在朕躬。"这并不是谦辞、饰辞,而系与基督代人类负十字架,同为由最高道德自觉而来的罪恶感。正因为如此,即决不会以政治领袖自居,更决不会玩弄手段去争取政治领袖,而对于人民自然有一番敬畏之心,即所谓"大畏民志",以贯彻民本的观念。这是以道德的责任感来消融政治的权力,而不是以政治的权力来代替道德的责任感。于是对于政治的权力的限制上,也会发生与民主政治相同的结果。民主政治,是从限制政府的干涉开始。德治因其尊重人性,而亦重"简",重"无为"。民主政治没有固定的极权的领袖观念。德治则"舜禹之有天下也,而不与焉"。"天下为公"的说法,流传于二千年专制政治之中,无人敢加以否定。因之,"禅让"一词,成为中国政治上最大的美谈,连奸雄篡位,都要来一套南向而揖让者三的假把戏,推其所由来,和华盛顿之不肯接受终身总统,以树立美国的民主风范者,无大差异。又如民主国家的言论自由,是来自基本人权的观念,即系认定人民有此基本权利,政治乃以保障这些基本权利为职志,当然不会有问题。而儒家的政治思想,亦无不以箝制舆论为大戒,这是出于统治者道德的自制,出于道德对人性的尊重。此固与西方言论自由的来路不同,而结果亦无二致。

……(略)

由以上简单的论述,我们可以将事实作一对照,可知民国以来的政治,既不是西方的民主政治在替我们负责,也不是儒家的政治思想在替我们负责,而是亦中亦西、不中不西的政治路线在作祟。我们今日只有放胆的走上民主政治的坦途,而把儒家的政治思想,重新倒转过来,站在被治者的立场来再作一番体认。首先把政治的主体,从统治者的错觉中移归人民,人民能有力量防止统治者的不德,人民由统治者口中的"民本"一转而为自己站起来的民主。知识分子,一变向朝廷钻出路,向君王上奏疏的可怜心理,转而向社会大众找出路,向社会大众明是非的气概。对于现实政治人物的衡断,再不应当着眼于个人的才能,而应首先着眼于他对建立真正的政治主体,即对民主所发生的作用。所以今后的政治,先要有合理的争,才归于合理的不争;先要有个体的独立,再归于超个体的共立;先要有基于权利观念的限定,再归于超权利的礼的陶治。总之,要将儒家的政治思想,由以统治者为起点的迎接到下面来,变为以被治者为起点,并补进我国历史中所略去的个体之自觉的阶段,则民主政治,可因儒家精神的复活而得其更高的依据;而儒家思想,亦可因民主政治的建立而得完成其真正客观的构造。这不仅可以斩断现实政治上许多不必要的葛藤,且可在反极权主义的斗争上,为中国为人类的政治前途,开一新的运会。

(选自《民主评论》第 3 卷第 1 期,1951 年 12 月)

徐复观(1903—1982),湖北浠水人。曾先后求学于浠水、武昌、日本。1931 年"九一八"事变后,从日本回到中国。自1952 年起,他先后在台湾省立农学院、私立东海大学、香港新亚研究所任教授,1982 年在台湾去世。著有《中国人性论史·先秦篇》、《中国艺术精神》、《中国经学史的基础》、《两汉思想史》一至三卷、《中国思想史论集》、《中国思想史论集续篇》、《中国文学论集》、《中国文学论集续篇》等。

本文选自《民主评论》第 3 卷第 1 期(1951 年 12 月)。作者认为:儒家思想"是凝成中国民族精神的主流",政治与伦理的密切结合是儒家思想的特色,德治主义是儒家政治思想的"最高原则",民本主义是其"基本努力的对象"。作者又把儒家政治思想与西方近代民主政治加以比较,得出结论:儒家的政治思想"比西方的文化精神要高出一等"。这一观点在当时学术界独树一帜,影响深远。

原外王(节选)

熊十力

韩非言:孔子没后,儒分为八。皆自以为真孔。余谓三千七十之徒,其分派决不止于八。已说见前篇。(《原学统》)独惜故籍沦亡。无可考耳。孔门派别既多。其传授外王,自不一致。如何而索孔子之真。此一大问题,不容忽视。康有为说《礼运》,以为孔子本有小康大同两说。(《礼运》一词、后文当解)盖因篇首云,孔子曰:大道之行也,与三代之英,丘未之逮也,而有志焉。从来读者,不疑此中字句有搀伪。皆以大道之行,属大同。三代之英,属小康。丘未之逮,而有志,则统承上大同,小康两说。如此,则孔子之思想、是以小康、大同两相夹杂。犹如骑墙,可左可右。而其示曾子及子贡、屡云吾道一以贯之者,直是欺门人、欺后世。尚何学术可言乎。其实,此段文字,明明有搀伪。与三代之英五字,增入大道之行也下。以文理言,实不可通。若去此五字。则其文云。大道之行也,丘未之逮也,而有志焉。下接:大道之行也,天下为公。至是谓大同。则文理极顺。义旨显明。是谓大同下,接云:今大道既隐,至兵由此起。正是孔子伤当时之乱制。虽未骤革,而终不可不革。所谓丘未之逮而有志焉者是也。

兵由此起下,转到六君子之谨于礼,以致小康。从此以后,大概由后仓小戴辈采择古典,间附己意,杂集成篇。无非张小康之礼教而已。中间有云:圣人能以天下为一家。(天下人类虽众。而立共同生活之制,如一家也)以中国为一人者(中国虽众。而彼此相亲如一体。故云一人)非意之也。(非徒意想可能也)必知其情(谓知人情之所公欲、公恶),辟于其义(辟,开也。开之以公义。毋自私而不知有人),明于其利,(公义者,两利之道也。未有损人以利己而可保其利者,非义故也。亦未有利人而不利己者,义必人己两得也)达于其患(不达于人情之所公患,则不能领导天下劳苦人民合群以除大患也),然后能为之。(能为天下一家,中国一人之治也)详此所云,本为大同说。而其下文,治七情,修十义,归结于君仁臣忠。其言治情、修义,皆就个人反身修德言。不就群情公欲公恶,与天下众民共同利乐或患害处说。即无有破除阶级,达乎天下一家之可能。是则天下一家等语,虽未删除,而其旨归,要不外小康之礼教。君仁臣忠,即其以礼为国之纲要也。(为,犹治也)余少时读《礼运》,篇首"大道之行也"至"是谓大同"一段。颇于人类前途怀无穷无尽之希愿。然读至此六君子者未有不谨于礼,以至篇末,乃觉其冗长之篇幅,所反复不已者,实以小康之礼教为归宿。与篇首"大道之行,天下为公"一段,完全不相连属。深以为怪。此篇是七十子之徒,记述孔子之说。宋儒胡致堂以为子游作。其说近是。此篇言大同,本据《春秋经》,由升平将进太平之规制。与《周官经》大旨亦相通。其原文当不少。小康之说,盖是论及古代私有制,极不均平之社会,得贤圣之君,如禹汤文武成王周公,以礼教相维系。犹可暂致一时之小康耳。然此小康之礼教,毕竟不是大道之行、天下为公之礼教。即小康之局未可苟安。当志乎大道,以达于天下一家、中国一人,方为太平世礼教之极则也。余推究原文之意必如此。今观此篇,从六君子谨于礼、用致小康,以逮篇终。殆将孔门记述原文,完全改易。以拥护君主专政之乱制。其十义中,君仁臣忠之云,明明保持大人世及以为礼。(大人,谓天子。世及,谓天子之位,为其一家世有之物。父传之子,曰世。无子则传弟,曰及)此与天下为公之道,孰得孰失,不待辨而明。孔子既有志乎大道之行,胡为又弘扬小康礼教,以护君统乎。小康礼教是,则天下为公之大道非。天下为公之大道是,则小康礼教非。孔子何至不辨是非,而两俱慕之乎。余昔疑篇首,与三代之英五字,当是后仓小戴辈妄增者,(三代之英,即后文谈小康处所称禹汤文武成王周公也)盖以三代之英,用维持私有制之礼教,仅致一时小康。孔子已不满之,乃发明天下为公之大道。其所志既在此。决不又志于小康礼教也。且此篇以礼运名者,诚以小康之礼教,当变易而进乎大道。(运字之含义,即有变易或转移等意思)今观此篇,仅首节,略存大同义数条。其后文乃极意敷陈小康礼教。显然与大同义旨,极端反对。可见此篇原文,经后仓小戴辈削改殆尽。自赵宋至于清世,奴儒之说此篇者,迷谬百端,不足一辨。究其所以,则汉人媚事皇帝之私,流毒孔长也。康有为盛弘此篇。而剽窃其篇首,大同义数条。实未通晓全篇文义。不悟后仓小戴已变乱圣言。乃臆想孔子元有大同小康二种之说。见道不真。立义不定。将令后学思想浑乱,行动无力。圣学何至如此。圣人明言,天下之动,贞夫一者也(见《易·系辞传》)。又曰:吾道一以贯之(见《论语》)。康氏浮乱。不辨汉人之伪。后人治经,不可蹈其失。(康氏一方言大同。一方又谋复辟。向时,人皆以为怪。实则康氏中汉人伪经学之毒太深。无足怪也)

……

孔子五十岁前,深究实用之学(详在《原学统》)。或者犹信小康礼教,即依大人世及以为礼,而不敢背其所谓大义。至五十学《易》后,二十余年间,其思想盖已大变。(孔子卒年七十四。从学《易》至卒之年,约二十五年)孔子修《六经》,当在晚年。《大易》《春秋》《周官》三经之作,或更后。晚而已知道之不行。思著书以开后世。《六经》为孔子晚年定论。其思想自是一贯。断无大义、微言、浑乱一团之理。余敢断言,圣人心事如白日。决不至以大人世及为礼,与天下为公,两种不同之说,是非莫定,而苟且成书,诳惑后人。(决不至三字、至此为句)《六经》为内圣外王之学。内圣则以天地万物一体为宗。以成己成物为用。外王则以天下为公为宗。以人代天工为用。(天下为公,必荡平阶级。故大人世及之礼制不容存。同时,必作动人民自主之力量。如《尚书》言协和万邦、黎民于变,《周官》言作民,《大学》言作新民皆是。人民不经一番作动,其情涣散,其力脆弱,难言民主也。《尚书》言天工,人其代之。解见本书绪言中。《易·系辞传》,大阐此旨。《周官经》以掌工之官,职在生百物,亦此旨)《六经》之宗要既明。则外王学之真相,可不为邪说所蔽矣。

(**附识** 《论语》一书,门人所记。当有孔子五十以前之语。亦有其晚年语。且因机酬对,不能无随顺时宜语。此书万不可不深究。但须简择)

孔子天下为公之理想与制度。今当就《大易》、《春秋》、《礼运》、《周官》四经,而分别提控其要最,叙述如次。

《易》道广大悉备。(广大则无所不包。悉备则小大精粗,其运无乎不在)欲以简少之文,条分件系而揭明之,势所难能。必不得已,略举二义。一曰倡导格物学。(古代格物学,犹今云科学)二曰明社会发展,以需养为主。资具为先。(资具,犹云生产工具)始乎蒙。终于乾元用九,天下文明。

……

孔子自明其作《春秋》之志曰。我欲载之空言,不如见之行事之深切著明也。可于《论语》中得其证。《论语·阳货篇》,称孔子欲应公山弗扰与佛肸之召。(《史记·孔子世家》,称鲁定公九年。孔子年五十。公山不狃以费,叛季氏。使人召孔子。孔子欲往。曰:费邑虽小,傥庶几乎。子路不说,止孔子。孔子卒不行。此其后,晋大夫赵简子之邑宰佛肸，以中牟叛。使人召孔子。孔子欲往。
子路止之。案孔子欲应公山之召，在五十学《易》时。佛肸召，更在
五十后）夫佛肸、公山，一为鲁大夫季氏之邑宰。一为晋大夫赵氏
之邑宰。二子叛其大夫，即是以臣叛主，世之所谓乱贼也。然二子
召孔子。孔子并欲往，何哉。大夫之邑宰，与农民最亲近。孔子盖
欲往说二子，领导民众，以讨大夫。即消灭第一层统治阶级。实现
民主政治之理想。春秋时代，天子只是守府虚号。（守府者，谓仅
守王者之府第而已）其实权已下移于诸侯。至孔子之时，诸侯之
权，又下移于大夫。而大夫又多为其属邑之宰臣所逼。孔子因公
山、佛肸二子之召，而皆欲应之。其志在领导民众，以行革命，改乱
制，而开民主之局。（《春秋》改乱制。此古《春秋》家之说也。自大
夫而上，有诸侯，有天子。凡三层统治阶级。社会至不平。人民受
重重侵削，至苦矣。故《春秋》谓之乱制。而必欲改之也。康有为
《孔子改制考》，根本不识乱制一词何所指目。却任浅见，胡乱说
去。深可惜）孔子语子路曰：夫召我者，而岂徒哉。（言不徒召，必
将用我之言也）如有用我者，吾其为东周乎。朱注，为东周，言兴周
道于东方。此误解也。孔子必非兴文武周公之道于东方。必将废
统治，除阶级，而为首出庶物之新制。（见前谈《易》处）朱子为汉人
所惑，而不了孔子之真。无足怪也。孔子卒不应二子之召，非必因
子路之言而止。盖知二子不足与谋。而民智未开，亦未可骤图。
孔子尝曰：民可使由之。不可使知之。（《记》曰：尧舜率天下以仁，
而民从之。桀纣率天下以暴，而民从之。是可使由之之证也。然
欲使其知合群为治，共兴于善。则未可骤几也）误解斯言者，以为
孔子不欲民之有知。孔子明明有教无类。又曰开物成务。（见前
谈《易》处）岂不欲民之有知哉。今曰不可使知之者，叹辞也。子路
事孔子已久。犹拥护统治。以为孔子不当党叛。况其余乎。孔子
图举革命之事而不果。群情未喻也。而其不尚空言，欲见之行事。

其前识与定力,已昭垂万世矣。《春秋》于天子言贬。于诸侯言退。于大夫独曰讨。讨者讨伐,必以兵力诛灭之也。其辞独重,何耶。周室东迁而后。天子虚拥王号。诸侯国之政、操之大夫。如人民起而革命,则以干戈诛其大夫,而天下事易定矣。天子但损去之、诸侯但黜废之已耳。此圣人所以有意乎公山、佛肸之事也。从来言《春秋》者,只谓圣意在笔削,殊无革命之图。此奴儒妄侮圣人耳。

《春秋》之外王学,于前所考定者外。而何休注《公羊传》,略存三世义。圣人为万世制太平之意,犹可窥也。汉以来言三世者,皆以为何休所言,亦承董生《繁露》。清季,皮锡瑞康有为诸人,皆笃信公羊寿胡毋生董仲舒之徒,是真能传授孔子《春秋》学。其实,皮康于《公羊传》及《繁露》,虽曾读之,而未尝通其义也。公羊寿首以为汉制法之私意,变乱圣言。而与其弟子胡毋生合谋作传。仲舒《繁露》,根据寿与胡之《公羊传》。而杂以怪迂之论。其改窜圣文,以护帝制。则与其师若友,无异道也。(仲舒之学,传自公羊氏,当是寿之弟子。胡毋生与仲舒同业)《春秋》宏纲钜领,本在三世义。云何三世。孔子依鲁史记,而作《春秋经》。起鲁隐公。下讫哀公十四年。凡十二公,分为三世。(十二公者。一隐公。二桓公。三庄公。四闵公。五僖公。六文公。七宣公。八成公。九襄公。十昭公。十一定公。十二哀公)三世义旨,自两汉迄近人治《春秋》者,皆以何休说、与公羊寿、胡、董、均无异趣。(趣者旨趣。近人,谓康有为皮锡瑞等。胡董,谓胡毋子都,董仲舒也)余览何休《公羊解诂》自序。(《公羊春秋传》,亦省称《公羊》。解诂者,何休为《公羊传》作注,亦名《解诂》。注成,而休复自序之也)言,往者略依胡毋生条例。多得其正。据此,足征何休虽为《公羊传》作解诂。而其陈义,实自有所本。故于胡毋生条例,但略依之而已。休自云多得其正,必有以补传之缺也。休不称及仲舒。其于董无所取,可知。余以为何休之学，当承自公羊氏流传之口说，是为孔子之本义。公羊寿与胡毋生作传，乃以私意为汉制法。不敢述孔子本义也。休为汉臣。亦未敢驳《公羊》以宣孔义。然不忍口说完全湮绝。姑存其略。此休作解诂之密意也。

......

何休所述孔子三世义

　　所传闻世　　见治起于衰乱之中，是为据乱世。

　　所闻世　　见治升平，是为升平世。

　　所见世　　著治太平，是为太平世。

公羊寿与胡毋所作《公羊传》之三世义

　　所见世　　臣当怀君深恩。

　　所闻世　　以义绳臣道。

　　所传闻世　　世远、不以恩义论。

两说对照。公羊寿胡毋师弟说三世，明明倡君臣恩义之论，为统治阶级作护符。此与何休所述三世义，本如甘辛不同味。而汉以来二千数百年，竟无一人能辨之者，岂不奇哉。（近时康有为本抄胥之技。短于运思。其不辨、无足怪）公羊氏本世传孔子《春秋》学。至寿与弟子胡毋，伪造为汉制法之《公羊传》，公之当世。而后孔子之真《春秋》，只有藉口说流行。何休所传者，必公羊氏门人散布之口说也。惜乎何休仍不敢破伪显真。而犹为伪《公羊传》作注。遂使真伪杂揉。后学莫辨。然亦幸有何休此举。后人不皆无目者、尚可简瓦砾以识真金也。休之功、其可没欤。

......

《公羊传》是为汉制法。其三世义，提倡君臣恩义。故以所见世为先。所以者何。所见之世，臣于其所亲事之君，必感恩深厚也。何休述三世义，则以所传闻世为先。所以者何。传闻之世，衰乱已久。当举革命，拨乱起治。故先之也。治道已兴。历升平而至太平。则革命之功绪已就矣。其以太平为所见世者，则以太平之治，当及身亲见，不容待诸未来。故说太平为所见世，其寄意深远极矣。《公羊传》三世，与何休述三世。其世次及义旨，根本无一毫相通处。余于前文，曾为二表，以资对照。学者覆玩焉可也。康有为皮锡瑞之徒，名为张三世。而实于三世义全不通晓。一方受公羊寿胡毋董生之骗。一方茫然不通何注、妄计何氏亦是伪《公羊传》之学。伪传毁经而不辨。何注存真而弗求。使圣人之道不明于天下、万世。予兹惧也。

......

《周官经》，假托周制。（避当时之忌也）从表面观之，不过为设官分职之条文。试穷其底蕴，确是包通大宇而创制。远瞩万世以造端。其大无遗。其细悉备。纲举目张。宏通可久。（穷万物之理，类万物之情，故大通。通乃久）《易》曰裁成天地，曲成万物，此经有焉。《周官》至宏远。如欲详之，须别为书。今此粗举大义数条如下。

一义。《周官》之治道，大要以均为体。以联为用。均之为言，平也。平天下之不平，以归于大平。此治化之极则也。（最高之原则、曰极则）如大自然之变化，至不齐矣。为之裘葛，而寒暑均。（以裘御寒而寒减。以葛御暑而暑减。故寒暑均）为之宫室，而雨阳均。为之舟舆，而水陆。为之飞机潜艇，而天渊均。（此以渊为海底之代词。有飞机，而天失其穹高。有潜艇，而海底失其低下。故均也）此例不可胜举。是故奉大均，以裁成天地，辅相万物，而天地万物皆受成焉。无有一物失所者矣。故曰：治道以均为体也。（受成者，吾人以大均之道，去裁成天地，辅相万物，而天地万物皆受吾人之裁辅，而成其均也。《春秋》升平世。小国与大国平等，太平世，夷狄进为诸夏，亦皆均义）《周官经》，首叙天官冢宰。而明其职曰均邦国。是其开宗明义，特揭大均之道，以立治体。学者须识此本原，而后全经可通。

以联为用者。万物万事皆互相联系，无有独化者。（独化一词、借用郭象庄注）太空无量星云星球，似甚散漫，然自天文学言之，并非各个孤立，实乃互相联属，为一完整体。生物学，亦明生物非离环境而孤立，乃与大自然通为一体。是故明于物则，而治道可知已。《周官经》，以王国与四方诸远国，谋交通与经济之联系。其为虑极周到。（后详）而国内之治，则建立六官，以组政府，分掌一切政事。六官虽各治其事，而实互相联系。惟以天官冢宰总其成。（冢者大也。天官虽与五官并列。而实总领五官及其本职之事。犹今云主席也。故称大宰。至《周官》所谓王，则徒有虚名，无实职权）天官之职有曰，凡小事皆有联。夫小事皆有联、况大事乎。凡图治者，必注意百职事之联系。而统筹其本末先后之序。通权其轻重缓急之宜。方乃策以万全，事无过举。否则难免一切纷乱与堕废大政之咎。《周官经》为注重实践之书。综事辨物、至精至确。其言皆可见诸行事。疏于格物者，恐未易达经旨。

二义。《周官经》，为拨乱起治之书。承据乱世衰敝之余。奋起革命，而开升平之运。将欲为太平造其端，立其基。所以有此经之作。《礼运》大同说，其规制比《周官》似进一步。惜其原书亡、难判断。《周官》犹是拨乱之书。（拨乱者，谓当据乱之世，民众起而革命，以拨去乱制。故曰拨乱）此时本未能遽臻太平。只为太平开端，立基。故是升平之制。升平世内诸夏，外夷狄。《周官》之王国，即是诸夏众邦互相联合组成之中枢。王国所辖之地，不过六乡六遂。不欲其成为据乱世国家之形式也。王国治制，则为诸夏众邦之所共同议定。王国有治军之官，（即夏官司马）以平邦国。其时夷狄犹背叛天下为公之道，而逞强横。故须有军政，以平治之也。详玩《周官》全部之旨，当信《周官》是初离据乱而进升平之制度。却已为太平开端绪，立宏基。倘无此一番大变革，大开创。则

太平决不可能。《周官经》之重要在此。方正学先生平生尊信此
经。而亦疑有数处、非圣人之言。余谓此经或曾为六国时小康礼
教之儒所稍改窜。汉人亦不无变易处。(当别论)然其大规模具
在。不足掩其真也。

三义。《周官》之政治主张,在取消王权,期于达到《春秋》废除
三层统治之目的。而实行民主政治。

其取消王权者何。《周官经》,为据乱世人民革命拨乱而作,前
已言之。革命初期。王号不妨暂存。而一方严密地方基层之组
织。使人民得表现其力量。以固民主之基。(后详)一方于政府、
以六官分掌王国一切政务。而冢宰总其成。王者徒拥虚号。除签
署教令而外,毫无权责。是则王权完全取消,置之无为之地而已。
且小司寇外朝三询之法,有询立君一条。据此,则王之得立,必询
诸万民公意,否则不得立。是王由民选,固已将据乱世大人世及之
礼制,根本革除。统治阶级消灭于无形之中。是为人民力量发展
之结果,无足异也。

其民主政治云何。略言其要。则地方制度严密。是民主之本
也。王国分为六乡,六遂。乡之下,分比(郑司农云,五家为比)闾
(郑云,二十五家为闾)族(郑云,百家为族)党(郑云,五百家为党)
州。州辖多数党。而直达于乡。(郑云,二千五百家为州。案自州
至乡,其所属之家,当不限定其数。郑说未可据)乡,上达于司徒与
王朝。

……

四义。《周官经》之社会理想,一方面本诸《大易》格物之精神,
期于发展工业。(《大学》格物之义,实从《易·系辞传》知周乎万物
而出。程朱以即物穷理释之,甚是。惜其为学,终严于治心,而疏
于格物)一方面逐渐消灭私有制,一切事业归国营。而蕲至乎天下
一家。其发展工业者。《大易》倡导知周乎万物。立成器以为天下

利。

……

其消灭私有制者。寻其策划,略说以三。一曰土地国有。二曰生产事业,其大者皆国营。乃至全地万国,亦逐渐合谋平等互助。以为将来世进大同,国际公营事业之基础。(大同时,旧有国界必须消灭。当将全地分为无数小国,而此小国之意义与其组织,亦决不同前。只是文化团体而已。参考前谈《礼运》中)三曰金融机关与货物之聚散,皆由国营。(二三两项政策实行,即无有私人得成资本家者)

……

余从《大易》、《春秋》、《礼运》、《周官》诸经,以抉择孔子之外王学。于久被窜乱之遗经,求其真相之未泯者。譬之入深山、披荆棘而采宝物。虽劳苦不无。而大宝既获,亦有不知所以之乐。汉以来崇儒者,以其为纲常名教之大宗。(纲者三纲。常者五常)清季毁经,非孔者,则以其为帝制之护符。余年邻弱冠。弃科举而从军。思振民权,以张华夏。其时于孔子《六经》,茫然无所知。固攻之甚力。久而后自悔愚妄之罪也。今衰矣。惟念欲明孔子之外王学者,须注意二端。不明孔子注重格物之精神,即无从研究其外王学。此一端也。仁义之蕴,礼乐之原,是乃万物之所以统一,而复其本来无对之体。人极于以立。此又一端也。后者至微而难穷。

……

(选自熊十力《原儒》,龙门书局 1956 年版)

熊十力(1885—1968),湖北黄冈人。曾在复性书院、勉仁书院、北京大学任教。著有《新唯识论》、《原儒》、《体用论》、

《明心篇》、《读经示要》、《乾坤衍》等。有《熊十力论著集》行世。

　　本文选自《原儒》。文章指出："《六经》为内圣外王之学。内圣则以天地万物一体为宗。以成己成物为用。外王则以天下为公为宗。以人代天工为用。"但后学者对其意义多所窜改。故"余从《大易》、《春秋》、《礼运》、《周官》诸经,以抉择孔子之外王学"。

论中国的治道（节选）

牟宗三

一、引　言

关于中国以往的治道，本文想讨论三个系统：一是儒家的德化的治道，二是道家的道化的治道，三是法家的物化的治道。

我在"政道与治道"一文中，已指明政道是相应政权而言，治道是相应治权而言，故本文言治道，一方固保持其相应治权而言之意义，一方亦预设着它与政道的关联。我在该文中又说到，中国以往只有治道而无政道，有政道之治道是治道之客观形态，无政道之治道是治道之主观形态，即圣君贤相之形态。本文言治道是预设着这些基本观念为背景的。故读本文者不妨兼取该文读之，如是方可了然本文所论者之切实意义。

中国以往那三套治道的思想都是出现并在义理规模上完成于春秋战国时期。其出现的历史文化背景是对周文的罢弊而发，其现实上的发展完成（即落于实际上的运用），是相应战国时的军国主义以及秦汉一统后的君主专制之政治形态而发展完成。

治道就字面讲，就是治理天下之道，或处理人间共同事务之道。其本质就是"自上而下"的。无政道的治道，尤其顺治道的本质而一往上遂，故言治道惟是自"在上者"言。端本澄源，理固应如是。治道之本义只是一句话："君子之德风，小人之德草。"它表示一种"智慧之明"。是以在上者涵盖愈广,则治道亦随之而愈广大精微。故中国以往对于治道之讲论,已达极端微妙之境界。无论德化,道化,或物化,虽有偏有全,有正有邪,然皆有极深远之意义,非浅薄者所能测,以下试分别言之。

二、儒家的德化的治道

儒家言治道,所以主德化,是由于孔子继承夏商周三代所累积而成之礼乐而然。礼乐,简名曰周文。礼乐本于人之性情,其于人与人间方面之根据,则在亲亲之杀,尊尊之等。亲亲尊尊,亦本于性情。由亲亲尊尊之厘定,则人与人间不徒是泛然地个体之间的一段关系,而且进而举出其特殊的内容,此即是伦常。由伦常、性情,进而点出道德的心性,曰仁与义,至孟子则曰仁义礼智,而由恻隐、羞恶、辞让、是非之心以言之,则"道德的心性"尤显,而"德"之一观念遂完成。礼乐,若徒自外部看,犹只是外在的虚文,然若通过伦常、性情,而至道德的心性之"德",则不是虚文,而是实文,即一是皆"真实心"之流露。礼乐,若从其为文制方面看,则可随时斟酌损益,此可与民变革者,儒家之所以为儒家,不在死守这些文具。然由之所见之伦常、性情,乃至道德的心性(此亦即礼乐之所本),则不可与民变革,此是亘古之常道,定然之大经。儒家之所以为儒家,即在点出这一点,亦即在完成这一个"德"。当时周文罢弊,儒家之以质救文,即在德性的觉醒。从德性的觉醒恢复人的真实心、人的真性情、真生命,藉以恢复礼乐,损益礼乐,创制礼乐。(这只是纳人的生活于礼中,总是维持着礼,而不是死守着某一套特殊的礼。)

儒家的"德"是以亲亲、尊尊、伦常、性情、道德的心性(仁义礼智),来规定。它既不是道家的德,亦不是西方所讲的抽象的义务。

所以礼乐之教即是性情之教，德化即是性情人格之完成。（性情不是我们平常所说的脾性，乃是指道德的真实心言。）所以儒家于治道方面，我们概之三目以为体，此即亲亲尊尊与尚贤。亲亲尊尊是维系人群的普遍底子，而尚贤则是一生动活跃之触角。前两者是伦常，后一者是人格。伦常是纲维网，而人格则是每一个体自己奋发向上完成其自身之德的事。《春秋》为亲者讳，为尊者讳，为贤者讳，此三讳即表示以亲亲尊尊与尚贤为宗主。）所以尚贤完全是紧就"德"而言。由此三目为体，再转就是"正德利用厚生"之三目。此三目较偏于用。而此用中，仍以"正德"为本。亲亲尊尊与尚贤皆正德中事。正德利用厚生即是王道。利用厚生是人民生活的幸福，而讲幸福不能离开德，不能一往是功利主义、唯物主义。当然王道亦不能只是德，必函重视人民的幸福。所以内圣必函外王。外王就须正德以开幸福。从王道方面讲，正德必函厚生。正因为德是指道德的真实心，仁义心言，故一夫不获其所，不遂其生，便不是仁义心所能忍。从个人道德实践的立场上说，律己要严；从政治王道的立场上说，对人要宽，要恕。正德求诸己，利用厚生归诸人，而亦必教之以德性的觉醒。此正所以尊人尊生也。尊生不是尊其生物的生，而是尊其德性人格的生，尊其有成为德性人格的可能的生。若只注意其生物的生，则是犬马视之，非所以尊人也。故厚生必以正德为本。此是儒家言德治之大端。

　　……

　　儒家德治，由孔子定其型范。后来儒者以及政治上的基本观念一直遵守不渝。秦汉一统后，君主专制的政治形态（即政体）成立，此"德治"一观念复随之用于其上而扩大，而其基本用心与最高境界仍不变。在大一统的君主专制之形态下，皇帝在权与位上是一个超越无限体。因为治权与政权不分，合一于一身，而其政权之取得又是由打天下而来，而儒者于此亦始终未想出一个办法使政权为公有。是即相应政权无政道。即使让政权寄托在一家世袭上，亦必须有一客观有效之法律轨道以限制之，使政权与治权离。如是方能根绝打天下之路，而维持政权之定常永恒性于不坠。今则政权既不能由一道以为公有，即在一家世袭上，复不能有一道以使政权与治权离，是则打天下以取政权乃为不可免者。如是皇帝在权与位上乃一超越无限体，完全不能依一客观有效之法律轨道以客观化与理性化者。在无政道以客观化皇帝之情形下，儒者惟思自治道方面拿"德性"以客观化之。但是此种客观化是道德形态，不是政治法律的形态。儒者自觉地根据儒家的德治首先要德化皇帝与宰相。皇帝在权与位上是超越无限体，儒者即顺其为无限体而由德性以纯化之，以实之。由德性以纯化而实之，这在古人便说是"法天"。而法天的结果，则是物物各得其所，乾道变化，各正性命。这便是孔子的天地气象。这是慎独上的大洒脱、大自在，全体放下的澈底推开。皇帝如此，方是尽君道。此为圣君，而相则期为贤相。圣、贤是德性上的名词，不是权位上的物质力量。大而化之之谓圣。化就是要你推开一步，让物物各得其所，各正性命。"德"不是空说的，也不是抽象的空挂的。它必须要落实。而它一落实，便落在个人人格上。所以德化，必须"慎独"。这不是向外的抓紧把持，而是归于自己作德性的觉醒。个人生命完全是仁义礼智之德，这便纯粹是天理。如此方可说"法天"，方可说"天地气象"。……故德化的治道其结果反是极权独裁的否定。征之于历史，儒者无一拥护独裁极权之暴君的，德化的治道，在使皇帝让开一步中，必函物各付物，各正性命。天地之德无不函盖，无不持载。这当然是无限而绝对。但天地之德并不把持独裁任何物，而却是让任何物皆各遂其生，各得其所。德化的治道，其极就是法天。故"为政以德，则不动而化，不言而信，无为而成。"圣君贤相能如此，其德是天地之德，使人民忘掉他的权位，使他自己也忘掉他的权位。这就是庄子所说的"人相忘于道术,鱼相忘于江湖"。儒家并不反对此义。忘掉他现实上权位之无限,而进至法天以成德之无限,当然不把持独裁任何物。焉有像今日独裁国家,人民战栗恐怖于党人威权之下,而寝食不安耶?

这种治道之不足处,不是治道本身的问题,乃是政道方面的问题。假定相应政权有政道,民主政治成立,使政权与治权离,则此种治道当更易实现,且反而使自由民主更为充实而美丽。以前相应政权无政道,故此种德化的治道实在是有时而穷,而其实现亦受阻。此实为中国历史文化之大症结。关此本文可不深论。

(选自牟宗三《政道与治道》,台湾学生书局 1987 年版)

牟宗三(1909—1995),山东栖霞人。曾任中央大学、金陵大学、江南大学、浙江大学、台湾师范大学、新亚书院、香港中文大学教授。著有《逻辑典范》、《认识心之批判》、《历史哲学》、《政道与治道》、《道德的理想主义》、《中国哲学的特质》、《心体与性体》、《智的直觉和中国哲学》、《中西哲学之会通》等。

本文选自《政道与治道》。文章指出:治道(即治理天下之道)的本质是"自上而下","儒家言治道,所以主德化,是由于孔子继承夏商周三代所累计而成之礼乐而然"。儒家于治道方面,以"亲亲尊尊与尚贤"为体,亲亲尊尊是伦常,尚贤是人格。儒家德化治道的结果是"否定极权独裁"。而"中国历史文化之大症结"是政权无政道,故德化之治道无法实现。

论孔子关于"仁"的思想

冯友兰

春秋战国是中国社会从奴隶制向封建制转化的过渡时期。在这个时期,新的地主阶级有两个来源。一部分的地主阶级是从奴隶主贵族转化来的;一部分是由商人、小生产者转化来的;后者是真正的新兴地主阶级。

孔子是从奴隶主贵族转化来的地主阶级的思想上的代表,也可以说是向地主阶级转化的奴隶主贵族的思想上的代表。

他的自然观是唯心主义的。他的政治思想是改良主义的。

这些论点都不在本文内讨论,只提出来作为本文的论点的前提。

(一)作为一种道德的"仁"

关于"仁"的思想是孔子的哲学体系的重要部分。《论语》中记载孔子讲"仁"的话很多,可是都不完全相同。在这些讲"仁"的话中,我认为"颜渊问仁"一章,最为重要。这一章说:"颜渊问仁,子曰:'克己复礼为仁。一日克己复礼,天下归仁焉。为仁由己,而由人乎哉?'颜渊曰:'请问其目。'子曰:'非礼勿视,非礼勿听,非礼勿言,非礼勿动'。"(《论语·颜渊》)颜渊是孔子最得意的学生;孔子称许他"三月不违仁"。在他问"仁"的时候,孔子给他的回答,自然要比给别的学生的回答不同。孔子果然给他了一个长达二十多个字的回答。其中头一句就是"克己复礼为仁"。这一句明确地说明了"仁"的主要内容。有很多人说,孔子没有给他所说的"仁"下过定义。可是孔子的这句话,无论从内容上或者从形式上看,就是仁的定义。这个回答的第二句,用夸张之辞,极言"克己复礼"的社会作用。第三句指出努力的方向。这就很全面了。颜渊是个会提问题的人,紧跟着就请孔子再作一进步说明。孔子又说了"非礼勿视"第四句。于是在这段对话中,孔子对于他所说的"仁",既有明确的定义,又有详细的例证。在《论语》的记载中,这是孔子讲"仁"最长的一段话,也是最有丰富内容的一段话。颜渊听了这一段话,也很满意,表示说:"回虽不敏请事斯语矣。"

另外还有一段重要的话。孔子在回答子贡的一个问题的时候,说:"夫仁者己欲立而立人,己欲达而达人,能近取譬,可为仁之方也矣。"(《论语·雍也》)这一段讲的是"为仁之方",是实行"仁"的方法。这个方法的要点就是"能近取譬"。跟一个人最近的就是他自己。以自己作为一个比喻,由此推想到别人,这就是所谓"能近取譬"。这个方法包含两个方面。从积极的方面说,自己有个什么要求,总想着别人也有这样要求,在满足自己的要求的时候,总要使别人也能满足这样的要求;这就是所谓"己欲立而立人,己欲达而达人"。这样的道德,孔子叫做"忠"。从消极方面说,我不愿意别人这样地待我,我也不要这样地待别人;这就是孔子所说的"己所不欲,勿施于人"(《论语·颜渊》)。这也是"能近取譬"。这样的道德,孔子叫作"恕"。合起来,叫做"忠恕之道",也就是"为仁之方"。

"忠恕之道"有一个主要的要求,就是"克己"。在一般情况下,人总是不自觉地以自己为中心;一切行为都从自己出发。他总是要求别人怎样怎样好好地待他;可是他却不这样去待别人。他总不愿意别人怎样怎样地待他不好,可是他却是这样地待别人。这样的行为或思想违反"忠恕之道"。要纠正这种行为或思想就要"克己",就是要战胜自己,遇事不从自己出发而从别人出发。"忠恕之道",讲起来很容易,可是实行起来并不简单。孔子的学生子贡说:"我不欲人之加诸我也,吾亦欲无加诸人",孔子听见他这样自负,就叫着他的名字说:"赐也,非尔所及也。"(《论语·公冶长》)真能实行"忠恕之道"也就初步地达到了"仁"的程度。

所以"克己"是仁的内容的一个主要方面;另外一个主要方面是"复礼";这将在下文讨论。专从"克己"这一方面看,孔子所讲的"忠恕之道",在人与人的关系上,是一个很大的进步。这表示,孔子认为自己跟别人是平等的。这也就含有一种意义,认为人与人之间,从一定的角度看,有一定的平等的关系。因为这里所说的"己"是泛指,并不是专指孔子自己。

关锋、林聿时同志说:"他(孔子)从以血统为纽带的氏族制度中初步发现了个人,虽然基本上仍然把个人束缚在周礼的规范之中。发现了个人,这是他讲'仁'的前提,'仁'就是'君子',不仁即是'小人',这也是对周礼传统的修改。他说过'三军可夺帅也,匹夫不可夺志也'(《子罕》),这表现了他对于个人人格的尊重,在他的'忠恕'之道中也多少表现了这种精神。"(《哲学研究》,1961年第4期,第47页)我基本上同意他们的这一段话。但是,从阶级根源看,如果孔子是代表没落奴隶主贵族阶级,像关锋、林聿时所说的,他怎么会有这样思想呢?尽管上面所说的仅只是孔子的"忠恕之道"的一个方面,但是,就是这一个方面,也是奴隶主贵族的思想所不可能有的。

照我的看法,个人的发现以及个人之间有一定的平等关系的认识,是当时的一个新的阶级的意识的表现。一方面新的地主阶级也是受当时的奴隶主贵族歧视和压迫的。随着地主阶级的逐渐强大,他们在思想意识方面也有与奴隶主贵族平等的要求。另一方面,虽然新的地主阶级还是剥削阶级,在具体的行动中,他们不可能认为农民跟他们是平等的,但是,他们跟农民之间的生产关系,跟奴隶制的生产关系不同。这也使他们能从一定的角度看,在一定的程度上,抽象地承认,人与人之间有一定的平等关系。

关锋、林聿时同志说:"正是为了调和阶级矛盾,所以孔子打着'爱人'的招牌,有时他回答什么是'仁'的问题,就说'仁'即是'爱人'。如'樊迟问仁,子曰爱人'(《颜渊》)。他所说的'己欲立而立人,己欲达而达人','己所不欲,勿施于人',也就是他所主张的'爱人'的原则。"(《哲学研究》,1961 年第 4 期,第 47 页)我基本上同意关锋、林聿时同志的这一段话。这里有一个问题,就是孔子所说的"人",就这个名词的内涵说,究竟是什么意思,就其外延说,这个名词所指的范围究竟有多么大。

关锋、林聿时同志根据赵纪彬同志《释人民》(见赵著《论语新探》)所得的结论,认为在《论语》中"人"和"民"这两个名词意义不同;"人"指奴隶主阶级,"民"指奴隶阶级。这一点我不同意。我认为,这两个名词在春秋以前,可能有跟现在这两个名词不同的意义,但是从春秋以后,这两个名词的意义,跟现在这两个名词的意义,基本上是相同的。当然我们在这里所说的,是"人"和"民"这两个名词,至于人民两个字合起来成为一个名词,那完全是另外一回事,不在这里讨论之列。现在"人"和"民"这两个名词的意义,也还有不同。"民"这个名词包括有政治地位的意义;"人"这个名词没有这样的意义,只是一种泛指。譬如说,医院里面有病人,不能改说医院里面有病民;某个学校有学生一万人,不能改说有一万民。解放军所说的"拥政爱民"不能改说"拥政爱人"。"民"不包括军队和政府干部,而"人"则包括所有的人。在旧社会中,"民"指被统治的人,现在"民"居于统治的地位。就地位说,是天翻地覆,但"民"

总是包涵有政治地位的意义。

我认为,在春秋时期,"人"这个名词也是泛指。例如,住在城市里面的人叫"国人",住在乡村的人叫"野人",贵族叫"大人",奴隶和农奴叫"小人"。这就是说,在人之中有这些区别。如果"人"这个名词专指奴隶主贵族,那么"野人"就是野贵族,"小人"就是小贵族;这是不可能的。

关锋、林聿时同志的意见也是自相矛盾的。他们说,孔子为了调和阶级矛盾,所以打着"爱人"的招牌。如果照他们所说的,"人"在当时的意义只是贵族,"爱人",无论在形式上或实质上,都是"爱贵族",那还是甚么调和阶级矛盾的"招牌"呢?

我认为孔子所说的"爱人",照字面上讲,不能解释为爱奴隶主贵族。照字面上讲,孔子还是说的爱一切人。当然这里所说的人是抽象的,实际上孔子所要爱的,还只是剥削阶级,但不可因此就说"人"这个字就专指奴隶主贵族。

子贡问孔子,如果有人"博施于民而能济众"可以说是"仁"了吧。孔子回答说,岂只是"仁",那简直是"圣"了。尧舜还作不到哩。关锋、林聿时同志认为,孔子正是把"博施于民而能济众"看作不现实的。我认为,孔子确切是把它看作不现实的,因为这需要有一定的物质条件。但是孔子没有把它看作不应该;他认为这是很应该的。这就不是奴隶主的思想。奴隶主把奴隶看成会说话的生产工具,对他们根本用不着"仁"。孔子至少在理论上承认对他们也要"仁"。当然理论只是理论,但是,在奴隶制向封建制转化的时期,这种理论也还是可贵的。

关锋、林聿时同志说:"孔子还说:'惟仁人能好人,能恶人,(《里仁》),这就是说,'仁人'既有他所'爱'的人,又有他所恶的人。由此可见,孔子公开说的就不是爱一切人,更不是真正主张爱一切人。"(《哲学研究》,1961年第4期,第47—48页)我对于孔子的这段话的了解,不是这样。在这段话里,孔子说的"好人",不是"爱人"。"爱人"的人对于人也还是有喜好和厌恶的;对于好人他喜好,对于恶人他厌恶,但必须在"爱人"的基础上,喜好、厌恶才能合理。所以说:"惟仁者,能好人,能恶人。"还有一点可注意。关锋、林聿时同志在这里也是认为"人"是泛指,不是专指奴隶主贵族。

"己所不欲,勿施于人";"己欲立而立人,己欲达而达人";这里所说的"人",跟"爱人"的"人",又有不同。这里所说的人,是跟"己"相对而言,是"己"的对立面,意思就是"别个",或者是"人家"。例如我们说,"人家苏联已经建设共产主义了"。"忠恕之道"的消极方面就是说:你自己不愿人家怎样待你,你也不要那样待人家。后来《大学》把这个意思发挥为"絜矩之道"。《大学》说:"所恶于上,毋以使下;所恶于下,毋以事上;所恶于前,毋以先后;所恶于后,毋以从前;所恶于右,毋以交于左;所恶于左,毋以交于右。此之谓絜矩之道。"

"忠恕之道"的积极方面说:你愿意人家怎样待你,你也就那样待人家。《中庸》发挥了这方面的思想;它引孔子的话说:"君子之道四,丘未能一焉。所求乎子,以事父,未能也;所求乎臣,以事君,未能也;所求乎弟,以事兄,未能也;所求乎朋友,先施之,未能也。"这里孔子所说的他还未能的事情,也就是他的理想。这些话不一定真是孔子所说的,但是,孔子所说的"忠恕之道",确有这样的意义。

《大学》和《中庸》的这两段话也明确地暴露了孔子所说的"忠恕之道"的阶级内容。照这里所说的,每个人都有他的上、下、前、后、左、右,具体地说,就是都君、臣、父、子,等社会关系。在当时的社会中,一个人不是君就是臣,不是父就是子,不是兄就是弟。在这些社会关系中,他的社会地位是这些关系所决定的。这些关系把他的社会地位卡住了,定死了。这些关系都是"周礼"所规定的。

孔子关于"正名"的理论要求"君君、臣臣、父父、子子"。就是要把"周礼"所规定的这些关系重新加以肯定。

这就是孔子所说的"复礼"的实际意义。"非礼勿视"等四句更是"复礼"的具体内容。这是孔子关于仁的思想的局限性。这是孔子的阶级所决定的。由奴隶主贵族转化过来的地主阶级,跟奴隶制社会还保存着密切的联系。他们一方面在一定程度上具有新的阶级的意识,对于人的认识跟旧阶级有所不同,一方面又觉得奴隶社会的一些统治人民的制度,特别是等级制度,对于地主阶级也还是不可少的。因此,他还需要很多的旧的框子,束缚被统治的人民。

这样一讲,人与人之间的平等关系,就仅仅剩下了一点,就是说,每个人都应该在他的所处固定的地位上和框子中,实行"能近取譬"的"忠恕之道",实行"克己"。在这一点上,每个人都是平等的。这就是孔子所说的"克己复礼为仁"的全部意义。

孔子所说的"爱人","己所不欲,勿施于人","己欲立而立人,己欲达而达人",这些话是不可以专照字面了解的。必需注意这些话的具体内容。从这些话的字面意义看,他的这些话是超阶级的;就其内容看,这些话的阶级性是很明显的。

可是,也必须承认,孔子所说的这些话,是以普遍性的形式提出来的。这种形式是不是也有它的一定的历史意义呢? 我认为这是有的。马克思和恩格斯有一段话可以说明这一点。他们说:"事情是这样的,每一个企图代替旧统治阶级的地位的新阶级,就是为了达到自己的目的而不得不把自己的利益说成是社会全体成员的共同利益,抽象地讲,就是赋予自己的思想以普遍性的形式,把它们描绘成唯一合理的、有普遍意义的思想。进行革命的阶级,仅就它对抗另一个阶级这一点来说,从一开始就不是作为一个阶级,而是作为全社会的代表出现的;它俨然以社会全体群众的姿态反对

唯一的统治阶级。"(《马克思恩格斯全集》第 3 卷,人民出版社1960 年版,第 54 页)

这些普遍性的形式,对于劳动人民说,是一种欺骗,也就是关锋、林聿时同志所谓"招牌"。但是,是不是完全欺骗呢?这也看具体的情况。在上面的引文后面,马克思、恩格斯接着说:"它之所以能这样做,是因为它的利益在开始时的确同其余一切非统治阶级的共同利益还多少有一些联系,在当时存在的那些关系的压力下还来不及发展为特殊阶级的特殊利益。因此,这一阶级的胜利对于其他未能争得统治的阶级中的许多个人说来也是有利的,但这只是就这种胜利使这些个人有可能上升到统治阶级行列这一点讲的。"(同上)这就是说,在一个阶级还是在上升阶段的时候,它的思想上的代言人的思想所具有的那些普遍性形式,还不完全是欺骗。可是在他走下坡路成为革命对象的时候,这些普遍性形式就完全是欺骗了。例如,资产阶级所说的自由、平等、博爱,都是以普遍性形式提出的。在资产阶级对于封建地主阶级进行革命的时候,这些普遍性形式还不完全是欺骗。到了现在,这些普遍性形式就完全是欺骗了。

孔子所代表的阶级,在当时是在上升阶段,或在没落阶段?照关锋、林聿时同志的说法,孔子所代表的阶级在当时是个没落的阶级。但是一个阶级,在没落的时候,不可能有比它在上升的时候更进步的思想。资产阶级到现在还是拿"平等、自由"等资产阶级思想欺骗人民。这些思想,是它在上升阶段时所本来有的。马克思和恩格斯说:"每一个新阶级赖以建立自己统治的基础,比它以前的统治阶级所依赖的基础要宽广一些。"(同上)每一个新阶级的思想的普遍性形式,跟它以前的统治阶级思想比较起来,总要大一点。上面所讨论的孔子的这些思想,从理论上说,是奴隶主所不可能有的。从事实上说,中国历史中的奴隶主思想家如周公之流,也没有这一类的思想。这些思想，不管它的欺骗性大小，在当时说，总是比较新的进步思想。这些思想是没落阶级所不可能有的。

(二)作为一种世界观的"仁"

照上面所讲的，"仁"只是一种道德。但是孔子所说的"仁"，还不只如此。在孔子的哲学体系中，"仁"不只是一种道德，而且也是一种世界观。

孔子认为，人必须自觉地有一种世界观，或者说，人必须有一种自觉世界观。在中国哲学史中，孔子是第一个提出这样见解的。孔子没有明确地这样说，但是从他的话里面，这个意思是很明确的。

作为一个剥削阶级的哲学家，孔子不可能知道什么是完全正确的世界观，更不可能有这样的世界观。但是，他自以为他知道什么是完全正确的世界观，并且自以为他已经有了这种世界观。这种世界观他称为"仁"，有这种世界观的人，他称为"仁人"。

孔子认为要得到正确的世界观，必须根据一种道理、一种认识，其中包括对于自然和社会的(他认为是正确的)理解。这种理解，他称为"道"。孔子的这些思想，从《论语》中下面这段记载可以看出来。

"孔子曰：'吾十有五，而志于学；三十而立；四十而不惑；五十而知天命；六十而耳顺；七十而从心，所欲不逾矩。'(《论语·为政》)这是孔子自叙其一生中得到(他认为是)正确世界观的程序。所谓三十、四十等，不过就时间经过的大端说明他所经历的阶段，不必是每一个阶段照例都必需十年。

"志于学"之学，并不是普通所谓学。孔子说："朝闻道，夕死可矣。"(《论语·里仁》)又说："士志于道，而耻恶衣恶食者，未足与议也。"(同上)又说:"志于道。"(《论语·述而》)这里所说"志于学",就是有志于学"道"。一般所谓学,是学求得知识;道是与人的世界观有关的道理,如上面所说。对于这种道理的了解,孔子称为"闻道"。

孔子认为,人生于世,以"闻道"为最重要的事。所以说:"朝闻道,夕死可矣。"(《论语·里仁》)孔子又说:"后生可畏,焉知来者之不如今也,四十五十而无闻焉,斯亦不足畏也已。"(《论语·子罕》)"无闻"即无闻于"道",并非没有声名。

"三十而立"。孔子说:"立于礼。"(《论语·泰伯》)又说:"不知礼,无以立也。"(《论语·尧曰》)能立即能循"礼"而行,也就是所谓"复礼"。"复礼"即"非礼勿视,非礼勿听,非礼勿言,非礼勿动"(《论语·颜渊》)。这样作必须"克己",即克去己私。这里所说的也就是"克己复礼",但这还只是"克己复礼"的初级阶段。

"四十而不惑"。孔子说:"智者不惑"(《论语·宪问》),智是对于"礼"的了解。孔子"三十而立",是其行为皆已能合乎"礼"了。但仅只合乎"礼",不一定就对于"礼"有完全的了解;没有了解即只是出于盲目的服从。孔子认为必到"智者"的地步,才对于"礼"有完全的了解。有完全的了解,所以"不惑"。

孔子说:"可与共学,未可与适道;可与适道,未可与立;可与立,未可与权。"(《论语·子罕》)这就是说,有人有志于学,但其所志之学未必是学"道"之学。有人虽有志于学"道",但未必能"克己复礼"。有人虽能"克己复礼",但对于礼未必有完全的了解。对于礼无完全的了解,则不知"礼,时为大"。如此,则如孟子所谓"执中无权,犹执一也"(《孟子·尽心上》),"执一"即执著一死的规范,一固定的办法,以应不同的事变。孔子认为,必须完全了解"礼"的根本原则,才能在不同的条件下灵活运用;这就是所谓"可与权"。人到"智者不惑"的程度,始"可与权"。孔子这里所说,也是关于"学道"

进步的程序。

"五十而知天命"。礼是关于社会方面的事,于社会之上还有自然。一个自觉的世界观包括对于自然的了解。这种了解,孔子知为"知天命"。孔子所谓"天命"或"命"的意义,在这里暂不讨论。无论如何,这总是他对于自然的一种理解。

"六十而耳顺"。此句前人皆望文生义,不得其解。"耳"即"而已",犹"诸"即"之乎"或"之于"。徐言之曰而已,急言之曰耳。此句或原作"六十耳顺",即"六十而已顺"。后人不知"耳"即"而已",见上下诸句中间皆有"而"字,于此亦加一"而"字,遂成为"而耳顺"。后人解释者皆以耳为耳目之耳,于是此句遂费解。"六十而已顺",此句蒙上文而言,"顺"是"顺天命"。

"七十而从心,所欲不逾矩"。这里所说的"矩"也还就是"礼"。所谓"不逾矩"也还就是"复礼","非礼勿视,非礼勿听,非礼勿言,非礼勿动"。但在这个阶段上,"克己复礼"是出于(孔子所认为是)正确的世界观的完成。在这个阶段上,"复礼"的这些行为是出于对于自然和社会的了解,即出于学"道"的结果,不是盲目的服从,也不是出于被迫,或出于勉强,而是"从心所欲"自然而然地如此。孔子认为,这就是"志于道"和"学道"的最后的成果。从阶级的观点看,人到这个地步,也就死心塌地处在固定的阶级地位上,而"不逾矩"。被统治剥削的人也就这样极端地被麻醉了。

孔子所说的"仁"具有世界观的意义,所以孔子说:"观过斯知仁矣。"(《论语·里仁》)就是说,从一个人的错误中,也可以看出来他的世界观。

孔子认为,"仁"是人在世界观方面所可能达到的最高的成就。对于当时有名的人,孔子认为他们在某些方面可能都有很高的成就,但是都还没有达到"仁人"的标准。在他的学生中,他认为只有颜渊"三月不违仁,其余日月至焉而已矣",因为人在世界观方面的进步是反复的,有时候进,有时候退。他认为颜渊可以保持相当长的一个时期不向后退。其余的学生,只能偶尔达到,不能维持很久。

孔子对于颜渊是很喜欢的;颜渊对于孔子更是佩服。颜渊称赞孔子说:"仰之弥高,钻之弥坚,瞻之在前,忽焉在后。……如有所立卓尔,虽欲从之,末由也矣。"(《论语·子罕》)他对于孔子的敬佩,也是在世界观这个问题上,认为孔子已经达到最高的成就。孔子和颜渊,师弟二人,互相赞扬,都是就彼此的世界观说的。

当然,他们的世界观,都没有超过剥削阶级的局限,这是他们所不能超过的。卫护剥削制度的"礼"构成了他们的世界观的一个主要成份。对于他们本阶级的人,他们可以"克己"。但是对于劳动人民,他们不但不能"克己",而且是最自私的。他们对于劳动人民也要求劳动人民"克己",其具体的意义就是要求劳动人民安于受剥削,最多也不过是调和阶级矛盾。

但是,在人类意识发展史上看,孔子自觉地提出世界观问题,这是有很重要意义的。这是人类自觉的一种表现。

马克思和恩格斯说:"意识起初只是对周围的可感知的环境的一种意识,是对处于开始意识到自身的个人以外的其他人和其他物的狭隘联系的一种意识。……这个开始和这个阶段上的社会生活本身一样,带有同样的动物性质;这是纯粹畜群的意识,这里人和绵羊不同的地方只是在于:意识代替了他的本能,或者说他的本能是被意识到了的本能。"只是在社会有了"真实的分工"("物质劳动"和"精神劳动"的分工)以后,"从这时候起意识才能真实地这样想像:它是同对现存实践的意识不同的某种其他的东西;它不想像某种真实的东西而能够真实地想像某种东西"。(《马克思恩格斯全集》第3卷,人民出版社1960年版,第34—35页)这就是意识的自我意识;这不是人类一下子就能有的;人类的自我意识也不是一下子就能有的。

马克思和恩格斯又说："自我意识是人在纯思维中和自身的平等。平等是人在实践领域中对自身的意识，也就是人意识到别人是和自己平等的人，人把别人当做和自己平等的人来对待。平等是法国的用语，它表明人的本质的统一、人的类意识和类行为、人和人的实际的同一，也就是说，它表明人对人的社会的关系或人的关系。因此，德国的破坏性的批判，在以费尔巴哈为代表对现实的人进行考察以前，力图用自我意识的原则来铲除一切确定的和现存的东西，而法国的破坏性的批判则力图用平等的原则来达到同样的目的。"(《马克思恩格斯全集》第 2 卷，人民出版社 1957 年版，第 48 页)马克思在这里所说的"平等"和"自我意识"是资产阶级思想，但是在封建社会中，也可能有这一类思想的自发的萌芽。孔子所讲的"忠恕之道"，就是讲别人是和自己平等的人，要把别人当作和自己平等的人来对待。孔子所讲的"仁"，也有自我意识的意义。我们似乎也可以说，孔子所讲的"仁"，有人的类意识和类行为的意义。

但是，孔子对于奴隶主的旧制度不是采取破坏性的批判，而是采取改良主义的改革。这就是从奴隶主贵族转化过来的地主阶级对待旧制度的态度。

在春秋时期，随着奴隶制的崩坏，人的重要，至少作为劳动力看，逐渐被重视，人的自觉也比以前逐渐明显。孔子关于"仁"的思想，虽然有很大的阶级局限性，但也是当时这种社会意识的集中反映。

这里附带提出一点。关锋、林聿时同志说："孔子的'仁'特别强调'克伐怨欲'，'克伐怨欲不行焉，可以为仁矣'(《论语·宪问》)。"(《哲学研究》，1961 年第 4 期，第 46 页)其实，这是原宪所提出的问题。孔子回答是："可以为难矣，仁则吾不知也"，意思就是说,这不能算是"仁"。

(三)孔子的思想体系不是折衷主义

我也不同意关锋和林聿时同志所说,孔子的哲学思想是折衷主义的,是杂拌儿。关锋、林聿时同志承认孔子说过:"君子和而不同,小人同而不和。"(《论语·子路》)关于"和"和"同"的不同,春秋以及以前的人,都有所说明。《国语》记载史伯的话说:"夫和实生物,同则不继。以他平他谓之和,故能丰长而物生之。若以同裨同,尽乃弃矣。"(《国语·郑语》)。后来晏婴也有类似的言论(《左传》昭公二十年)照史伯的话看起来,所谓"和"就是一个东西同它的对立面("他")统一起来而成为一个新的东西。所谓"和实生物",就是说,有一个新的东西生出来。不然的话,就只能算是"同",不能算是"和"。当然在这里没有对于对立面斗争的认识。这就说明,这个思想不是完全的辩证法思想,但也不能说它仅只是庸俗的调和。孔子要"和"而不要"同",庸俗的调和正是他所反对的。

孔子说:"不得中行而与之,必也狂狷乎! 狂者进取;狷者有所不为也。"(《论语·子路》)"狂"和"狷"是两个对立面;"中行"是这两个对立面的"和",也就是它们的统一。这个统一比原来的两个对立面高一层。"狂"、"狷"都有所偏,就是说都有片面性。孔子宁可要"狂""狷"而不要乡愿。乡愿就是"同而不和"的小人。关锋、林聿时同志承认孔子的这段话"包含有正确的因素,"但是,他们认为孔子"没有把这一点加以发挥,把'进取'和'有所不为'有机地统一起来"(《哲学研究》,1961年第4期,第56页)。照我的了解,"中行"就是"进取"和"有所不为"的统一。至于怎样的统一,《论语》没有记载,可能孔子也没有说。但是不能说,孔子根本没有这样的思想。

关锋、林聿时同志又列举了孔子思想体系中八对矛盾：

（1）严守周礼，以"复礼"为己任；而对周礼却作了不少修改，甚至有原则的修改。

（2）以"仁"与"不仁"划分君子和小人；而又说"君子不行仁者有矣夫"。

（3）强调祭祀，说"祭神如神在"，"非其鬼而祭之谄也"；却又怀疑鬼神的存在。

（4）"性相近，习相远"（《阳货》），强调"习"，认为"性"主要是后天养成的；却又说人"有生而知之者"（《季氏》），"惟上智与下愚不移"（《阳货》）。

（5）主张"有教无类"（《卫灵公》）；却又说"惟上智与下愚不移"。

（6）一方面主张"亲亲"；一方面又主张"尚贤"。

（7）一方面主张"杀身成仁"（《卫灵公》），"见危授命"（《宪问》）；一方面又主张"危邦不入，乱邦不居"（《泰伯》），"明哲保身"。

（8）一方面，认为一切事都是由"天命"安排就的；一方面又主张人为。虽然不必如别人说的他"知其不可为而为之"，但他却是主张强力而为，栖栖遑遑地奔跑了一生，且自负甚高，"苟有用我者，期月而已可也，三年有成"（《子路》）。

"上述八对自相矛盾，大都是绝对不能并存的，要这一面就不能要那一面。"（同上）

我认为这些矛盾有些是当时社会新旧斗争的客观矛盾的反映，有些只是表面的矛盾。

就一项说，孔子虽然赞美"周礼"，但是他并没有说过，"周礼"绝对不能改动。对于以前的制度，孔子本来主张应该有继承也有变通。他说："殷因于夏礼，所损益可知也。周因于殷礼，所损益可知也。其或继周者，虽百世可知也。"(《论语·为政》)就是说，周以后无论多少朝代，对于"周礼"，都要有因革、损益。孔子对于"周礼"正是本着这个原则作的。这也就是孔子的改良主义的表现。

就第二项说，我不记得孔子在什么地方说过，"仁"与不"仁"是划分君子小人的标准。关锋、林聿时同志似乎也没有举出来确切的证据。照上面所说的，"仁"的标准是很高的。对于当时许多名人，孔子都不许其"为仁"。所以他归总起来说："君子而不仁者有矣夫，未有小人而仁者也。"我同意他们的看法，这里所谓"君子"、"小人"是就道德方面说的。

就第三项说，《荀子·礼论篇》充分发挥了孔子的这个思想，看《荀子》即可知其间并无矛盾。

就第四、五项说，孔子承认可能有"生而知之者"，"惟上智与下愚不移"。他的这些见解是否正确，暂且不论，但并不与强调学习相矛盾。孔子认为绝大多数的人，包括他自己在内，都非"生而知之者"，都既非"上智"也非"下愚"。所以绝大多数的人都应该学习。

就第六项说，这是当时的客观事实在孔子思想中的反映。在孔子的思想中，"亲亲""尚贤"各有一定的范围。他认为，奴隶主贵族在政治上的地位，是要根据"亲亲"的原则继续维持的，但是要求他们"举贤才"，以专门人才的资格，为贵族们办事。春秋时期，有许多国家实际上就是如此。孔子的这种思想，是当时这种实际政治情况的反映。

就第七项说，这里有"在位""不在位"的分别。孔子说过："不在其位，不谋其政。"(《论语·宪问》)按照当时的"士"的道德，如果一个"士"为一个贵族所用，他就是"在位者"，在平时他就要替贵族办事，遇见危急的时候，他就要替贵族卖命。这就是所谓"见危授命"。至于不为，或没有为，贵族所用的"士"，对于贵族就没有任何义务。他可以"明哲保身","危邦不入,乱邦不居"。

第八项所谈的,就是中国哲学史中"命"和"力"的问题。孔子强调"命"也强调"力",但是,在他的体系中并没有矛盾。因为他认为"命"和"力"各有其范围。他认为,像贫贱、富贵、成功、失败,这一类的事情,是由"命"所决定的,不可强求。他说:"富而可求也,虽执鞭之事,吾亦为之。如不可求,从吾所好。"(《论语·述而》)至于道德修养方面的事情,完全是由"力"所决定的。他说:"为仁由己,而由人乎哉?"(《论语·颜渊》)。又说"仁远乎哉? 我欲仁,斯仁至矣。"(《论语·述而》)至于他明知道"道"不能行,而还要栖栖遑遑,因为他认为积极"救世"是他应该作的,是属于道德方面的事情,是在"力"的范围之内的。至于能否成功那是属于"命"的范围,只可听其自然。孔子的这种态度,并不包含有矛盾。

还有一个表面上的矛盾。孔子对于"陈恒弑其君"主张应该讨伐(《论语·宪问》),但是,对于佛肸和公山弗扰这两个"叛臣"却又想去帮忙。这两种态度,在表面看起来,似乎确是"绝对不能并存的"。清朝的崔述认为孔子是拥护"君臣之义"的,只得说,《论语》上关于佛肸和公山弗扰两段记载是靠不住的。郭沫若同志认为孔子是个"乱党",只得说,《论语》关于陈成子那一段,是靠不住的。

关锋、林聿时同志没有把这个矛盾列入八项之内,因为他们已经替孔子解决了。我向来也是这样解决这个矛盾的。据我所知,宋朝就有这个说法。宋朝的赵彦卫说:"公山弗扰以费畔,佛肸以中牟畔,召,子欲往。盖公山弗扰、佛肸皆季氏之臣。季氏,叛鲁者也。二人叛季氏,则必归鲁。圣人喜之,然亦卒不往。"(《云麓漫钞》卷一)。这里说佛肸也是季氏之臣,这是错误的,不过他也是个家臣,与公山弗扰有类似的情况。

孔子的思想并不是一个各方面拼凑起来的折衷主义的杂拌儿,而是一个完整的哲学体系。孔子的思想在中国二千年的封建社会居于统治的地位。这固然是由于统治阶级的支持,也由于它本身能有很大的影响。这不是一个杂拌儿的思想所能作到的。

（选自《哲学研究》,1961 年第 5 期）

冯友兰(1895—1990),河南唐河人。1918 年毕业于北京大学,1924 年获美国哥伦比亚大学哲学博士学位。1923—1946 年先后任中州大学、广东大学、清华大学、西南联合大学哲学教授,1946 年赴美国,任本薛文尼大学客座教授,1947 年任清华大学校务会议主席。建国初,任清华大学校务委员会主席,1952 年起任北京大学哲学系教授,中国科学院哲学社会科学部委员,并为第二、三、四届全国政治协商会议委员,第四届全国人民代表。著有:《中国哲学史》(两卷)、《新理学》、《新事论》、《新世训》、《新原人》、《新原道》、《新知言》、《人生哲学》、《中国哲学史论文集》初集、二集、《中国哲学史史料学初稿》、《中国哲学史新编》第一、二册。

本文选自《哲学研究》1961 年第 5 期。作者运用唯物辨证的观点及对立统一的方法,从"作为一种道德的'仁'"、"作为一种世界观的'仁'"以及"孔子的思想体系不是折衷主义"三个方面,阐述了孔子关于"仁"的思想,指出,孔子的政治思想是改良主义的,是从奴隶主贵族转化来的地主阶级思想上的代表。"仁"不只是一种道德,而且也是一种世界观,孔子自觉地提出世界观的问题,是人类自觉的一种表现,是很有重大意义的。但是,孔子对于奴隶主的旧制度不是采取破坏性的批判,而是采取改良主义的改革,反映了其世界观的剥削阶级的局限性。

20世纪儒学研究大系

　　本文已经突破了五四时期对于传统文化(尤其是孔子思想)一概简单否定的模式,用批判继承的方法对"孔子关于'仁'的思想"作了"一分为二"的公正剖析,在学术界引起广泛注意,影响了诸多学界同仁。

儒家谈德治（节选）

范文澜

儒家谈德治，向来与法家刑名之学对立。董仲舒据《春秋》经义附会汉朝法律，决断了许多疑难大狱，儒法两家合流了。……

孔子以后董仲舒以前的儒学是汉人称为朴学的原始儒学，它的特点是（一）思想上还拘泥于残余的领主制度，不能完全符合新的地主统治的需要；（二）儒家还是各种学派中的一派，不能吸收各种学派，使统一到儒学里面来。董仲舒生在汉景帝、汉武帝时候，西汉政治上统一的条件已经成熟了，学术上统一的条件也成熟了。儒学经董仲舒的加工，因此摆脱了原始阶段，成为阴阳五行化的、完全适合地主统治的西汉今文经学。某些汉儒把董仲舒当作孔子的继承者，因为他创造了今文经学。

董仲舒是西汉今文经学的创始人，是首先变朴学为西汉经学的大师，了解了他的学说，也就了解了西汉今文经学的本质。……

今文经学反映着统治阶级当权部分的政治利益；和它相对立的古文经学，反映着不当权部分的政治要求，就是要求古文经学也作为入仕的一条道路。

用篆文（战国时文字及秦小篆）写的经书叫做古文经。传授古文经的学说叫做古文经学。它的特点是（一）保持朴学的传统，按字义讲解经文，训诂简明，不凭空臆说，与烦琐的今文经学趋向不同。（二）迷信成分极少或排斥迷信，与阴阳五行化的今文经学趋向不同。(三)少数儒生私家自相传授,在政治上主张复古,与迎合世务的博士学——今文经学趋向不同。还有一个特点是两种经学相同的,那就是都缺乏进步性的思想。自然,古文经学在反对迷信这一点上,比起今文经学来,到底还是进步一些,东汉王充、南朝范缜的学说就是以古文经学为基础而发展起来的。

王莽要夺取西汉政权,政治上收揽统治阶级各部分势力,经学上也对古文经学让步,在太学里立《左氏春秋》、《毛诗》、《周礼》、《古文尚书》四个古文经学博士。今文博士坚决反对古文经学从私学上升为官学,与古文经学的提倡者刘歆进行了剧烈的宗派斗争。刘歆凭借政治力量,暂时压倒今文博士。东汉光武帝取消古文博士,古文又成为私学。东汉时期,私学在士人间盛行,产生不少著名的大师,经学上成绩远超过官学,但总是得不到官学的地位。官私两学的不断冲突,正反映出东汉统治阶级内部的不断冲突。

任何一个有阶级的社会,总是由两个主要的敌对阶级构成的,总是依照对立统一的法则而存在并发展的。两大敌对阶级在相互关系上,如果说,只有一个斗争性,或者说,只有一个同一性,那末,这个社会就根本不会存在。自然,斗争是绝对的,但阶级斗争不管怎样尖锐,并不会引起社会的分裂,因为总还有同一的一面,其间保持着不可割断的经济等联系。

春秋战国时期,出现儒墨道三大学派的政治思想。道家和法家所谓黄老刑名之学只看对立面,对人民进行绝对的压迫。这种学说到秦二世行督责时达到了顶点,秦朝很快被农民起义所推翻。墨家只看统一面,放弃斗争性,劝告两大敌对阶级在同一性上实行尚同兼爱。这种学说自然只是一些天真的幻想。儒家与道墨不同,它主张用礼来节制对人民的剥削,借以和缓阶级间的斗争性;主张仁民爱物、尚德缓刑,借以扩大阶级间的同一性。儒家学说比起道墨两家来,较为接近对立统一的法则,也就是较为接近社会的实际,因之它成为汉以后长期封建社会的政治指导思想,没有一个学派或宗教能夺取它的正统地位。

当然,儒学是为封建统治阶级服务的,但在同一性上即共同利害上,忠实于儒家学说的儒者,常为人民发出诉疾苦、申冤抑的言论,也常为人民做出去祸害、救灾难的事迹,甚至不惜破家杀身对君主犯颜直谏,要求改善政治。他们是封建统治阶级的忠臣。他们懂得"民惟邦本,本固邦宁"的意义,为爱邦而爱及邦本,也就真诚地成为人民的同情者和代言者。古代优秀的人民文化即多少带有民主性和革命性(反对残暴政治)的言论和事迹,很大一部分是与儒家学说有关的。儒学特别是宋明理学,极重伦理道德,对孝弟忠信礼义廉耻等美德的阐发,虽然无不打上统治阶级的烙印,但某些精到处也往往与人民的伦理道德有其同一性。排除它的封建毒素,打破它的阶级局限,批判地吸收它的精华,可以大大丰富人民的精神生活。清理中国古代的文化遗产,继承并发扬古代文化的优秀传统,主要应从研究儒家学说入手。

孔子首创儒学。儒学最根本的政治思想是德治(王道)。能行德治的人才能受天命为天子。天与民同心,天命是民心的反映。国君失民心就失天命而败亡,得民心就受天命而兴起。受天命者代替失天命者,最理想的方式是尧舜禅让,其次是汤武革命。这些根本观点,与道家、法家的主张法治(霸道)、反对革命是对立的。孟子发挥孔子的德治思想,最为透彻,西汉以下的儒学,基本上是孟子学说的衍变。

秦行法家政治,正统派儒学持异议,最后遭到焚书坑儒的惨祸。西汉前期,朝廷并用儒学和黄老刑名之学,但黄老刑名之学仍处优势。西汉中期,儒学经董仲舒改革,成为合时宜的学说,形式上取得优势,但黄老刑名之学仍保持原有的重要地位。西汉后期,儒学取得确实优势,完成了排斥黄老刑名之学的愿望,但所谓德治,无非是朝廷纵容官吏及豪强作恶,刑罚不加,纲纪废弛,人民受尽贪暴政治的祸害,西汉也就灭亡了。

忠实于儒家学说的一些儒者,对着三个时期的政治,曾发出不少反对的议论。叙述西汉儒学,应该看到多数阿世取容的章句小儒,也应该看到少数同情人民的正统儒者。下面列举几条,略见正统儒者的代表性言论。

贾谊《新书·大政篇》说:人君"知恶而弗改,必受天殃。天有常福,必予(给予)有德,天有常灾,必予夺民时(使民失农时者)。故夫民者至贱而不可简(轻视)也,至愚而不可欺也。故自古至于今,与民为仇者,有迟有速,而民必胜之"。

董仲舒创阴阳五行化的儒学,借天道说人事。他在对策里说:"谨案《春秋》之中,视前世已行之事,以观天人相与之际,甚可畏也。国家将有失道之败,而天乃先出灾害以谴(责)告之;不知自省,又出怪异以警惧之;尚不知变,而伤败乃至。以此见天心之仁爱人君而欲止其乱也。自非大无道之世者,天尽欲扶持而安全之,事在强勉(人君改过为善)而已矣。"董仲舒所讲天人之际,本意在利用天变灾异来进行谏净,剥去迷信部分,实质上仍是孔孟的仁义学说。

汉昭帝时,泰山等地发生怪异事。眭弘上书说:"先师董仲舒有言:虽有继体守文之君,不害圣人之受命。"眭弘以为汉运已经终了,要求朝廷访求天下贤人,"禅以帝位","以承顺天命"。朝廷加眭弘"妖言惑众,大逆不道"的罪名,杀眭弘。董仲舒遵守有德代失德的训条,眭弘为这个训条遭杀身之祸,足见他们是忠实于自己的学说的。

汉宣帝重用治狱之吏,盖宽饶上书,引韩氏《易传》言:"五帝官天下,三王家天下。家以传子,官以传贤。若四时之运,功成者去,不得其人,则不居其位。"他暗示汉宣帝应让位给贤者。朝廷说他自己想做皇帝，"大逆不道"。盖宽饶自杀。

汉元帝用儒生为政，朝纲不振。贡禹上书说："方今天下饥馑，可无大自损减以救之，称（合）天意乎！天生圣人，盖为万民，非独使自娱乐而已也。"

谷永在汉成帝时上书说："天生蒸民，不能相治，为立王者以统理之。方制海内，非为天子，列土封疆，非为诸侯，皆以为民也。……去无道，开（立）有德，不私一姓，明天下乃天下之天下，非一人之天下也。……夫去恶夺弱，迁命贤圣（去恶弱的旧君，改立贤圣为新君），天地之常经，百王之所同也。"

鲍宣在汉哀帝时上书说："民有七亡而无一得，欲望国安诚难；民有七死而无一生，欲望刑措诚难。此非公卿守相贪残成化之所致耶！群臣幸得居尊官，食重禄，岂有肯加恻隐于细民，助陛下流教化者耶！……天下乃皇天之天下也。陛下上为天子，下为黎庶（民）父母，为天牧养元元（民），视之（官与民）当如一……今贫民菜食不厌（饱），衣又穿空（孔），父子夫妇不能相保，诚可为酸鼻。陛下不救，将安所归命乎！夫官爵非陛下之官爵，乃天下之官爵也。陛下取非其官（私用官爵），官非其人（私用小人），而望天悦民服，岂不难哉！……天人同心，人心悦则天意解矣。"

上列诸儒言论，自董仲舒以下，无不附会天变灾异来反对暴政，要求德治。他们拥护封建统治，但希望有德代失德，并不拥护一姓常存。他们同情人民疾苦，但着重在劝告朝廷，并不同情农民起义。所以儒学始终是适合封建统治阶级的政治学说，同情人民是有限度的，拥护封建统治则是绝对的。

（选自范文澜《中国通史》第二册，人民出版社 1978 年版）

范文澜（1893—1969），浙江绍兴人。1917 年毕业于北京大学文科国学门。曾在南开大学、北京大学、北京师范大学、中国大学、河南大学等校任教。建国后任中国科学院哲学社会科学学部委员、中国科学院近代史研究所所长,中国史学会副会长。著有《中国通史》、《中国近代史》、《群经概论》、《正史考略》、《唐代佛教》等,有《范文澜历史论文选集》行世。

本文选自《中国通史》第二册,文章指出:"儒学最根本的政治思想是德治",它"主张仁民爱物,尚德缓刑","用礼来节制对人民的剥削",而"孟子发挥孔子的德治思想,最为透彻,西汉以下的儒学,基本上是孟子学说的衍变",故"儒家学说比起道墨两家来,较为接近对立统一的法则,也就是较为接近社会的实际,因之它成为汉以后长期封建社会的政治指导思想,没有学派或宗教能夺取它的正统地位"。

孔墨的批判(节选)

郭沫若

一 论孔墨的基本立场

到了现在要来论孔子与墨子实在不是件容易的事。他们都是大师,有不少的门徒,尤其孔子,二千年来是被视为了通天教主的,关于他们的事迹和学说,自然不免有不少的美化和傅益。譬如我们读一部《新约》,便只见到耶稣是怎样的神奇,不仅难治的病着手成春,而且还有起死回生的大力。孔与墨虽然没有这样被人神化,而在各自的门户内是充分被人圣化了的。因此,我们如未能探求得他们的基本立场之前,所有关于他们的传说或著作,我们都不好轻率地相信。那么又从什么资料上来探求他们的基本立场呢?很可庆幸的是他们的态度差不多完全相反,我们最好从反对派所传的故事与批评中去看出他们相互间的关系。反对派所传的材料,毫无疑问不会有溢美之辞,即使有诬蔑溢恶的地方,而在显明相互间的关系上是断然正确的。因此我采取了这一条路,从反对派的镜子里去找寻被反对者的真影。

墨子后起,他是反对孔子的。在现存的《墨子》书里面有《非儒篇》,那里面有几段关于孔子的故事,我觉得最有研究的价值。

第一个故事:

"齐景公问晏子曰:'孔子为人何如?'

晏子不对。公又复问,不对。

景公曰:'以孔丘语寡人者众矣,俱以为贤人也。今寡人问之而子不对,何也?'

晏子对曰:'婴不肖,不足以知贤人。虽然,婴闻贤人者入人之国,必务合其君臣之亲,而弭其上下之怨。孔丘之荆,知白公之谋而奉之以石乞。君身几灭而白公僇。婴闻贤人得上不虚,得下不危;言听于君必利人,教行于下必利上。是以言明而易知也,行明而易从也,行义可明乎民,谋虑可通乎君臣。今孔丘深虑周谋以奉贼,劳思尽知以行邪,劝下乱上,教臣杀君,非贤人之行也;入人之国而与人之贼,非义之类也;知人不忠,趣之为乱,非仁之类也。逃人而后谋,避人而后言,行义不可明于民,谋虑不可通于君臣;婴不知孔丘之有异于白公也,是以不对。'

景公曰:'呜乎,贶寡人者众矣,非夫子则吾终身不知孔丘之与白公同也。'"

这个故事,在年代上有些大漏洞。楚白公之乱见《左传》哀公十六年。这一年的四月孔子死。七月白公胜发难。齐景公呢,已经死去十二年了,晏婴比景公还要死得早。因此以前的人便都说这是墨子的"诬罔之辞",那自然是没有什么问题的。不过诬罔就算是诬罔吧,我觉得很有意思。因为我们从这儿可以看出:墨子是赞成"入人之国,必务合其君臣之亲,而弭其上下之怨"的,孔子呢,则和这相反,"劝下乱上,教臣杀君"。更说质实一点吧,便是墨子是反对乱党,而孔子是有点帮助乱党的嫌疑的。这是极有趣味的一个对照。

第二个故事:

"孔丘之齐,见景公。景公悦,欲封之以尼谿,以告晏子。

晏子曰:'不可。夫儒浩居(傲倨)而自顺者也,不可以教下；好乐(音乐)而淫人，不可使亲治；立命而怠事，不可使守职；宗(崇)丧循哀，不可使慈民；机服勉容，不可使导众。孔丘盛容修饰以蛊世，弦歌鼓舞以聚徒，繁登降之礼以示仪，务趋翔之节以观众，博学不可使议世，劳思不可以补民；累寿不能尽其学，当年不能行其礼，积财不能赡其乐。繁饰邪术以荧世君，盛为声乐以淫愚民；其道不可以期世，其学不可以导众。今君封之，以利齐俗，非所以导国先众。’

公曰：‘善。’

于是厚其礼，留其封，敬见而不问其道。

孔丘乃恚怒于景公与晏子，乃树鸱夷子皮于田常之门，告南郭惠子以所欲为，归于鲁。有顷闻齐将伐鲁，告子贡曰：‘赐乎！举大事于今之时矣。’乃遣子贡之齐因南郭惠子以见田常，劝之伐吴；以教高、国、鲍、晏，使毋得害田常之乱；劝越伐吴。三年之内齐、吴破国之难，伏尸以亿术数。孔丘之谋也。”

这段故事的前半也见《晏子春秋》外篇，但《晏子春秋》一书很明显地是墨子学派的人所假托的。晏子反对孔子的说话完全是墨子的理论，《公孟篇》云：“子墨子谓程子曰：‘儒之道足以丧天下者四政焉。儒以天为不明，以鬼为不神，天鬼不说，此足以丧天下。又厚葬久丧，重为棺椁，多为衣衾，……此足以丧天下。又弦歌鼓舞，习为声乐，此足以丧天下。又以命为有，……此足以丧天下。’”这四政和这儿的傲倨自顺，好乐淫人，立命怠事，崇丧循哀，是完全一致的。这段故事当然也是在做小说。但最重要的还是在后半，同前一个故事表示孔子在帮忙白公胜一样，他又在帮忙田成子。这事恐怕倒近乎事实，另一反对派的庄子后学，在《盗跖篇》里也提到过一些影子：“田成子常杀君窃国而孔子受币。”但在《论语》里面所说的情形便完全不同了。

“陈成子弑简公，孔子沐浴而朝，告于哀公曰：‘陈恒弑其

君,请讨之。'

公曰:'告夫三子。'

孔子曰:'以吾从大夫之后,不敢不告也。君曰告夫三子
者?'

之三子告,不可。

孔子曰:'以吾从大夫之后,不敢不告也。'"(《宪问》)

这纯全是忠于主上,而反对乱贼的立场。但我们如要做一个公平
的批判人,就宁肯相信《墨子》和《庄子》,而不肯相信一些孔门后学
的。因为"三占从二",我们当从多数,这是一。凡是扶助或同情乱
党的人,他的子孙后进是谁也要替他掩盖掩盖的,这是二。

第三个故事:

"孔丘为鲁司寇,舍(捨)公家而奉季孙。季孙相鲁君而
走,季孙与邑人争门关,决植。"

这故事颇残缺,"决植"两字上当有夺文,不过意思是可领会
的。决假为抉,植是户旁柱,相传"孔子之劲举国门之关而不肯以
力闻"①,"决植"大约就是当季孙逃走时,城门掩上了,逃不出,而
孔子替他把城门挺开了。这位千斤大力士,照墨子看来是心术不
正,所以他的弟子们也就跟着他学,到处捣乱。以下是这三个故事
的总批评:

"孔丘所行,心术所至也。其徒属弟子皆效孔丘。子贡、
季路辅孔悝乱乎卫,阳货乱乎齐,佛肸以中牟叛,漆雕刑残,×
莫大焉。夫为弟子后生[于]其师,必修其言,法其行,力不足,
智弗及而后已。今孔丘之行如此,儒士则可以疑矣。"

我们真应该感谢墨子或其后学,有他们这样充满敌忾的叙述

① 见《吕氏春秋·慎大篇》。又《淮南·道应训》:"孔子劲杓国门之关",
同《主术训》:"孔子……力招城关。"——作者注

和批评,不仅表明了孔子的真相,而且也坦露了墨子的心迹。一句话归总:孔子是袒护乱党,而墨子是反对乱党的人! 这不是把两人的根本立场和所以对立的原故,表示得非常明白吗?

乱党是什么? 在当时都要算是比较能够代表民意的新兴势力。陈成子以大量贷出而以小量收回,因而把齐国公室的人民尽量争取去了,这是很有名的故事。季孙氏在鲁也有类似的情形,他礼贤下士,"养孔子之徒,所朝服而与坐者以十数"(《韩非·外储说左下》)。就拿白公胜来说吧,令尹子西分明称赞他"信而勇,不为不利"。就是反对他的叶公也只说他"好复言而求勇士,殆有私乎?"如此而已。"好复言"应该是说话算数的意思,也就是所谓"信"了。他作乱的一年恰巧是孔子死的一年(鲁哀公十六年),《左传》把那时的情形叙述得相当详细。他在七月发难,把令尹子西和司马子期都杀了,同时也把楚惠王捉着了。石乞劝他杀掉楚王,他不肯;劝他焚府库,他也不肯。结果惠王被人盗去,府库为叶公所利用,他竟一败涂地,"奔山而缢"了。关于焚府库的一节,《吕览·分职篇》有更详细的叙录,今揭之如次:

> "白公胜得荆国,不能以其府库分人。七日,石乞曰:'患至矣,不能分人,则焚之。毋令人以害我。'白公又不能。九日,叶公入。乃发太府之货与众,出高库之兵以赋民,因攻之。十有九日而白公死。"①

据这故事看来,白公这个人实在还太忠厚了一点。石乞倒确是一位好汉。白公死后,他被人生擒,人们要他说出白公的死所,当然

① 荀子很恭维叶公。《非相篇》:"叶公子高微小短瘠,行若将不胜其衣。然白公之乱也,令尹子西、司马子期皆死焉。叶公子高入据楚,诛白公,定楚国,如反手尔。仁义功名善于后世。"儒家到荀子,已经早把立场改变了。——作者注

是准备戮尸，石乞不肯说。不说便要烹他，他也不肯说。结果他被人烹了。他倒确是一位智勇兼备的人。假使他果真是出于孔子的推荐，孔子不要算是很有知人之明的吗？

以下我们再把孔门弟子帮助乱臣贼子的罪状追究一下吧。

第一，"子贡、季路辅孔悝乱乎卫"。

这是鲁哀公十五年的事，在孔子死的前一年。那时候的卫君辄，是蒯聩的儿子。卫灵公不喜欢蒯聩，把他赶出国外去了，死后卫国立了他的孙子辄为卫君，在位都已经十二年了。蒯聩施用阴谋回到国里来，劫持着孔悝，夺取了他儿子的君位。子路在做孔悝的家臣，他因为反对蒯聩，被蒯聩的人把他砍死了。后来把他的尸首也煮成了肉酱。消息传来的时候，据说孔子正在炖肉吃，他连呼"天祝予！天祝予！"（祝者斲也），叫人把炖的肉也倒了。这事，在庄子后学也在加以非难，《盗跖篇》云："子路欲杀卫君而事不成，身菹于卫东门之上。"可见墨家和道家是同情蒯聩，而儒家是同情卫辄的。这在我们是无可无不可的事情，但要说"季路辅孔悝乱乎卫"或"欲杀卫君（指蒯聩言）而事不成"，不仅和当时的情形不甚相符，而且是有点类似于鞭尸戮墓了。

关于子贡的参加，《左传》和《史记》等书均不曾言及，但除这《非儒篇》之外，《盐铁论》的《殊路篇》也说到子贡。"子路仕卫，孔悝作乱，不能救君出亡，身菹于卫。子贡、子皋（羔）遁逃，不能死其难。"《盐铁论》或别有所本，大约在当时，子贡在卫也是担任有什么职守的吧。

第二，"阳货乱乎齐"。

阳货一名阳虎，这人在孔门弟子是没有把他当成孔门看待的，而且也把他说得很坏。但其实倒是一位了不起的人物。《孟子·滕文公篇》引阳虎曰"为富不仁矣，为仁不富矣"，真不失为千古的名言。《盐铁论·地广篇》引此二语作为"杨子曰"，因此有人遂疑阳货即杨朱(宋翔凤《论语说义》中有此说),但在我看来,无宁是杨朱的兄弟杨布。《韩非·说林下》云:"杨朱之弟杨布,衣素衣而出,天雨,解素衣,衣缁衣而反。其狗不知而吠之。杨布怒,将击之。杨朱曰:子毋击也。子亦犹是。曩者,使汝狗白而往,黑而来,子岂能毋怪哉?"这两弟兄的性情一缓一急,颇有点像宋时的程明道与程伊川。古者布与虎同音,而布作钱币用,与货同义,是则布与货是一字一名,虎是假借字了。以时代说来没有什么龃龉,性格也还相符。

　　阳虎本作乱于鲁,《左传》定公八年及九年载其事。八年冬十月,阳虎欲去三桓,入于讙阳关以叛。翌年六月伐阳关。阳虎出奔齐。他到齐国,请齐国出兵伐鲁,齐景公都打算答应他了,鲍文子以为不可。鲍文子说他"亲富不亲仁",又说齐侯富于季孙,齐国大于鲁国,正是阳虎所想"倾覆"的。于是齐侯便听了他的话,把阳虎囚禁了起来。他逃了两次,终竟逃到了晋国,投奔赵氏。《左传》在这儿加了一句孔子的批评:"赵氏其世有乱乎!"这意思当然是很不满意于阳虎了。

　　以上是节取《左传》的叙述,照这情形看来,阳虎无"乱乎齐"的痕迹,因而《孔丛子·诘墨篇》便引作"乱乎鲁",孙诒让以为"当从《孔丛》作鲁"。然在《韩非·外储说左下》有下列一段关于阳虎去齐走赵的故事。

　　　　"阳虎去齐走赵。简主问曰:'吾闻子善树人。'

　　　　虎曰:'臣居鲁,树三人,皆为令尹。及虎抵罪于鲁,皆搜索于虎也。臣居齐,荐三人,一人得近王,一人为县令,一人为候吏。及臣得罪,近王者不见臣,县令者迎臣执缚,候吏者追臣至境上,不及而止。虎不善树人。'"

据此,可见阳虎居齐,为时颇久;而他之去齐是因为"得罪",则"乱乎齐"似乎也是事实,只这事实的真相是怎样,可不得而知了。唯

《韩非·难四篇》亦言齐景公囚阳虎事,则与《左传》所述相同,或者是传闻异辞的吧。

此外,同一《外储说左下》篇,还有批评阳虎的一节:

"阳虎议曰:'主贤明则悉心以事之,不肖则饰奸而试(弑)之'。逐于鲁,疑于齐,走而之赵。

赵简主迎而相之。左右曰:'虎善窃人国政,何故相也?'

简主曰:'阳虎务取之,我务守之。'遂执术而御之,阳虎不敢为非,以善事简主,兴主之强,几至于霸也。"

这批评可以算得公允。"兴主之强,几至于霸"和《左传》的"赵氏其世有乱乎"完全相反,仲尼的那句评语不是七十子后学的蛇足,便可能是刘歆弄的花样了。特别值得注意的,是这又一可宝贵的二句"阳虎议"——"主贤明则悉心以事之,不肖则饰奸而弑之。"这确实是含有些革命的精神在里面的。这种精神不失为初期儒家的本色,例如孟子也说过这样的话:"君有过则谏,反复而不听则易位",和这两句阳虎的主张是很相仿佛的。

第三,"佛肸以中牟叛"。

佛肸是晋国范氏的家臣,他以中牟叛,大约是在鲁哀公五年。《左传》在此年夏言:"赵鞅伐卫,范氏之故也,遂围中牟。"赵氏与范氏敌对,因卫助范氏故伐卫,因中牟叛晋故围中牟也。关于这事,《论语·阳货篇》有纪录:

"佛肸召,子欲往。

子路曰:'昔者,由也闻诸夫子曰:亲于其身为不善者,君子不入也。佛肸以中牟畔,子之往也如之何?'

子曰:'然,有是言也。不曰坚乎,磨而不磷?不曰白乎,涅而不缁?吾岂匏瓜也哉?焉能系而不食?'"

佛肸要找老师去帮忙,老师也很想借这个机会去行道,"我难道是个硬壳葫芦儿?只能挂着做摆设,不能吃的吗?"急于想用世的孔老夫子的心境，真是吐露得淋漓尽致。这样袒护乱党的行径，连子路都不大高兴的，公然逃过了儒家后学的掩饰而收在了《论语》里面，实在是值得珍异的事。而且同在《阳货篇》里面还有公山弗扰的一节：

> "公山弗扰以费畔，召。子欲往。
>
> 子路不说(悦)曰：'末之也已，何必公山氏之之也！'
>
> 子曰：'夫召我者而岂徒哉？如有用我者，吾其为东周乎！'"

《左传》作公山不狃，以费畔事系于定公十二年，然在《孔子世家》则系于定公九年阳虎奔齐之后。公山与阳虎同党，阳虎于定公八年"入讙阳关以叛"，公山当亦同时响应，其定公十二年之畔，盖定而复反者也。定公十二年时孔子正为鲁司寇，则召孔子事当在八年。此事虽记于《论语》，而《非儒篇》不及，盖因公山氏非孔门弟子之故。

第四，"漆雕刑残"。

《孔丛子·诘墨篇》引作"漆雕开形残"，形与刑通，漆雕之为漆雕开，殆无疑问。唯因何而"刑残"，事无可考。《韩非·显学篇》儒家八派中有"漆雕氏之儒"，又言"漆雕之议，不色挠，不目逃，行曲则违于臧获，行直则怒于诸侯"，虽同一有姓而无名，亦当是漆雕开。王充《论衡·本性篇》，载漆雕开言"人性有善有恶"，与宓子贱、公孙尼子、世硕诸儒同，可见漆雕开确曾成一学派。《汉书·艺文志》儒家有"《漆雕子》十三篇"，班固注云"孔子弟子漆雕启后"，启即是开，因避汉景帝讳而改。后乃衍文。盖启字原作启，与后字形近。抄书者于字旁注以启字，及启刊入正文，而启则误认为后，更转为後也。这一学派既尚勇任气，藐视权威，自然是有遭受"刑残"的充分的可能。且此事，既与子路乱卫、阳货乱齐、佛肸畔晋等并列，必然也是所谓叛乱事件，那是毫无疑问的。

　　尤可注意的,初期儒家里面也有这样一个近于任侠的别派而为墨家所反对。近时学者,每以为侠出于墨,或墨即是侠;有此一事也就是强有力的一个反证。任侠之轻死虽有类于墨氏的"赴火蹈刃",但他们的反抗权威却和墨家的"尚同"根本相反,我们是须得注意的。

　　又《孟子》书中言:"北宫黝之养勇也,不肤挠,不目逃,思以一毫挫于人,若挞之于市朝。不受于褐宽博,亦不受于万乘之君;视刺万乘之君若刺褐夫。无严诸侯,恶声至,必反之。"(《公孙丑上》)这和漆雕氏之议很相近。孟子又说,"北宫黝似子夏",大约这位北宫黝也就是漆雕氏的后学,是一位儒家了。

　　以上,孔子帮助乱党,与其门人弟子帮助乱党例,见于《非儒篇》者一共七项。墨家既一一列举出来加以非难,在墨家自己当然是决不会照着这样做的了。这不是很鲜明地表示着了儒墨两派的基本立场吗?至少在初期,这情形,是无可否认的。所揭举的事实虽然不尽可靠,而《非儒篇》也不必就是墨子所写下来的文字,然把两派的立场实在是画出了极其鲜明的轮廓。以前推崇孔子的人,因为孔子已经成为了"大成至圣",对于这些材料一概视为诬蔑,全不加以考虑。现今推崇墨子的人,把墨派几乎当成了不可侵犯的图腾,对于这些材料又一概视为痛快,也全不加以考虑。这些态度,我认为都是有所蒙蔽,非把这蒙蔽去掉,我们是得不到正确的认识的。

　　自汉武帝崇儒术黜百家以来,孔子虽然处于至高无上的地位,但在他的生前其实是并不怎么得意的。《庄子·让王篇》说他"再逐于鲁,削迹于卫,伐树于宋,穷于商、周,围于陈、蔡,杀夫子者无罪,藉夫子者无禁";《吕览·慎人篇》亦有此说。注云"藉犹辱也",足见孔子在当时,至少一个时期,任何人都可以杀他,任何人都可以侮辱他的。这和亡命的暴徒有何区别呢!因此,我们要说孔子的立场是顺乎时代的潮流，同情人民解放的，而墨子则和他相反。这在孔门后学或许会喊冤屈，而在墨家后学是应该没有什么话好说的。

……

二　孔子的思想体系

孔子的基本立场既是顺应着当时的社会变革的潮流的，因而他的思想和言论也就可以获得清算的标准。大体上他是站在代表人民利益的方面的，他很想积极地利用文化的力量来增进人民的幸福。对于过去的文化于部分地整理接受之外，也部分地批判改造，企图建立一个新的体系以为新来的封建社会的韧带。廖季平、康有为所倡道的"托古改制"的说法确实是道破了当时的事实。

一个"仁"字最被强调，这可以说是他的思想体系的核心。

"仁"字是春秋时代的新名词，我们在春秋以前的真正古书里面找不出这个字，在金文和甲骨文里也找不出这个字。这个字不必是孔子所创造，但他特别强调了它是事实。仁的内涵究竟是怎样呢？虽然没有一个明确的界说，我们且在《论语》里面去找寻一些可供归纳的资料吧。

一、"樊迟问仁，子曰'爱人'。"（《颜渊》）

二、"子贡曰：'如有博施于民而能济众，何如？可谓仁乎？'子曰：'何事于仁？必也圣乎，尧舜其犹病诸。夫仁者，己欲立而立人，己欲达而达人，能近取譬，可谓仁之方也已。'"（《雍也》）

三、"子张问仁于孔子。孔子曰：'……恭、宽、信、敏、惠。恭则不侮，宽则得众，信则人任焉，敏则有功，惠则足以使人。'"（《阳货》）

四、"颜渊问仁。子曰：'克己复礼为仁。……非礼勿视，非礼

勿听,非礼勿言,非礼勿动。'"(《颜渊》)

五、"司马牛问仁。子曰:'仁者其言也切。……为之难,言之得无切乎?'"(同上)

六、"刚毅木讷近仁。"(《子路》)

七、"巧言令色鲜矣仁。"(《学而》,又见《阳货》)

八、"志士仁人无求生以害仁,有杀身以成仁。"(《卫灵公》)

九、"仁者先难而后获。"(《雍也》)

从这些辞句里面可以看出仁的含义是克己而为人的一种利他的行为。简单一句话,就是"仁者爱人"。但古时候所用的"人"字并没有我们现在所用的这样广泛。"人"是人民大众,"爱人"为仁,也就是"亲亲而仁民"的"仁民"的意思了。"巧言令色"是对付上层的媚态,媚上必傲下,故他说"鲜矣仁"。"巧言令色"之反即为"刚毅木讷",对于上层能如此,对于下层也不过如此,所以他说"近仁"。因此我们如更具体一点说,他的"仁道"实在是为大众的行为。

他要人们除掉一切自私自利的心机,而养成为大众献身的牺牲精神。视听言动都要合乎礼。(就是"复礼",复者返也。)礼是什么? 是一个时代里所由以维持社会生活的各种规范,这是每个人应该遵守的东西。各个人要在这些规范之下,不放纵自己去侵犯众人,更进宁是牺牲自己以增进众人的幸福。要这样社会才能够保持安宁而且进展。要想自己站得稳吧,也要让大家站得稳;要想自己成功吧,也要让大家成功。这是相当高度的人道主义,要想办到这样的确不大容易,所以说"为之难"。他也这样叹息过:"我还没有看见过从心坎里喜欢仁的人,也没有看见过从心坎里恨不仁的人。……只要有人能够有一天把自己的力量用在仁的身上,我还不相信有什么力量不够的事情。从心坎里欢喜仁的人,从心坎里恨不仁的人或许有的吧,但我还没有看见过。"这也许是他有所愤激的时候说的话吧：因为在他的门徒们里面有一位颜渊，便是"其心三月不违仁"的人。三个月不改变仁者的心肠或许还短了一点，"其他的人便只是偶而仁一下而已"。孔子的理想，是要："无终食之闲违仁，造次必于是，颠沛必于是。"尽管是怎样的流离困苦，变起仓卒，都不应该有一顿饭的时刻离开了为大众献身的心。这是要自己去求的，自己去做的，并不是高喊人道主义而希望别人给我些什么恩惠。这也并不在远处，就在自己的身边，也就在自己的身上。

"为仁由己，而由人乎哉！"（《论语·颜渊》）

"仁远乎哉？我欲仁，斯仁至矣。"（《论语·述而》）

"伯夷、叔齐……求仁而得仁。"（同上）

仁既是牺牲自己以为大众服务的精神，这应该是所谓至善，所以说"苟志于仁矣，无恶也"，——只要你存心牺牲自己以维护大众，那就干什么事情都是好的。你既存心牺牲自己，不惜"杀身成仁"，那还有什么可怕的呢？又还有什么不能够敢作敢为的呢？在这些场合就是先生在前也不能和他推让，他不做，我也要做。所以他说："仁者不忧"，"仁者必有勇"，"当仁不让于师"。

但是仁是有等次的，说得太难了，谁也不肯做，故教人以"能近取譬"。或者教人去和仁人一道慢慢地濡染，这就叫做"亲仁"，也就是所谓"里仁为美"。人对于自己的父母谁都会爱的，对于自己的儿女也谁都会爱的。但这不够，不能就说是仁，还得逐渐推广起来，要"老吾老以及人之老，幼吾幼以及人之幼"。假使推广到"博施于民而能济众"，你是确确实实有东西给民众而把他们救了，那可以说是仁的极致，他便称之为"圣"了。他认为尧、舜便是比较接近于这种理想的人格。

孔子曾说"吾道一以贯之"，但他自己不曾说出这所谓"一"究竟是什么。曾子给他解释为"忠恕"，是不是孔子的原意无从判定。

但照比较可信的孔子的一些言论看来,这所谓"一"应该就是仁了。不过如把"忠恕"作为仁的内涵来看,也是可以说得过去的。这两个字和"恭宽信敏惠"也没有什么抵触。恭与信就是忠,是克己复礼的事。宽与惠就是恕,是推己及人的事。敏是有勇不让,行之无倦的事。

这种由内及外、由己及人的人道主义的过程,应该就是孔子所操持着的一贯之道。他在别的场合论到君子上来的时候,是说"修己以敬","修己以安人","修己以安百姓",所说的就是这一贯的主张了。"修己以敬"是"克己复礼";"以安人"是"己欲立而立人,己欲达而达人";"以安百姓"是"博施于民而能济众"。故尔他说"修己以安百姓,尧、舜其犹病诸",也和"博施于民而能济众,尧、舜其犹病诸",是一样的意思了。

这种所谓仁道,很显然的是顺应着奴隶解放的潮流的。这也就是人的发现。每一个人要把自己当成人,也要把别人当成人,事实是先要把别人当成人,然后自己才能成为人。不管你是在上者也好,在下者也好,都是一样。但要做到这一步,做到这一步的极致,很要紧的还是要学。人是有能学的本质的,不仅在道义上应该去学仁,就是在技艺上也应该去学要怎样才可以达到仁的目的。立人立己,达人达己,不是专凭愿望便可以成功的事情。因而他又强调学。《论语》一开头的第一句便是:"学而时习之,不亦悦乎!"

究竟学些什么呢? 礼乐射御书数的六艺应该都在所学的范围之内,而他所尤其注重的似乎就是历史,看他自己说他"述而不作,信而好古",又说"好古敏以求之",可见他是特别注重接受古代的遗产。看他把一些古代的人物如尧、舜、禹、汤、文、武尤其周公,充分地理想化了,每每在他们的烟幕之下表现自己的主张,即所谓"托古改制"。他之注重历史似乎也有一片苦心。

除这"好古"之外,还有一种求学的法门便是"好问"。"就有道

而正焉"，"不耻下问"，便是这一法门的指示。故尔他说："不曰如
之何如之何者，吾末如之何也已矣。"而他自己是"入太庙每事问"，
"三人行必有我师"的。大概在一定的范围内，什么事都可以学，什
么人都可以问。这一定的范围赋有道德的属性和政治的属性，这
差不多是先秦诸子的通有现象，严格地说来，先秦诸子可以说都是
一些政治思想家。为什么有这样的通性呢？那是因为为士的阶层
所制约着的原故，士根本就是一些候补官吏。所谓"学而优则仕"，
"学古入官"，倒不限于儒者，就是墨法名道诸家都是一样。"士者
所以为辅相承（丞）嗣（司）者也"（《尚贤》上），这是墨子的士观。
"士生乎鄙野，推选则禄焉"（《齐策》），这是道家颜斶的士观。可知
学为士就是学为官，不是学为农，学为工，学为商。工农商之能成
其为学，又是资本主义社会成立以后的事了。但在这学为官的范
围内，"夫子"倒的确是"焉不学，而亦何尝师之有"的。

……

诗与乐是联带着的，孔子也特别注重音乐。他自己喜欢弹琴，
喜欢鼓瑟，喜欢唱歌。"与人歌而善，必使反之而后和之"，可见他
学唱歌是怎样的用心。"在齐闻《韶》三月不知肉味"，可见他对于
音乐又是怎样的陶醉。他把音乐不仅视为自我修养和对于门人弟
子的情操教育的工具，而且把它的功用扩大起来，成为了治国平天
下的要政。这是"与民偕乐"的意思，便是把奴隶时代的贵族们所
专擅的东西，要推广开来使人民也能共同享受。这一点不仅表示
了这位先驱者充分地了解得艺术价值，而且也显豁地表示了他所
代表着的时代精神。不过时代也依然限制了他。他所重视的乐是
古代的传统，也就是古乐。他说："《韶》尽美矣又尽善也，《武》尽美
矣未尽善也。"《韶》虽不必是舜乐，《武》也不必作于周武王，但总之
都是古乐。当时和这古乐对峙的已经有新音乐起来，便是所谓"郑
声"，这新音乐却为他所不喜欢，他斥之为"淫"。……

礼，不用说也是学的极重要的对象。礼，大言之，便是一朝一代的典章制度；小言之，是一族一姓的良风美俗。这是从时代的积累所递传下来的人文进化的轨迹。故有所谓夏礼、殷礼、周礼。但所谓夏礼、殷礼都已文献无征，"无征不信"，故他所重视的是"郁郁乎文哉"的周礼。他特别崇拜周公，以久"不复梦见周公"为他衰老了的征候而叹息。其实乱做梦倒是衰弱的征候，他的晚年之所以"不复梦见周公"，倒足以证明他已经超过了周公的水准了。周公在周初固然是一位杰出的人物，特别在政治上，但所有一切的周礼相传为周公所制作的，事实上多是出于孔子及其门徒们的纂集与假托。

禮是后来的字，在金文里面我们偶尔看见有用豐字的，从字的结构上来说，是在一个器皿里面盛两串玉具以奉事于神，《盘庚篇》里面所说的"具乃贝玉"，就是这个意思。大概礼之起起于祀神，故其字后来从示，其后扩展而为对人，更其后扩展而为吉、凶、军、宾、嘉的各种仪制。这都是时代进展的成果。愈望后走，礼制便愈见浩繁，这是人文进化的必然趋势，不是一个人的力量可以把它呼唤得起来，也不是一个人的力量把它叱咤得回去的。周公在周初时曾经有过一段接受殷礼而加以斟酌损益的功劳，那是不可抹杀的事实，但在孔子当时的所谓周礼又已经比周公时代更进步了。虽然或者说为更趋形式化了要妥当一些，但在形式上也总是更加进步了的。田制、器制、军制、官制，一切都在随着时代改变，没有理由能说总合这一切的礼制全是一成不变的东西。孔子在春秋末年强调礼制，可以从两点来批判他，一层在礼的形式中吹进了一番新的精神，二层是把"不下庶人"的东西下到庶人来了，至少在精神方面。"礼云礼云，玉帛云乎哉！乐云乐云，钟鼓云乎哉！"他并没有专重钟鼓玉帛等礼乐之外形。"人而不仁如礼何！人而不仁如乐何！"他是把仁道的新精神灌注在旧形式里面去了。

　　"礼与其奢也宁俭,丧与其易(治)也宁戚。"(《论语·八佾》)

　　"能以礼让为国乎,何有? 不能以礼让为国,如礼何?"(《论语·里仁》)

　　"先进于礼乐,野人也;后进于礼乐,君子也。如用之,则吾从先进。"(《论语·先进》)

这些是表现着他的进步精神。野人就是农夫,他们所行的礼和乐虽然是非常素朴,然而是极端精诚。把精神灌注上去,把形式普及下来,重文兼重质,使得文质彬彬,不野不史("质胜文则野,文胜质则史"),那倒是他所怀抱的理想。这应该也就是他的礼乐并重的根据吧。礼偏于文,乐近于质,他把这两者交织起来,以作为人类政治生活的韧带,这层是他的政治哲理的一个特色,我们是不能否认的。"礼乐不兴则刑罚不中,刑罚不中则民无所措手足",他是把人文主义推重到了极端了。

　　不过就在礼这一方面,时代也依然限制了他。他在形式上特别注重古礼,就和他在乐的方面注重《韶》、《武》而要"放郑声"的一样,有好些当时的世俗新礼,他就看不惯。他主张:"行夏之时,乘殷之辂,服周之冕。""行夏之时",在农业生产上大抵有它的必要。"殷辂"是否特别舒服,"周冕"是否特别美观,我们就无从判定了。据我从卜辞里面的发现,知道殷王所乘的猎车是驾两匹马的,比起周人的驷马来怕不怎么舒服吧。关于冕制,似乎他也还能够从权,且看他说:"麻冕礼也,今也纯(丝),俭,吾从众。"但这"从众"的精神可惜他没有可能贯彻到底。他有时候却又不肯"从众"。"拜下礼也,今拜乎上,泰也,虽违众,吾从下。"这就表示得很鲜明,他一只脚跨在时代的前头,一只脚又是吊在时代的后面。"拜下"是拜于堂下,受拜者坐于堂上,拜者"入门立中廷北向"而拜,这种仪式,我们在西周的金文里可以找到无数例,这是奴隶制下的礼节。

等时代起了变革,阶层上下甚至生出了对流,于是拜者与受拜者便至分庭抗礼,这也正是时代使然。众人都上堂拜,而孔二先生偏要"违众从下",很明显地是在开倒车。从此可以见得他对于礼,一方面在复古,一方面也在维新。所谓"斟酌损益"的事情无疑是有的,尽管他在说"述而不作",但如三年之丧便是他所作出来的东西,是不是杰作是另外一个问题,他自己的门徒宰予就已经怀疑过不是杰作了。

在主观方面强调学,在客观方面便强调教。教与学本来是士的两翼,他是士的大师当然不能离开学与教。他有有名的庶、富、教的三步骤论,是他到卫国去的时候,冉有替他御车,他在车上看见卫国的老百姓很多,便赞叹了一声:"庶矣哉!"——人真多呀。冉有就问:"庶了又怎么办?"他答道:"富之!"——要使他们丰衣足食。冉有又问:"已经丰衣足食了,又怎么办?"他又回答道:"教之"——好生展开文化方面的工作去教育他们。究竟教些什么呢?可惜他没有说。不过他是承认老百姓该受教的,这和奴隶时代只有贵胄子弟才能有受教育的权利,已经完全不同。他是仁道的宣传者,所学的是那一套,所教的也当然就是那一套。文行忠信是他的四教,他的门徒是分为四科的:德行、言语、政事、文学。四教和四科大概是可以扣合的吧,总不外是诗书礼乐和所以行诗书礼乐的精神条件。他本人确实是一位很好的教育家,他的教育方法并不是机械式的,他能够"因材施教"。他也不分贫富,不择对象,他是"有教无类"。当然,也并不是毫无条件,只要有"十小条干牛肉"(束脩)送去,他就可以教你了——"自行束脩以上,吾未尝无诲焉"。这也是教书匠的买卖不得不然,假如连"十小条干牛肉"都没有,你叫教书匠靠吃什么过活呢?

为政总要教民,这是一个基本原则。"以不教民战,是谓弃之","善人教民七年亦可以即戎","举善而教不能,则劝"。这和后起的道家法家的愚民政策是根本不同的,这点我们应该要把握着。因而"民可使由之,不可使知之"的那两句话,近人多引为孔子主张愚民政策的证据的,却是值得商讨了。一个人的思想言论本来是有发展性的,不得其晚年定论,无从判断一个人的思想上的归宿。周、秦诸子的书中都有时常自相矛盾的地方,我们苦于无法知道那些言论之孰先孰后。孔子是号为"圣之时"的,是能因时而变的人。庄子也说过:"孔子行年六十而六十化,始时所是,卒而非之,未知今之所谓是之非五十九年非也。"(《寓言》)他的晚年定论我们实在也无从知道。《论语》这部书是孔门二三流弟子或再传弟子的纂辑,发言的先后次第尤其混淆了,不能不说是一件遗憾。但要说"民可使由之,不可使知之"为愚民政策,不仅和他"教民"的基本原则不符,而在文字本身的解释上也是有问题的。"可"和"不可"本有两重意义,一是应该不应该;二是能够不能够。假如原意是应该不应该,那便是愚民政策。假如仅是能够不能够,那只是一个事实问题。人民在奴隶制时代没有受教育的机会,故对于普通的事都只能照样做而不能明其所以然,高级的事理自不用说了。原语的含义,无疑是指后者,也就是"百姓日用而不知"的意思。旧时的注家也多采取这种解释。这是比较妥当的。孟子有几句话也恰好是这两句话的解释:"行之而不著焉,习矣而不察焉,终身由之而不知其道者众也。"(《孟子·尽心上》)就因为有这样的事实,故对于人民便发生出两种政治态度:一种是以不能知为正好,便是闭塞民智,另一种是要使他们能够知才行,便是开发民智。孔子的态度无疑是属于后者。

孔子在大体上是一位注重实际的主张人文主义的人,他不大驰骋幻想,凡事想脚踏实地去做。他生在那么变化剧烈的时代,旧名与新实不符,新名亦未能建立,故他对子路问政主张先要"正名",谓:"名不正则言不顺,言不顺则事不成,事不成则礼乐不兴,礼乐不兴则刑罚不中,刑罚不中则民无所措手足。"所正的"名"既与"言"为类,正是后起的名辩之名,而不限于所谓名分。故"正名"也就如我们现在小之要厘定学名译名,大之要统一语言文字或企图拼音化那样,在一个社会制度大变革的时代的确是很重要的事。可惜他的关于如何去"正名"的步骤却丝毫也没有留下。

他生在大变革的时代,国内国外兼并无常,争乱时有,故尔他回答子贡问政,便主张"足食足兵";他并不是空口讲礼乐的空想家,而在礼成乐作之前是要有一番基本工作的。"如有王者,必世而后仁",要三十年之后才有仁政出现,则三十年间的基本工作,照逻辑上说来,也尽不妨有些地方类似乎不仁。"善人为邦百年,亦可以胜残去杀",他誉为"诚哉是言",不知道是他的前辈的那一位所说的话,这仁政成功的期间可说得更久远,要费三个三十年以上了。这些年限并不一定有数学般的准确,但足以证明他并不是不顾实际的绥靖主义者。尽管他在说"道(导)之以德,齐之以礼,有耻且格",但也没有忘记"道之以政,齐之以刑,民免(勉)而无耻(没有可耻的事)"的。

他的从政者的步骤,有"尊五美,屏四恶"的信条。五美中的一美"因民之所利而利之"是最值得重视的。四恶的"不教而杀谓之虐,不戒视成谓之暴,慢令致期谓之贼,犹之与人也,出纳之吝,谓之有司"(有司二字疑有误),也的确都是值得屏弃的恶政。因之它们的反面便是要先教先戒,信守法令,惠与不吝了。该给人民的,不能不给人民,只要是为人民谋幸福的,不能吝啬而不与。虽然也主张"节用","道(导)千乘之国,敬事而信,节用而爱人,使民以时",但这节用是有条件的,便是以爱人为条件。这只是在消极方面限制为政者的奢侈,而非节省必要的政治施设使人民不得康乐。故"有国有家者不患寡而患不均,不患贫而患不安"。不过在实际上他是患贫也患不安,患寡也患不均的,看他积极地主张"庶矣……富之，富矣……教之"，而强调"足食足兵，民信之矣"，也就可以明瞭了。

离开实际的政治之外，还有一种理论的主张，便是"祖述尧、舜"。尧、舜的存在，除掉《尚书》里面所谓《虞书》、《夏书》之外，是很渺茫的。在可靠的殷、周文献里面没有提到他们，在甲骨文和金文里面也没有提到。甲骨文里面有"高祖夔"，经王国维考证，认为是殷人的祖先帝喾，但从《山海经》、《国语》等所保存的神话传说上看来，帝喾和帝舜并不是两人，而且他们都是神。孔子是特别称道尧、舜的，但孔门之外，如墨家、法家、道家、阴阳家，甚至如南方的《楚辞》都一样称道尧、舜，虽然批判的态度不尽相同。尧、舜的故事很显然是古代的神话，是先民口传的真正的传说，在春秋时被著诸竹帛，因而也就逐渐被信史化了。

孔子的称道尧、舜，单就《论语》来说，有下列数项：

"大哉尧之为君也，巍巍乎唯天为大，唯尧则之。荡荡乎，民无能名焉。巍巍乎其有成功也，焕乎其有文章。"（《泰伯》）

"巍巍乎，舜、禹之有天下而不与焉。"（同上）

"无为而治者其舜也与？夫何为哉？恭己正南面而已矣。"（《卫灵公》）

虽然很简单，但毫无疑问是把禅让传说包含着的。他之所以称道尧、舜，事实上也就是讴歌禅让，讴歌选贤与能了。

尧、舜禅让虽是传说，但也有确实的史影，那就是原始公社时的族长传承的反映。《礼运篇》称之为"天下为公"的时代，充分地把这个阶段乌托邦化了，因而成为中国历史上的黄金时期。这动机，是值得我们讨论的。明显的是对于奴隶制时代的君主继承权，即父子相承的家天下制，表示不满，故生出了对于古代原始公社的憧憬，作为理想。假使能够办得到，最好是恢复古代的禅让，让贤者与能者来处理天下的事情。假使办不到，那么退一步，也要如

"舜、禹之有天下而不与焉","恭己正南面",做天子的人不要管事，让贤者能者来管事。这动机，在当时是有充分的进步性的，无疑，孔子便是他的发动者。

认清了孔子的讴歌禅让，也才能够正视他的"君君、臣臣、父父、子子"的那个提示。那是说君要如尧、舜那样的君，臣要如舜、禹那样的臣，父也要如尧、舜那样的父（不以天下传子），子也要如舜、禹那样的子（"幹父之蛊"）。齐景公不懂得他的深意，照着传统的奴隶社会的观念讲下去，便为："信如君不君，臣不臣，父不父，子不子，虽有粟吾得而食诸?"只顾到自己要饭吃，没有顾到老百姓也要吃饭，但这责任不能归孔子来负。

孔子倒是否认地上的王权的。这与其说是他的特出的主张，无宁是社会的如实的反映。当时的王权事实上是式微了，就是各国的诸侯事实上已多为卿大夫所挟制，而卿大夫又逐渐为陪臣所凌驾，大奴隶主时代的权威已经是被社会否认了。孔子想制作一个"东周"，并不是想把西周整个复兴，而是想实现他的乌托邦——唐、虞盛世。

地上的王权既被否认，天上的神权当然也被否认。中国自奴隶社会成立以来，地上王的影子投射到天上，成为唯一神的上帝，率领百神群鬼，统治着全宇宙。但到西周末年，随着奴隶制的动摇，上帝也就动摇了起来。《诗经》中没落贵族们埋怨上帝的诗不计其数。春秋年间，王者既有若无，实若虚，上帝也是有若无，实若虚的。妖由人兴，卜筮不灵了。一般执政者对于上帝，是在习惯上奉行故事地承认着，而内心的认识可用子产的一句话来统括，便是："天道远，人道迩，非所及也。"（《左传·昭公十八年》）天尽他去天吧，我却要尽我的人事。

孔子对于天的看法反映了这种社会的动态。无疑地，他是把天或上帝否认了的，只看他说"天何言哉？四时行焉，百物生焉，天何言哉?"①他所称道的天已和有意想行识的人格神上帝完全不同。故在他心目中的天只是一种自然或自然界中流行着的理法。有的朋友认为这种看法太看深了,那么我们请从反对学派的批评来看,便可以知道实在一点也不深。墨子所批评的"儒之道足以丧天下者四政",第一政是:"儒以天为不明,以鬼为不神,天鬼不说。"(《墨子·公孟》)这所说的不正是孔子的态度吗?

"子不语怪力乱神。"(《论语·述而》)

"子路问事鬼神,子曰:'未能事人,焉能事鬼?''敢问死。'曰:'未知生,焉知死?'"(《论语·先进》)

但无论怎么说,至少孔子总得是一位怀疑派。不幸他的实际家或政治家的趣味太浓厚,尽管否认或怀疑鬼神,而他在形式上依然是敬远着它们。这是他的所谓智者的办法,"敬鬼神而远之,可谓知(智)矣"。但所谓"知"无疑并不是纯粹的理智,而是世俗的聪明。

……

在孔子的整个思想体系上我们可以看出,他在主观的努力上是抱定一个仁,而在客观的世运中是认定一个命。在主观的努力与客观的世运相调适的时候,他是主张顺应的。在主观的努力与客观的世运不相调适的时候,他是主张固守自己的。

"笃信好学,守死善道。"(《论语·泰伯》)

"志士仁人无求生以害仁,有杀身以成仁。"(《论语·卫灵公》)

"不义而富且贵,于我如浮云。"(《论语·述而》)

---

①　《庄子·知北游篇》有一节话,是这几句话的扩张:"天地有大美而不言,四时有明法而不议,万物有成理而不说。圣人者原天地之美而达万物之理,是故至人无为,大至不作,观于天地之谓也。"——作者注

"君子义以为质,礼以行之,逊以出之,信以成之。"(《论语·卫灵公》)

"自古皆有死,民无信不立。"(《论语·颜渊》)

他并不是低头于命定的妥协者,看这些辞句也就可以明瞭了。他只差这一点没有说明,便是一切都在变,命也在变;人的努力可以扬弃旧命而宰制新命。奴隶制时代的汤武能革命,使奴隶制崩溃了的人民也正在革命。孔子是生在这种革命潮流中的人,事实上他也正在参加着新必然性的控制的。他说他"五十而知天命",或者也就是说他探索了五十年,到这时才自觉到了自然的趋势所赋与他的新使命的吧。

（选自《郭沫若全集》历史编,第二卷,人民出版社1982年版）

郭沫若(1892—1978),四川乐山人。1923年毕业于日本九州帝国大学医科,旅居日本多年。曾任广州中山大学文学院院长。1948年当选中央研究院院士。新中国成立后,曾任全国文联主席、政务院副总理兼文化教育委员会主任、中国科学院院长兼哲学社会科学学部主任及历史研究所所长、全国人大常委会副委员长、全国政协副主席、中国科技大学校长等。著有《中国古代社会研究》、《青铜时代》、《十批判书》、《奴隶制时代》、《历史人物》、《文史论集》、《甲骨文研究》、《金文丛考》、《两周金文辞大系图录考释》等。有《郭沫若全集》行世。

本文选自《郭沫若全集》之《十批判书》。文章指出:孔子的政治思想是"顺乎时代的潮流,同情人民解放的"。孔子是袒护乱党的,乱党"在当时都要算是比较能够代表民意的新兴势力"。"仁"是孔子思想体系的核心,孔子所操持的一贯之道

是"由内及外,由己及人的人道主义",他"主张足食足兵","讴
歌选贤与能","他在主观的努力上是抱定一个仁,而在客观的
世运中是认定一个命"。孔子努力的目标"并不是想把西周整
个复兴,而是想实现他的乌托邦——唐虞盛世"。

孔 制 崩 溃

殷 海 光

　　近代中国人在人理建构方面之最重大和影响最深远的事情之一就是孔制崩溃。孔制并非单纯的宗教，并非单纯的学说，也并非单纯的伦范。但是，它确有宗教的某些功能，确有某种学说的形式，确有浓厚的伦范建制。孔制是一个**森多门**（syndrome）。[①] 它的成素复杂。它渗入中国社会文化的许多层面。它是中国文化分子意识状态的基本型模之一重要的方相。然而，它毕竟崩溃了。因此，它由崩溃所衍生的结果也是多方面的。

　　孔制是什么呢？对于这个问题的真实解答，既不是崇敬又不是亵渎，既不是拥护又不是打倒。崇敬、亵渎、拥护及打倒，在别的场合也许是必要的，例如，在礼拜的场合，或群众大会上。可是，这类态度与动作，对于解答问题却无帮助——不仅没有帮助，反而大有妨碍。因为，这些因素扯歪了纯思活动。孔制是什么？这个问题所涉及的是社会文化的经验题材。对于经验题材的研究，有而且只有靠跟科学一样的认知的活动才可望得到比较客观的结果。杨庆坤说：

　　　　在以上的讨论里，我们没有把孔制当作一个主要的宗教制度包含在其中。我们现在要问:孔制是否一个宗教? 对于这个大家经常讨论到的问题,因各人对宗教所下定义不同而显然不同。广义说来,宗教一词所指颇广。从种种非有神论的信仰制度到有神论的信仰制度都包括在宗教里。非有神论的信仰制度带有信仰者以为临近终极的一种强烈情绪。有神论的信仰制度则含蕴着终极的价值。这些终极的价值系以超自然的事物充分征象出来的,并且藉着崇拜模式和组织来支持。许多非有神论的思想或行动的制度,例如共产制度,可能具有一种宗教的性质,并且也能满足许多成熟的有神论的宗教之某些基本的心理功能。非有神论的信仰制度都是英格尔(J.Milton Yinger)所认为系有神论的宗教在功能上的代用品。正如我们在前面所说,我们现在的研究所注重的是有神论的宗教。有神论的宗教之一个主要的因素是认为有超自然界。从这一眼光看去,我们在这里并非把孔制看作一个成熟的有神教,而是看作一个具有宗教性质的社会政治上的宗旨。孔制并未树立起一个上帝作为其教化的前提,而且孔制的基本原理原则主要是从考虑实际问题着眼而发展出来的。即令佛教观念曾渗透到新孔学里,这种情形并未改变孔制之注重现世问题的倾向。孔制确实对生死问题的最后意义提出解答。但是,孔制之解答生死问题,并非藉任何超自然的力量,而系藉人的道德责任。作为一个思想系统来看,孔制的宗教性质乃当人的问题不能藉知识或道德名词来说明时,便假借天道和命运观念来解答。而且,在孔制是被当作一个实践的宗旨时,系从对孔制崇拜的仪式中得到支持,并且从许多超自然的观念和崇拜的仪式得到支持。这些观念和崇拜仪式与孔制传统的功能是联系在一起的。①

这一段的分析是切实地将孔制的重要特点指陈出来。显然得很,从社会文化的观点来了解孔制,比从玄谈心性的路径来了解孔制,远为切合孔制发生的时代背景以及它对二千多年来的中国社会文化所发生的功能。

至少就孔制的功能来说,它虽非中国社会文化之独占的核心价值系统,但无疑是一个重要的与大占支配地位的核心价值系统。每个社会结构有一个中心,这一个中心以各种方式沁入或辐射到这个社会的各种建制,例如,家庭、团体、政司以至于朋友、夫妇、兄弟。这个中心是价值和信仰的领域。换句话说,它是安排和支配社会的符号、价值和信仰的秩序之中心。它之所以是这样的一个中心,因为它被当作是最后的、无可替代的及无可化约的根据。这也就是说,从逻辑的观点看,它是该一社会文化的**设准**(postulates)②。从衍发的观点看,一个核心价值系统是该一社会文化经历长期涵孕出来的。但是,因年长岁久,许多人不知道它的来源,所以对它滋生一种"本来就是如此"的感觉。以这种感觉作原料,许多能文之士从而润饰并夸张之,政司又从而建构化之,于是产生一道神圣的意象**光圈**(nimbus)。这么一来,这一核心价值系统在该一社会文化里享有了

① C. k. Yang, *Religion in Chinese Society*, University of California Press, 1961, p. 26.

② 从零语句推演出来的语句,我们管它叫做始基语句或设准。在一个系统中,任何不证的起点语句叫做设准。欧基米德几何学前首的公理(Axioms)就是设准。我们把这种想法加以推广,应用到社会文化界域。任何有完备整合的社会文化之价值系统都有它的核心价值。这一核心价值是其他价值由之而导出的源头。所以,我把这一核心价值看作价值设准。

"神圣"的尊严。依希勒斯(Edward Shils)所说①,我们可知这样的核心价值系统,在一个社会制度中又是角色行为的规范准则。既然如此,这核心价值可能——虽不必然——具体表现于角色行为之上。唯其如此,人际的生活与合作才成为可能。我们要在某些超于个人具体存在的目标上协作,分析到最后,也唯有依赖这一核心价值系统及据之而制定的角色行为的规范准则。例如,"父父"、"子子",虽然这些表达式是混含不清因而可作多种解释的。孔制就是这样的一个核心价值系统。复次,这种核心价值系统主要的要素之一是对权威采取肯定的态度。权威常成价值的堡垒。

许多非孔的人士嫌恶孔制阻碍了中国的"进步"。孔制这一核心价值系统诚然**拘束**(arrested)了中国社会文化的"异动"到一种可观的程度,但是它确也维系中国社会文化的稳定到一种可观的程度。如果只看得到孔制对中国社会文化所发生的稳定作用而看不到它对中国社会文化所发生的拘束作用,那么可能是敬爱孔制者"情人眼里出西施"使然。这是不合经验事实的。但是,如果只看得到孔制对中国社会文化所发生的拘束作用而看不到它对中国社会文化所发生的稳定作用,那么可能是由于憎恶孔制之情在心里作怪使然。这也是不合经验事实的。在事实上,任何带权威性的核心价值系统及依之而制定的伦范规律,对于它所在的社会文化,既有稳定作用又有拘束作用。任何价值系统及依之而制定的伦范规律,不可能只有维系社会文化的稳定作用而无拘束作用,也不可能只有拘束作用而毫无稳定作用。孔制也是如此。然而,无论孔制在中国社会文化曾经起过稳定作用还是拘束作用,在实际上它是崩溃了。

孔制是崩溃了,但因此而留给中国的问题可就大了。哪些大

---

① See Edward Shils, Centre and Periphery, in *the Logic of Personal Knowledge*, *London*, 1961.

问题呢？

依上所述，孔制一直是中国社会文化的一个核心价值系统，中国社会主要的伦范规律是根据这个系统而制定的。中国二千多年来主要的政治建制、家庭制度、伦理实习、模式行为以至于许多风俗习惯，都是照着这个核心价值系统而逐渐形成的。一旦这个核心价值系统崩解了，就像一座建筑物的主栋断了似的，依附在这个核心价值系统周围的这些建构也无可避免地随着崩解。所以，人像跳出围栏的野兽，除了铁缆以外任何言词也范围他不住，而社会规范也一天一天地消溃下去。

孔制是最重"礼治"的。一部《论语》中，常常提到"礼"。"礼"的作用是很大的。在某种程度以内，"礼"代替了"法"。在儒家对中国社会文化的支配力高涨时，法家不能抬头，只能居于辅治的地位。之所以如此，原因的　面，就是儒家主张少用法而多遵礼，再多用情。甚至有人认为"礼"就是"理"，说"礼者理也"①。"礼治"曾经是融化到中国社会文化因而形之于视听言动和人际关系的秩序。可是，现在的中国人之于礼，却是"若存若亡"②。传统的中国社会是否为在经济的意义上的"阶级社会"，我暂时不在这里讨论。无论传统的中国社会在经济的意义上是否为"阶级社会"，传统中国社会里的尊卑长幼之分和亲族间辈分的高下之别确是很严格的。这种分别显然不是经济意义的"阶级"，但无疑是"伦级"。这

---

①　这是混乱之一源。"礼"和"理"实在是两回事。适度的礼节可以防范人的野性，也可以润滑人际关系。可是，过于繁缛的礼节，实在累人。它的反动，就是现在大家的"白眼相向"。无论一个人怎样会讲礼，他由讲礼这条道路讲不出理。所以，周公证不出几何题目。

②　徐道邻有句名言，说台湾的大学生见了老师"似笑非笑，似点头非点头"。这种"若存若亡"的状态，大值研究。

一伦级的次序，虽然源于血族，但不限于血族。这一伦级的观念，浸假而扩散到官制之中而几乎与官阶有**一一相当**(one-one corre-spondence)的关系。自古以来，大官就是大老爷，小官就是小老爷，底下的就是孝子贤孙。慈禧太后叫做"佛爷"。皇帝退休了叫做"太上皇"。这意含什么呢？这意含皇帝固然从官秩上退休了，可是他却不从伦秩中退休，而且永远不退休。不仅不退休，而且在伦秩中还晋了级。他固然把他在政治上"天下第一人"的身份交了出来，可是他在伦级中还是"天下第一人"。因此，至少在伦理规范的要求中，他的儿子皇帝还得对他既孝且敬。

这里于是产生一个问题：伦级藉什么来展现呢？除了"名"以外，就是"礼"。名不可乱；礼则不可紊。像膝行、叩头、作揖、肃立等等，都是依伦级之高下而行的礼。不同的伦级所收到的礼相当地不同。在这种场合，伦人的尊严方始显现，伦人的伦位方始得到确认，伦人的声威要求方始得到预期中的满足。然而，孔制崩解了。礼被一群一群"反礼教"的"新青年"扫掉了。年青人见了长辈的人翻翻白眼就路人般的过去了。这种情形使在伦级上的伦人受到挫折。所处伦级愈高的人受到的挫折愈重。挫折产生侵略。一群遭受挫折的人蜗聚在一块，其侵略性往往倍增，所需满足的声威要求愈渴。现在一般中国文化分子的声威要求之炽烈，已经到达出人意表的程度①。

我们在前面说过，孔制是一森多门。这一森多门的特点是具有浓

---

①　别的暂且不提，现在许多人士所讲的"中国哲学"简直可以说是"声威哲学"。这种"哲学"在表面有许多哲学词令，可是在骨子里是受声威要求的推动。于是，这种"哲学"成了声威要求的宣泄。声威要求和理知毫不相干。所以，这种"哲学"也和理知毫不相干。例如，将中国哲学史里的知识论跟西方哲学里的知识论相提并论，这等于把科学前期的**火气说**(phlogiston theory)之类的东西和现代热学相提并论。

密而又强厚的规范性。它不仅规范人的行为,也规范人的思想。自从汉代罢黜百家一尊孔孟以来,除了几个插曲以外,中国的知识分子的思想很少不在孔制"正统"牢笼之下。中国文化既以"法古"为价值取向,于是学人士子谈道论事动辄援引远古权威。在远古权威之中最显著的就是"诗云"、"子曰"。这种办法,从董仲舒开始,经历代官司提倡,已经牢不可破地制度化了。自汉代以后,中国虽然经历了许多血流满地的朝代变更,这一制度却代代一脉相承地传衍下来。于是,我们的知识分子,在这么长久的"历史文化"中,绝对大多数只为延续那"圣教"而存在。他们没有正式而且大规模地被教导着主动而且又独自地运用自己的智能来认知这个大家置身其中的经验世界。他们又从来没有在一个制度的培养和鼓励之下离开"先王之法"来自动创造方法以解决人生和社会的实际问题。实实在在,他们倒是长期被熏陶着把自己的大脑交出来,让古人作主,依照古人的遗教来认知这个世界。实实在在,中国的"古圣先贤"在基本上是些"人事专家"。他们对于认知这个经验世界即令不是毫无兴趣,他们的兴趣也是少得可怜。于是,那大批的知识分子在"古圣先贤"的笼罩和提撕之下,对于认知这个经验世界的兴趣也跟着少得可怜。像明末顾祖禹这样的知识分子,真可说是凤毛麟角了。至于解决实际的问题,也必须在古法和成规里去想办法。救灾是如此,治河是如此,"剿匪"也是如此,写文章之类的事也是如此①。像李鸿章的那若干人在办理"夷务"时稍能针

---

①　曾国藩自记:"作苗君墓志铭毕,细阅竟无一字是处。昔余终年不动笔作文,而自度能知古人之堂奥,以为将来为之,必有可观;不料今年试作数首,乃无一合于古人义法,愧赧何极。"己巳八月。

庚午正月:"郭婚铭辞作毕,全不合古人义法,深以为愧。"

《曾文正公全集》,台北,页二七七。

古人的影子牢牢抓住了学人的思想活动。

对现况,只好说是大震荡和大痛苦中逼出来的些许异数。总括起来说,自汉代以来,中国的知识分子,除了极少数特立独行之士或突破成规的奇才以外,一般都是被古祖牵着手走路的孩子。离开了古祖,他们很少会自己走路的。中国"明经取士"的考试制度是考选孩子的制度。通过这个制度选拔出来的孩子大都是很乖的。然而,孔制崩解了,他们骤然失却了依凭。中国没有足够的机会像欧洲那样从事文艺复兴。中国没有认知经验世界的真正科学传统。中国知识分子主要地被导向情绪的思想与作价值判断的规范思想,而绝少作逻辑思考。失去了依凭的中国知识分子在茫茫人海里,不知"茫茫欲何之"。于是"徬徨",于是"呐喊",于是"幻灭"。

虽然,传统中国的知识分子在思想前提上必须唯道统是遵,在行为模式上必须唯古制是赖,可是他们在传统中国社会所扮演的角色是"四民之首"。站在"四民之首"的知识分子对社会、对国家有传统的道德责任感。他们觉得"吾侪不出,如苍生何"!这种意识在国难临头时一经翻译就是"救国救民"。"救国救民"的意识碰到时髦的史观,就形变而为"完成历史使命"。这些观念在他们的心里发酵,又变成推动时代的动力。可是,作为一个群集来看,他们认不清所处的时代环境,他们也拿不出有效的办法来解决实际的问题。他们凭什么来"领导时代"呢?正在这个关头,西方文化大量入侵,欧风美雨东渐。于这一情势之下,在传统中国知识分子看来新奇的学说思想被介绍到中国知识界。面对这些新奇洋货,传统中国的知识分子怎样选择呢?在他们之中,绝对大多数并非透过客观的认知和逻辑的思考来决定取舍。这类工作是认知之学有基础而且不喜欢热闹的学人所从事的长期工作。恰恰相反,他们是被好奇、希冀、兴奋、幻想,以及深藏内心的由受挫折而产生的渴望之情所推动来看西方学说思想的。于是,像初到糖果店的孩子一样,看见外来的东西就嚷着要买。这种求知的锐气是可钦佩的,但却嫌缺乏健全的选择力。同时,他们原来是孔制翼护的中坚和教化的普及者。孔制崩解了,他们不得不从圣坛上跌下来。这使他们丧失了原有的地位与声威。恢复既有的地位与声威是一件与生命相联的事。刚好在这种时际,列强的侵凌,令他们饱受刺激。正在这些力量内外交逼的时日,"革命去!"的号召"应运而生"。这真使浮游不安的中国知识分子获得像在沙漠中迷失方向的旅人远远望见绿洲似的解救。

这些绿洲也许只是海市蜃楼,也许只是幻觉的产物。然而,这要等到走近了才看得清楚!

(选自殷海光《中国文化的展望》,上海三联书店 2002 年版)

殷海光(1919—1969),湖北黄冈人。早年求学于西南联大哲学系。1924 年入清华大学哲学研究所。1949 年赴台。曾任《中央日报》、《自由中国》主笔,台湾大学哲学系教授。著有《中国文化的展望》,译有《逻辑基本》等。

本文选自《中国文化的展望》,最早发表于 1965 年。文章指出:"孔制一直是中国社会文化的一个核心价值系统",它最重"礼治","具有浓密而又强厚的规范性,它不仅规范人的行为,也规范人的思想","孔制对于它所在的社会文化既有稳定作用又有拘束作用",故孔制崩溃后,"失去了依凭的中国知识分子在茫茫人海里,不知'茫茫欲何之'"。但孔制崩溃是"近代中国人在人理建构方面之最重大和影响最深远的事情之一"。

儒家的政治思想

萨孟武

(一)孔　　子

先秦思想可以说都是政治思想。孔门四科,政事其一。其他三科也多少与政事有关,只因孔门四科没有划分清楚,所以孔子思想常为后儒所误解。孔子卒时,年七十三,在数十年之中,孔子的政治思想不能毫无变更。孔子年五十六为鲁大司寇,摄行相事。在此以前,公山不狃以费畔,召,子欲往,曰如有用我者,吾其为东周乎(《论语·阳货》)。在此以后,佛肸以中牟畔,召,子欲往,曰吾其匏瓜哉,焉能悬而不食(《论语·阳货》)。可知孔子本来是欲兼善天下,不愿独善其身。孔子年五十六离鲁,年六十三归鲁,在其周游列国之时,绝粮于陈蔡之间,而沿途又受楚狂、长沮、桀溺、丈人的讥笑(《论语·微子》)。当其尚未返鲁,年届六十之时,似知吾道之不行。返鲁之后,鲁终不能用孔子,孔子亦不求仕,乃退而著书立说。孔子之书甚多,有删削古书者,如《诗经》是。有亲自改编者,如《春秋》是。有门人录其嘉言者,如《论语》是。所惜者,后人多不研究那一句话是孔子说在年六十以前,那一句话是孔子说在年六十以后,而致孔子之言,不免有前后矛盾之处。而后儒又只知拾其单言片语,以粉饰自己的学说,孔子之道便变成“博而寡要,劳而少功”(《史记·太史公自序》)。庄子有言:“孔子行年六十,而六十化,始时所是,卒而非之,未知今之所是之非五十九非也"(《庄子·寓言》),此言可谓深知孔子思想是随时进步的。王充有言:"案圣贤之言,上下多相违,其文前后多相伐者。世之学者不能知也。"(《论衡·问孔》)但是吾人须知《春秋》一书必是孔子改编,"笔则笔,削则削,子夏之徒不能赞一辞"(《史记·孔子世家》),而孔子亦极重视《春秋》,故说:"知我者其唯《春秋》乎,罪我者其唯《春秋》乎。"(《孟子·滕文公下》)《春秋》虽载天灾地变,董仲舒依之而著《春秋繁露》,但是孔子罕言天命(《论语·子罕》),且说:"存亡祸福皆己而已,天灾地妖,不能加也。"(《孔子家语·五仪解》)天灾地妖不过儆人主而已(同上)。《春秋》之言微而不显,寓褒贬于一字之间,明治道于一句之内,令人不能理解其意,王安石戏目为断烂朝报(《宋史·王安石传》),不是没有理由的。

由自然现象的研究进而研究社会现象,社会是"人"的团体,所以研究社会就是研究"人"。人有智愚之分,善恶之别,又有好恶的感情。孔子说:"中人以上可以语上也,中人以下不可以语上也"(《论语·雍也》),"生而知之者上也,学而知之者次也,困而学之,又其次也,困而不学,民斯为下矣"(《论语·季氏》)。"唯上智与下愚不移"(《论语·阳货》)。这都是说明智愚,而与善恶无关。历史谓"纣资辨捷疾,闻见甚敏,知足以距谏,言足以饰非"(《史记·殷本纪》),则其天资固非昏愚也。然其勇于为恶,而自绝于善,卒致"天下之恶皆归焉"(《论语·子张》)。此实可以证明智愚与善恶判然不同。智愚是知识上的问题,善恶是道德上的问题。先哲对于人性之善恶共有四种看法,一是"性善",二是"性恶",三是"性无善无不善",四是"有性善,有性不善"。孔子对于智愚虽分上智、中人、下愚三等,而对于性之善恶,似无肯定的主张,最多只谓"性相近也,习相远也"(《论语·阳货》)。此即告子所谓"性犹湍水也,决诸东方则东流,决诸西方则西流,人性之无分于善不善,犹水之无分于东西也"(《孟子·告子上》)。但"有性善,有性不善"亦是近理之言,是故以尧为君而有象,以瞽叟为父而有舜。固然性无善恶,但人类尚有好恶的感情。"何谓人情,喜怒哀惧爱恶欲,七者弗学而能。"(《礼记注疏·礼运》)人类有所好,又有所恶,这是人情,任谁都难否认。孔子说:"富与贵是人之所欲也,贫与贱是人之所恶也。"(《论语·里仁》)又说:"饮食男女人之大欲存焉,死亡贫苦人之大恶存焉。"(《礼记·礼运》)"圣人之治化也,必刑政相参焉。太上以德教民,而以礼齐之。其次以政焉导民,以刑禁之,刑不刑也。化之弗变,导之弗从,伤义以败俗,于是乎用刑矣。"(《孔子家语·刑政》)固然孔子曾说:"导之以政,齐之以刑,民免而无耻。道之以德,齐之以礼,有耻且格。"(《论语·为政》)但是如上所言,道之以德,齐之以礼,乃太上之治道,其次必须导之以政,齐之以刑。何况古代之所谓"礼"乃包括"法"在内,礼云"分争辨讼,非礼不决"(《礼记·曲礼》)。这个"非礼不决"之礼就是法律。故云:"礼者君之大柄也"(《礼记·礼运》),"安上治民莫善于礼"(《孝经·纪孝行》)。案孔子虽说仁义,同时又说礼义。仁内也,"礼自外作"(《礼记·乐记》)。孔子曾说:"齐之以礼,则民知耻矣,刑以止刑,则民惧矣。"(《孔丛子·刑论》)又说"示之以好恶,使民知禁",正义曰"示有好必赏之令,以引喻之,使其慕而归善也。示有恶必罚之禁,以惩止之,使其惧而不为也"(《孝经·三才》)。即孔子为政,依靠于人性之善恶者少,依靠于人情之好恶者多。所以他说:"君子莅民,不可以不知民之性,而达诸民之情。"(《孔子家语·入官》)以衣敝缊袍而不耻之子路(《论语·子路》),而犹说"伤哉贫也"(《孔子家语·曲礼子贡问》),更奚论乎常人。子思说:"生不足以喜之,利何足以动之。死不足以禁之,害何足以惧之。"(《孔丛子·抗志》)子顺亦言:"人之可使,以有欲也。故欲多者,其所得用亦多。欲少者,其所得用亦少矣。夷齐无欲,虽文武不能制,君安得而臣之。"(《孔丛子·陈士之义》)

人类之欲,上焉者好名,下焉者好利。孔子对其个人的利固甚冷淡,故说:"饭疏食,饮水,曲肱而枕之,乐亦在其中矣。"(《论语·述而》)而对于名,未必冷淡,故说"君子疾没世而名不称焉"(《论语·卫灵公》)。但孔子之求名,绝不同东汉名流那样,"处士纯盗虚声"(《后汉书·左雄传》),而是要名实相符,故说:"君子病无能焉,不病人之不已知也。"(《论语·卫灵公》)孔子深知人情,他对自己,固然主张"无求生以害仁,有杀身以成仁"(《论语·卫灵公》)。而对众人,并未曾如斯希望。孔子说:"或安而行之,或利而行之,或勉强而行之",正义曰"或安而行之,谓无所求为,安静而行之。或利而行之,谓贪其利益而行之。或勉强而行之,谓畏惧罪恶,勉力自强而行之。"(《礼记·中庸》)安而行之,乃仁人志士之事。利而行之,就要用赏。勉强而行之,就要用刑。刑赏的基础在于人类之有好恶,也只因人类之有好恶,而后政府才得利用人性的弱点,令其就善避恶。故说:"五刑所以佐教也。"(《孔丛子·论书》)不过"古之听讼者,恶其意,不恶其人,求所以生之,不得其所以生,乃刑之……今之听讼者,不恶其意,而恶其人,求所以杀,是反古之道也"(《孔丛子·刑论》)。《司马法》言:"有虞氏不赏不罚,而民可用,至德也"(《司马法·天子之义》),其实,有虞氏那有不罚之事。《尚书·舜典》云"五刑有服",其"流共工于幽州,放驩兜于崇山,窜三苗于三危,殛鲧于羽山"(《尚书·舜典》),实因当时人口寡少,乃用流放之法,宽宥五刑,使罪人开发边疆。所以《舜典》又说:"流宥五刑。"孔子为鲁大司寇,摄行相事,七日诛鲁闻人少正卯,三孙逆命,孔子又令人率师讨伐,那里有不刑不罚之事。为政之道,必须利用人情,而不可忘及刑赏,这是政治与教育不同之点。教育使民就善避恶,而能"安而行之"。《大学》所谓"诚意正心",《论语》各书所载仁义之言,是对门人言之,出于教育之意。教育是用劝诫之法,劝人为善,戒人为恶。政治则用刑赏之法,赏人为善,罚人为恶。人性步步由

教育而改善,政治也步步随人性之向善而变更,政治能够进步,端
赖于此。孔子说:"殷因于夏礼,所损益可知也,周因于殷礼,所损
益可知也,其或继周者虽百世可知也"(《论语·为政》),此章是言前
代之失,后代矫之,前代之不足,后代补之,正义所说明的三统,只
是阴阳家的见解,不足为训。司马法言:"夏赏于朝,贵善也,殷戮
于市,威不善也,周赏于朝,戮于市,劝君子,惧小人也"(《司马法·
天子之义》),此即孔子所谓"爵人必于朝,与众共之也,刑人必于
市,与众弃之也"(《孔子家语·刑政》),所损益略似乎此。

　　但是"安而行之",人数极少。孔子说:"无欲而好仁者,无畏而
恶不仁者,天下一人而已。是故君子议道自己,而置法以民",孔颖
达疏云:"无欲,好仁;无畏,恶不仁,虽天下之人广,能行此者,但有
一人而已,喻其少也。"(《礼记·表记》)安而行之,人数既少,则君子
为政何能不用刑赏。"郑子产有疾,谓子大叔曰我死,子必为政。
唯有德者能以宽服民,其次莫如猛。夫火烈,民望而畏之,故鲜死
焉。水懦弱,民狎而玩之,则多死焉,故宽难(杜注云难以治)。疾
数月而卒。大叔为政,不忍猛而宽,郑国多盗,取人于萑苻之泽。
大叔悔之曰吾早从夫子,不及此,兴徒兵以攻萑苻之盗,尽杀之,盗
少止。仲尼曰善哉,政宽则民慢,慢则纠之以猛。猛则民残,残则
施之以宽。宽以济猛,猛以济宽,政是以和"(《左传·昭公二十
年》)。但用刑之道,勿只施于小民,宜先施于大人。《六韬》云:"杀
贵大,赏贵小"(《六韬·龙韬》),孔子摄行相事,先杀的乃是鲁国第
一名流少正卯,即出于"杀贵大"之意。

　　在民主思想尚未发生以前,学者常寄望于圣君。圣君者先修
其身,而后治人。而如孔子对季康子所说:"子帅以正,孰敢不正。"
(《论语·颜渊》)故"知所以修身,则知所以治人。知所以治人,则知
所以治天下国家矣"(《礼记·中庸》)。"唯天下至圣……见而民莫
不敬,言而民莫不信,行而民莫不悦。"(《礼记·中庸》)盖"君子之德

风,小人之德草,草上之风必偃"(《论语·颜渊》)。在古代,人口寡少,而天子之地不过千里,千里之内又分封许多陪臣。诸侯之地,大者不过百里,人主的言动,百姓无不熟知,当然要正其身。因此,孔子每扩充家庭道德而为公民道德。在家庭之内,孝为百行之先。"五刑之属三千,而罪莫大于不孝。"(《孝经·五刑》)曾子曾言:"居处不庄,非孝也。事君不忠,非孝也。莅官不敬,非孝也。朋友不信,非孝也。战阵无勇,非孝也。"(《礼记·祭义》)即一切公民道德均以孝为本。孔子虽然主张博爱,而爱必由近而远,"故不爱其亲,而爱他人者,谓之悖德,不敬其亲,而敬他人者,谓之悖礼"(《孝经·圣治》)。"爱敬尽于事亲,而德教加于百姓,刑于四海,盖天子之孝也。"(《孝经·天子》)即天子扩充其孝,行博爱广敬之道,使人民知所效法,而不敢恶其亲。"明王之以孝治天下也,如此。"(《孝经·孝治》)但是为人子者固当孝其亲矣,而又不是唯父之命是从。孔子说:

> 昔者天子有争臣七人,虽无道,不失其天下。诸侯有争臣五人,虽无道,不失其国。大夫有争臣三人,虽无道,不失其家。士有争友,则身不离于令名,父有争子,则身不陷于不义。故当不义,则子不可以不争于父,臣不可以不争于君。故当不义,则争之,从父之令,又焉得为孝乎。(《孝经·谏诤》)

每事从父之令,不得为孝,同样,每事从君之命,不得为忠。孝之真义如此。但是要令臣民尽孝,必须天子尽孝,以为臣民之模范。孔子寄望于圣君也,如此。但是圣君何可强求,无已,只能求其次之贤相,如伊尹之于太甲,周公之于成王。故曰"为政在于得人"(《孔子家语·哀公问政》),"昔尧舜听天下,务求贤以自辅"(《孔子家语·辩政》)。即孔子乃主张贤人政治,但是只唯圣君才求贤相,自古以来,人君似尧舜者,并不多觏,伊尹周公不是太甲成王自己求之,而是先王(汤及武王)已置之为相,庸主何能求贤。更进一步观之，贤人政治往往不能久存，"其人存，则其政举，其人亡，则其政息"（《礼记·中庸》）。孔子似知贤臣之不易得，故云："才难不其然乎。"（《论语·泰伯》）而天子又有用人之权，所以孔子又说："在下位，不获乎上，民不可得而治矣"（《礼记·中庸》），管仲商鞅得行其志，就是因为其能得君。不过天子不皆贤，则其选择之相未必皆贤。相若不贤，则其所选用的百官，亦难求其尽职。何况贤与不贤并不易知，而如仲弓所说："焉知贤才而举之。"（《论语·子路》）孔子虽云："举直错诸枉，则民服。举枉错诸直，则民不服。"（《论语·为政》）什么是直，什么是枉，如何决定呢？孔子说："视其所以，观其所由，察其所安，人焉廋哉，人焉廋哉。"（《论语·为政》）然而由谁去视，由谁去观，由谁去察，又有问题了。

倘若果有贤相，则天子应无为于上，使贤相有为于下。孔子说："大哉尧之为君也，唯天为大，唯尧则之"（《论语·泰伯》），"天何言哉，四时行焉，百物生焉，天何言哉"（《论语·阳货》），"无为而治者，其舜也与。舜有臣五人，而天下治"（《论语·卫灵公》）。吾国先哲所主张的政治虽非民主政治，而其所提倡的政制却有近于内阁制。在君主政体之下，天子之位是传子的。天子之子不皆贤，须赖宰相传贤以补之，同时宰相之位不安定，须赖天子传子以补之。即于政府之内分别两种机关，其一传子，其他传贤。传子者地位要定，传贤者随时更换。政府既能新陈代谢，而中枢又不至发生动摇，这是现代君主立宪国采用责任内阁制的理由。

中国所以不能由内阁而达到民主之域者，盖先哲尤其孔子乃主张贤人政治，而既主张贤人政治了，就不免反对多数决政治。"子贡问曰乡人皆好之，何如。子曰未可也。乡人皆恶之，何如。子曰未可也。不如乡人之善者好之，其不善者恶之。"（《论语·子路》）孔子又说："众好之，必察焉。众恶之，必察焉。"（《论语·子路》）乡人皆好之，尚曰未可。乡人皆恶之，又曰未可。众人所好，尚须再察,众人所恶,亦须再察。好恶不由众人决定,试问决定之权属于谁人,再察之责属于谁人,"夫民主所以为民主者以平等。故边沁(J.Bentham)之言曰,人人得一,亦不过一,此平等之的义也"(严译《法意》第八卷第二章《复案》),也就是多数决政治的原理。吾国先哲每以少数人之所谓贤,而且又是主观上之所谓贤,压倒多数人的意见,其非民主政治,至为显明。固然王安石以为"所谓察之者,试之以事是也"(《王临川全集》卷三十九《仁宗皇帝言事书》)。但是"试之以事"是依考绩,而观其人之能力如何,至于其人之贤不贤,而用"试之以事"之法,恐难甄别出来。

为政之道必须"因民之所利而利之"(《论语·尧曰》),即要顺民之心,民心所希望者不过富厚而已。这叫做仁政。仁政之中,孔子所最注意的是"富"。"子适卫,冉有仆。子曰庶矣哉。冉有曰既庶矣,又何加焉。曰富之。既富矣,又何加焉。曰教之。"(《论语·子路》)。由春秋而至战国,列强争雄,梁惠王以"邻国之民不加少,寡人之民不加多"(《孟子·梁惠王上》)引为深恨。孔子亦言:"地有余,民不足,君子耻之"(《孔子家语·好生》),可知民庶乃是当时政事之要务。古者以民之多寡为国之强弱,民多则田垦而税增,役众而兵强。但民庶而贫,不逞之徒又将起而作乱,所以为政之道须先富民。孔子说:"政之急者莫大乎使民富。"(《孔子家语·贤君》)又说:"民之所以生者衣食也……民匮其生,饥寒切于身,不为非者寡矣。"(《孔丛子·刑论》)"孔子厄于陈蔡,从者七日不食,子贡得米一石,颜回仲由炊之于坏屋之下,有埃墨坠饭中,颜回取而食之。子贡自井望见之,不悦,以为窃食也。"(《孔子家语·在厄》)以子贡之智,颜回之贤,而当饥饿之时,子贡尚疑颜回之窃食。由此可知人类所视为最重要的,还是衣食。所以孔子为政,必以富民为先,既欲富民,则不可不言利。"孟轲问子思曰牧民何先。子思曰先利之。曰君子所以教者亦有仁义而已矣,何必曰利。子思曰仁义固

所以利之也,上不仁,则下不得其所。上不义,则下乐为乱也。此
为不利大矣"(《孔丛子·杂训》)。子罕言利,乃对自己而言,其对大
众,绝不忘利。个人对己,固要"食无求饱,居无求安"(《论语·学
而》),政治家对己,亦要同禹一样"菲饮食、恶衣服、卑宫室"(《论
语·泰伯》),而对于人民则宜希望其能"足食"(《论语·颜渊》)。如
何使民足食?孔子说"节用而爱人,使民以时"(《论语·学而》)。即
人主必须节省财用,如《礼记》(卷十二《王制》)所说:"量入以为
出。"而其使民,必以其时,不可妨夺农务,如《礼记》(卷十二《王
制》)所说,"用民之力,岁不过三日"。"省力役,薄赋敛,则民富矣"
(《孔子家语·贤君》);而孤独鳏寡,"此四者天民之穷而无告者也,
皆有常饩"(《礼记·王制》)。由此可知孔子所主张的仁政是很容易
实行的,问题所在,实行仁政乃有待于人主之仁。严复曾批评之
云:"夫制之所以仁者,必其民自为之,使其民而不自为,徒坐待他
人之仁我,不必蕲之而不可得也。就令得之,顾其君则诚仁矣,而
制则犹未仁也。使暴者得而用之,向之所以为吾慈母者,乃今为之
豺狼可也。呜呼,国之所以常处于安,民之所以常免于暴者,亦恃
制而已,非待其人之仁也。恃其欲为不仁而不可得也,权在我者
也。使彼而能吾仁,即亦可以吾不仁,权在彼者也。"(严译《法意》
第十一卷第十九章《严复案语》)梁启超亦说:"中国先哲言仁政
……仁政必言保民,必言牧民。保之牧之者,其权无限也。故言仁
政者只能论其当如是,而无术使之必如是。虽以孔孟之至圣大贤,
哓音瘏口以道之,而不能禁二千年来暴君贼臣之继出踵起,鱼肉我
民。何也?治人者有权,而治于人者无权,其施仁也,常有鞭长莫
及,有名无实之忧,且不移时而熄焉。其行暴也,则穷凶极恶,无从
限制,流恶及于全国,亘百年而未有艾也。圣君贤相既已千载不一
遇,故治常少而乱日益多。"(《论政府与人民之权限》)严梁二氏的
批评,可以适用于一切古人所主张的仁政,故余特别录出,以供读

者参考。

仁政以富民为先,孔子不但反对大贫,而且反对大富,他说:"贫斯约(约犹穷也),富斯骄。约斯盗、骄斯乱……故圣人之制富贵也,使民富不至以骄、贫不至于约。"(《礼记·孔子闲居》)又说:"中人之情也,有余则侈,不足则俭。"(《孔子家语·六本》)此即董仲舒所谓"大富则骄、大贫则忧。忧则为盗、骄则为暴"(《春秋繁露·度制》)之意。孔子云:"不患寡而患不均"(《论语·季氏》),即孔子的富民政策,非求生产的增加,而是求分配的平均。如何使民不大富,又不大贫呢?《王制》(《礼记》)虽有"制农田百亩,百亩之分,上农夫食九人,其次食八人,其次食七人,其次食六人,下农夫食五人"之语,即富只能食九人,贫亦能食五人。但《王制》是否周之制度,是否经过孔子删定,颇有问题。其书之作,据孔颖达疏,"盖在秦汉之际,卢植云,汉孝文帝令博士诸生作此王制之书"(《礼记》卷十一)。只因其为经书之一,孔子的思想不免受了后人误解。而且对于人民的经济生活,统制太甚。器用不合标准,不许其鬻于市,五谷不时,果实不实,禽兽鱼鳖不中杀,不许其鬻于市(《礼记·王制》),犹可言也。而《周礼》一书,统制更甚,"凡宅不毛者有里布,凡田不耕者出屋粟,凡民无职事者出夫家之征"(《周礼·载师》)。"凡庶民不畜者,祭无牲。不耕者,祭无盛。不树者无椁。不蚕者不帛,不织者不衰"(《周礼·闾师》),这固然是欲奖励生产,但统制太甚,人民实难忍受。王莽改革之失败就是太过根据《周礼》,而学者亦谓"王安石以周官乱宋","王安石以周官泉府一言祸宋"(见王安石撰《周官新义》后人序文),盖官吏不得其人,统制徒供官吏营私舞弊之用。儒家的道德观念能够深入人心,而其政治思想却难实行,盖后人不知《王制》一书作者为谁,而又谓"《周礼》作于西周"(《周礼》序文)。二者均列为经书,而不知"时移世变,不可行者渐多"(《周礼》序文)。后儒抱残守缺,竟以为孔子所要实行的政治制度,在于《王制》与《周礼》两书。

春秋之世,列国日寻干戈,争地以战,杀人盈城,争城以战,杀人盈野,民心厌战,无不希望和平,而诸侯僭天子,陪臣僭诸侯,臣弑其君者有之,子弑其父者有之,所以孔子主张正名。"子路曰卫公待子以为政,子将奚先。子曰必也正名乎"(《论语·子路》),即"君君、臣臣、父父、子子"(《论语·颜渊》)。有君之名,必有君之权责,有臣之名,亦有臣之权责。孔子固然明君臣之别,而又与唐太宗所谓"君虽不君,臣不可以不臣"(《旧唐书·太宗纪·贞观二年》)不同,而谓"君使臣以礼,臣事君以忠"(《论语·八佾》),即君以礼待臣,而后臣才会以忠报君。"礼时为大,顺次之。尧授舜、舜授禹、汤放桀、武王伐纣时也"(《礼记·礼器》),即孔子虽称尧舜之禅让,亦甚赞成汤武之革命。孟子的革命思想实由孔子启发。

君能知贤,而以其人为臣了,就须随才而用,"无求备于一人"(《论语·微子》)。孔子曾以射为例,以为"射不主皮,为力不同科,古之道也"(《论语·八佾》)。此时该人当然不可旷职,"孔子尝为委吏矣,曰会计当而已矣;尝为乘田矣,曰牛羊茁壮长而已矣"(《孟子·万章下》),固不敢旷其职。更不可越权,孔子说:"不在其位,不谋其政"(《论语·泰伯》)。这两句话很受后人误解。正义曰"此章戒人侵官也。言不在此位,则不能谋此位之政,欲使各专一守于其本职也"。即孔子此言乃对百官而言,非对庶民而言。官各有职,而须专守其职。旷职固然不可,越权也复不可。至于庶人议政,孔子并不反对。"郑人游于乡校,以论执政。然明谓子产曰毁乡校何如。子产曰何为夫人朝夕退而游焉,以议执政之善否,其所善者,吾则行之,其所恶者,吾则改之,是吾师也,若之何毁之。仲尼闻语也,曰以是观之,人谓子产不仁,吾不信也。"(《左传·襄公三十一年》)子产许乡人议政,孔子称之,孔子那会主张不在其位的庶人不得议论朝政的得失,而将国家兴亡之事一委于"肉食者鄙,未能远谋"的公卿。由此可知"不在其位,不谋其政",乃深戒百官之越权。

孔子说:"天下有道,礼乐征伐自天子出,天下无道,礼乐征伐自诸侯出"(《论语·季氏》),礼乐指制度,征伐指军事。《春秋》隐公五年"九月考仲子之宫,初献六佾",对此《公羊传》解释云:"初献六佾,何以书,讥。何讥尔,讥始僭诸公也……天子八佾,诸公六,诸侯四。"鲁为侯国,只应四佾,而竟献六佾,故谓之僭,《公羊传》又继续云:"僭诸公,犹可言也。僭天子,不可言也。"《穀梁传》亦云:"舞夏(夏大也)天子八佾,诸公六佾,诸侯四佾,初献六羽,始僭乐矣。"那知到了后来,"季氏八佾舞于庭……三家者以雍彻"(《论语·八佾》)。以陪臣而用八佾之舞,以陪臣而奏天子之乐,真是僭越极了。而且诸侯又自相侵略,《春秋》隐公四年春王二月莒人伐杞取牟娄。对此《穀梁传》解释云:"言伐言取,所恶也。诸侯相伐取地,于是始,故谨而志之也。"礼乐征伐不由天子,要解决这个问题,最重要的则为统一,即所谓"天无二日,土无二王"(《礼记·孔子闲居》)。而要统一,在当时,莫如尊王。《春秋》隐公元年"春王正月",对此《公羊传》云:"王者孰谓,谓文王也。曷为先言王,而后言正月,王正月也。何言乎王正月,大一统也。"此即主张颁正朔之权属于天子。一统之法不但颁正朔而已。孔子说:"非天子不议礼,不制度,不考文……虽有其位,苟无其德,不敢作礼乐焉,虽有其德,苟无其位,亦不敢作礼乐焉。"(《礼记·中庸》)由于一统观念,孔子就进而尊王,"王者欲一乎天下"(《公羊传·成公十五年》),所以有天子在,诸侯不得专地(《公羊传·桓公元年》),不得专封(《公羊传·僖公二年》),不得专讨(《公羊传·宣公十一年》)。然自春秋中期以后,天子名存实亡,诸侯且有略取天子土地之事。《春秋》宣公元年"冬,晋赵穿帅师侵柳",对此《公羊传》云"柳者何,天子之邑也。曷为不系于周,不与伐天子也"。《春秋》昭公二十三年"晋人围郊",对此《公羊传》又云:"郊者何,天子之邑也。曷为不悬乎周,不与伐天子也。"略一字，以表示尊王之意，尊王乃所以大一统也。

且也，"平王之末，周室陵迟，戎逼诸夏，自陇山以东及乎伊洛，往往有戎，当春秋时，间在中国"（《后汉书·羌传》），"诸戎饮食衣服不与华同，贽币不通，言语不达"（《左传·襄公十四年》），而常侵陵中国。《春秋》隐公七年"冬天王使凡伯来聘，戎伐凡伯于楚以归"，对此，《公羊传》解释云："凡伯者何，天子之大夫也。此聘也，其言伐之何，执之也。执之则其言伐之何，大之也。曷为大之，不与夷狄之执天子也。"春秋由于攘夷，遂"内诸夏而外夷狄"（《公羊传·成公十五年》）。孔子谓"管仲之器小哉"（《论语·八佾》），而又因管仲伐戎救燕（《左传·庄公三十年》），伐狄救卫（《左传·僖公二年》），伐楚责苞茅不入贡于周（《左传·僖公四年》），所以又谓"管仲相桓公，霸诸侯，一匡天下，民到于今受其赐，微管仲，吾其被发左衽矣"（《论语·宪问》）。这个一统观念及华夷之别，实是中国立国的根本精神。但孔子虽明华夷之别，而又不是狭隘的民族思想，凡夷狄能够接受中华的文化，亦不歧视，所谓"进之中国则中国之"，即此之谓。

在诸侯争雄、戎狄猾夷之时，孔子当然不会忘记军事。"卫灵公问陈于孔子，孔子曰俎豆之事则尝闻之矣，军旅之事未之学也。"正义曰"《左传》哀公十一年，孔文子之将攻大叔也，访于仲尼。仲尼曰胡簋之事则尝学之矣，甲兵之事未之闻也。其意亦与此同。军旅甲兵亦治国之具也。彼以文子非礼，欲国内用兵，此以灵公空问军陈，故并不答，非经甲兵也"（《论语·卫灵公》）。所以鲁与齐战，汪锜战死，锜童子，鲁以殡礼葬之。"孔子曰能执干戈，以卫社稷，可无殇也。冉有用矛于齐师，故能入其军，孔子曰义也。"（《左传·哀公十一年》）孔子深知"有文事者必有武备，有武事者必有文备"（《史记·孔子世家》）。"冉有为季氏将师与齐战于郎，克之。季康子曰子之于军旅，学之乎，性之乎。冉有曰学之于孔子"（同上）。

孔子那会空谈仁政而鄙弃武备。不过治国之道，政事乃比军事重要，政事不理，虽有锐甲壮兵，亦无用处，孔子不答卫灵公之问军陈，理由实在于此。

(二)孟　子

孔子殁后，儒家分为许多派别，其中最有名的则为孟子与荀子。孔子谈仁义，并不反对人情之有欲。孟子注意仁义，荀子注意人情，孟荀二子虽然都是儒家，而其学说又有不同之点。

如前所言，吾国古代学者讨论政治，多由人性或人情出发，孔子对于人性之善恶没有明显的主张，孟子则抱性善之说。他与告子辩论人性问题，以为：

> 恻隐之心人皆有之。羞恶之心人皆有之。恭敬之心人皆有之。是非之心人皆有之。恻隐之心仁也。羞恶之心义也。恭敬之心礼也。是非之心智也。仁义礼智非由外铄我也，我固有之也，弗思耳矣。(《孟子注疏·告子上》)

但是孟子并不是不知人类都有利己之心，他曾举矢人与函人为例，以为"矢人惟恐不伤人，函人惟恐伤人"(《孟子·公孙丑上》)，此语有似韩非所说："舆人成舆，则欲人之富贵，匠人成棺，则欲人之夭死也"(《韩非子·备内》)。然而孟子的结论竟谓"故术不可不慎也"(同上)。孟子又说："有人于此，越人关弓而射之，则已谈笑而道之，疏之也。其兄关弓而射之，则已垂涕泣而道之，无他，戚之也。"(《孟子·告子下》)这样，恻隐之心又未必人皆有之。何况性之善恶与情之爱恶绝不相同，孟子说：

> 口之于味也，目之于色也，耳之于声也，鼻之于臭也，四肢之于安佚也，性也。(《孟子·尽心下》)

这只是人情，与性之善恶没有关系。而孟子乃说：

口之于味也有同嗜焉。耳之于声也有同好焉。目之于色
也有同美焉。至于心,独无所同乎。心之所同然者何也,谓理
也义也。圣人先得我心之所同然耳。故义理之悦我心,犹刍
豢之悦我口。(《孟子·告子上》)

姑不论心之所欲,必形之于口目耳鼻与四肢,而孟子竟谓心之所欲
乃是义理。这种说法似有问题。孟子将人性之善恶与人情之爱
恶,混为一谈,由此亦可知道。

因为孟子主张性善,所以他往往不顾人情,而专谈仁义。他初
遇梁惠王,开口就说:"亦有仁义而已矣。"(《孟子·梁惠王上》)孟子
言必及仁义,所以他又反对利欲。梁惠王问他,叟不远千里而来,
亦将有以利吾国乎。梁惠王此问,当然是问如何有利于国家,而孟
子乃将个人的利与国家的利混为一谈,商鞅的农战政策固然是求
有利于秦国,孟子的仁义亦何尝不是求其有利于梁国,顾孟子对于
梁惠王之言,竟然说出不能令人信服之语。

孟子对曰,王何必曰利,亦有仁义而已矣。王曰何以利吾
国,大夫曰何以利吾家,士庶人曰何以利吾身,上下交征利,而
国危矣……未有仁而遗其亲者也,未有义而后其君者也。王
亦曰仁义而已矣,何必曰利。(《孟子·梁惠王上》)

甚至两国交战,也要说以仁义,使战争不会发生。孟子的言论实在
太迂。

宋牼将之楚,孟子遇于石丘曰先生将何之。曰吾闻秦楚
搆兵,我将见楚王,说而罢之。楚王不悦,我将见秦王,说而罢
之。二王我将有所遇焉。曰轲也请无问其详,愿闻其指说之,
将何如。曰我将言其不利也。曰先生之志则大矣,先生之号
则不可。先生以利说秦楚之王,秦楚之王悦于利,以罢三军之
师,是三军之士乐罢而悦于利也。为人臣者怀利以事其君,为
人子者怀利以事其父,为人弟者怀利以事其兄,是君臣父子兄

弟终去仁义,怀利以相接,然而不亡者未之有也。先生以仁义说秦楚之王,秦楚之王悦于仁义,以罢三军之师,是三军之士乐罢而悦于仁义也。为人臣者怀仁义以事其君,为人子者怀仁义以事其父,为人弟者怀仁义以事其兄,是君臣父子兄弟去利怀仁义以相接也。然而不王者未之有也,何必曰利。(《孟子·告子下》)

难怪刘勰谓孟子之仁义不合于世用。

昔秦攻梁,惠王谓孟轲曰:先生不远千里,辱幸鄙邑,今秦攻梁,先生何以御乎。孟轲对曰:昔大王居邠,狄人攻之,事之以玉帛,不可。大王不欲伤其民,乃去邠之岐。今王奚不去梁乎。惠王不悦。夫梁所宝者国也,今使去梁,非不能去也,非今日之所宜行也。故其言虽仁义,非惠王所须也,亦何异救饿而与之珠,拯溺而投之玉乎。(刘勰著《新论》第四十五篇《随时》)

(注)据《孟子·梁惠王》,此乃滕文公之事

孟子反对"利"之观念,所以又进一步而主张寡欲。他说:"养心莫善于寡欲,其为人也寡欲,虽有不存焉者寡矣。其为人也多欲,虽有存焉者寡矣。"(《孟子·尽心下》)这种寡欲思想推到极端,将与老庄的归真返朴同流。其实,社会愈进步,人欲愈增加,这是事实,不能否认。为政者无须反对人欲,且宜利用人欲。孔子七世孙子顺有言:"人之可使,以有欲也。故欲多者,其所得用亦多。欲少者,其所得用亦少矣。夷齐无欲,虽文武不能制,君安得而臣之。"(《孔丛子·陈士义》)何况孟子并不反对人之善恶与环境有关。"富岁子弟多赖,凶岁子弟多暴"(《孟子·告子上》),如是,性本善之说似宜修正。固然孟子曾说:

生亦我所欲,所欲有甚于生者,故不为苟得也。死亦我所恶,所恶有甚于死者,故患有所不辟也。如使人之所欲莫甚于

生,则凡可以得生者何不用也。使人之所恶莫甚于死者,则凡可以辟患者何不为也。由是则生而有不用也,由是则可以辟患而有不为也。是故所欲有甚于生者,所恶有甚于死者,非独贤者有是心也,人皆有之,贤者能勿丧耳。(《孟子·告子上》)

孟子既知所欲有甚于生者,而未曾说出用那一种方法,使其不求生。所恶有甚于死者,亦未曾说出用那一种方法,使其不避死。法家用刑赏,孟子乃用仁义,以抽象的仁义,使人无求生以害仁,宁杀身以成仁,这只唯贤人能之,众人恐难做到。孟子说:

> 乡为身死而不受,今为宫室之美为之。乡为身死而不受,今为妻妾之奉为之。乡为身死而不受,今为所识穷乏者得我而为之,是亦不可以已乎。此之谓失其本心。(《孟子·告子上》)

这当然有其理由,何能斥为"失其本心"(《孟子·告子上》)。大众都是普通的人,不求生,不避死,必定生而有大害,死而有大利。仁义只能对上人言之,中人以下应依孔子所说:"或利而行之,或勉强而行之"(《礼记·中庸》),就是要用刑赏。孟子所谓大丈夫,"富贵不能淫,贫贱不能移,威武不能屈"(《孟子·滕文公下》),这是世上罕有之人。凡富贵不能淫,赏何能以动之,威武不能屈,刑何能以禁之。这与孔子所说:"示之以好恶,而民知禁"(《孝经·三才》),完全不同。人类之有利害观念,虽孔子亦不否认,而孟子乃因仁义而忽视人情,这在教育方面固然可以,而在政治方面似难实行。

孟子的政治思想,一以仁义为本,孟子虽说仁义,而亦不忘法之重要,故说:"徒善不足以为政,徒法不能以自行"(《孟子·离娄上》)。孟子之所谓法似与法家之法不同,非以刑赏为基础,乃指善的法度,而善的法度又以先王之道为根据,故他又说:"今有仁心仁闻,而民不被其泽,不可法于后世者,不行先王之道也。"(同上)但是要行先王之道,非用刑赏以佐之,臣民那肯奉行。孟子学说虽然陈义甚高,而缺乏实行性,理由实在于此。

在孟子时代,列国攻战有甚于春秋时代。春秋时代天子的名义尚存,战国时代,列国无不称王,即在名号上,诸侯已与周之天子同尊,而天子之地又远不及诸侯之大,名实俱亡,所以孟子又与孔子不同,放弃尊王之说,其周游列国,均说以王道,即希望有一诸侯能够代替东周,统一华夏。孟子说:"定于一。"(《孟子·梁惠王上》)而其统一之法则由仁义出发,何谓仁,"仁者爱人"(《孟子·离娄下》)。义是什么,孟子没有简洁的定义,大约是指别是非。所以他说:

> 人皆有所不忍,达之于其所忍,仁也。人皆有所不为,达之于其所为,义也。人能充无欲害人之心,而仁不可胜用也。人能充无穿窬之心,而义不可胜用也。(《孟子·尽心下》)

统一之法在行仁政。"不嗜杀人者能一之"(《孟子·梁惠王》),"国君好仁,天下无敌"(《孟子·离娄上》)。"保民而王,莫之能御也"(《孟子·梁惠王》)。"苟行王政,四海之内皆举首而望之,欲以为君"(《孟子·滕文公下》)。由此可知仁政就是王政,出于不忍人之心,孟子说:

> 人皆有不忍人之心,先王有不忍人之心,斯有不忍人之政矣。以不忍人之心,行不忍人之政,治天下可运之掌上。(《孟子·公孙丑上》)

孟子时代,列国日事攻战,"争地以战,杀人盈野,争城以战,杀人盈城"(《孟子·离娄上》),纵是小国之君也常常残贼其下,而不顾民之困苦,而如孟子对邹穆公所说:"凶年饥岁,君之民老弱转乎沟壑,壮者散而之四方者几千人矣,而君之仓廪实,府库充,有司莫以告,是上慢而残下也。"(《孟子·梁惠王下》)这种情况由来已久,所以孟子才说:

且王者之不作，未有疏于此时者也。民之憔悴于虐政，未有甚于此时者也。饥者易为食，渴者易为饮……当今之世，万乘之国行仁政，民之悦之犹解倒悬也。故事半古之人，功必倍之，惟此时为然。（《孟子·公孙丑上》）

仁政所以能王天下，在得人心。当然，这是以同一民族为前提，民族不同，侵略者不会施行仁政，被侵略者也未必以仁政为恩惠。孟子说明仁政能得民心如次。

桀纣之失天下也，失其民也。失其民者失其心也。得天下有道，得其民斯得天下矣。得其民有道，得其心斯得民矣。得其心有道，所欲与之聚之，所恶勿施尔也。民之归仁也，犹水之就下，兽之走圹也。故为渊驱鱼者獭也，为丛驱雀者鹯也，为汤武驱民者桀与纣也。今天下之君有好仁者，则诸侯皆为之驱矣，虽欲无王，不可得已。（《孟子·离娄上》）

现在再进一步研究仁政的内容。孟子依孔子所说，"饮食男女人之大欲存焉"，因之仁政须从饮食与男女两方面着想。关于男女问题比较复杂，因为饮食问题乃是人与物的关系，一方的人能够同意，就不必再求他方的物赞成。反之，男女问题是人对人的关系，不但须问一方的人愿意不愿意，并且须问他方的人赞成不赞成。所以不但中国学者，就是欧洲学者也很少谈到男女问题。古者"男三十而娶，女二十而嫁"，而"中春之月，令会男女，于是时也，奔者不禁"。贾公彦疏云："此月既是娶女之月，若有父母不娶不嫁之者，自相奔就，亦不禁之。"（《周礼注疏·媒氏》）盖人类皆有性欲。《诗》云："窈窕淑女，君子好逑……求之不得，寤寐思服，悠哉悠哉，辗转反侧"（《诗经·国风·关雎》），这只是一首情歌，何必硬说："关雎乐得淑女，以配君子，爱在进贤，不淫其色，哀窈窕，思贤才，而无伤善之心焉。"（同上）人类既有男女之爱，所以仁政须使"内无怨女，外无旷夫"（《孟子·梁惠王下》）。至于如何使"内无怨女，外无旷夫"，孟子未曾说到。大率也是主张婚姻有时，男三十而娶，女二十而嫁，使大众能享受家庭之乐。

至于饮食问题，亦即经济问题，孟子深知："无恒产而有恒心者，惟士为能。若民则无恒产，因无恒心。苟无恒心，放辟邪侈，无不为己。"(《孟子·梁惠王上》，卷五上《滕文公上》亦有同一文句)"是故明君制民之产，必使仰足以事父母，俯足以畜妻子，乐岁终身饱，凶年免于死亡。"(《孟子·梁惠王上》)孟子对梁惠王所说与对齐宣王所说，完全一样，就是：

> 不违农时，谷不可胜食也。数罟不入洿池，鱼鳖不可胜食也。斧斤以时入山林，材木不可胜用也。谷与鱼鳖不可胜食，材木不可胜用，是使民养生丧死无憾也。养生丧死无憾，王道之始也。五亩之宅树之以桑，五十者可以衣帛矣。鸡豚狗彘之畜无失其时，七十者可以食肉矣。百亩之田勿夺其时，数口之家可以无饥矣。(《孟子·梁惠王上》

他又以文王为例：主张

> 五亩之宅树墙下以桑，匹妇蚕之，则老者足以衣帛矣。五母鸡，二母彘，无失其时，老者足以无失肉矣。百亩之田，匹夫耕之，八口之家足以无饥矣。(《孟子·尽心上》)

其尤重要的则为"薄税敛"(《孟子·梁惠王上》)。"关市讥而不征，泽梁无禁"(《孟子·梁惠王下》)。所谓泽梁无禁，即国君不得封固山泽。孟子举文王为例，说道：

> 文王之囿方七十里，刍荛者往焉，雉兔者往焉，与民同之，民以为小，不亦宜乎。(《孟子·梁惠王下》)

《穀梁传》云："山林薮泽之利所以与民共也，虞之非正也。"(《鲁庄公二十八年冬》)到了战国，岂但虞之而已，"杀其麋鹿者如杀人之罪"(《孟子·梁惠王下》)。这样，泽梁变成国君的私产，农民不得利用，他们日益贫穷，因贫穷而怨恨人主，这是势之必然的。

　　所谓"不违农时"等等不过消极的政策而已,在农产国家,土地是唯一的生产工具,土地如何分配,若不解决,则丧乱之事,仍难避免。古者制民之产,似曾采用过井田制度。据孟子说:

　　　　方里而井,井九百亩,其中为公田,八家皆私百亩,同养公田,公事毕,然后敢治私事(《孟子·滕文公上》)。

但田之土质有厚薄之别,其最薄者,亦能养五口之家。

　　　　耕者之所获,一夫百亩,上农夫食九人,上次食八人,中食七人,中次食六人,下食五人。(《孟子·万章下》)

　　人君不但分配土地,而取其赋税而已。且宜"春省耕而补不足,秋省敛而助不给"(《孟子·梁惠王下》),而对于鳏寡孤独的人,尤宜扶助。孟子说:

　　　　老而无妻曰鳏,老而无夫曰寡,老而无子曰独,幼而无父曰孤,此四者天下之穷民而无告者。文王发政施仁,必先斯四者。(《孟子·梁惠王下》)

　　案井田制度只能实行于地广人稀之时,而其目的并不是出于仁政,而只是强制人民耕种而征收其赋税。人口增加而开始迁徙,井田制度之破坏,乃是势之必然。而孟子竟然要求"死徙无出乡"(《孟子·滕文公上》)。又者,在战国,周室班爵禄之制似已破坏,《公羊传》云,"世卿非礼也"(《隐公二年》),而孟子又主张"仕者世禄"(《孟子·梁惠王下》),这种不合时代潮流的制度当然无法实行。

　　孟子并未忘记教育的重要,以为自夏以后,就有学校。"夏曰校,殷曰序,周曰庠,学则三代共之,所以明人伦也。"(《孟子·滕文公上》)所以他对梁惠王及齐宣王说明仁政以养民为先之时,继着又说:

　　　　谨庠序之教,申之以孝悌之义。(《孟子·梁惠王》)

且说:

　　　　善政不如善教之得民也。善政民畏之,善教民爱之。善

政得民财,善教得民心。(《孟子·尽心下》)

盖善政可以变化人之气质。"一齐人傅之,众楚人咻之,虽日挞而求其齐也,不可得矣。引而置之庄岳之间数年,虽日挞而求其楚,亦不可得矣。"(《孟子·滕文公下》)教育固与环境有关,而环境之善恶又与经济生活有关,孟子说明仁政,必先制民之产,而后才谨庠序之教,理由实与孔子先"富之",而后"教之"相同。

国君能行仁政,则天下莫能敌。唯在夷狄猾夏之时,人君虽行仁政,那能会有"东面而征西夷怨,南面而征北狄怨"(《孟子·滕文公下》)之事。例如汉之于匈奴,唐之于突厥,诚同韩非所说:"力多则人朝,力寡则朝于人"(《韩非子·显学》)。关于天下归仁之事,孟子对齐宣王之言如次。

> 今王发政施仁,使天下仕者皆欲立于王之朝,耕者皆欲耕于王之野,商贾皆欲藏于王之市,行旅皆欲出于王之涂,天下之欲疾其君者皆欲赴愬于王,其若是,孰能御之。(《孟子·梁惠王上》)

又说:

> 尊贤使能,俊杰在位,则天下之仕皆悦而愿立于其朝矣。市廛而不征、法而不廛,则天下之商皆悦而愿藏于其市矣。关讥而不征,则天下之旅皆悦而愿出于其路矣。耕者助而不税,则天下之农皆悦而愿耕于其野矣。廛无夫里之布,则天下之民皆悦而愿为之氓矣。信能行此五者,则邻国之民仰之若父母矣。率其子弟,攻其父母,自生民以来,未有能济者也。如此,则无敌于天下。无敌于天下者天吏也,然而不王者未之有也。(《孟子·公孙丑上》)

即孟子所谓王政,不外尊贤使能、轻徭薄税,此外,还须与民同乐同忧。"乐民之乐者,民亦乐其乐。忧民之忧者,民亦忧其忧。乐以天下,忧以天下,然而不王者未之有也。"(《孟子·梁惠王下》)

孟子主张仁政,故又反对战争。以为"善战者服上刑"(《孟子·离娄上》)。且说:"有人曰我善为陈,我善为战,大罪也。"(《孟子·尽心下》)在列国争雄之时,而乃反对战争,殊不知我不欲战,敌人未必厌战。孟子乃说:"以大事小者乐天者也,以小事大者畏天者也。乐天者保天下,畏天者保其国。"(《孟子·梁惠王下》)那里知道在强陵弱,大欺小之时,以小事大,未必能保其国,以大事小,更是痴人说梦。何况列国割据,战争是免不了的。而要实现"定于一"的理想,非用兵力不可。汤以百里王,文王以七十里兴,何曾放弃武力。孟子一方希望一统,同时又斥"辟土地"者为"民贼"(《孟子·告子下》),这是孟子思想的矛盾。

仁政是要以德服人,既要以德服人,当然反对武力,从而反对战争。孟子曾用德与力,说明王霸之别。此种区别,千余年来,吾国学者均深信不疑。到了宋代,李觏才说出王霸只是名位的区别,而非施政本质之不同。王者天子之号,以安天下为务;霸者诸侯之号,以尊京师为务。孟子之言如次:

> 以力假仁者霸,霸必有大国。以德行政者王,王不待大。汤以七十里,文王以百里。以力服人者非心服也,力不赡也。以德服人者中心悦而诚服也,如七十子之服孔子也。《诗》云自西自东,自南自北,无思不服,此之谓也。(《孟子·公孙丑上》)

在民主思想尚未发生以前,要行仁政必须依靠圣君。盖孟子主张人治,所谓"徒善不足以为政,徒法不能以自行"(《孟子·离娄上》)。圣君必须以身作则。孟子说:"上有好者,下必有甚焉者矣。君子之德风也,小人之德草也,草上之风必偃。"(《孟子·滕文公上》)又说,"其身正,而天下归之"(《孟子·离娄上》)。复说:"君仁莫不仁,君义莫不义,君正莫不正,一正君而国治矣。"(《孟子·离娄上》)但是圣君不可强求,孟子是知道的,"由尧舜至于汤五百有余岁……由汤至于文王五百有余岁……由文王至于孔子五百有余岁"(《孟子·尽心下》)。五百有余岁才有一位圣人,而孔子乃不有天下。圣君既不易求,所以孟子又希望有贤臣以佐之,即人主须尊贤使能,使"贤者在位,能者在职"(《孟子·公孙丑上》)。但是用人之权操于人主,人主未必知贤,而只选其心之所谓贤,这样,贤人政治又发生了问题。孟子固知"居下位而不获于上,民不可得而治也"(《孟子·离娄上》)。何况贤能之士往往自高身价,"故将大有为之君,必有所不召之臣,欲有谋焉,则就之。其尊德乐道不如是,不足以有为也。故汤之于伊尹,学焉而后臣之,故不劳而王。桓公之于管仲,学焉而后臣之,故不劳而霸。"(《孟子·公孙丑下》)"昔者齐景公招虞人以旌,不往,将杀之。志士不忘在沟壑,勇士不忘丧其元,孔子奚取焉,取非其招不往也。"(《孟子·滕文公下》)虞人小吏,其与景公有君臣之分,招之不以其道,虞人死不肯往。"古之贤士乐其道而忘人之势,故王公不致敬尽礼,则不得亟见之。见且由不得亟,而况得而臣之乎。"(《孟子·尽心上》)要是一个平民,既无官守,又无言责,而乃不待其招而往,伺候于公卿之门,奔走于形势之途,足将进而趑趄,口将言而嗫嚅,则士风浇薄,廉耻丧尽,奔竞之风长,社会将不以名节为高,一旦遇到政权转移,当然是宴安宠禄,曾无释位之心,报使献诚,但务随时之义。希望此辈见危以授命,而不求生以害仁,事所难能。

　　人主既用其人为臣了,则君臣之分定,然君臣之间亦各有其道。"欲为君,尽君道。欲为臣,尽臣道"(《孟子·离娄上》),此即孔子所谓"君君、臣臣"之意。当时列国纷争,君固择臣,臣亦择君。不但是"有官守者不得其职则去,有言责者不得其言则去"(《孟子·公孙丑下》),臣之进退固绰绰然有余裕。而且"君之视臣如手足,则臣视君如腹心。君之视臣如犬马,则臣视君如国人。君之视臣如土芥,则臣视君如寇雠"(《孟子·离娄下》)。这种见解与后儒绝不相同,此无他,天下未臻统一,君臣的关系是可变的,为人臣者固不必杀其身以事其君。

由春秋而至战国,社会上产生了许多学派,培养士人不少。士人无不希望取得政权,以实现自己的主张,换言之,士皆欲仕。春秋之时,士之人数尚少,所以在《论语》一书之中,孔子门人固然有学干禄的子张,同时也有“浴乎沂,风乎舞雩,咏而归”的曾晳。到了战国,士人渐多,而令士人不能不注意到仕的问题。所以在《孟子》一书之中,其门人喜欢问仕,而孟子且以仕为君子的职务。

> 周霄问曰古之君子仕乎。孟子曰仕,传曰孔子三月无君,则皇皇如也。出疆必载质……,士之失位也,犹诸侯之失国家也……出疆必载质何也。曰士之仕也犹农夫之耕也。农夫岂为出疆,舍其耒耜哉。(《孟子·滕文公下》)

君子求仕,乃欲实行自己的抱负,仕而不能实行自己的抱负,宁可独善其身。君子之进退皆合于礼,所以孟子反对仕之不由其道者。孟子之言如次:

> 古之未尝不欲仕也,又恶不由其道。不由其道而往者,犹钻穴隙之类也。(《孟子·滕文公下》)

他曾具体说出:君子之仕,所就三,所去三。即

> 陈子问曰古之君子何如则仕。孟子曰所就三,所去三。迎之致敬以有礼,言将行其言也,则就之。礼貌未衰,言弗行也,则去之。其次,虽未行其言也,迎之致敬以有礼,则就之。礼貌衰,则去之。其下,朝不食,夕不食,饥饿不能出门户,君闻之曰吾大者不能行其道,又不能从其言也,使饥饿于我土地,吾耻之,周之亦可受也,免死而已矣。(《孟子·告子下》)

此三者即孟子谓“孔子有见行可之仕(见其道之可行),有际可之仕(待之以礼),有公养之仕(出资养贤)”(《孟子·万章下》)。所谓公养之仕即为贫而仕。

> 仕非为贫也,而有时乎为贫……为贫者辞尊居卑,辞富居贫。辞尊居卑,辞富居贫,恶乎宜乎,抱关击柝……抱关击柝者皆有常职,以食于上。(《孟子·万章下》)

由此可知仕虽为贫,亦不可素餐。孟子说:"士无事而食,不可也。"(《孟子·滕文公下》)昔者,"孔子尝为委吏矣,曰会计当而已矣,尝为乘田矣,曰牛羊茁壮长而已矣"(《孟子·万章下》),亦不敢旷其职。而且君子不食嗟来之食,"一箪食,一豆羹,得之则生,弗得则死。嘑尔而与之,行道之人弗受,蹴尔而与之,乞人不屑也"(《孟子·告子上》)。所以君子出仕,不问动机如何,人主均不能以非礼召之。

> 万章曰庶人召之役,则往役。君欲见之,召之,则不往见之,何也。曰往役义也(庶人有服役的义务),往见不义也。且君之欲见之也,何为也哉。曰为其多闻也,为其贤也。曰为其多闻也,则天子不召师,而况诸侯乎。为其贤也,则吾未闻欲见贤而召之也……齐景公田,招虞人以旌,不至,将杀之。志士不忘在沟壑,勇士不忘丧其元,孔子奚取焉,取非其招不往也……况乎以不贤人之招,招贤人乎,欲见贤人而不以其道,犹欲其入而闭之门也。(《孟子·万章下》)

贤人之仕,最大的目的在于实行自己的理想,所以人主所下命令,人臣无须绝对服从,而要看命令是否合法与合理。苟容曲从,只是妾妇之道。孟子说:

> 女子之嫁也,母命之,往送之门,戒之曰往之女家,必敬必戒,无违夫子,以顺为正者,妾妇之道也。(《孟子·滕文公下》)

孟子主张仁政,其所理想的政治,是"尊贤使能,俊杰在位"(《孟子·公孙丑上》)。现在试问"贤"由谁"尊","能"由谁"使",依孟子之意,乃有靠于圣君,由圣君选择贤相,由贤相任用俊杰。他将仁政寄托于圣君贤相,即主张贤人政治,故其结果,又反对多数决的政治。孟子说：

> 左右皆曰贤，未可也。诸大夫皆曰贤，未可也。国人皆曰
> 贤，然后察之，见贤焉，然后用之。左右皆曰不可，勿听。诸大
> 夫皆曰不可，勿听。国人皆曰不可，然后察之，见不可焉，然后
> 去之。(《孟子·梁惠王下》)

(注) 本文下面尚有数句，"左右皆曰可杀，勿听。诸大夫皆曰
可杀，勿听。国人皆曰可杀，然后察之，见可杀焉，然后杀之"。
此一段乃法律问题，固不能依国人之意见，决定罪刑，否则等
于民众审判，故略去。

左右皆曰贤，而即用之，左右皆曰不可，而即去之，这是宫廷政
治。诸大夫皆曰可，而即用之，诸大夫皆曰不可，而即去之，这是官
僚政治。国人皆曰可，而即用之，国人皆曰不可，而即去之，这是民
主政治。但孟子的结论并不如此，而乃说，国人皆曰贤，然后察之，
见贤焉，然后用之。国人皆曰不可，然后察之，见不可焉，然后去
之。现在试问由谁去察，由谁决定用之或去之。据孟子之意，也许
以为详察与决定之权应属于贤人。但是谁真是贤人，又由谁决定
呢？汤武以自己为贤，桀纣亦何曾自居为不肖。这样，只有诉诸武
力。这是孟子学说的缺点，也就是吾国古代学说的缺点。

孟子固然说过："民为贵，社稷次之，君为轻。"(《孟子·尽心
下》)其实，孟子既然不愿以多数人之意见为标准，所以孟子所谓仁
政只是 for the people，孟子绝不赞成 by the people，"凡事谋人民的
利益，凡事不由人民自己决定"(Alles fur das volk, Nichts durch das
Volk)，这是开明专制的特征，孟子思想略近于此。

吾研究孟子的政治思想，似接近于欧洲中世末期的暴君放伐
论(Monarchomachos)。暴君放伐论有两个基本观念，一是王权神
授，二是放伐暴君，孟子亦然。先就王权神授言之。

> 万章曰尧以天下与舜，有诸。孟子曰否，天子不能以天下

与人。然则舜有天下也,孰与之。曰天与之。天与之者谆谆
然命之乎曰否,天不言,以行与事示之而已矣。曰以行与事示
之者如之何。曰……昔尧荐舜于天,而天受之,暴之于民,而
民受之,故曰天不言,以行与事示之而已矣。曰敢问荐之于
天,而天受之,暴之于民,而民受之,如何。曰使之主祭,而百
神享之,是天受之。使之主事,而事治,百姓安之,是民受之
也。天与之,人与之,故曰天子不能以天下与人。(《孟子·万
章上》)

孟子曾言:"天与贤,则与贤。天与子,则与子。"(《孟子·万章
上》)天不能言,孟子竟然说出"使之主祭,而百神享之,是天受之"。
然而百神享之,谁能看到。侥幸下面尚有数句:"使之主事,而事
治,百姓安之,是民受之也",否则孟子学说直与欧洲中世例如
A. Augustinus 的神权说(the divine theory)相同,连暴君放伐论还
谈不到。

其次暴君放伐论主张放伐暴君,孟子则赞成汤放桀,武王伐
纣。孟子之言如次:

齐宣王问曰汤放桀,武王伐纣,有诸。孟子对曰于传有
之。曰臣弑其君,可乎。曰贼仁者谓之贼,贼义者谓之残。残
贼之人谓之一夫,闻诛一夫纣矣,未闻弑君也。(《孟子·梁惠
王》下)

孟子曾说:"诸侯危社稷则变置",又区别贵戚之卿与异姓之卿,以
为贵戚之卿有废旧君而立新君之权。

齐宣王问卿,孟子曰王何卿之问也。王曰卿不同乎。曰
不同,有贵戚之卿,有异姓之卿。王曰请问贵戚之卿。曰君有
大过则谏,反覆之而不听,则易位。王勃然变乎色。曰王勿异
也,王问臣,臣不敢不以正对。王色定,然后请问异姓之卿。
曰君有过则谏,反覆之而不听,则去。(《孟子·万章下》)

所谓贵戚之卿就是贵族,这又与暴君放伐论所说,反抗暴君不宜由人民直接执行,而须由代表人民的合法机关执行,所谓代表人民的合法机关就是当时的三级会议,也就是当时的特权阶级,而与孟子所说的"贵戚之卿",性质相似。这种"贵戚之卿"——三级会议可以称为"天吏",天吏才有伐暴之权(参阅《孟子·公孙丑下》)。孟子曾言:"为政不难,不得罪于巨室。"(《孟子·离娄上》)这更可以证明孟子的思想有似于"暴君放伐论"。

(三)荀　子

孔子不言性之善恶,而承认人情之有爱恶。孟子由性善出发,而主张仁义;又由仁义而反对人情。荀子主张性恶,他说:

人之性恶,其善者伪也。(《荀子·性恶》)

即荀子以为"人之生固小人"(《荀子·荣辱》)。人性本来是恶,其善者乃有待于矫正而然耳。"凡人之性者,尧舜之与桀纣,其性一也。君子之与小人,其性一也。"(《荀子·性恶》)他反驳孟子性善之说,以为人性果善,何贵乎圣王,何用乎礼义。

孟子曰人之性善,曰不然。凡古今天下之所谓善者正理平治也,所谓恶者偏险悖乱也,是善恶之分也已。今诚以人之性固正理平治邪,则有恶用圣王,恶用礼义矣哉。虽有圣王礼义,将曷加于正理平治也哉。(《荀子·性恶》)

由吾人观之,荀子之所谓性,不是善恶之性,而是好利恶害之情,换言之,就是人欲,故说:"欲者情之应也。"(《荀子·正名》),即荀子认为人类均有利害观念。今举荀子之言如次。

好荣恶辱,好利恶害,是君子小人之所同也。(《荀子·荣辱》)

凡人有所一同,饥而欲食,寒而欲暖,劳而欲息,好利而恶

害,是人之所生而有也,是无待而然者也,是禹桀之所同也。(《荀子·荣辱》)

　　饥而欲食,寒而欲暖,劳而欲息,好利而恶害,是人之所生而有也,是无待而然者也,是禹桀之所同也。(《荀子·非相》)

　　夫人之情,目欲綦色,耳欲綦声,口欲綦味,鼻欲綦臭,心欲綦佚,此五綦者人情之所必不免也。(《荀子·王霸》)

　　今人之性,饥而欲饱,寒而欲暖,劳而欲休,此人之情性也……若夫目好色,耳好声,口好味,心好利,骨体肤理好愉佚,是皆生于人之情性者也,感而自然,不待事而后生之者也。(《荀子·性恶》)

(注) 荀子分别性与情曰:"性也者吾所不能为也,然而可化也。情也者非吾所有也,然而可为也。"(《荀子·儒效》)此种区别似有问题。

故他在"人之性恶"之后继着就说:

　　人之性恶,其善者伪也。今人之性,生而有好利焉,顺是,故争夺生而辞让亡焉。生而有疾恶焉,顺是,故残贼生而忠信亡焉。生而有耳目之欲,有好声色然,顺是,故淫乱生而礼义文理亡焉。然则从人之性,顺人之情,必出于争夺;合于犯分乱理,而归于暴,故必将有师法之化,礼义之道,然后出于辞让,合于文理,而归于治。用此观之,然则人之性恶明矣,其善者伪也。(《荀子·性恶》)

孟子由人性之善,注意"仁"字,荀子由人情之有好恶,注意"礼"字。告子曰"仁内也,非外也。义外也,非内也"(《孟子·告子上》)。孟子虽然反对义外之说,而亦承认仁由内出,故说:"恻隐之心人皆有之……恻隐之心仁也。"(《孟子·告子上》)人性本善,只要人们发扬内心之善,争夺之事自可避免。荀子固然也曾说到仁义,然吾人细读《荀子》一书,似他所最注意的乃是礼义。礼是什么?

礼云"礼自外作"(《礼记·乐记》),"礼也者动于外者也"(《礼记·乐记》,卷四十八《祭义》亦有同一文句)。而"义"依管子之说,"义者谓各处其宜也……礼出乎义"(《管子·心术上》)。荀子之所谓"义",似赞成告子义外之说(参阅《孟子·告子上》),其意与管子相同,故他常将"礼义"并称,而说:"夫义者所以限禁人之为恶与奸者。"(《荀子·强国》)而如文子所说:"法生于义"(《文子上义》)相似。质言之,荀子之所谓义与其所谓礼及其所谓法,性质相同,"故礼之生为贤人以下至庶民也,非为成圣也"(《荀子·大略》)。荀子重视礼义,而礼义则发于人间,他说:"先王之道……礼义是也。道者非天之道,非地之道,人之所以道也。"(《荀子·儒效》)

礼义发于人间,而人情既有所好,又有所恶,非自外制之以礼,使"各处其宜",不免发生争夺之事。不争不夺,就是各人均守其分,即均知义。荀子说:

> 礼起于何也,曰人生而有欲,欲而不得则不能无求,求而无度量分界,则不能不争。争则乱,乱则穷。先王恶其乱也,故制礼义以分之,以养人之欲,给人之求,使欲必不穷乎物,物必不屈于欲。两者相持而长,是礼之所起也。(《荀子·礼论》)

此语与《礼记》所说:"夫物之感人无穷,而人之好恶无节,则是物至而人化物也。人化物也者,灭天理而穷人欲者也,于是有悖逆诈伪之心,有淫逸作乱之事。是故强者胁弱,众者暴寡,知者诈愚,勇者苦怯,疾病不养,老幼孤独不得其所,此大乱之道也……礼节民心,乐和民心,政以行之,刑以防之,礼乐刑政四达而不悖,则王道备矣"(《礼记·乐记》),如合符节。

(注)《荀子》第二十篇《乐论》,他亦知道乐之重要。他说:"夫民有好恶之情,而无喜怒之应,则乱。先王恶其乱也,故修其行,正其乐,而天下顺焉……乐合同,礼别异,礼乐之统,管乎人心矣。"

古人之所谓"礼","法"常包括在内。《礼》云"分争辨讼,非礼不决"(《礼记·曲礼上》),即礼除礼仪之外,又指今日之民刑二法,否则"分争辨讼",何以"非礼不决"。荀子特别注意"礼"字,故说:

> 国无礼则不正,礼之所以正国也,譬之犹衡之于轻重也,犹绳墨之于曲直也,犹规矩之于方圆也。(《荀子·王霸》)

管子亦言:"法出于礼。"(《管子·枢言》)荀子谓"礼者法之大分"(《荀子·劝学》),又谓礼"譬之犹衡之于轻重也,犹绳墨之于曲直也,犹规矩之于方圆也"。即韩非所谓"释法术而任心治,尧不能正一国。去规矩而妄意度,奚仲不能成一轮。废尺寸而差短长,王尔不能半中。使中主守法术,拙匠执规矩尺寸,则万不失矣"(《韩非子·用人》)。礼即是法,故荀子说:"非礼是无法也。"(《荀子·修身》)

(注)荀子对于义利之别,以为"义与利者人之所两用也,虽尧舜不能去民之欲利,然而能使其欲利,不克(克,胜也)其好义也。虽桀纣亦不能去民之好义,然而能使其好义不胜其欲利也。故义胜利者为治世,利克义者为乱世。上重义则义克利,上重利则利克义"(《荀子·大略》)。

礼之用在明分,"分莫大于礼"(《荀子·非相》)。分定而后争止,即如慎子所说:"一兔走街,百人追之,贪人具存,人莫之非者,以兔为未定分也。积兔满市,过而不顾,非不欲兔也,分定之后,虽鄙不争。"(《慎子·逸文》)荀子亦说:

> 人之生不能无群,群而无分则争,争则乱,乱则穷矣。故无分者人之大害也,有分者天下之大利也。(《荀子·富国》)

人之生不能无群,用现代话来说,人类不能单独生存,盖"能不能兼技"(《荀子·富国》)。人类绝非万能,而"欲恶同物,欲多而物寡,寡则必争矣"(《荀子·富国》)。即荀子以原始社会为斗争社会,而反对老庄所谓"民至老死不相往来"为至德之世。荀子由此出发,不法先王而法后王。他说:"王者之制,道不过三代,法不贰后王。"
(《荀子·王制》)又说:"彼后王者天下之君也。舍后王而道上古,譬
之是犹舍己之君而事人之君也。"(《荀子·非相》)三代以前,不但久
远难信,而国家组织亦未完成,何能禁止人民之无争。人类一方必
须群居,盖"离居不相待则穷"(《荀子·富国》),同时"群而无分则
争"(《荀子·富国》),而人生必有欲,"欲虽不能去,求可节也"(《荀
子·正名》)。有欲必有求,有求必有争,圣君恶其乱也,乃制礼,使
人各守其分,于是无组织的人就成为有组织的"群"。故荀子说:
"君者善群也。"(《荀子·王制》)人类与牛马所以有别,就是因为"人
能群,彼不能群也"(《荀子·王制》)。

　　君者善群也,合群之力出自君上,君之作用,照荀子说,"百姓
之力待之而后功,百姓之群待之而后和,百姓之财待之而后聚,百
姓之势待之而后安,百姓之寿待之而后长"(《荀子·富国》)。荀子
之尊君也如此,而他又谓"权出一者强,权出二者弱"(《荀子·议
兵》)。盖他以为"两贵之不能相事,两贱之不能相使,是天数也"
(《荀子·王制》)。"君者国之隆也,父者家之隆也。隆一而治,二而
乱,自古及今,未有二隆争重而能长久者。"(《荀子·致仕》)此即法
家慎子所说:"臣两位而国不乱者,君在也;恃君而不乱矣,失君必
乱。"(《慎子·德立》)"多贤不可以多君,无贤不可以无君。"(《慎子·
逸文》)无君必乱,多君亦必乱。所以一国之权应属于君主一人,而
君主则有定分制礼之权。即"人君者所以管分之枢要也"(《荀子·
富国》)。君主权力如此之大,所以荀子希望圣君在位。

　　　　天下者至重也,非至强莫之能任。至大也,非至辨莫之能
　　　　分。至众也,非至明莫之能和。此三至者,非圣人莫之能尽。
　　　　故非圣人莫之能王。圣人备道全美者也,是县天下之权称也。
　　　　(《荀子·正论》)

苟有圣君,庶民自能良善。荀子说:

> 君者仪也,仪正而景正,君者盘也,盘圆而水圆,君者盂
> 也,盂方而水方……君者民之原也。原清则流清,原浊则流
> 浊。(《荀子·君道》)

由此可知荀子也是同孟子一样,主张人治。以为"君子者治之原
也"(《荀子·君道》)。他说:

> 有乱君无乱国,有治人无治法。羿之法非亡也,而羿不世
> 中。禹之法犹存,而夏不世王。故法不能独立,类不能自行。
> 得其人则存,失其人则亡。法者治之端也,君子者法之原也。
> 故有君子,则法虽省,足以遍矣。无君子,则法虽具,失先后之
> 施,不能应事之变,足以乱矣。(《荀子·君道》)

又说:

> 故有良法而乱者有之矣,有君子而乱者,自古及今,未尝
> 闻也。(《荀子·致士》)

荀子虽然主张君权,但他又谓:"天之生民非为君也,天之立君
以为民也。"(《荀子·大略》)"君者舟也,庶人者水也,水则载舟,水
则覆舟。"(《荀子·王制》)所以君主要保全其地位,必须为民兴利除
害。荀子说:

> 用国者,得百姓之力者富,得百姓之死者强,得百姓之誉
> 者荣。三得者具而天下归之,三得者亡而天下去之。天下归
> 之之谓王,天下去之之谓亡。汤武者,循其道,行其义,兴天下
> 同利,除天下同害,天下归之。故厚德音以先之,明礼义以道
> 之,致忠信以爱之,赏贤使能以次之,爵服赏庆以申重之,时其
> 事,轻其任,以调齐之,潢然兼覆之,养长之,如保赤子。生民
> 则致宽,使民则綦理,辩政令制度,所以接天下之人。百姓有
> 非理者如豪末,则虽孤独鳏寡必不加焉。是故百姓贵之如帝,
> 亲之如父母,为之出死断亡而不愉者(或谓不愉当作不渝,即
> 不变也),无它故焉,道德诚明,利泽诚厚也。(《荀子·王霸》)

　　然以天下之大,一君何能为力,所以又谓"人主欲修政美国,则莫若求其人"(《荀子·君道》)。此人为谁,"君者论一相"(《荀子·王霸》),此人就是相。

　　彼持国者必不可以独也(君不可独治也),然则强国荣辱在于取相矣。(《荀子·王霸》)

　　(注)荀子论相之职权云:"相者论列百官之长,要百事之听,以饰朝廷臣下百吏之分,度其功劳,论其庆赏,岁终,奉其成功,以效于君,当则可,不当则废。"(《荀子·王霸》)

　　一国之治乱,依靠于相者甚大。相得其人,虽小国,可以取天下;相失其人,虽大国,社稷亦危。请看荀子之言。

　　故能当(当谓用人之得当)一人而天下取,失当一人而社稷危。不能当一人而能当千人百人者,说无之有也(谓无此事也)。既能当一人,则身有何劳而为,垂衣裳而天下定。故汤用伊尹,文王用吕尚,武王用召公,成王用周公旦,卑者五伯。齐桓公……九合诸侯,一匡天下,为五伯长。是亦无它故焉,知一政于管仲也。是君人者之要守也。(《荀子·王霸》)

　　但是相亦不能以一人之力,治理国政,必须选择百官以为辅佐。然而"自古及今,未尝有两而能精者也"(《荀子·解蔽》),所以选任百官,绝不可求备于一人。荀子说明人之不能遍能如次:

　　君子之所谓贤者,非能遍能人之所能之谓也。君子之所谓知者,非能遍知人之所知之谓也。君子之所谓辩者,非能遍辩人之所辩之谓也。君子之所谓察者,非能遍察人之所察之谓也。(《荀子·儒效》)

　　然则人之才不才又如何知道呢? 这在世官制度之下,是不成问题的,"公门有公,卿门有卿",问题甚为简单。世官变为选贤举能,则甄别贤能之法,极为重要。照荀子说:

　　故校之以礼,而观其能安敬也。与之举错迁移,而观其能应变也。与之安燕，而观其能无流愔也。接之以声色权利忿怒患险，而观其能无离守也。彼诚有之者，与诚无之者，若白黑然，可诎邪哉。(《荀子·君道》)

吾国学者无不反对人主"察察为明"，荀子亦谓"主好要则百事详，主好详则百事荒"(《荀子·王霸》)。盖人主以官人为能，得使人为之，不必躬治小事。荀子说：

> 人主者，以官人为能者也。匹夫者，以自能为能者也。人主得使人为之，匹夫则无所移。百亩一守，事业穷无所移之也。今以一人兼听天下，日有余而治不足者，使人为之也。大有天下，小有一国，必自为之然后可，则劳苦耗顿莫甚焉。如是，则虽臧获不肯与天下易势业。以是县天下，一四海，何故必自为之。为之者役夫之道也。(《荀子·王霸》)

这也许就是荀子之所谓术，君子不出户而知天下事者，"操术然也"(《荀子·不苟》)，此时，人主尽可无为，垂拱而治。这个无为思想乃是吾国古代学者所希望于圣君的。此无他，时代由周代之贵族政治转变为战国之士人政治。士人阶级既然把握政权，自须人主无为于上，而后他们方能实行自己的理想。荀子说：

> 故天子不视而见，不听而聪，不虑而知，不动而功，块然独坐，而天下从之如一体，如四肢之从心，夫是之谓大形。(《荀子·君道》)

> 天子……足能行，待相者然后进。口能言，待官人然后诏。不视而见，不听而聪，不言而信，不虑而知，不动而功，告至备也。天子也者，执至重，形至佚，心至愈，志无所诎，形无所劳，尊无上矣。(《荀子·君子》)

人主的地位是世袭的，自相以下，则用任免之法，谁人可任，谁人当免，自以贤不贤、才不才为标准。孟子虽然主张"贤者在位，能者在职"(《孟子·公孙丑上》)，而又赞成"仕者世禄"(《孟子·梁惠王下》)之制。世禄由于世官,则选贤与能之目的不能达到。世禄而不世官,经过数代之后,赋税将尽充为禄,而归于仕宦之家。荀子也主张"尚贤使能","无德不贵,无能不官"(《荀子·王制》)。但他又谓:"虽王公士大夫之子孙,不能属于礼义,则归之庶人。虽庶人之子孙也,积文学,正身行,能属于礼义,则归之卿相士大夫"(《荀子·王制》),即荀子反对世官与世禄之制。且说:"明主有私人以金石珠玉,无私人以官职事业。"(《荀子·君道》)由此可知孟子尚不忘怀封建制度,而荀子则要求国家的统一,而绝对反对封建。

关于君臣关系,荀子的见解与孟子不同。孟子以为"君之视臣如土芥,则臣视君如寇雠",所以易位可也,革命亦可。荀子则主张臣之于君,不问贤愚,均不得反抗。他说明臣事君之道如次:

> 持宠处位,终身不厌之术。主尊贵之,则恭敬而僔。主信爱之,则谨慎而嗛。主专任之。则拘守而详。主安近之,则慎比而不邪。主疏远之,则全一而不倍。主损绌之,则恐惧而不怨。(《荀子·仲尼》)

> 事圣君者,有听从,无谏争。事中君者,有谏争,无谄谀。事暴君者,有补削,无挢拂……恭敬而逊,听从而敏,不敢有以私决择也,不敢有以私取与也,以顺上为志,是事圣君之义也。忠信而不谀,谏争而不谄,挢然刚折端志而无倾侧之心。是案曰是,非案曰非,是事中君之义也。调而不流,柔而不屈,宽容而不乱,晓然以至道而无不调和也,而能化易时关内之,是事暴君之义也。(《荀子·臣道》)

但是我们须知荀子所以反对革命之说,盖有鉴于春秋战国之时,仕者无一定之君,臣下奔竞成风,而世家则争权夺国,人民无一刻之安宁。孟子用世官世禄之制以矫其弊,荀子则主张忠君主义,使叛乱可以减少。但是荀子不过主张人臣不得反抗暴君,起而革命而已。至于君命而不利于君,亦须匡救其失。他说:

> 从命而利君谓之顺，从命而不利君谓之谄。逆命而利君谓之忠，逆命而不利君谓之篡。不恤君之荣辱，不恤国之臧否，偷合苟容以持禄养交而已耳，谓之国贼。……传曰从道不从君，此之谓也。(《荀子·臣道》)

又说：

> 子贡曰，子从父命，孝乎，臣从君命，贞乎……孔子曰昔万乘之国，有争臣四人，则封疆不削。千乘之国，有争臣三人，则社稷不危。百乘之家，有争臣二人，则宗庙不毁。父有争子，不行无礼。士有争友，不为不义。故子从父，奚子孝。臣从君，奚臣贞。审其所以从之之谓孝之谓贞也。(《荀子·子道》)。

荀子知人类有好恶感情，即好荣恶辱，好利恶害的感情。人情有所好，又有所恶，这是刑赏能够发生作用的原因。荀子论政，绝不放弃刑赏。他说明刑赏如次：

> 勉之以庆赏，惩之以刑罚，安职则畜，不安职则弃。(《荀子·王制》)

> 赏不行，则贤者不可得而官也，罚不行，则不肖者不可得而退也。贤者不可得而进也，不肖者不可得而退也，则能不能不可得而官也。(《荀子·富国》)

> 天尚贤使能，赏有功，罚有罪，非独一人为之也，彼先王之道也，一人之本也，善善恶恶之应也，治必由之，古今一也。(《荀子·强国》)

荀子以为"齐之以刑"也是为政的一种手段。他先举孔子诛少正卯之事，次又举汤诛尹谐，文王诛潘正，周公诛管叔，太公诛华士，管仲诛付里乙，子产诛邓析史付，证明刑之重要(参阅《荀子·宥坐》)。又进而主张重刑之制。

> 世俗之为说者曰，治古(古之治世也)无肉刑而有象

刑……是不然，以为治邪，则人固莫触罪，非独不用肉刑，亦不用象刑矣。以为人或触罪矣，而直轻其刑，然则是杀人者不死，伤人者不刑也。罪至重而刑至轻，庸人不知恶焉，乱莫大焉。凡刑人之本，禁暴恶恶，且征其未也（征读为惩、未谓将来）。杀人者不死，而伤人者不刑，是谓惠暴而宽贼也，非恶恶也，故象刑殆非生于治古，并起于乱今也，……夫征暴诛悍，治之盛也。杀人者死，伤人者刑，是百王之所同也，未有知其所由来者也。刑称罪则治，不称罪则乱，故治则刑重，乱则刑轻（世所以治乃刑重，所以乱乃刑轻也）。（《荀子·正论》）

但是荀子并不忘记教化，他以为教与刑应该并用，而刑与赏也应该并用，三者缺一不可。荀子之言如次。

故不教而诛，则刑繁而邪不胜。教而不诛，则奸民不惩，诛而不赏，则勤属（属当作历）之民不劝，诛赏而不类（不类谓赏不当功，罚不当罪），则下疑俗俭（俭当作险，险谓侥幸免罪，苟且求赏也），而百姓不一。（《荀子·富国》）

有离俗不顺其上，则百姓莫不敢恶，莫不毒孽，若被不祥，然后刑于是起矣……有能化善修身正行，积礼义，尊道德，百姓莫不贵敬，莫不亲誉，然后赏于是起矣……雕雕焉悬贵爵重赏于其前，县明刑大辱于其后，虽欲无化，能乎哉。（《荀子·议兵》）

战国时代，诸侯无不要求富国强兵。荀子也希望天下能定于一。统一之法，荀子同孟子一样，反对以力者霸，而主张王道。他先说明单用武力，不能统一天下的理由。

用强者，人之城守，人之出战，而我以力胜之也，则伤人之民必甚矣。伤人之民甚，则人之民恶我必甚矣。人之民恶我甚，则日欲与我斗。人之城守，人之出战，而我以力胜之，则伤吾民必甚矣。伤吾民甚，则吾民之恶我必甚矣。吾民之恶我

甚,则日不欲为我斗,人之民日欲与我斗,吾民不欲为我斗,是强者之所以反弱也。(《荀子·王制》)

次又说明王道能使"天下为一"。

> 故用国者,义立而王,……行一不义,杀一无罪,而得天下,仁者不为也,……之所与为之者之人,则举义士也。之所以为布陈于国家刑法者,则举义法也。主之所极,然帅群臣而首乡之者,则举义志也。如是,则下仰上以义矣,是綦定也。綦定而国定,国定而天下定。……天下为一,诸侯为臣,通达之属,莫不臣属,无它故焉,以济义矣,是所谓义立而王也。(《荀子·王霸》)

荀子虽然反对以力者霸,但其所反对者不过不义之力而已。荀子知道在群雄割据之时,要统一全国,军事不能避免,盖列国之能割据,完全依靠兵力,打倒兵力须用兵力。仁义只能收罗敌国的民心,要推翻敌国之政府,非用兵力不可。他举"尧伐驩兜,舜伐有苗,禹伐共工,汤代有夏,文王伐崇,武王伐纣"之事,结论则曰:"此四帝两王皆以仁义之兵行于天下也。"(《荀子·议兵》)

> **(注)** 王者之师,照荀子说:"不杀老弱,不猎禾稼(猎践也),服者不禽,格者不舍,奔命者不获(奔命谓奔走来归其命者,不获之为囚俘也)。凡诛,非诛其百姓也,诛其乱百姓者也。百姓有扞其贼(谓为贼之扞蔽也),则是亦贼也。故顺刃者生(顺刃谓不战),苏刃者死(苏刃谓相向格斗者),奔命者贡(贡谓献于上将也)……诗曰自西自东,自南自北,无思不服,此之谓也。(《荀子·议兵》)

由此可知荀子也和孟子一样,分别王霸。二者都谓用力者霸,至于王道,孟子主张仁义,而反对军事,荀子虽然也常说到"仁"字,其重视的则为礼义,而赞成军事,这是荀子思想与孟子不同之点。孟子所谓"以小事大者畏天者也,畏天者保其国",这种想法,荀子视为痴人说梦。

> 事强暴之国难……事之以货宝,则货宝单而交不结。约信盟誓,则约定而畔无日。割国之锱铢以赂之,则割定而欲无厌。事之弥烦,其侵人愈甚,必至于资单国举然后已。虽左尧而右舜,未有能以此道得免焉者也。(《荀子·富国》)

在列强争雄之时,以小事大,终归灭亡,所以诸侯无不希望国富兵强,关于富国,荀子思想与孟子相去无几,也是采用消极的政策。此盖当时技术尚未发达,不知用积极的方法,增加生产之故。荀子说:

> 草木荣华滋硕之时,则斧斤不入山林,不夭其生,不绝其长也。鼋鼍鱼鳖鳅鳝孕别之时(别谓生育,与母分别也),罔罟毒药不入泽,不夭其生,不绝其长也。春耕夏耘,秋收冬藏,四者不失时,故五谷不绝而百姓有余食也。污池渊沼川泽,谨其时禁,故鱼鳖优多而百姓有余用也。斩伐养长不失其时,故山林不童而百姓有余材也。(《荀子·王制》)

又说:

> 足国之道,节用裕民,而善臧其余,节用以礼,裕民以政……不知节用裕民,则民贫。民贫,则田瘠以秽。田瘠以秽,则出实不半(不得其半),……轻田野之税,平关市之征,省商贾之数,罕兴力役,无夺农时,如是则国富矣。(《荀子·富国》)

此即有若所说:"百姓足,君孰与不足"(《论语·颜渊》)的道理。荀子有言:"下贫则上贫,下富则上富"(《荀子·富国》)。故说:

> 王者富民,霸者富士,仅存之国富大夫,亡国富筐箧,实府库。筐箧已富,府库已实,而百姓贫,夫是之谓上溢而下漏。入不可以守,出不可以战,则倾覆灭亡可立而待也。(《荀子·王制》)

　　至于强兵之法，孟子因仁义而不言兵，《荀子》书中，却有《议兵》一篇，其"议兵，常以仁义为本"，固然有人以为"仁者爱人，义者循理，然则又何以兵为。凡所为有兵者为争夺也"（《荀子·议兵》）。荀子则谓：

　　　　彼仁者爱人，爱人故恶人之害之也。义者循理，循理故恶人之乱之也。彼兵者所以禁暴除害也，非争夺也。（《荀子·议兵》）

即兵乃以济仁义之穷。善用兵者必先附其民。

　　　　凡用兵攻战之本，在乎壹民……士民不亲附，则汤武不能以必胜也。故善附民者是乃善用兵者也，故兵要在乎善附民而已。（《荀子·议兵》）

以善附民之兵，攻那暴君之国，可以不战而胜。

　　　　且夫暴国之君，将谁与至哉。彼其所与至者，必其民也。而其民之亲我，欢若父母；其好我，芬若椒兰。彼反顾其上，则若灼黥，若仇雠，人之情虽桀跖，岂又肯为其所恶，贼其所好者哉。是犹使人之子孙自贼其父母也。（《荀子·议兵》）

此即孟子所说：能行仁政，"则邻国之民仰之如父母"，而"无敌于天下"（《孟子·公孙丑上》）。在孟荀时代，列国人士无不希望统一，以达和平之域，不独孟荀为然。不过孟子反对以力，荀子则知非力不可，这是两人思想不同之点。

　　最后尚须说明者，荀子以治乱之责归于人类。他以为"道者非天之道，非地之道，人之所以道也，君子之所道也"（《荀子·儒效》）。"唯圣人为不求知天"（《荀子·天论》），"君子敬其在己者，而不慕其在天者"（《荀子·天论》），这种思想又与孟子所说："夫天未欲平治天下也"云云（《孟子·公孙丑下》）完全不同。盖荀子注重人为，人定可以胜天，人在宇宙之间，虽受了自然现象的支配，然而必须设法控制自然现象。他说：

天道有常,不为尧存,不为桀亡。应之以治则吉,应之以乱则凶。强本而节用,则天不能贫,养备而动时,则天不能病。修道而不二,则天不能祸。故水旱不能使之饥渴,寒暑不能使之疾,袄怪不能使之凶。本荒而用侈,则天不能使之富。养略而动罕,则天不能使之全。倍道而妄行,则天不能使之吉。故水旱未至而饥,寒暑未薄而疾,袄怪未至而凶,受时与治世同,而殃祸与治世异,不可以怨天,其道然也。(《荀子·天论》)

治乱天邪?曰日月星辰瑞历是禹桀之所同也。禹以治,桀以乱,治乱非天也。时邪?曰繁启蕃长于春夏,畜积收藏于秋冬,是又禹桀之所同也。禹以治,桀以乱,治乱非时也。地邪,曰得地则生,失地则死,是又禹桀之所同也。禹以治,桀以乱,治乱非地也。(《荀子·天论》)

星队木鸣,国人皆恐。曰是何也,曰无何也。是天地之变,阴阳之化,物之罕至者也。怪之可也,而畏之非也。夫日月之有蚀,风雨之不时,怪星之党见,是无世而不常有之。上明而政平,则是虽并世起无伤也。上暗而政险,则是虽无一至者无益也。夫星之队,木之鸣,是天地之变,阴阳之化,物之罕至者也。怪之可也,而畏之非也。物之已至者,人袄则可畏也。(《荀子·天论》,下文举出许多人袄,即耕稼失时,政令不明,礼义不修之类。文多从略)

此即反对邹衍的阴阳学说。不谈"天",而专论"人",荀子思想比之先秦诸子,似为进步,理由在此。自董仲舒用儒术以说明阴阳学说之后,在吾国历史上最有势力的,不是儒家,也不是法家,更不是道家,而是阴阳家,吾人读二十五史之《五行志》,即可知之。

总之,荀子与孟子之学均出于孔氏,而属于儒家。孟子所注意的是仁义,仁从内出,所以不言刑赏。荀子所注意的是礼义,礼由外作,所以不但主张刑赏,而且主张重刑。孟荀学说在孔子思想之上均有根据,然其结论不同,孟子注重修身,荀子注重治国。韩非为荀子门人,其言论虽属于法家,而受荀子之思想的影响却甚大。

孟子与荀子均希望和平,因和平而不忘国家之统一。孟子还是注重"发政施仁",荀子则知道统一非用武力不可。这是荀子学说比之孟子,合于当时需要的理由。但荀子既崇孔子之说,故亦不敢离开孔子太远。他虽然重视"由外作"之礼——法,而未忘记"从内出"之仁。到了韩非,则由刑赏而反对仁义了。

孟子的学说与欧洲中世的"暴君放伐论"相似。荀子的学说则与霍布斯(T. Hobbes)相去无几。他们两人均以自然社会为斗争社会,不过霍布斯以国家的成立由于社会契约(Social Contract),荀子则谓国家的成立,由于圣君之制礼定分,故说:"君者善群也。"(《荀子·王制》)两人之赞成君主专制,则无二致。

荀子反对"天","唯圣人为不求知天"(《荀子·天论》),因又反对卜筮,以为卜筮不过欺骗百姓而已。他说:"卜筮然后决大事,非以为得求也,以文之也(谓顺人之意,以文饰政事而已),故君子以为文,而百姓以为神。以为文则吉,以为神则凶也。"(《荀子·天论》)荀子不信天,不信神,因之,他不主张君权神授说,汤武革命,尧舜禅让之顺乎天,也认为不是事实(参阅《荀子·正论》),而且还说:"事暴君者有补削,无拚拂"(《荀子·臣道》),是又反对放伐暴君了。在这一点上,孟子的思想虽然不是民主主义,而却能阐明革命之道。反之,荀子的言论虽谓天子无为,然而天子既有择相之权,天子不皆贤,则又何能知道谁是贤者而用之为相。倘若穷究到底,荀子的学说势非陷入开明专制不可。这种开明专制在民智幼稚之时,实为统一国家的捷径。吾人观英国的亨利第七、法国的路易第十一、西班牙的斐迪兰(Ferdinand)均于 15 世纪之末,打垮封建诸侯,而建设近代的统一国家,即可知之。荀子之徒李斯卒能辅佐秦始皇,废封建,置郡县,同文字,一法度衡石丈尺。而又依荀子"今诸侯异政,百家异说,则必或是或非,或治或乱"(《荀子·解蔽》)之言,而禁私学,以吏为师。所以由吾国思想史言之,荀子实开后世控制言论之端,而由政治史言之,荀子之功不可谓不大。秦虽二世而亡,其过在于信任赵高,而又虐用其民,吾人固不能归罪于荀子。秦亡汉兴,霸王杂用,中华民族于是乎统一,后代虽然分合无常,而一统观念深入民心。所以我个人以为孔子思想乃透过荀子,而实行于政治之上,荀子之功似比孟子为大。

（选自萨孟武《中国政治思想史》,三民书局 1979 年版）

萨孟武（1897—1984）,福建福州人。毕业于日本京都帝国大学法学部政治系。1924 年返国,先后任教于大夏大学、陆军军官学校、中央政治学校,并任中山大学法学院长。1948 年赴台,任台湾大学教授兼法学院长、政治大学政治研究所所长。著有《中国政治思想史》、《中国社会政治史》、《水浒传与中国社会》、《西游记与中国古代政治》、《红楼梦与中国旧家庭》等。

　　本文选自《中国政治思想史》。文章从仁政、富民、正名、明华夷之别等几个方面论述了孔子的政治思想,指出,孔子的政治思想是随时进步的。文章重点论述了孔子的"为政之道,须先富民"思想。认为"为政之道,须先富民","节用而爱人,使民以时",才能使民富,但"孔子的富民政策,非求生产的增加,而是求分配的平均",即"不患寡而患不均"。文章又论述了孟子与荀子的政治思想,认为"荀子与孟子之学均出于孔氏,而属于儒家。孟子所注意的是仁义,仁从内出,所以不言刑赏。荀子所注意的是礼义,礼由外作,所以不但主张刑赏,而且主张重刑"。

孔子的政治思想

蔡尚思

一　问题的复杂性

　　讨论孔子的政治思想,首先遇到的难题,便在于确定春秋后期的社会性质。

　　春秋时代的社会动荡不安,那是孔子在编次《春秋》中便揭露的。问题在于这种动荡不安,是好事还是坏事? 自先秦到清朝中叶,几乎所有学者都认为是坏事,不但儒家如此说,道墨法诸家也都如此说。他们尽管倾向不同,论证的角度也不一样,但判断所谓好坏的逻辑是相仿的,那就是把社会秩序看作圣人贤人的创造,因而现存秩序的崩溃,自然就是非圣无法的结果。根据这种逻辑,必然会推导出世愈古而治愈盛的结论(法家有所不同)。只有当他们争论谁是圣贤、如何取法时,人们才可能判断他们各自的实际立场。

　　到近代,由于接受进化论的学者逐渐增多,对于春秋时代社会状况的意见,才有所改变。人们开始说,先圣未必比后圣聪明,先王之道也未必能成为后王之法,因此社会的变动不能都说是坏事,很可能倒是社会进化的表征。这样的历史观,比起封建的历史观来,自然是个大进步。但进化是怎样取得的呢? 大多数学者仍然以为出于人们意见的改变,就是说后代圣贤的社会政治见解比起尧舜禹汤文武周公要成熟、进步，于是社会政治制度就改变了。

正因如此，以上两个时代的学者，在评论孔子思想的时候，尽管不乏真知灼见，但程度不同的唯心史观，使他们都不可能正确地估计春秋时代的社会变化，从而也不可能正确地评价孔子的政治思想。

随着马克思主义的唯物史观在中国传播，愈来愈多的学者相信社会存在决定社会意识的道理。人们开始认真探讨春秋时代的社会性质，试图为包括孔子思想在内的那个时代的观念形态，找出存在的基础。不过，相信道理的正确，不等于能够运用它来解决历史的实际问题。即使在熟悉历史唯物论的学者中间，由于种种原因，客观的或主观的，对同一历史问题也会出现分歧的看法。

例如关于春秋时代的社会性质，便至少有四种见解：奴隶社会，由奴隶制向封建制过渡的社会，领主封建社会，领主制向地主制过渡的社会。每种见解都有自己的根据和理由，至今仍很难确定哪种见解称得上完全正确。

确定观念的存在基础已如此之难，进而分析观念本身自然更难。事实上，无论研究者对春秋时代的社会性质持有何种见解，对于孔子的政治思想，都可以给予肯定、否定或半肯定半否定的结论。目前这些意见都有，而且都从历史材料中找到依据。

因此，确定材料的性质及其所反映的时间，便成为讨论孔子思想的必要前提。这一点，对于研究他的政治见解，尤其必要。如前所述，孔子一生的经历很复杂，他发表的政见自然也有复杂的背景。不了解他说话的时间、场合和对象，便不能正确判断他的政见的是非。而现在的研究水平，还没有达到使人们可据以进行精确判断的程度，于是要取得一致的结论尚不可能。

问题的复杂性，使得讨论孔子的政治思想，只能在各抒己见的基础上，求同存异，不断缩小分歧，以期最终通过争论来弄清历史的真相。

　　本书作者认为,关于孔子政治思想(其他侧面也一样)的材料,主要还只好依据《论语》。但《论语》所汇集的,多半是孔子生平后期的语录,从中可以大概看到孔子五十以后的政治见解。这些见解,反映他对春秋时代的社会政治变化,是抱着反对态度的。而作者又认为,当时的变化,是奴隶制向封建制过渡的反映。因此,孔子的政治见解,固然不乏可取之处,总的说来却是正在崩溃的旧制度的挽歌,属于落后的、保守的行列。

二　在东方复兴周礼

　　春秋初期,周天子已无足轻重,即使在自己的王畿内,政权也由王臣支配。到春秋中后期,诸侯大多也与周天子同命运,国内号令不行,权力逐渐落入大夫之手。例如鲁国,自鲁宣公死后,以季氏为首的三桓控制政权,所谓“政在季氏”好几代。由于季氏实际上代替了鲁君的位置,把政事交给出身微贱的家臣处理,久而久之便形成尾大不掉的局面,由家臣代替世卿发号施令。孔子认为这都是“天下无道”的表现。他说:“天下有道,则礼乐征伐自天子出;天下无道,则礼乐征伐自诸侯出。自诸侯出,盖十世希不失矣;自大夫出,五世希不失矣;陪臣执国命,三世希不失矣。天下有道,则政不在大夫;天下有道,则庶人不议。”(《论语·季氏》)所谓道,就是通向治世之路。本来,在西周王室权力鼎盛时期,诸侯所用的礼乐制度,都由周天子规定;诸侯动众起兵,都待周天子命令。这样,奴隶社会的秩序,至少在表面上有条不紊,呈现出治世局面。但随着周天子威权丧失,诸侯各行其是,非但擅自改革国内各项制度,而且互相攻击兼并,强者称王称霸,奴隶社会的固有秩序愈来愈混乱。用旧的治乱标准来衡量,自然叫“无道”。因此,孔子的这一种评论，表明他的政治思想的出发点，便是反对僭礼，要求恢复早被历史所否定的西周奴隶制的统治秩序。

为了证明自己的政治主张的正确，即所谓"政者，正也"，孔子企图用鲁国历史作证。鲁国自隐公起，自作礼乐，专行征伐，到昭公被逐，死于乾侯，正好十世。鲁国政在大夫，自季文子起，到季桓子一度被阳虎囚执，正好五世。而阳氏为季氏家臣，到阳虎政变失败逃亡，又正好三世。这种现象，本来反映鲁国在春秋时代社会变革步伐加快，因而统治集团内部权力转移的斗争也加剧。而孔子却把它看成是社会决不可变革的证明，并将它说成是适用于一切诸侯国的普遍规律，所谓"无道"之世决不能长久维持，多则十代，少则五代三代，很少有不垮台的。这表明，他的政治思想，是从歪曲历史现象开始的唯心史观。

孔子对于"政逮于大夫"的反感，集中表现于他一贯抨击春秋时代卿大夫们的僭越非礼之事。

在鲁国，孔子主要批评三桓。他虽然仰仗季桓子的权势才得上升为大夫，但对季孙氏世代越礼显然早怀不满，在"斗鸡之变"中指责季桓子"八佾舞于庭"，便是一次暴露。八佾指纵横各八列的舞队，本为周天子举行祭祀大典时的专用舞列，鲁国诸侯由于享有始祖周公传下的特权，也可采用。作为卿大夫，季孙氏家祭时照旧礼只可用四佾。但季桓子却在鲁昭公举行祭祖典礼时，将公室舞队调到家庙中演出，所以孔子在跟着反季氏的一班大夫们起哄时，特别指出这是季桓子的一条大罪，"是可忍也，孰不可忍也！"（《论语·八佾》）孔子去鲁，虽然是因为孟懿子破坏"堕三都"的计划，使他无法向季桓子交代，却也要等到季桓子不以礼相待，而后才跑，以证明并非他为臣不忠，而是季桓子非礼。到他晚年回鲁，身份高了，对三桓非礼的批评便更少顾忌。三桓家族或宴罢送宾或祭祖完毕时，都唱《雍》诗。孔子听着便生气，说："'相维辟公，天子穆穆。'奚取于三家之堂!"(《论语·八佾》)原来,《雍》诗上这两句话,表明它是天子专用的赞礼诗,在鲁国只有君主可用,所以孔子指责三家大夫哪里配得上动用这样的礼乐。只有天子和鲁君才有资格祭祀泰山,但季康子居然也去祭泰山,分明以鲁君自居。冉求任季氏宰,这事可能会牵连孔子。所以他发了急,要冉求出面阻止这一非礼行为,无效,只好"呜呼",说是泰山之神不会接受这种违礼之祭①。对于鲁国其他大夫的非礼行为,孔子也不放松,如多次批评臧文仲、武仲祖孙,便是例证。

　　齐国是春秋时代"礼乐征伐自诸侯出"的策源地。齐国大夫管仲,就是齐桓公称霸的设计师。孔子尽管承认"管仲相桓公,霸诸侯,一匡天下,民到于今受其赐",是个"仁者"(《论语·宪问》);但由于"邦君树塞门,管氏亦树塞门。邦君为两君之好,有反坫,管氏亦有反坫",就被孔子责为"管氏而知礼,孰不知礼?"(《论语·八佾》)至于陈恒杀死齐简公而夺取政权,当然更被孔子看作"大逆不道"。

　　倘说孔子以为"天下有道,则政不在大夫",还不足以表现他的奴隶主贵族立场的话,那末"天下有道,则庶人不议",又如何解释呢?所谓庶人,自然不是指奴隶,而是指非贵族的平民,也就是"小人"。春秋末年,庶人能够议政的,至少是大夫的家臣。冉求在孟孙氏、叔孙氏面前自称"小人",而他已是替季孙氏拿主意的陪臣(《左传》哀公十一年),便是证明。这种不再食毛践土而依靠做官食禄的家臣,身份已属于后世的封建官僚。孔子却认为连他们也没资格议政,否则便是"天下无道"。连他本人出身于季氏家臣的历史也忘记了,这不是证明他晚年完全跑到奴隶主旧贵族一边去了吗?

---

　　① 《论语·八佾》:"季氏旅于泰山。子谓冉有曰:'女弗能救与?'对曰:'不能。'子曰:'呜呼!曾谓泰山不如林放乎?'"

孔子也讲变，但向往的是变回到文武之道，"祖述尧舜，宪章文武"（《礼记·中庸》），处处效法周文王、武王时代奴隶制的政治和道德规范。在他看来，"殷因于夏礼"，"周因于殷礼"，根据夏殷两代制度加以损益的周礼，是最完美的社会政治制度。"周监于二代，郁郁乎文哉！吾从周。"（《论语·八佾》）因此，孔子自命为西周文化的体现者："文王既没，文不在兹乎？"（《论语·子罕》）他一生奔波，最大的政治抱负就是继承文王、周公的事业。"如有用我者，吾其为东周乎！"（《论语·阳货》）如果有人用我治国，我就要在东方复兴周礼——这是他最明白的政治宣言。

"齐一变，至于鲁，鲁一变，至于道。"（《论语·雍也》）这段话，集中表现了孔子复古的政治观。齐国是一个封建经济比较发展、基本上实现了由奴隶制向封建制转变的国家。鲁国封建经济发展较晚，西周奴隶制的传统在鲁国保存得更完整，所谓"周礼尽在鲁"，社会发展程度比齐国落后。孔子提出"齐一变，至于鲁"，就是要将革新的齐国变为守旧的鲁国，这是一个历史的倒退；"鲁一变，至于道"，就是再将守旧的鲁国变为讲文武之道的周朝。这就是孔子通过分段复古、在东方复兴周礼的实施方案。

三　礼治的变和不变

怎样才能使"天下有道"？孔子计划了一个治国方案，那就是"为国以礼"（《论语·先进》）。

礼的意义在古代很广泛，起初当指各个氏族在社会生活中日积月累形成的习俗。恩格斯在分析易洛魁人氏族制度的基本特点时曾说：它们"没有军队、宪兵和警察，没有贵族、国王、总督、地方官和法官，没有监狱，没有诉讼，而一切都是有条有理的。""一切问题，都由当事人自己解决，在大多数情况下，历来的习俗就把一切调整好了。"(《家庭、私有制和国家的起源》,《马克思恩格斯选集》第 4 卷,第 92—93 页)进入阶级社会之后,这种"历来的习俗"被制度化,在中国就叫做礼。夏礼、殷礼的实际情况,在孔子的时代已无法确考。周朝统治者已将礼奉为立国之本。"礼,国之干也"(《左传》襄公三十年);"礼,国之纪也"(《国语·晋语四》);"礼,政之舆也"(《左传》襄公二十一年。杜预注:"政须礼而行");"礼,王之大经也"(《左传》昭公十五年)——从这类议论中,可以看出周人把礼看作奴隶主阶级统治的纲纪。

《周礼》、《礼记》、《仪礼》,固然编成都很晚,所规定的繁文缛节,不少更系后人添枝加叶,但其中保留着的先秦资料和文献,仍然有助于我们了解周礼。从三礼的记载看,《周礼》既包括社会政治制度的结构形式,也包括贵族奴隶主的日常道德生活、宗教生活和相互交往的种种规范。"故朝觐之礼,所以明君臣之义也。聘问之礼,所以使诸侯相尊敬也。丧祭之礼,所以明臣子之恩也。乡饮酒之礼,所以明长幼之序也。昏姻之礼,所以明男女之别也。夫礼,禁乱之所由生;犹坊,止水之所自来也。"(《礼记·经解》)可见,周礼属于周代奴隶制的上层建筑。孔子认为,周礼是借鉴夏礼、殷礼而建立起来的典章制度,它是那样丰富而又美好,甚至过三千年也不会有什么根本性的变化①。

孔子对于"为国以礼"的主张有很多说明。比如说,"能以礼让为国乎,何有?"(《论语·里仁》)"上好礼,则民易使也。"(《论语·宪问》)在孔子看来:"礼,经国家,定社稷,序民人,利后嗣者也。"(《左传》隐公十一年)就是说,搞分封制需要礼,搞等级制需要礼,搞世袭制也需要礼。可见,他那样强调"礼让"、"好礼",只是因为礼体

_____

① 《论语·为政》:子张问:"十世可知也?"子曰:"殷因于夏礼,所损益可知也;周因于殷礼,所损益可知也;其或继周者,虽百世,可知也。"

现着奴隶制的宗法血缘关系的纽带作用。纽带不断,由它所维系的奴隶主阶级的宝塔形统治关系,自然不会离散。据说鲁哀公问孔子,什么是大礼?孔子说:"民之所由生,礼为大。非礼无以节事天地之神也;非礼无以辨君臣、上下、长幼之位也;非礼无以别男女、父子、兄弟之亲,昏姻、疏数之交也。"(《礼记·哀公问》)这段话,虽然不一定是孔子所说,但确实体现了他强调的礼,不同于一般的礼仪,也即不同于礼的形式。"礼也者,犹体也,体不备,君子谓之不成人。"(《礼记·礼器》)正因如此,孔门学者总是强调:"安上治民,莫善于礼。"(《礼记·经解》)

礼在周代,具有根本法的性质。它的基点是贵贱有序。而祭祀与军事活动的旧礼,使贵族与平民的区别,贵族中间等级高下的区别,自由民与奴隶的身份区别,在神秘肃穆的气氛中鲜明地呈现在人们面前,从而使人们特别牢记自己在严格的等级隶属关系中间的地位,懂得僭礼便是违法。各级贵族恣意处置自己隶属范围内的"民",是合礼的,也即合法。因此,贵族可以为所欲为,而庶民则只能听凭贵族摆布,就是所谓"礼不下庶人,刑不上大夫"。春秋时代,旧礼崩溃,有些贵族为了巩固自己新夺取的权益,陆续制订一些新法令,并公之于众。

公元前513年冬天,晋国大夫赵鞅、荀寅用铁铸刑鼎,重新公布公元前621年范宣子所制订的"刑书"。孔子批评说:"晋其亡乎,失其度矣。夫晋国将守唐叔之所受法度,以经纬其民,卿大夫以序守之,民是以能尊其贵,贵是以能守其业。贵贱不愆,所谓度也。文公是以作执秩之官,为被庐之法,以为盟主。今弃是度也,而为刑鼎。民在鼎矣,何以尊贵,贵何业之守?贵贱无序,何以为国？且夫宣子之刑，夷之搜也，晋国之乱制也，若之何以为法？"①将法令铸在鼎上，使民有目共睹，可用它来自行衡量是非曲直，这就等于放弃了贵族作为"度"即法律准则的世袭特权，于是庶人便不会尊重贵族，于是贵族便有失掉饭碗的危险，于是传统的奴隶制等级秩序便会大乱。何况铸在鼎上的法令，本来就是范宣子在一场军事演习中改变古礼的"乱制"，拿它作为是非曲直的准则，"何以为法？"这则记录，清楚地表明孔子不但反对"礼下庶人"，而且十分了解这种改革对于旧制度就意味着死刑。他在国家问题上，维护着奴隶主旧贵族的世袭统治权力，是很明白的。

在孔子伦理思想中，也处处可以看到礼的主导作用。比如，仁是孔子最赞美的道德，因为仁是达到礼的手段，礼才是仁要达到的目的。有若把孝弟看成为"仁之本"，就是因为："其为人也孝弟，而好犯上者，鲜矣；不好犯上，而好作乱者，未之有也。"（《论语·学而》）可见，"孝"的作用在于强化宗法制度纵的关系，"弟"的作用在于维系宗法制度横的关系，因而孔子及其弟子便认为可用来防止犯上作乱。孟懿子问孝，孔子回答说"无违"，并向樊迟解释其涵义，就是"生，事之以礼；死，葬之以礼，祭之以礼"（《论语·为政》）。便是以礼作为孝的主干的证明。孔子又以礼为忠。鲁定公问君臣关系，孔子回答说："君使臣以礼，臣事君以忠。"强调尽礼就是忠君，虽然他也承认有拍马的嫌疑②。

孔子强调，天命不可抗拒。君子"三畏"，"畏天命"是第一位。"不知命，无以为君子也。"（《论语·尧曰》）"天命"是奴隶主秩序在天上的投影。孔子维护奴隶制的等级统治，就势必维护奴隶主的

---

①　《左传》昭公二十九年。晋文公为被庐之法，范宣子为夷搜之法，分见《左传》僖公二十七年、文公六年。

②　《论语·八佾》："事君尽礼，人以为谄也。"

"天命"，具体就表现在"敬天法祖"的种种祭祀礼仪应该按照传统的等级名分进行。所以他才认为季孙氏不配祭祀泰山之神。

孔子的政治思想既有不变的一面，又有不得不变的一面。但孔子是"以不变应万变"，归根结底还是"万变不离其宗"，还是"吾道一以贯之"。这个"宗"，就是孔子认为尽善尽美的周礼。"周监于二代，郁郁乎文哉！吾从周。"（《论语·八佾》）

当然，孔子自称"吾从周"，也并非抱住周礼的一切不放。孔子从的是西周的大礼，认为礼的根本不变；至于小礼，如春秋时礼帽的用料之类，他就表示可以变通。"麻冕，礼也；今也纯，俭。吾从众。"礼帽用麻料织，这是周礼的规定；现在大家都用丝料做，这样比较省俭。他赞成大家的做法。但是，有的礼节仪式，似乎是小事，改掉后却有损于大礼，孔子可要坚决复古了："拜下，礼也；今拜乎上，泰也。虽违众，吾从下。"（《论语·子罕》）古代臣下见君主，进门先在堂下磕头，然后升堂再磕头，这是合乎周礼的；如今臣下都直接登堂磕头，这是倨傲的表现，是大失君臣体统的无礼行为。所以孔子宁可"违众"，也主张先在堂下磕头，按老规矩朝拜君主。礼帽用料可以变，君臣之礼不可变。在次要问题上，孔子的确趋时，不愧"圣之时者"；但在主要问题上，他绝对不讲变通，坚持周礼，执意复古。

孔子这种大礼不变小礼变，主干不变枝叶变的巧妙手法，当时就曾迷惑过一些人。他的学生子路，因误解老师不守复礼信念而很不高兴。有一回，子路看见孔子想参与公山弗扰反对季氏的叛乱，发脾气了，他说：没有地方去就算了，何必一定要往公山弗扰那里跑，支持犯上作乱呢？孔子被迫吐露真情，说是："如有用我者，吾其为东周乎！"联想起"周武王起丰、镐而王"的历史，以周道继承人自命的孔子感到：公山弗扰所据费邑（今山东费县），地方虽小，难道就不能像周文王、周武王那样干一番大事业，将周礼复兴于东

方吗？（详《史记·孔子世家》）

把奴隶制度神圣化、永恒化，以为不变是绝对的，变化是相对的，相因是绝对的，损益是相对的，总想召回已经被社会实践否定了的周礼的鬼魂，这是孔子在政治上的基本信念。

四 孔子为什么也讲正名

正名是先秦道、儒、墨、法诸家都十分重视的一种理论形式。今本《老子》劈头便提出"道"与"名"的关系问题。墨家曾与儒家辩论"名"与"取"的关系问题。法家也对"名"与"实"的关系问题发生极大兴趣。那时，"正名"问题讨论得如此热闹，以致在战国时代出现了一个专门研究它的名家学派。因此，正名问题并非儒家首倡，也非孔子的发明。

但把正名与复礼联系起来，则数孔子最早。这就是我们要将它放在孔子政治思想中间讨论的缘由。

鲁哀公七年（公元前 488 年），孔子和子路有这样一段问答："子路曰：'卫君待子而为政，子将奚先？'子曰：'必也正名乎！'子路曰：'有是哉，子之迂也！奚其正？'子曰：'野哉由也！君子于其所不知，盖阙如也。名不正则言不顺，言不顺则事不成，事不成则礼乐不兴，礼乐不兴则刑罚不中，刑罚不中则民无所措手足。故君子名之必可言也，言之必可行也。君子于其言，无所苟而已矣。'"（《论语·子路》）

假如不存偏见，那就不能否认孔子的"正名"论确有道理。所谓"正名"，据东汉马融的解释，即"正百事之名"（《论语·子路》。马融说见何晏注引），则名就是名称、名义的意思。从这个角度来说，孔子所谓"名不正则言不顺，言不顺则事不成"，在理论上无可厚非。语言是出令布治的工具。任何统治者，宣布自己的意图，起码要求说话合乎逻辑,才能令人有所遵循,把事情办好。而说话合乎逻辑,其前提无疑是自己对要办的事有明确的概念。在春秋时代,各国诸侯与卿大夫之间,卿大夫与卿大夫之间,卿大夫与陪臣之间,进行着错综复杂的斗争。说话前后矛盾,政令朝出夕改,成为普遍现象。有些事情,如鲁国作三军、用田赋之类,客观效果是在破坏旧制度,然而那些始作俑者的主观意图,则无不是为谋一己之私利,就是说他们并不明白自己真正在干什么。在这种情况下,政治混乱是不可避免的。因此,"正名"问题,对于任何类型的统治者,都应该正视,应该解决。孔子说为政一定要从"正名"开始,提出了当时具有普遍意义的一个理论问题,这一点怎么可以完全抹煞呢?

当然,提出问题不等于解决问题。孔子没有能力解决自己所提出的问题,那也是事实。何以见得?就在于他的正名观念,违背历史发展的逻辑,因而无法行得通。

孔子的正名主张,主要是奴隶主贵族挽救礼坏乐崩危局的政治对策,就是要按周礼作为尺度去正名分,要求每个人的所作所为,都能和他由世袭而来的传统的政治地位、等级身份、权利义务相称,不得违礼僭越。齐景公问孔子如何治理国家,孔子回答说:"君君,臣臣,父父,子子。"齐景公听了说:"善哉!信如君不君,臣不臣,父不父,子不子,虽有粟,吾得而食诸?"(《论语·颜渊》)可见,孔子所说的"正名",客观上适合旧贵族维持旧名分的需要,只能起保护没落中的统治者"食粟"权利的作用。

我们还可以通过几个典型事例,看看孔子对"正名"是何等重视。

公元前589年,新筑大夫仲叔于奚,在一场卫齐之战中救了卫军统帅孙桓子。"既，卫人赏之以邑，辞。请曲县、繁缨以朝，许之。"① 仲叔于奚宁愿不要采邑，却要求允许他在朝见时使用一次诸侯所用的乐队和马饰，卫侯同意了。后来，孔子对这件事大发议论："惜也，不如多与之邑。唯器与名，不可以假人，君之所司也。名以出信，信以守器，器以藏礼，礼以行义，义以生利，利以平民，政之大节也。若以假人，与人政也。政亡，则国家从之，弗可止也已。"(《左传》成公二年)问题竟这么严重，诸侯的爵号(名)与车服(器)借给大夫使用一下，便意味着政亡、国亡！

又如：季康子问政于孔子。孔子对曰："政者，正也。子帅以正，孰敢不正？"(《论语·颜渊》)

"其身正，不令而行；其身不正，虽令不从。"(《论语·子路》)

"苟正其身矣，于从政乎何有？ 不能正其身，如正人何？"(《论语·子路》)

这三段言论，就理论上说自然有道理。任何阶级的统治者，尤其像季康子那样的执政者，都存在一个表率作用的问题。自己制定或宣布信守的政治准则或道德准则，自己首先违背乃至践踏，难道能使统治集团的其他人物信守吗？难道能使统治集团有效地实行少数人对多数人的统治吗？所以，孔子说正人必先正己，不然就无法号令别人，那是不错的。问题只在于"正"与"不正"的具体标准。社会基础变了，政治生活的内容也变了，政治信念或道德准则必然跟着变。孔子看到这种变化，却不能使自己的观念适应社会存在的变化，反而将变化看作不正常，不合理的东西，企图用已经过时的标准作为衡量正与不正的尺度，这就使他的观念不合时宜，在具体标准的认识上必定出错。孔子希望从天子、诸侯、卿大夫到

① 《左传》成公二年。曲县，把钟磬等乐器悬挂于东、北、西三面，系诸侯专用乐队之排列形状。繁缨，马头所戴金制冠缨，系诸侯专用之马饰。

士,都能自觉地不僭越,各守本分,作出"克己复礼"的表率,使庶人不敢议论朝政,奴隶们不敢犯上作乱。孔子想以旧的"名"去改变新的"实",以"正名"去挽救礼坏乐崩,这显然是一种行不通的幻想,不能不使孔子自己陷于到处碰壁的困境。

五　怀德与怀刑

孔子说:"为政以德,譬如北辰,居其所而众星拱之。"(《论语·为政》)北辰即北极。孔子时代尚未发现岁差,人们以为北极永不移动,是天的枢纽,用以正朝夕,辨方位。孔子用它来比喻理想的政治,说明他的理想的集中点,就是执政者应该以不变应万变,而这种品格便叫作"德"。

孔子又说:"道之以政,齐之以刑,民免而无耻;道之以德,齐之以礼,有耻且格。"(《论语·为政》)这段语录,拿德与政对立,拿礼与刑对立,说是两种统治方式在"民"中间造成两种相反效果。联系到上引那段语录,于是便造成一种印象,似乎孔子主张德治,就是反对用刑罚治民。特别是他回答季康子关于是否可以"杀无道以就有道"的问题时,还曾说过"子为政,焉用杀?"(《论语·颜渊》)便更加强了这种印象,有人甚至据此将孔子说成是古典的人道主义者。

说孔子强调德治,那是不错的。但说孔子反对刑罚,那就不对了。孔子分明说过:"君子怀德,小人怀土;君子怀刑,小人怀惠。"(《论语·里仁》)君子者,肉食者也,就是贵族统治者。这里把德和刑说成是统治者应该念念不忘的两个主要方面,不要像小人那样,成天去想田宅和恩惠,难道可以说成是反对用刑的表现么?

正确的解释应该是孔子主张统治必须德刑并用,但对执政者即君子领袖来说,首先注意的还是要用德来引导。他用"北辰居其所而众星拱之"作比喻,他强调在"道"即导引问题上有"以政"与"以德"的区别,都证明他的设计主要是给执政者的建议,而并非一般地反对用刑,否则他就决不会称颂"君子怀刑"。

《孔子家语》和《孔丛子》虽然都是晚出伪书,但其中关于孔子强调德治的解释却颇有道理。《孔子家语》说孔子以为,"圣人治化,必刑政相参焉。太上以德教民,而以礼齐之。其次以政导民,而以刑禁之。化之弗变,导之弗从,伤义以败俗,于是乎用刑焉。"(《孔子家语·刑政》)《孔丛子》说孔子以为,"古之刑省,今之刑繁。其为教,古有礼然后有刑,是以刑省;今无礼以教,而齐之以刑,刑是以繁。《书》曰'伯夷降典,折民惟刑',谓先礼以教之,然后继以刑折之也"(《孔丛子·刑论》)。

这种解释比较合于历史实际。据《左传》,公元前 522 年,"郑子产有疾,谓子大叔曰:'我死,子必为政。唯有德者能以宽服民,其次莫如猛。……'疾数月而卒。大叔为政,不忍猛而宽。郑国多盗,取人于萑苻之泽。大叔悔之……兴徒兵以攻萑苻之盗,尽杀之。"对此,孔子评论说:"善哉,政宽则民慢,慢则纠之以猛。猛则民残,残则施之以宽。宽以济猛,猛以济宽,政是以和。"(《左传》昭公二十年)

这段记载,清楚地说明孔子强调德治,决不是反对向被压迫者施用暴力,更不是出于什么人道的考虑。正好相反,他的出发点是"服民"。但他比一般只知用严密法网维持政权的统治者更有远见,懂得要使民驯服,单靠用刑杀禁止是不行的,还必须使民安土重迁,并且养成一种卑怯心理,以为自己能生存全赖君子的恩赐,即所谓"怀土"、"怀惠"。因此,最好的服民办法,便是"导之以德,齐之以礼"。德者,"得也,得事宜也"(《释名·释言语》);"外得于人,内得于己也"(《说文》)。用"得"作施政的指导思想,就是要教民懂道理,对己对人都要举止得当,那道理就是奴隶主统治的固有秩序，因此"导"的办法就是"齐之以礼"，目的是使民自觉自愿地遵守这种秩序，以违礼为耻，以守礼为正。但孔子也很懂得，单靠教化来服民，也是靠不住的。那会使小人们误以为君子软弱，从而变得不听话，难驯服。因此必须使民看到不"得"必有"失"，感到胡萝卜后面还有大棒的威胁，即使贵族统治者自己缺德，也不敢起"盗心"，实行反抗，否则就会受到"纠之以猛"的待遇。这就是孔子为什么强调君子既要怀德，又要怀刑，实行"宽猛相济"的道理。

应该指出，这个道理不是孔子的发明，而是他的殷代祖先的创造。传世的殷代文献，曾记叙殷代帝王就强调德教。"非予自荒兹德"、"予亦不敢动用非德"（《尚书·盘庚上》），"式敷民德，永肩一心"（《尚书·盘庚下》），都证明殷王将德治看得极重。而殷墟卜辞中屡见"德"字，有的字形正作"得"，更证实文献所言非虚。同时，卜辞中又有"礼"字，字形像盛玉在器，是祭祀上帝祖先时最隆重的祭物（王国维：《释礼》，《观堂集林》卷六），说明殷人已很看重礼的作用。然而考古发现殷代贵族奴隶主大量使用人殉，证明他们根本不把奴隶当人看待。无辜者尚要随便杀害，反抗者的命运更可想而知。"周因于殷礼，所损益可知也"，孔子是懂得周礼并没有改变殷礼的基本点的。所以，"导之以德，齐之以礼"，只能表明孔子认为这是殷周奴隶主贵族实行统治的成功经验。他将这一点作为最佳施政方案奉献给执政者，也只能表明他最向往的理想政治，无非是回到殷周曾经出现过的奴隶制太平盛世。

（选自蔡尚思《孔子思想体系》，上海人民出版社 1982 年版）

蔡尚思（**1905—**　），福建德化人。早年就读于北京大学。历任上海复旦、沪江、东吴等大学讲师、教授，光华大学历史系主任，商务印书馆特约编辑。1949 年后，历任沪江大学代校长,复旦大学历史系主任、副校长,为上海市历史学会副会长、中国史学会理事、中国哲学史学会副会长。著有《老墨哲学之人生观》、《中国学术大纲》、《中国历史新研究法》、《中国传统思想总批判》、《中国新民主主义革命时期通史》(思想文化部分)、《孔子思想体系》等。

本文选自蔡尚思《孔子思想体系》。作者认为:近代学者都有程度不同的唯心史观,不能正确地评价孔子的政治思想。在现代虽然马克思主义唯物史观广泛传播,但即使在熟悉历史唯物论的学者中间,由于种种原因,对同一历史问题也会出现分歧的看法。所以,作者认为:"关于孔子政治思想的史料,主要还只好依据《论语》",而《论语》中的资料反映了他对春秋时代的社会政治变化是持反对态度的。作者又认为,当时的这种变化,是奴隶制向封建制过渡的反映。因此,孔子的政治见解,固然不乏可取之处,总的说来却是正在崩溃的旧制度的挽歌,属于落后的、保守的行列。蔡尚思关于孔子政治思想的论述可谓"自成一体",颇具影响。

仁的政治思想

匡亚明

历史表明,一个政治家的思想不能离开当时的社会实践而产生。孔子生活的春秋时代是我国古代的一个大动荡时期,一座陈旧的等级隶属的金字塔,层层动摇以至塌落下来,子杀父、臣杀君、兄弟相残、权臣僭越,加之国人暴动,列国兼并,夷狄交侵,礼制的大厦摇摇欲坠。面对这样的社会现实,孔子力图消除纷乱、重整秩序,使整个社会按照以仁为内容,礼为形式的轨道运行,以达到"天下有道"的理想境界。这些,就决定了孔子政治思想和政治活动的基本内容和方向。由于和当时的社会发展趋势相矛盾,孔子的主张和愿望必然落空。在孔子哲学思想、伦理道德思想中都充满着内在矛盾,这里我们再对其政治理想、政治主张中包含的矛盾,做进一步分析。我们认为这种内在矛盾是造成孔子生前遭遇坎坷的主要原因,同时也是孔子在封建社会中成为"万世师表"的基本根据。孔子生前在自己一再碰壁之后,只能发出"道之将废也与,命也"(《论语·宪问》)的慨叹,不能理解政治上失败的真正原因。今天,我们已有可能对此作出历史唯物主义的科学分析与评价。

一、政治理想

孔子政治理想的特点是从仁的人本哲学思想出发,以怀古的方式憧憬未来。他把古代社会加以美化,称尧舜时代为"大同",文、武、周公时代为"小康",并用当时普遍流行的、逆转历史的仿佛越古越好的好古眼光,把"大同"作为最高理想,"小康"作为近期的目标。

(一)关于大同思想

大同思想渊源于先民对于远古无阶级社会的怀念,先秦诸子思想中都以不同的形式曲折地反映了劳动群众的这种思绪,提出了各有特色的政治理想和主张。孔子的大同思想是与他仁的人本哲学密切联系在一起的,就是说大同是彻底实现了仁的美好社会。

"大同"的蓝图见于《礼记·礼运》,原文是:

"大道之行也,天下为公,选贤与(举之借字)能,讲信修睦,故人不独亲其亲,不独子其子,使老有所终,壮有所用,幼有所长,矜寡孤独废疾者皆有所养。男有分,女有归。货,恶其弃于地也,不必藏于己;力恶其不出于身也,不必为己。是故谋闭而不兴,盗窃乱贼而不作,故外户而不闭。是谓大同。"

这是一幅理想化了的传说中的尧舜时代的原始社会图景,也是孔子政治理想的最高境界。

(二)关于小康思想

前面已经讲过,孔子是一个注重现实的思想家,他一方面憧憬大同世界,而作为近期目标,当前要力促其实现的则是小康世界。小康的蓝图亦见于《礼记·礼运》,原文如下:

"今大道既隐,天下为家,各亲其亲,各子其子,货力为己。大人世及以为礼,城郭沟池以为固,礼义以为纪,以正君臣,以笃父子,以睦兄弟,以和夫妇,以设制度,以立田里,以贤勇智,以功为己。故谋用是作,而兵由此起。禹、汤、文、武、成王、周

公,由此其选也。此六君子者,未有不谨于礼者也;以著其义,
以考其信,著有过,刑(型)仁讲让,示民有常,如有不由此者,
在势者去,众以为殃。是谓小康。"

这里所描述的实际上是继原始社会之后的夏、商、周三代相继而起
的阶级社会的"盛世"景象。这时已经是"天下为家",为了适应于
"家天下"的要求,产生了一系列的典章制度、伦理道德。为了保卫
和争夺这个"家天下",又不得不出现了城郭、沟池、阴谋、兵战。这
样的社会当然不如"大同"世界那么和谐美满和道德高尚。但是,
这个社会毕竟还有"礼",还有"信"、"义"、"仁"、"让",还有正常秩
序,所以也还是"小康"。在孔子看来,"大同"以尧、舜时代为典型,
"小康"以西周为典型。但尧舜时代毕竟遥远,典章制度无可稽考,
只能根据传说,把它当作最高理想加以宣传,一旦条件成熟再去实
现;而西周时代毕竟切近,典章文物、礼乐制度,基本保存,尤其在
鲁国,更是看得见、摸得着的东西,所以孔子把重建西周"小康"社
会("吾从周")作为他一生为之奋斗的近期政治理想。所以孔子的
"小康"世界,实际上就是西周初年的领主制封建社会。因此,孔子
对西周社会及其主要人物文、武、周、召都是极其仰慕的。

(三)关于《礼记·礼运》篇是否反映孔子政治理想问题

《礼记·礼运》篇出现的时代,诚然后于孔子,但却包含了先秦
儒家一脉相承的传统观点,本质上反映了孔子的政治理想。我们
作这样论断的理由是:

首先,对古代历史发展阶段的看法,《礼记·礼运》篇的观点大
体与孔子相同。《礼运》篇所说的"大同"实际上相当于传说中的尧
舜时代;所谓"小康"实际上相当于西周初年的领主制封建社会。

《礼记·中庸》明确指出:"仲尼祖述尧舜,宪章文武。"可见孔子
也把历史分为尧舜和文、武两个不同的阶段。对于第一个阶段的

历史,孔子只是作为最高理想来进行宣传("祖述"),而对于第二阶段的历史就要具体效法,努力实行("宪章")了,这与大同、小康之分在实质上是名异而实同的。

其次,孔子论"道"的部分政治内容大体上与《礼记·礼运》中讲的"大道"一致。

《礼记·礼运》中的"道",主要内容是"天下为公","选贤举能",这恰与孔子理解的尧舜之道是一个意思。《论语·泰伯》:"大哉,尧之为君也,……唯天为大,唯尧则之。"意思是说尧作为国君风格高尚,能以天(自然)为法则。天是大公无私的,尧也和天一样大公无私,把国家当作公产。到了舜的时代,舜也能"有天下而不与焉"(《论语·泰伯》),即治理天下,毫不为己。"舜有臣五人而天下治。……孔子曰:'才难!不其然乎?唐虞之际斯为盛……。'"(《论语·泰伯》)舜用五个大臣就能把天下治好的原因,在于他举用了贤才。所以这与孔子举贤才的思想一致。孔子高度赞扬的"博施于民而能济众"(《论语·雍也》),实际上是天下为公的具体化,因为只有博施济众,才能够实行天下为公,否则"各亲其亲、各子其子",何以谈公呢?《礼记·礼运》主张"老有所终,壮有所用,幼有所长",而孔子提倡"老者安之,朋友信之,少者怀之",几乎如出一辙。由此可知,孔子的"道"与"大道之行也"的"大道"具有基本相同的内容。

有人认为《礼运》篇晚出,两段文字虽都标明"孔子曰",但不能代表孔子思想。我们认为什么书可以做为孔子思想资料,不能单从时间上判定,更重要的是看思想实质上是否一致。否则,连《论语》也将成为不可信的资料。因为它并不是孔子亲手所著,而是弟子或再传弟子根据记录、追记整理而成的。何况《礼运》篇出于汉初儒家之手,离孔子还不很远。因此无论从内容上还是时间上,都可以确定《礼运》篇所载"大同"、"小康"思想,是可以反映孔子的真实思想的。

（四）关于小康时代文、武、周公之治的主要特征和正确对待大同思想问题

孔子之所以仰慕西周初年的文、武、周、召之治,把它作为自己为之奋斗的政治理想的近期目标,是因为西周初年的政治局面确是达到了封建社会初期所能达到的"仁政德治"的繁荣安定景象,主要表现在:

1. 敬德保民。周公总结殷王朝灭亡的教训,主张贵族对己要实行"敬德",亦即敬守道德准则;同时要求贵族对下要实行"保民"政策。敬德的具体内容是提倡孝友、勤劳和教育为主的方针,禁止逸豫、酗酒、滥施刑罚。"保民",除实行井田制,使民有田可耕之外,还包括省赋税等内容。孔子的仁政德治等思想,恰是这种政治理论的发展。由于贯彻敬德保民的原则,"成康之际,天下安宁,刑错(措)四十余年不用"(《史记·周本纪》)。"民和睦""颂声兴"(同上)。这样的社会秩序,这样的政治局面,当然是孔子一心向往的。

2. 礼治。"礼"是建立封建宗法领主制统治秩序的基本原则,它具有包罗万象的性质,大至各级领主贵族的爵位、嫡长子继承制和列国间的征伐、盟聘,小至车马服饰进退揖让,都有礼可循。有了"礼",一切依礼而行,社会秩序就井然不紊。失掉礼,封建宗法领主制的这种社会秩序就不能维持。

孔子弟子有若说:"礼之用,和为贵。先王之道,斯为美。"(《论语·学而》)由于西周时代,礼制达到了较前完备的程度,而礼的制定者是周公。所以,有子说的"先王之道"实际上就是文、武、周公之道。"先王之道"以"礼"为最美,是因为用礼建立秩序,能使人人按不同等级"和睦相处"。礼治因而就是仁政的必然表现形式,当然也就是孔子一心向往的。

3．任贤。孔子认为西周正是贤人在位之世。"周有大赉,善人是富。""虽有周亲,不如仁人。"(《论语·尧曰》)(后两句话据刘宝楠《论语正义》引宋翔凤说,"是周武王封诸侯之辞")前两句话的意思是说,周朝有大的封赐时,善人得赏而富有起来。这就是说周朝总是奖励善人。后两句的意思是说,虽有至亲,却不如仁人,也就是说亲人不如仁人重要。既然在西周初年是"善人"和"仁人"当权,那么周初的辅弼大臣乃至一般官吏自然都是贤才了。正如《论语》所说:

"武王曰:'予有乱(治)臣十人。'孔子曰:'才难。'"(《论语·泰伯》)

"周有八士,伯达、伯适、仲突、仲忽、叔夜、叔夏、季随、季骃。"(《论语·微子》)

这样在周初的朝廷里,真可谓人才济济了。

以上三点大概就是"先王之道"的主要内容,也就是孔子"小康"政治理想的主要特征。孔子终生为之奋斗的"小康"应该说是一个经济发展、人民安定的社会。孔子不要彻底革新,而要"从周",表现了很浓的保守复古色彩。然而他也不是照搬西周旧制,乃是在"从周"的名义下建设一个他所理想的封建社会,以复古之名行改制之实。孔子的"大同"思想,不管它是多么天真和不切实际,确在一定程度上反映了被压迫人民的愿望与要求,朦胧地指明了人类未来发展的方向。虽然它与科学社会主义有原则不同,但恰如列宁所指出的那样,"剥削的存在,永远会在被剥削者本身和个别的'知识分子'代表中间产生与这一制度相反的理想。""这些理想对马克思主义者说来是非常宝贵的。"(《列宁全集》第一卷第393—394页)我们理所当然地应该把孔子在二千余年前提出的"大同"思想当作"非常宝贵"的遗产加以消化、继承和发扬。

二、政治主张

先秦诸子的政治主张,反映着不同阶级、阶层、社会集团的利益,因而具有不同的内容和特点。孔子坚持开明的贵族政治,他一方面极力维护封建宗法等级特权,另一方面又照顾到了人民的利益。他要改变社会现状,但不愿去进行周武王那样的革命,而是希望依靠统治阶级自身的"克己复礼"和对被统治者的"道(导)之以德,齐之以礼"的办法去恢复仁政德治,这是孔子政治主张的核心和基本特征。同孔子的其它思想一样,孔子的政治主张也具有多面性,既有许多封建性的糟粕,也确实提出了许多带普遍意义的,今天看来仍然是非常可贵的远见卓识,值得认真研究。孔子的政治主张主要有以下五个方面的内容。

(一)忠君尊王

忠君尊王是孔子政治主张的突出内容,也是孔子自己一贯的政治表现。孔子一生恪守周礼,尤其是在君、臣关系方面,丝毫没有一点越轨的行为。他认为,君之所以为君,是因为他地位尊贵,据此,臣子和庶民一定要对君尽忠遵礼,否则就不是仁人。他特别强调:

"君使臣以礼,臣事君以忠。"(《论语·八佾》)

"唯天子受命于天,士受命于君。"(《礼记·表记》)

《论语·乡党》篇生动地记述了孔子对于君的敬畏。他走过君位,虽然君不在那里,可他仍然毕恭毕敬,面色矜庄,屏着气好像不能呼吸一样,大有在公门内无容身之地的样子,一直到走出公堂、降下一级台阶,面色才稍微轻松一点。足见其恪守君臣之礼的程度。孔子对一切不守礼的行为一概进行抨击。管仲"树塞门"、"有反坫",孔子说他"焉得俭","不知礼";季氏八佾舞于庭,他深恶痛绝,气愤地说:"是可忍也,孰不可忍也!"(《论语·八佾》)

孔子非常重视尊王,亦即尊崇周天子。他在《春秋》中尽量维护周王的绝对权威。虽然周天子早已成了空架子,但孔子仍旧大书什么"春王正月"之类的话。什么是"王正月"呢?《公羊传》说:"曷为先言王而后言正月?王正月也。何言乎王正月?大一统也。"这是说,先说王,后说正月,是因为正月是由周天子确定的。所以要说王正月,是为了强调周天子以建正月而总统天下政教。又如践土之会,本来是晋国非常不礼貌地把周天子叫去,但如果照实写,就会损害天子的尊严,孔子只好改笔"天王狩于河阳",说成是去打猎。孔子主张行道要通权达变,但在忠君尊王这个大的原则问题上,他十分谨慎,宁肯犯不通权达变的错误,也不能允许因权变损害忠君尊王的原则。季氏家臣公山弗扰,据费邑叛季氏,召孔子参加;晋国大夫范氏家臣佛肸以中牟叛,也召孔子参加。孔子对这两次召聘都曾打算去,他想利用他们与季氏这类私家的矛盾削弱私家势力,以达到"张公室"的目的。尽管孔子有这个念头,但是无论如何,支持公山弗扰和佛肸对季氏等的背叛,就是支持臣对君的背叛。虽然这对于公室是有利的,但毕竟破坏了君臣之义。所以他最终还是放弃原来想去的念头。这两件事,深刻反映了孔子传统的旧等级名分观念。

忠君尊王思想是孔子思想中糟粕的主要表现,对后世影响很大。历代封建统治阶级都曾对这一点极力宣扬,欺骗愚弄人民,以图借助孔子的影响来巩固自己的地位。

(二)仁政德治

"敬德保民"思想在西周初年已十分强调,周初的统治者用"有德"和"失德"来解释自己获得"天命",殷人失去"天命"的原因,这是周人从殷代统治者灭亡的教训中总结出来的一条"重人事"的思想路线。《诗经》中有不少对文王等统治者盛德的歌颂,《尚书》中有不少对周人后代统治者要"敬德"、"明德"、"重德"的反复告诫的篇章,后来统治者失德违礼现象日趋严重。到了春秋末年,礼崩乐坏,"天下无道",面对这一种局面,孔子继承了西周的"敬德保民"思想,提出了仁政德治的政治主张。孔子的这种主张大体有三个方面的内容,即为政以德,克己复礼,齐之以礼。

为政以德。《论语·为政》篇记录着孔子的这样一段话:"为政以德,譬如北辰,居其所而众星共之。"意思是说,君主如果实行仁政德治,就会像北斗受到众星拱卫一样,受到人民的拥戴。

孔子又说:"泰伯其可谓至德也已矣!三以天下让,民无得而称焉。"(《论语·泰伯》)

泰伯让位于其弟王季,孔子赞为"至德"。因为统治集团内部都能像泰伯那样礼让,自然就能团结一致,决不致于演成互相残杀的局面。

孔子一贯主张重教化,省刑罚,薄税赋,厚施予,企图使封建社会各色人等都能过上安居乐业的生活,这些都属于为政以德的内容。

克己复礼。在孔子看来,统治者不能自我克制生活上的侈靡、政治上的僭越,要实行仁政是不可能的。所以孔子主张"克己复礼"。"克己"就是克制自己的欲望,恪守周礼,不能越轨。当时季氏"八佾舞于庭",是违礼行为,孔子严加斥责。克己是复礼的前提,不克制生活上的侈靡、政治上的僭越,就无法恢复到礼乐有序、天下有道的局面。克己复礼主要是对统治阶级说的,即要求统治阶级提高遵周礼、行仁政的道德自觉性。孔子和先秦儒家这种对统治阶级"上说"的传统,为后世儒家所继承。"上说"与"下教"结合,使得儒生士大夫阶层在长期中国封建社会的政治结构中一直能够起到某种缓冲和调节作用,这是中国封建社会政治生活中一个重要特色。

齐之以礼。如果说"克己复礼"主要是对统治阶级的"上说",那么"道之以德,齐之以礼"则主要是对庶民阶层的"下教"。孔子反对传统的"道之以政,齐之以刑",主张"道之以德,齐之以礼"(《论语·为政》)。孔子还指出前者的结果是"民免而无耻",后者则是"有耻且格"(同上)。把"德""礼"与"政""刑"明确地对立起来,指出两种作法会导致两种结果,这是孔子在治国治民方面的一个大的创见。只强调政、刑,单纯地把庶民置于残暴奴役之下,必然导致阶级矛盾尖锐化。而强调"德"、"礼",这是孔子仁政思想的具体展开,即承认庶民也和贵族一样,是能够"知耻"的人,只要统治者以自身的德行去"示范",被统治者就会像草随风倒一样跟上来。而"齐之以礼"则是使庶民产生羞耻之心的条件,从而改变了传统的"礼不下庶人"的作法,把原来作为贵族专利品的"礼"推广到群众之中,使每一个社会成员都纳入礼的规范之中,以道德礼仪上的平等,冲淡和掩饰阶级地位上的不平等。以后《大学》中的"自天子以至于庶人,壹是皆以修身为本"的观点即渊源于此。从"民免而无耻"到"有耻且格",也就是使被统治者从单纯"不敢"违礼犯上,到不愿违礼犯上,变强制性的约束为内在的心理自觉,这当然是十分高明的统治方法。"齐之以礼"也就是礼下庶人,从表面上讲,似乎是提高了庶人的地位,使得他们有享受礼的资格。实质上却是在被统治者的脖子上增加了一副道德枷锁,把被统治者的肉体和精神全部交给了统治阶级支配,最终成为统治者驱使奴役的牛马。可见,孔子"德""礼"结合的"仁政",虽然比"暴政"对被统治者有利得多,但归根到底,从一定意义上说也是为历代的封建统治者提供了一套十分精巧的对庶民进行"攻心"的方术,为森严的等级秩序裹上一层带有浓厚民族伦理色彩的温情脉脉的纱幕,这当然是孔子本人所始料不及的。

（三）明"夷狄"、"诸夏"之别

孔子一生以维护、恢复"周礼"为己任,他的各项政治主张都是从这一总目标出发而提出的。明"夷狄"、"诸夏"之别,就是其中之一。孔子在这方面的言论虽不甚多,但却牵涉到"民族意识自觉"的大问题,对后世的影响也极为深远,所以有予以论述的必要。

"周礼"成为周王朝建立领主制封建国家政治机构的组织原则之后,其作为周族的典章、制度、仪节、习俗的总称的意义不仅依然存在,而且被扩大推广到整个华夏族的势力范围。在当时,用不用"周礼",已成为区分"夷狄"与"诸夏"的主要标志。如秦国僻处西方,与戎狄杂处,代表宗法传统的周礼的影响很弱(战国末年,荀卿西入秦发现"秦无儒"就是证明),也很少参加诸侯的会盟,"诸夏"各国对秦也就以"戎狄视之"。又如楚是南方大国,文化发展程度并不低于周族的姬姓各国,只因为不用"周礼",也被"诸夏"各国视为"蛮夷"。齐桓公建立霸业时,还专门以"包茅不贡"为借口对楚进行讨伐。可见"周礼"在区分"夷狄"与"诸夏"时的重要意义。由于当时在"夷狄"与"诸夏"之间还存在着严重的民族斗争,这种区分就有着十分重要的现实意义。从西周到春秋末,尽管华夏族在黄河中下游地区已居主导地位,但并未从根本上改变华夏诸国与少数民族杂处的局面,如成周(今洛阳)是周天子的"王畿",可是附近就有伊雒之戎、陆浑之戎。又如卫国为康叔之后,地处殷之故都,本为周初分封时的诸侯大国,但在卫懿公时,和邢国一起被狄人"残破"。救卫存邢,南伐荆楚,北伐山戎是管仲辅佐齐桓公所建立的重要霸业。所以,尽管孔子对管仲僭越违礼颇为不满,但对其"相桓公,九合诸侯,一匡天下"还是十分称许的,并且特别指出它在"夷狄"与"诸夏"斗争上的意义,说:"微管仲,吾其被发左衽矣。"

（《论语·宪问》）孔子觉察和意识到当时民族斗争的严重性，从维护周礼到自觉地维护"诸夏"的团结统一，充分肯定管仲在这方面的功绩，这说明孔子是自觉地把维护民族利益作为第一位的大义来看，把管仲的贡献提到"如其仁，如其仁"的高度。比起第一位的"民族大义"来，管仲在其它方面的不足，在孔子看来，都是可以原谅的。这可以说是最早的体现了某种朦胧状态的民族意识的自觉，这种民族意识的自觉的继承发扬光大，就成为一种民族的向心力与凝聚力。中华民族的文化传统几千年来绵延不绝，从未中断，是世界文明发展史上的奇迹，它的出现，应当说与孔子所开始的民族意识的自觉有着一定的思想渊源关系。

关于区别"诸夏"与"夷狄"，孔子还有一段著名的议论，即"夷狄之有君，不如诸夏之亡也"（《论语·八佾》）。意思是说，当时"夷狄"虽然"有君"，却并不行"周礼"，君臣上下的名分有等于无；而"诸夏"那怕无君，但君臣上下、尊卑贵贱的等级秩序照样存在。可见孔子以明"夷狄""诸夏"之别表现出来的朦胧的"民族意识"的自觉不是孤立的，而是和他的君臣等级观念纠缠在一起的。因此，决不能给以过高的、违反历史真实的估计。

孔子的明"夷狄"、"诸夏"之别的政治主张，到秦汉以后逐渐以"明华夷之辨"的命题为历代儒家所继承和发扬。其历史作用也有其二重性。从积极方面看，每当民族危亡之际，总有一批民族英雄以此为思想武器和精神支柱，不顾个人生死安危，挺身而出，伸张民族大义。从消极方面看，也总有些人以此为借口，对内实行民族歧视、欺压少数民族，变成大汉族主义；对外则闭关锁国，以天朝大国自居，僵化保守，流于狭隘的民族主义。这是需要作具体的历史分析，而不宜作笼统一般评论的。

(四)举贤才

孔子认为,自古以来政治上大有作为的君主,其成功的秘密之一,就是举用贤才。所以孔子说:"其人存,则其政举;其人亡,则其政息。……故为政在人。……"(《礼记·中庸》)这是说,政是依赖人去推行的,贤人在位就会有好的政治,否则就不会有好的政治。因此,孔子弟子、做季氏家臣的仲弓问如何为政,孔子便告诉他:"先有司,赦小过,举贤才。"(《论语·子路》)他去看望做武城宰的子游,劈头便问:"你是否发现了人才?"("女得人焉尔乎?"《论语·雍也》)。

孔子弟子子贡谈到贤才的时候,说过如下的话:"文、武之道,未坠于地,在人。贤者识其大者;不贤者识其小者。……"(《论语·子张》)可知贤才必须在大的原则上掌握文、武之道。而孔子心目中的文、武之道,实际上就是他自己的仁与礼相结合的儒者之道。孔子强调君子应该既有仁德,又知礼义,能够从政的贤才,当然也应该是这样的。

孔子强调贤才必须德才兼备又要以德为主。《说苑·尊贤》记载了孔子如下一段话:"人必忠信重厚,然后求其知能焉。……是故,先其仁信之诚者,然后亲之,于是有知能者,然后任之。故曰亲仁而使能。"这一段话很好地阐发了重德的思想。

但是,孔子与后世那些认为有德即有了一切,不必培养才能的儒者不同,主张贤者必须有才。他说:"君子不器。"(《论语·为政》),就是说他们应该具有多方面的才能。他在教学活动中,除了以仁礼薰陶弟子并以文献资料充实其知识之外,还教他们处理政务,管理赋税,主持典礼,接待宾客,等等。使他的许多弟子成为干练的贤才。他重视全才,但对人(即使是贤才)也不求全责备,主张充分发挥他们在某一方面的特长。

　　孔子举贤才思想的最根本之点,在于冲破宗法制度任人唯亲的禁锢,从贵族之外的各等级中选拔贤才,给贵族政治注入新鲜血液,使之恢复生机。因此孔子认为,用人应看他本人是不是德才兼备的贤才,而不是看他出身的尊卑贵贱。他在谈论仲弓时说:"犁牛之子骍且角,虽欲勿用,山川其舍诸?"(《论语·雍也》)仲弓出身贫贱,但很有才干,这样的人能不能做官呢? 孔子用比喻回答了这个问题。耕牛是低贱的,祭祀用的牛是高贵的,耕牛不可用于祭祀。但是孔子说耕牛的儿子,生着赤色的毛,周正的角,虽然不想用它来祭祀,但山川之神是绝不会拒绝它的。这就是说,起作用的是牛本身确实具有"骍且角"的条件,是否"犁牛之子",则无关紧要。因此,仲弓的出身当然不应该影响他的政治前途。

　　孔子还说过:"先进于礼乐,野人也;后进于礼乐,君子也。如用之,则吾从先进。"(《论语·先进》)这里君子与野人对举,君子指贵族,野人指非贵族的其他各等级的人。孔子说,野人是先学礼乐后做官,君子是先做官后学礼乐。如果选用人才,他要选先学礼乐的野人。可见他看重的是什么人更好地掌握了礼乐,而不是看出身高低贵贱。

　　经过孔子的倡导,举贤才的舆论越来越受到重视。春秋战国时期,儒、墨、法等各家代表人物都鼓吹尚贤、尊贤、举贤,固然是时代的需要,与孔子的影响也不无关系。

(五)庶、富、教

　　孔子最高政治理想是大同,但他一生为之实际奋斗的,则是他的近期目标小康。而庶、富、教就是达到小康境界的三个重要目标。

　　孔子访问列国诸侯的第一站是卫国。在去卫国的路上,弟子冉有给他驾车。孔子和冉有曾有一段关于"庶"(人口兴旺)"富"

(生活富裕)、"教"(教育发达)的很重要的谈话(《论语·子路》),这在第一章和第三章中虽已谈到,这里还须从另一个角度再作必要评述。人口众多,生活富裕,发展教育,这三个方面都是就民众说的,因此它们是孔子仁政德治的重要组成内容。

春秋时代,有识之士都认识到,人是一种十分宝贵的资源,有了人就能多辟草莱,多产食粮,使国家富强起来。当时人少地多,不存在人口过剩问题,人多的确是国家兴旺的标志。诸侯与卿、大夫要使人口多起来,有两条途径。其一为徕远人,即使其它地方的民众来到自己的邦国或采邑,为自己劳动;其二是自然增殖。要使这两条途径畅通,必须实行起码的惠民政策,使自己治下的人民能生活下去,而且尽可能生活得好些,能生儿育女,这样自然对远人就有吸引力。孔子赞美卫国人多,不仅因为这是卫国富强之资,也因为这表明卫国执政者能施惠政于民。

如果说在庶的问题上,孔子与当时有识之士乃至一般统治者看法基本一致的话,那末在富的问题上,孔子就超过了他们。一般统治者的惠民政策,只考虑让民众能生活下去,就可以为自己多生产,多缴赋税,多服徭役等等。一句话,在予求关系上,予仅是手段,真正目的是放在求上,而且求得的东西是越多越好。孔子则不同。他认为惠民的主要目的是使民众的生活不断得到改善和富起来(予),而求则是相应的结果。因此,必须采取的办法是"节用而爱人,使民以时"(《论语·学而》),"择可劳而劳之"(《论语·尧曰》),"薄赋敛则民富"(《说苑·理政》),总之是反对苛政,"因民之所利而利之"(《论语·尧曰》)。他认为,这样做才能使人民安居乐业并且逐步富裕起来。孔子坚持封建的等级制度,按照这一制度,不同等级的人应该具有不同的生活水平。但是孔子不希望等级之间过分对立,主张限制对人民的剥削、压迫,使他们也在一定程度上过富裕的生活,也就是用仁民、富民的办法,建设一个和谐的等级社会。

但是,孔子并不满足于"富之",还要在富的基础上发展对民众的教育。在这一点上,孔子极大地超过了当时的有识之士。孔子一生从事教育事业,非常重视教育的作用。他反对"不教而杀"、"不戒视成",这也就是主张统治者应该把法律、法令所禁止和所要求的,广泛进行宣传教育,使人民知道,从而免触刑律。他说:"善人教民七年,亦可以即戎矣。"(《论语·子路》)"以不教民战,是谓弃之。"(同上)据此可知,孔子虽然反对君主穷兵黩武,但看到战争不可避免时还是主张以军旅之事教民,使他们不致于在战争中白白牺牲。但上述各项并不是孔子教育民众的根本内容,其根本内容是德与礼。孔子对民众要"道之以德,齐之以礼"(《论语·为政》),企图把贵族的专用品德与礼中可施于民而有利于巩固贵族统治秩序的部分,传播推广到民众之中,加强对民众的思想教化。孔子推行德、礼的教化,可以使民众和贵族的关系和缓一些,使封建文化多少向下层普及一些,毕竟还是有其积极意义的。

从上述五个方面考察了孔子的政治主张之后,我们可以总括起来说,以忠君尊王为主导的孔子的政治思想,其基调虽然对当时整个封建社会来说是只能如此的、合理的,但随着封建社会的发展日益显示其落后性与反动性。现在我们回头去看,当然是充分暴露了它的真正封建性和局限性了;但另一方面,以举贤才、庶富教为核心的政治主张,则在一定程度上充分显示了它的人民性,和至今仍有借鉴意义的积极性。这两方面是符合历史唯物主义发展规律的孔子思想内在二重性的必然的合乎规律的产物。

(选自匡亚明《孔子评传》,齐鲁书社 1985 年版)

匡亚明(1906—1996),江苏丹阳人。早年就读于苏州第一师范学校和上海大学中文系。历任《大众日报》社长兼主编、华东政治研究院院长、中共中央华东局宣传部副部长、吉林大学校长及党委书记、中国孔子基金会会长、国家古籍整理出版规划小组组长等职。著有《孔子评传》、《求索集》、《人类文化知识遗产的继承和发展问题》等，曾主编《中国思想家评传丛书》。

　　本文选自《孔子评传》。文章指出："孔子政治理想的特点是从仁的人本哲学思想出发，以怀古的方式憧憬未来。"并"把'大同'作为最高理想，'小康'作为近期目标"。文章还指出：孔子以"忠君尊王"为主导的政治思想具有明显的落后性与局限性，但其"举贤才，庶富教"的政治主张直到今天仍有积极的借鉴意义。

董仲舒的政治思想

刘泽华

董仲舒是汉代新儒学的奠基者，在汉武帝实行罢黜百家、独尊儒术的政策之后，他的思想成为当时社会的指导思想。从流传下来的《天人三策》和《春秋繁露》等著作中，我们可以确认董仲舒是一个唯心主义哲学家。他把儒家的政治思想提高为哲学理论，给汉武帝在政治上的措施提供了理论依据。本文试从以下几个方面略做分析介绍。

一 神化皇权的天人合一论

春秋战国时代，"天"是一个重要的哲学课题，代表不同阶级利益的不同学派有着不同的解释。产生这种现象的根源主要是由于政治上的分裂，没有一个全国统一的政权。秦始皇统一六国，建立了专制主义的国家，皇帝握有无上的权力。汉初，因循秦制，中央政权同地方的封建割据势力进行了激烈的斗争。经过景帝的削藩和武帝的推恩，地方割据势力被削弱了，皇帝的权力逐渐加强。为了神化这种权力，有必要求助于天。这突出表现在武帝对贤良文学之士的策问中。武帝还在儒家的策划下，来了一个空前壮观的封禅，使自己同天连结起来。他需要一种哲学理论，作为行动的依据。

　　国家在政治上的统一，皇权的强化，必然要求世界观的统一，以往对天的多种解释已不能适应这种情况。在这样的历史条件下，董仲舒把以往对天的各种解释杂揉在一起，并给以神秘的唯心主义的解释。他把阴阳、五行、自然现象统统包摄在天的体系中，他说："天地之气合而为一，分为阴阳，判为四时，列为五行。"（《春秋繁露·五行相生》）他又把天人格化，这就是"天副人数"。不过在董仲舒那里是首尾颠倒的，照他的说法应是"人副天数"。

　　人是天创造的，但所造出的人的本质是不同的，这就是他的性三品说。所谓三品即是说有"圣人之性"、"斗筲之性"和"中民之性"。"圣人之性"是超乎寻常人的，不可以名性；"斗筲之性"是大逆不道，亦不可名性。只有"中民之性"才可称性。所谓"中民之性"便是"有善质而未能善"（《深察名号》）。这种"善质"只有经过圣人的教化才能变为善，但即使为善，仍不能同圣人相比，因为"善过性，圣人过善"（《深察名号》）。董仲舒这种说法比孟、荀的"人皆可以为尧舜"的观点是大大退步了，其目的是为了把圣人即皇帝置于万民之上。

　　圣人行教化是执行天的命令，即是说，沟通天人之际的只能是圣人，他说："古之造文者，三画而连其中谓之王。三画者，天地与人也，而连其中者通其道也。取天地与人之中以为贯而参通之，非王者孰能当是。"（《王道通三》）由此可见，董仲舒的天人合一，只是天王合一，使统治者的地位神圣化、绝对化。其结论就是尊天必须尊王，因为"天子受命于天"，所以天下就应该"受命于天子"（《为人者天》）。因此又说："身以心为本，国以君为主。"（《通国身》）

　　天子的独尊由董仲舒的天人说进行了理论上的论证。然而天子的绝对权力并非在任何情况下对封建制度都是有利的，一旦君主无限度地滥用权力，常常会招致国破家亡。根据这种历史经验，董仲舒又提出了天的谴告理论。有人说，他的谴告论具有进步性，

因为对君主起着常人所起不到的警戒作用。实际上不是这样。第
一,附会灾异的谬说并不能监督君主行仁政,相反,大都成了统治
阶级勾心斗角、相互玩弄的工具,这只要看看《汉书·五行志》就够
了。第二,从历史事实上看,灾异说盛行之时,大抵也是政治上最
昏乱之时,历史上决没有一次进步的政治改革是因为谴告说引起
的。第三,在理论上这也是个大倒退。早在战国时荀子已提出君
舟民水的理论,可是董仲舒却宣扬人民没有权利教训统治者的说
教,一切只能借助于上天,而上天的本质就是天子。所以,董仲舒
的谴告论是欺骗人民、转移人民的斗争视线的反动理论,进步作用
是一点也没有的。

　　董仲舒用天人合一的理论给皇帝蒙上了一层圣光。这是殷周
天帝观的复活,但又不是简单的重复。在形式上董仲舒的天比殷
周时的天更巧妙,更复杂,因此也就更有欺骗性。

二　维护封建制度的"合分"论

　　汉建立以后,不少思想家对秦覆亡的教训进行了总结,批判了
法家的高压政策,实行了黄老无为政治。但也存在另一方面的问
题,即缺乏严格的封建等级秩序和巩固这种秩序的礼。统治阶级
内部争夺权势的斗争十分激烈,政局总是不稳定。

　　这些教训,对于封建统治者来说,不仅要严格区分统治阶级与
被统治阶级之间的界限,而且要调整两者之间的关系;对于统治阶
级内部的关系来说,还必须有严格的尊卑等级的区分。只有这样,
封建统治的"金字塔"才能建立起来,皇帝才能坐稳。董仲舒总结
了历史的经验教训,提出"合""分"的理论。他说"凡物必有合"
(《基义》),所谓"合"有两方面的意义:

　　其一,任何事物都有两个相对待的方面,即是说"合"中有

"分"。董仲舒说："合必有上,必有下;必有左,必有右;必有前,必有后;必有表,必有里;有美必有恶;有顺必有逆;有喜必有怒;有寒必有暑;有昼必有夜。此皆其合也。"(《基义》)

其二,相对待的一方是另一方的从属和附庸。他说："地者天之合。"(《阳尊阴卑》)"阴者阳之合,夫(妻)者妻(夫)之合,子者父之合,臣者君之合。"(《基义》)

董仲舒的这种"合分"理论正是为了论证封建的社会秩序是必然的和合理的。运用在社会上就是他的"礼"论。他所说的礼也有两方面的意义:

其一,人与人之间也有相对待的关系,他说："礼者,继天地,体阴阳,而慎至容,序尊卑、贵贱、大小之位,而差外内、远近、新故之级者也。"(《奉本》)他把尊卑、贵贱等区分视为自然现象,犹如自然界分天地、阴阳一样。

其二,这种相对待的一方只能是另一方的从属,其论证方法仍然以天证人,说什么地必须服从天,从而卑必须顺从尊,贱必须事奉上,臣必须忠于主,民必须屈于君:"下事上如地事天也,可谓大忠矣。"(《五行对》)"以人随君,以君随天。""屈民而伸君,屈君而伸天。"(《玉杯》)

依据上述原则,董仲舒还订了一套具体礼制,其中包括经济、政治、舆服、伦理诸方面。

董仲舒从理论上论证了封建秩序是必然的和合理的,但问题不仅在于对这种秩序的论证,还在于如何处理这种关系。于是他又提出了"和"与"中"。他说："中者天地之所始终也,而和者天地之所生成也。夫德莫大于和,而道莫正(止)于中。中者天地之美达理也,圣人之所保守也。"(《循天之道》)这就是说,在处理阶级关系时,从理论上,从精神上,从宣传上应强调"和",在实际问题上要强调"中"。他说："圣者则于众人之情见乱之所从生,故其制人道而差上下也,使富(者)足以示贵而不至于骄;贫者足以养生而不至于忧,以此为度而调均之,是以财不匮(遗)而上下相安,故易治也。"(《制度》)由此可见,为了地主阶级的长久之计,他不仅十分肯定"合"中之"分",而且还强调"合"中之"和"。这也就是说,董仲舒看到了被统治与统治阶级的对立,但他强调宣传统一,以此调和阶级矛盾并麻痹人民。

为了巩固封建秩序,除了制度之外,还须有一套与之相适应的伦理道德,于是董仲舒又提出了"三纲"和"五常"。"三纲"、"五常"是先秦以来各家伦理学说的总合。董仲舒论证了"三纲"和"五常"是天道的演绎,以此来神化封建社会中束缚人民的"四大绳索",从而为封建制度服务。

董仲舒所说的"合"中之"和"与"中",并不是为了消除"分",而是为了巩固"分"。也就是说,他讲的阶级之间的调和正是为了巩固封建地主对农民的统治。

三　政治上应变的"经权"论

地主阶级在还处于革命的时期,并不完全否定历史是发展的,如法家便把历史看成是不断前进的,把历史分为上古、中古和近世三个进化阶段。但是,当他们掌握并巩固了政权之后,就改变了腔调,转而反对关于历史的进化和发展的观点了。秦始皇企图把他的统治传至万世以至无穷,这正说明不承认社会的变革。

董仲舒承认改朝换代的事实,但却不承认有过根本性的变化。在他看来,人类社会从来都是一样的:"道之大原于天,天不变,道亦不变。"(《汉书·董仲舒传》)他说的道就是封建制度,因其不变,故又称之为"经"。

社会之"道"("经")同一,但治乱却有不同。原因何在?他认为根本原因在于君主是否遵"道"。说："道者万世亡(无)弊,弊者道之失也。先王之道必有偏而不起之处,故政有眊而不行。举其偏者以补其弊而已矣。"(《董仲舒传》)这种情况怎么办?他认为有两种办法,一是像周宣王那样,积极改制,力图中兴,恢复旧道。还有些君主暴虐无边,又无子孙起来改制,这就要改朝换代,改姓易王。但这只能是有德之人承担,即所谓"有道伐无道"(《尧舜不擅移》)。不管前一种办法还是后一种办法,都不能违背"经""道",所以"有改制之名,亡(无)变道之实"(《董仲舒传》)。因此这种改制只能称为"权"或"变"。

这种理论,一方面为了说明封建制度是永恒的,另一方面为了说明在"经"的范围内允许权变。这恰恰又是为武帝"改制"制造理论。董仲舒自己也曾大力鼓吹"更化"。他说:"汉得天下以来,常欲善治而至今不可善治者,失之于当更化而不更化也。"(《董仲舒传》)

董仲舒的经权主张有两个用意:第一,为了证明封建制度是"合理的","永恒的"。社会上任何灾难,人民的任何痛苦都同这一制度无关,而仅仅是某个君主不遵道的结果,他把君主同封建制度分开,由此得到的结论就是:可以更换君主,而封建制度却是永世长存的。第二,他劝戒君主要把握住主动权,要依据客观形势实行一些权变,调整一下阶级关系,防止农民起义,不要像秦那样,火在燃眉而不知权变,结果被推翻。但"变"有一个原则,就是必须在"经"之"可以然之域"。所以董仲舒的"变"不是为了改变"经",而是为了维护"经"。

由此可见,董仲舒的经权思想,在本质上,既不承认历史的发展,也不承认历史上的革命。他把历史看成只是量的变化和形式的转换,这就是他的历史"三统"说。

四　统治阶级两个政策的"德刑"论

儒家主张先德而后刑,法家则主张有刑而不必有德,地主阶级在同奴隶主斗争中,在奴役农民的过程中,主要靠刑即强力。因此在战国期间,各国差不多先后都奉行过法家的政策。当秦统一六国之后,滥用刑法,残害农民,结果导致了农民大起义,这是法家第一次受到农民的"武器的批判"。鉴于秦的教训,汉初奉行了黄老思想。但"无为"政治虽然使农民得到了一个短暂的喘息机会,却更有利于地主阶级的兼并,汉初豪强地主飞速地发展起来就是这一政策的结果,因此社会上又蕴藏着另一次危机。于是董仲舒提出了为地主阶级的长远利益服务的先德而后刑的主张。

董仲舒为了给这种主张找根据,把它说成是由天道引伸出来的。他在《春秋繁露》的许多篇中说天亲阳而疏阴,任德不任刑。他把天象,人事,主观的臆想,一古脑儿拉在一起,什么天分阴阳,判为四时,夏主生,冬主杀,生为德,杀为刑,故天先德而后刑,人主亦应如是等等。关于德和刑的关系,他说德为经,刑为权,因为"阴为权,阳为经"。董仲舒的所谓德经刑权的说法完全是欺骗,而且是颠倒事实。从封建制度的本性而言,不管何时,只能是以刑为经,以德为权。这样一来,封建制度的实际同他的理论发生了矛盾,怎么办?董仲舒又用另外的方式把刑抬出来,一方面,把刑比之于冬,冬不可废,故刑亦不可废,而夏不能代冬,故德亦不可代刑;另一方面,由于他把刑说成是为了德,是德的补充,这就给统治者滥刑开了方便之门,因为统治者可以随便把施刑说成是为了行德。

地主阶级经常交互使用刑德两手,但从本质上看,德只能是刑的补充。它们企图以德达到刑所不能达到的目的。董仲舒的德,主要内容有二:第一,政治上要行"教化"。"教化"的目的何在? 他说:"夫万民之从利也,如水之走下,不以教化隄防之,不能止也。"而教化的目的即"渐民以仁,摩民以谊(义),节民以礼。故其刑罚甚轻而禁不犯者,教化行而习俗美也"(《董仲舒传》)。可见德同刑的目的一样,都是为了巩固封建制度。第二,调整义利关系。他说人的本性有义利两个方面,"天之生人也,使人生义与利,利以养其体,义以养其心"(《身之养重于义》)。由此而得出结论就是以义节利。在当时,人民根本谈不上有什么利,还要加以节制,这不是要人束手待毙的哲学又是什么?

在义利关系上他也提出君主不要与民争利,但其限度仅是"使富者足以示贵而不至于骄,贫者足以养生而不至于忧,以此为度而调均之"。这样做的目的则是为了"上下相安,故易治也"。

既然德刑都是为了"化民",因此君主应牢牢把握住"二柄",他说:"国之所以为国者德也;君之所以为君者威也。故德不可共,威不可分。德共则失恩,威分则失权。失权则君贱,失恩则民散。民散则国乱,君贱则臣叛。是故为人君者,固守其德以附其民,固执其权以正其臣。"(《保位权》)可见董仲舒煞费苦心地倡言德刑论,是旨在保护封建制度,为地主阶级效劳的。

　　　　　　×　　　　　　×　　　　　　×

以上是董仲舒政治思想的几个主要方面。董仲舒根据他的理论,在实际政治措施上还提出过一些主张,例如,为了削弱诸侯王和豪族的权力以加强皇帝专权,他提出了强干弱枝,大本小末的主张;为了在思想上与当时政治上的统一相适应,他改造了儒家学说,使之成为封建统治的正统思想;为了缓和阶级矛盾,他提出了限名田,释放奴隶,废除盐铁专卖等主张;为了扩大封建政权的统治基础,他提出了兴太学以备选举的主张,等等。我们还要看到,董仲舒虽然尊崇儒家,但在他的政治主张中,也接受了老子、申、韩的人君南面之术,不过为之披上了一层儒学外衣而已。所有这些都服从于一个目的,那就是巩固封建制度,为封建地主阶级的统治服务。

(选自《历史教学》1965 年第 6 期)

刘泽华(1935—),河北石家庄人。1958 年南开大学毕业。从事中国古代史的教学和科研工作,现为南开大学教授。著有《先秦政治思想史》、《中国传统政治思想反思》等。

本文选自《历史教学》1965 年第 6 期。本文从"神化皇权的天人合一论"、"维护封建制度的'合分'论"、"政治上应变的'经权'论"和"统治阶级两个政策的'德刑'论"四个方面来论述董仲舒的政治思想。指出董仲舒的政治思想是在维护封建制度,为地主阶级效劳。

反智论与中国政治传统

——论儒、道、法三家政治思想的分野与汇流

〔美〕余英时

一、引　言

中国的政治传统中一向弥漫着一层反智的气氛；我们如果用"自古已然，于今为烈"这句成语来形容它，真是再恰当不过了。但是首先我们要说明什么叫做"反智"。

"反智论"是译自英文的 anti - intellectualism，也可以译做"反智识主义"。"反智论"并非一种学说、一种理论，而是一种态度；这种态度在文化的各方面都有痕迹可寻，并不限于政治的领域。中国虽然没有"反智论"这个名词，但"反智"的现象则一直是存在的。因为这个现象可以说普遍地存在于一切文化之中，中国自然不是例外，研究这一现象的学者都感到不易给"反智论"下一个清晰的定义，不过一般地说，"反智论"可以分为两个互相关涉的部分：一是对于"智性"（intellect）本身的憎恨和怀疑，认为"智性"及由"智性"而来的知识学问对人生皆有害而无益。抱着这种态度的人我们可以叫他做"反智性论者"（anti - intellectualist）。但是在西方，"反智性论者"和"反理性论者"（anti - rationalist）一方面颇相牵缠，而另一方面又有分别。神学史和哲学史上颇不乏反理性（reason）之士，此在西方即所谓徒恃理性不足以认识"上帝"或"真理"；

而在佛家,即所谓恃分别智不能证真如。所以一般地说,反理性论者只是对"理性"的使用际限有所保留,并非完全抛弃"理性"。"智性"在通常的用法中则涵义较"理性"为广,并可以包括"理性";反理性论者之不必然为反智性论者,其道理是显而易见的。至于这两者之间容易牵混不分,则是因为反智论者往往喜援引反理性论者的思想学说以自重。例如尼采、柏格森、詹姆士(William James)诸人的反理性论便常成为政治和社会上反智运动的思想武器。

反智论的另一方面则是对代表"智性"的知识分子(intellectuals)表现一种轻鄙以至敌视。凡是采取这种态度的人,我们称他们作"反知识分子"(anti-intellectuals)。必须指出,"反知识分子"和"反智性论者"之间的区别主要只存在于概念上,而在实践中这两者则有时难以分辨。我们之所以提出这一区别是因为社会上一般"反知识分子"常常以知识分子为攻击的对象,而不必然要直接触及"智性"的本身,虽则对知识分子的攻击多少也蕴着对"智性"的否定。在下面的讨论中,我们将尽量用"反智论者"一词来兼指"反理性论者"和"反知识分子"两者,非十分必要时不再进一步加以区别,以免引起了解上的混乱。

中国政治上的反智传统是一个非常复杂的历史现象。我在本篇中只能从政治思想史的角度提出一些初步的看法,详论且俟将来,首先必须说明,本文虽以讨论反智论为主旨,但我并不认为中国的政治传统是以反智为其最主要的特色,相反地,至少从表面上看,中国的传统政治,在和其他文化相形之下,还可以说是比较尊重智性的,自汉武帝以来,尤其是隋、唐科举制度建立之后,政治上用人遵守一定的知识标准。明、清以八股文取士最受现代人攻击,然而撇开考试的内容不谈,根据学者统计,明初百余年间进士之来自平民家庭(即三代无功名)者高达百分之六十。这样一种长时期向知识分子开放的政治传统在世界文化史上是独一无二的。

但是判断一个政治传统和智性的关系,不能仅从形式方面着眼也不能单纯地以统计数字为根据。最重要的还得看智性对于政治权力是否发生影响? 以及如果发生影响的话,又是什么样的影响? 贾谊虽曾受到汉文帝的特别赏赐,但是如果真如李义山所说的,"可怜夜半虚前席,不问苍生问鬼神",则这种赏赐并不足以说明汉文帝的政治具有智性的成分。所以我不想根据历史上知识分子有考试入仕这一途径,而对中国政治传统中的智性成分加以渲染。

政治上的反智传统不能孤立地去了解,一般地说,它是由整个文化系统中各方面的反智因素凝聚而成的。本篇之所以选择政治思想为讨论的基点,是因为政治思想一方面反映当时的政治现实,而另一方面又影响后来实际政治的发展。中国先秦时代的政治思想虽然多采多姿,但主要流派只有儒、墨、道、法四家。而四家之中,墨学在秦以后几乎毫无影响,可以不论。因此本文的分析将限于儒、道、法三家对智性及知识分子的政治态度。

二、儒家的主智论

从历史上看,儒家对中国的政治传统影响最深远,这一点自无置疑的余地,但是这一传统中的反智成分却和儒家政治思想的关系最少。先秦时代孔、孟、荀三家都是本于学术文化的立场来论政的,所以礼乐与教化是儒家政治思想中的两轮;儒家对上层统治者强调礼乐,对下层人民强调教化。无论我们今天对儒家的"礼乐"、"教化"的内容抱什么态度,我们不能不承认"礼乐"、"教化"是离不开知识的。所以儒家在政治上不但不反智,而且主张积极地运用智性,尊重知识。

儒家在政治上重智性的态度更清楚而具体表现在知识分子参

政和论政的问题上。孔子是主张知识分子从政的,他自己就曾一再表示有用世之志,他当然也赞成他的弟子们有机会去改善当时的政治和社会。但孔子心中的知识分子参政却不是无原则地去作官食禄。他的出处标准是能在行"道"。即实现儒家的政治理想,如果只为求个人富贵而仕宦,在孔子看来是十分可耻的事。所以他说:

> "天下有道则见,无道则隐。邦有道,贫且贱焉,耻也;邦无道,富且贵焉,耻也。"(《论语·泰伯》)

单纯地为了做官而去读书求知更是孔子所最反对的。他曾慨叹地说:

> "三年学,不至于榖,不易得也。"(同上)

这句话最足以澄清现代人对孔子的恶意歪曲。他称赞读了三年书尚不存作官食禄之念的人为难得,正是因为他要纠正当时一般青年人为"仕"而"学"的风气。(现在许多人拿《论语·子张篇》"学而优则仕"这句话来攻击孔子。姑不论这句话如何解释,首先我们要指出这句话是子夏说的,根本不出自孔子之口。)总之,孔子一方面主张知识分子应当有原则的参政,另一方面又强调当政者应随时注意选拔贤才,这对春秋时代的贵族世袭政权是有挑战意味的。在他的政治观中,智性显然占有很大的比重。

下逮战国,百家争鸣,是中国历史上知识分子最活跃的时代。儒家在知识分子参政的问题上也相应而有所发展。这可以用孟、荀两家的言论来略加说明。孟子和陈相讨论许行"贤者与民并耕而食"的主张时曾提出一种分工论,那便是所谓"劳心者治人,劳力者治于人"的"天下之通义"(见《滕文公上》)。从现代民主的立场来看,这当然是不能接受的论点。但是从历史的观点说,孟子的分工论也有其时代的背景,即在战国士气高涨的情形下,为知识分子参政寻找理论的根据。他认为政治是知识分子的专业,他说:

"士之仕也,犹农夫之耕也。"(《滕文公下》)

他又对齐宣王说:

"夫人幼而学之,壮而欲行之。王曰:姑舍女所学而从我,则何如。今有璞玉于此,虽万镒,必使玉人雕琢之。至于治国家,则曰:姑舍女所学而从我,则何以异于教玉人雕琢玉哉!"(《梁惠王下》)

孟子在这里更是明白地主张"专家政治"了。治国家的人必须是"幼而学,壮而行"的专门人才,正如雕琢玉石者必须是治玉专家一样。而且治国既需依赖专门的知识,则虽以国君之尊也不应对臣下横加干涉。和孔子相较,孟子所划给知识分子的政治功能显然是大得多了。

荀子生当战国末期,知识分子在各国政治上已颇炙手可热。故荀子所关心的已不复是如何为知识分子争取政治地位,而是怎样为知识分子的政治功能作有力的辩护。这便是他的《儒效》篇的中心意义。在《儒效》篇中,荀子主要在解答秦昭王向他提出来的一个问题,即"儒无益于人之国?"必须指出,荀子此处所说的"儒"是狭义的儒家之儒。当时各家争鸣,在政治上尤其激烈,法家、纵横家之流用"无益于人之国"的理由来攻击儒家,自是情理中所可有之事。这也是《儒效》篇的另一可能的历史背景。荀子则举出许多史例来证明儒者对国家最为有益。他指出儒者之可贵在其所持之"道";这个"道"使得"儒者在本朝则美政,在下位则美俗"。可见荀子仍严守着儒家"礼乐教化"的传统未失。荀子把儒者分为俗儒、雅儒、大儒三类,而尤其值得重视的是他的划分标准乃在学问知识的深浅。他特别强调知识是政治的基础。他说:

"不闻不若闻之,闻之不若见之,见之不若知之,知之不若行之。……故闻之而不见,虽博必谬;见之而不知,虽识必妄;知之而不行,虽敦必困。"

又说：

"闻见之所未至,则知不能类也。"

知识必须到了能推类、分类的阶段才是系统的知识。(按:"类"在儒、墨两家的知识论中都是最重要的概念。)而荀子的"大儒",其特征之一便是"知通统类"。儒家主智论的政治观至荀子而发展到最高峰。在荀子之世,政治上的当权者已对知识分子抱着很大的疑忌,所以,稍后秦统一了中国就采取了打击知识分子的政策。荀子大概已感觉到风雨欲来的低气压,因此他一再强调国家必须尊重知识分子才能兴盛和安定。他在《君道》和《强国》两篇中曾重复地说道:

"故君人者,爱民而安,好士而荣,两者无一焉而亡。"

荀子在这里已不只是为儒家说话了,他是主张一种普遍性的士人政治!

儒家政治思想的另一个重要的智性表现则在于对政治批评所持的态度。儒家论政,本于其所尊之"道",而儒家之"道"则是从历史文化的观察中提炼出来的。因此在儒家的系统中,"道"要比"政"高一个层次;而儒家批评现实政治时必然要根据往史,其原因也在这里。孔子是最先提出人民可以批评政治的人。他说:

"天下有道,则庶人不议。"(《论语·季氏》)

这句话的反面意思显然是说"天下无道,则庶人议"。但是孔子一生都在嗟叹"天下无道"、"道之不行",他当然是主张"庶人议"的,他自己也从来没有停止"议"过。事实上,孔子曾留下了一部有系统的议政的著作,就是《春秋》这部书。孟子告诉我们:

"世衰道微,邪说暴行有作,臣弑其君者有之,子弑其父者有之。孔子惧,作《春秋》。《春秋》,天子之事也。是故孔子曰:知我者其惟《春秋》乎? 罪我者,其惟《春秋》乎?"(《孟子·滕文公下》)

　　我们今天当然不能毫无批判地接受汉代公羊家的说法，认为《春秋》一书中充满了种种"微言大义"，但是如果我们说，孔子曾经用史官成法对《鲁史》旧文加以纂辑，并借之表现他对时政的批评，似乎是一个相当合理的推测。孟子距孔子不过一百余年，他的记录应该是有根据的。至少我们可以说，孔子以后的儒家都相信《春秋》是一部议政的著作；而且从孟子开始，这一议政的传统一直在扩大发展之中，至西汉公羊学家的禅让论而益见精采。

　　孟子自己就继承并大大地发挥了孔子《春秋》的批评精神。他的许多创见，如"民为贵，社稷次之，君为轻"。如"闻诛一夫纣，未闻弑君也"。等等，在中国政治思想史上一直是光芒四射的：秦代统一以后，博士、儒生等人的"以古非今"、"各以其学议政"，也正是儒家批评精神的一种具体表现。事实上，孔子以后的儒家早已不拘守《春秋》的原始精神，他们的批评已不限于"乱臣贼子"，即使是大一统的皇帝也在批评的范围之内。董仲舒说：

> "周道衰废，孔子为鲁司寇，诸侯害之，大夫壅之，孔子知言之不用，道之不行也，是非二百四十二年中，以为天下仪表。贬天子，退诸侯，讨大夫，以达王事而已矣。"（《史记·太史公自序》引）

　　董仲舒的"贬天子"说来自公羊家，而公羊家是齐学；汉初齐学中颇有坚持儒家批评精神的人，如辕固生的"汤、武革命"论便是"贬天子"的一种具体表现。董仲舒在这一点上似乎和辕固生有思想的渊源。（详后）其后西汉的儒生更援引五德终始之论，公开指责汉德已衰，要汉帝禅位于贤者。最显著的例子是昭帝时（公元前78年）的眭孟和宣帝时（公元前60年）的盖宽饶都因上书言禅让而诛死。这尤其是"贬天子"精神的最高度的发挥。东汉以后，禅让论已离开儒生之手，变成权臣篡位的理论工具，知识分子也从此不敢再说"贬天子"了。儒家议政的精神虽遭挫折，但是在东汉到明末这一长时期中,中国知识分子所发动的几次大规模的政治抗议和社会抗议的运动则仍然是受了儒家"庶人议政"的传统的影响。东汉太学生的清议和明末的东林运动便是两个最显著的史例。在这种运动中我们看不见道家和法家的影响。(理由详后)17世纪的黄宗羲说:

> "学校所以养士,然古之圣王,其意不仅此也。必使治天下之具皆出于学校,而后设学校之意始备。……天子之所是未必是,天子之所非未必非。天子遂不敢自为非是,而公其非是于学校。是故养士为学校之一事,而学校不仅为养士而设也。"(《明夷待访录·学校》)

黄宗羲要人民不以天子的是非为是非,并且要天子不敢自为是非,这是西汉儒家"贬天子"的精神复活。他又认为学校不应仅为养士之地,更应为批评政治是非的所在,这当然是古代儒家的"庶人议政"精神的进一步发挥。所以在他看来,东汉的太学清议、宋代的太学生论政都是值得称许的"三代遗风"。黄宗羲显然不希望知识分子都变成皇帝所驯养的政治工具;东林和复社的精神仍然活在他的心中,他要知识分子负担起批评政治的任务。儒家政治思想中的主智传统在黄宗羲的手上获得了一次最有系统的整理。

三、道家的反智论

道家和法家的政治思想虽然也有不少与儒家相通之处,但在对待智性及知识分子的问题上却恰恰站在儒家的对立面。道家尚自然而轻文化,对于智性以及知识本不看重。但老、庄两家同中亦复有异;庄子对政治不感兴趣,确是主张政府越少干涉人民生活越好的那种"无为主义"。他以"堕肢体,黜聪明,离形去智"为"坐志"

(《大宗师》)，这显是反智性的。他又说："庸讵知吾所谓知之非不知邪？庸讵知吾所谓不知之非知邪？"(《齐物论》)这便陷入一种相对主义的不可知论中去了。但是他在"不知"之外又说"知"，则仍未全弃"知"，不过要超越"知"罢了。所以庄子的基本立场可以说是一种"超越的反智论"(transcendental anti-intellectualism)，而且庄子也并未把他的"超越的反智论"运用到政治思想方面。因此我们可以说，庄子的思想对此后政治上的反智传统并无直接的影响。而老子则不然。《老子》一书可以说是以政治思想为主体的，和《庄子》之基本上为一部人生哲学的作品截然异致。老子讲"无为而无不为"，事实上他的重点却在"无不为"，不过托之于"无为"的外貌而已。故道家的反智论影响及于政治必须以老子为始作俑者，老子的反智言论都是直接针对着政治而发的。让我们举几条比较重要的例子：

> "是以圣人之治也，虚其心，实其腹；弱其志，强其骨。恒使民无知无欲也。使夫知不敢，弗为而已，则无不治矣。"

> "民多智慧，而邪事滋起。""绝圣弃知，民利百倍。"

> "为道者非以明民也，将以愚之也。民之难治也，以其知也。故以知知（治）邦，邦之贼也；以不知知（治）邦，邦之德也。"(按：以上引文主要系根据马王堆汉墓出土《老子》写本甲、乙两本释文，见《×物》，1974年，十一期)

老子在这是公开地主张"愚民"，因为他深切地了解，人民一旦有了充分的知识就没有办法控制了。老子的"圣人"要人民"实其腹"、"强其骨"，这确是很聪明的，因为肚子填不饱必将铤而走险，而体格不健康则不能去打仗或劳动。但是"圣人"却决不许人民有自由的思想（"虚其心"）和坚定的意志（"弱其志"），因为有了这两样精神的武器，人民便不会轻易地奉行"圣人"所订下的政策或路线了。老子的"圣人"不但不要一般人民有知识，甚至也不愿意臣下有太多的知识。所以老子说：

　　　"不尚贤，使民不争。"

　　"尚贤"本是墨家的主张，而儒家也主张"举贤"和"选贤任能"。
这是相应于战国时代各国政治竞赛的形势而起的。其结果则是造
成游士（即有知识和才能的人）势力的高涨。老子既持"以知治邦，
邦之贼也"的见解，他当然不愿意看见因政府"尚贤"所造成的人民
之间的才智竞争。显然地，这种竞争必然会使得人民越来越"明"，
而不是越来越"愚"。老子不鼓励人民和臣下有知识，可是他的"圣
人"却是无所不知的；"圣人"已窥破了政治艺术的最高隐密。因为
"圣人"已与天合德了。老子说：

　　　"圣人恒无心，以百姓之心为心。"

　　儒家有"天视自我民视，天听自我民听"的观念，西方原始基督
教也有 Vox Populi Vox Dei（"人民的声音即上帝的声音"）的谚语。
但一个是指"天"，一个是指"上帝"。老子的"圣人"岂不即相当于
儒家的"天"或基督教的"上帝"的化身了吗？否则他怎么能随时随
地都确切地知道"百姓之心"呢？难道百姓都把心交给了"圣人"
吗？当然，必须指出，老子说的是"百姓"，不是"人民"，而百姓在古
代只是指"百官"而言。但是这种分别也许并不像字面上那么重
大。近来已有人说，儒家经典上的"人"都是"贵族"、"奴隶主"，更
有人辨孟子"民为贵"的"民"是"丘民"亦即"大人"或"巨室"。只要
真的"言之成理，持之有故"，我们也不否认这种说法的成立的可能
性。从严格的思想与观点分析，西方学者也曾指出原始基督教所
说的"人民"（"Populi"）大概是指的古代犹太民族中的"长老"（El-
ders)，并非当时全部以色列的居民。事实上，自古及今，对"人民"
这个名词的运用是一切政治魔术家所必变的戏法之一。但是通过
思想史的分析，我们便可发现，这个"名词"的内涵从来就没有全面
的包容性。美国宪法起草时所用的"人民"一词原义便极为狭窄，

有些英国作者所说的"人民"实际上即是地主阶级。对于希特勒而言,则只有纯雅利安种人才算是真正的"人民"。(详细讨论请看 George Boas,"The People"一文,载其所著 *The History of Ideas* 一书中,纽约,1969 年版及同氏所撰"Vox Pupuli"一文,载 Philip P. Wiener 主编,Dictionary of the History of Ideas 第四册,1973 年版)。无论老子的"百姓"所指为何,总之是当时政治上直接起作用的人群。老子的"圣人"则自信随时能集中这些"百姓"的意见,并制订永远正确的政治路线。"圣人"既无所不知,掌握了事物的最高规律——道,则他之"以百姓之心为心"是无人能加以怀疑的。"始悟颜回叹孔氏",谁敢说自己比圣人知道得更多呢?

但是《老子》这部书虽然对政治运用的观察分解入微,它毕竟只是一套抽象的理论,而不是行动的纲领。所以老子说:

"吾言易知也,易行也;而天下莫之能知也,莫之能行也。"

又说:

"夫天下,神器也,非可为者也。为之者败之,执之者失之。"

老子在政治上发生实际作用,要等到所谓黄老政治哲学的发展成熟以后,而且更重要的是要等到黄老和法家的一套办法结合起来之后。黄老一派的所谓道家曾经过一个相当长的发展阶段,大约是战国晚期到西汉初年,黄老思潮在政治上得势则在汉初六、七十年间。传统学者对于黄老的认识大体上仅限于它的"清静无为"的一方面;但是司马迁却在《史记》中把道家的老、庄和法家的申(不害)、韩(非)合成一传。他并明言"申子之学本于黄、老而主刑名",又说韩非"喜刑名法术之学,而归本于黄老"。此外从战国到秦、汉,兼治黄老与刑名之学的人还很多,不必一一列举。然则黄老与法家之间的关系究竟如何呢? 这也是中国政治思想史上一直悬而未决的一个重要问题。主要的原因是文献无征,黄老一派的著作差不多都失传了。最近长沙马王堆汉墓出土了好几篇古佚·书,大体上可以断定是属于黄老一系的作品。因此我们对这个问题的解答便有了可靠的线索。

我们初步地考察这些新发现的佚文,便可知黄老之能流行于大一统时代的汉初,决不是单纯地因为它提出了"清静无为"的抽象原则,而是黄老与法家汇流之后使得它在"君人南面之术"的方面发展了一套具体的办法,因而才受到了帝王的青睐;本文不能对道、法关系作全面的深入检讨。这里,我们仅从反智论的角度来看看黄老学派的基本态度,《经法》的《大分》篇说:

"王天下者,轻县国而重士,故国重而身安;钱财而贵有知(智),故功得而财生;贱身而贵有道,故身贵而令行。"(《×物》,一九七四,第十期)这段话中,作者既说"重士",讲"贵智"、"贵道",似乎在政治上很能尊重智性和知识分子的样子。但事实上这段话不能如此孤立地去了解。黄老派要向帝王推销他们的"道",并推荐他们自己,当然希望人主"重士"而"贵智"。等到这种"士"变成了臣下之后,他们的"智"便将完全为人主效忠,决不会发挥任何批判的力量,以致对政权有危害性。所以同篇又说:

"为人主,南面而立。臣肃敬,不敢敝(蔽)其主。下比顺,不敢敝(蔽)其上。"

《十大经》的《成法》篇说:

"黄帝问力黑。(按:《史记·五帝本纪》黄帝的大臣有力牧,大概即是此处的"力黑"):唯余一人兼有天下,滑(猾)民将生年(佞)辩用知(智),不可法组。吾恐或用之以乱天下。请问天下有成法可以正民者?力黑曰:然。……吾闻天下成法,故曰不多一言而止。循名复一,民无乱纪。黄帝曰:请问天下猷(犹)有一虖(乎)?力黑曰:然。昔者皇天使冯(风)下道一言而止。……黄帝曰:一者,一而已乎?其亦有长乎?力黑曰：一者，道其本也胡为而无长！口口所失，莫能守一。一之解，察于天地。一之理，施于四海。何以知口之至，远近之稽？夫唯一不失，一以驺化，少以知多。……。夫百言有本，千言有要，万〔言〕有蒽(总)。万物之多，皆阅一空。夫非正人也，孰能治此？罢(彼)必正人也，乃能操正以正奇，握一以知多，除民之所害，而寺(持)民之所宜。"

上引这一段文字讲的正是思想统制的问题，特别值得注意。唐×《〈黄帝四经〉初探》，《×物》，1974年，第十期）断定《经法》，《十大经》、《称》及《道原》四篇佚文便是《汉书·艺文志》中的《黄帝四经》，大概可信。但他把这四篇佚文的制作时代定在公元前4世纪，则似嫌过早。他的根据是文中若干成语在公元前3世纪上半已被人利用。但是我们并不能确定这类的成语是在《四经》中第一次出现的。现在看本段有"余一人兼有天下"的话，很像是秦统一以后的语气。何况《四经》中又有"黔首"这个名词呢？尽管《吕氏春秋》中已屡见"黔首"的字样，但《吕氏春秋》已显然经过汉代人的整理。所以我相信这四篇佚文的撰成最早也在秦统一的前夕，即公元前3世纪的中叶，或者竟在秦统一以后，时代背景的确定有助于我们对本文的了解。

这里所提出的问题是统一了天下的君主如何应付不同政治观点的人的批评。因为在大一统的君主的心中，这种批评具有高度的政治危害性，即可以"乱天下"。其所以如此，则是由于"佞辩用智"。"佞"是价值断判，可以不论。"辩"即有说服力，与传说中少正卯"言伪而辩"的"辩"字相当。但归根结底，毛病是出在"用智"。统治者对于无法征服的"智性"或"理性"总是最感到头痛。黄老学派对"智性"及批评政治的知识分子所采取的态度在这里表现得毫不含糊。"庶人议政"或现代所谓"乱说乱动"是决不允许的。

但是即使是拥有绝对权力的统治者也终不能不需要一套政治

思想来作他的精神武器。黄老学派于是便提出了他们所谓的"道"。这个"道"极简单,所以是"一"。当然是"一"也有唯一的真理的意思。但这个"一"只是一个最高原则,并非一成不变的。它可以"长",即可以引申而施之于一切的具体情况,具有无穷的妙用。这大概就是所谓"放之则弥六合,卷之则退藏于密"吧。"一之理,施于四海。"换言之,它是"放诸四海而皆准"的普遍真理。掌握了这个唯一真理的人便能"操正以正奇,握一以知多"——他不但永远正确,而且几乎懂得一切事物的规律。那么谁才能全知全能而永不犯错误呢?答案是"正人"——"夫非正人也,孰能治此?""彼必正人也。"这个"正人"的"正",除了可作"正确"解以外,也有"政"的涵义。所以《经法》的《君正》篇说:"法度者,正(政)之至也。"(按:可能与秦代讳"政"字有关。)这样的"正人"自然非人君莫属,而且在黄老的思想系统中,也唯有人君始能掌握"道"。"帝王者,执此道也。"(《经法·论》篇)人王和教主,内圣和外王,耶稣和凯撒在这里已合而为一了。

除了《黄帝四经》之外,马王堆里还出现了一篇《伊尹·九主》,也是黄老学派的作品,(见凌×,《试论马王堆帛书〈伊尹·九主〉》,《×物》,1974年,第十一期)全篇的主旨在讨论君臣的关系,也就是君主怎样控制臣下,使得大权不致旁落。其中和我们的反智论的题旨最有关系的是下列一段:

> "得道之君,邦出乎一道,制命在主,下不别党,邦无私门,诤李(理)皆塞。"

这番话和前引《十大经》的《成法》篇相近,但似乎用意更深一层。《成法》篇所忧心的是"处士横议",而《伊尹·九主》则对臣下的诤谏或诤议也要严加禁止。黄老学派在这里适与儒家的立场相反。儒家是主张有诤谏之臣的。《荀子·臣道》篇云:

> "有能尽言于君,用则可,不用则去,谓之谏;有能尽言于君,用

则可,不用则死,谓之争。"(参看刘向《说苑》、《臣术》篇)而《汉书·刑法志》也说:"圣王置谏争之臣。"儒家的"道"是超越性的,所谓"不为尧存,不为桀亡。"它决非帝王所得而私的。黄老的帝王则至少在理论上是"道"的垄断者,他的一言一动都是合乎"道"的,因而也是永远正确的,"圣王是法,法则明分"。他自己便是一切言行的最高标准,谁还能对他有所净谏或批评呢? 儒家分"道统"与"政统"为二,而且肯定道统高于政统,因此根据道统的最高标准臣下可以批评代表政统的帝王。这是"二道"而非黄老的"一道"。黄老则不然。《伊尹·九主》说:

"二道之邦,长诤之李(理),辨党长争,……主轻臣重,邦多私门,……以命破威(灭)。"这段文字颇多残缺,但意思仍很清楚:如果在帝王之道以外还存在着另一个"道"的系统,那么就会造成诤议,引起党争,其结果则是"主轻臣重",政权不保。这是黄老一派最耽心的事。故《九主》篇又说:

"□主之臣成党于下,与主分权,是故臣获邦之〔半〕,主亦获其半,则……危。"

这种顾虑现在看来也确有远见,后世东汉的党争、明末东林的党争,都可以为这段话作注脚。但朝臣和太学生批评政治的诤议从来就被看作是中国知识分子的一种光辉传统,而在黄老的系统中竟只有负面的意义,黄老思想的反智立场在这种地方表现得再清楚不过了。从理论上说,黄老的反智论的根源乃在于它的"一道"论。在《九主》篇里,"道"和"政"是一而二,二而一的观念。下面是两条最显著的例证:

"划(专)授(按:"专授"是指君王把权柄给予臣下。),失道之君也。""划(专)授,失正(政)之君也。"

可见"道"、"政"两字完全可以互训。黄老的"道统"和"政统"是彻底地合而为一的。亚几米德(Archimedes)曾说:"给我一个地球以外的立足点,我可以把地球翻一个身。"但亚几米德找不到地球以外的立足点,所以他终不能转动地球。在"二道"或"多道"的社会,人民(包括知识分子在内)可以批评政府、可以攻击国家领导人,因为他们有政治以外的立足点。然而在黄老的"一道"的社会,只有帝王可以持"一"以"正"臣民,臣民是无法批评帝王和他所制定的路线的。政统和道统既已集中在帝王一人之手,试想臣民更从何处去寻找政治以外的立足点呢?

汉初黄老和儒家之间曾有过一场最著名的争论。从这一争论中,我们可以更深刻地认识到黄老学派的根本立场。《史记·儒林传》记载:

> "黄生曰:汤武非受命,乃弑也。辕固生曰:不然。夫桀纣虐乱,天下之心皆归汤武,汤武与天下之心而诛桀纣,桀纣之民不为之使而归汤武,汤武不得已而立,非受命为何?黄生曰:冠虽敝,必加于首;履虽新,必关于足。何者?上下之分也。今桀纣虽失道,然君上也,汤武虽圣,臣下也。夫主有失行,臣下不能正言匡过以尊天子,反因过而诛之,代立践南面,非弑而何也?辕固生曰:必若所云,是高帝代秦即天子之位,非邪?于是景帝曰:食肉不食马肝,不为不知味;言学者无言汤武受命,不为愚。遂罢。是后学者莫敢明受命放杀者。"

辕固生是有名的儒者,他主张汤武诛桀纣的革命,显然是承继了孟子所谓"闻诛一夫纣,未闻弑君"的传统。黄生即《太史公自序》中所说"习道论于黄子"的黄子,是汉初黄老学派的一个重要人物,他反对汤武革命,其理论根据乃在于绝对化的政治秩序,尤其是绝对化的政治名分。原始儒家的君臣关系是以"义合"的,是《荀子·臣道》篇所谓"从道不从君",是相对的,故有"君不君则臣不臣,父不父则子不子"之说。这种相对的(也可以说是契约性的)关系可以逻辑地转化出"闻诛一夫,未闻弑君"的理论。黄老和法家则相反,认为君臣关系是绝对的,永不能改变的。所以帽子虽破了仍要戴在头上,鞋子虽是新的仍然得穿在脚上。这是"天下无不是的君主"的观念。黄生所用"冠履"的论证不但见于《太公六韬》的佚文,而且也还两见于《韩非子·外储说》左下,可见此说为黄老与法家所共持。这里泄露了黄老之所以得势于汉初的一项绝大秘密。两千年来许多学者都不免被黄老的"清静无为"的表象所惑,没有抓它"得君行道"的关键所在。辕固生最后不得已提出刘邦代秦的论据来反驳,大约才塞住了黄生的嘴。但最值得注意的是景帝的态度。景帝显然偏袒黄生,不喜欢辕固生谈汤武受命,所以说"学者毋言汤武受命不为愚"。从此以后汉廷的儒生便再也不敢碰这个题目了。(《汉书·儒林传》删去末句"是后学者莫敢明受命放杀者",遂使后人看不到儒家政治理论在汉初受迫害的实况。这是很值得深思的。)

四、法家的反智论

中国政治思想史上的反智论在法家的系统中获得最充分的发展。无论就摧残智性或压制知识分子言,法家的主张都是最澈底的。更重要的,从秦汉以后的历史来看,法家的反智论在中国的政治传统中造成了持久而深刻的影响,决不是空谈"仁政"的儒家所能望其项背的。

首先让我们看看法家关于一般性的愚民政策的主张,因为这是在政治上排斥智性的一种最清楚的指标。前面我们曾经指出老子具有明显的愚民思想。但以老子与法家相比,则前者只提出了一种高度抽象的原则,而后者则策划了一套具体的实施办法。《韩非子·五蠹》篇说:

"故明主之国,无书简之文,以法为教;无先王之语,以吏为师;

无私剑之捍,以斩首为勇。是境内之民,其言谈者必轨于法,动作者归之于功,为勇者尽于军。"(按:我所根据的是陈奇猷校注的《韩非子集释》,1974 年)这是说,除了"法"以外不许有任何书籍存在,而历史记载("先王之语")尤在禁绝之列,当然更没有人敢在"法"的范围以外乱说乱动了。在这一路线的领导之下,全国只有两种人:劳动人民和军队,因为前者可以"富国",后者可以"强兵"。人民要学习文化吗? 各层的国家干部便是他们的老师,法家的政治路线便是他们唯一的学习对象。但是我们必须记住,韩非这里所说的并不是空话,在秦始皇统一中国之后,他的同学李斯把这些办法都一一施行了。

韩非之所以主张愚民是因为他根本就认定人民是愚昧无知的,无法了解国家最高政策的涵义。如果再让他们有一些足以批评国家政策的知识和思想,则只有更增加政府执行路线时的困难。他在《显学》篇中说道:

> "今不知治者必曰:'得民之心。'愿得民之心而可以为治,则是伊尹、管仲无所用也,将听民而已矣。民智之不可用,犹婴儿之心也。……婴儿子不知犯其所小苦致其所大利也。今上急耕田垦草以厚民产也,而以上为酷;修刑重罚以为禁邪也,而以上为严;征赋钱粟以实仓库,且以救饥馑备军旅也,而以上为贪;境内必知介,而无私解,并力疾斗所以禽虏也,而以上为暴。此四者所以治安也,而民不知悦也。夫求圣通之士者,为民知之不足师用。昔禹决江浚河而民聚瓦石,子产开亩树桑郑人谤訾。禹利天下,子产存郑,皆以受谤,夫民智之不足用亦明矣。故举士而求贤圣,为政而期适民,皆乱之端,未可与为治也。"

这番话真是说得痛快之至,动人之至,使孔子"民可使由之,不可使知之"那句话显得黯然失色。人民都像无知的婴儿一样,政府要他们吃点小苦以谋求永久的大利,他们竟全然不能了解。以当时法家的四大基本政策而言,促进农业生产是为了解决人民的经济问题;加重刑罚是为了镇压坏分子;征税征粮是为了备荒备战;在全国范围内要人民破私立公、国而忘家是为了准备痛击一切来犯之敌或进行统一中国的战争。但是人民对这四大基本政策竟都有怨言。在这种情况之下,政府如果再重视知识分子的批评或适应人民的政治水平,那么国家便必然要陷入混乱的局面。

战国晚期所集结的《商君书》也是一部重要的法家著作。其中对愚民政策有不同重点的发挥。《垦令》篇说:

"无以外权爵任与官,则民不贵学问,又不贱农。民不贵学问则愚,愚则无外交,无外交,〔则国安而不殆。民不贱农,则勉农而不偷。〕国安不殆,勉农而不偷,则草必垦矣。"(按:引文据高亨,《商君书注释》,1974年)高亨解"外权"为"外国势力",大致可从。当时战国竞相招养游士,人民有了知识便有机会跑到外国的政治舞台上去,因此本国政府也就不得不"礼贤下士",予以重用。这类在政治上可以兴风作浪的知识分子多了,便有动摇法家政治路线的危险,而人民放弃农耕去追求知识学问,对本国的农业劳动力也是一个损失。懂得了这个历史背景,便可知《垦令》篇作者的愚民论主要是为了防止知识分子和国外发生联系,影响到国内的政治路线,朱师辙《商君书解诂定本》注此段首句云:

"权、势也。《管子·君臣篇》:以援外权;《任法篇》:邻国诸侯,能以其权置子立相。此管仲政策,禁臣民借外力干政得官。故商君亦用其策。言不以民之有外交势力者,而任爵与官,则民不贵学问,从事游说,而重农。"(1974年重印本)

朱诂引《管子》为旁证,使我们知道法家路线的贯彻必须以禁止人民,特别是知识分子,与国外交通为其先决条件。理由很简单,法家是政教合一的,国内只有一种思想的标准,故能收"万众一

20世纪儒学研究大系

心"之效。但国内的多重标准则无法加以控制。国内知识分子和国外的接触一多,在思想上便有了其他的立足点,就不免要对法家的路线提出种种疑问以至批评了。

《商君书》中的反智论以《算地》篇所言为最具代表性,其说如下:

> "夫治国舍势而任说(当作"谈")说,则身修而功寡。故事诗书谈说之士,则民游而轻其君;事处士,则民远而非其上;事勇士,则民竞而轻其禁;技艺之士用,则民剽而易徙,商贾之士佚且利,则民缘而议其上。故五民加于国用,则田荒而兵弱。谈说之士资在于口;处士资在于意;勇士资在于气;技艺之士资在于手;商贾之士资在于身。故天下一宅,而圜身资。民资重于身,而偏托势于外,挟重资,归偏家,尧舜之所难也;故汤、武禁之,则功立而名成。圣人非能以世之所易胜其所难也;必以其难胜其所易。故民愚,则知(智)可以胜之;世知,则力可以胜之。臣(按:"民"字之形误)愚,则易力而难巧;世巧,则易知而难力。故神农教耕,而王天下,师其知也。汤、武致强,而征诸侯,服其力也。"(按:末段自"故民愚"以下可参看《开塞》篇。)

这段议论中特别提出战国时代五类分子("五民")来加以攻击。"诗书谈说之士"显然是指儒家,"勇士"则是游侠。儒、侠两种人是法家路线的大敌,故韩非子有"儒以文乱法,而侠以武犯禁"《五蠹》篇的名言。"处士"当指一般不作官的知识分子,自然可以包括一部分的儒家和道家在内。最后两类人即是工与商,法家和儒家一样认为是社会上的寄生虫。所以韩非又说:"夫明王治国之政,使其工商游食之民少。"(《五蠹》篇)但在这五类分子之中,知识分子(包括在朝的和在野的)显然是攻击的首要目标,因为喜欢批评的知识分子对法家政权的危害性最大,他们会导致人民"轻视国

君"和"诽谤朝廷"。至于其他三类分子,细察其罪状,也都是属于
动摇政权的基础一方面。追溯到最后,这五类分子的政治危害性
无疑是来自一个共同的根源,即他们的专门知识或技能。所以最
理想的情况是人民都普遍地愚昧无知,这样他们就可以俯首贴耳
地接受有智慧的君王的领导。但是如果情况不够理想。国内已有
了大批的知识分子和专门技术人才,又怎么办呢? 法家也并不在
乎,他还有一套最后的法宝,那就是用武力来镇压。分析到这里,
我们才能真正的懂得,为什么在法家政治路线之下,只有两类人是
最受欢迎和优待的:农民和战士(可看《商君书》的《农战》篇)。在
法家看来,前者不但是国家财富的创造者,而且还比较地缺少知
识,安分守己;后者则是政权存在的最后保证。至于知识技能,虽
然也很重要,但终以坏的影响太大,只好割爱。"故遗贤去知,治之
数也。"(《禁使》篇)

　　用武力来镇压上述五类份子仍不过是法家路线的消极的一方
面,法家另有一套巩固统治的积极办法,更值得我们注意。《商君
书》的《赏刑》篇说:

　　　"圣人之为国也,壹赏,壹刑,壹教。壹赏则兵无敌。壹刑
　　则令行。壹教则下听上。"

什么是"壹赏"呢?

　　　"所谓壹赏者,利禄官爵搏(专)出于兵,无有异施也。夫
　　固知愚、贵贱、勇怯、贤不肖,皆知尽其胸臆之知,竭其股肱之
　　力,出死而为上用也。"

这是说,高官厚禄之赏专保留给有军功的人,使人人都肯为政
府拚命。什么是"壹刑"呢?

　　　"所谓壹刑者,刑无等级,自卿相将军以至大夫庶人,有不
　　从王令犯国禁,乱上制者,罪死不赦。有功于前,有败于后,不
　　为损刑。有善于前,有过于后,不为亏法。"

这是说，所有的人，除了君主以外，如有犯上作乱之事都一律判处死刑。纵使以前立过再大的功劳，做过再多的好事，也不能减轻刑罚。

最后，同时也是和本文的论旨最有关系的，什么是"壹教"呢？

> "所谓壹教者，博闻、辩慧、信廉、礼乐、修行、群党、任誉、清浊，不可以富贵，不可以评刑，不可以独立私议以陈其上。坚者被（破）。锐者挫。虽曰圣知巧佞厚朴，则不能以非功罔上利，然富贵之门，要存战而已。"

我们记得，上面曾经分析过黄老学派的"一道"论。法家的"一教"在精神上正是和"一道"相通的。"一教"便是统一教育、统一思想、统一价值标准。"一赏"和"一刑"则是"一教"的双重保证。这三者是三位一体的，合起来便相当于黄老的"一道"。反过来看，我们也可以说"一赏"、"一刑"、"一教"是"一道"的"一炁化三清"。那么谁才能制定这种统一的教育呢？当然只有那位"治国"的"圣人"了。《农战》篇云：

> "故圣人明君者，非能尽其万物也，知万物之要也。"

《靳令》篇云：

> "圣君知物之要，故其治民有至要。"

这岂不就是黄老《十大经》所说的"握一以知多"的"正人"吗？"圣君"既掌握了一切事物的规律，他所立之教，人民便只能遵奉，不许批评，也不许向君王提出"独立私议"。现在"圣人"除了农业劳动者以外，只需要战士，因此法家的政权只对有军功的人开放。此外对于一切有德行、学问、技能的人政权的门则永远是关闭的。

在这些主张的后面，暗藏着法家对于人性的基本假定。第一，法定假定人性是好权势、好财富的。因此只要"圣人"全部控制了这两样法宝。他就可以诱导人民追随他的政治路线。第二，法家假定人性是贪生怕死的，因此"圣人"的严刑峻法便可以阻吓人民不敢乱说乱动。在这一点上，法家是和老子分歧了，他们不接受老子"民不畏死，奈何以死惧之"的论断。《韩非子》的《解老》、《喻老》两篇都没有提到这个问题。相反地，《解老》篇还对老子"祸兮福之所倚"作了如下的解说：

"人有祸则心畏恐，心畏恐则行端直，行端直则思虑熟，思虑熟则得事理，行端直则无祸害，无祸害则尽天年，得事理则必成功，尽天年则全而寿，必成功则富与贵，全寿富贵之谓福。"

恰好可以证实前面所指出的法家关于人性的两个基本假定。而且这里还透露了法家对于人的思想的看法：人的思想是永远在趋利避害的。这又是法家相信思想可以通过威胁利诱来加以控制的理论基础。法家之所以肆无忌惮地公开提倡反智论，其一部分的根据也在这里。

法家的反智论是和他们要树立君主的领导权威分不开的，用法家的名词说，即所谓"尊君"。在君主的心中，知识分子（无论是在朝的还是在野的）最不可爱的性格之一便是他们对于国家的基本政策或政治路线往往不肯死心塌地接受；不但不肯接受，有时还要提出种种疑问和批评。对于这类疑问和批评，即在今天号称是民主国家的执政者也不免闻而生畏，至于大权独揽的极权国家的领袖及其党徒更是有"是可忍孰不可忍"之感了。赫鲁晓夫的《回忆录》曾特别提到知识分子的异端是苏联最感头痛的一个问题。近来索忍尼辛和沙卡洛夫的言论便充分地证实了赫鲁晓夫的说法。以今例古，我们就更能够了解古代法家"尊君"论的心理背景了。

"尊君"论包括积极和消极两方面的内容。在积极方面，君主必须把一切最高的权力掌握在自己的手上，不能容许有大权旁落，君弱臣强的情况发生。在消极方面，君主必须超乎一切批评之上，君主纵有过失，也要由臣下来承担责任。所以在实践中"尊君"必归于"卑臣"。臣愈卑则君愈尊，而且非卑臣亦无以见君之尊。《管子》的《明法》篇开头就说：

> "所谓治国者，主道明也；所谓乱国者，臣术胜也。夫尊君卑臣，非亲也，以势胜也。百官论职，非惠也，刑罚必也。故君臣共道则乱，专授则失。"（文字据戴望校正）

《明法》篇有"解"，当是较早的法家著作，至少当在《韩非子》之前。（罗根泽《管子探源》定此篇袭自《韩非子·有度》篇，但举证不坚，未可从。）可见法家"尊君卑臣"的观念在战国中晚期已经出现。《明法解》释之云：

> "明主在上位，有必治之势，则群臣不敢为非。是故群臣之不敢欺主，非爱主也，以畏主之威势也。百姓之争用，非以爱主也，以畏主之法令也。故明主操必胜之数，以治必用之民；处以尊之势，以制必服之臣。故令行禁止，主尊而臣卑。"

这是主张君主用绝对的权力来制服臣民，使他们不敢稍有异动。

《韩非子》的《主道》篇说：

> "明君无为于上，群臣竦惧乎下。明君之道，使智者尽其虑，而君因以断事，故君不穷于智；贤者敕其材，君因而任之，故君不穷于能；有功则君有其贤，有过则臣任其罪，故君不穷于名。是故不贤而为贤者师，不智而为智者正。臣有其劳，君有其成功，此之谓贤主之经也。"

"尊君卑臣"论发展到韩非才真正鞭辟入里，深刻周至；反智论发展到韩非子才圆满成熟，化腐朽为神奇。"有功则君有其贤，有过则臣任其罪"，这就是后世所谓"天王圣明，臣罪当诛"。尊卑之分还能过于此吗？西方基督教徒说："一切荣耀皆归于上帝。"韩非的"明君"正是这样的上帝。"不贤而为贤者师，不智而为智者正。"这才真是"天下英雄入吾彀中"。有知识有才能的人只要肯听"明君"的话,规规矩矩地"尽虑"、"守职",他们的智识、才能便都变成了"明君"的智识、才能。"富贵"是不在话下的。但是如果居然不识相,自高自大,兴风作浪,乱提意见,妄发议论。那么,不要忘了,"明君"还有镇压的力量在后面。"世智,力可以胜之。"眼前的例子,像上面提到的沙卡洛夫,早年为苏联的氢弹发展做出了重大的贡献。得过史达林奖金,三度被封为"社会主义劳动英雄"。但后来忘了分寸,讲什么"学术自由"("Intellectual Freedom"),讲什么"人类生存,匹夫有责"。("No one can shed his share of responsibility for something upon which the existence of mankind depends.")现在呢?沙卡洛夫垮了,臭了,头上的帽子正式换了牌子,叫做"反爱国者"(antipatriot),叫做"反动分子"(reactionary),这样的反智论才合乎"人尽其才"的经济原则。苏联的文化沙文主义是著了名的,什么东西都说是俄国人第一个发明的。但是唯独在发明一套控制知识分子的精密设计这件事上,他们无论如何不能再争第一。中国的法家确确实实地比他们占先了两千年。

　　法家的反智论从来不是玄想,也不是情绪,它是从战国(特别是中晚期)的政治经验中逐步发展成熟的,韩非则运用他的冷酷的理智(Cool reason)总结了以往的一切经验,而加以系统化,使它变成了专制政治的最高指导原则之一。秦始皇和李斯则又根据韩非所总结的原则而在全中国的范围内开创了一个反智的新政治传统。"焚书"和"坑儒"这两件大事便是法家反智论在政治实践上的最后归宿。"坑儒"一案另有曲折,而且是偶发的事件,姑置不论。"焚书"则是秦代的基本政策,让我们看一看它的具体内容。《史记·秦始皇本纪》载李斯的奏议说:

　　　　"古者天下散乱,莫之能一,是以诸侯并作,语皆道古以害今,饰虚言以乱实,人善其所私学,以非上之所建立。今皇帝并有天下,别黑白而定一尊。私学而相与非法教之制,人闻令下,则各以其学议之,入则心非,出则巷议,夸主以为名,异趣以为高,率群下以造谤。如此弗禁,则主势降乎上,党与成乎下。禁之便,臣请史官非秦记皆烧之。非博士官所职,天下有敢藏《诗》《书》、百家语者,悉诣守、尉杂烧之。有敢偶语《诗》《书》者弃市。以古非今者族。吏见知不举者与同罪。令下三十日不烧,黥为城旦。所不去者,医药卜筮种树之书,若有欲学法令,以吏为师。"(按:引文据《李斯传》校订)

显见"焚书"令是完全针对当时一般知识分子批评法家路线而起。儒家当然首当其冲,那是毫无问题的。但诸子皆在焚毁之列,也已由"百家语"三个字完全证明了。(也许法家的著作是例外。)明令不去的书籍只有秦代史乘和技术性的东西,则这一措施的思想性之强烈可想而知。秦廷发动"焚书"的唯一理由即是"主势降乎上,党与成于下"。那就是说,如果让以"私学"攻击皇帝所立之"法教"这种运动继续演变下去,上面将损害人主的威信,下面将造成知识分子的团结。其必然的结局便是"君弱臣强"。我们在这里清楚地看到,法家的"尊君"论被它自己的逻辑一步一步地推向反智论:尊君必预设卑臣,而普遍地把知识分子的气焰镇压下去正是开创"尊君卑臣"的局面的一个始点。"焚书"政策的实施是韩非的反智论的澈底胜利。李斯的奏议不但在精神上完全忠实于韩非的理论,而且在用词遣字等细节方面也谨守着韩非的原文。这一点,郭沫若在《韩非子的批判》中早已举例证明了。《韩非子》的《和氏》篇曾提到商鞅"燔《诗》《书》而明法令"。此说虽不见于《史记》或其他先秦典籍,然后世学者多信其为实录。这样说来,秦国已早有焚毁儒书的传统,韩非思想的影响也许不像想像中那么大。但是我很怀疑这是后世法家或韩非本人的"托古改制"。秦国一向是所谓"西戎之地",在文化上很落后。在纪元前4世纪的中叶,儒家的《诗》《书》纵已传至秦地,也不可能有太大的影响,以致成为商鞅变法的阻碍。若说《尚书》中有《秦誓》,《诗经》、《国风》中有《秦风》,即是商君所燔的《诗》、《书》,但那是秦人自己的东西。以"史官非秦记皆烧之"一条推之,可断其必无此事。所以我认为"焚书"的观念虽未必始于韩非,但李斯、秦始皇的推行焚书政策则恐怕正是受了韩非"燔《诗》《书》"一语的启示。

两千年来,对于中国人政治生活的影响,没有比韩非的思想更深远的了。

五、儒家的法家化

秦朝亡了,汉朝代之而起,而法家所建立的制度却延续下去,汉代一直被古今历史家认作是儒学得势的时代,尤其是从汉武帝接受了董仲舒的《贤良对策》,正式"罢黜百家,独崇儒术"以后,中国的思想界似乎已成了儒家独霸的局面。因此近代学人攻击儒家在历史上与君王专制互为表里,便往往以汉武帝的"复古更化"为始点。

在秦始皇时代已不容存身的儒学,过了几十年,在汉武帝的时代不但卷土重来,而且竟"定于一尊"。这真是思想史上的一个奇迹。这个奇迹的出现说明了在这几十年中儒学本身和客观的政治情势都发生了重大的变化。详细解释这一段历史发展势将远超出本篇的范围。我现在只能以本文论旨为中心,简单地说一说汉初儒学在政治性格上所发生的一种基本改变。为了讨论的方便起见,我姑且把这一改变称之为"儒学的法家化"。但是我必须郑重地补充一句,"法家化"只是汉初儒学发展的一个特殊的方面,决不是它的全部。

所谓"儒学的法家化",其意义不是单纯地指儒家日益肯定刑法在维持社会秩序方面的作用。远在先秦时代《荀子》的《王制》和

《正论》两篇已给刑法在儒家的政治系统中安排了相当重要的位置。汉初儒学的法家化,其最具特色的表现乃在于君臣观念的根本改变。汉儒抛弃了孟子的"君轻"论,荀子的"从道不从君"论,而代之以法家的"尊君卑臣"论。

汉代第一个在政治上得意的儒生是高祖时代的叔孙通。我们知道刘邦是最鄙视儒生的,但叔孙通居然用"朝仪"这件事得到了刘邦的赏赐。原来刘邦虽做了皇帝,而同他一齐打天下的功臣却都不知礼节。史称"群臣饮酒争功,醉或妄呼,拔剑击柱,高帝患之"。《史记·叔孙通传》于是叔孙通提议由他到鲁地去征召他的弟子来"共起朝仪"。他说他愿意"采古礼与秦仪杂就之"。他是否有"古礼"根据似乎大为可疑,因为鲁地有两个儒生便拒绝受召。他们对叔孙通说:"公所为不合古,吾不行。公往矣,无污我!"但是叔孙通曾任秦廷博士,他所说的"秦仪"恐怕确是货真价实的。由此可见他为汉廷所订的朝仪其实即是秦廷那一套"尊君卑臣"的礼节。难怪在施行了之后刘邦要说:"吾乃今日知为皇帝之贵也。"南宋时朱熹便看穿了叔孙通的把戏。

> "叔孙通为绵蕝之仪,其效至于群臣震恐,无敢失礼者。比之三代燕享,君臣气象,便大不同。盖只是秦人尊君卑臣之法。"(《朱子语类》卷一三五)

叔孙通的"尊君卑臣"手段尚不止此。后来汉惠帝继位,在长安的未央宫和长乐宫之间造一条路,已经动工了,叔孙通向惠帝指出这条路设计得不妥,会影响到高祖的庙。惠帝倒肯接受批评,立刻就要毁掉已造成的路段。但是叔孙通却又不赞成。他说:

> "人主无过举。今已作,百姓皆知之。今坏此,则示有过举。"

这就是说,皇帝是永远不会犯错误的。即使真是错了,也不应公开的纠正,使人民知道皇帝也有过错。所以皇帝必须用其他曲折的方法来补救自己已犯的过失。"人主无过举"这句话从此变成皇帝的金科玉律,皇帝的尊严真正至高无上的了。(这句话据褚少孙补《史记·梁孝王世家》是周公对成王讲的,但我看正是叔孙通一类儒者造出来的,为的是和法家争结帝王之欢。)太史公说:

"叔孙通希世度务,制礼进退,与时变化,卒为汉家儒宗。"

这位"与时变化"的"圣人"把"尊君卑臣"变成儒家政治制度的一部分,他是汉代第一个法家化的"儒宗"。

中国历史上第一个"封侯拜相"的儒生是汉武帝时代的公孙弘。《史记·平津侯列传》说:

"丞相公孙弘者,齐菑川国薛县人也。字季。少时为薛狱吏……年四十余,乃学《春秋》杂说。……弘为人恢奇多闻,常称以为人主病不广大,人臣病不俭节。……每朝会议,开陈其端,令人主自择不肯折庭争。于是天子察其行敦厚,辩论有余,习文法吏事,而又缘饰以儒术,上大说之。二岁中,至左内史。弘奏事,有不可,不庭辩之。尝与主爵都尉汲黯请间,汲黯先发之,弘推其后,天子常说,所言皆听,以此日益亲贵。尝与公卿约议,至上前,皆倍其约以顺上旨。"

公孙弘真可以说是中国政治传统中"两面派"的开山大师。他的"人主广大,人臣俭节"的主张把"尊君卑臣"的原则更进一步地推广到君与臣的生活方式之中;他不肯"面折庭争"便是要阉割先秦儒家的"谏诤"传统。总而言之,在任何情形之下他都不愿意损伤君主的尊严。

清代的学者如何焯和沈钦、韩都力辨公孙弘本是杂家或刑名(法)家,并非真儒者,其实这一点并非关键的所在。公孙弘的同乡老前辈,即景帝时和黄生争"汤武受命"的辕固生,曾同他一道被征到汉廷,辕固生那时已九十余岁,他警告公孙弘说:

"公孙子,务正学以言,无曲学以阿世!"(《史记·儒林传》)

　　可见这位坚持原则的老儒早已知道公孙弘是靠不住的了。但是公孙弘之所以能致身卿相却正是由于他打的是儒家的招牌。《儒林传》中保存了他请立太学的一篇文献，读起来岂不句句讲的是儒家"礼乐教化"的道理？《儒林传》说："公孙弘以《春秋》，白衣为天子三公，封以平津侯。天下学士靡然乡风矣。"大批的法家改头换面变成了儒生，更加速了儒学的法家化。

　　汉武帝最欣赏公孙弘以儒术缘饰吏事，而《汉书·循吏传》序也说：

　　　　"孝武之世……唯江都相董仲舒、内史公孙弘、兒宽居官可纪。三人皆儒者，通于世务，明习文法，以经术润饰吏事。天子器之。"

　　那么什么才是"缘饰"或"润饰"呢？《史记·酷吏张汤传》说：

　　　　"是时上（即武帝）方乡文学，汤决大狱，欲傅古义，乃请博士弟子治《尚书》、《春秋》补廷尉史。"

　　据《汉书·兒宽传》的，兒宽便是因习《尚书》而补为张汤的"廷尉史"的。可见帝王要杀人，除了引据法律条文以外，还要在儒家经典中找根据。现在让我举一个实例来说明"儒术缘饰"的作用。《史记·淮南王传》：

　　　　"赵王彭祖，列侯臣让等四十三人议，皆曰：淮南王安甚大逆无道，谋反明白，当伏诛。胶西王臣端议曰：淮南王安废法行邪，怀诈伪心，以乱天下，荧惑百姓，倍畔宗庙，妄作妖言。《春秋》曰：臣无将，将而诛。安罪重于将，谋反形已定。臣端所见，其书节印图，及他逆无道事验明，甚大逆无道，当伏其法。"

　　懂得汉代法律的人一定知道，"大逆无道"，"谋反"等罪名已足够置淮南王于死地，而胶西王更引《春秋》"臣无将，将而诛"之文，显见为架床叠屋，似无必要。其实不然，中国历史上有些帝王杀

人,不但要毁灭人的身体,更要紧的是毁灭人的精神。戴震说:

> "酷吏以法杀人,后儒以理杀人,浸浸乎舍法而论理。死矣,更无可救矣。"(《与某书》)

又说:

> "人死于法,犹有怜之者,死于理,其谁怜之?"(《孟子字义疏证》)

汉代的"经义断狱"比戴东原所说的还要可怕,人不但死于法,而且同时又死于理。这才是"更无可救矣!"董仲舒著了一部《春秋断狱》(又叫《春秋决事比》),把《春秋》完全化为一部法典,更是"儒学法家化"的典型例证。王充说:

> "董仲舒表《春秋》之义,稽合于律,无乖异者,然则《春秋》汉之经,孔子制作,垂遗于汉。论者徒尊法家,不高《春秋》,是暗蔽也。"(《论衡·程材》篇)

所以"缘饰"两字,我们万不可看轻了,以为只是装潢门面之事。其实法律只能控制人的外在行动,"经义断狱"才能深入人的内心。硬刀子和软刀子同时砍下,这是最澈底的杀人手段。清代的赵翼说"汉初法制未备",所以才要用"经义断事"(《廿二史劄记》卷二),那简直是不着边际的历史断案。马端临论《春秋决事比》时曾沉痛地说:

> "《决事比》之书与张汤相授受,度亦灾异对之类耳。(武)帝之驭下,以深刻为明;汤之决狱,以惨酷为忠。而仲舒乃以经术附会之。王(弼)、何(晏)以老庄为宗旨释经,昔人犹谓其深于桀、纣,况以圣经为缘饰淫刑之具,道人主以多杀乎?其罪又深于王、何矣。又按汉《刑法志》言,自公孙弘以《春秋》之义绳下,张汤以峻文理,於是见知腹诽之狱兴。《汤传》又言,汤请博士弟子治《春秋》、《尚书》者补廷尉史。盖汉人专务以《春秋》决狱,陋儒酷吏遂得因缘假饰。往往见二《传》(按:《公羊》、《穀梁》)中所谓《责备》之说、

'诛心'之说、'无将'之说,与其所谓巧诋深文者相类耳。圣贤之意岂有是哉!"(《文献通考》卷一八二)这才真正揭破了汉代"《春秋》断狱"的真相。两千年来,中国知识分子所遭到的无数"文字狱"不正是根据"诛心"、"腹诽"之类的内在罪状罗织而成的吗?追源溯始,这个"以理杀人"的独特传统是和汉儒的"《春秋》断狱"分不开的。换句话说,它是儒学法家化的一种必然结果。汉以后虽不再用"《春秋》断狱",但汉儒既已打开了"诛心"之路,程、朱的理学便同样可资帝王的利用。明太祖和清雍正便抽象地继承了汉武帝的传统。章太炎解释戴震"以理杀人"的历史背景道:

"明太祖诵雒(程)闽(朱)言,又自谓法家也。儒法相渐,其法益不驯……雒闽诸儒制言以劝行已,其本不为长民。故其语有廉棱,而亦时时轶出。夫法家者辅万物之自然,而不敢为,与行己者绝异。任法律而参雒闽,是使种马和良牛并驾,则败绩覆驾之术也。清宪帝(雍正)亦利雒闽,刑爵无常,益以恣雒。……吏惑于视听,官困于诘责,惴惴莫能必其性命。冤狱滋烦,莫敢缓纵。戴震生雍正末,见其诏令谪人不以法律,摭取雒闽儒言以相稽。觇司隐微,罪及燕语。九服非不宽也,而退之以丛棘,令士民摇手触禁。其尽伤深。"(《太炎文录初编·释戴》)章太炎对法家的看法,尚不免有理想化之嫌。因此他的论断,说"任法律而参雒闽"是"败绩覆驾之术",也还有讨论的余地。然而他所指出明、清两代儒、法互为表里的历史事实则是无可否认的。儒学的法家化并不限于汉代,它几乎贯穿了全部中国政治史。

汉代儒学的法家化,董仲舒是理论上的集大成者。让我们稍稍检查一下他的政治思想中的法家成分。董仲舒在第三次《贤良对策》中说:

"《春秋》大一统者,天地之常经,古今之通谊也。今师异道,人异论,百家殊方,指意不同,是以上亡以持一统,法制数变,下不知所守。臣愚以为诸不在六艺之科、孔子之术者,皆绝其道,勿使并进。邪僻之说灭息,然后统纪可一,而法度可明,民知所从矣。"(《汉书·董仲舒传》)

我们把这一段文字和前面所引李斯的奏议对照一下,便可以看出这两者在形式上和精神上多么相似。两者都是要统一思想,都是要禁绝异端邪说,都是要"上有所持"而"下有所守"。所不同者,董仲舒要用儒家来代替法家的正统,用"《春秋》大一统"来代替黄老的"一道"和法家的"一教"而已。诚然,董仲舒没有主张焚书,激烈的程度和李斯有别。李斯对付异端用的是威胁,所谓"世智,力可以胜之"。董仲舒则用的是利诱,只有读儒家的经书才有官作。《汉书·儒林传》说:"武帝立五经博士,开弟子员,设科射策,劝以官禄。"这正是给董仲舒所谓"绝其道,勿使并进"作后盾的。所以尽管董仲舒"复古更化"的具体内容颇与法家有异,但是对于大一统的帝王来说,却同样可以收到"尊君卑臣"的客观效果。

先秦儒家的君臣观在董仲舒手上也经过了一番相当澈底的法家化。周辅成在《论董仲舒思想》中曾征引了以下几条材料:

"是故《春秋》君不名恶,臣不名善。善皆归于君,恶者皆归于臣。臣之义比于地,故为人臣下者,视地之事天也。"

"人生立于生杀之位,与天共持变化之势,……天地、人主,一也。"

"功出于臣,名归于君。"

"君者民之心也;民者君之体也。心之所好,体必安之;君之所好,民必从之。"

他接着解释道:"这种尊君的程度,虽然太过,但是溯其来源,仍在先秦儒家。"(页25)周氏的解释是错误的,先秦儒家并无此类说法。董仲舒事实上是窃取了法家的"尊君卑臣"之论。前面所引韩非《主道》篇"有功则君有其贤,有过则臣任其罪"之语便是董仲舒

"善皆归于君,恶皆归于臣"的思想之来源,不过董氏托其说于《春秋》而已。这也是儒学法家化的一个显例。其实董氏的《春秋繁露》中充满了"尊君卑臣"的议论。如《竹林》篇云:

> "《春秋》之义,臣有恶,君名美。故忠臣不显谏,欲其由君出也。《书》曰:尔有嘉谋嘉猷,入告尔君于内,尔乃顺之于外。曰:此谋此猷,唯我君之德。(按:此《尚书·君陈》篇语)此为人臣之法也。古之良大夫,其事君皆若是。"

这正是"善皆归于君"的具体说明。叔孙通"人君无过举",公孙弘"不肯面折庭争"、"有不可,不庭辩之",在这里都获得了经典上的根据。《礼记·坊记》说:

> "子云:善则称君,过则称己,则民作忠。"

《礼记》中纵有先秦材料,但其书至少曾经汉初儒者整理。魏张揖甚至说它是叔孙通所撰。无论如何,像"善则称君,过则称己"的话大概可以断定是出于法家化了的汉儒之口。

董仲舒把"尊君卑臣"的原则推广到其他社会关系方面,于是就产生了著名的"三纲"之说。《春秋繁露》的《基义》篇说:

"天为君而覆露之,地为臣而持载之;阳为夫而生之,阴为妇而助之;春为父而生之,夏为子而养之。王道之三纲可求于天。"这就是后世儒家所谓"君为臣纲、父为子纲、夫为妇纲"的教条。现代人攻击儒家,尤其集矢于"三纲"说。但事实上,"三纲"说也是法家的东西。韩非《忠孝》篇说:

> "臣事君,子事父,妻事夫,三者顺则天下治,三者逆则天下乱,此天下之常道也,明王贤臣而弗易也。"

儒家"三纲"之说渊源在此。(周辅成已指出此点。前引书,页五一)由此可见董仲舒所要建立的尊卑顺逆的绝对秩序根本上是儒学法家化的结果。

韩非在《忠孝》篇中主张"定位一教之道"。他最反对孔子把君

臣父子的关系解释为相对性的,以致鼓励了犯上作乱的行为。如
舜之放父(瞽瞍)、汤、武之弒君(桀、纣)都是万万不可以为训的。
他说:

> "父之所以欲有贤子者,家贫则富之,父苦则乐之;君之所
> 以欲有贤臣者,国乱则治之,主卑则尊之。"

总之,他和黄老派一样,是坚决主张"冠虽敝,必加于首;履虽新,必
关于足"的。韩非在君臣、父子之外又将夫妇关系纳入尊卑的系统
之中。这是和他一向轻视妇女的思想分不开的。他在《亡徵》篇中
一则曰:"男女无别,是谓两主;两主者,可亡也。"再则曰:"女子用
国,……可亡也。"他在《六反》篇中提及当时杀女婴的恶习,不但毫
无同情的表示,而且还解释为当然。他说:

> "父母之于子也,产男则相贺,产女则杀之。此俱出父母
> 之怀衽,然男子受贺,女子杀之也,虑其后便、计之长利也。"

"三纲"说之由韩非发其端,决不是偶然的。

　　与法家合了流的黄老学派也同样是维护绝对性的政治、社会
秩序的。

　　马王堆发现的《称》篇说:

> "凡论必以阴阳□大义。天阳地阴,春阳秋阴。夏阳冬
> 阴。大国阳,小国阴。重国阳,轻国阴。有事阳而无事阴。信
> (伸)者阳(者)屈者阴。主阳臣阴。上阳下阴。男阳〔女阴〕。
> 〔父〕阳〔子〕阴。兄阳弟阴。长阳少〔阴〕。贵〔阳〕贱阴。……
> 制人者阳,制人者制于人者阴。(按下半句"制人者"三字疑是
> 衍文。)诸阳者法天,天贵正……诸阴者法地,地〔之〕德安徐正
> 静。柔节先定,善予不争。此地之度而雌之节也。"

像这样把宇宙间万事万物都按照"阳尊阴卑"的原则加以划分,岂
不正是为"三纲"说提供了一种形而上学的根据吗?《经法》的《道
法》篇说:

"天地有恒常,万民有恒事,贵贱有恒立(位),畜臣有恒道,使民有恒度。天地之恒常,四时、晦明、生杀、辣(柔)刚。万民之恒事,男农、女工。贵贱之恒立(位),贤不宵(肖)不相放(妨)。畜臣之恒道,任能毋过其所长。使民之恒度,去私而立公。"

这里所描绘的是一个永恒不变而尊卑分明的社会秩序,这一秩序又是和宇宙的永恒秩序合而为一的。董仲舒在《贤良对策》的第三策中曾有"道之大原出于天,天不变道亦不变"的名言。这种说法也不见于先秦儒书。如果我们一定要为这句名言寻找思想史上的根源,那么它正可以从上引《道法》篇的议论中提炼出来。

我们在上面对董仲舒的援法入儒作了一番极简单的清理。我们不能不承认汉儒的法家化实已达到了惊人的程度。以往研究董仲舒的人都注意他吸收阴阳五行的学说的一方面,对于他受法家影响的部分则未能给予足够的重视。这也许是由于他"缘饰"的手段巧妙之故罢。但是我并不是说董仲舒只是一个阳儒阴法的思想家。从《贤良对策》和《春秋繁露》中,我们仍然可以看出他并未完全抛弃儒家的立场。他想用"天人感应"说来限制君权,一方面可见他的阴阳化的程度,另一方面却也可见他并不甘心把"道统"整个地托付给帝王。这在精神上尚符合先秦儒学的传统。就在这一点言,他和清初的"理学名臣"李光地是有本质上的区别的。后者则希望"统治"和"道统"在康熙的身上合而为一。董仲舒和辕固生在时代上是衔接的。因此他对汤、武革命的理论依然加以肯定。(见《春秋繁露·尧舜不擅移,汤武不专杀》篇)正是由于这一思情背景,他至少还敢于假借"《春秋》"之义来"贬天子",虽则所贬的只是历史上的天子。无论如何,董仲舒对后世儒家的"庶人议政"传统多少还有一些正面的影响。

然而事实终归是事实。汉武帝之所以接受董仲舒的建议,"罢黜百家,独尊儒术",却决不是因为欣赏他的"贬天子"之说,而是因为他巧妙地用儒家的外衣包住了法家"尊君卑臣"的政治内核。当时有一位黄老学派的汲黯便当面揭穿了这一事实。《史记·汲黯传》说：

> "天子(武帝)方招文学儒者。上曰：吾欲云云。黯对曰：陛下内多欲而外施仁义，奈何欲效唐、虞之治乎？"

"外施仁义"便是以儒术"缘饰"，"内多欲"则非做法家型"唯我独尊"的人主便无以操纵自恣。儒家所谓"礼乐教化"不但在武帝一朝未见实效，就是到了他的曾孙宣帝的时代也还是纸上空谈。下面是汉代一个极有名的故事，可以使我知道所谓"独尊儒术"的真相。《汉书·元帝本纪》载元帝为太子时：

> "柔仁好儒，见宣帝所用多文法吏，以刑名绳下。……尝侍燕，从容言：陛下持刑太深，宜用儒生。宣帝作色曰：汉家自有制度，本以霸王道杂之，奈何纯任德教、用周政乎？且俗儒不达时宜，好是古非今，使人眩于名实，不知所守，何足委任。乃叹曰：乱我家者，太子也。"

请看宣帝骂儒生"好是古非今"的话，岂不完全是秦始皇、李斯的口吻，那里有一丝"仁义"的味道？颜师古注引刘向《别录》云：

> "申(不害)子学号刑名。刑名者，以名责实，尊君卑臣，崇上抑下。宣帝好观其《君臣篇》。"

可见西汉的皇帝从高祖到宣帝，个个都是法家路线的执行者；他们内心所最关切的问题可以说只有"尊君卑臣，崇上抑下"八个字。叔孙通、公孙弘、董仲舒之类的"儒宗"看清了这一点，"与时变化"，入法家之室而操其戈，才在表面上夺得思想界的统治地位。然而个别的儒家要真想当权。首先就得法家化，就得行"尊君卑臣"之事，他不但有义务帮朝廷镇压一切反对的言论，而且连自己的"谏诤"之责也要打一个七折八扣。理由很简单，"忠臣不显谏"，"善皆归于君，恶皆归于臣"，皇帝是不能公开骂的。这样的儒家在政治上最后也只能成为"反智论者"。所以"尊君卑臣"的格局不变，知识分子的政治命运也不会变。但是中国政治史始终陷于"尊君卑臣"的格局之中。《朱子语类》载："黄仁卿问：自秦始皇变法之后，后世人君皆不能易之，何也？曰：秦之法尽是尊君卑臣之事，所以后世不肯变。且如三皇称皇，五帝称帝，三王称王，秦则兼皇帝之号。只此一事，后世如何肯变？"（卷一三四）

朱子能议论及此，才真不愧是旷世巨儒。现代人都说中国君主专制的传统在精神上是靠儒家支持的。这话未免太恭维儒家了，韩非的"孤愤"之魂一定会委屈得痛哭的。现代人之所以读错了历史，一方面固然是由于儒家"缘饰"的成功，另一方面也是由于历史帝王中很少有人像汉宣帝、明太祖那样坦率可爱，肯公然地说："决不施仁政！"

谭嗣同在《仁学》中曾说：

"二千年来之政，秦政也，皆大盗也；二千年来之学，荀学也，皆乡愿也。惟大盗利用乡愿，唯乡愿工媚大盗。"（卷下）

这种论断诚不免过于激烈。但是我们如果不以辞害意，了解他所谓"政"和"学"的真正涵义，那么我们只要改一个字，就可以借用他的历史判断，说：

"二千年来之政，秦政也，皆大盗也；二千年来之学，韩学也，皆乡愿也。惟大盗利用乡愿，惟乡愿工媚大盗。"

（选自《联合报副刊》，1976年1月19—26日）

余英时（1930—　），安徽潜山人。香港新亚书院毕业，哈佛大学博士，曾任新亚书院院长、哈佛大学教授、美耶鲁大学讲座教授。现任台北中央研究院院士，新加坡儒家伦理委员会海外顾问，美普林斯顿大学东亚研究讲座教授。著有《士与中国文化》、《历史与思想》、《论戴震与章学诚》、《从价值系统看中国文化的现代意义》等。

　　本文选自《联合报副刊》，1976 年 1 月 19—26 日。作者从政治思想史的角度对"儒、道、法三家对智性及知识分子的政治态度"作了客观、中肯的论述，指出，"中国政治上的反智传统是一个非常复杂的历史现象"，"儒家主智论"、"道家反智论"，而"儒家的法家化"则导致了儒家在"政治上最后也只能成为'反智论者'。所以'尊君卑臣'的格局不变，知识分子的政治命运也不会变"，即"至少从表面看，中国的传统政治，还可以说是比较尊重智性的"，但从实质上看，中国政治传统是反智性的。

驳孔子要恢复奴隶制说

赵光贤

　　现今史学界有一个很流行的说法,说孔子要恢复奴隶制,或说搞什么奴隶主复辟。这个说法在"四人帮"猖獗时被某些人利用,以致流毒全国。"四人帮"不仅对今人制造了不少冤案,对古人也制造了不少冤案,孔子是一个最著名的受害者。我写这篇东西,目的不在于为孔子辨诬,而是要搞清楚历史的真相;历史的真相如弄明白了,孔子的冤枉自然就得到昭雪了。

　　说孔子企图搞奴隶主复辟,究竟有没有事实根据呢? 遍翻古代典籍,找不到一条材料能证明孔子要恢复奴隶制。反之,我却以为有些材料可以说明孔子是反对奴隶制的。从孔子的思想体系来说,孔子的中心思想——仁的学说正是对奴隶制的否定,而建立在以仁为中心的世界观,又是在封建社会上升时期儒家思想的基础,具有进步的历史意义。对孔子和儒家的全面否定是与马克思主义的历史主义不相容的。

一

　　说孔子要恢复奴隶制,所能提出的根据不外两条:第一条是孔子说过:"克己复礼",第二条是《论语》里有"兴灭国,继绝世;举逸民"的话。我以为这两条根本与奴隶制毫无关系,更谈不到什么恢复奴隶制。

先说第一条,原文是这样:

> "颜渊问仁,子曰:'克己复礼为仁,一日克己复礼,天下归仁焉。……为仁由己,而由人乎哉?'颜渊曰:'请问其目。'子曰:'非礼勿视,非礼勿听,非礼勿言,非礼勿动。'颜渊曰:'回虽不敏,请事斯语矣。'"(《论语·颜渊》)

我们用实事求是的态度来分析一下这段话,说"复礼"就是恢复奴隶制,前提必须是,礼就是奴隶制,但这个前提是不存在的。为什么这样说?第一,远在孔子以前的西周,已经进入封建社会,从经济基础到上层建筑,封建制都占压倒的优势①,因此"礼"字在周代不指奴隶制。第二,在周代封建社会里,奴隶制始终以残余形式存在,根本未被消灭,因此不存在恢复奴隶制的问题;如果说恢复奴隶制指恢复奴隶制在整个社会中的支配地位,那么奴隶制在周代从来就没有占过支配地位,也谈不到恢复。所以孔子从来未谈论过恢复奴隶制的问题,不仅孔子未谈过,战国以来,百家争鸣,没有一家谈论争辩恢复奴隶制的问题,道理是非常明白的,因为根本不存在这个问题。第三,就颜渊和孔子这段问答来说,复礼也不是恢复奴隶制。礼字的含义有广狭二义,就广义来说,礼指一切典章制度;狭义的礼指贵族们应遵守的礼仪。这里孔子说的"非礼勿视,非礼勿听,非礼勿言,非礼勿动"几个礼字显然都是就狭义说的,即指礼仪说的。如果像有人所想象的,礼字指奴隶制,那么"非奴隶制勿视,非奴隶制勿听,非奴隶制勿言,非奴隶制勿动"还成什么

---

① 关于周代社会性质问题,非此短文所能讨论,请参看拙著《周代社会辨析》。

话！① 颜渊居然表示愿意照这样做,请问他怎样做法? 第四,"克
己复礼为仁"是孔子答颜渊问仁的话,论者往往只取"克己复礼"四
字,去掉"为仁"二字,显然是故意断文取义,是完全错误的。

　　下面我们解释这句话的意义。

　　先说:"克己"。克字有胜、能、任诸义,但此处只可解作胜。
《尚书·金縢》:"既克商二年",《左传》:成十一年,"昔周克商","克
商"即灭纣。《左传》昭十二年说楚灵王"不能自克",即不能自胜,
亦即不能自制。此文"克己"与"自克"同义。扬雄《法言》:"胜己之
私之谓克。"《论语》邢昺疏引刘炫云:"克训胜也,己谓身也,"马融
解作"约身",意思是约束自己,诸人的理解基本上相同②。

　　"复礼"之"复"有返回之义,刘炫说:"身有嗜欲,当以礼齐
之……身得复归于仁。"

　　"为仁"有两种解释:一般解作"是仁",刘宝楠《正义》引皇侃
《义疏》:"克己复礼,所以为仁,为犹事也,谓用力于仁也,下句'为
人由己'义同。"从全章来看,皇说是对的。颜渊问的不是什么是
仁,而是怎样做才算是仁,故孔子答以克己复礼,并勉励他努力去
做。

　　"克己复礼为仁"的正确解释是:克制自己的欲望,回到礼上
来,就是做仁。这样的解释不仅合于原义,而且有史事为证。据

────────────

　　① 　例如赵纪彬教授在他著的《仁礼解故》中就是这样解释"复礼"的,见
《孔子哲学讨论集》413页。
　　② 　朱熹作《论语集注》,训"己"为私欲,清儒群起而攻之,固然"己"不等
于"私欲",朱解有增字解经之嫌,但人若大公无私.何必自克? 清儒不免汉宋
门户之见。扬雄、刘炫之解并无错误,惠栋据《说文》:"克、肩也",训"克己"为
"以己肩任",显然与原义不合。赵氏解"克己"为"由己"、"率己",说"与今语
所谓发挥个人主观能动性义近"(见《仁礼解故》),真是歧路中又有歧路,去原
义更远了。

《左传》昭元年,楚灵王绞杀其君麇及其二子而夺其位,就封建礼教来说,是大逆不道。即位之后,又多行不义,甚至想求鼎于周,昭十三年国人乘其攻徐之际作乱,灵王不能返国,自缢于乾谿。左氏述灵王不听右尹子革的劝告,"不能自克,以及于难",又引孔子的话对灵王加以批评:

> "仲尼曰:'古也有志:克己复礼,仁也,信善哉!楚灵王若能如是,岂其辱于乾谿?'"(昭十二年)

据此,"克己复礼、仁也"是一句古语,孔子引来评论楚灵王,说灵王如能克制自己,按礼行事,何至于受辱于乾谿?从楚灵王的故事中,可以得出"克己复礼,仁也"这句话的真正意义。但是如把孔子的话翻译成今语,说楚灵王若能克制自己,恢复奴隶制,怎会受辱于乾谿?即令不懂古文古史的人也知道这是怎么也说不通的。

二

再说第二条,原文是这样:

> "兴灭国,继绝世,举逸民,天下为民归心焉。"(《论语·尧曰篇》)

此篇自"尧曰"以下分明是《尚书》逸文,伪古文《尚书》分别窜入《大禹谟》、《汤诰》、《泰誓》。古人得竹简不易,往往在简编之末的空白处,记录一些古事传说(例如:《论语·季民》篇末"邦君之妻"一段,《微子》篇末有"大师挚适齐"第三章,和《尧曰》篇前半都与本书毫无关系,显然是后人所加。)《尧曰》篇这段话,既未注明"子曰",又直接在《尚书》逸文之后,很难说是孔子的话。即令算是孔子的话,怎能证明这个国就是奴隶制国家?怎能证明逸民都是奴隶主贵族?有人一方面说民是奴隶,一方面说逸民是奴隶主贵族,岂不自相矛盾?可见这种说法是随意编造的。逸民中可能有贵族,《微子》篇里说的伯夷、叔齐、虞仲、夷逸、朱强、柳下惠、少连是逸民。伯夷、叔齐相传是孤竹君之子,虞仲是周太王之子,柳下惠是鲁公族展氏之后,都是贵族,但是不是奴隶主,无法证明;其它三人什么身份,全不得知。不作具体分析,乱贴标签,这就是形而上学。

究竟这几句话是什么含义?指的什么人?旧说指周武王,我以为应指齐桓公,这三句是对齐桓公的诵歌,下面分别加以解说。

先说"兴灭国"。闵二年(前660)、狄人灭卫,灭邢。僖元年(前659),齐桓公帅齐、宋、曹三国之师救邢;二年,救卫。《春秋》都有记载,《左传》说:

> "僖之元年,齐桓公迁邢于夷仪;二年,封卫于楚丘。邢迁如归,卫国忘亡。"

《公羊传》解释说:

> "诸侯之义,不得专封……上无天子,下无方伯,天下诸侯有相灭亡者,力能救之则救之可也。"(僖元年。二年城楚丘,传义与此大同)

由此可证,所谓"兴灭国"意即复兴已灭之国,指齐桓公在夷仪重建邢国,在楚丘重建卫国事。

次说"继绝世"。这是指齐桓公派上卿高傒来鲁立僖公事。鲁庄公死后,弟庆父杀死庄公子般,立闵公;闵公立二年,又被庆父杀死。《公羊传》说:

> "庄公死,子般弑,闵公弑,三君死,旷年无君……桓公使高子将南阳之甲,立僖公而城鲁……鲁人至今以为美谈,曰:'犹望高子也。'"(注:"立僖公城鲁不书者,讳微弱,而加高子者。美大齐桓继绝于鲁,故尊其使……。")

《管子·小匡》篇也说:

> "桓公忧天下诸侯,鲁有夫人庆父之乱,而二君弑死,国绝无后,桓公闻之,使高子存之……。"

由此可见，"继绝世"并非泛称，乃指齐桓立鲁僖事。按《左传》以僖公为季友所立，《公羊传》则全归功于齐桓，盖《左传》乃鲁人所著，《公羊传》则齐人所著，故所说不同。就当时情况看，庆父势强，有夺位之心，季友避祸出奔陈，若非齐桓大力支持，季友恐不能返国立僖公，《公羊》说为得其实。

再说"举逸民"，这也是齐桓公的故事。齐桓在称霸前，除用管仲外，还用了一些人，中有一人名宁戚，是一个逸民，当时所谓逸民指不做官的人。先秦盛传宁戚的故事，如《离骚》："宁戚之讴歌兮，齐桓闻以该辅。"《吕氏春秋·举难》篇所记较详，原文如下：

> "宁戚欲干齐桓公，穷困无以自进，于是为商旅，将任车以至齐，暮宿于国门之外。桓公郊迎客，夜开门，辟任车，爝火甚盛，从者甚众。宁戚饭牛，居车下，望桓公而悲，击牛角疾歌。桓公闻之，抚其仆之手，曰：'异哉！歌者非常人也。'命后车载之。桓公反至，从者以请，桓公赐之衣冠，将见之。宁戚见，说桓公以治境内，明日复见，说桓公以为天下，桓公大说……。"

宁戚就这样做了齐国的大司田（农官），据说是由管仲的推举，见《管子·小匡》篇，这就是举逸民的故事。

过去有人认为"兴灭国"等三句讲的是周武王的故事，因下文有"天下之民归心焉"，好像非武王莫属，但如上面所指出的，说它讲的是齐桓公创霸的事，似更恰当。《管子·小匡》篇称美桓公，也有"天下诸侯称仁焉"，和"天下之于桓公，远国之民，望如父母；近国之民，从如流水"的话，正合"天下之民归心"之义，可见当时霸主实际上已取代天子的地位。《史记·太史公自序》引董仲舒的话："春秋存亡国，继绝世"，可证此语是指齐桓公。"四人帮"猖獗时硬说这三句是孔子搞奴隶主复辟的证据，实际上既与孔子无关，更与复辟奴隶制若风马牛之不相及，任意信口胡说，就是对历史的无知。

三

孔子不仅没有恢复奴隶制的思想和行动,而且反对奴隶制。他虽没有明说,但从思想体系来说,应当得出这个结论。从来论孔子的人几乎一致同意,"仁"是孔子思想的核心,多半把仁字理解为道德概念,这是很不够的。它实际上代表孔子的世界观,也是孔子的政治思想和教育思想的根源。因此必须首先明确孔子的仁的概念和建立在其上的世界观,才能真正理解孔子把仁字摆在他的思想体系中的核心位置的现实意义和历史意义。

在孔子以前,统治阶级讲仁的不多,有时讲到,意义也不明确①。孔子是第一个人,在他的学说中突出仁的重要地位,不仅有明确的意义,而且有具体的做法。关于具体的做法,孔子因材施教,对弟子们的答问各个不同,答颜渊问即是一例。孔子怎样解释仁?《论语·颜渊》记载他答樊迟问仁,只有两个字:"爱人。"我以为这两个字既说明了仁的意义,又指出了做法,极概括而又最中肯。"爱人"二字谁都能懂,但必须首先承认对方是人,才能爱他。所以孟子说:"仁者人也。"(《孟子·尽心下》)《礼记·表记》和《中庸》也说:"仁者人也。"这个解说,讲的极好,深得仁字之义。它表明仁的根本意义是承认人有人格。这是古代思想的大跃进。殷代奴隶社会里,人殉人祭是经常的,被杀的不一定全是奴隶,也许大部分不是奴隶。可见那时人在最高统治者眼里还没有取得人的资格。奴

---

① 如《左传》隐六年"亲仁善邻,国之宝也"。又僖八年"能以国让,仁孰大焉"。又成九年"不肯本、仁也"之类。《国语》记载一些关于西周和春秋时人谈到仁的话,但多系后人编造,不可信。

隶制在周代还存在着,但对待奴隶和非奴隶的惨无人道的做法,如人殉人祭之类毕竟大为减少①。春秋时人对这种野蛮风格则公开加以谴责,如宋襄公"使邾文公用鄫子于次睢之社",受到司马子鱼的批评(《左传》僖十九年)。秦穆公死,以三良为殉,"国人哀之,为之赋《黄鸟》"。(同书文六年)魏武子将死,命其子颗,以妾为殉,颗不从,说是乱命(同书宣十五年)。此类例子很多,它反映当时社会制度和人的思想与前代相比已发生重大变化。孔子反对用俑,就是反对人殉,当然也反对人祭。他说:

> "始作俑者,其无后乎,为其象人而用之也。"(《孟子·梁惠王上》)

> "为刍灵者善,为俑者不仁,不殆于用人乎哉?"(《礼记·檀弓》)

孔子骂头一个作俑的人将断子绝孙,因为俑是用木作的人像,他怕既有人用木俑殉葬,将来就会有人用生人殉葬。他说作刍灵的好,作俑的不仁,因为刍灵是用草作的,不太像人,木俑就太像人了,所以说作俑的"不仁"。他不知道,历史上先有人殉,后有俑,俑的出现是历史的进步。这样看来,孔子反对用俑,更反对用生人殉葬,理由是"不仁",可见仁的意义是把人当人看待,人既然当作人看待,就不应当杀人殉葬。当然人包括所有的人,他并未说奴隶除外。奴隶制把人看作马牛,仁的观念要求把人当人看待,显然二者是根本对立的。所以我说孔子反对奴隶制度。

有一个传说可以作为孔子反对奴隶制的旁证:

> "鲁国之法,鲁人为臣妾于诸侯,有能赎之者,取其金于府。子贡赎鲁人于诸侯,来而让,不取其金。孔子曰:'赐失之

---

① 例如近年考古工作者在曲阜县城下试掘古鲁城遗址,在八十多墓葬中无一有人殉,可为一证。

矣,自今以往,鲁人不赎人矣'……"(《吕氏春秋·察微》)

这个故事说,鲁国法律允许人们用钱赎回在各国当奴隶的鲁人,赎奴隶的钱可以到鲁国库去领。子贡赎了奴隶,却不去领钱。孔子批评他做错了,说这样一来,鲁人不再有人赎奴隶了,因为子贡树立了一个不向国库领金的榜样。这故事的真实性如何很难说,但它反映了孔子反对奴隶制的思想则是很清楚的。

总之,孔子反对奴隶制是明白无误的,从他的仁的世界观出发,应当得出这样的结论。他的道德观、政治论和教育论都是以仁的世界观为根本的。这在古代思想史上具有非常重要的意义,有的同志一面承认孔子仁的思想的进步性,一面又说孔子维护奴隶制,这是很难自圆其说的。因此在正确理解孔子思想之前,必须正确解决孔子所处时代的社会性质,而不能含糊,含糊了就会自陷于矛盾。

(选自《辽宁大学学报》1981 年第 3 期)

赵光贤(1910—　　　　),河北玉田人。1932 年毕业于清华大学政治学系。1940 年获辅仁大学史学研究所文科硕士学位。曾任天津《大公报》编辑,辅仁大学讲师、教授。建国后,历任辅仁大学教务长,北京师范大学教授,中国先秦史学会第一、二、三届副理事长。著有《周代社会辨析》、《古史考辨》、《中国历史研究法》。

本文选自《辽宁大学学报》1981 年第 3 期。本文针对"今史学界有一个很流行的说法,说孔子要恢复奴隶制,或说搞什么奴隶主复辟"的说法,提出自己独特见解,认为:孔子是反对奴隶制的。该文一反"文革"中全盘否定孔子政治思想的毛病,在国内学术界引起了强烈反响。

从民本到民主

刘述先

一、中国传统政治哲学的主流:民本

中国传统政治哲学的主流是以民为本,历来并无异辞。《尚书》各篇的真伪、成篇的年代固然引致学者聚讼不息,难定成论。但《尚书》中保留的材料充分反映了中国古代政治思想的精神面貌,则是不容否认的。《尚书·皋陶谟》说:"天聪明,自我民聪明。天明畏,自我民明畏。"《泰誓》说:"天视自我民视,天听自我民听。"又说:"民之所欲,天必从之。"由这样的材料我们至少可以推知,周代的天已不只具有超越的意味,而且必须以民意实之。"民为邦本",这是由《尚书》传留下来的一贯思想。即使有些文献后出,其思想必有其古远的根源。

民本的思想又与德治的思想不可分开。德治的根据则在对于人性的了解。《诗》曰:"民之秉彝,好是懿德。"《尚书·洪范》则提出所谓"彝伦攸叙",《左传》刘康公亦曰:"民受天地之中以生",由此可见虽然是迟到孟子才正式发展出性善论的学说,但其思想实有源远流长的根据。《大学》所谓:"民之所好好之,民之所恶恶之",这样的好恶多有定准,决非指个人一己主观的好恶而言。儒家思想对于过去有所传承,同时也有开创和发展。此中一个关键性的人物乃是孔子,《中庸》称之为"祖述尧舜、宪章文武"是也。

孔子把德治的理想发挥得最为淋漓尽致。根据《论语》的记载,他认定:"为政以德,譬如北辰,居其所,而众星拱之。"(《为政》)又说:"导之以政,齐之以刑,民免而无耻;导之以德,齐之以礼,有耻且格。"(《为政》)故此孔子最重礼乐教化。而礼的精神则在仁,正如孔子所说的:"人而不仁,如礼何? 人而不仁,如乐何?"(《八佾》)仁者的襟怀则在于:"己欲立而立人,己欲达而达人。"(《雍也》)如此"能近取譬,可谓仁之方也已"。孔子讲君子的理想则在于:"修己以安百姓。"(《宪问》)

有人批评孔子,因为他说过:"民可使由之,不可使知之。"(《泰伯》)乃谓他主张愚民政策。这是一种诬枉。孔子所说只不过是对于事实的一种描写罢了! 即使到今日实行民主,民智开放,有许多事情还是只能诱导人那样做,在事实上没法使得人了解为何必须那样做的道理。但风行草偃,上之人必须亲身做榜样,一般老百姓才会对之加以爱戴敬仰。风气既成,上下融为一体,高远的理想才能够彻底实现在人生社会之内。

孟子更进一步明白提出了仁政的名称。而仁是表现在人的不忍人之心之上。他说:"人皆有不忍人之心。先王有不忍人之心,斯有不忍人之政矣。以不忍人之心,行不忍人之政,治天下可运之掌上。"(《公孙丑上》)孟子严分王(以德行仁)、霸(以力假仁)之别。他在正面积极提倡王道的理想,在反面乃严厉指责违反仁义的措施。他答复齐宣王问汤放桀、武王伐纣之事曰:"贼仁者,谓之贼;贼义者,谓之残。残贼之人,谓之一夫。闻诛一夫纣矣,未闻弑君也。"(《梁惠王下》)这是儒家正名思想的实际应用。而孟子的态度显然表现得比孔子更为激越。他明白地宣称:"民为贵,社稷次之,君为轻。"(《尽心下》)这是不折不扣的民本思想。但在另一方面,由于孟子曾说过:"劳心者治人,劳力者治于人"(《滕文公上》),乃为今世所诟病。然而我们不可以忽略的一点是,孟子所作的乃是一种功能的区分,不是一种阶级的区分。在旧社会的规模之下,他所说的不为无理。我们用今人的标准去评价两千年前的思想,实在不是一种公平的办法。孟子以后的先秦儒者如荀子,虽反对孟子性善的说法,但却继承了孟子民本的思想。他说:"天之生民,非为君也。天之立君,以为民也。"(《大略》)又说:"天下归之谓王,天下去之谓亡。"(《正论》)这些都反映了先秦儒者由孟子以来一贯的思想。

　　然而有一点我们切不可以忘记,就是民本思想并不一定与君主思想互相矛盾。在中国传统政治思想的主流中,民本思想与君主思想反而是互相依存的。圣君贤相以身作则,教化庶民,上行下效,最后达到一种无为而治的理想。这些乃是中国传统根深蒂固的想法,一直到今日,还难以脱离这种思想的规模。

　　民本、圣王的思想自不必一定限于儒家传统,道家、墨家也有相似的理想,只不过重点的强调不同,实施的方式也有差异罢了!老子讲"慈、俭、不为天下先","损有余而补不足"。他所厌恶的是专制君王对于人民的剥削。圣人的境界是"生而不有、为而不恃、长而不宰"。圣人所立的榜样是:"我无为而民自化,我清静而民自正,我无事而民自富,我无欲而民自朴。"老子的无为并非真正完全无所作为,他所要避免的是不自然的人为,故无为而无不为。由于老子说过:"圣人之治,虚其心、实其腹,常使民无知无欲",有人乃攻击老子采取愚民政策,这乃是一种误解。老子所反感的是世俗那些争权夺利的态度,故不免发而为激越之辞。"我,愚人之心也哉!"这是一种反讽,"愚"是对自己的状词,焉可解作愚民之"愚"?我们不可以误解老子政治哲学的根本精神。庄子的精神恰与老子相呼应。"人想忘乎道术"(《大宗师》),这是无为的体会的一种更完美的表达,更突显出内心的一种平等自由的感受。

　　墨子则讲兼爱,主张法天,尚同,功利。他说:"天之行广而无私,其施厚而不德,其明久而不衰,故圣王法之。……天必欲人之相爱相利,而不欲人之相恶相贼也。奚以知天之欲人之相爱相利,而不欲人之相恶相贼也? 以其兼而爱之,兼而利之也。奚以知天兼而爱之,兼而利之也? 以其兼而有之,兼而食之也。"(《法仪》)墨子的理想在使人人能"视人之国若视其国,视人之家若视其家,视人之身若视其身","为人之国若为其国","为人之家若为其家","为彼犹为己也","为吾友之身若为吾身,为吾友亲之若为吾亲,为万民之身若为吾身"。这是何等高尚的襟怀!

由此可见,道家与墨家都有崇高的政治理想,与儒家并非完全没有互相可以会通的地方。但道家的无为,墨家的兼爱,毕竟难以付诸实行,不似儒者如孟子的爱有差等之说,比较合乎人情,容易为人们所接受。秦汉之交的儒家在思想上还有进一步的开展和转进。譬如像《礼运·大同篇》揭橥天下为公的理想,明白指出家天下只不过是小康的局面,大同、禅让才是终极的向往。只不过儒家自荀子提出性恶论以后,也开启了一条走向专制独裁的线索。荀子本人主张礼治,所以还没有丧失儒家的宗旨,但他的弟子韩非便主张法治。韩非的法家思想突显出统治者至高无上的权威,压抑贵族,促成了秦朝的大一统,在历史上自也扮演了一个重要的角色。从此政治成为统治者权术的应用,以刑赏为手段控制天下的英才,其结果虽说是要利民便民,其实却不外乎要把人民化成自动的机械,一切为统治阶层的利益服务。这是中国政治思想发展所经历的一大折曲。

到了汉朝,私天下的规模已经完成。武帝用董仲舒之策,独崇儒术,罢黜百家。董生的苦心是要用天人、阴阳、五行一类的思想来限制君权,缓和法家式的虐政。但天尊地卑一类的思想于以确立。到白虎通德论正式提出三纲的内容,适与韩非子三顺之说同辙合轨,从此所谓君臣大义,压在每一个人的头上,"天王圣明,臣罪当诛"一类的奴才思想深入人心,伦理对待的思想日渐式微。这又是中国政治思想发展所经历的另一大折曲。

中国现实政治自从汉朝以后所形成的一种架势便是,外面挂的是儒家德治的金漆招牌,骨子里则是法家权谋术数的一套。真正的圣王固然是从未一见,统治者的心术智慧还不太差的乃多少还有些顾虑,虽然只是做些假仁假义的措施,最低限度老百姓的日子还过得去也就罢了!到了昏君当道、奸臣误国的时候,乃不免激起民变,终于导致改朝换代。各代历史的内容,典章制度的细节,兴废盛衰的关键,固然是差异颇大,难以一概而论。但一治一乱的公式模型则并没有根本的改变,这种情形一直延续到民国肇始为止,才算告了一个段落。

《朱子语类》之中有一段极发人深省的对话,兹录如下:

"黄仁卿问,自秦始皇变法之后,后世人君,皆不能易之,何也?曰:秦之法尽是尊君卑臣之事,所以后世不肯变。"(《语类》一三四)

这真是一语道破问题的基本关键之所在。由此可见,传统儒者并非真的不知道问题的症结究竟在什么地方,只不过他们的思想突不破传统的框框,找不到解决问题的真正可行的方案。故黄梨洲亟攻私天下观念的病害,王船山则讲古仪,还是要在思想上恢复中国传统民本、圣王的理想。但理想和现实终究隔离得太远,两边根本碰不上头来。这样的情况一直要到西风东渐之后才产生了根本的变化。

二、民本、圣王思想的限制与现实朝廷政治的死结

世界上究竟怎样的制度才是最好的政治制度?针对这一问题,在两千年以前,亚里士多德就有一项极为智慧的观察。他认为

世间有三种好的制度,三种坏的制度:君主制是好的,但转为专制虐政则是坏的;贵族政治是好的,但转为寡头政治则是坏的;民主政治是好的,但转为暴民政治则是坏的。亚里士多德所论的确是真知灼见。现代人往往不知不觉形成一种迷信,以为民主一定是好的。但柏拉图亲眼目睹,正是在雅典民主的实施之下,苏格拉底被判死刑而仰药,结束了一个义人的生命。故此柏拉图鄙弃民主,在深思熟虑之下构筑了理想国的规模。然而理想国终不过是乌托邦的构想,世间哲王从不一见。柏拉图为了推展自己的政治理想,结果几被卖为奴。终于在历经患难之后,在晚年写法律篇,认为立宪政府虽非最高理想,但切实而易行,这又是一极深刻的真知灼见。

考察西方的历史,我们发现,西方的法律、人权的观念与实施,都是经过长期的挣扎奋斗争取得来的成果。西方现代式的民主尤其是晚近的产物。由中世纪以来,西方即有所谓君权神授的说法。一直到18世纪,西方的知识分子还在羡慕中国式的开明君主政治。事实上英国的文官考试制度是取法于中国的。在启蒙时代,孔子与儒家思想在欧洲产生过一定的影响,甚至在美国的《独立宣言》也还可以看到这种影响的痕迹。

就国家的理论来说,黑格尔还坚主国家是超越个人的有机体组织。当然黑格尔也不赞成专制暴政。而且我们不可以忘记,在黑格尔的精神哲学的体系之中,政治是属于客观精神的领域,在它上面还有绝对精神的领域,包括哲学、宗教和艺术的成就。但黑格尔把个人附丽于国家组织之下,就已开启了军国主义思想的线索,而为后人所诟病。相反地,在英美政治哲学的主流则缺乏把国家观念绝对化理想化的倾向。国家的存在是为了个人,个人虽必须作有限度的牺牲来换取更大的利益,但人人享有不可让渡的人权,以后更明白列出人权清单的品目。时至今日,乃有自由集团与共产集团的对垒,两方面的对比清楚明白,无需我再来饶舌。

我们通过与西方的比观,回过头来检查我们自己的传统,理论效果乃格外分明地显露出来。一方面我们不能够因为我们今日所陷入的窘境,就把一切都透过怪罪到我们的传统,另一面则我们又不能不看到我们自己传统的限制与缺点,而谋求所以突破和补救的方法。

中国传统政治的理想是修齐治平,其实际则是朝廷政治。平心而论,这样的制度相对于传统农业社会的生产经济来说,并不能算是一种很不合理的制度。积极方面来说,圣君贤相固然是绝无仅有,难得一见,但消极方面来说,则儒家也自有一套制衡的机括。在上面,儒家用德化的理想教育统治者,至少使他们有所戒惧,不敢肆意为恶,在下面,则要努力察访民情、广征民意,不可随意加以镇压,所谓"防民之口甚于防川"。最重要的是,秦汉一统以后,贵族的权势日蹙,政府的日常行政落在朝廷取士所任用的那一批人手中。吏治的规模既立,不容易由一个人的意志随意加以转移。从此统治阶层与官吏、人民之间形成了一种很奇特的互相依赖和互相制衡的关系。只要不逢大奸大恶之辈干政,自然呈现一种均衡状态,一直到均衡打破天下大乱为止,然后又产生一个新的王朝,开始一个新的循环。我实在怀疑,如果不是由于西方的侵凌,这样的方式会有什么根本的改变?

但说传统政治的规模不算很不合理,意思并不是说它是完全合理,因而转过来责怪西方人破坏了我们原有的合理的规模,这是不负责任的说法。传统之中原有许多不合理因素的存在,只是因西方之挑激始暴露无遗罢了!在此地我们决不需要勉强为我们自己的传统辩护。而传统政治的死结可说为朱子一语道破:

"天下事须是人主晓得通透了自要去做方得。如一事,八分是人主要做,只有一二分是为宰相了做,亦做不得。"(《语

类》一三）

自秦汉以后，权力结构的中心枢纽在人主。儒者的制衡至多只能在消极方面稍杀统治者的淫威，遇到真正专制暴虐之君，就完全失去作用。在家天下的制度所产生的君主，除了开国或中兴之时偶有明主以外，多数生于深宫之中，长于妇人之手，不知民间疾苦为何物。在这样的情形之下，要想推动任何事情，必定会遭遇到严重的困难，是容易想见的。而大臣之中非必忠鲠直言之辈，多数习于明哲保身，逢迎意旨。再加以知识分子唯一的出路在于仕进，有才华、骨气的人就不免于受到排斥，有时甚至遭到杀身之祸。两千年来中国的知识分子的命运实在是太悲惨了。牟宗三先生著《才性与玄理》一书，在结尾时指出，在那一个时代的知识分子几无一善终，可谓惨矣。到了宋代着重文治，广开言路，情形似乎改善了很多。而元祐学术，伊川坐贬；庆元党祸，朱子更被诬为伪学，死后才得昭雪；由此而知真正儒者的抱负之不易实现在人间。及至明代乃急转直下，朱元璋大兴文字狱；成祖篡位，杀方孝孺，株连十族；以后又立梃杖之陋习；士风之败坏，莫此为甚。到了清代，异族统治，压抑异己，禁锢思想，将读书人尽驱之于考据之林。三百年来，闭关自守，使中国成为百足之虫，死而不僵，根本不足以应付现代的情势，而陷于危殆的境地，一直到今天，还可以强烈地感受到由于这种恶劣的影响所产生的后遗症。

中国传统的理想是要建造一个德化开放的社会，其实际却造成一种奴化封闭的思想，这真是一个莫大的讽刺。尤其时至今日，由于科学技术的发达，所牵涉到问题的复杂性，决非旧日可以想像。现代政治神话运用的巧妙，统治技术操作的高明，加上杀伤武器威力的可怕，如果权力落入狂人之手，缺少有效的制衡手段，所可以造成的危害是没有限量的：不只一个国家民族可以覆亡，乃至整个人类可以毁灭。由二次大战到今日，希特勒一类的大独裁者是活生生的例证。今日人类所要面对的是奥威尔所想像的"一九八四年"那样的灾祸。我们在今日唯一能做的是：一方面决不能放弃传统所开出的崇高的理想，听任之堕落变质，而在另一方面又必须针对现实的情势，有所创发与改变，才可望能够找到一线曙光，来对付当前所面临的危局。

三、由民本到民主的转变所遭逢的困难与问题

如上所述，中国传统的民本思想，无论是儒家、道家、墨家，都并不与由上到下的阶层秩序的观念互相矛盾。而且所谓上行下效，人民福利的照顾和德行的提升都要仰赖上层的推动和领导，两方面的关系根本是互相依靠的。过去的中国人相信："天无二日，民无二王"，帝王思想深入人心。中国传统从来就没有发展出西方现代式的代议民主之制度：政治权力的转移是通过多数表决的方式。但由此我们并不能推出中国不能实行民主的结论，正好像我们不能因为中国文化传统没有发展出现代式的科学，就下结论说，中国既不能也不需要吸收西方现代科学的成就。中国的工业化和现代化是一个不可避免的趋势，同时现代的问题也终必要采取现代的方式来解决。由传统的农业社会转变成为现代的工业社会，是必须付出沉重而痛苦的代价的。西方既已经付出了它的代价，中国不可能不付出它所必须付出的代价。而且这种代价竟要付得更大，痛苦还要受得更深，因为外有帝国主义的侵凌，内逢民族活力的减退，使得中国在一百多年来经历不断丧权辱国的历史，人民一直到今日还在承受它的苦难的后果。

历年来，我一直相信，中国要解开传统的死结，适应现代的新形势，就必须由民本转变成为民主。但是我犯了一个严重的错误，就是低估了这一种转变的过程中所可以遭逢的困难与问题。在精

神上,儒家的终极理想与民主政治并不互相违背,这是不错的。但我忽视了一个重要的因素,就是儒家思想在政治现实发展的过程中经过几重转折变质之后早已弄得面目全非。历代朝廷政治的实施,上焉者尚且是王霸杂之、阳儒阴法,下焉者乃不堪闻问。而思想的大传统转变成为民间现实的小传统,也就有了巨大的差距。由于这种种因素的影响,使得我国由民本到民主的转变过程,迂缓迟慢,不断遭遇挫折,时时有开倒车的危险。五四以来,民主的口号已经叫烂了,到如今为止,实行起来,却难卓著成效,究竟症结理由何在呢? 现代人类学者分析文化转变的过程,认为器用的层次最不成问题,在今天谁不会用电冰箱,开冷气机! 典章制度的改变较为困难,但中国推翻帝制,实行共和,转瞬已经过了大半个世纪。最不易改变的是人们的思想与习惯。这种无形的羁绊最为害事。所以外在的改变还必须配合上内在的改变,才能够发生真止的作用。现在就从这个角度略加分析,多少指陈出其间所涉理论效果,虽不免挂一漏万,但将来在这方面再多所用心,也就可以思过半矣。

　　我们回溯中国思想的发展,古代断然没有后儒那种奴化的思想。但到汉儒发展成为纲常的思想,从此,“君为臣纲、父为子纲、夫为妻纲”,乃由双边对峙的关系,一转成为了单线无条件服从的关系,这是一大折曲,但人们却把账算到孔子头上去,真不知从何说起。其实孔子的思想是他的时代的产物,超不出他所处的时代的限制。在政治上他所要卫护的是周室的封建秩序,但秦汉大一统,根本破坏了传统的封建秩序,所卫护的根本不真正是孔子要卫护的那一套。由此我们可以分辨出孔子思想中具备有普遍性的成分和受时代局限的成分。事实上只有超越的仁心才有普遍性,封建秩序的德只不过是这个仁心在当时的表现而已,尽可以随时代的改变而转移。但汉儒却轻重颠倒,不把重点放在内发的仁心,反而把仁心在特定时代环境的表现化成了纲常,对思想产生了一种僵固拘束的力量。从此中国人的思想被束缚在这个狭窄的圈圈之内,后世腐儒,把这一套东西当作天经地义,不许违逆,对中国以后的发展产生了莫大的负面的影响。

不仅如此,汉儒还更进一步把天和人排比起来,当作客观自然的秩序看待:"天尊地卑"、"扶阳抑阴"、"尊君卑臣"都变成了理所当然之事。由此而衍生了权威主义的心态。其实真正的大儒如宋明诸老先生,莫不具备有批判的精神和头脑。回溯到孔子本人,他和学生之间的关系就是一种活泼生动的双边关系,像"吾与点也"的情调,又像:"子见南子,子路不悦。子曰:'天厌之!天厌之!'"那种情见乎辞的表现,都看不出孔子有任何三家村的冬烘先生的味道。孟子见梁惠王、齐宣王的问答,生龙活虎,绝对没有显出任何奴颜屈膝的贱儒姿态。但自叔孙通订朝仪之后,一步步抽紧,以后就难看到那种元气淋漓的表现了,此后君主的权力级级升高,科举制度进一步禁锢读书人的思想。人们学会明哲保身之道,合模是最稳妥的方式,以致完全缺乏个性的表达,根本不求创新。间或出一两个大师,像朱子那样,则在生前受到冷待甚至迫害,死后他的著述却又被利用来进一步禁锢仕人的思想。如此诗云子曰,做八股文章,只知依样画葫芦,习此成风,焉能期待他们在各方面有所新的拓展与创发?

中国传统思想顺应人情,重视常识,讲究中庸之道,这本是它的优点所在。但孟子所谓"执中无权,犹执一也",以至也不免走上另一种极端,而不能没有它的流弊。中国古代名家思想,巧言而辩,不合中国人的口味。中国人既唾弃名家,不喜欢脱离实际内容作纯粹的形式架构思考,结果不能发展出形式逻辑的系统,由这已经可以看出中国思想的一种严重的缺陷与限制。但在中国历史上有比这产生更重大影响的一个事件是,秦用法家之说统一中国。

从此在中国人的心目中,法家的一套被视为刻薄寡恩,不近人情。但中国偌大一个国家,终不能没有法律,所以乃有阳儒阴法那种扭曲的措施。中国一般人都缺乏法律观念,打官司乃沦为刀笔胥吏之事,尽量敬而远之。但中国人的错误在把法家式的严刑酷法看作法律的唯一可能观念,在政治上乃崇尚人治,轻视法治。殊不知徒法固不足以自行,单纯人治也可以产生严重的问题。中国人认为政治是伦理的延长。它的好处是在重视人与人之间的亲和关系,理想推扩出去可以达致一种天下一家的襟怀。但是它的坏处则在开不出客观的精神。落实下来,办事就要依靠人事关系。做官的必定提携自己的亲戚,所谓一人得道,鸡犬升天。用人的首要考虑不是一个人的能力,处事的根据也不在客观的法理。包公手执上方宝剑,先斩后奏,除暴安良,的确给人一种过瘾的感觉。中国人的最高理想是衡情度理,毋枉毋纵。但在事实上,世界上毕竟没有几个包公,把超越一般法律的权力交在一些浑人手上,试想会产生怎样的效果?而人民唯一的希望就只有寄托在上面父母官青天大老爷的明断,没有一点客观的保障,想起来真不免令人不寒而栗。法弊可以流于形式,狡黠者可以钻法律的漏洞。但有法则可以有所遵循,而且可以不断修改,使它变得比较合情合理,切合实际。无法则流弊不可胜数,实在不足为训。

但宋以后的儒学侧重在内圣之学的拓展,在这方面确有了举世无匹的造就。但内圣修养工夫的磨练讲究的是内自省、内自讼的道德体证,律己严而责人轻,绝对不容许争权夺利的想法。这样卫护个体、人权的观念不容易充分发展出来。儒者只能寄望用道德的理想来规范人君,希望他们能够像父母爱护子女那样来照顾到人民的利益。在下面的人民乃养成一种逆来顺受的态度。就因为中国人讲中庸之道,所以贪官污吏、土豪劣绅的行为尚不敢过分恶劣,一般老百姓也还可以勉强过日子。但贪赃枉法之事无处不有，而官官相护，不到实在不像话的情形，只怕既得利益阶层占尽了一切便宜，老百姓还要感谢上苍，但求没有额外的灾祸降临到他们的头上，就算是阿弥陀佛了。这样在下面的人往往习惯于听任上面胡作非为，在心理上有着一种强烈的依赖感，很少表现一种自动自发的精神。出了事情，就大家推诿责任。整个文化显出一种老化的倾向，到了现代，乃所有的毛病都抖露了出来。

我们的传统文化确实是有一些极高的造就，但到现代却已无法掩遮住它所内涵的弱点，此所以鲁迅的刻画和描写最为入木三分，值得我们深深反省。而检讨传统的缺失，则不能只归咎于民族生命的生力、精神丧失，事实上在指导的理想原则之上就已经出现了裂缝，需要我们加以面对。譬如大学讲修齐治平之道。其实修身至多是齐家的必要条件，但传统却误以为修身是齐家的充分条件。这样直筒子一路推下去，缺少一个曲折的过程，乃误以为政治只是伦理的延长，以至客观精神永远发展不出来。今日我们要建立民主法治，就必须由传统的格局彻底翻出来，要整个脱胎换骨才行，否则就还不免为传统的格局所羁绊，走不出真正的道路来。

我们深切地认真反省，就应该了解到，光凭道德的担负以及革命的热情是不能够解决政治层面上的问题的。政治问题是众人之事，所以必须由众人主动的参与来解决。而众人的参与必须通过一种客观有效的机括，保证社会各阶层的利益都可以照顾到，才可以避免野心家操纵民意实行专制独裁的弊害，把国家民族带上亡国灭种的道路。这样的机括，如果没有先驱的思想作引导，适当的社会条件的要求，再加上长期经验的积累，要我们凭空构想一套出来，自亦不是那么容易的一件事。但先进民主国家早已把这一套机括实行有年，使得我们在学步之时有所依赖凭借。它的基本观念并不那么复杂，主要是立法、司法、行政三权分立。通过政党选举的方式，得到多数票者可以当选总统或者组织内阁，在法律和现行政治体制所容许的范围之下来进行改革,实施自己在政治上的抱负。而当政时间有一定限期,通过选举的方式,使得政治权力得以和平转移,而表现一种新陈代谢的作用。这样的体制肯定多数统治,但保护少数的权利。等到时势转移,现在的当政者不能解决实际的问题,原来的少数派就可以通过说服的方式转移民意,赢得选票,取得政权,轮到他们来施展一下他们在政治上的抱负。从一个意义下来说,民主政治的领袖比传统的君王竟需要更超卓的政治手腕,由于他不能独裁,他就必须想尽方法来引导人民支持他的看法与方案,为未来打开一个新境界。

很明显地,这样一种政治哲学并不意谓政治可以不需要道德的基础,或者将之化为一门客观的科学。我们需要好的政治组织、法律制度,就不能逃避价值的抉择。我们也不能不依靠有超卓能力、在道德上有操守的政治领袖来做事,才可望得到良好的结果。但与我们传统的构想不同处在,这样的领袖不必是圣王,在道德上不必一定要高人一等,只要人格大体上站得住就行了。更重要的是,他们虽然有权,但他们只不过是人民的公仆,不是骑在人民头上的父母官。他们的决策大体根据他们选举时提出的政纲,但这种政纲必须经常随着实际情况以及民意的改变而转移,上下存在着一种互动的结构。在这样的制度之下,思想自由与言论自由以及各种基本人权都必须得到充分的保障。这样的社会在本质上乃是一个开放力动的社会。当然无可避免的是,在任何的社会之中,总会有人吃亏,有人占便宜,有人受歧视,有人变成既得利益集团的一分子。但法律限制垄断,希望能够多多少少保证人民的机会平等以及生活上最低限度的保障。这样自然人才辈出,个人先从他所处的社区社团脱颖而出,然后才能进而争取得到全国性的注意,出任全国性的职位。而民主的领导必须在种种制衡的机括限制之下,把定它的方向,表现它的效能。

　　事实上也只有这样的结构才能够应付现代工商业社会的需要,它已经根本超出了传统的规模。而这种方式在基本上还是肯定人是理性的动物。因为多数表决的虽不一定代表真理,但却有信心,反映客观的真理和切合实际的方案,在时间的过程之中,终必能够得到多数的共许。如此政治自成一个领域,它与道德、科学、真理的追求相关,但不能直接由之一贯推下来,此中必经过一个折曲的过程,然后才能在政治上得到比较合理的成果。

　　由这里,我们学到了一个极重要的教训。在一个纯粹理想的社会,政治确可以是伦理的延长,圣君贤相的领导,可以得到比民主法治更好的结果。但不幸人是生活在不理想的现实之中,把现实推想得太高,乃不免产生极不理想的结果。事实上既缺乏圣王,于是野心家如王莽之流,乃不免要千方百计假造符命,弄得丑态百出。而中国传统的民本理想若要实现,就必须要经过一度折曲,把政治由道德独立开来才行。如此传统的阶层制度上行下效那一套都得彻底改过来才行。于此传统与现代之间确存在着许多格格不入的地方。但吊诡的是,我们必须采取现代的方式,才能使传统的民本政治理想作进一步的落实。也就是说,我们必须要否定传统才能进一步重新肯定传统的理想。今日我们所面临的是一个大死大生的局面。旧的不去,新的不来,新的来了,旧的理想才能真正落实复生,我们在此不能不作一种智慧的抉择。

　　而民主方式的实施是需要教育的。尤其中国过去的包袱太重,不易一下子转变过来,在此是需要在上面有魄力有远见的领袖来领导。基本上中山先生是指出了一个正确的路向,但他的东西不能够捧作圣经,需要根据实际情况不断地加以修改。国民党的军政、训政、宪政阶段的划分,也不能算错。但不幸的是,今日名目上是宪政,却终脱不出军政、训政的规模。而老总统、今总统形相之突出或者是由于危亡之际在实际上有这样的需要,但这就反显出民主法治的实施还不够卓著成效。戒严法之不能够不援用显然表示自己的信心还是不够，岛上政治活动终不能够在常态下进行。所以在经济成就的掩护之下，外表虽然歌舞升平，一片繁荣气象，底下还是充满了暗流，令人忧心。

在这样的情形下，只有真有智慧的政治领袖，把稳舵柄，下定决心，排除万难，往民主法治自由的大道走去，中国的前途才有希望。而在走向这个方向的过程中，由于经验的不足，可以产生种种千奇百怪的现象：贿选、民意煽动、暴力，不一而足。但我们千万不能因此而迷失了我们的目标。……

四、民主政治不是万灵药，其限制所在，以及可能谋求的补救之道

现代民主和我国传统最大的分野在，传统的方式是中央一统、政教合一，政治是道德教化的延长。现代的方式是地方自治、政教分离，政治由宗教精神的笼罩独立出来。传统上行下效的方式在一个农业社会的规模之下比较不容易暴露它的弱点。各地农村的结构，情形大体相似，用中央统筹的方式，实际的问题大体都可以解决，而统治的技术也不那么完密，天高皇帝远，只要年成不太坏，庶民便有苏息的机会。但在现代工业社会，各个地域的分工极细，不让地方有相当的自主性，上面根本照顾不到底下的问题。同时中央政府集权过甚，就容易走向《一九八四年》所描写的那样的道路。

西方民主法治的思想根源虽然久远，但它的实施得到成效，却还是比较晚近的事。它必须预设一些条件才能够做得成功，譬如一般人民的生活、教育水准提高、民权的意识觉醒等等，而这些都是工业革命以后的社会才能够具备的条件。所以我们无须悲叹我

们的文化没有自己孕育出现代民主思想的种子。问题只在我们要怎样适应现代的形势，把传统的直贯道德伦理思想作一折曲，在合理的程度下吸纳现代个人主义、法治、人权的观念，以完成这一复杂而困难的转变历程。

现代民主的实施的好处固然有目共睹，但它并不是一副万灵药。它也有它本身的根本限制所在，此则不可以不察。

现代的代议民主政治用的是选举投票多数统治的方式。但明显的是，客观的哲学、科学真理的追求、艺术的创造、道德的修养，在这些方面的造就都不是投票可以决定的。如果我们忘记了政治的适当定位，不了解它只不过是用来解决牵涉到众人之事的一种较好的方式，而把它膨胀成为了决定真理、艺术、道德的标准，其害就不可胜言。民主的一个困难问题是，在一个短时期之内，民意可以被扭曲左右来支持一些似是而非的伪似真理。更严重的是，民主所保障的是一般自然人的权利。如果这些自然人不求上进，自甘下流，顺躯壳起念、吸毒卖淫、无所不用其极，这个社会也就种下了自己崩坏的种子。

政教合一方式的危险在于权力过分集中在领导人的手中，缺乏有效制衡的手段，以至有可能把国家社会引导走上危殆的道路。而政教分离的危险，则在只有政而无教，在精神上彻底堕落下去。由于在政治的层面上运用得很成功，便把投票权、基本人权等一体拉平的方式，扩大应用在一切层面之上，以至无上无下，造成一个价值破产的局面。

由此可见，对症下药，我们必须在政治以外，维持一个强大的学术、艺术、道德、宗教、文化、教育的传统，才能够对抗这种泛政治主义造成的危险与缺失。打个比方来说，实行民主并不会妨害我们在生病时去找医生，承认医生在治病方面比其他一般人有更大的权威。同样，我们会很容易承认科学技术层面上的专家的权威。

那么为什么我们一定不可以承认,有人一生把时间精力放在道德的修养与宗教的体验方面,他们在这方面会比一般人有更高的成就呢? 事实上我们所要避免的只是传统泛道德主义所产生的流弊,决不是要把政治的标准变成唯一的标准,以至产生泛政治主义的流弊。

举个实例来说,今日美国之富强可谓有目共睹。它的成功决不是单靠它自然资源的丰富所得到的结果,它的民主自由力动的作风和社会的架构显然是非常重要的因素。但这个文化的隐忧在,年轻的一代生活在富裕的社会中,习于放姿逸乐,自由不羁地追求各个自然人一己的爱好,社会风气漫荡无归,这种现象已经引起有识者的忧虑。而美国社会今日真正的实力,决不在好莱坞放映在银幕或荧光幕上的那一套,美国广大的中层阶级还是敬神、勤奋工作、有爱心与同情心的一群。但无疑问地,美国传统的宗教信仰和道德操守已在不断地减弱。美国未来的前途将取决在能不能在传统的方式之外创新,找到一个新的精神支柱来维系住民族文化生命的命脉。

现代的政教分离的方式也并不意谓政府在文化创造和精神教育方面不能扮演一个重要的角色。它所不容许做的是把一套现成的宗教信仰或道德教条强迫灌输给大家,造成不宽容的态度,禁锢思想、言论与信仰的自由,杜绝了自己的泉源。但政府对文化的创造、教育的普及、精神理想的提倡,却有责任提供种种有利的条件,它所占据的是一个重要的鼓励、推动与辅助的地位。一个政府如果听任自己的人民在贫苦无依的情形之下得不到任何救助,拒绝设立辅导机构帮助人民转业对社会有所贡献,尽量压制异己的思想和言论,把国家的税收大部分花在制造超过自己需要的杀伤武器上,罔顾文化、教育、精神的需要,倒头来终必自食其果。政府的责任是要提供一切可能的条件使得支撑社会的另一支柱坚牢壮实,政治经济的基层活动配合上文化精神的上层活动,两方面相得益彰,才能走上一条真正健康的道路。

民主政治是要保障个人自由,鼓励个性的发展,社会才能不断发挥新陈代谢的作用。但现代的传播宣传技术的发达,却把人的趣味意见一体拉平,反而变成一个完全缺乏个性的社会。媚俗的风气把崇高精神理想的向往整个扼杀,因而造成了现代的危险。我们面临由现代走向现代以后的转变过程中,十分吊诡地,我们竟要重新提倡恢复并改造传统的理想。我们所拒绝的只是传统那种一元直贯式的推展的态度。经过了政教分离这一折曲之后,我们却必须站在个人自由自觉的立场上,重新去向往追求传统所指点给我们的崇高的宗教精神的向往与道德修养的体证。政教分离的方式要做得成功,必须要靠两只脚走路,不能只剩下一条腿跑路,否则我们就掉进了泛政治主义的新陷阱,一样可以造成文化、社会的危机。

而政治民主、文化创造两方面的健全发展都必须仰仗有真正独立思考和行为的个人的培养。其实真正了解我国精神传统理想的人就知道,传统并不真是只要培养一些只知合模、凡事只会依样画葫芦的俗人。历史上真正的大儒莫不是能够突破以往的窠臼有所独立特行的个人。只不过现实的条件在事实上不容许造出那么多特立独行的个人罢了。但现代的工业化和民主政治的实施却把大多数人由农村的土地和旧式的家庭结构中解放了出来。在今日我们不论男女,出身任何社会阶层,人人都可以有机会受相当教育,做特立独行的人,只要自己肯下决心,就不致为庸俗的一体拉平的社会风气所吞噬。事实上只有这一种传统和现代的新结合才能使我们向往一个光辉的未来,在民主法治的实施和精神文化的创造两方面都有辉煌的成就。

从人类历史的长期经验看来,要成就任何事都必须依靠两个重要的因素：具备有才能远见的个人与良好的制度的规模。但没有一项成就可以永恒持续下去，所以必须要与时推移，不断向前奋进。而温故以知新、继往以开来，这完全存乎我们自己的智慧的抉择。

（选自刘述先《文化与哲学的探索》，台北学生书局 1986 年版）

　　刘述先（1934—　　），江西吉安人。曾任东海大学副教授，南伊利诺大学、香港中文大学教授，现任中央研究院中国文哲研究所特聘讲座。著有《中国哲学与现代化》、《文化与哲学的探索》、《儒家思想与现代化》、《中西哲学论文集》、《儒家思想开拓的尝试》、《理想与现实的纠结》等。

　　本文选自《文化与哲学的探索》。文章指出："中国传统政治哲学的主流是以民为本"，而民本思想又与德治思想密不可分，"孔子把德治的理想发挥得最为淋漓尽致"，"孟子更进一步明白提出了仁政的名称"。"在中国传统政治思想的主流中，民本思想与君主思想是互相依存的"，自秦汉以来，中国"传统政治的死结是'人主'"，"中国要解开传统的死结，适应现代的新形势，就必须由民本转变成为民主"，而"民主政治不是万灵药"，"我们必须在政治以外，维持一个强大的学术、艺术、道德、宗教、文化、教育的传统，才能够对抗这种泛政治主义造成的危险与缺失"。

评朱熹的政治思想

熊铁基

　　和评价其他某些历史人物一样,评价朱熹是一个比较难的问题。宋元以后七百年,可以说朱熹是被抬得很高的。解放前,侯外庐的《中国思想通史》曾综述当时的评论情况说:"在考察朱熹思想的时候,浮在我们眼前的,不仅是 12 世纪的朱熹本身,而且是现代一些人所塑造的亚里士多德化的朱熹,黑格尔化的朱熹,甚至修正马克思主义的朱熹。由此可见,历史主义地分析和批判朱熹的思想是十分必要的。"这是就解放前一般论述而讲的,可见当时有的评价过高。解放以后,对朱熹虽作过一些分析和批判,扭转了过去几百年当偶像崇拜的倾向,但真正历史主义的恰如其分的分析和批判还是不够的,还有深入探讨的必要。因为朱熹的情况,在某些方面和孔子一样,是被后人塑造过的,他和他的著作也曾被人利用来当作敲门砖使用过。尽管如此,然而对他宏富的著述,却还远远没有做到全面地、深入地研究。十年浩劫中搞所谓"评法批儒",批得朱熹一无是处,结果,不但解决不了这个人物的评价问题,反而更增加了混乱。所以,重新评价朱熹,对于肃清形而上学的流毒,对于学术研究的深入开展,都是很有必要的。

　　朱熹是一个思想家。过去,对朱熹的哲学思想讨论比较多,但是对于他到底是二元论还是唯心主义一元论,是客观唯心主义还是主观唯心主义,迄今无定论;至于他的哲学思想有无可取之处,也是值得进一步研讨的问题。本文想就他的政治思想,来探讨一下对他的评价问题。

按照马克思列宁主义的观点,人的政治思想和政治理论是社会生活方式的反映,即其产生和发展,归根到底是由阶级社会和社会的经济制度所决定的。所以,对于一个人的世界观来说,社会政治的影响是有决定意义的,故政治思想在一个人的思想中占着很重要的地位。中国古代的思想家大多也如此,像朱熹这样的重要历史人物当不例外。"天下一致而百虑,同归而殊涂","务为治者也"(《史记·太史公自序》),正是此谓也。这是春秋战国以来的历史得到了验证的,所以它是中国思想发展史的传统和特点。

朱熹生于 1130 年,可以说是和南宋朝廷一道诞生的(1127 年为高宗建炎元年,1138 正式建都于杭州)。南宋初年正值战火纷飞,金军已深入内地,并且不断南进,广大人民奋起抗金,最高统治集团则一意求和苟安。但统治阶级中也有不少人在民族矛盾尖锐的情况下,是主张抗战的。因此,和与战的问题,以及如何抗战的问题,是当时的头等大事,会影响社会生活的各个方面和上层统治者中的每一个人。主战派和广大人民群众是一致的,如北宋末、南宋初的抗金将领李纲、宗泽、岳飞等人,得到人民的广泛支持,他们是中华民族的优秀代表。当时年轻的知识分子,和朱熹差不多同时的陆游、辛弃疾等人(陆游比朱熹大五岁,辛弃疾比朱熹小十岁),被称为爱国诗人和词人,他们的爱国思想,都是在当时的政治形势下产生的。如陆游,童年时就被父母带着到处流亡(陆游《诸暨县主簿厅记》),他自己后来还回忆说:"儿时万死避胡兵。"当时,和陆游父亲来往的爱国志士,每论形势,"未尝不相与流泪哀恸"(陆游《跋周侍郎奏稿》);"相与言及国事","或流泪痛哭"(陆游《跋传给事帖》),这些影响,无疑对陆游爱国思想的形成起着重要的作用。又如辛弃疾也是受到祖父的教训,志切国仇。宋室南迁时,他祖父累于族众未能脱身，虽被金人留住作官，但是正如辛弃疾所说："大父臣赞……每退食，辄引臣辈登高望远，指画山河，思投衅而起，以纾居父所不共戴天之愤。尝令臣两随计吏抵燕山，谛观形势。谋未及遂，大父臣赞下世。"（辛弃疾《进美芹十论割子》）所以后来辛弃疾乘机举义，率众南归亦非偶然。

朱熹也正是在相同的形势下受着爱国思想影响的，他父亲朱松也是一个主战派，当时"秦桧决策议和，松与同列上章，极言其不可。桧怒，风御史论松坏异自贤，出知饶州，未上，卒。"（《宋史·朱熹传》）熹少时深受父教影响："韦斋先生（按：朱松之号）书昆阳赋后云：为儿甥读光武纪，至昆阳之战，熹问何以能若是？为道梗概，欣然领解，故苏子瞻昆阳赋畀之。先生跋云：绍兴庚申，熹年十一岁，先君罢官行朝，寓建阳，登高邱氏之居，暇日手书此赋以授熹，如说古今成败兴亡大致，慨然久之。"（《朱子年谱》）昆阳之战是一次以少胜多、以弱胜强的著名战例，在刘秀恢复汉朝，建立东汉的过程中，是一次重大的转机，因此朱熹父子学习和讨论历史经验——古今成败兴亡大致，分析昆阳之战"何以能若是"，显然在他们思想中，不仅仅是一个抗战问题，还进一步深入到如何战胜？如何复兴？如何成功？等问题。朱熹从小就受这样的教育，所以他青少年时代就表现出非常关心时事政治，十八岁"举建州乡贡"，"三篇策皆欲为朝廷措置大事"。因而，当时的主考官说他"他日必非常人"（《朱子年谱》）。

朱熹考举时，为朝廷措置大事，就是呈述自己的政治主张，阐明自己的政治思想，虽然现在无法得知其考卷内容，但他的政治思想和主张，是可以从中看出倾向来的，这也为以后他的言行所证实。他经历过四代皇帝，多次上封事，写奏劄，反复呈述过自己的意见。综合起来，有以下几个方面。

首先，主张改革弊政，整肃纲纪。

朱熹曾被人指责为复古主义,理由是他赞扬上古三代,歌颂尧舜禹汤文武周公。这未免太简单化了,我认为不能这样看,应该具体分析。朱熹和历史上许多思想家一样,把上古三代当作理想的社会,这当然是其思想局限性的表现。但是在这个问题上也还有两种态度,一种是主张恢复到三代去,那是真正的复古主义,另一种则仅仅是把三代当作一个最高理想,或者是借以批评时政,或者是从实际出发,努力改革时弊。朱熹虽然有不少赞扬三代的话,但他的现实主张不是复古的,而是为革除时弊。他曾经明确说过:"居今之时,若欲尽除今法,行古之政,则未见其利而徒有烦扰之弊。"(《朱子语类》卷一〇八)又说:"世人徒知奏废古法,三代自此不复。不知后世果生圣人,必须别有规模,不用前人硬本子。"(《朱子语类》卷一三四)并且,在朱熹心目中,先王之政也不是高不可及的。他说:"诸葛武侯尝言,治世以大德,不以小惠。而其治蜀也,官府次舍,桥梁道路,莫不善理,而民不告劳,是亦庶乎先王之政矣!"(《朱子学归》卷七)可见他以诸葛为"圣人",以武侯之政与先王之政相提并论。

朱熹之所以不是复古主义者,他不像当时另一些"理学家"那样主张复行封建井田等古法以救时弊,而是主张彻底改革。他说:"譬之犹补,谓之小补可也。若要做,须一番重铸。今上自朝廷,下至百司庶府,外而州县,其法无一不弊。"(《朱子语类》卷一三四)又说:"欲整顿一时之弊,譬如常洗澣,不济事,须是善洗者一一拆洗,乃不枉了,庶几有益。"(《朱子语类》卷一三四)正是他主张改革,所以对北宋王安石的变法他也是同情的:"熙宁更法亦是势当如此。凡荆公所变者,初时东坡亦欲为之,及见荆公做得纷扰狼狈,遂不复言,却去攻他,其论固非持平",并且叹道:"自荆公以改法致天下之乱,人遂以因循为当然,天下之弊所以不知所终也!"(《朱子语类》卷一三四)

那么，如何实行改革呢？在朱熹看来，首要的是分清是非，区别邪正："大率天下只有一是一非，是者须还他是，非者须还他非，而但欲其平，决无可平之理，此元祐之调停，元符之建中，所以败也。"（《朱子学归》卷十五）以是非论朝政，可见其抓住了主要问题。这里所说的是非是王安石变法以后的事，哲宗元祐年间，以司马光为首的守旧派上台，一面芟除所有的新法，一面排斥所有的办新法的官僚，可以说是不分青红皂白，结果也是失败，司马光等人也打下去了。到建中年间，哲宗去世后，又一度复司马光等人之职，罢章惇、蔡京等人之官。再以后又是蔡京等人得势，翻来覆去，闹得是非不分，邪正难辨。如有人认为："特怪，左右之人有指元祐之臣为奸党者，必邪人也？夫毁誉者朝臣之公议，故责授朱崖军司户司马光，左右以为奸，而天下皆曰忠，今宰相章惇，左右以为忠，而天下皆曰奸，此何理也。"（《续资治通鉴》卷八十六建中三年五月）对忠奸邪正的看法如此不同，真是特大的怪事。朱熹举出这一段历史来说明分清是非的必要，虽是就历史问题而言，实际上也是讲当时的现实。因为南宋也是一帮人上台、排斥另一帮人，另一帮人上台也是如此。当时有一个借口就是所谓对"道学"的态度问题，《宋史纪事本末》中《道学崇黜》概括的叙述了此事，朱熹等人在其中深受其害。"时，台谏皆韩侂胄所引，汹汹争欲以熹为奇货，然无敢先发者。胡纮未达时，尝谒熹于建安，熹待学子惟脱粟饭，遇纮不能异也。纮不悦，语人曰：此非人情，只鸡斗酒，山中未为乏也。及是，为监察御史，乃锐然以击熹自任。物色所得，经年酝酿，章疏乃成。会致太常少卿，不果。有沈继祖者，为小官时，尝采摭熹《语》、《孟》之语以自售，至是以追论程颐，得为御史。纮以疏草援之，继祖谓可主致富贵，遂论：熹剽窃张载、程颐之绪余，寓以吃菜事魔之妖术，簧鼓后进，张浮驾诞，私立品题，收召四方无行义之徒以益其党伍，潜形匿迹，如鬼如魅。其徒蔡元定，佐熹为妖，乞编管别州。

20世纪儒学研究大系

诏熹落职,罢祠,窜元定于道州。已而选人余嘉上书,乞斩熹以绝伪学。谢深甫抵其书于地,获免。"(《宋史纪事本末》卷八十)这确实可以说是人妖颠倒,是非混淆。自己剽窃了别人的,贼喊捉贼,反而说别人剽窃! 是非都分不清楚,那就根本无法谈什么改革。

所谓区别邪正,实际上是一个"得人"的问题。朱熹当弟子们在讨论郡县和封建的利弊时,便分析说:"大抵立法必有弊,未有无弊之法。其要只在得人,若是个人,则法虽不善,亦占分数多了;若非其人,则有善法,亦何益于事","范太史《唐鉴》议论,大率皆归于得人。其初嫌他恁地说,后来思之,只得如此说"(《朱子语类》卷一〇二)。这就深刻地指出了弊病之所在。朱熹不剽窃别人的见解,他同意的,就公开承认是谁说的,然后表明自己的态度,上述见解和看法,现今看来也仍然很有道理。改革也好,整顿也好,人是关键,具体来说那就是在官吏身上。对于当时的主要问题,朱熹还进一步分析说:"今世士大夫惟以苟且逐挨去为事,挨得过且过,上下相咻以勿生事,不要十分分明理会,事且恁鹘突。才理会得分明,便做官不得。有人少负能声,及少经挫抑,却悔其大惺惺了了,一切刓方为圆,且恁随俗苟且,自道是年高,见识长进。当官者,大小上下,以不见吏民、不治事为得策,曲直在前,只不理会。庶几民自不来,以此为止讼之道。民有冤抑,无处伸诉,只得忍遏,便有讼者,半年周岁,不见消息,不得了决,民亦止得休和。居官者遂以无讼可听,风俗如此,可畏! 可畏!"(《朱子语类》卷一〇二)如此时弊,无论何时,无论怎么说,都是应该整顿的。

朱熹提出要在分清是非、区别邪正的基础上整顿吏治,就必须严明赏罚,他甚至认为"为政"应"当以严为本以宽济之"(《朱子语类》卷一三〇),对于上述那种得过且过、敷衍塞责的情况,严一些,也是完全必要的。既然为政在人,搞整顿更重要的在于慎选贤才:"任贤相,杜私门,则立政之要也;择良吏,轻赋税,则养民之要也;

公选将帅,不由近习,则治军之要也。"(朱熹《答张敬夫书》)在当时情况下,能提出这种政见是很可贵的。

与改革整顿的关键在"得人"的思想有关的,朱熹还有两项具体的主张,即改革科举制的内容和积极兴办学校。

关于改革科举制的内容。朱熹认为当时以经义诗赋课士取人,是毁人才于无用。他曾说:"商鞅论人不可多学为士人废了耕战,此无道之言。然以今观之,士人千人万人,不知理会甚事,真所谓游手。只是恁的人,一旦得高官厚禄,只是危害朝廷,何望其济事,真是可忧!"(《朱子语类》卷一○九)显然他是反对读书人死读书而"不知理会甚事"的,认为这样的人多了危害国家,是一个值得忧虑的问题。因而他提出了改革的办法。他说:"今科举之弊极矣。乡举民选之法是第一义,今不能行。只是就科举法中,与之区处,且变著如今经义格之,使天下士子,各通五经大义,一举试《春秋》,一举试三礼,一举试《易》、《诗》、《书》,禁怀挟,出题目便写出注疏与诸家之说,而断以己意。笔试则试以时务,如礼乐兵刑之属。如此亦不为无益。"(《朱子语类》卷一○九)这里没有必要去仔细分析当时科举之弊端,而是要看出朱熹的改革思想是主张经世致用的。

关于兴办学校。朱熹认为"制治之原莫急于讲学"(《朱子行状》),所以在他一生中,为官时还"职兼学事",在百忙中也关心学校建设。在他二十多岁任同安主簿时就开始"职兼学事,选邑之秀民充弟子员,访求名士以为表率,日与讲说圣贤修己治人之道"(《朱子行状》)。至五十岁知南康军时,"到任,首下教三条"。其中之一即:"俾乡党父老,各推择其子弟之有志于学者,遣诣学宫"(《朱子行状》),他休假日就到学宫去讲学。一些著名的书院,如白鹿洞书院、岳麓书院等都与他有关。不作官时,更是"一日不讲学,则惕然常以为忧"(《朱子年谱》),一直到寿终正寝时,都在从事讲学工作。朱熹可以誉称为热心于教育事业。他主张兴办学校,积极从事教育工作,意图是为复兴国家、整肃纲纪培养人才,尽管在当时的历史条件下,这是一条走不通的教育救国的道路,但是可以说明他在教育史上是占有重要地位的。

上述朱熹的政治思想和政治主张,他始终没有放弃过,直到六十六岁时,"熹家居,自以蒙累朝知遇之恩,且尚带从臣职名,义不容默,乃草封事数万言,陈奸邪蔽主之祸"(《宋史纪事本末》卷八十)。此次虽经子弟诸生再三劝阻而未上封事,但是仍可以看出他没有改变自己的思想和主张。当然,随着时间的推移和形势的发展以及坎坷的经历,他变得越来越软弱无力,那是另方面的问题,是不应苛求于他的。

其次,应该谈谈的是他主张罢和议。

前面我们已经提到,朱熹之主张整顿纲纪,正是为了复兴国家,争取抗金斗争的胜利。而抗金斗争这种影响社会政治各方面的大事,是想忘也忘不了,想避也避不掉的。尽管最高统治者及一帮官僚仍然过着腐朽的生活:"山外青山楼外楼,西湖歌舞几时休!暖风吹得游人醉,直把杭州作汴州。"(《宋诗纪事》卷五十六)但是处于水深火热之中的人民不能忘记金人的蹂躏,朝廷政事中也抹不掉这件常常迫在眉梢的大事,不是和就是战。凡是有爱国心、有正义感的仁人志士,都不能不反对屈辱投降与和议。朱熹认为:"所谓讲和者有百害无一利","今日之计,不过乎修政事,攘夷狄而已矣"(朱熹《壬午应诏封事》)。这是两件密切相关的大事,只有认真革弊整修政事,才能有力量保证国富兵强争取恢复中原故地。故他积极建议:"闭关绝约,任贤使能,立经纲,励风俗",使将相军民"更相激励,以图事功,数年之外,志定气饱,国富兵强,于是视吾力之强弱,观彼衅之浅深,徐起而图之,中原故地不为吾有而将焉往!"(朱熹《壬午应诏封事》)此时他刚三十出头,充满着胜利的信心！以后他多次反复呈述过这种主张。至年老，虽然他被迫离政事越来越远，但仍然以"中原不复，仇敌不灭"为念。可以说，朱熹始终是反对和议的。

再其次，还值得谈一谈的是他主张防止土地兼并，以均平赋税，济农民之所急。

南宋时期土地兼并也十分严重，当时王迈曾说："权贵之夺民田，有至数千万亩或绵亘数百里者"（《臞轩集》卷一），所以造成"百姓膏腴皆归贵势之家"（《宋史·食货志》）。这是概述，具体的如江苏溧水县永丰圩有田九万五千亩，赵构先把它赐给韩世忠，后转赐给秦桧，以奖励他为订立屈辱和约立了"功"。秦桧除这份产业外，还有永宁庄、荆山庄等田庄，田产遍布各地。由此可见一斑。这样，广大农民只能当贵族、官僚、地主们的佃户。"有田者不自垦，而能垦者非其田。"（叶适《水心集》，卷二，《民事》）这是真实的记载。

另一严重的问题，就是繁重的赋税剥削。南宋统治的区域比北宋要小得多，但它屈辱求和，对金"岁贡"大量银绢，加上养活大批军队和官僚机构以及供统治集团的奢侈享受等等，开支远比北宋大，必然要加重对人民的经济剥削。正税本来就很重，可是还要巧立名目，不断增加各种附加税，严重的造成了"民力重困，饿死者众"（《宋史·食货志》）的惨象。

这无疑是属于弊政，要改革整顿，当然无法回避。所以朱熹主张防止土地兼并，显然有利于减轻人民的负担。他在《井田类说》中说："土地者天下之大本也，春秋之大义，诸侯不得专封，大夫不得专地。今豪民占田或至数百千顷，富过王侯，是自专封也，买卖由己，是自专其地也"，井田虽不可行，"宜以口数占田，为立科限，民得耕种，不得买卖，以赡贫弱，以防兼并"。这应该说他是力主反对土地兼并的，但是实际上当时无法行得通。他在《条陈经界状》

中还主张丈量田亩以定经界,这样可以实现就田计税以均负担(参阅《答张敬夫书》)。这也是无法行得通的。他还在《延和奏劄》中主张废除经总制钱,减轻租税负担,他说:"臣窃见诸路提刑司所管拘摧州县经总制钱,盖前代之所无。而祖宗盛时,亦未之有,特起于宣和末年。……所谓经总制钱者,版总所犹不肯与之蠲除,上下相临转相逼迫,下更无所措其手足,则其势必至于巧为名色,取之于民,以求幸免。……臣窃敢冒昧以闻,伏望圣慈照本特诏有司先将灾伤年分检放倚阁苗税数内所收经总制额,尽依分数豁除,然别诏大臣深图所以节用裕民之计。"其所言当是事实,其愿望亦当可贵,尽管在当时统治阶级入不敷出的情况下,是一纸无法实现的空文,但总不能给朱熹的政治思想得出相反的结论。

至于他主张设立社仓一事,在当时还实行过,更有一定的积极作用。他在《建宁府崇安县社仓记》中讲得比较详细:"山谷细民,无盖藏之积。新陈未接,虽乐岁不免。出倍称之息,贷食豪右。而官粟积于无用之地,后将红腐不可复食。愿自今岁以来,岁一敛散。既以纾民之急,又得易新以藏。俾愿贷者出息什二,又可以抑侥幸,广储蓄,即不欲者勿强。岁或不幸,以饥则弛半息,大祲则尽蠲之。于是惠活鳏寡,塞祸乱源,其大惠也。"这用意与王安石的青苗法是相同的。

以上关于朱熹经济政策方面的主张,虽然大多没有(也不可能)付诸实行,但从不同的角度反映了他的重农思想。他说:"窃惟民生之本在食,足食之本在农,此自然之理也。"

综上所述,看来似乎没有什么了不起的内容,但是我们却清楚地看到,他的一些主张都是针对"时弊"的,在当时也都是进步的。朱熹的政治思想有进步性。同时,我们通过朱熹的政治思想和主张,看到了当时的社会政治问题,知人论事,了解当时社会是具体的活生生的,从而也是比较深刻的。

如果说朱熹的政治思想有进步性这一点是可贵的,那么他的政治实践更加难能可贵,这里我们也作一个大概的叙述:

朱熹进入仕途是比较早的,十八岁"举建州乡贡",十九岁"赐同进士出身",二十一岁为泉州同安县主簿,然而"历事四朝,仕于外者仅九考,立于朝四十日而已",并未得到重用,这主要原因有两条:其一,比较进步的主张皇帝不接受,孝宗即位垂拱殿奏事之后,他写信给朋友说:"熹六日登对,初读第一奏,论格物致知之道,天颜温粹,酬酢(答)如响。次谈第二奏,论复仇之义,第三奏论言路壅塞、佞幸鸱张,则不复闻圣语矣。"(朱熹《与魏元履书》)讲抽象的道理皇帝还听得进去,讲抗战、讲广开言路等具体问题就听不下去了。话不投机半句多,那里还会重用他。其二,当朝那些因循苟且、甚至为非作歹的官吏,竭力反对、排斥他,所谓"不容于邪枉"。前面所引胡肱、沈继祖等人就非常典型。而那些邪佞之人,经常在皇帝左右,瞒上骗下,得罪他们,弄得不好就惹来杀身之祸。朱熹也深知这一点,就是作官也作不长久,所以对于皇帝封他作官,总是一再辞让,如四十岁时他在《与陈丞相书》中说:"鄙性蠢愚,触事妄发,窃观近事,深恐一旦不能自抑,以取罪戾,不肖之身,非敢自爱,诚惧仰负相公手书招徕之意,重玷听言待士之美,则其为罪大矣。"朱夫子也是个有话就要说的人,但说了不解决问题。《朱子行状》说:"先生尝两进绝和议,抑佞幸之戒,言既不行,虽擢用狎至不敢就,出处主义,凛然有不可易者。"

据史载朱熹不仅表明了自己的政治主张和理想,而且在其任职内,还积极去实行其主张和理想。

他在同安主簿任内,"莅职勤敏,纤悉必亲,郡县长吏事倚以决,苟利于民,虽劳无惮"。同时还"职兼学事"。因此,开始颇有名声,"年方踰冠,闻其风者已知学之有师而尊慕之"(《朱子行状》)。后来名声越来越大,但最高统治者并没有重用他,也不敢重用他。

直到他四十九岁时，"宰相史浩必欲起之，或言宜处以外郡。于是差权发遣南康军事，兼管内劝农事"（《朱子年谱》），这个"或言"即有人对他的阻碍。他也在一再辞免之后拖了半年才去上任。上任之后，他就积极实行自己的政治主张，一方面积极提倡学事，注意为国培养人才，另一方面在自己职任上，一会儿"乞减免星子县税钱"，一会儿又"申减属县木炭钱"，大修荒政、开场济粜、申请修筑沿江石堤……等等，确在当时为人民办了点好事。所谓"至郡，恳恻爱民，如之隐忧，兴利除害，惟恐不及"，其革弊整顿雷厉风行之精神跃然纸上。而且他"条奏"起来，"或至三、四，不得请，不已"，不达目的誓不罢休。"先生视民如伤，至奸豪强扰细民，扰法害政者，惩之不少贷。由是豪强敛戢，闾里安静。"（《朱子行状》）政绩也是比较显著的。他这样作，豪强当然不满，代表豪强利益的官僚们也当然不能容忍。《朱子年谱》写道："初到南康，有任满奏事之旨，将满，庙堂议遣使蜀。"在朝的权奸就想把他搞到边远地方去，只因"上意不欲其远去"，所以"除提举江南西路常平茶盐公事"，"然犹待次"，需要等待着去做那个官，并没有上任，又"除直秘阁"，朱熹再三拜辞，其理由为"皆以前所奏纳粟人未推赏，难以先被恩命"（《朱子行状》）。后来，"改除提举两浙东路常平茶盐公事"，这是因为"时浙东荐饥，宰相王淮荐……先生以上轸宸虑，遂拜命不敢辞，即日单车就道，复以南康纳粟人未推赏，辞职名，仍乞奏事，十月，堂帖报南康纳粟赏行，遂受职名"。说明他有一股顽强劲！这时他"奏事延和殿"，一连上了七个"奏剳"。上任之后，巡历各地，虽年过半百，又大干起来了："奏劾密克勤偷盗官米"、"奏劾上户朱熙绩不优账粜"、"奏劾衢州守李峄"、"申知江山县王执中不职"、"奏劾知宁海县王辟纲不职"、"奏劾前知台州唐仲友不法"等等，甚至公然移文毁故相秦桧祠。而且又是"条奏诸州利病"、"奏蝗虫伤稼"，还要"措置赈济"等等。《宋史·朱熹传》说："熹始拜命，即移书他郡,募米商,蠲其征,及至,则客舟之米已辐凑。熹日钩访民隐,按行境内,单车屏徒从,所至人不及知。郡县官吏惮其风采,至自引去,所部肃然。凡丁钱、和买、役法、榷酤之政,有不便于民者,悉釐而革之。于救荒之余,随事处画,必为经久之计。有短熹者,谓其疏于为政,上谓王淮曰:"朱熹政事都有可观!"他如此革弊整顿修政事,自然免不了所谓"臣以职事横被中伤",如劾唐仲友一事就"反被论诉",因为唐仲友与宰相王淮同里,且为姻家,朱熹因此事触犯了王淮,王淮就使人论诉,对他"摈弃勿用"。另一方面,皇帝虽说他"政事却有可观",但见他免税、救荒赈济,减少收入,心里并不乐意,所以又调他的职,改除江南西路提点刑狱公事,想让他主要去管刑狱监察方面的事。此时,他在《辞免江西提刑奏状》中说:"臣自早岁即甘退藏,妄意讨遗经,以待后之学者。今蒙恩许改旧职,正愚臣得遂夙心之时,而所除官又系唐仲友阙,蹊田夺牛之诮,虽三尺童子亦知其不可,臣愚何敢自安,愿得归故垄,毕志旧闻。"事实上,从此以后朱熹也就退出了政治舞台,不让他再参与政事,还美其名曰"今当处卿清要,不复以州县为烦也"(《宋史·朱熹传》)。不是让他主管这个"观",那个"宫",就是当什么"说书"、"修撰"。《朱子行状》写道:"先生守南康,使浙东,始得行其所学,已试之效卓然。而卒不果用,退而奉崇道、云台、鸿庆之祠者五年。"行其所学,即实现其政治思想,推行其政治主张,如上所述确实是政绩"卓然",但是还落得一个不被任用的结果。《朱子年谱》也说:"先生守南康,使浙东,始有以身殉国之意,及是,知道之难行,退而奉祠,杜门不出。海内学者,尊信益众,然忧世意未尝忘也。"这是讲他的政治抱负及其难以实现,所以他写下了《感春赋》,颇有《离骚》的味道。

朱熹也"不得申于当年",但是仍始终关心着国家的恢复,"忧世意未尝忘也"。其弟子郭友仁记录他去世前两年的言论说:"先生喟然叹曰:某要见复中原,今老矣,不及见矣!"(《朱子语类》卷一三三)《朱子行状》写道:"先生平居惓惓,无一念不在于国,闻时政之阙失,则戚然有不豫之色。语及国势之未振,则感慨以至泣下。然谨难进之礼,则一官之拜,必抗章而力辞,厉易退之节,则一语不合,必奉身而亟去。其事君也,不能贬道以求售;其爱民也,不徇俗以苟安。故其于世,动辄龃龉!"朱夫子不满当时现状,牢骚是发了不少的。去世前一年写成《楚辞集注》、《后语》、《辩证》,以寄托他的思想感情,他同情屈原的遭遇,实际上是感叹自己的抑郁不得伸,他在序中写道:"原之为人,其志行虽或过于中庸而不可以为法,然皆出于忠君爱国之诚心;原之为书,其辞虽或流于跌宕怪神。怨怼激发而不可以为训,然皆生于缱绻恻怛不能自己之至意",对于屈原"抑郁而不得伸于当年,又晦昧而见白于后世"引起极大的共鸣!凡是具有爱国思想而又壮志未酬的人,都容易有这样的共鸣。

朱熹一生政治上未得到重用,为政的时间很短,一生大部分的精力用到做学问和搞教育上去了,以至于"绍往圣之统",成了继承"道统"的人物,这是客观存在的事实。应该如何看待?他努力搞教育,其目的是为了培养人才,这在前面已提到了,不再重复。他努力做学问,留下了宏富的著作,有些著作,如《四书集注》,在中国封建社会后期的六、七百年中影响是很大的,所谓"绍往圣之统"即指此而言,是否天意如此,当然不值得一驳,不过本来是一个政治上有抱负的人何以最终成了一个大学问家,倒是一个值得进一步研讨的问题。那么,对于他做学问应该如何看?人们对《四书集注》进行了批判,这个批判是必要的,因为此书确实有不少的糟粕,特别是在后世起麻醉和束缚人们的思想作用,当时统治者都已认识到,他的《四书集注》"发挥圣贤蕴奥,有补于治道"(《宋史·理宗本纪》),因而下令"以其大学、语、孟、中庸训说立于学官"(《宋史·朱熹传》),以后还更有甚者,所以是应该清算和批判的。不过,对于后世的影响和当时的情况也应该加以区别,他本来的目的和动机,是把四书当作初学者必读之书看待的:"欲简而易知,约而易守,则莫若《大学》、《论语》、《中庸》、《孟子》也","读此四书,然后看诗书礼乐",并且"若理会得此四书,何书不可读,何理不可究,何事不可处"(《朱子学归》上)。正如《大学章句》序所说:"于国家化民成俗之意,学者修己治人之方,则未必无小补云。"当然,他所说的"国家"、"化民"、"修己"自然有其阶级实质,但在当时怕也不好说是什么"反动"的,所以这要用历史和阶级的局限性来作实事求是的具体分析,才是恰当的。

不过应该明确指出的,朱熹忧世之意终身未忘,无一念不在于国,这是一方面。另一方面他确实大部分精力用在做学问上去了,事实上脱离了现实。一一八三年,陆游《寄题朱元晦武夷精舍》一诗说:"身闲剩觉溪山好,心静尤知日月长。天下苍生未苏息,忧公遂与世相忘。"当时朱熹在福建崇安武夷山筑学舍(精舍)讲学,陆游批评他只在山中讲学,不顾人民痛苦,忘了现实。这可以说是一针见血的批评。他的思想和实践的矛盾也是相当大的。

从政治思想角度看,也还有一些具体问题,值得进一步商榷。例如,关于"存天理,去人欲",研究哲学史的人大都说这是麻痹人民、压制人民的反动哲学,要求人民禁欲,等等。但其实,这话不是他的发明,不过是他继承和发挥了二程思想,其目的,最早也是对皇帝讲的。孝宗即位时他上封事、应召对,首先讲大学之道,格物致知、正心、诚意、修身、齐家、治国、平天下,他认为孝宗就是因为"未尝随事以观理","即理以应事","平治之效所以未著",以后一些奏劄都谈"存天理",只是不便明叫皇帝"去人欲"罢了。再者,所谓"人欲",也决不仅仅是指的物质享受。二十年后他在《延和奏劄》中就明确提出:"臣闻人主所以制天下事者,本乎一心,而心之所主又有天理、人欲之异,二者一分,而公私、邪正之涂判矣。"这不就是要皇帝"存天理,去人欲"吗! 因此,把"存天理,去人欲"主要地解释成一种对人民的反动说教,未免过于简单化了。当然后来的大部分讲学生活中,确也成为一种说教,特别是以后统治者也确实利用它欺骗人民,这应该另当别论。

又例如,关于和陈亮的论争。研究哲学史的人是大讲这一论争的,说这是唯物主义和唯心主义两条路线的斗争。但事实又是怎样的呢? 他两人的关系,《朱子年谱》中写道:"同父以文雄浙中,自负王霸之略,任侠豪举。先生与书,箴其义利双行,王霸并用,且谓汉唐行事,非三纲五常之正,以风切之。同父有书辨难,先生累与书,极力开谕,同父虽不能改,未尝不心服焉。每逢先生之辰,虽居千里外,必遣人问遗,岁以为常。"由此看来,所谓论战,不过是一种切磋商讨,在这种商讨中坚持自己认为正确的东西,这是任何一个认真做学问的人所可贵的。争论时互不相让,争过后互相爱护,陈亮对朱熹实际以师礼相对,这当然不值得去奇怪。重要的是争的什么? 争的内容才能说明一个人的思想。他们争论的主要是义和利,除了义利是否双行外,实际上是对义和利的理解各不相同,在朱熹心目中,当时一切弊政(包括和议)都是强调功利的结果,所以他极力反对。那么,是否由此就可以说朱熹是面临政治、军事严重危机而拱手高谈心性修养的道学家呢? 这样说是与前述历史实际不符的。陈亮也不是这样来看朱熹的,他非常尊敬朱熹。当时著名的主战派也都不这样看,朱熹去世时,盖棺定论了,当时"伪学禁方严,门生故旧无送葬者",可是坚定的主战派辛弃疾却"为文,往哭之,曰:所不朽者,垂万世名,孰谓公死,凛凛犹生"。"垂万世名",这决不是辛弃疾从道统的角度而言,而是辛弃疾以他的为人,就他的思想、品格等等来讲的。陆游在祭文中也说:"某有捐百身起九原之心,有倾长河注东海之泪,路修齿耄,神往形留,公殁不亡,尚且来飨!"尽管陆游曾批评过朱熹脱离现实,那正说明陆对朱有深刻的了解,否则,在朱熹死后那能有如此深厚的感情呢?

以上仅从政治思想上谈了一下对朱熹的评价问题,由此而感到那种全盘否定的看法是值得商榷的,但此说也无意又要来一个全面肯定。因为这都不是对历史人物的正确态度。他几乎和孔子一样,在生时并不很行时,死后倒是地位越来越高,影响越来越大。这原因是什么?似也可以从政治角度来看。因为他的政治思想和主张的根本目的是为了维护和巩固封建地主阶级国家的统治,他出谋献策提了不少治国的方案,或称之为改良主义也可以,虽有进步意义,却终归是为了有利于封建统治的(这是古代任何一个进步的政治家也避免不了的)。这就从根本上决定了统治阶级需要利用他的思想和主张,利用他的著述以利于巩固自己的统治,使之成为束缚人们思想的精神枷锁。

总之,对朱熹的思想和言论需要具体分析,似应首先还它本来面目,其次分清其精华和糟粕,然后加以批判继承。

(选自《华中师院学报》1982年第2期)

熊铁基(1933—),湖南常德人。1958年华东师范大学研究生毕业,从事中国古代史与专门史的教学和科研工作,现为华中师范大学教授。著有《秦汉新道家略论稿》、《秦汉官制史稿》等。

　　本文选自《华中师范学报》1982年第2期。本文针对文革中搞所谓"评法批儒",批得朱熹一无是处的状况,从朱熹"主张改革弊政、整肃纲纪"、"主张罢和议"、"主张防止土地兼并"等几个方面阐述其政治思想,认为对朱熹的评价不能全盘否定,也不可全面肯定,要具体分析,还其本来面目,分清精华和糟粕,加以批判继承。

20世纪儒学研究大系

秦汉思想简议

李泽厚

处在先秦和魏晋两大哲学高峰之间、以董仲舒为重要代表的秦汉思想,在海内外均遭低贬或漠视,或一概被斥为唯心主义、形而上学,或被视为"儒学一大没落"。本文认为恰好相反,以阴阳五行来建构系统论宇宙图式为其特色的秦汉思想,是中国哲学发展的重要新阶段。正如秦汉在事功、疆域和物质文明上为统一国家和中华民族奠定了稳固基础一样,秦汉思想在构成中国的文化心理结构方面起了几乎同样的作用。

一

秦汉思想的形成与大一统帝国要求新的上层建筑相关。所谓"新"是意味,正式地摆脱极为久远的氏族传统结构和意识形态,由分散的、独立或半独立的原氏族部落基础上的邦国(春秋时期),逐步合并成为真正地域性的、以中央集权为标志的统一的专制大帝国(由战国"七雄"到秦汉)。绚烂多彩五花八门的各种思潮、学说、流派,正是在这个急剧动荡的过渡时期中产生和发展。自战国后期起,它们在长久相互抵制、颉颃和论辩中,出现了相互吸收、融合的新趋势。从荀子到《吕氏春秋》,再到《淮南鸿烈》和《春秋繁露》,这种情况非常明显。旁及《文子》、《鹖冠子》、陆贾、贾谊以及地下发现的《经法》等等,无不在各种不同的程度或不同角度上表现出这一综合趋向。从而它们不再是纯粹的某家某学,而是或未经消化的几家杂凑,或是以某家为主而吸收他家。但并非所有先秦各家都同样积极地参预了或被平等地吸收、保留在这个综合潮流中。相反,有的在先秦非常显赫的思想、学说、派别,可以逐渐衰颓以至消失。有些则始终非常活跃,绵延而强大。先秦的名、墨两家属于前者。儒、道、法、阴阳则属于后者,它们是秦汉时期建构新型意识形态的四大思潮。其间复杂错综和长期演化的历史过程,是一个饶有兴味的思想史课题,却非本文所能论及。

这里所能指出的只是,在这个过程中,尽管有许多曲折,儒家思想日益融合其他三家,占据主干地位,却逐渐明显和确定。

在荀子和《易传》中,已可看到对法家和阴阳观念的吸收。与孔孟相比,荀、易面向了更为广阔的外部世界,提出了天、地、人如何相统一之类的世界观问题,这已经很不同于往昔。可见儒家思想本身不但在不断变化、发展中,而且在这过程中,尽管孟、荀都声色俱厉地斥异端、非诸子,却仍然有尽量吸取他家的情况。这本是任何学说能真正保存和健康发展的普遍规律。到《吕氏春秋》,这种情况出现了一个转折关键。

《吕氏春秋》自觉地企图综合百家,以求思想上的一统天下:

"听群众人议以治国,国危无日矣。何以知其然也?老聃贵柔,孔子贵仁,墨翟贵廉,关尹贵清,……。有金鼓,所以一耳也。同法令,所以一心也。智者不得巧,愚者不得拙,所以一众也。勇者不得先,惧者不得后,所以一身也。故一则治,异则乱。一则安,异则危。"(《不二》)

"天下必有天子,所以一之也,天子必执一,所以搏之也。一则治,两则乱。"(《执一》)

这是明白地要求结束先秦百家群议,取得思想的统一。思想统一的必要性则是出于统一的施政要求。那么,如何统一?

　　"盖闻古之清世,是法天地。凡十二纪者,所以纪治乱存亡也,所以知寿夭吉凶也。上揆之天,下验之地,中审之人,若此则是非可不可,无所遁矣。"(《序意》)

　　《易传》里已经有由天而人(如"乾坤定矣……贵贱位矣"),即通过宇宙、自然来论证人事的观念,这里则把这种观念具体化和系统化。它在开始安排一种成龙配套的从自然到社会的完整系统,把人事、政治具体地纳入这个总的宇宙图式里,即所谓"上揆之天,下验之地,中审之人"。这正是《吕氏春秋》所作出的重要新贡献,主要表现为十二纪月令的思想模型。

　　汉高诱推崇《吕氏春秋》,说它"大出诸子之右"。"此书所尚,以道德为标的,以无为为纲纪,以仁义为品式,以公方为验格。"各家痕迹显然并存,从而被视为杂家。但问题在于这个所谓"杂凑"里的几家的关系究竟如何呢? 其中似乎最值得注意的是,写作《吕氏春秋》的现实基础应该是在秦国已取得巨大成就(也包括吕本人的事功)的法家传统的长久实践,但这个治国大方略中却保留着那么多的儒家思想。用阴阳家的宇宙图式来作为这个方略的构架骨骼,道理比较外在而好懂,因为阴阳家与政治的关系十分直接,邹衍早就以"五行相胜"说明王朝的更替。但为什么要用儒家来作为实体主干,则不易了然。所以很值得把《吕氏春秋》里的儒家思想与原始儒学作些比较。例如,《吕氏春秋》说:"凡为天下治国家,必务本而后末。……务本莫贵于孝。"(《孝行》)这与儒家强调的"君子务本,……孝悌也者,其为仁之本欤"(《论语》)之类的话很相似。但《吕览》强调"孝"是从人君统治的角度着眼的;"人主孝,则名章荣,下服听,天下誉。人臣孝,则事君忠,处官廉,临难死。士民孝,则耕耘疾,守战固,不罢北。……夫执一术而百善至,百邪去,天下从者,其惟孝也?"(《孝行》)"先王之教,莫荣于孝,莫显于忠。忠孝,人君人亲之所甚欲也。显荣,人子人臣所甚愿也。"(《劝学》)从表面看,它与原始儒学相似,实则大有区别。这区别就在于,一个是从氏族贵族的个体成员和巩固宗法纽带立论,一个是从统一帝国和专制君主的统治秩序着眼。前者具有伦理感情,后者纯属功利需要。前者建立在氏族成员的血缘观念和心理基础之上,是原始儒家。后者是要求服务于皇家统治的政治目的,渗透着法家精神。这个貌同而实异,正好标志着在新社会条件下新的统治阶级对原始儒家思想所作的具体改造和利用。此外,如易"礼"为"理"①,肯定用兵,强调"胜理以治国则法立,法立则天下服矣"(《适音》),以及《审分览》诸篇明确的法家术势理论和"主静""无为"的君人南面术(道法家)等等,则更显然。即使对农家的吸取,也不脱从人君统治的功利需要(法家)出发:

> "古先圣王之所以导其民者,先务于农。民农非徒为地利也,贵其志也。民农则朴,朴则易用,则边境安,主位尊。民农则重,重则少私义,少私义则公法立,力专一。"(《上农》)

一些论文认为《吕氏春秋》属于"新儒家"。如何"新"?似乎讲得不透。我以为,它的新,就在这里。即在法家实际政治的长久实践的经验基础上,在新的社会基础(后期奴隶制)和政治结构(统一专制帝国)的需要和要求上,对儒家血缘氏族体制和观念的保留和改造。

问题是:既然当时在法家思想指导下的实践不断取得成功,为什么不在思想理论上继续应用和发展法家?这问题当然很复杂。一方面固然可以说是吕不韦这批思想家们的高明之处,他们看得比较深远,知道尽管法家耕战政策是成功的,但严刑峻法,专讲术

---

① 这似乎是遵循了荀子—韩非的路线。它指出"礼"是"履孝道",这倒是对古代史实的准确解释:古代所谓"礼治"源出于氏族血缘的"孝悌"秩序。

势的高压诡诈手段,未必能长久奏效;另一方面,也是主要的并且
是非常有趣的方面,则是这样一个现象:新近出土的云梦秦简《为
吏之道》中竟然也有"宽裕忠信,和平毋怨"、"慈下勿凌"、"恭敬多
让,宽以治之"、"有严不治"等词语。这似乎表明,当年秦国的实际
政治并不完全像韩非的理论和秦始皇的实践那样极端。无怪乎
《吕氏春秋》说:"用民有纪有纲,……为民纪纲者何也? 欲也,恶
也。何欲? 何恶? 欲荣利,恶辱害。……不得其道而徒多其威,威
愈多,民愈不用。……故威不可无有而不足专恃。譬之若盐之于
味,凡盐之用,有所托也,不适则败托而不可食。威亦然,必有所托
然后可行。恶乎托? 托于爱利。爱利之心谕。威乃可行。威太
甚,则爱利之心息。"(《用民》)这指明严刑峻法都只能是手段,而不
是根本("纪纲"),所以多次严厉地批评了法家,而主张"威"必需有
所"托"。但《吕氏春秋》说"托"于"爱利",把"用民"的"纪纲"说成
是"欲(荣利)"和"恶(辱害)",却又并非儒家精神。可见,这个所谓
"新儒家"的根基,无论从实践上或理论上,都已大不同于原始儒
家,它是在讲求功利效用的法家政治实践的基础上,尽量吸收改造
各家学说后的一种新创造。儒家之所以在这个新创造中占了优势
和主导,是因为比较其它各家,儒家与中国古老的经济社会传统有
更深的现实联系,它不是一时崛起的纯理论主张或虚玄空想,而是
以具有极为久远的氏族血缘的宗法制度为其深厚根基,从而能在
以家庭小生产农业为经济本位的社会中始终保持现实的力量和传
统的有效性。即使进入后期奴隶制帝国,也仍然需要它来维系社
会。儒家一贯强调"孝悌"是立国之本,强调作为社会等级的伦常
秩序的重要性,总是非常现实地有用和有效的。这就不奇怪包括
崇尚道家的司马谈在评论儒家时要说:"序君臣父子之礼,列夫妇
长幼之别,不可易也",即儒家讲究的伦常规范、社会秩序是不可变
易的。《云梦秦简》也认为"为人君则怀,为人臣则忠,为人父则慈,

为人子则孝"，"君怀臣忠，父慈子孝，政之本也"。足见，儒家成为各思潮、学派合流中的主导，有其实在的社会历史的基础。《吕氏春秋》有意识地搞这个合流统一，是为一个雄心勃勃、代周而兴、建立统一和稳定的中国新王朝作理论建树，它之采儒家学说为主干，并非个人志趣的偶然。

这个王朝在秦始皇除去吕氏偏任法家之后很快统一了中国，然而又很快地灭亡了。这个空前巨大的兴亡教训，不断地为中国历代而首先为汉代的人们所思考。思想家们作出了结论。贾谊的著名结论便是"仁义不施而攻守之势异也"(《过秦论》)。也就是说，进攻用法家也许还可以，但要"守"住天下，却必须"施仁义"，即回到儒家。但在大动乱之后，汉初统治者必然也必须采取休养生息的"无为"政策，这使当时整个思想界都罩上了一层道家的色调。陆贾讲了许多"仁义""教化"甚至"制礼作乐"等明明是儒家的东西，却把这一切撮合到道家的"无为"理论上，"……席仁而坐，仗义而强，虚无寂寞，通动无量"(《新语·道基》)，并讲了好些宇宙、自然、人类社会发生演变的图景。贾谊也将儒家的具体政治主张从属于所谓"德有六理"："德、道、性、神、明、命"，以此为骨架，泛论宇宙万物，"六理、六美，德之可以生阴阳、天地、人与万物也"(《新书·道德说》)。这似乎也可以看作是企图建构某种宇宙论的模式。《文子》向被看作伪书，其实它以道家统摄儒法，由自然而推论人事，尊老子复强调仁义，都鲜明地呈现出汉初时期思想杂凑而合流的总特色，非后世所易伪造。这里重要的是，道家的自然－政治理论即所谓"无为"有时得到了一种实际具有新含义的解说，不再是老子的权术理论和倒退幻想，而是已经落实在实际政治经济措施上的思想。从而道家的宇宙观在这里便有了某种现实的政治经济作为基础，在这基础上进一步要求在哲学上把"人"(政治、社会)与"天"(自然、宇宙)连结和沟通起来，为建构统一帝国的上层建筑提供理论体系,它便大不同于先秦的原始道家了。

终于,《淮南鸿烈》提出了这种新体系。如果说《吕氏春秋》是建构这种体系的第一步,那末从逻辑上讲,《淮南鸿烈》是第二个里程碑。

《淮南》囊括天上人间,泛论万物,包罗万象,"故著书二十篇,则天地之理究矣,人间之事接矣,帝王之道备矣。其言有小有巨,有微有粗"(《淮南子·要略训》,以下只注篇名)。它详尽地描绘了宇宙时空的起始和演化,详尽地叙述了现实事物的形态和变异,详尽地展示了客观世界的多样性、复杂性和变易性。其中阴阳五行作为骨架的功能也更为精细和内在。所有这些,都远远超过了《吕氏春秋》。然而,最有意思的仍然是,在这个符合当时时代要求、以道家面貌出现的新体系中,尽管斥仁义、骂儒家,却又仍然渗透有儒家的特征。例如"无为"这个道家最根本的观念,在这里有时竟被解释为要顺应客观法则去积极活动以取得事功。从而它所反对的"有为"就并非原来道家所反对的,而只是指人不应违背客观自然规律而行事:

> "夫地势,水东流,人必事焉,然后水潦得谷行。禾稼春生,人必加功焉,故五谷得遂长。听其自流,待其自生,则鲧禹之功不立,而后稷之智不用。若吾所谓无为者,私志不得入公道,嗜欲不得枉正求,循理而举事,因资而立功。……若夫以火熯井,以淮灌山,此用己而背自然,故谓之有为。"(《修务训》)

主张有所作为,反对"自流""自生",这难道不正是对原始道家思想的严重违背和根本改动么?这难道不与《易传》提倡的"顺天而动"在精神实质上更接近么?原因很简单:无论是耕田,或者是行政,总必须有所活动,有所作为。老庄那种完全放任以回到原始社会的真正无为,实际上根本不可能存在。社会的生存、人类的存在还得靠儒家、农家以至法家的积极入世态度,只是这种态度不得违反客观法则,所以只要道家真正落实到现实政治经济上,出现这种改变便不可避免。而如何把遵循客观自然法则(道家、阴阳家所注重)与发挥主观能动力量(儒家、法家所注重)结合起来,倒正是汉代思想所要处理的一个要害问题。于是,在当时情况下,讲天文历数规律的阴阳家和强调遵循自然法则的道家成为建构人事政治体系的外在骨架,就是很自然的事情。但如果不执着于那外在涨漫着的道家衣束,仍然可以发现其内在精神却是重人为、重积极入世的儒学。这就是《淮南鸿烈》所透露的重要消息,尽管它还不能贯穿全书。

另一重要消息也与此相关,它强调了"天人感应":

"圣人者,怀天心,声然能动化天下者也。故精神感于内,形气动于天,则景星见,黄龙下,祥凤至。……天之与人有以相通也,……万物有以相连,精浸有以相荡也。"(《泰族训》)

这在今天看来,当然极其荒谬,但如果结合《淮南》一书中所保存和记载的大量有关自然的素朴的科学知识,当时这种企图沟通天人,认为各种社会、自然事物之间有某种不能观察和认识其因果("不见其所因","不可以智巧为")的客观规律("神明之事")在,却是一种重要观念。其中确有大量主观臆解,同时却又以当时人们对自然界的经验知识的总结作为基础。例如:

"天之且风,草木未动,而鸟已翔矣。其且雨也,阴噎未集,而鱼已唅矣。以阴阳之气相动也。故寒暑燥湿以类相从,……。"(《泰族训》)

"土地各以其类生,是以山气多男,泽气多女,漳气多暗,风气多聋。……皆象其气,皆应其类。"(《地形训》)

前者是某种经验观察,后者是主观臆断,前者具有一定的科学倾向,后者则可以走向意志论、目的论的神秘宗教。但两者经常混

在一起,不易区分。后世犹如此,何况两千年前？如果不计细节,
总起来看,在当时历史条件下,企图把天文、地理、气象、季候、草木
鸟兽、人事制度、法令政治以及形体精神等万事万物都纳入一个统
一的、相互联系和彼此影响并遵循普遍规律的"类"别的宇宙图式
中,从总体角度来加以认识和把握,这应该说是理论思维的一种进
步。尽管主观上可能表现出对中央政权的不满和反感,但客观却
仍然反映着汉代数十年间生产大发展、国力日雄厚、对自然的广泛
征服,《淮南鸿烈》以其宏伟的世界图景、丰富的经验知识和阔大气
派,使这个宇宙论的系统建构达到了成熟的境地。

　　董仲舒只是在基本精神上完成这个建构而已。与《吕览》、《淮
南》不同,董仲舒不能以侯王之尊来收揽作家,编纂系统。他的《春
秋繁露》,从外貌看,也不像构造体系的完整著作。他是以当时著
称的公羊学来论议具体政事,企图从春秋的各种事例中推论出某
种普遍适用的政法规范。他的特点是,在精神实质上承继了前述
《吕氏春秋》开拓的方向,竭力把人事政治与天道运行附会而强力
地组合在一起。其中特别是把阴阳家作骨骼的体系构架分外地凸
现出来,以阴阳五行("天")与王道政治("人")互相一致而彼此影
响即"天人感应"作为理论轴心,一切环绕它而展开：

　　　　"夫王者不可以不知天。……天意难见也,其道难理。是
　　故明阳阴出入实虚之处,所以观天之志。辨五行之本末顺逆
　　大小广狭,所以观天道也。……为人主者,予夺生杀,各当其
　　义,若四时。列官置吏,必以其能,若五行。好仁恶戾,任德远
　　刑,若阴阳。此之谓能配天。"(《春秋繁露·天地阴阳》,以下只
　　注篇名)

　　在董仲舒那里,人格的天(天志、天意)是依赖自然的天(阴阳、
四时、五行)来呈现自己的。前者(人格的天)从宗教来,后者从科
学(如天文学)来。前者具有神秘的主宰性、意志性、目的性,后者

则是机械性或半机械性的。前者赖后者而呈现,意味着人对"天志""天意"的服从,即应是对阴阳、四时、五行的机械秩序的顺应。"天"的意志力量和主宰作用在这里是与客观现实规律(阴阳、四时、五行)相合一。而作为生物体存在的人的形体与作为社会物存在的尊卑等级和伦常制度,都只是"天"即阴阳五行在世间的推演。这样,关键点就在于如何认识和处理人事、政治、制度与阴阳、四时、五行相类比而存在、相关联而影响,使彼此构成一个和谐、稳定、平衡、统一的机体组织,以得到绵延和巩固。

董仲舒的贡献就在于,他最明确地把儒家的基本理论(孔孟讲的仁义等等①)与战国以来风行不衰的阴阳家的五行宇宙论具体地配置安排起来,从而使儒家的伦常政治纲领有了一个系统论的宇宙图式作为基石,使《易传》、《中庸》以来儒家所向往的"人与天地参"的世界观得到了具体的落实,完成了自《吕氏春秋·十二纪》起始的,以儒为主融合各家以建构体系的时代要求。"

二

下面具体地看看董仲舒的天人理论。

董抬出"天"来作为宇宙人间最高主宰,"百神之大君也"(《郊语》)。但在董的体系中,"天"又并未停留在单一的人格神的意义

---

① 庞朴:"文献表明,配五常仁义礼智信于水火木金土五行的把戏,不仅在《管子》的《四时》与《五行》篇(作为战国时代作品看)中不曾见,在《吕览·十二纪》与《礼记·月令》中不曾见,连刘安的《淮南子·时则训》中也不曾见。就是说,在这以前,还不曾有这种思想。直到《春秋繁露》里,我们才看到董仲舒在前人的已经足够庞大的五行大系之上,更增加了这个新项目,拿仁智信义礼配木火土金水。这是董仲舒的发明。"(《帛书五行篇研究》,齐鲁书社1980年版,第82页)

上,它更多是一种与其它许多因素相联系和配合的结构体。

这些因素就是天、地、人、阴、阳、五行共十项:

> "天有十端,十端而止已。天为一端,地为一端,阴为一端,阳为一端,火为一端,金为一端,木为一端,水为一端,土为一端,人为一端,凡十端而毕,天之数也。"(《官制象天》)

十大因素相组合而成四时、五行:

> "天地之气,合而为一,分为阴阳,判为四时,列为五行。"(《五行相生》)

可见,"天"一方面固然是主宰,是"大君",但同时既是因素(十中之一),又是结构整体自身。最后一点实际上处在更重要的地位,这正是董的"天志"不同于先秦墨家仅是人格神的"天志"①的地方。

> "天有五行,一曰木,二曰火,三曰土,四曰金,五曰水。木,五行之始也;水,五行之终也;土,五行之中也。此其天次之序也。"(《五行之义》)

这里要紧的是"天次之序"。因为"天"是通过五行次序来显示它的性格和功能的。董认为有两种基本次序和两种基本功能。一是"比相生":

> "天有五行,木火土金水是也。木生火,火生土,土生金,金生水。水为冬,金为秋,土为季夏,火为夏,木为春。春主生,夏主长,季夏主养,秋主收,冬主藏。藏,冬之所成也。是故父之所生,其子长之;父之所长,其子善之;父之所养,其子成之。"(《五行对》)

---

① 如《墨子·天志中》:"天子为善,天能赏之;天子为暴,天能罚之。""天之爱民之厚者有矣,曰以磨为日月星辰,以昭道之,制为四时春秋冬夏,以纪纲之;雷降雪霜雨露,以长遂五谷麻丝,使民得财利之,……。"

另种次序和功能则是"间相胜",《五行相胜》中说:

> "……夫木者,农也。农者,民也。不顺如叛,则命司徒诛其率正矣,故曰金胜木。""金者,司徒。司徒弱,不能使士众,则司马诛之,故曰火胜金。""夫土者,君之官也,君大奢侈,过度失礼,民叛矣,其民叛,其君穷矣,故曰木胜土。"

董的五行宇宙论是完全从政治伦常和社会制度着眼的①,五行相生,比作父子。子必须继承、保存和发扬父业,正如寒暑相继一样;同时五行又是官制,它们可以相互约束克制,这叫"相胜"。"相生""相胜"就构成了一个自然的反馈系统,而这也就是"天道"。"五行之随,各如其序。五行之官,各致其能。……是故木主生而金主杀,火主暑而水主寒,使人必以其序,官人必以其能,天之数也。"(《五行之义》)不但"五行","四时"亦然。君主行政必须符合四时季候,董讲四时比五行实际讲得更多。

> "王者配天,谓其道。天有四时,王有四政,四政若四时,通类也。天人所同有也。庆为春,赏为夏,罚为秋,刑为冬。庆赏罚刑之不可不具也,如春夏秋冬之不可不备也。"(《四时之副》)

天的四时如同喜(春)乐(夏)怒(秋)哀(冬)。"人主以好恶喜怒变习俗,而天以暖清寒暑化草木。"

总之,确认人事政治与自然规律有类别的同形和序列的同构,从而它们之间才可以互相影响彼此配合。这也就是把天时、物候、人体、政制、赏罚统统分门别类地列入这样一种异事而同形、异质而同构的五行图表中,组成一个相生相克的宇宙—人事的结构系

------

① 董的这一套可说直接继承思孟学派"案往旧造说谓之五行"而来。如章太炎所说,相传为子思作的《表记》中"水火土比父母与子,犹董生以五行比臣子事君父"(《太炎文录·子思孟轲五行说》)。

统,以作为帝国行政的依据。就是说,君主必须顺着五行特性而施政,例如春天务农,"木者春,生之性,农之本,劝农事,无夺民时"(《五行顺逆》),秋冬肃杀则"警百官,诛不法",这样不但人间太平,而且风调雨顺。如果逆五行特性,乱搞一气,春行秋令,冬行夏政,则不但天下多事,人民疾病怨愤,而且因为破坏了宇宙秩序,自然界就会出现灾祸变异,王朝也就危险以至完蛋。可见,董仲舒把五行运转的机械论与天作主宰的意志论目的论混杂揉合在一起,"天"的双重性质(神学人格性和自然物质性)在这系统中展开为机械论与目的论的合一:目的论中有机械论,机械论中有目的论。董仲舒及其信徒们惯用某些自然现象如日蚀、地震、水灾、火灾、动植物的反常变异(如"木有变,春凋秋荣")来作为上天对人君的警告,这也几乎成了后世的常规。

　　董仲舒搞这一套,主要是为了以这种宇宙论系统确定君主的专制权力和社会的统治秩序。"……唯天子受命于天,天下受命于天子。"(《为人者天》)"王道之三纲,可求于天。"(《基义》)绝对君权和三纲秩序本是秦代就有的法家理论①,董从宇宙论的高度确认了它。并把无处不在的阴阳双方普遍赋予善恶的价值内涵,所谓"卑阴高阳","贵阳而贱阴","恶之属尽为阴,善之属尽为阳","阳行于顺,阴行于逆","善皆归于君,恶皆归于臣"(均《阳尊阴卑》)等等。目的都在从理论上确证当时专制君主的绝对权威和君臣父子的严格的统治秩序。这是一方面。董的理论又还有另外一面,这就是董在肯定这个统治秩序的同时,又把这一秩序安排规范在谁也不能超越的五行图式的普遍模型中。董仲舒把自然事物伦理化,把自然的天赋予了人格(意志、命令和感情),是神学唯心主义。

────────

① 　《韩非子·忠孝》:"臣事君,子事父,妻事夫,三者顺则天下治,三者逆则天下乱,此天下之常道也。……人主虽不肖,臣不敢侵也。"

但这个神学唯心主义的基本精神却又恰恰是为了强调社会秩序（亦即王朝统治）与自然规律相联系而作为和谐稳定的整体存在的重要性，它把任何个别的因素即使是最尊高的因素（天王、父母）也置于这个整体之下：

> "故变天地之位，正阴阳之序，直行其道而不忘其难，义之至也。是故胁严社而不为不敬灵，出天王而不为不尊上，辞父命而不为不承亲，绝母属而不为不孝慈，义矣夫。"（《精华》）

这样，便使每一个单项，无论是君是臣是刑是德，都有一个确定的位置而被制约于整体结构。天子作为专制君主，其施令行政也同样受到这整体结构的限制和约束，不能像在韩非、李斯等法家理论中那样，因握有绝对权力便可以为所欲为和无所不为。皇帝虽高踞于万民之上，却又仍然受制于系统之中。

这个制约主要表现为反对任刑滥杀。董之所以一再强调"德"是"阳"，"刑"是"阴"，"天"是"好仁恶杀"的，之所以一再说"天，仁也"（《王道通三》），"暖暑居百而清寒居一，德教之与刑罚，犹此也。故圣人多其爱而少其严，厚其德而简其刑，以此配天"（《基义》），"为政而任刑，谓之逆天，非王道也"（《阳尊阴卑》），"王者承天意以从事，故任德教而不任刑"（《汉书·董仲舒传》）等等，都是为了把汉代思想家们所总结出来的秦亡经验，把儒家一贯讲的"仁义"提升和放大到宇宙论的层次上来制约绝对君权。《春秋繁露》中确有好些尊民词句，表面上似乎接近原始儒学①，实质并不相同。因为它们是建立在尊君为绝对权威实际是接受法家思想的基础上的。如董自己所说："故屈民而伸君，屈君而伸天，春秋之大义也"（《玉杯》），这才是董的特征。君是民的绝对统治者，民只有通过"天"才

---

① 如："天之生民非为王也，而天立王以为民也。故其德足以安乐民者，天予之。其恶足以残害民者，天夺之"（《尧舜不擅移汤武不专杀》）等等。

能制约君,而这个"天"便是五行结构的宇宙模式。可见,这里最重要的是这个结构自身,是保持这个结构整体的秩序和生命。所以,对董来说,天人之间的彼此交通感应、协和统一以取得整个结构的均衡、稳定和持久,这就是"道"。既是"天道",也是"人道"。既是自然事物的运行法规,也是人间世事的统治秩序。"天不变道亦不变","正其道不谋其利,修其理不急其功"①,都是在这个意义上讲的。即是说,重要的是整体的"道"、"理",而不是局部的细节的"利"、"功"。这一方面固然不同于法家功利理论,同时也不同于原始儒家的"何必曰利"。因为这里已不是从主体道德论伦理出发,而是从客体宇宙论系统立论。

那么,董仲舒用宇宙论系统来论证的这个统治秩序和社会机体是一些什么具体内容呢? 在社会方面,这个系统强调"孝悌"、"衣食"。"天生之以孝悌,地养之以衣食。"(《立元神》)"夫孝,天之经,地之义。"(《五行对》)以"孝"为"天地之经"、"人伦之本",如前节所述,是当时家庭农业小生产经济的社会结构的要求,要巩固这个社会经济结构,自然强调这些。正如元代王桢所说,"孝悌力田,古人曷为而并言也? 孝悌为立身之本,力田为养生之本,二者可以相资而不可以相离"(王桢《农书·孝悌力田篇第三》)。

在政治体制方面,除了前面讲的树立绝对君权外,这个系统中很重要的一环是董仲舒对建构一套文官体制的积极提议和参预:

> "董仲舒对策曰:养士之大者,莫大乎太学。太学者,贤士之所关也,教化之本原也。愿陛下兴太学,置明师,以善天下之士。武帝立学校之官,皆自仲舒发之。"(《西汉会要·学校上·太学》)

---

① 董的这句原话比最早见于《汉书》董传并流传广久的"正其谊不谋其利,明其道不计其功"要高明一些。

"董仲舒曰,臣愚以为使请列侯、郡守、二千石各择其吏民之贤者,岁贡各二人。……故州郡举茂才孝廉,皆自仲舒发之。"(《西汉会要·选举下·举廉》)

《春秋繁露》则强调,"王者制官,三公九卿、二十七大夫、八十一元士,凡百二十人,而列臣备矣。吾闻圣主所取仪,金天之大经,三起而成,四转而终,官制亦然者,此其仪欤?"(《官制象天》)《史记·儒林列传》说:汉武帝时,"……一岁辄一课,能通一艺以上,补文学掌故阙,其高第可以为郎中者,太常籍奏即有秀才异等,辄以名闻。其不事学若下材及不能通一艺者,辄罢之。……自此以来,则公卿、大夫、士吏彬彬多文学之士矣"。讲"教化",立官制,重文士,轻武夫①;建构一个由"孝悌"、读书出身和经由推荐、考核而构成的文官制度,作为专制皇权的行政支柱,这个有董仲舒参预、确立于汉代的政治-教育("士-官僚")系统是中国历史上的一件大事,也是了解自秦汉以来中国历史的重大关键之一。与原始儒学建立在氏族国家血缘贵族(个体)基础上讲的"修齐治平"的政教已有不同,这里需要的是从统一大帝国着眼的整套官僚体系。前者(原始儒学)的政治理想和统治体制是建筑在血缘伦理和原氏族首领的严格的个体道德表率上("其身不正,虽令不行"之类);后者则把政治伦理统治建筑在宇宙自然秩序的比附上:政治的治乱兴衰不再仅仅依靠于作为首领的"圣人",而且更依靠于遵循客观的"天道",而这"天道"也就包含建立这整套的官僚行政体制,所谓"官制象天"是也。这种官制表面上类似近代官僚系统,它具有职能分化,各有定规,执行权威,不讲情面等非人格的机器特征和理性模式。它不讲"父为子隐",而主张"大义灭亲"……,这也可说是法家

---

① 《春秋繁露·服制象》:"夫执介胄而后能拒敌者,故非圣人之所贵也,……。故文德为贵,而威武为下。此天下之所以永全也。"

传统的存续和发展①。但实际上，由于中国古代这套官僚系统从根本上仍然服从于和从属于血缘宗法的社会、经济结构，官僚体制与社会人情的关系学纠缠混合在一起，后者在冲淡、延缓它的作用和职能上便起了极大的弹性作用，使"有治人无治法"的儒家传统仍然延续下来，从而在实质上大不同于具有近代效能的资本主义的官僚机器。董仲舒协助汉武帝建立起来并在理论上予以论证的便是这种中国早熟型的"士－官僚"的文官政教体系。它不同于西方近代，也不同于西方中世纪。它使上下之间即民（农）、士（官僚）、皇帝之间有确定的统治规范和信息通道，并把春秋以来由于氏族余制的彻底崩溃、解除公社约束而"横议""乱法"的个体游士，又重新纳入组织中，从制度上重新落实了儒家"学而优则仕"的理想，这就从多方面大有利于维护统一帝国的稳定（包括后代帝王公开说的使天下英雄尽入彀中）。这正是他的系统论宇宙图式在结构⇌功能方面的一个重要方面。还是如那个王桢所说，"圣人树其法度，制其品节，使天下之人，莫不衣其衣而食其食，亲其亲而长其长。然而教之者，莫先于士。养之者，莫重于农。士之本在学，农之本在耕。天下无不事之农，……汉力田之科是已。……天下亦少不耕之学，……汉孝悌之科是已"（同前引王桢书）。一个士，一个农；一个学，一个耕；这是从古代董仲舒到近代曾国藩所刻意讲求的儒家"齐家治国"的大方略。时代不同使曾国藩的"耕读为本"成为反历史的潮流（参阅拙作《中国近代思想史论》，人民出版社1979年版，第481—483页），而二千年前董仲舒的主张，却是为冉冉上升的新社会和新王朝制定统治秩序的先进理论。

剖开来看，这个所谓新理论又没有多少新因素，它们几乎全部

---

① 《史记·太史公自序》："法家不别亲疏，不殊贵贱，一断之法，则亲亲尊尊之恩绝矣。……若尊主卑臣，明分职不得相逾越，虽百家弗能改也。"

都抄自前人。"尊主卑臣"是韩非的。"天人感应",《淮南》早有。……所以,这个"新",只在于他把所有这些构成了一个系统。如果说,《吕氏春秋》是用儒家精神变换了法家,《淮南鸿烈》是儒家精神渗进了法家;那末董的特点就在于,相当自觉地用儒家精神改造了利用了阴阳家的宇宙系统。所以《汉书》说董"始推阴阳,为儒者宗"(《汉书·五行志》),"……潜心大业,令后事有所统一,为群儒首"(《汉书·董仲舒传》)。

那末,董是怎样改造阴阳家的呢?

司马谈评价阴阳家说:"夫阴阳、四时、八位、十二度、二十四节、各有教令,顺之者昌,逆之者不死则亡,未必然也。故曰使人拘而多畏。夫春生夏长,秋收冬藏,此天道之大经也,弗顺则无以为天下纲纪。故曰,四时之大顺,不可失也。"(《史记·太史公自序》)

这就是说,阴阳家讲的天时地利的规律,人(统治者)应该注意遵循。但缺点在于,似乎一切都事先规定好了,人在它们面前无可作为,只能诚惶诚恐,消极顺应,所以,"拘而多畏"。

董仲舒则在三个方面突破和改造了阴阳家这一缺点。第一,用儒家仁义学说和积极作为的观念改变了阴阳家使人处于过分拘谨服从的被动状况。在董的阴阳五行的宇宙系统里,尽管强调客观结构的法则,却仍然充满着人的主动精神。它竭力突出人的崇高地位,宣扬只有人,而不是任何其它事物,才能"与天地参",认为"天地之性人为贵"(《汉书·董仲舒传》),"……人之超然万物之上,而最为天下贵也。人,下长万物,上参天地"(《天地阴阳》),"三者(指天地人)相为手足,合以成体,不可一无也"(《立元神》),即是说,在这个宇宙中,没有人是不行的。人的力量在这个宇宙系统中有极大的作用和意义。这不但因为"天"只给予事物以可能性,要变为现实性,必仍待人的努力。

董仲舒著名的人性论便是如此:"善如米,性如禾,而禾未可谓之米也。性虽出善,而性未可谓之善也。米与善,人之继天而成于外也,非在天所为之内也。"(《实性》)而且,人还能够因有所预见和积极努力而扭转和改变既定的不利局势。例如,"齐桓忧其忧而立功名,推而散之,凡人有忧而不知忧者凶,有忧而深忧之者吉"(《玉英》),吉凶并不完全被动地决定于客观,"治乱废兴在于己"。董之强调"天人感应",正是为了宣扬"人"能影响"天","人事"能影响"天意"。采取的是神秘的甚至神学的形式,其内核却恰恰在于对人和人主行政力量的能动性的重视。所以,有意思的是,在这个似乎既定的客观图式里,却仍然比别的学说中充满更多的对于人的能动性的强调。"天长之而人伤之者,其长损;天短之而人养之者,其短益。夫损益者皆人,人其天之继欤? 出其质而人弗继,岂独立哉?"(《循天之道》)①因此,人才能"与天地参"。

第二,则是对灵活性的重视。这就是儒家传统所讲而为董所大谈的"经"与"权"。"春秋固有常义,又有应变。"(《精华》)"春秋有经礼,有变礼。"(《玉英》)"权虽反经,亦必在可以然之域。不在可以然之域,故虽死之,终弗为也。"(同上)既必须有确定的原则性("经"),又必须有原则允许下("可以然之域")的灵活性。何以如此? 这是因为董所着重的是整体系统结构的稳定和持久,而不在于任何局部和细节的不变。董不反对变革,主张"更化"政制。他所追求的是整体结构的动态平衡,而不是一切现象的僵死固定。在动态中来保持平衡、秩序和稳定,这正是儒家中庸思想的进一步发展;矛盾双方在运动中取得均衡调节,整体也就得到了和谐稳

---

①　这种能动性的强调并非偶然,它是那整个时代力量的反映。汉代兴起后,生产力蓬勃发展,科学也日益发达,对自然的征服广度和深度是空前的。汉代帝国的这种事功力量表现在宏伟气魄的汉代文艺中,也表现在汉代哲学中。(参阅拙著《美的历程》第4章)

定。"使富者足以示贵,而不至于骄;贫者足以养生,而不至于忧,以此为度,而均调之,是以财不匮,而上下相安,故易治也。"(《度制》)所以,董的五行功能的相生相胜图式虽有一定规范次序,具体运用和说明却又相当灵活和宽容,这不但因为凡具有反馈功能作为自我调节的有机系统的图式本就有一定的灵活性和适应性。而且在古代科学文化水平的幼稚阶段上,更容易使人作出相当自由以至主观任意的解释。董仲舒本人为适应政治需要就作了不少这种任意的解释。

第三,也是最重要的,董的宇宙系统不同于阴阳家的"拘而多畏"的根本原因,是由于他将孔子仁学中的情感心理原则输入了这个系统,从而将自然人情化了。董一再说:"仁,天心。"(《俞序》)"和者,天地之所生成也。"(《循天之道》)"察于天之意,无穷极之仁也,人之受命于天也,取仁于天而仁也。"(《王道通三》)"天亦有喜怒之气,哀乐之心,与人相副。"(《阴阳义》)……尽管添了荒谬的人格色彩,但世界却不像阴阳家或道家的那种超乎人外、漠然寡情,而是具有了与人类似的情感色调,从而这个宇宙论系统图式也就不完全是外在于人的纯客观律令,而成为与人内在心理有关的东西。董仲舒的"天"既有自然性,又有道德性,又有神学性,还有情感性,它们完全混杂在一起。这一方面固然具有神秘化特色,被今人批评为神学目的论,根本违反了对自然的科学认识;但把天人同一体,不仅有物质、自然上的相连,且有精神情感上的相通,这又仍然是继承"天之大德曰生"、"天行健,君子以自强不息"的儒家精神,在建立积极康强的世界观人生观上有其意义,保持和发展了儒学和中国哲学的基本特色①。

三

意识形态与科学真理(或学术思想)的关系是一个老而常新的问题。强调二者的同一,认为统治意识即学术真理,无疑是简单化和幼稚病。但强调二者的对立,认为学术思想为科学,意识形态纯虚构,二者渺不相干,也同样是简单化。事实上,二者常常相互纠杂混为一体,或虽可分离而又有渗透。具体情况多种多样,错综繁复。秦汉时期的阴阳五行思想便是如此。

以董仲舒为代表的"天人感应"的阴阳五行学说成为官方哲学后,它笼罩、统治着汉代数百年,弥漫在几乎全部意识形态领域。但这并非一种偶然的意志事件,而是一种时代的潮流。如前所述,无论是基本同时的《淮南鸿烈》,或较早一点的《经法》,或更后的许多文献,在论到政治以及其他时,都表现出把天人连结起来的趋势。例如,《经法》中便有这种说法:"刑德皇皇,日月相望,以明其当。望失其当,环视其央。……刑德相养,逆顺若或,刑晦而德旺,刑阴而德阳,刑微而德彰。……天道环于人,反为之客"(《十大经·胜争》);就连出土的汉镜铭文也作:"圣人之作镜兮,取气于五行","五行德令镜之精"(《文物》1982 年第 3 期,第 67 页)。可见,把阴阳五行、天文历数与社会人事类比式地连结起来,远非董仲舒的个人发明,它由来既久,绵延也长。

阴阳五行的渊源和流变,是一个久远而复杂的问题,非本文所

---

①　后来宋明理学在批判吸取佛家哲学后,把这一套外在宇宙论转换为内在的心性论,将道德伦理高扬为本体,仍然以充满这种情感态度为其重要特色。(参阅拙作《宋明理学片论》,载《中国社会科学》1982 年第 1 期)

能评论。五行的起源看来很早,卜辞中有五方(东南西北中)观念和"五臣"字句;传说殷周之际的《洪范·九畴》中有五材(水火金木土)的规定。到春秋时,五味(酸苦甘辛咸)、五色(青赤黄白黑)、五声(角徵宫商羽)以及五则(天地民时神)、五星、五神等等已经普遍流行。人们已开始以五为数,把各种天文、地理、历算、气候、形体、生死、等级、官制、服饰……,种种天上人间所接触到、观察到、经验到并扩而充之以及不能接触、观察、经验到的对象,和他们对社会、政治、生活、个体生命的理想与现实,统统纳入一个齐整的图式中。一方面这似乎是神秘主义,阴阳家们也确乎以此来神秘地预言自然的图景和王朝的变迁,例如著名的"五德始终"学说。然而另方面,如前所说,在这图式中又的确包含了当时积累起来的大量经验知识,人们很乐意把这些经验知识组织在整套的系统图式结构中,以得到一种理论上(包括从经验认识上和数学上)的理解和把握。当时可能不止这一个"以数为五"的图式,似乎还曾有过以"八"、"六"①、"四"为数的结构图式。只是它们没有得到充分发展就被"以数为五"的图式压垮了。而这,正说明当时无论在意识形态方面和经验认识方面都有建构某种系统的要求,前者是服务于新的统一政治,如上节所说;后者则似乎是思维、学术本身发展的需要:把零碎、分散的种种经验组织起来②。

---

①　"以五为数"似乎来自东方,可能与殷民族(如从卜辞到《洪范》中"五行"作为箕子的回答)有关。"八"和"六"似乎是西部周、秦民族的传说。秦就以"六"为图式,《史记·始皇本纪》有"数以六为纪"。直到贾谊也还是"以六为法"、"六则备矣"。"六"与"五"的相持和胜负问题,可能是饶有兴味的秦汉思想史的重要章节。

②　以数字来组织整理从而解释宇宙是思想发展到一定阶段自然出现的现象。在古希腊,有毕达哥拉斯的显赫学派和理论,其中也充满了神秘主义,然而同时也有至今仍足以珍视的科学思想。

　　在五行学说的发展演变过程中,始终有这两个方面的因素在起作用,一方面是神秘的教义,另方面则是对经验知识的某种科学的组织、概括和整理。这两个方面又交互渗透着。

　　阴阳观念从现存文献看,最早似见于西周伯阳父所说:"夫天地之气,不失其序。若过其序,民乱之也。阳伏而不能出,阴迫而不能蒸,于是有地震。"(《国语·周语上》)阴阳是指自然变化中的两种功能或力量。以后《老子》讲"万物负阴而抱阳",再到《易传》,则已经以阴阳作为两个最基本的观念来解说八卦从而解说万事万物。于是《庄子·天下》总结说:"易以道阴阳",儒家已把阴阳观念接过去了。战国时,大概是阴阳家首先把五行与阴阳混合统一起来。这种混合或统一是基于二者都从某些根本功能和力量的相互作用和关系中来解说、论证宇宙—人生。重要的是,阴阳与五行的相结合,使五行的结构组织有了两种内在的普遍动力,从而使五行结构具有了确定的自我运动自我调节的功能。即是说,五行之所以能有"相生""相胜"的具体运转,是由于阴阳作为两种彼此依存、互补而又消长的功能或矛盾力量,在不断推动的缘故。阴阳推动着这个五行图式运转变换,才使这一图式不流为固定不变、难以解释的僵硬表格。董仲舒说:"金木水火,各奉其所主,以从阴阳,相与一力而并功。其实非独阴阳也,然而阴阳因之以起,助其所主。故少阳因木而起,助春之生也;太阳因火而起,助夏之养也。少阴因金而起,助秋之成也;太阴因水而起,助冬之藏也。"(《天辨人在》)阴阳在这里不是五行之外的独立力量,而是作为五行原动力与五行"相与一力而并功"。

　　文化人类学的材料说明,在任何原始社会的神话里都可以分析出其中主要结构是以正负两种因素、力量作为基本动力、方面或面貌。中国远古关于昼夜、日月、男女……等等原始对立观念大概是在最后阶段才概括为阴阳范畴的。但阴阳始终没有取得如今天我们所说的"矛盾"那种抽象性格,阴阳始终保留着相当实在的具体现实性和经验性,并没有完全被抽象为纯粹思辨的逻辑范畴。它们仍然与特定人们的感性条件、时空、环境和生活经验直接间接相联系。例如阳与光、热、夏、白天、男性、上升、运动等等相联系,而阴与暗、冷、冬、黑夜、女性、下降、静止等等相联系。因之,阴阳作为哲学范畴,既不是纯抽象的思辨符号,又不是纯具体的实体或事物。它们是代表具有特定性质而相互对立又补充的概括的经验功能、力量和作用。随着具体不同的结构方式,这种具有概括性的现实经验性格的阴阳之间的对立、依存、渗透、互补和转化,也就各有具体不同的结构方式,其中阴阳有主次或主导(阳)、基础(阴)等具体区别。所以,他们不是思辨理性,也不是经验感性,而是某种实用理性。这正是阴阳这对哲学范畴的特点,也是中国哲学和中国传统思维方式的特点。

如果再看看五行学说,这一特点也很明显。

与希腊或印度的地、水、火、风(或气)相比较,中国五行中除"木"不同于"气"或"风"外,还突出地多了"金"。这两点似乎都说明中国的五行,至少在脱开巫术宗教的原始神灵观念后,更多是与人们生活经验相密切联系。所以《左传》说:"天生五材,民并用之,废一不可。"(《左传·襄公二十七年》)《尚书·大传》说:"水火者,百姓之所饮食也。金木者,百姓之所兴作也。土者,万物之所资生也,是为人用。"作为燃料和各种工具材料、建筑材料的"木"和大概与冶炼相关的"金",在社会生活中当然占有重要位置。而"土"在五行之中之所以占有特殊地位,"先王以土与金与水火杂,以成万物"(《国语·郑语》),"比于五部最尊",则显然又与农业生产作为生活根基有关。由于更多从总结生活经验出发,而不从描述解释自然现象出发,所以与其说中国五行所注重的是五种物质因素、材料或实体,就不如说更是五种作用、功能、序列和效果。当《洪范》提出五行时，其着重点正是它们的性能："五行，一曰水，二曰火，三曰木，四曰金，五曰土。水曰润下，火曰炎上，木曰曲直，金曰从革，土爰稼穑。润下作咸，炎上作苦，曲直作酸，从革作辛，稼穑作甘。"郭沫若曾解释说："由水演出润下的道理，由火演出炎上的道理，由木生出曲直的观念，由金生出从革（大概是能展延的而且巩固的意思），由土生出稼穑。再如五味，……润下作咸，是从海水得出来的观念，炎上作苦，是物焦则变苦，……。"（郭沫若：《中国古代社会研究》，人民出版社1964年版，第114页）五行"相生""相胜"的序列关系看来也来源于生活经验。例如木可生火（木生火）、火后有灰烬（火生土），矿石原料来自地下（土生金），金属遇冷则有水露（金生水），水能滋长植物（水生木）以及水灭火，火冶金，金伐木，木犁破土，筑堤御水等等，体现的正是在日常社会生活中它们在性质上和功能间的相互关系和联系。这种对性质、功能、序列、效用的总结当然交织着对自然本身性能规律的了解和人事实践经验双重内容。"相生"表面似乎着重对自然发生规律的观察纪录，实际上其中包含了人们对这些规律的运用，例如掘土取矿才可能有土生金的观念。"相胜"似乎着重人事、实践的经验概括，实际上也包含对这些事物本性的了解，如金、石需有硬度才能"胜木"。正是客观事物本身的性能与人们实际活动、经验相渗透合一，构成了不同于纯实体（如地水火风或原子论）或纯数学（如毕达哥拉斯学派）的中国五行说的特色。由此生发，把自然规律、性能与人事活动、经验相联系渗透，并扩而充之，终于使整个宇宙的五行结构也保持这一不离人事经验的特色，最后出现董仲舒那种"天人感应"的理论系统和观念形态，也就有某种逻辑必然性了。

这也就是说，这种与生活实际保持直接联系的实用理性，不向纵深的抽象、分析、推理的纯思辨方向发展，也不向观察、归纳、实验的纯经验论的方向发展，而是横向铺开，向事物之间相互关系、联系的整体把握方向开拓。即它由功能走向结构,按功能的接近或类似,把许许多多不同的事、物安排组织在一个系统形式中,企图从实用理性的高度来概括地把握它们,从而产生了这种原始的素朴的系统论思维的某些特征。简单说来,这些特征便是:第一,不是任何个别的功能、性质或因素而是整体系统结构才是决定性的主要环节。整体不等于诸功能或因素的总和,它大于它们及其总和,即整体具有其不能等同或还原于各功能、因素的自身性质。第二,不是简单的线性因果,而是这个系统中诸功能的相互作用即包括反馈作用在内,才是维持系统生命的关键所在。第三,因此,整体系统将不可能是静止不变的存在,而是处在运动变换着的功能的动态平衡中,从而具有自调节的性质。第四,尽管有运动变换,却又周而复始,循环无端,并不越出或破坏这个既有系统的稳定和持久。第五,对这个系统的整体把握基本上处于未经分析处理(例如不能真正运用数学)的笼统直观的原始素朴水平。

这是不是把两千年前的五行说予以摩登化的附会解释呢?否!现代系统论的创立者们承认古代有系统论的思想,正如古代有辩证法的观念一样。它们都来自素朴的生活经验。在中国特定条件下,系统论观念如同辩证法观念一样,它们发展得特别充分。同时也充满着种种笼统,直观、粗陋,荒谬和神秘的古代原始印痕。特别是像董仲舒把善恶、伦理、官制、行政、服饰等统统纳入这个宇宙图式中,更是如此。尽管当时在政治上起过作用,它们完全是非科学和反科学的。它们属于意识形态的虚构方面,较快就被历史所抛弃淘汰。

阴阳五行系统论中的科学方面,由于在一定程度上反映了事物的客观状貌,并能在一定范围和一定程度上有效地应用于实际生活中,从而也就保存和延续下来,并不断得到细致化和丰富化。在这种系统论中,诸性质诸功能的序列联系和类比感应关系,较少意志论和目的论的主观臆测，更多具有机械论和决定论的倾向。这种系统论的最高成就和典型形态应该算是中医理论。

近年已有好些论著说明中医具有系统论的特性。中医的基础理论——《黄帝内经》，成书正是在秦汉时期，至少其基本思想是成熟在这个时期。这本著作至今仍然是有效地指导中医实践的根本典籍。中医及其理论历数千年而不衰，经过了漫长历史实践检验而至今有效，这恐怕也应算是世界文明史上的奇迹之一。而中医理论却与秦汉时代的宇宙论有关。"中医理论产生在很古很古的年代，包裹着种种今天看来颇为牵强附会、稀奇古怪的观点、思想和说法，例如什么'天人感应''五运六气'之类。因之，极容易被现代人们斥为迷信，视同胡说，特别是在现代如此发达的实验科学，在显微镜、透视机的比较对照之下。然而，奇怪的是，数千年的实践经验，也包括今天极为广泛的实践经验，却又仍然不断证明着中医讲的理论。就比如说经络理论吧，不仅有其存在的根据，而且还颇为灵验，尽管至今经络的物质实体始终没有发现。而经络理论与中医的五行学说、藏象理论又是不可分地连在一起，构成整套体系的。……西医的方法是从具体到抽象，中医相反，有点从抽象到具体的味道，……从它那套抽象的阴阳五行的原理出发，结果却非常具体地落实到此时此地此人此病来'辨证论治'。所以春秋朝暮，方颇不同，男女长幼，治病异样。……中西医治病均有常规，中医的常规则似乎充满着更多的灵活性、变异性和多样性。……我常以为，现代医学大概需要再发展几十年之后，才可能真正科学地严密地解释和回答中医凭几千年经验所归纳和构造的这一整套体系。因为目前西医的科学水平还处在局部经验概括的理论阶段，对作为整体性的人的生物—生理机制还极不了解，也就暂时还不可能真正解答中医所提供的种种实践经验及其理论体系，尽管这个体系携带着那样明显的落后时代的深重痕迹，那样直观、荒唐、

牵强、可笑。"(拙作刘长林《内经的哲学和中医学方法论》序,科学
出版社1982年版,第viii—ix页)

　　已闻名世界的中医针灸便是建立在经络理论上的,经络当然
有某种尚未被发现的物质载体或媒介,如电磁、化学等,但中医所
把握的是作为信息通道的功能特征和作为自控制自调节具有反馈
作用的闭合循环的结构系统。经络不过是中医理论的一个部分,
其实整个中医理论都是建立在功能和结构的整体系统的把握上,
要求在保持生物机体生长发展的动态平衡和自我调节的组织结构
中来把握、理解和说明、治疗一切的。例如中医的脏腑理论,主要
是功能整体,并非解剖学意义上的器官实体,尽管与器官实体又有
联系。它重视的是这些功能之间的序列关系和结构联系,不是某
些孤立器官的实体情况。而中医的这一套却正是以天人相比附的
阴阳五行图式作为哲理基石:

　　　　"天有日月,人有两目。地有九州,人有九窍。天有风雨,
　　人有喜怒。天有雷电,人有音律。天有四时,人有四肢。天有
　　五音,人有五脏。天有六律,人有六腑。""地有十二经水,人有
　　十二经脉。""岁有三百六十五日,人有三百六十节。"(《内经·
　　灵枢邪客》)

可以与董仲舒对照一下:

　　　　"人有三百六十节,偶天之数也。形体骨肉,偶地之厚也。
　　上有耳目聪明,日月之象也。体有空窍理脉,川谷之象也。心
　　有哀乐喜怒,神气之类也。……人之身,首妢员,象天容也。
　　发,象星辰也。耳目戾戾,象日月也。……小节三百六十六,
　　副日数也。大节十二分,副月数也。内在五脏,副五行数也。
　　外有四肢,副四时数也,乍视乍瞑,副昼夜也。乍刚乍柔,副冬
　　夏也。乍乐乍哀,副阴阳也。"(《春秋繁露·人副天数》)

这不基本相同吗?同样的荒谬附会和绝对错误。

　　然而它们又有同样科学的地方:例如,"天将阴雨,人之病故为之先动,是阴相应而起也。……病者至夜而疾益甚,鸡至几明皆鸣而相薄,……阴阳之气因可以类相损益也。"(《春秋繁露·同类相助》)这与《内经》所讲的人的生理病理相去并不遥远,都是用物质性的阴气阳气之类来解说天(昼夜)人(体质、疾病)感应的道理。又如,董仲舒与《内经》都认为异质事物因结构同而可以相互影响,如夏、南风、炎热、火、昼,赤(色)、苦(味),或冬、北风、寒冷、水、白(色)、甘(味)均有系列的类别联系,即质异而构同,可以相互作用。……正如董仲舒的政治理论中谈了好些人体生理上的"天人感应"一样(如《春秋繁露·循天之道》篇),《黄帝内经》的医学理论也谈了好些政治上的"天人感应"①。尽管它们各自具有不同的身份,其中意识形态和学术真理的成份大不一样,但作为当时时代的哲学世界观即这个系统论宇宙图式,却是相当一致的。汉武帝说,"盖闻'善言天者,必有征于人。善言古者,必有验于今'。"(《汉书·董仲舒传》)"(黄)帝曰:善。……余闻之,善言天者,必应于人。善言古者,必验于今。善言气者,必彰于物。善言应者,因天地之化。善言化言变者,通神明之理。"(《内经·素问·气交变大论》)这也是基本一致的。一个从政治出发,一个从医学出发,却都要大讲天人、古今,都寻求其中相通而互感的共同律则。这就是当时的时代

──────────

　　①　如《内经·素问·气交变大论》:东方生风、风生木,其德敷和,其化生荣,其政舒启,其令风。……西方生燥、燥生金,其德清洁,其化紧敛,其政劲切。……有德有化,有政有令,有变有灾,而物由之,而人应之也。"

精神①。在中国古代哲学中,"天人"与"古今"总连在一起,从《易传》、《吕览》、《淮南》以及阴阳家到董氏都如此。"天人之征,古今之道也。孔子作春秋,上揆之天道,下质诸人情,参之于古,考之于今。"(《汉书·董仲舒传》)把自然哲学和历史哲学混合等同起来,是值得注意的中国哲学的重要特点。

今天尽可嘲笑、咒骂它们的荒谬绝伦。但是不是也应该注意其中的重要的基本观念——强调天与人、自然与社会以至身体与精神必须作为和谐统一的有机生命的整体存在,仍然有一定价值和意义呢? 如何协调人(包括个体与集体)与环境、社会、自然之间既改造又适应的合理的动态平衡关系,在今日不也仍然是一大问题么? 这还不仅是环境保护、生态平衡、人体生理如何与大自然相调协之类的问题,而且还涉及如何使人的心理、精神状态与大自然相一致、合节拍之类更深刻的课题②。总起来,也就是如何能使人的社会存在与自然存在相统一相一致。当然,所有这些远非这种原始系统论思想和古老粗陋的图式所能解释或提示,但在那样遥远的时代,就建构起这样一种潜藏着好些重大问题的宇宙论,却不

---

① 西汉时代一面有荒诞的虚妄迷信,从方士、神仙到谶纬、鬼神,另面又有清醒的理性精神,其突出代表是王充。王充以其机械命定论爽朗明快地批判了种种非理性,展示了理性精神的巨大力量和进步意义,但王充也没要求摆脱阴阳五行的宇宙论。实际上这个五行宇宙图式本身就包含理性和非理性两方面的内容和可以向不同方向发展的可能性,即强调系统的客观运转和强调神秘的天人感应。

② 现代医学的"生物钟"学说可以与《内经》讲的四时昼夜与人气的不同状态如"子午流注"等等联系起来。现代系统论里讲的功能与结构的复杂关系,如同一结构可有不同功能,同一功能可有不同结构,与《内经》讲的同病异治、异病同治等等也有可相联系的地方。当然两者有古代与近代科学水平的本质差异。

能不说是一种成就。

四

如前所说,这个系统论宇宙图式的建成非朝夕之功。而当它已经构成并取得了在社会意识和学术思想中的支配地位后,其强大久远的影响,也不是朝夕间所能消失的。相反,它在中国成了一种极为顽固的传统观念和思维习惯。

最直接的恶劣影响便是产生了西汉末年大流行、东汉正式官方化,并的确搞得乌烟瘴气、被哲学史家们归罪于董仲舒开其端的所谓谶纬神学。说是"神学",有点抬高了,因为它只是一种非常简单幼稚的迷信观念,主要用作一时的政治宣传和神秘信仰,很难够得上什么学说理论。在日常社会生活中,实际上也并不占有什么重要位置,东汉以后就逐渐销歇。它并不能代表上述系统论宇宙图式的真正影响。真正更为实在和更为长久的影响,是五行图式在中国社会思想和观念形态许多领域的多方面渗透。这造成了许多貌似科学实际荒谬的伪理论,它们历数千年而不衰,在公私生活中起作用,成了行为中和思想中的不自觉的模式、习惯。甚至在今日,时时还沉渣泛起。不是至今还有人相信"风水"(死人所葬地理位置能够影响活人命运),不是还有人相信占卜推算吗?……所有这些的理论依据和思维模式便都与这个系统论宇宙图式的五行、阴阳、"天人感应"等等有关。它们貌似"客观"和科学,有经验,有理论,并且有沿袭数千年的信仰传统。它们甚至可以振振有词地说:中医的阴阳五行不是灵验么?那么,风水八字的阴阳五行为什么不可以灵验呢?……

这还不过是些外在现象,也许更重要的是这种五行图式宇宙论给人们心理结构上带来的问题。例如满足于这种封闭性的实用理性的系统,既不走向真正的科学的经验观察、实验验证,又不走向超越经验的理论思辨和抽象思维。中国的思维传统和各种科学(甚至包括数学)长久满足和停步于经验论的理性水平。这一缺陷恐怕与这种早熟型的系统论思维也有关系。因为在这种系统论里,似乎把所有经验都安排妥贴了,似乎一切问题都可以在这系统中求得解决,从而不要求思维离开当下经验去作超越的反思或思辨的抽象以更深地探求事物的本质,思维被这种经验系统束缚住、规范住了。另一方面,由于注重系统,便自觉不自觉地相对轻视对众多事物和经验作各别的单独的深入观察和考查,具体事物的分析、剖解被忽视了。就是中医,也由于满足于这个行之有效的经验系统,从而不再重视人体解剖而长久发展缓慢,很少有重大的突破和更新。应该说,这些都是这种直观的、原始的、早熟型的(因之实际上是不成熟的)宇宙论系统图式所带来的传统思维结构上的弱点与缺陷。

不仅如此,它可能还带来整个精神面貌和民族性格上的问题。这种宇宙图式具有封闭性、循环性和秩序性的特征。封闭性能给人们心理、性格以自我满足感。它可以表现为虚骄自大,固执保守,认为本系统内应有尽有,完整无缺,不必外求。循环论则否定真正的进化,从而向前只不过是复古,历史的演变不过是天道的循环,"天下合久必分,分久必合"。秩序性更带来所谓安分守己,听天由命,认为任何努力无不受既定秩序图式(天命)的限制和制约,自认已被规范在某种既定位置上和处在这个不能逃脱的图式网络中,"思不出位",逆来顺受,个体价值完全从属于这个作为外在权威的超个性的普遍秩序。于是,君怀臣忠,父慈子孝,夫唱妇随,成了人们安心奉行的长久而普遍的宇宙法规。宋儒后来倡导的那一套"天理"论之所以能长期控制人们的心灵,恐怕也与早在秦汉时代便在人们生活中开始渗透并成为传统的这种宇宙图式观有关。

周而复始很少变动的农业小生产,自给自足的封闭的自然经济,久远强固的宗法血缘的规范,则是维持这套宇宙观强大的现实基础。

　　然而,事情又总是复杂的。这种封闭、循环、讲求秩序的宇宙论系统图式又可以给人们心理以某些积极的东西。例如,一方面有排斥外物的封闭性,另方面又可以有吸收消化外物以成长自己的宽容性和灵活性。因为图式本身仍然要求一定的运动、变换、更新,要求适应环境、调节自身以维持本系统的生存,即所谓"穷则变,变则通,通则久"。从汉唐历史看,中国并不拒绝而是乐于吸取和消化外来事物,只要它们不在根本原则上与本系统相冲突。又如,一方面是相信命定否认进化的循环论,另方面,它又可以成为富有韧性坚持奋斗的信念基础,中国人很少真正彻底的悲观主义,他们总愿意乐观地眺望未来,即使是处在极为困难的环境里,他们也相信终究会有一天"否极泰来","时来运转",因为这是符合"天道"或"天意"(客观运转规律)的。再如,上述秩序性使人保守怯懦,不敢冒险,另方面又教育人们做事做人要照顾整体和全局,不走极端,以便取得整体的均衡,保持生活、身体、人际关系的和谐与稳定;从而个体也就可以在这系统中获得归属感,不致感到孤独、凄凉、荒谬、无依无着而需要皈依上帝……。长处与弱点,优点与缺陷,本就这样不可分割地牵连揉合在一起。重要的是对它们作出二分法的进一步的具体的历史分析。

　　本文开头曾说,秦汉时期不但在物质文明(从生产到科技)以及疆土领域上为中国后代打下了坚实的基础,而且在精神文明方面(包括文艺、思想、风俗、习惯等等领域)也如此。正是在汉代,最终形成了中国独特的文化—心理结构。这个文化—心理结构虽然应溯源于远古,却成熟于汉代。孔子继承远古所提出的仁学结构① 主要便是通过汉代一系列的行政规定如尊儒学、倡孝道、重宗法,同时也通过以董仲舒儒学为代表的"天人感应"的宇宙图式,才真正具体地落实下来。尽管董仲舒的儒学和五行图式与孔子学说已有很大的不同,但孔子提出的原始儒学的基本精神——血缘基础、心理原则、治平理想、实用理性、中庸观念等等(参阅拙作《孔子再评价》,载《中国社会科学》1980 年第 2 期),却都是通过这个阴阳五行的系统图式而保存和扩大了。并且因为有了这样一个具有信仰以至宗教功用的宇宙图式作为理论基石而更为加强。儒学至此进入一个新阶段,它不但总结了过去,吸收、包容了法、道、阴阳各家,而且由于日渐渗透深入到整个社会生活中,开始在民族心理、性格上打上了难以磨灭的印痕,并从此不易被外来势力所动摇。

所以,为什么魏晋以后,佛教东来,那么大的势力,帝王顶礼,万众信从,却仍然未能从根本上改变中国的政治、文化和思想面貌?为什么以后许多其它宗教教派,包括凝聚力极强的犹太教和伊斯兰教也如此?为什么所有这些教派的信徒们反而很大一部分被汉文化所同化?为什么中国不像西方中世纪或伊斯兰教国家有政教矛盾或政屈从于教?佛教在南北朝时曾至少两次被宣布为国教,为什么在中国历史上并没发生持久的作用和影响?

我认为,这恐怕与秦汉时代已经确立了的这套官僚政治体制

---

① 只有原始儒学中强调的个体人格的独立性自主性,如孟子讲的"说大人则藐之"的精神,则大为褪色。这当然主要是社会原因,氏族时代已经过去,而屈从于既定图式则是思想原因。不过在汉代,士人用灾异警告皇帝甚至要求"禅让",盐铁会议上"文学贤良"与御史大夫的激烈争论,以及强调节操、名誉和汉末太学生运动,都还可依稀看到原始儒学精神的人格要求尚未完全丧失,与后世仍有不同。又:为避免与康德混淆,原"实践理性"改为"实用理性"。

以及与之相适应的这套宇宙论系统图式的意识形态不无关系。如前已说,在这个系统图式里,任何事物,上至皇帝,下至庶民,也包括神灵世界,都大体已被规定在确定位置上,与其它事物都有大体确定的关系、联系和限定,彼此都受一定的约束牵制,而最终被制约于这个系统本身。这个系统本身具有最高的权威性和可信仰性,它是"天道"、"天意"、"天"。据此,天子"受命"于"天",皇权已经神授,皇帝循"天道"行事,拥有世上的绝对权威,因而在理论上、信仰上和实际上都不需要也不可能让任何其它的宗教人格神再来占据首要位置,从而发生政教矛盾或政屈从于教。宗教团体也是这样,它没法直接插进那个已成系统的文官制度中去。相反,宗教要维持下去还得适应和投合中国原来这套已成系统的意识形态和政教结构。所以在不断论辩之后,沙门终于得拜天子,也出现了《报父母恩重经》等等,佛教教义和宗教力量终于屈从于传统儒学。加上中国实用理性所包容的怀疑论精神,使中国知识分子可以不断地从思想上批评和对抗那种种狂热的非理性的宗教膜拜,而最终由宋明理学把汉代这种外在权威的宇宙法规转化为道德自觉的心性理论,由宇宙图式的客观性变为伦理本体的主体性后,便取得了对佛教的理论胜利①。宋明理学如同秦汉宇宙图式一样,它本身虽然不是宗教,却包容有宗教性的内容,具有某种宗教性的性能作用,所以也不需要另外的宗教了。孔子说:"鸟兽不可以同群,吾非斯人之徒而谁与?"(《论语》)董仲舒说:"春秋之所治,人与我也……,以仁安人,以义正我。"(《春秋繁露·仁义法》)这些都指明:

---

①　与此同时,中国思想的宽容性灵活性又仍然允许外来宗教在不危及儒学基本政教结构的情况下并存和发展,让人们自由信仰。长久的中国历史上除三武灭佛有其政治经济原因并只占有极为短暂的时期外,从来没有发生过残酷的宗教战争、宗教酷刑,这也不是偶然的。

人之不同于动物在于能为同类作自觉贡献,在于对自己尽道德责任(义),对别人同情、爱护(仁);因此,个体存在的意义既不在于自身,也不在于与神交通;既不在肉体或精神的享乐,也不在来世或超度,而即在此现世人生中,在普通生活中,在"伦常日用"中,在"人—我"关系中。这个"人—我"关系不是近代资本主义中的原子式的个人,在中国古代,它被看作一个有严密亲疏从而爱有差等的组织系统,把这个组织系统完整化并提到"天人感应"的宇宙论高度,这就是以董仲舒为代表的秦汉思想的主干特色①。以前的孔子仁学主要是氏族贵族"以身作则"的道德论,到汉代就成了"天人感应"的帝国秩序的宇宙论了。它在意识形态和科学文化两个方面都上升了一级,也为下一步魏晋本体论和宋明心性论作了理论上的足够储备。对于包括董仲舒哲学在内的秦汉思想,从这样一个角度去观察了解,也许更能明白它的史的意义所在。

(选自《中国社会科学》1984 年第 2 期)

李泽厚(1930—　),湖南长沙人。现为中国社科院哲学研究所研究员,巴黎国际哲学院院士。著有《中国古代思想史论》、《中国近代思想史论》、《中国现代思想史论》、《美的历程》等。

　　本文选自《中国社会科学》1984 年第 2 期。本文认为:儒、道、法、阴阳五行(天)同王道政治(人)作异质同构的类比联系,建构起了一种早熟型的系统宇宙图式,并积极参与建立了官僚政教体系。

---

　　①　说"主干"是因为还有别的一些思想和思潮。

黄梨洲与中国古代的民主思想

——在国际黄宗羲学术讨论会开幕式上的报告

张岱年

这次我参加国际黄宗羲思想讨论会很高兴,黄梨洲在中国文化史和中国思想史上确实有非常重要的贡献。恩格斯讲过在西方文艺复兴时期出现了好几位文化巨人,中国的明清之际虽然说是跟西方不一样,可它是一个非常重要的时期,其间也出现了许多文化巨人,其中一个最伟大的就是黄梨洲先生。我们现在来讨论黄宗羲的学术思想,是非常重要的。目前在学术界,出现了一股文化热,我认为是好事情。今天我就来结合文化问题,谈谈黄梨洲的思想。

五四文化运动提出了两个重要的口号,一是科学,一是民主。虽然过了几十年,这两个口号却还是需要提的,还是重要的。20年代时许多人曾经认为,中国没有科学。可是这几年来,英国的李约瑟博士写了一部很大的书,叫做《中国的科技与文化》,他证明了中国过去有科学。我觉得这个结论很重要。现在还有个问题,即中国过去是不是也有民主,这个问题也是值得研究的。我认为,中国自殷商以来没有民主制度,但在学术史、思想史上也还是有民主思想的。在中国思想史上,讲民主讲得有典型意义的,要算是黄梨洲了。黄梨洲的民主思想在思想史上是比较鲜明的。我这里只讲三个方面的问题。

　　第一,黄梨洲民主思想的渊源。我认为,中国在先秦时代就已有民主思想的萌芽,可说是有两个重要代表吧,一个是孟子,一个是庄子。黄梨洲主要是受了孟子的影响。在孟子以前的春秋时期,有件著名的事,叫做"子产不毁乡校"。《左传》记载,郑国有个乡校,许多人到乡校去议论执政者。有一个人就对子产说,他们这样议论、批评你,这不好。应该毁掉乡校。子产说,为什么要毁掉乡校呢? 别人给我提点意见,他的意见要是正确我就采纳。他的意见不正确,那也没有关系,这是我的老师呀,我为什么要毁掉乡校呢? 那个提意见的很佩服,说,你实在是高明啊。后来孔子也评论说,子产真是个仁人哪。子产不毁乡校就是愿意接受群众的意见。子产可以说是也有点民主风度吧。孟子则提出了"民为贵,社稷次之,君为轻"。他为什么说"民为贵"呢? 过去人们总是要贬低孟子这句话,我认为这"民为贵"是非常重要的话。孟子认为国君是可以改变的,君主不好就可以把他换一换。社稷是指当时国家的庙宇、祭坛。孟子认为社稷如果不怎么样,也可以换一换。国家里有一样是不能换的,这就是人民。你不可能把国家里的人民不要了,再换一批,所以孟子讲"民为贵",这可以说是民本思想。孟子还有一段话也可说是比较明显的民主思想。他对齐宣王说:"左右皆曰贤,未可也;诸大夫皆曰贤,未可也;国人皆曰贤,然后察之,见贤焉,然后用之。"(《梁惠王下》)又说:"左右皆曰不可,勿听;诸大夫皆曰不可,勿听;国人皆曰不可,然后察之,见不可焉,然后去之。"(同上)孟子这句话过去都未能重视。但这句话非常重要,孟子这句话可以叫做国人的民主。即什么事情都听从国人的意见。国人不包括奴隶,可以说是平民,至少是城市里的平民吧。他这种国人民主,是一种民主。古希腊不是讲奴隶主的民主么? 所以孟子讲的民主还是比较鲜明的民主观念。这些思想都影响到黄宗羲,黄宗羲还是比较景仰孟子的,后来跟黄宗羲思想比较密切的是宋元之际的思想家邓牧。邓牧在宋亡之后,写了《伯牙琴》。其中有两篇文章,一叫《君道》篇,一叫《吏道》篇,反对和批判秦始皇以后的封建专制主义,赞扬尧舜当时的情景。当时是其分未严,其位未尊,统治者限人民的区别并不严格,他们的地位也并不很尊严,他认为这种情况是好的。到秦始皇以后,位是越来越尊,分别是越来越严,这就很不好。他提出一个办法,认为最好是把这官吏都去掉,让人民自主。他的话很抽象,可以说是抽象的民主思想。他这思想也影响到黄宗羲,所以我认为黄宗羲思想的渊源即是孟子,也受邓牧的影响,中国的民主思想至少可以说有这么几个代表人物吧。当然,明清之际反对专制主义的也不只黄宗羲一个人,也还有唐甄以及许多思想家,都对专制主义提出了批评。这都是进步的思想。

第二,黄梨洲民主思想的特点。黄梨洲民主思想的特点有三:第一,他对君臣关系、君民关系提出了新的看法。他提出主客问题,到底是谁为主,谁为客。他认为上古时代,是天下为主君为客。到秦始皇以后是君为主,天下为客了,主、客关系改变了。我们现在了解的民主思想意义也很复杂。其中包含许多的层次和问题。至少包含两个问题,一个是为谁服务的问题,就是统治者与人民谁为谁服务,一个是最高权力问题。就是最高权力应该由谁掌握。民主思想也至少包含这两个意思,一个就是官吏或执政者应该为人民服务,其次就是最高权力应该属于人民。黄梨洲提出主客问题,就是要以人民为主,这可以说是比较明显的民主思想。他所谓的为主,主要是讲为谁服务的问题,不是讲最高权力的问题。他说古代以天下为主,是说古代的执政者都是为人民服务的,为人民兴利除害,替人民办事情。所以他讲这个君民的主客关系在中国历史上还是很有价值的。其次是君臣关系,他认为臣不是为君服务的,君跟臣都应该为人民服务,这也是新思想。唐朝韩愈曾做过一篇《原道》,他也讲君、臣、民的关系,认为君主是发布命令的,臣就是为君服务的,人民也是为君服务的。黄梨洲的思想与韩昌黎的思想正相反对。第二,他提出这样一个观点,"是非决于学校"。他认为什么是是,什么是非,什么应该做,什么不应该做,这由谁来决定呢? 在中国从秦汉到明清以来都是说由天子来决定,他认为这不行。天子不一定认识到什么是正确的,什么是错误的,常常会犯错误。他说:"天子之所是,未必是,天子之所非,未必非。天子亦遂不敢自为非是,而公其非是于学校。"这话非常重要。最高统治者不能够直接判断是非,他需采取学校的意见,由学校来决定是非。我在过去讲中国哲学史也没看重这一条,认为这是黄梨洲的初步的议会思想,这种解释没有理解黄梨洲的思想的深刻意义。我现在是这么看的,也不知对不对,供大家参考吧。我认为黄梨洲提出这么个问题,即政治跟学术的关系问题。是应该由政治来领导学术呢? 还是应该由学术来领导政治? 黄梨洲认为应该由学术来领导政治。不应该由政治来领导学术。我认为他这一思想在人类思想史上是非常重要的。事实上从西方思想史来看,应该说学术确实是在历史上起了领导政治的作用。比方说英国,它是资产阶级的民主制度,那么它的思想是受谁的影响呢? 是受洛克的影响。法国也是资产阶级民主制度,它的思想则来自于卢梭和伏尔太。马克思、恩格斯是领导世界革命的,但他们并没有掌握政权。他们是做为一个学者来领导世界革命的。这也可以说马克思做为一个革命家同时也做为一个学者,他研究了许多理论问题,才提出了这个马克思主义来。所以黄梨洲认为政治最后的领导权应归于学校,我认为有深远的意义。研究学术和理论问题应该走在时代的前面,时代应该接受其领导。当然,学术领导政治事实上也很难做到。可是历史上还是有这种情况,像马克思,就起了这么大的作用。这不是很明显么？第三，黄梨洲还有一个重要思想，我自己过去也没有很好地重视，就是学术自由的观点。黄梨洲的著作很多，《明儒学案》是他的精心的著作之一了，其中的《自序》和《凡例》里面，表现了这么一个思想，我认为他是在主张学术自由。他在《自序》中提出这么一个口号，叫做"殊途百虑之学"。这一点过去我也没有很好重视。近来我看《自序》，觉得这非常重要。他说他的老朋友叫恽仲升，跟他讲他们老师刘蕺山的学术问题，他讲了这么一句话，他说恽仲升对"殊途百虑之学"不能够理解。从这句话来看很明显他是主张"殊途百虑之学"。这句话出自《易传》，其中说，"天下同归而殊途，一致而百虑"。黄梨洲在《自序》中认为"古之君子……其途亦不得不殊，奈何今之君子必欲出于一途？"过去学问都讲殊途，为什么现在的学者都讲出于一途呢？他在《凡例》中又说"学问之道，以各自用得着者为真，凡倚门傍户、依样葫芦者，非流俗之士，则经生之业也。此编所列，有一偏之见，有相反之论，学者于其不同处，正宜着眼理会。所谓一本万殊也，以水济水，岂是学问？"我认为黄梨洲这句话非常重要。每一家他只要是成为一家之言，他都有他的一个宗旨，我们就要了解他这个宗旨。各人的学说不一样，宗旨就也不一样，是否是一偏之见或相反之论，这都没有关系，只要他有自己的真正见解，就应该重视。这就是"殊途百虑之学"。当然黄梨洲也重视所谓同归一致，认为孟子是最高的典范。但他说的"殊途百虑"之学就是讲学术自由，就是提倡百家争鸣，反对照样画葫芦，我认为这是真正理解了《易传》那句话。我们现在大家都应该拥护社会主义原则，但又可以百家争鸣，对具体问题有各人的见解。而在历史上首先强调这一点的就是黄梨洲，这是他的一个重要的贡献。

　　第三，中西民主思想的比较。过去人们完全认为中国过去没有民主思想，我则认为中国过去也有民主思想。可能有些人不同意,我还是这么个看法,提出来讨论吧。现在有一个问题是,中国的民主思想与西方的民主思想有什么区别? 又有什么相同之处? 这相同之处还是比较明显的。民主需要有这么一个根本观点,就是把人看成人,就是要承认别人也是人,尊重别人的意见。中国古代孔子讲"仁"就是把人看成人,西方讲人道主义,也是把人看成人。我觉得这点还是有相通之处。不过,中国民主思想跟西方近代那些启蒙思想家所讲的民主还是有很大差距,黄梨洲虽有这样伟大的贡献,但也还是有很大差距。这点我们要承认。那么,中国民主与西方民主有什么区别呢? 我认为,它们的理论基础有所不同。西方尤其是近代,他们的理论基础是人权观念,天赋人权。也可以翻译为自然权利。即承认每一个人生来都有他的权利。这不是别人给他的,而是他自己具备的,任何人都一样。西方天赋人权是资产阶级学者提出来的,所以现在许多人就认为这是一种资产阶级思想。但事实上我们的宪法也讲人民有一些基本的权利。西方的人权思想可惜是中国传统思想所没有的。为什么没有呢? 儒家也讲"权",但不是权利之"权",而是"经、权"之"权"。讲的是变通。在中国思想史上是否也有讲权利之"权"呢? 有。先秦的法家如慎到、商鞅、韩非都讲权利之权,但他们专门讲的是"君权",不讲民权,不讲人的权利。先秦法家有其进步之处,即以治国法,但他们看不起人。先秦法家的一部重要著作《管子》,它的思想还是比较温和的,但是它有这么一句话,叫"用人如用六畜",用人跟用牛马一样,这是把人看做是牛马。所以后来汉朝的扬雄就批评法家申不害和韩非,说"奈何牛马之用人也?"认为申、韩把人看成牛马是根本错误的,我觉得扬雄的批评是完全正确的。儒家则不一样。儒家反对把人看做牛马,这从孔子开始就这样了,所以《论语》上就有个记载,说是"子退朝,厩焚,孔子问:伤人乎,不问马。"孔子就把人跟牛马分开了。这是儒家的一个优点。可是儒家就没有提出人权思想：儒家只讲人对人有义务，不讲每个人有权利。那么在中国历史上是否也有人讲每个人有他的权利呢？有。先秦儒家有一派叫漆雕氏之儒，曾有过这种思想，可是没有居正统地位。儒家没有强调每个人的权利，这点是遗憾之处。儒家如孟子、黄梨洲讲民主，有一个理论基础，即孟子提出来的"良贵"观念。他说："人人有贵于己者"，这叫做"良贵"，翻译成现代语言就是"本然的价值"，人人都有他生来的价值。只要每个人认识和发挥了这个价值，就可以成为一个很好的人。所以他提出"人皆可以为尧舜"，达到圣人的境界。孟子还说："舜何？人也；予何？人也；有为者亦若是。"舜是人，我也是人，我若有所作为，我也可以像舜那样。我认为孟子所讲的民主，是承认每个人有天赋价值，跟天赋人权有所区别。他主要是从道德方面来讲的，西方则主要是从政治方面来讲的，这是一个根本区别。从这方面看，儒家是要求重视个人的尊严。这是中国传统中一个极宝贵的思想。儒家在这方面讲的特别多。孔子就曾赞美过伯夷、叔齐，说："不降其志，不辱其身。"后来士大夫知识分子就有这么一个传统，讲"士可杀，不可辱"，不过我认为这句话太消极了，应该是士不可辱，也不可杀，要为正义而斗争。可见，中国过去也有民主观念，可是这民主观念不太完全，不讲人民的基本权力。

黄梨洲是中国过去民主思想的一个伟大的代表，他强调人的尊严，强调每个人在道德上都可以达到最高水平，这是有其重要意义的。但是我们现在还是要学习西方的科学，参考西方的民主，健全我们的社会主义民主。我们现在纪念黄梨洲，就要发扬他的民主观念，这与学习西方民主并不矛盾。我今天随便讲了点感想，不一定对，请同志们指正。

（选自《浙江学刊》1987 年第 1 期）

张岱年(1909—　),河北献县人。1933年毕业于北平师范大学,曾在清华大学、中国大学、北京师范大学任教。1952年调任北京大学哲学系教授。1978年任北京大学哲学系硕士研究生导师、中国哲学史研究会会长,1982年任北大中国哲学史博士研究生导师。著有《中国哲学大纲》、《宋元明清哲学史提纲》、《中国哲学史史料学发微》、《求真集》、《玄儒评林》、《文化与哲学》、《真与善的探索》、《思想·文化·道德》、《中国伦理思想研究》、《中国古典哲学概念范畴要论》、《张岱年文集》六卷等。20世纪90年代河北人民出版社编印《张岱年全集》,收录1995年以前张岱年的论著,共八卷。

本文选自《浙江学刊》1987年第1期。1986年10月20日至25日,由浙江省社会科学院主办,在浙江宁波召开了国际黄宗羲学术讨论会。本文就是张岱年先生在这次讨论会开幕式上做的报告。

本文从“黄梨洲的民主思想渊源、民主思想的特点、中西民主思想比较”三个方面具体细致地剖析了“黄梨洲与中国古代民主思想”的关系,认为:“中国自殷商以来没有民主制度,但在学术史、思想史上也还是有民主思想的。在中国思想史上,讲民主讲得有典型意义的,要算是黄梨洲了。”

20世纪儒学研究大系

论孔孟的正义观

前　言

正义（justice）的观念显然是一个人类最基本最原始的观念。它在西洋哲学中占据一个非常重要及独特的地位。在古典希腊哲学没有形成之前，追求正义可说是整个史诗及悲剧的传统的主题。人不知道自己，人不知道自己的理想与命运，把人生行动与遭遇的是非曲直诉诸神的意旨与神意，但当神意也都不能满足他的正义感受时，他也会问：神是正义的吗？神对许多不义的事情可以真是正义的吗？神要就成为正义的化身来表创这个世界，不然神也被推倒，人自己去找寻正义的定义与规范。我想，早期希腊神话中的宙斯大神和基督教的上帝，都是人类在追求正义的过程中遭受到冲击与冲突而逐渐净化成为正义的表征的。这个神的净化也就是人的净化。

苏格拉底是西方第一个从神话与史诗的世界开拓出人文与人道的理性世界的哲学家。这就是哲学的诞生。他的哲学思想代表西方理性的启蒙。理性就是客观地思考与分析问题，在对不同意见的批评省察中追求真理的标准。除了理性主义，人文主义也是苏格拉底的重大建树。他把注意力放在人类社会与个人面临的问题上，而对之加以毫不保留的批评与审查。他讨论德性、勇气、自约及正义等观念,可说是西方哲学家对正义问题提出讨论的第一人,也是人类思想发展重大的创举之一。

柏拉图继承了苏格拉底的理性主义与人文主义,对正义问题提出了更系统与深刻的探索。他的理想国就是建筑在"正义"的观念上。他指出"正义"可用于个人,也可用于国家与社会,因之我们可称一个人为正义的人,也可以称一个社会为正义的社会。引伸来讲,自然我们也可以称一件事为正义的事,一个行动为正义的行动,一个制度为正义的制度,一个原则为正义的原则。在这些用词上,"正义"有其一贯的意义,但也有歧衍突出的意义,涉及人在社会存在中的各面。柏拉图又指出"正义"是一个人的理想存在,是人性中理性指导意志、节制欲望的一种理想状态,这种状态也是社会正义的基础与楷模。柏拉图在他的著作中极力把他理想的社会建筑在人性中理性节制欲望、指导意志的原则上。因之他把一个理想社会照人性三部分划分为三个阶层,使他们的关系亦如人性中三部分的关系一样,建立在理性(统治者)指导情感、意志(卫防者),节制欲望(农工生产者)的原则上面。他似乎并未想到一个理想社会也可以自全体个人的"正义"发展而产生。这点已为孔子的正义哲学所显示。

近代西方思想很重要的部分仍是正义思想的探索。自18世纪启蒙思想开始,西方几乎没有一个时代不发挥有关正义的思想,这些思想多多少少反映西方社会的政治意义的变迁,但也指引了西方社会的发展。因之正义观念可说是西方政治及社会哲学的核心问题。自斯宾诺莎(Spinoza)到洛克(Locke),自卢梭(Rourseun)到康德(Kant)、穆勒(J. S. Mill),自康德、穆勒到近代,这一个讨论正义观念的传统迄今不坠。最近英美讨论正义问题的书尤多,除比利时的白烈尔门(Pereleman)及英国的哈特(Hart)外,近五年来最为人称道的是哈佛大学约翰罗斯(John Rawts)教授的巨著定名为《一个正义的理论》(*A. Theory of Justice*)。书评家认为是最近五十年英美政治与政治哲学的大著。书中自康德立场总结西方自由主义民主哲学的传统,将之奠立在理性的基础之上,以说明自由民主之可贵。但罗斯却有许多问题未提出也未回答,其中之一就是人的正义观念何来?人的正义观念如何完成?在这种情况下,我觉得我们可以提出有关正义的问题,看看我们自己的文化传统及儒家的学说如何回答。同时也得以相对的厘清中国儒家的正义观念。

中国儒家的正义观念——兼释"正义"一词

"正义"连为一词并不见于经传,但"正"与"义"两词在论语中却占有极重要的地位。孔子虽未连用"正""义"两词,但两者的意义却是互相含摄,因之构成一个完整的观念,用以译欧文 justice (英文),Recht(德文),jus(法文)一词,或以欧文此类字译之,均无不可。唯吾人极须注意的是"正义"观念的根本意义有其儒家哲学的根源,如不就这个观念根源上去了解,即不能把握"正义"的整个意蕴,正如 justice 一词有其西洋哲学中的根源一样。我们了解"正义"的根源,不但更能了解正义问题之所在,且对正义观念在人类社会的运用与正义问题的解决自有一番新的掌握。我这篇文章的目的一在提高国人对正义的意识并了解"正义"一词对人类进化所具备的重大意义。二在了解"正义"的观念乃发自人心之本体,而为我国立国的基础,亦为我国儒家思想的骨髓。

简述之,孔孟思想包含三大方面:一为以"仁""恕"为中心的人性本体论;一为以"正义"为骨干的社会规范论;一是以"礼"、"乐"为重点的人性理想论。三者相互依持,形成息息相关的一个全体的三面。人性是建立社会规范与人生理想的基础,人性亦需透过社会规范的建立与人生理想的投射得到彰显和发挥。社会规范是扩充人性的道路,也是实现人生理想的方法,亦唯有凭藉社会规范的建立,人性方可得到源远流长的充实与巩固。人生理想是人性自然的流露,也是肯定社会规范的前提,人性的完成仰赖人生理想的突现,社会规范的顺利建设也需要人生理想的积极提升。三者关系的密切于此可见。就一个社会来看,我们可以用一个比喻:一个正常及健康向前的社会、文化、个人都必须像一株树一样,有其根、有其干、也有其花叶与果实。仁恕可以说是一株树的根,正义是一株树的枝干,礼乐则是一株树的花叶,艺术、文化与哲学、文学的创造则是一株树的果实。本不固,则枝干不兴,枝干不兴则花叶不茂,花叶不茂则果实不丰。个人与社会、文化的成长就和一株树的成长一样,根本不固则无以论其他。但成长之后若不细心修整与保护,则枝干之不全、花叶之不茂,亦足以伤害根本。故枝根相依,不可斫丧,才能形成人性文明的鼎盛。

以上只是就比喻说明孔子思想中各项观念的相互依持,现就孔子思想中构成文明骨干、社会规范的“正义”观念加以发挥。首先,我想就孔孟著作中的中心观念来阐释“正义”的观念。

上面已指出“正义”一词可用于个人,复可用于社会,亦可用于个别的原则。儒家关于正义的思想涉及人性的基础方面,故“正义”可就人性之把持的态度来讨论,“正义”自然也可就社会规范、制度来讨论,最后“正义”也可以自人生的理想来讨论,看其对人生理想有多少重大意义。因之,我们可以就这三方面提出三个重大问题:“正义”在人生的理想中占据如何的地位?“正义”在社会规范上代表怎样的要求?“正义”的人性基础是什么?而这三个问题又可以分两个层次来看:一是自个人的修养与态度来回答,一是自社会的需要与制度的理性化来回答。前者是有关正义感(sense of justice)的问题,后者有关社会正义(social justice)的问题。后者若就近代正义思想来看,又可分为"分配的正义"(distributive justice)及"报复的正义"(retributive justice)两项:前者主要是财用及物质价值的分配问题,兼及精神价值与物质价值的均平估价问题——人之贡献如何,报偿如何,工作之量与质如何衡量;后者涉及赔偿及惩罚问题,这些问题都成为当今社会哲学与法律哲学中讨论的要项,后者尤为民主国家民法及刑法中不可或缺的成分。我们讨论孔孟的正义观念,只能就孔孟思想的精神予以引申并兼及这些方面的含义,我们这种讨论可名之为"对孔孟有关正义的伦理学的讨论"。从孔孟伦理学这个观点讨论正义问题,也就给予正义一个伦理学的基础,依此我们可以建立一个"正义伦理学"的学说(Ethics of justice)。本文着重在孔孟思想中正义意识的讨论。至于如何基于此种正义意识以建立正义的社会规范,则将留待另文处理了。此处我们认为正义意识是正义社会规范建立的基础,故有其同在的重要性。

首先我们可从孔孟的著述中自四方面分析及阐扬正义意识:1. 以"义"释正义,2. 以"正"释正义,3. 以"直"释正义,4. 以"中"释正义。当孔孟的正义观念在这种方式下阐述清楚以后,我们也就可以得到一个放诸四海而皆准的"正义"的定义与原则了。

以"义"释"正义"

孔子《论语》中有两句话最能代表他对"义"的观念的重视,以及他关于"义"的中心思想:一是甲:"君子义以为质,礼以行之,孙以出之,信以成之,君子哉。"(《卫灵公第十八》)另一是乙:"君子之于天下也,无适也,无莫也,义之与比"(《里仁第十》)。这两句话明显的指出孔子把"义"看作是君子为人以及立身的根本道理,也就是做人的道理。一个人之为人就在他是不是以"义"做其立身的原则,以及治事的标准。君子在孔子思想中是立志做人的人,也是要努力实现人性的人。按照甲语,"义"是君子的本质,也就是做君子的条件和基础。"义"显然是一种认识和态度,有了这种认识和态度,然后再表之于礼的行为,出之于谦和的风度,达到建立自己的信誉,君子也就成其为君子了。这也就是说"义"是以礼、逊和信为其内容。相反的,没有"义",礼、逊、信都是空洞的形式。因之,我们也可以说"义"乃见之于一个人的礼、逊和信的行为。"义"不是抽象的存在,而是要见诸具体的人的表现。一个人有其内在的质,也有其外在的文,真正的君子是文质相互统一的,质自然比文更重要,因为"绘事后素"没有素质,文饰也不可能绚灿的。"义"的重要性由此可见。

这里还要提到两点:(一)孔子提到"仁"比提到"义"要多得多,"仁"与"义"的关系如何呢?"仁"是君子最后的理想,也是君子对人应有的情操。但"仁"却是一个君子对人类全体的一种情操,是偏向全体性的,一般性的,这个德行尤其表现在一个当政者对全民的亲切。"仁"之为对全体的人的关怀与情操见诸下面的引语:

"泛爱众而亲仁,行有余力,则以学文。"(《学而》第六)

"里仁为美,择不处仁,焉得知。"(《里仁》第一)

"君子笃于亲,则民兴于仁。"(《泰伯》第二)

曾子曰:"士不可以不弘毅,任重而道远,仁以为己任,不亦重乎? 死而后已,不亦远乎?"(《泰伯》第七)

"克己复礼为仁,一日克己复礼,天下归仁焉,为仁由己,而由人乎哉?"(《颜渊》第一)

"如有王者,必世而后仁。"(《子路》第十二)

"桓公九合诸侯,不以兵车,管仲之力也。如其仁,如其仁。"(《宪问》第十六)

"志士仁人,无求生以害仁,有杀身以成仁。"(《卫灵公》第

九)

"民之于仁也,甚于水火。水火,吾见蹈而死者矣,未见蹈
仁而死者也。"(《卫灵公》第三十五)

"当仁不让于师,"(《卫灵公》第三十六)

"能行五者于天下,为仁矣。……恭、宽、信、敏、惠。恭则
不侮,宽则得众,信则人任焉,敏则有功,惠则足以使人。"(《阳
货》第五)

自然"仁"尚有其他的含意,但对全民的或对所有人的一般性的关
怀是仁的一个重要意义。"义"似乎比较偏重于个人与个人的关
系,或偏重较具体的行动,这已见于上引孔子的话。当孔子肯定君
子对人对事不能先定何是何非,而必须就"义"来决定其标准时,他
显然把"义"当做具体情况下的一种具体的是非。后来《中庸》说:
"义者宜也",就把"义"这种具体应用性的特点点明了。加上上言
"义"要透过礼来表现,而礼是规范人与人间的规矩,则"义"显为涉
及人与人的具体关系的德行。

但同时要指出"义"也具有应用于全体人民的一面,在这种意
义下,"义"也表示一个人,尤其是当政者对全民的关系与其所持的
态度:

"子谓子产,有君子之道四焉:其行己也恭,其事上也敬,
其养民也惠,其使民也义。"(《公冶长》第十六)

"务民之义,敬鬼神而远之,可谓知矣。"(《雍也》第二十
二)

"上好礼,则民莫敢不敬;上好义,则民莫敢不服;上好信,
则民莫敢不用情。"(《子路》第四)

"行义以达其道。"(《季氏》第十一)

"不仕无义。……君子之仕也,行其义也。"(《微子》第七)

由此可见"义"也是个人对全体之人或全体之民的一种态度与价

值,亦是做君子不可或缺的认识。没有这种态度与认识,则国家不得治理,人民也不得安顿。故"义"为治国保民的一种态度,实与"仁"同等重要。"仁"与"义"同为一个人对全民的态度与价值,但两者却并不同一,不过也并非相反,而是相辅相成。"仁"乃是一种基本的情操与心境,"义"乃是表现于具体事实的行为,以及面对事实情况处理的态度。"仁"是主观的一种心境与态度,"义"是客观的一种行为规范与标准。有仁无义则爱民而不知所以爱之。"义"是知是非善恶之所在,"仁"是促使人从事是非善恶之辨,并实行之。故无义有仁不足以成具体之善;无仁有义则一般之善也不可见。孔子说:"不知命,无以为君子也;不知礼,无以立也;不知言,无以知人也。"(《尧曰》第三)。孔子并未言知义,但知命、知礼、知言即可说是知义的条件,因为不知礼显然不足以行义;不知言则不知人,以义对人就必须知言;为君子要知命,自然为义也要知命了。故我们可以推说"义"是以知人、知命、知言为条件,甚至为内涵的。

就以上分析,"义"是一种知人知事以行仁的态度,亦是一种人性中自发的正义感。

在孟子《告子篇》中,我们见到有关"仁内义外"学说的辩论。"仁内义外"的学说是告子提出的。基本的意思是"仁"是为人内在的情感所决定,但"义"却不是为人内在的情感所决定。相反的,"义"是由外在的事物、人事的性质与条件所决定,依外在事物的差异而变更的。告子这个观点自然并不否认"义"是做人处世的一种态度,并不等于外在事物的性质与条件自身。故告子说明"意外"的意义如下:

> "彼长而我长之,非有长于我也,犹彼白而我白之,从其白于外也,故谓之外也。"(《告子》第四)

告子的意思也就是"彼长"之"长"为外在的性质,因此性质我才有我"长之"的态度。这个态度是外在性质所引起的,而不独立存在于外在的原因的。同样，我们叫白色为白色，也是依于白色性质的外在存在。用哲学术语说，告子认为"义"是后天事物所引起的态度，而非先天存在的观念，亦非如"仁"之为一己内心的感情所引起或决定。由于"义"是由外在事物的性质所决定，故具有客观性、一致性。凡事物性质相同或相似者，我均应出于相同及相似的态度，故告子又说"长楚人之长，亦长吾之长，是以长为悦者也，故谓之外也"。（同前）从这个客观的观点，告子显然肯定人有认识客观性质的能力，而且有自客观性质来做客观裁断的能力（对应于主观的价值心理）。我们如果叫这种能力为理性的认识力与判断力，则告子所强调的"义外"说，重点乃在肯定人有理性的认识力与判断力，而此等能力乃不同于自发自动的纯感情为内涵的"仁"的态度。

告子认为"仁"不决定于外在关系。外在关系虽是一样，但因其与我的关系不一样，"仁"的内涵也就不一样。因之，"仁"不同于"义"，而为内。告子举出的例子是：

> "吾弟则爱之，秦人之弟则不爱也，是以我为悦者也，故谓之内。"

但自这个例子来看，"仁"并不完全脱离外在事物的认识，只是这种认识要由自己的感情连引起，而自己的感情又由外在事物与我一己的关系来决定，因之，具有主观与感情的成分。然而"仁"也有其外的一面，因其具有外在事物的考虑与影响。同样，如果就"义"为一对事物的态度来言，"义"显然不能等于对客观事物的性质的认识，而是认识客观事物后，为此认识所决定的主观态度，因之，"义"也具有主观的成分，其为价值，其为判断，其为态度，均说明"义"的主观成分之所在。就这点来看，"义"也有内的一面。

孟子立场与告子相反，孟子主张"仁义均内"论。他不但认为"仁"是内在的，且认为"义"也是内在的，而非外在的。但就孟子整个的论证看来，他之所以认为"义"是内在的理由，乃在于肯定"义"

是一种主观的态度与价值，而坚决否认"义"是一种外在的性质，或为外在因素所完全决定的一种心理。

孟子指出白马之白与白人之白一样均为外在同等之性质，但他问道："不识长马之长也，无以异长人之长与？且谓长者义乎？长之者义乎？"孟子提出这个问题是合理的。他的重点并不在指出"白"与"长"同为外在性质，有何不同，而在于指出吾人对不同的外在性质所采取的态度，可以有所不同。对于白马与白人的白，我们可以一律称为白色，但对于长人与长马的长，我们固然可以一样称为"长"，但我们的主观态度却不一样，我们可以尊敬长人之长，但却并不一定要同等尊敬长马之长。这是为什么呢？这是因为尊敬是一种态度，而不是外在性质或其认识。肯定"义"为一种态度，即"长之者"，而非一种外在性质，即非"长者"，乃孟子的要点。

他的例子自然可能引起误解，就是使人觉得他不肯定客观性质对人认识与态度上的影响。故告子立即指出，我们却是既"长楚人之长"亦"长吾之长"，故对长者态度不变，因其不变，故为外。这里告子事实上承认，也应该可以承认"义"是一种态度，而不等于一种性质与认识，只是他怕孟子认为这种态度是任主观感情而变的罢了，故他立刻强调"以长为悦者"的不变性与客观性。孟子此时事实上亦可承认告子的论点，肯定"义"为一种态度，可以有其不变及客观的一面，但却仍不失其为态度。但孟子不就此着眼，而一再强调个人主观态度之为主观与内在。他用"耆秦人之炙，无以异于耆吾炙"的例子来说明耆炙为内在、为主观，并不与告子用"长楚人之长，亦长吾之长"的例子以说明长为外在、客观相冲突，只是各自见到一面，而所着重以标明的方向不同而已。

告子因吾人认识事物的态度之一致与客观，故命之为外；孟子则坚持因吾人认识事物的态度为态度，故命之为内。告子与孟子的论点实在并不冲突，只是两人的着重点不同，这种不同并不妨害对"仁""义"观念的意见一致。在其他例子上，孟子可以肯定客观性质对吾人态度之决定性，如因弟所处之位置受同等敬叔父之敬，则弟应受敬叔父之敬，这是敬的外在性，但敬之为一种态度却是敬的内在性。同样，饭食的需要是内在的，但对外在事物满足饮食需要的客观性，却不因主观感情而有多大改变，这是饮食的态度的外在性。

　　总之，告子与孟子立场并不真正冲突。孟子强调"义"是内在的，是强调"义"是一种发自人性之中的价值与态度。具体的"义"为何，固然受客观事物性质的决定，但作为一种一般性的价值态度，"义"却是根植于人心人性而不可或缺的，无义即非人。"义"的界说为羞恶之心，也就是不以是为非、以非为是的价值态度，故与是非之心的智是连贯在一起的。它也是对人对事有一定尊重与注意的价值态度，故又是与恭敬之心的礼相连贯的。自这个立场，我们很明显的可以把羞恶之心的"义"与是非之心的"智"及恭敬之心的"礼"当做"正义感"（Sense of Justice）的最好诠释。其与以恻隐同情之心为核心之仁不同之点乃在处理事物时主观感情内涵有无的不同。前者以客观事物为决定因素，后者则以主观自发之感情为决定的主因。我们可叫"仁"为同情心，而"仁"、"义"可以同名为内，因为同为人性之发用，但功能不一，故相异而相互为用。两者若有冲突，则就人性之同一根源处（诚）或人性之理想完成处（明）以求调和与解决。下面我们以一简图说明这种关系：

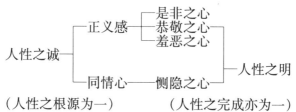

（人性之根源为一）　　　　（人性之完成亦为一）

　　就我们对告子与孟子仁义内外之争的分析,我们可以得到如下结论:两家不相违反,仁义内外之说只是所用名词偏倚的不同,而非"仁"、"义"本质相反的理由与原因。两者之相同与相异,两人均可承认,但对两者之相互为用与相异如何发挥,两人所持之论证尚不足以判明,而必见诸孟子其他部分。仁义内外之争使我们更进一层把握到"义"之为义的特点,以及由此特点透显出来的古典儒家所体验的"正义"观念——也就是说"正义感"的观念。

　　实则"仁"与"义"均有外在与内在的二面,其不同乃在重点的不同。我们不能说"仁"纯是内在的感情,因为具体的"仁"的表现仍需许多客观的事物。同样,我们也不能说"义"纯是外在的认识,因为具体的"义"的态度仍基于主观的能力。"仁"是偏向于主观性的、感情性的;"义"是偏向于客观性与理智性的。"仁"、"义"各有所用,因为有些价值要由感情与主观来作决定,而不可为客观事物所规定;另有一些事物却必须要以理性与客观认识来作决定。世界的存在包含这种事物与价值的两重需要,人的存在也需要这两种不同的价值的实现,因之,"仁"、"义"同为人性所必需,亦为社会所包含。两者不应视为相反,而应因其所代表的关系与价值视为相辅相成。

　　我们以"义"译"正义",虽然尚未点明"义"之具体内容与意涵,但就以上所论"仁"与"义"之分别及"仁"与"义"之相辅相成,正足以说明一部分"正义"之为用及其特质。我们可以依"义"与"仁"之别,提出下列几点以认清"正义"之发用与特质:

　　1."正义"是以理性为基础,对外在事物之认识。

　　2."正义"是基于对外在事物的认识所采行的态度与价值。

　　3.此项态度与价值是客观、一致的,故不为主观感情及与一己关系所影响。

　　4.客观事物之同异,决定"义"的态度的同异。

这四点说明了"正义"的一个最重要原则就是"平等一致原则"（Principle of Equality），此即以平等之态度对平等之事物（Equals for Equals）。此处所谓平等，乃是指理性认识所决定的平等，而非由主观感情及与一己关系所决定之平等。我们不能否认，主观感情所决定的平等，往往在理性认识中不平等，同样，主观感情所肯定的不平等，往往在客观认识中肯定为平等。故"正义"可以与感情相违，"仁"与"义"亦可能有相违的地方。自完全的逻辑观点言之，我们可以得出四种情形：

1. 感情上的不平等，理性上的平等　　　　　违仁合义
2. 感情上的平等，理性上的不平等　　　　或合仁违义

3. 感情上的平等，理性上的平等　　　　　合仁合义
4. 感情上的不平等，理性上的不平等　　　或违仁违义

一件事情如果是既合仁又合义，或是既合义又合仁，自然最好，但如果一件事情只是合仁而违义，或只是合义而违仁，如何办泥？儒家的回答是要看具体情况而定。有时"仁"应尽而不得不违义而负其受罚的责任，有时则不得不负起"义"的责任而违仁。一般来说，儒家把"仁"看做"义"的基础，故尽可能在"仁"上去肯定"义"，去避免不义。儒家也相信就"仁"为人性根本来看，在"仁"上下功夫，在"义"上也就无亏负，"仁"之深处就是大义，达仁合仁就是更大之义。故"仁""义"若有冲突，就要在深处看如何解决。如果自深处看，行仁违义而可以得到大义，则依仁违义可也；若相反，依义为大仁，或依仁如违反更大之仁，则只有牺牲"仁"以成全"义"了。"仁""义"在理想上及根本上应该肯定完全没有冲突，任何这种冲突都可以透过个人道德之成就来解决。孔子说："父为子隐，子为父隐"，自然是就父子之仁为更大之仁来肯定"仁"重于此处之"义"。后儒说"大义灭亲"，则是在另一些事上不得不肯定大义为更大之

仁,而不得不牺牲亲亲的小仁了。孟子中有关舜不告而娶的事也可以就大义以压倒小仁而得到理性的说明(Justification)。

此外,由孟子"义的内在观",我们可以对区别"正义"观念于四点之外,另加下列一重要之点:

具体"义"的态度是以"义"的一般态度(名为羞恶之心者)为根源,"义"的一般态度根源于人性而为人性发用之一部分。

这点可以说"正义感"是与生俱来的,是人性的一部分,也是人之为人的条件。这层意思是儒家对"正义"的形上本体的一种肯定,因此肯定我们不但能探索"正义"之内容与对象,且可讨论"正义"之本体基础(Ontology of Justice)——"义利之辨"。

要决定"义"的内涵,义利不可不辨。整个儒家思想的重点之一就在对义利严加分辨。"利"是什么?对孔子而言,"利"主要指一个私有的利益与好处,这种利益与好处显然是来之于对外的财富,或由一个人所占有的地位而获致之权力,也就是孔子所说的富与贵。孔子并不否认富与贵是人欲望的对象,但富与贵并不构成人存在尊严的要件,这要件乃是"义"。富贵并不给予一个人的存在价值,甚至也不界定一个人的存在价值,故富贵并非一个人存在的充足条件,亦非其必要条件,那么富贵对人的价值何在? 从我们对"义"的了解来看,富贵唯一的价值乃在其可用来增进社会中其他所有人的一般利益和人性等的发展。人有自然欲求富贵的需要,但也当自一理性的观点把这种欲望与其所欲与理性生活相调和。理性的生活就是人与人共同和谐的生活,共同的享有一般的利益、一般的生活快乐与舒适。故"利"的谋取与获得,必须受理性考虑他人及全体需求的限制与节制,也必要在这种限制与节制之下合理化。这种就全体及他人的需要加以限制、节制,及个人合理化需要的态度为大众利益的态度,也是大众利益的考虑与认识。简言之,如果"利"指小我的利益,"义"则指大我的利益。就此种分

别,我们可以建立两个"义"的原则:

其一吾人当自大我的利益着想,以限制吾人小我利益之欲求,并以此为判断小我利益欲求之合理与不合理。

其二吾人当视小我之利益不但为满足一己之欲求,且为促进大我利益之一途径与工具。

依此两原则,我们可以得到下列两种情况:

1.小我利益与大我之利益相冲突。

2.小我之利益与大我之利益不相冲突。

在第一种情况下,舍小我利益而取大我之利益;在第二种情况下,小我之利益取之无害,且有增进大我利益的间接意义。

依以上所述,我们不但了解"义利之辨"重点之所在,且了解其重要性何在。孔子一再表示:我们在欲求一己利益之时,一定要考虑大众利益。这一点足以显示孔子对"义"的观念是以大公大利为主旨的。他说:

"见利思义"(《宪问》第十二)

"义然后取"(《宪问》第十三)

"见得思义"(《季氏》第十;《子张》第一)

"君子喻于义,小人喻于利"(《里仁》第十六)

"不义而富且贵,于我如浮云"(《述而》第十六)

大凡一个人见到"利"每有自然之欲望,但"义"却要求人注意这个自然之欲望是否与大众的利益相冲突,而后依"义"作一决定。这是把"义"当做理性的态度的明证。同时"义"也是舍己从众实行这个原则的人,是一个自觉并立志发挥人性的人(君子)。一个不自觉及不愿意发挥人性的人(小人),只是顺从一己欲求利益的倾向,而不考虑全体性的利益,因之也就有"利"而无"义"。作为君子,即使生活很贫困,也决不放弃立人的原则,孔子所谓"君子固穷"、孟子所谓"士穷不失义",都是"义"的原则的一种表现。

从上面"义利之辨"的讨论,我们可以得到如下的结论:"义"是一个人尊严之所在,也是一个人肯定他人权益的理性态度。"义"因之意含一种对人我之际利益调和的裁决,也是一种对全体利益的理性肯定。简言之,"义"是公心,"利"是私心。"义利之辨"意含着公私之辨。由于"义"意含着理性的裁断与大利的认识,"义"自然不同于不涉及具体利益的理性考虑的"仁爱"之心了。

另外一点必须说明的是:我们对孔子"义"之解释并未把"义"与"利"视为完全相反之两事。"义"并不排除"利"的内涵,问题在此内涵的"利"是私或公,是一己或全体,是不应或应然。我们解释"义"为大公之利、全体之"利",也是应然之"利",故求义并非置利害于不顾,而是就大体及应然之利害加以认识与裁断。此处所称应然即理性的不合一己与全者冲突的考虑。

从这个观点我们自然也能了解何以孟子强调"义"是人之正路(《离娄上》第十一),以及他何以主张"生"与"义"之间,一个人应舍生以取义(《告子上》第十)。"义"是人之正路,因为唯有从"义"的考虑中,一个人才可以避免一己之利益与公利之冲突,也可依"义"而把自己所得以增进天下公利。这点是人性所含,也是人之所以为人的依归,"义"为人达到人性实现之正路在此。当一己之"生"与全体之"义"有所冲突时,"义"的原则无疑要求舍生取义,使一己为人的价值得到肯定与完全。

以"正"释"正义"

近代"正义"的观念涉及"正"与"义"两个观念。上文已就"义"的观念加以分析,现就"正"的观念再加以分析,以见"正"与"义"之密切关系。透过这种密切关系,"义"的内涵也因"正"的内涵而得到彰显与延伸。

　　孔子有关"正"的思想最重要的在"正身"与"正名"。"正身"与"正名"都与从事政事有关，也就是治理国家，从国家立场奠定人民的生活秩序的基础。孔子说：

　　　　"政者正也，子帅以正，孰敢不正？"（《颜渊》第十七）

从事政治的事是在使国家社会进入"正道"，故从政必须有"正"的方向，"正"的态度以及"正"的方策，也就是有"正道"可循。从政者不但要确定"正""道"所在，并且要自己力行而推动之，如此全国人民上下均将起而仿效，也就一致的步入"正道"了。孔子所谓"正"或"正道"是什么呢？"正道"就是合乎人性之德与人性之理的路，也就是为善之道。这在孔子下列的话中表示得很清楚：

　　　　"子为政，焉用杀？子欲善而民善矣，君子之德风，小人之
　　　　德草，草上之风，必偃。"（《颜渊》第十九）

"正"与人之善与德有关，"正"也是人之德与善所表现出来的行为规范，也可以说是对善及德之为行为规范的一种客观与理性的认识。自这个观念着眼，我们也可以说"正"就是"义"的意识所表现的规范了。孟子很明显的视"义"为人之正路，就是把"义"和"正"的观念连起来的明证。由于"正"就是"义"的行为和行为规范，一个人要得到他人信任，要能影响他人，就必须自一己的正行开始。"正"与从政有关，如果"正"即是"义"，则"义"也当有其政治施行一面的意义了。要从事行政工作，就必从自身一己做起：

　　　　"其身正，不令而行；其身不正，虽令不从。"（《子路》第六）

　　　　"苟正其身矣，于从政乎何有？不能正其身，如正人何？"

　　　　（《子路》第十三）

如"正"的目的是行政于天下，使天下之人皆归于正，则显然"义"亦有社会的目标，也就是以义处天下，使天下皆归于义，行政以正，则亦必以义。义可说是行政的中心原则，在这种意义下（即以正释义的意义下），"义"也与西方的 Justice 观念同具有客观理性与涉

及社会制度的性质了。

当然儒家之重点仍在正人方面,义之为用亦在正己以正人,以人的修养为基础,这是正身、正心、修身观念之发展起源。另一方面我们亦不当否认儒家也讲究客观化的制度以为行正立义的凭藉,这层意思在我看乃见之于正名方面的主张。我先述正名,再述正心,以两者为"义"之两端,一端为内向的人事,一端为外向的制度,作为儒家"正义"论的张本。

(甲)正名以立制:孔子主张为政要以正名为先。正名是什么?正名就是要求国家、社会里的每一个人尽其应尽的本分,行其当行的职守,也就是孔子提出的"君君、臣臣、父父、子子"(《颜渊》第十一)所包含的主张。国家和社会必须建筑在客观的行为规范与伦理秩序上面,行为规范与伦理秩序又需要典章制度来保持其平衡与安定,以谋求其一致和有效性。社会与国家的秩序、制度、规范都是可以普遍认识及接受履行的,亦为责任、权利、价值之所由出。这些秩序、规范与制度都包含一定的人文关系,这些人文关系可称之为名,正名就是使名归于实,该有某种人文关系的人就该具有那份人文关系的名份,而且该尽那份关系所含的职责。换言之,这些秩序、制度、规范统可命之为名,正名就是要使这些秩序、制度及规范历之于正,也就是使它们合于正义的原则。

我们这样解释正名,显然可以把正名所包含的近代意义呈现出来,看出正名对于安定社会秩序、建设国家制度所发生的效用。孔子所称礼乐就是上文所称的典章制度及其价值,他所称的刑罚即为一般的行为规范。孔子认为名不正,则言不顺;言不顺,则事不成;事不成,则礼乐不兴;礼乐不兴,则刑罚不中;刑罚不中,则民无所措手足。正名之与社会和人民生活秩序之维持,其间的重大关系于此可见。故我们可以说正名是立制之始,亦是立制的目的。不管其为始点和目的,我们均不容忽视正名所代表的实现及达到社会秩序、人民安乐的正义精神。故正名亦构成说明义之为正的一项要素。

（乙）正心以立人：孔子已提到正身以正人这个原则，但如何才能正身呢？正身自然就是正己，正己就是使自己的行为合乎正道，也就是合乎义与德的规范。但一个人又如何使其行为合乎义的规范呢？孔子并未讨论这个问题，这个问题在大学里才有了明确的回答。大学提出正心的观念，以正心为正身或修身的基础。同时大学又提到正心基于诚意，诚意要基于致知，致知则要基于格物。从这个连锁的关系中，我们了解正身是由先了解事物之理则开始，而后是忠于自我（诚意），平衡心灵情绪才能达到的。正身是外在行为之正，诚意正心乃是内心意志与心灵之正。有其内方有其外，所谓"诚于中，形于外"，我们要了解行为之正，就要了解内在心灵意向之正。我们把"正"当做"义"的一个方面，自可透过《大学》所称正心之正，以了解义的意义。下列对诚意与正心的解释，可以使我们了解儒家所称之"正"的观念：

> "所谓诚其意者，毋自欺也，如恶恶臭，如好好色。"（《大学》传之六）

> "所谓修身在正其心者，身有所忿懥（Zhi），则不得其正，有所恐惧，则不得其正，有所好乐，则不得其正，有所忧患，则不得其正。"（《大学》传之七）

从这两点看来，所谓正就是正直无欺，也是无怨无尤，平和中正之意。正是一种对自我的态度，以及一种情绪与行为平和的态度，同时也显然是一种不偏不倚，不为私情私欲所控制的态度。这说明了正的基本形态。正身就是刻刻要正心，也就是时时把握平和公正的态度。有了这种态度，我们也可说有了义的认识，自然也就有了义的行为了。《大学》说正心可以修身（也就是正身），修身可以齐家，齐家可以治国，治国可以平天下，可见发之于"正"的力量。

这种"正"延伸扩大的作用,也就是孔子所谓:"其身正,不令而行"、"子帅以正,孰敢不正"的意思。若以此言义,义显然也就有延而伸之,而为建立大同社会的最基本的态度了。有此义的态度,发而行之的制度也是合于正的了。

自正心以论正身,重点是在一个人道德人格的充实上面。为政依人的成分很大,孔子自然不忽略制度的重要,但他显然更重视当政者的人格修养。《中庸》引有孔子所说:"文武之政,布在方策,其人存,则其政举,其人亡,到其政息"的话。孔子所强调的是一切制度要为政的人来推行与建立,好的制度若无好的人来推行,也得不到好的效果;再说好的制度也要好的人来建立,没有好的人,何来好的制度?自这个观点看,立人比正民立制更为必须。但我们不可说孔子不要制度,事实上,孔子很讲究制度的建立,上述的正名以立制,已说得很明白。孔子只是肯定有了好的制度后还要有好的人来推行与维持。故立己修身教育,为代代不可或断的事业。以此言之,正身立人就是最大的义或义的精义。《中庸》中说:"义者宜也,尊贤为大",说明义是适当的处理一件事,也就是合乎正道的处理一件事,但唯正心修身的贤者才能把握正道,认识正道之所在而身体力行,故作为适宜处事的义就表现在引用贤德的人,也就是由正心修身的人来实行好的制度。这是就为政要立人而言。

孟子强调"正人心"(《滕文公下》),并强调"其身正而天下归之"(《离娄上》),"射者正己而后发"(《公孙丑上》),"正己而物正者也"(《尽心上》),都是为继承孔子与大学、中庸的正身、正心的思想而发挥的。孟子对于制度方面特别提出"正经界"的观念。他说:

> "夫仁政必自经界始,经界不正,井地不均,谷禄不平,是
> 故暴君污吏,必慢其经界,经界既正,分田制禄可坐而定也。"
> (《滕文公上》)

"正经界"涉及社会及经济问题,尤其是土地分配问题。如何分配

土地固然是一个问题,但如果不将土地分配清楚,则必产生混乱,导致生民涂炭,并影响当位者与人民的权利划分,亦为事实。故定经界的目的是为避免不义而生,这与孔子正名的原则是相符合的。

最后孟子还提到"正命"的观念,这是孟子的创见。所谓正命就是死得其当,也就是合义而死。不正命就是死得不得其当,亦就是死而不合于义。孟子认为凡事均有其客观的道理,做人当尽自己的能力与智慧,以求其所以当而避免其所不当。他说:

> "莫非命也,顺受其正,是故知命者,不立乎岩墙之下。尽其道而死者,正命也,桎梏死者,非正命也。"(《尽心上》)

"顺受其正"也就是"宜"的意思,与"义"的意思也一致。人之为人,若能顺应合理的、自然的原则,则他就是一个有义之人了。换言之,义也就是一种尽其在我、对自己负责的态度了。

以"直"释"正义"

与"正"相关的一个观念是"直"。孔子与孟子对"直"都很重视,从他们的讨论中,可以看出"直"与"正"实际是相通的。如果我们对"直"有进一层的认识,亦必有助于对"正"与"义"的认识。我们甚至可以用"直"来说明"义",以显示"义"包含"直"并以"直"为"义"最重要之一部。若以"义"为一种修养上的态度,则"义"即"直"的态度,亦即"正直"的态度。若以"义"为一种行为和措施,则"义"即"正直"的行为和措施。

孔子首先肯定"直"是人之本性,是与生俱有的。

> "人之生也直"(《雍也》第十九)

这种与生俱有的性质可说是一种正直感,一种对正理的直觉。此种肯定到孟子就成为人性为善的一个根据。不过孟子肯定人皆有义的羞恶之心,是就所有的人而言,孔子则认为可能有生而不直的人,这种人能够免于祸害则是很侥幸的。

"罔之生也幸而免"(《雍也》第十九)

这是肯定不正直的人是为社会所不容的,也是对人性向善及为善的信心,更是社会正义与社会制度的基础。

孔子曾标明"直"是与"义"相连,所谓:

"质直而好义"(《颜渊》第二十)

这样更在社会与人群中自然得到别人的爱戴,所谓"在邦必达,在家必达"(同上),可见"正直"是人所归依的德行,也是社会生活的基础。

基于这个认识,任何国家和社会必须把"正直"当做立人及立政立制的标准,以求获得人民的接受,并使政治步入正轨。所以孔子说:

"举直错诸枉,则民服;举枉错诸直,则民不服。"(《为政》第十九)

"枉"是直的反面,亦就是"不直",不直不足以服人,故一国的政事须以直人担任。直人领导政事,小则可使不直的人免于为乱,大则可化不直以为直。所以孔子又说:"举直错诸枉,能使枉者直。"(《颜渊》第廿二)

由于直是为政的准绳,是为民爱戴的德行,其与"仁"也就不远。有仁者之心,有知人之明,即可行正直之政。故孔子于樊迟问仁与问知时,也提及上列有关"直"的话。"直"之可为"义"的说明,亦于此可见了。

孔子对"直"的态度及其运用,有很深刻的体会。这可见诸孔子与叶公的对话:

叶公语孔子曰:"吾党有直躬者,其父攘羊,而子证之。"孔子曰:"吾党之直者异于是,父为子隐,子为父隐,直在其中矣。"(《子路》第十八)

何以孔子认为"父为子隐,子为父隐"为"直在其中"? 如果我们仔
细考虑,就可见到攘羊之事与父子反目之事相较,前者的严重性小
于后者。盖父子本应相信相亲,因攘羊之事而反目,则天下大伦受
到威胁,社会的安定也将难以维持。两害相权取其轻,故父应为子
隐,子应为父隐。这种决定须以"知"的衡量为基础,即当事实涉及
利害时,须对义之大小有所评估,故"直"即含有"知"的意义,而知
又以大仁为鹄的,因此"直"又有"仁"的考虑,孔子的判断,说明了
直之为义是要与"知"及"仁"相辅并用的。

　　孟子也以"直"为取义之正道。《滕文公章句下》有一段话特别
显示:"直"是依义依理的行为,合于"直"的事方可做,不合于"直"
的事就不可做。孟子并标明,"直"不能以利为目标,以利为目标,
"直"也就不是直了。他说:

　　　　"且夫枉尺而直寻者,以利言也,如以利,则枉寻直尺而
　　　利,亦可为与?"(《滕文公下》第一)
更重要的是直必须要出于己而后可以施于人。直于己就是依性之
义理而行,不直于己(枉于己)就是不依性之义理而行。孟子断言:
"枉己者,未有能直人者也。"(同上)

　　孟子把"直"与"义"并言,以说明他善养浩然之气。"浩然之
气"是孟子有关心与身的本体的观念,也是"义"的本体的观念,此
点我已于一篇英文写的论文"论义为一特殊运用之普通原则"(On
Yi as a General Principle of Special App lication)(见 Philosophyy
East & West)"义之本体"一节中,予以详论。孟子认为"浩然之
气"是要一个人善加培养的,它也可以是一个人道德人格的修养。
如何培养"浩然之气"呢? 孟子下面一段话,充分说明要培养浩然
之气,就非要诉诸直与义不可。

　　　　"其为气也,至大至刚,以直养而无害,则塞于天地之间。
　　　其为气也,配义与道;无是,馁也。是集义所生者,非义袭而取

之也;行有不慊于心,则馁也。"(《公孙丑上》)

"浩然之气"是天地间的正气,也是人之所以为人的德性。孟子所谓"以直养"与"集义所生",正指出"浩然之气"即一个人的"直"与"直"之所在。观此,也就可知"直"与"义"可以互释了。

以"中"释"正义"

前曾言《中庸》有谓"义者宜也"。所谓"宜"就是合于时宜,也就是《中庸》所说的"中节"或"时中",循此线索看来,"义"与"中"在意义上实有互通之处。事实上,我们应该深入"中"的观念,以了解"义"是合于中道的。所谓中道,就是中庸之道。孔子说过:"中庸之为德也,其至矣乎,民鲜久矣。"(《雍也》第三十)但要认识中庸之道,就必须自《中庸》说起。《尚书》虽有"唯精唯一,允执厥中"的说法,但对"中"的解释还得求之于《中庸》。《中庸》说:"喜怒哀乐之未发谓之中",这样就把"中"视为人性之本体,"性"之本体当尚未发时为"情",乃中正无偏之质,这种状态就叫"中"。换言之,"中"就是人之本性,《中庸》认为这种本性是与天一贯的,故天命之为"性","中"即天命在人性中的状态。如果"义"是"中","义"亦可视为蕴含于天命与本体之"中"了。

孔子关于"中"的讨论见之于《论语》者并不多,但他很明显地看重"中道"、"中行",也就是依中两则的道理和道路。他说:

"不得中行而与之,必也狂狷乎。狂者进取,狷者有所不为也。"(《子路》二十一)

中是不过分和不欠亏,也就是"无过不及"。这个概念也许用英文Fairness(公平)一词可以表达。并因最知名的政府哲学家罗斯在其新著《一个正义的理论》一书中即以"公平"一词释"正义"。故公平即为不偏不倚,无过不及之"中道"或"中行"。中道或中行是道之至中至重者,就人性来说,如《中庸》所提示,乃是情性未别的状态。也可以说,如果情性已发动,也就难以维持至正至中的本体状态了。故中道可视为义之本体,亦可视作"义"的至高完美的理想。因而孔子叹息说:

>　　"中庸之为德也,其至矣乎,民鲜久矣。"(《雍也》三十)

如果本体之中和情性发动使人的行为合于正道,显为德行,则是《中庸》所称的"发而皆中节"之和。此处所谓"中节"乃是指合于客观之事理,实现真实之价值,亦即义的表现或实现。故义即为本体之中之具体实现,亦即——人事、天下之和了。我们可以说"义"之存在有两个阶段,一是未发的本体阶段,一是已发并实现之具体化阶段;一是中的阶段,一是和的阶段。《中庸》称"中为天下之大本,和为天下之达道",并谓"政中和,天地位焉,万物育焉",这层意思与理想用之于"义"的概念上,则可见"义"亦为令天地立位,令万物发育之大原则、大德性:从"中"以见义之体,总和以见"义"之用,并从中和之一段实现,理解又乃一动态及贯彻主观、客观之过程了。一个人能够致和守中,就是一个知义行义的君子了,孔子因而说:"故君子和而不流,强哉矫,中立而不倚,强哉矫!"(《中庸》)

　　孟子对中道之了解,一如孔子。以中道无过不及之行为道理。他举杨子为我、墨子兼爱为两大极端,赞许子莫执中为近于道。但"执中"并非死板机械的固守一点,而是要就物之事理权衡轻重,以断决是非。这种权衡轻重的判断,就是孟子所说的"权","权"需要理智及知识与了解,也是极明显之理。"执中无权"是大家所恶的,因为其为不能应用理智以作个别事宜之判断,这也就是无义可言了。他说:

>　　"执中无权,犹执一也,所恶执一者,为其贼道也,举一而
>　　废百也"。(《尽心上》)

义是要实用的,也就是"执中权衡"的。这用孟子论是非之心为智

之端,而智之德乃义之内涵,同具对"义"的说明作用。这在第一节中已阐明了。

结　　论

本文已就孔孟哲学中之正义观念与意识作了深入的分析说明,正义是合于义、归于正、显为直、本于中的行为与措施。正义亦可说为人性之理与事物之理之谐合为一致,而为做人处世、治国平天下之根本原则,亦即天下之大本大经,不容稍有偏者也。儒家思想及哲学指示之伟大价值即在于其能揭橥此项不垂不易之准则,为人情社会奠定一理性之基础。

(选自成中英《文化·伦理与管
理》,贵州人民出版社 1991 年版)

　　成中英(1935——　　),湖北阳新人。1958 年台湾大学哲学系毕业,后获美国哈佛大学哲学博士学位,现为美国夏威夷大学哲学系教授。曾任美国《东西方哲学》编委、《中国哲学季刊》主编、国际中国哲学会名誉会长、国际《周易》研究会会长。著有《中国文化的现代化与世界化》、《知识与价值》、《中国现代化的哲学省思》、《文化·伦理与管理》等。

　　本文选自《文化·伦理与管理》,贵州人民出版社 1991 年版。"正义"是政治哲学的核心命题,本文就孔孟哲学中之正义观念与意识从"以'义'释'正义'"、"以'正'释'正义'"、"以'直'释'正义'"、"以'中'释'正义'"等几个方面作了深入的分析和说明,视角独特,立论深刻,在学术界颇具影响。

评亨廷顿的《文明的冲突?》

汤一介

20世纪即将过去,21世纪即将到来,在这世纪之交,回顾过去,瞻望将来,要写点什么,真是千头万绪,百感交集。在即将过去的20世纪中,曾经发生过两次世界大战,使数千万人丧失了生命,使人类多少世纪创造的文化遭受到难以估计的损失。但是,在这个世纪中,科学技术的长足发展,人们创造出征服太空的奇迹,特别是近年来人们逐渐意识到必须以"对话"代替"对抗",以"和平竞赛"代替"军备竞赛",21世纪将或是一个人类充满希望的世纪。人们都希望人类社会走上"和平与发展"的道路。然而在这样一个时刻,美国哈佛大学教授亨廷顿在1993年《外交事务》夏季号上发表了一篇长文,题为《文明的冲突?》(译文全文载《二十一世纪》第19期中,本文引文均据该刊译文),这篇文章已经引起了海内外广泛的讨论。该文主旨是在论证今后一个阶段,世界的形势将继续以"冲突"为主弦律,而且其根源是由于文化的不同引起的。在这篇文章开头有如下两段:

"世界政治正进入新阶段、学者纷纷预测它的形态——历史的终结,民族国家恢复传统的竞争,民族国家在部族主义与世界主义的张力下衰落等等。这些看法各自反映了现实的一面,但全都不能抓到未来国际政治最重要、最核心的问题。

"我认为新世界的冲突根源,将不再侧重意识形态或经

济,而文化将是截然分隔人类和引起冲突的主要根源。在世
界事务中,民族国家仍会举足轻重,但全球政治的主要冲击将
发生在不同文化的族群之间。文明的冲突将左右全球政治,
文明之间的断层线将成为未来的战斗线。"

接着亨廷顿对他这个基本观点作了层层论证,在他的论证中,虽有
一些值得我们重视的看法,但也包含着我认为是错误的或与事实
不符的论断,对这些暂不讨论。我只想对亨廷顿的基本观点提出
几点不同意见。

(一)人类文化发展的总趋势是以互相对抗还是以互相吸收而融合为主导?

照亨廷顿看,新世界冲突的根源,将主要不侧重在意识形态和
经济,而文化将是分隔人类和引起冲突的主要根源。全球政治的
冲突将发生在不同文化群体之间,主要是发生在"西方文化"和"非
西方文化"(儒家文化与伊斯兰文化)之间。他并且从历史上作了
论证。他认为,文明的差异在历史上产生,不会立即消失,且比政
治意识形态及政权的差异更为根本。长期以来,由此引起的冲突
往往是最持久、最暴虐的。

当然,在人类以往的历史上并不缺乏由于文化(例如宗教)的
原因引起国家与国家、民族与民族、地域与地域之间的冲突。但
是,我们从历史发展的总体上看,在不同国家、民族和地域之间的
文化发展则是以相互吸收与融合为主导。因此,国家与国家、民族
与民族、地域与地域之间的冲突并不是主要由于文化的原因引起
的。我对于西方历史和文化了解很有限,没有多少发言权,这里只
想引用罗素的一段话来说明今日西方文化是吸收与融合多种文化
成分而形成的。1922 年,在罗素访问中国之后,写过一篇题为《中
西文化比较》的文章,其中有如下一段:

　　"不同文明之间的交流过去已经多次证明是人类文明发
展的里程碑。希腊学习埃及,罗马借鉴希腊,阿拉伯参照罗马
帝国,中世纪的欧洲又模仿阿拉伯,而文艺复兴时期的欧洲则
仿效拜占庭帝国。"

罗素的这段话是否十分准确,可能有不同的看法,但它说明:(1)不
同文化的交流是促进人类文明发展的重要原因;(2)今日欧洲文化
已吸收了许多其他文化因素,而且包含了阿拉伯文化。如果我们
看中国文化的发展,特别是儒家文化在中国的发展,就更可以看到
在不同文化之间由于文化原因引起的冲突总是暂时的,而不同文
化之间的相互吸收和融合则是主导的。

　　中国在春秋战国以前本来存在着多种不同的地域文化,有中
原文化、齐鲁文化、秦陇文化、荆楚文化、吴越文化、巴蜀文化等等,
是后来才合成一个大体统一的华夏文化。而儒家文化在先秦不过
是诸种文化之一,到汉武帝时提出"罢黜百家,独尊儒术",儒家思
想才定于一尊,不过这时的儒家思想实际上已经吸收和融合了法
家、道家、阴阳家的思想因素。当然这对说明不同文化之间的吸收
与融合虽有一定意义,但它还不能算是很有说服力的,最有说服力
的例证是中国文化对印度佛教文化的吸收与融合。

　　中国文化吸收和融合印度佛教文化大体上有三个阶段,历时
近千年:(1)佛教大约在公元一世纪西汉末时传入中国,先是依附
于中国原有的"道术",到魏晋又依附于玄学而流传,这时虽有两种
文化之间的互相批评,但从总体上说是"和平共处"的。(2)到东晋
以后,由于佛教经典翻译日多,人们对佛教的原意有了进一步的了
解,而看出在中印两种文化中确有不同,因而在思想上发生了冲
突,这主要表现在中国文化提倡"忠孝",而佛教要"出家"、不拜君
王和"无后"(不孝有三,无后为大)上,这也只是思想上之冲突。这
一时期虽有两次"灭佛"事件,但主要是由于政治和经济的原因而

不是由于文化的原因引起的。(3)到隋唐,形成了若干中国化的佛教宗派,天台、华严、禅宗等,这些宗派虽然仍是佛教,但却吸收了若干儒家和道家的思想;到宋朝,理学一方面批评佛教,而更主要的是大量吸收了佛教思想,从而使中国的儒学得到了重大发展。所以我们可以说,中国文化曾受惠于印度佛教;而印度佛教在中国得到了发扬光大。从中印文化交流史上看,文化不是引起冲突的主要原因,相反常常是促进不同国家、民族间互相了解和文化发展的重要因素。

百多年来,由于西方列强对中国的武力侵略,曾经一度造成了中国人的排外心理,包括对西方文化排斥的现象,但这主要不是由于文化原因而是由于政治和经济原因引起的。就是在这种情况下,中国实际上仍然在不断吸收西方文化。先是吸收西方的科学技术,后来又学习西方的政治法律制度,到五四运动前后则把西方的"科学与民主"作为追求的目标。这中间走了不少弯路,而且今天仍然存在着一些问题。但在五四以后,除了极少数顽固的国粹派和少数愚昧无知的民众和官僚外,包括现代新儒家的大师熊十力、梁漱溟都主张充分吸收西方的"科学与民主"思想。而且目前中国文化正在朝着更加充分吸收西方文化的方向发展着。

从中国历史上看,两次外来文化大输入的结果证明,由于文化引起的冲突只是暂时的,而不同文化之间的互相吸收与融合则是主导的。司马迁曾说:"居今之世,志古之道,所以自镜者,未必尽同。"我们生活在今天,要了解历史上的经验,虽然古今不会完全相同,但总是可以作为借鉴的。

(二)儒家思想是否是将来引起政治上的冲突和战争的因素?

亨廷顿把现今的文化分成"西方文化"和"非西方文化",而且在"非西方文化"中又特别突出提出"儒家——伊斯兰的联合",并且认为"儒家与伊斯兰的军事结合已经形成",而这种"异文明间的种族暴力冲突的升级最危险,也最可能成为导致世界大战的原因"。在这里,我们不打算讨论亨廷顿那些似是而非的论断,只想就儒家文化是否会成为将来引起政治上的冲突和战争的问题来谈谈我的看法。

从中国历史上看,儒家思想有两种不同的形态,一是作为官方意识形态的儒家文化;另一是作为理念形态的儒家文化。作为官方意识形态的儒家文化确实存在着某种"专制"和"暴力"的性质,但即使这样它也并非有着强烈的扩张性,而且任何学说一旦成为一种意识形态都会发生与其学说本身相悖的作用。作为理念形态的儒家文化,它是主张以"和为贵"的,因此具有相当大的包容性。就现时各国、各民族的实际情况看,大概没有把儒家文化作为官方的意识形态的可能,儒家文化只能作为一种理论起作用。儒家文化作为一种理论,它所提倡的是"普遍和谐"的观念(参见作者主编的《国故新知》中刊载的拙作《中国传统文化的特质》,北京大学出版社1993年版),这点应为我们所重视。

如果我们为21世纪人类社会发展的前途考虑,那就必须把争取"和平与发展"看成所有国家和民族的责任。人类社会发展的前景必须是和平共处,这就要求调整好国家与国家、民族与民族、地域与地域之间的关系;"发展"必然涉及人对自然的合理利用与开发,这就是说要调整好人与自然的关系。儒家思想中的"普遍和谐"观念无疑将会对人类社会的"和平与发展"作出特殊的贡献。"普遍和谐观念"作为一个完整意义的观念,它至少包含四个层面:即"自然的和谐","人和自然的和谐","人与人的和谐","人自我身心内外的和谐"。照儒家的思维模式看,自然是一融洽无间的最完美的和谐之统一体,它称之为"保和太和",只有认识到自然是一和谐之统一体,此"普遍和谐"观念作为一种理论才可以展开。盖因有自然之和谐,才可以有人与自然之和谐;有人与自然之和谐,才可以有人与人之和谐;有人与人之和谐,才有人自我身心内外之和谐。反之亦然,有人自我身心内外之和谐,才有人与人之和谐;有人与人之和谐,才有人与自然之和谐;有人与自然之和谐,才有自然之和谐。看来儒家更为重视由"人自我身心内外之和谐"所展开的"普遍和谐观念"的系列,这点我们可以由《大学》主张的"壹是皆以修身为本"看出。这就是说,从理论上看儒家学说,它不会是引起国家与国家、民族与民族、地域与地域之间冲突的原因。

我认为,亨廷顿关于儒家文化是引起"西方"与"非西方"之间冲突的原因之一的论断是没有根据的,这表明他对儒家学说作为一种理论体系完全不了解。

(三)亨廷顿的文章所依据的理论是已经过了时的"西方中心论"。

亨廷顿的文章中引用了赖皮尔(V. S. Naipaul)的一句话:西方文明是"切合所有人的普世文明"。他认为,在可见的将来,不会有普世文明,有的只是包含着不同文明的世界,而其中的每一个文明都得学习其他文明并与之共存。并且他认识到,"西方文明既是西方的亦是现代的。非西方文化试图取后者而舍前者……他们更会调和这些现代事物和传统文化的价值"。但是,从亨廷顿的全文看,又为什么强调"西方文化"与"非西方文化"的冲突,特别是预言"儒家与伊斯兰的联合"是"最可能导致世界大战的原因"呢?我认为,这无疑仍然是"西方中心论"在困扰着亨廷顿,过去几百年间,西方列强在政治、经济甚至文化上的霸权主义摧残了甚至毁灭了许多民族的文化,但在第二次世界大战后,世界的格局发生了重大变化,原来企图瓜分世界的殖民体系瓦解了,随之而来的文化上的"西方中心论"也就破产了。从战后文化发展的形势看,已经逐渐形成了在全球意识下文化多元化发展的新局面。由于科学技术的飞速发展,世界各国、各民族之间的联系越来越密切,人类面临着要共同解决的问题,因此文化的发展必须有"全球意识"。但是,原来被西方列强摧残和压制的许多国家与民族要求发展自己、实现"现代化",理所当然地要发展自己的民族文化,这样,全世界的文化必然呈现为在全球意识下多元化发展的总趋势。让我们看看从1982年以来获诺贝尔文学奖的情况:1982年获奖者为南美哥伦比亚作家马奎斯;1987年为非洲尼日利亚的索因卡;1992年为加勒比圣卢亚岛的著名诗人沃尔科特;1993年为美国黑人女作家托尼·莫里森。马奎斯在获得诺贝尔文学奖之后,曾就美洲地区的文化发展答记者问说:"我认为拉丁美洲在今天世界上是唯一有创造力的地区,巴西电影的复兴,哥伦比亚的戏剧运动,都受到全世界的注意。同样,拉丁美洲文学也是当代最佳文学。"一位西方评论家评论索因卡的作品时说:"没有一个非洲作家比索因卡更为成功地让世界其他人用非洲眼光来看人类。"瑞典科学院院士谢尔·埃斯普马克在介绍沃尔科特时说:"他在诗歌中融合了各种不同文化,来自西印度群岛、非洲和欧洲的文化。"一旦被压迫和被摧残的民族文化摆脱了殖民统治和"西方中心论"的束缚,无疑会在文化上表现出他们的非凡创造力。

在1983年第十七届世界哲学大会上,大会主席加拿大哲学家高启(V.cauchy)的发言表现了一位哲学家的智慧,他的发言大意如下:过去一二百年间,由于西方的科技经济占尽优势,所以在哲学人文方面也就自居于先进的地位。但如今东方的科技经济已经赶上来,乃至有凌驾西方的趋势,理在该是西方醒觉,虚心向东方的智慧学习的时候了。

西方文化(包括宗教、哲学、文学、艺术等等以及他们的价值观)曾对人类文化发展作出过重大贡献,今后仍然会对人类文化的发展作出积极的贡献；但是东方文化，例如中国文化、印度文化、伊斯兰文化不也同样在人类历史上对人类作出过重要贡献吗？而且中国文化，例如儒家的"普遍和谐观念"不是对当今人类社会和21世纪人类社会发展更能作出特殊贡献吗？这里我还要说一下印度文化的特征。印度学者、诗人泰戈尔曾在一篇题为《没有墙的文明》中说："印度人……把世界和人一起包括在一个伟大的真理里。印度人强调在人和宇宙之间的和谐，他们认为如果宇宙对我们来说是绝对无关的东西，那么我们将不能与周围环境有任何交往"，"这正是为什么《奥义书》将获得人生目的的人们描写为'宁静的人'、'与神合一的人'的原因，这意味着他们生活在人和大自然的完全和谐中，因此，也生活在不受任何干扰的与神的统一中"。看来，东方文化可能具有一共同特点，这就是把"和谐"的观念看得非常重要，这点大概是西方文化应该向东方智慧学习的一个重要方面吧！

然而，亨廷顿似乎完全不了解东方文化对人类曾经作出的贡献，完全忽视东方文化对今后人类发展的重要意义。这无非表明亨廷顿仍然站在已经过时的"西方中心论"的立场上，把文化分成"西方文化"与"非西方文化"，并把他所假想的所谓"儒家与伊斯兰的联盟"这种"非西方文化"作为以美国为首的"西方文化"的敌人，以保持美国在"西方世界"中的盟主地位，进而保持仍然可以左右世界局势的霸权。因此，亨廷顿在他文章的最后一节为美国政府献策，其中包括"抑制伊斯兰与儒家国家的军事扩张"；"保持西方在东亚与西南亚国家的军事优势"；"制造儒家与伊斯兰国家之间的差异与冲突"；"巩固能够反映西方利益与价值并使之合法化的国际组织，并且推动非西方国家参与这些组织"等等，等等。这些观点难道是符合当今和21世纪人类应共同追求的"和平与发展"的目标吗？从亨廷顿的全文看，虽然他的某些分析不是全无根据，但由于他的"西方中心论"的观念没有改变，这就不能不认为他的这篇文章不是一篇有什么深刻理论意义的文章,而是一篇为美国眼前暂时利益提供一种政治性策略的文章。

在我们批评亨廷顿的观点的同时,我们必须注意,发扬我们自己民族文化是完全必要的,不带偏见地吸收西方文化中有价值的各个方面同样是非常重要的。我们不应跟着亨廷顿跑,以"西方的"和"非西方的"作为文化取舍的标准,而应取另外一种文化的价值观:即凡是对人类社会追求的"和平与发展"有利的,我们都应大力吸取。还是那句话:我们应在全球意识下来发展我们的民族文化,以保卫世界和平和促进各个国家与民族的共同发展。

(选自《哲学研究》1994 年第 3 期)

汤一介(1927—),湖北黄梅人。1951 年毕业于北京大学哲学系,1990 年获加拿大麦克玛斯特大学荣誉博士学位。现为北京大学哲学系教授、中国哲学与文化研究所所长、中国文化书院院长、国际价值与哲学研究会理事、博士生导师,曾任国际中国哲学会主席。著有《郭象与魏晋玄学》、《魏晋南北朝时期的道教》、《中国传统文化中的儒道释》、《儒道释与内在超越问题》、《当代学者自选文库:汤一介卷》等。

本文选自《哲学研究》1994 年第 3 期。本文就美国哈佛大学教授亨廷顿 1993 年发表的《文明的冲突?》一书中的一些观点,如"人类文化发展的总趋势是以互相对抗为主导"、"儒家思想是将来引起政治上的冲突和战争的因素"以及"西方中心论"等做了全面批驳,认为"我们应在全球意识下来发展我们的民族文化,以保卫世界和平和促进各个国家与民族的共同发展"。

儒家思想与官僚文化

楼宇烈

引　言

儒家思想对于东亚的中、韩、日三国,以及越南的官僚文化有着深远的影响。就中国来说,自汉武帝(公元前 140—前 87 年)以后直至清末,两千年间,历代统治者都是公开标榜以儒家理念作为治国理政的基本指导思想的,同时也是以儒家理念来选拔官僚和培养官僚的。因此,自然而然地儒家理念也就成为官僚们处世理事、判断是非的准则,成了官僚文化的核心。

众所周知,中国古代有所谓的"士、农、工、商"四民之说,儒家原本属于"士",而又以教育和培养"士"为己任的。那么,"士"是从事什么样的工作的呢? 孟子曾说:"士"从事为君主和社会公众服务的工作("仕"),就好像农夫从事农田耕作一样①。这也就是说,出来做官②为君主和社会公众服务,是"士"的职业。孔子弟子子夏在谈到"学"和"仕"的关系问题时说:做官成绩优异的人,退休后

①　《孟子·滕文公下》:"士之仕也,犹农夫之耕也。"

②　据吕思勉考证,在古代"官之者任以事,是为士,爵之禄之则命为大夫也"。这也就是说,"官"在古代,只是指那些做具体事务的"士",地位并不高。只有获得"爵"位和俸"禄"后的"大夫",才有尊贵的地位。(详见吕著《中国制度史》第十四章《官制》)

应当从事于教学;学业优秀的人,则有责任出来做官,为君主和国家社会服务①。又,孔子在回答他的弟子子贡关于"什么样的人才称得上士"的问题时说:对自己的行为保持着羞耻之心(意思是不做不合道理的可耻之事),出使外国,能很好地完成君主的使命,这样的人可以称做"士"了②。这里把出使外国、完成君主使命作为"士"的基本品质之一,这样的"士"当然是朝廷的官僚。所以从一定的视角来分析,儒家文化甚至可以说是一种主要为国家社会培养官僚的文化。

二千年来,儒家思想有着很大的发展和变化,其间杰出的代表性思想家也很多,而且它对官僚文化的影响也涉及到众多方面。因此,人们将会从各自不同的研究角度去进行考察,并作出不同的分析和评价。本文则仅以先秦孔子、孟子、荀子三人为代表的原始儒家思想中,对于中国历史上官僚义化有较大影响的几个论题和观点,作一些简要的介绍和评论,以供同好们参考。

一、尚贤使能

在治理国家社会的各项事务中,儒家最为重视的是人的因素,

---

① 《论语·子张》:"子夏曰:'仕而优则学,学而优则仕。'"烈按,这句话的解释采用刘宝楠《论语正义》的释义。刘氏说:"古者,大夫士年七十致事,则设教于其乡,大夫为大师,士为少师,是'仕而优则学'也。学至大成乃仕,是'学而优则仕'也。"另一种解释是把"优"释为"余",如何宴《论语集解》引马融说,以"行有余力,则以学文"释"仕而优则学"句。于是,这句话的意思就成为:"做官了,有余力便去学习;学习了,有余力便去做官。"(译文引自杨伯峻《论语译注》)

② 《论语·子路》:"子贡问曰:'何如斯可谓之士矣?'子曰:'行己有耻,使于四方,不辱君命,可谓士矣。'"

即官僚的选择。儒家的重要经典之一《中庸》中记载着鲁哀公向孔子问政一事，孔子极为明确地回答说：周文王、武王关于治理国家的方针政策和业绩，都记载在书本上。现在的问题是有没有能够执行文武之道的人，有了这样的人，国家就能治理好，没有这样的人，国家就治理不好。所以，孔子的结论是："为政在人。"①

　　在治国原则上，历来有所谓"人治"、"法治"的论争，儒家强调"为政在人"，并不是说不要"法"，而是说在"法"与"人"二者中，"人"的因素更为重要。荀子在总结先秦时期的历史经验时，曾说过这样一段话。他说：从来只有昏乱的君主，而没有昏乱的国家。只有始终如一遵循治国之道的人，而没有一成不变的治国之法。羿(中国古代神话传说中的神射手)的射箭法并没有失传，但并不是每一个时代都有羿这样的神射手；夏禹的治国之法依然存在，可是夏朝并不能永远地统治天下。所以说，法是不能独立起作用的，而依照法所推衍出来的各种政策条令也不可能自动地产生。只有有了好的执行者，法令和律条才能发挥其作用，否则就没有任何作用。法是治理国家的基础，而君子(有德有才的人)则是法的本原。所以说，有了君子，法令虽然简略，也足以管理好各方面的事情。如果没有君子，则即使法令十分完备，可是在执行中却分不清轻重缓急、先后次序，不能适应不断变化的客观实际情况，那么其结果只能把国家搞乱。不能掌握法令的根本精神，只知教条式地记住法令的条文，即使记得再多，可是当去处理实际问题的时候，也是

---

　　①　《中庸》："哀公问政。子曰：'文武之政，布在方策。其人存，则其政举；其人亡，则其政息。……故为政在人。'"

一定要出乱子的①。因此,荀子曾反复强调说:土地和人民是一个国家的根本,然而如果没有正确的治国之道和完善的治国之法,人民就不会来归附,土地也就无法守住。可是如果没有君子,那么正确的治国之道和完善的治国之法是产生不了的,当然也是发挥不了作用的。所以说,君子是制订正确的治国之道和完善的治国之法并使它发挥作用的关键所在,是一刻也不能没有的。有了这些君子,国家就会得到治理,获得安定,得以生存,否则就会发生混乱,陷于危机,以至灭亡。因此,可以这样说,有完善良好的法而国家仍然处于混乱状态的情况是常有的,然而有君子治国而国家却处于混乱状态的情况,则是自古到今从来也没有听说过的②。尽管荀子的这些话说得有些绝对,因为君子并不是万能的,但他在这里并没有完全否定法作为治理国家的基础作用。同时,他指出法是需要人去执行的,特别是需要人按照不断变化着的实际情况去施行这一点来说,还是很有道理的。而且,说到底,法又都是由人制订出来的,法是死的,人是活的,离开了人,法是不可能自动起作用的。所以,荀子以来儒家主张人法并重,重在择人执法的思想,是很值得我们今天认真研究,吸收其中积极精神的。

① 《荀子·君道》:"有乱君,无乱国。有治人,无治法。羿之法非亡也,而羿不世中;禹之法犹存,而夏不世王。故法不能独立,类不能自行。得其人则存,失其人则亡。法者,治人端也;君子者,法之原也。故有君子,则法虽省,足以遍矣;无君子,则法虽具,失先后之施,不能应事之变,足以乱矣。不知法之义,而正法之数者,虽博,临事必乱。"

② 《荀子·致士》:"无土则人不安居,无人则土不守,无道法则人不至,无君子则道不举。故土之与人也,道之与法也者,国家之本作也;君子也者,道法之总要也,不可少顷旷也。得之则治,失之则乱;得之则安,失之则危;得之则存,失之则亡。故有良法而乱者有之矣,有君子而乱者,自古及今,未尝闻也。"

　　由于把人的因素放在第一位,所以儒家一贯强调在选用官僚上必须"举贤才"(《论语·子路》)、"尊贤使能"(《孟子·公孙丑上》)或"尚贤使能"(《荀子·君道》)。他们认为,君主如果能够尊重和任用有德("贤")有才("能")的人,那么天下的人材都会被吸引过来,而愿意为朝廷服务①。他们还指出,"尚贤使能"不应当只停留在口头上,最重要的是要真心诚意地、坚定不移地任用他们②。如何才能识别贤才而任用之呢? 孔子曾经提出过一些识别人的一般方法,如说不能仅听他口上说的,还要看他实际的行动③。又如说,对于一个人,不仅要看他的所作所为,还要考察他这样作为的动机目的,再进一步则还要看他的作为是否真诚④。而他对弟子仲弓所提的"如何才能识别贤才而任用之"问题的回答却比较简单,只是说:推举你所知道的就行了。因为在孔子看来,你不知道的贤才,别人也会推荐的,是不会被埋没的⑤。孟子对考察贤才,则提出了比较具体而严格的方法和要求。他认为,推举贤才仅有左右亲近的人或少数人的肯定是不够的,而需要得到大众的认可才行,同时也还需要亲自对他考察一番,看他确实是一位贤才,然后再任

---

　　① 《孟子·公孙丑上》:"尊贤使能,俊杰在位,则天下之士皆悦而愿立于其朝矣。"

　　② 《荀子·致士》:"人主之患,不在乎不言用贤,而在乎[不]诚必用贤。"(烈按,"不"字原夺,据王念孙、王先谦校说补)

　　③ 《论语·公冶长》:"子曰:'始吾于人也,听其言而信其行,今吾于人也,听其言而观其行。'"

　　④ 《论语·为政》:"子曰:'视其所以,观其所由,察其所安。人焉廋哉? 人焉廋哉?'"(烈按,本文此句文意据朱熹《集注》义释)

　　⑤ 《论语·子路》:"(仲弓)曰:'焉知贤才而举之?'(子)曰:'举尔所知。尔所不知,人其舍诸?'"

用他①。

关于"尚贤使能"方面,儒家还十分强调要打破原有的等级次序和亲亲关系,打破原有的官阶次序。如孟子认为,选拔和任用贤才时,在不得已的情况下,就应当允许等级低下的人越过等级尊高的人,关系疏远的人越过关系亲近的人②。荀子则强调对有真正德才的人应当不问他原来的身份和官阶,而予以越级提拔和任用。他曾明确地宣称:即使是王公贵族、士大夫的子孙,如果他们不能掌握和遵守社会的道德规范、法律制度,那就只能沦为平民百姓。相反,即使是一般平民百姓的子孙,如果能努力学习,积累知识,端正品行,掌握和遵守社会的道德规范、法律制度,那就应当把他们提升到各级政府部门中去担任官职③。他还强调说,推举贤能之人只应遵循一条标准,即他是一位真正有德才的人。既不能因为他是自己的仇人而不推举,更不能因为他是自己的亲属而降低条件④。荀子的这些思想在当时的宗法制社会中是十分难得的,它在历史上有着广泛而深远的影响,经常为那些贤明的君主和正直的官僚们所称道。其实,即使在今天号称民主的官僚制度里,要真正做到这些原则,也并不是一件容易的事。

在儒家"尚贤使能"、"举贤才"的理念指导下,中国很早就形成

①　《孟子·梁惠王下》:"左右皆曰贤,未可也;诸大夫皆曰贤,未可也;国人皆曰贤,然后察之;见贤焉,然后用之。"

②　《孟子·梁惠王下》:"国君进贤,如不得已,将使卑逾尊,疏逾戚,可不慎与?"

③　《荀子·王制》:"请问为政。曰:贤能不待次而举,罢不能不待须而废,元恶不待教而诛,中庸民不待政而化。""虽王公士大夫之子孙,不能属于礼义,则归之庶人;虽庶人之子孙也,积文学、正身行,能属于礼义,则归之卿相士大夫。"

④　《荀子·成相》:"尚德推贤不失序,外不避仇,内不阿亲,贤者予。"

了一系列选拔官僚的方法和制度,并由此建立起了一套由中央至各级地方政府的文官制度。在《礼记·王制》篇中,有一段关于古代推选官吏人材步骤的文字,其大意是说:先由乡(古代最基层的行政区域)选拔其优秀人材,称之为"秀士";然后把他们推荐给"司徒"(掌管人民教化的长官),称之为"选士";"司徒"再从这些"选士"中选拔其优秀者送到国学中去接受教育,称之为"俊士";这些"俊士"在国学中与王公士大夫的子孙一起接受诗书礼乐教育的,又称为"造士";经过国学的教育,再选拔其优秀者向国君报告并推荐给"司马"(掌管军旅的长官),称之为"进士";"司马"从这些"进士"中选拔其优秀者向国君报告,通过反复评议,认定其确实为优秀,然后委之以官职。经过一段时间的实际工作考察,根据他的业绩,再授予他一定的爵位,确定其相应的俸禄。

《王制》中的这一段记述是带有很强烈的理想色彩的。事实上,在汉代以前选举仅限于士以下的低级官吏,而大夫以上的官僚则都是世族,不在选举之列。汉初,王公大臣的出身大都比较低下,对于旧贵族的后裔一般采取量才录用,于是原有的等级制度开始破除。汉武帝以后推行选举、考察制度,由各级地方和官僚们推荐有德行有才能的人材和为政清明廉正的官吏,从而加以任用和提升。唐以后则主要通过科举考试制度来选拔官吏(从原则上讲,科举考试制度对任何人都是机会均等的,它是不论出身等级的),同时通过各种监察、考核制度来监督官吏、决定升降。特别值得一提的是,在中国文官制度中设有专门的"言官"、"谏官",他们可以直接批评君主、大臣,在一定程度上对君主实行监督。

二、民为邦本

孟子在总结夏、商二代灭亡的教训时说:夏桀和商纣之所以失去天下,主要原因在于他们失去了人民,而失去人民又主要是失去了民心。所以说,得天下的关键在于得人民,而得人民的关键又在于得民心。如何才能得民心呢? 那就是,人民希望得到的东西,要想方设法给予它、满足它;而人民厌恶的东西,绝不要强加给它①。当周代推翻商纣统治而称王天下后,周武王和周公旦等认真地总结了商朝亡国的教训,认为其根本原因在于失德和失民。因此,他们反复地告诫其子孙,必需"敬德保民",然后才有可能长久地保住天下②。这一训条,以后也就成了儒家治国平天下的中心观念之一。他们把"保民而王"(《孟子·梁惠王上》)的问题一再提出来教导和告诫君主和官僚们。而在中国长期的封建社会中,官僚们也始终以"民为邦本"③,"天时不如地利,地利不如人和"(《孟子·公孙丑下》)等等,作为其理政行事的座右铭。由此可见,"民为邦本"这一理念在儒家官僚文化中的重要意义。

儒家对于人民是国家的根本这一点,是有深刻认识的。上文我们曾经提到,荀子把土地、人民、治国之道和治国之法看作是一个国家成败兴亡的几个最根本的因素,而其中他又以人民这一因

---

① 《孟子·离娄上》:"桀、纣之失天下也,失其民也;失其民者,失其心也。得天下有道:得其民,斯得天下矣;得其民有道:得其心,斯得民矣;得其心有道:所欲与之聚之,所恶勿施尔也。"

② 《尚书·召诰》:"王敬所作,不可不敬德。我不可不监于有夏,亦不可不监于有殷。……(有夏)(有殷)惟不敬厥德,乃早坠厥命。……今天其命哲,命吉凶,命历年,知今我初服,宅新邑,肆惟王其疾敬德。王其德之用,祈天永命。"(《尚书·蔡仲之命》):"率乃祖文王之彝训,无若尔考之违王命。皇天无亲,惟德是辅。民心无常,惟惠之怀。"《尚书·君陈》:"昔周公师保万民,民怀其德。往慎乃司,兹率厥常。懋昭周公之训,惟民其乂。"

③ 《尚书·五子之歌》:"皇祖有训,民可近,不可下。民惟邦本,本固邦宁。"

素为最最重要。他还引用了一则古训来告诫君主和官僚们。他说:古训说,君主譬如一条船,人民则如同江海中的水,水既能载船,水也能够覆船①。这也就是说,如能得到人民百姓的拥护,国家就可安定巩固、兴旺发达,若是遭到人民百姓的反对,那么国家政权也就会顷刻覆灭。所以说,为政的君主和官僚们要认真地、慎重地对待人民百姓。而为了强调人民百姓在国家政权中的重要性,荀子甚至还这样说:天生下人民百姓,并不是为了君主;相反,天设立君主,则是为了人民百姓②。这里对于君民关系的论述,与以后融入了法家君主专制主义思想的儒家思想有所不同。其中,强调"立君为民"的思想,在明末清初一批进步的思想家中,得到了积极的反响。如,黄宗羲就说道,在古代是以天下百姓为"主"位,而君主则为"客"位的,因此,君主毕生的事业都是为了天下百姓。然而,到了后世这种关系颠倒了,君主变成了"主"位,而天下百姓倒成了"客"位。君主把天下看作自家的产业,对百姓不顾其死活,百般进行盘剥,以供其自家享乐。对于这种颠倒现象,黄宗羲进行了激烈的批判。他质问道,设立君主的目的和道理,难道就是如此的吗? 从而,他认为,现在的老百姓们怨恨其君主,把他看作仇敌

----

① 《荀子·王制》:"马骇舆,则君子不安舆;庶人骇政,则君子不安位。……传曰:君者舟也,庶人者水也。水则载舟,水则覆舟。"
② 《荀子·大略》:"天之生民,非为君也;天之立君,以为民也。"

一样，咒骂他为"独夫"等等，也就理所当然的了①。他的理想是要
求回复到古代天下百姓为"主"、君主为"客"的关系上去，这显然与
上述荀子"立君为民"的思想有一定的关连。

　　上述荀子的思想与人们所熟悉的孟子讲的"民为贵，社稷次
之，君为轻"(《孟子·尽心下》)的思想基本上是一致的，都是强调国
家当以人民为根本。他们的意思是说，有了人民才会有政权(社
稷)，才会有君主的地位。所以，君主应当时时处处想到百姓人民，
笼络住民心。孟子、荀子以及古代儒家学说中的"民本"思想，可以
成为近代民主思想的一个生长点，但它本身则尚不包含有近代意
义上的民主思想，人们对此应当注意区分，而切不可随意混淆。

　　明末清初的一些进步思想家，如黄宗羲等人的民本思想，则应
当说比孟、荀等人的民本思想有了很大的发展。在黄宗羲的思想
中有几点是很值得注意的，例如：一，他认为，人生来是有各自的私
利的，可是后来的君主，把他的一己之私说成是天下的大公，从而
使得天下的人都不敢有自己的私利。对于这种不合理的情况他质
问道：天地之大，百姓之众，难道说只给与君主一人一姓以私利吗？
所以他说，如果取消君主的话，那么人人就都可以得到自己的私利

　　①　《明夷待访录·原君》："古者以天下为主，君为客，凡君之所毕世而经
营者，为天下也。今也，以君为主，天下为客，凡天下之无地而得安宁者，为君
也。是以，其未得之也，屠毒天下之肝脑，离散天下之子女，以博我一人之产
业。……其既得之也，敲剥天下之骨髓，离散天下之子女，以奉我一人之淫
乐。……呜呼！岂设君之道固如是乎！古者，天下之人爱戴其君，比之如父，
拟之如天，诚不为过也。今也，天下之人怨恶其君，视之如寇雠，名之为独夫，
固其所宜也。"

了①。这里蕴含着这样一个思想，即人人生来都有相同的自私自利的要求，而不是君主独有的特权；君主不应当为满足一人一姓的私利，而剥夺天下众人的私利。二，他认为，天下国家之大不是君主一个人治理得了的，而必需设立百官来分工治理。然而，必需指出的是，对于出任官职的百官来讲，他是为天下、为万民服务，而不是为君主、为一姓卖命。所以说，君臣只是分工的不同，而在为天下万民服务这一点上二者是完全相同的。因此，他们之间应当是一种平等的师友关系，而不是主仆的关系②。三，相传上古时代的学校，除了教育培养人材的功能外还兼有某种议政的功能。黄宗羲特别欣赏学校的议政功能，而竭力主张把学校办成一个议政机构。他说，君主一人认为的是或非，不一定是正确的是或非，应当把它公开出来，请学校中的"士"来议论。他甚至认为，一定要让治理天下国家的思想和方法都出自于学校，只有这样，设立学校的宗旨才能算是完备的③。这是强调给一部分普通知识分子以议政的权利和场所。由以上诸点看，黄宗羲的思想已在古代儒家民本思

---

①　《明夷待访录·原君》："有生之初，人各自私也，人各自利也。……后之为人君者不然，以为天下利害之权皆出于我，我以天下之利尽归于己，以天下之害尽归于人，亦无不可。使天下之人不敢自私，不敢自利，以我之大私为天下之公。……向使无君，人各得自私也，人各得自利也。"

②　《明夷待访录·原臣》："缘夫天下之大，非一人之所能治，而分治之以群工。故我之出而仕也，为天下，非为君也，为万民，非为一姓也。……臣之与君，名异而实同耶。……不以天下为事，则君之仆妾也；以天下为事，则君之师友也。"

③　《明夷待访录·学校》："天子之所是未必是，天子之所非未必非，天子遂不敢自为非是，而公其非是于学校。是故，养士为学校之一事，而学校不仅为养士而设也。""学校所以养士也，然古之圣王其意不仅此也。必使治天下之具皆出于学校，而后设学校之意始备。"

想的基础上,向近代的民主思想迈进了一大步。

如何才能笼络住民心,保住人民呢？孟子关于"制民之产"的观点是很有代表性的。他指出,有关于人民切身利害的事切不可怠慢。对于一般民众来说,保有一定的固有产业是十分重要的,只有有一定固定产业的民众,他们的心才会稳定;而没有一定固定产业的民众,他们的心是不会稳定的。因此,为了稳定民心,国君要保证一般民众的产业足以赡养父母妻子,丰年得以丰衣足食,灾年不至于冻饿而死。然后再加以良好的教育,那么民众就会非常乐意地追随你①。这是孟子对孔子关于人口众多了,就应当先"富之",然后再"教之"②的思想的具体发挥。荀子则进一步从政治治理方面作了一些补充。他认为,凝聚民众也还需要从政治治理方面加以考虑。他说,只有政治清明稳定,人民百姓才可能安心,才会来归附③。经济的富足,政治的稳定,这两条至今也还是凝聚民众、获得民心的最基本的条件。

---

① 《孟子·滕文公上》:"滕文公问为国。孟子曰:'民事不可缓也。……民之为道也,有恒产者有恒心,无恒产者无恒心。'"《孟子·梁惠王上》:"是故,明君制民之产,必使仰足以事父母,俯足以畜妻子,乐岁终身饱,凶年免于死亡。然后驱而之善,故民之从之也轻。"

② 《论语·子路》:"子适卫,冉有仆。子曰:'庶矣哉!'冉有曰:'既庶矣,又何加焉?'曰:'富之。'曰:'既富矣,又何加焉?'曰:'教之。'"

③ 《荀子·议兵》:"古者汤以薄(亳),武王以镐,皆百里之地也,天下为一,诸侯为臣。无它故焉,能凝之也。故凝士以礼,凝民以政。礼修而士服,政平而民安。士服民安,夫是之谓大凝。"《荀子·致士》:"川渊深而鱼鳖归之,山林茂而禽兽归之,刑政平而百姓归之,礼义备而君子归之。"

三、仁政理想

仁政是儒家的最高政治理想,他们要求从君主到各级官吏都要行仁政。儒家把尧、舜和禹、汤、文、武(夏、商、周三代)看作是理想政治的典范,他们认为,尧、舜和三代之所以能王天下,关键就在于他们能行仁政。孟子说:即使是尧、舜,如果不行仁政,也不能使天下太平。三代之所以得天下,也是因为行了仁政,而他们之所以失天下,则是因为其子孙们不行仁政。可以说,任何一个国家的兴败存亡也都是这样①。

仁政理想是与儒家关于仁的思想密切相关的。孔子建立起了儒家的仁学,他对仁的思想的阐发,着重于个人的道德修养和实践原则。所以,在他那里还没有提出"仁政"的概念。但是,在孔子的仁学思想中却包含了以后仁政理想的萌芽。如,孔子在回答其弟子樊迟问什么是仁的问题时,给仁下的界定是"爱人"②。而在回答子贡问仁时则说,人如果能做到自己想要达到的也一定使别人达到,能从自身想到他人,可以说是实践仁的最好方法③。又在回

---

① 《孟子·离娄上》:"尧舜之道,不以仁政,不能平治天下。""三代之得天下也以仁,其失天下也以不仁。国之所以废兴存亡者亦然。天子不仁,不保四海;诸侯不仁,不保社稷;卿大夫不仁,不保宗庙;士庶人不仁,不保四体。"

② 《论语·颜渊》:"樊迟问仁。子曰:'爱人'。"

③ 《论语·雍也》:"子贡曰:'如有博施于民而能济众,何如? 可谓仁乎?'子曰:'何事于仁! 必也圣乎! 尧舜其犹病诸! 夫仁者,己欲立而立人,己欲达而达人。能近取譬,可谓仁之方也已。'"

答仲弓问仁时说,自己不愿意见到的事,也不要强加给别人①。把这几段话中的意思联系在一起,可以说是后来孟子提出"仁政"理想的主要依据。

孟子说:人人生来都有一种"不忍人之心"(一种对他人痛苦的同情心),尧、舜、禹、汤、文、武们因为具有这种"不忍人之心",所以才有"不忍人之政"。以"不忍人之心"去实行"不忍人之政",那么治理天下将会是十分容易的事了②。所谓"不忍人之心",孟子也称之为"恻隐之心",也就是孔子所说的仁者的"爱人"之心。而"不忍人之政",亦即所谓的"仁政"。从基本指导思想上来讲,"仁政"也就是把上述的仁爱之心,推用到政治决策与管理上面去,所以孟子又称之为"发政施仁"(《孟子·梁惠王上》)。他认为,仁者是把他对待他所喜爱的人的恩德推而及于他所不爱的人。而不仁者则是把他加给他所不喜爱的人的祸害也推而及于他所爱的人③。至于施仁推恩的具体的方法,孟子同样是主张从自身推而想到他人。如他积极提倡这样一种精神和行为:即尊敬我家的老人,那就应当推而广之去尊敬他家的老人;同样,爱护我家的儿女,也就应当推而广之去爱护他家的儿女。他认为,这种"推恩"的精神和行为是十分重要的。有了这种"推恩"的精神和行为就可以保有天下,而没有这种"推恩"的精神和行为,那末最后会连自己的妻子儿女都保不住。他说,古代圣贤们所以有过人的地方,就在于他们善于把

①　《论语·颜渊》:"仲弓问仁。子曰:'出门如见大宾,使民如承大祭。己所不欲,勿施于人。在邦无怨,在家无怨。'"

②　《孟子·公孙丑上》:"孟子曰:'人皆有不忍人之心。先王有不忍人之心,斯有不忍人之政矣。以不忍人之心,行不忍人之政,治天下可运之掌上。'"

③　《孟子·尽心下》:"孟子曰:'不仁哉梁惠王也! 仁者以其所爱及其所不爱,不仁者以其所不爱及其所爱。'"

他们的恩惠推及于他人①。孟子提倡的"尊敬我家的老人,就应当推而广之尊敬他家的老人;爱护我家的儿女.就应当推而广之爱护他家的儿女"的思想,在中国历史上有着极为深远的影响,人们常把它与"天下为公"的"大同"理想联系在一起,作为"仁政"政治的具体体现而广为传颂。

所谓"大同"理想,是《礼记·礼运》篇中,借孔子之口描述出来的一种理想化的社会。他描述说:在这个社会里,一切都为了公共的利益,选举有德有才的人来管理社会事务,人们讲求信用,和睦相处。因此,人们都不是只爱护自家的老人和儿女。而是使全社会的老人都能安享晚年,壮年人都能发挥各自的才能,幼儿们都能得到良好的教养,孤寡残疾之人都能得到社会的赡养。男子都有自己的职位,女子都有自己的归宿。各种货物,只要不是随便弃置,归谁都行,不需要一定归于自己。做事出力,就怕自己没有尽力,不需要一定是为了自己的事。这样,各种相互算计、勾心斗角、抢劫偷盗、犯上作乱的事就都不会发生,从而不管是白天还是晚上,家家都不用关门上锁。这就是"大同"社会②。这种理想的"大同"社会,二千多年来一直成为中国人所追求的政治目标。直至近代,以康有为为代表的维新派,和以孙中山为代表的民主革命派,

---

① 《孟子·梁惠王上》:"老吾老,以及人之老;幼吾幼,以及人之幼,天下可运于掌上。《诗》云:'刑于寡妻,至于兄弟,以御家邦。'言举斯心加诸彼而已。故推恩足以保四海,不推恩无以保妻子。古之人所以大过人者无他焉,善推其所为而已矣。"

② 《礼记·礼运》:"孔子曰:'大道之行也,与三代之英,丘未之逮也,而有志焉。大道之行也,天下为公,选贤与能,讲信修睦。故人不独亲其亲,不独子其子。使老有所终,壮有所用,幼有所长,矜寡孤独废疾者,皆有所养。男有分,女有归。货,恶其弃于地也,不必藏于己;力,恶其不出于身也,不必为己。是故谋闭而不兴,盗窃乱贼而不作,故外户而不闭。是谓大同。"

也还是以"大同"理想作为政治上的奋斗目标。

在仁政的具体实施内容中,儒家也还是比较注重从经济入手的。如孟子讲,实行仁政,必需从整顿田制入手,使人们有固定的田地和俸禄①。这也就是上文提到的"制民之产"的意思。他认为,如果给人民的田产连父母妻儿都养不活的话,哪里还谈得上什么礼义教育②。荀子也强调说,不达到一定的富裕是无法养成人们的高尚情操的,不通过各方面的教育是无法改变人们的不良习性的。给人民以一定的住宅和田地,鼓励他们努力耕作,不要妨碍他们的农时,是为了使人民富裕起来。而设立各类学校,修订各种礼仪,讲明基本道德规范,则是为了引导人民树立起高尚品性③。儒家这些思想的基本精神,可以说深深地扎根于中国历代君主和各级官僚们的心中。凡是比较英明的君主和官僚们,一刻也不敢忘掉"民以食为天"这样一条最朴实的真理。

在孔子谈仁的大量言论中,有一段是直接涉及到为政者如何行仁的一些具体的原则,那就是他在回答子张问仁时所说的那段话。他说:一个人如果能够从"恭"、"宽"、"信"、"敏"、"惠"等五个方面去做事,则可以称得上是仁了。"恭",从字面上来讲是指容貌上的端庄,而体现出来的则是一种认真而谦逊的精神。这也就是说,行仁并不是为了讨好什么人,而是一件十分严肃认真的事,所以必须以认真谦逊的态度去对待,这样才不至于遭到臣民们的轻

① 《孟子·滕文公上》:"夫仁政,必自经界始。……经界既正,分田制禄可坐而定也。"

② 《孟子·梁惠王上》:"制民之产,仰不足以事父母,俯不足以畜妻子,乐岁终身苦,凶年不免于死亡。此惟救死而恐不赡,奚暇治礼义哉?"

③ 《荀子·大略》:"不富无以养民情,不教无以理民性。故家五亩宅,百亩田,务其业而勿夺其时,所以富之也;立大学,设庠序,修六礼,明十教,所以道之也。诗曰:'饮之食之,教之诲之',王事具矣。"

视和怠慢。这是官吏们在政治上行仁的一个自身必需具备的重要条件。只有自身端正，认真谦逊，才能得到民众的尊敬，不敢怠慢。"宽"是说待人处事要宽容厚道，这样就能获得民众的拥护。"信"是指对于发布的政令和承诺要讲信用，这样民众就会愿意为你去工作。"敏"是指处理事务要明确果断，这样才能取得良好的效果。"惠"是指要给民众以实际的利益，这样民众才愿意听从你的支配①。这些都是对君主和官僚们在日常政事中的理想要求，它在中国传统官僚文化中也有着极大的影响。

四、隆礼重法

在实际的治国为政原则上，儒家认为礼治德教是最根本的。如孔子说：用法令和刑罚去强制老百姓，他们可能不去做犯法的事，但不会从内心里感到做犯法的事是可耻的。然而，如果用道德来教育，用礼仪来规范老百姓，那么他们不仅耻于做不好的事，而且行为上也都会合乎社会的规范要求②。正因为如此，儒家把协调社会人际关系、制定各种礼仪规范和对百姓进行道德教育放在治国为政的首位。孔子说，平时对老百姓不进行教育，而到他犯了法时就杀他，这叫做暴虐③。孟子也说，发布各种好的行政法令，不如进行好的道德教育更能获得民众。因为，好的行政法令只能

---

　　①　《论语·阳货》："子张问仁于孔子。孔子曰：'能行五者于天下，为仁矣。'请问之。曰：'恭、宽、信、敏、惠。恭则不侮，宽则得众，信则人任焉，敏则有功，惠则足以使人。'"

　　②　《论语·为政》："子曰：'道之以政，齐之以刑，民免而无耻；道之以德，齐之以礼，有耻且格。'"

　　③　《论语·尧曰》："子曰：'不教而杀谓之虐，……'"

使民众畏惧它;而好的道德教育则能使民众爱戴它。所以说,好的
行政法令只能从民众那里获得一些财物,而好的道德教育则能获
得民众的拥戴之心①。这些都是强调道德礼仪教育在治理国家政
事中的重要性。子路曾问孔子说,如果有一天卫国君主请您去主
治政事,您将先做什么呢? 孔子回答说:一定要先做"正名"的工
作。所谓"正名",是要通过确定社会每个成员的身份地位,以及与
其身份相应的礼仪规范等,来整顿和协调社会的人际关系。在孔
子看来,社会成员身份地位的确定,以及共同遵守与其身份相应的
礼仪规范,是维系和稳定整个社会秩序、使各种法令制度得以顺利
贯彻执行的基础。否则,人们由于身份不明确,说话办事都将是理
不直气不壮的,法令制度也就无法正确执行,人们也将不知道如何
去行动了②。任何一个社会都离不开人际关系中的一定秩序,这
种秩序的破坏或不确定,都会造成人际关系的混乱或颠倒,从而也
就会引起整个社会的动荡不定。所以,在儒家"正名"思想中,是有
一些合理的内容值得我们今天借鉴的。

礼治德教是建立在人们内心自觉的基础之上的。人们如果都
能自觉地遵守社会公共规范当然是再好不过的了。可是,在现实
生活中,社会的全体成员是不可能每一个人都具有这种自觉性的,
而每一个人也很难时时事事处处都做到自觉。因此,为了维护社
会的公共利益,外在的带有某种强制性的法令制度,即法治刑罚,

① 《孟子·尽心上》:"孟子曰:'……善政,不如善教之得民也。善政民
畏之,善教民爱之;善政得民财,善教得民心。'"
② 《论语·子路》:"子路曰:'卫君待子而为政,子将奚先?'子曰:'必也
正名乎!'子路曰:'有是哉,子之迂也! 奚其正?'子曰:'野哉由也! 君子于其
所不知,盖阙如也。名不正,则言不顺;言不顺,则事不成;事不成,则礼乐不
兴;礼乐不兴,则刑罚不中;刑罚不中,则民无所措手足。'"

也是不可缺少的。在儒家治国为政理论中,荀子是第一个强调礼治德教与法治刑罚相统一和并重的思想家。他常说,一个统治者如果能够推重礼义尊崇有才德的人,那就可以成就"王"道(儒家追求的最高理想社会);如果能够推重法制爱护百姓,那就可以成就"霸"业(强盛的国家)①。而对于这两种社会政治局面,荀子都是给予肯定的。他曾十分明确地指出,不用道德教育,只依靠刑罚,那么法律条令再详细周密,也是防不胜防的。相反,如果只用道德教育而不用刑罚,那么少数奸民就得不到应有的惩治,这也是不行的②。所以,他既强调"隆礼",同时也主张"重法",把两者都看做是治理好国家的根本原则。如他说,治理国家的根本原则是礼义与刑罚,统治者如果能很好地运用它,百姓就能过上安定的生活。让百姓们都明白礼义,同时又谨慎地运用刑罚,这样国家一定能够治理好,天下也就太平了③。关于礼与法之间的关系,荀子则认为,礼是立法的依据和基本原则④,因而两者在根本上是一致的。

　　荀子礼法并重、刑德兼用的治国为政原则,为中国以后历代统治者和官僚们所遵行。汉宣帝时比较重用刑法,他的儿子,后来的汉元帝,就上言建议宣帝多用道德教化。宣帝听后说,我们汉家有自家的制度,历来就是"王""霸"兼用,礼法并重,怎么可以只用德

---

　　①　《荀子·天论》:"君人者,隆礼尊贤而王,重法爱民而霸。"

　　②　《荀子·富国》:"故不教而诛,则刑繁而邪不胜;教而不诛,则奸民不惩。"

　　③　《荀子·成相》:"治之经,礼与刑,君子以修百姓宁。明德慎罚,国家既治四海平。"

　　④　《荀子·劝学》:"礼者,法之大分,类之纲纪也。"

教呢①? 汉宣帝的回答是很有代表性的。事实上,仁政德治作为一种理想和宣传是可以的,然而在实际的治国理政中,则诚如上文所引荀子说的,是不可能纯用德治的,而必需要辅之以法治。所以,在中国历史上,在实际的治国理政原则中,从来都是礼法并重,刑德兼用,宽猛相济,德威并施的。

五、节用裕民

上面我们已经提到,儒家认为要治理好国家,笼络住民心,首先是要使国家和人民过上富足的生活。中国历来就有所谓只有让人民吃饱穿暖才谈得上礼义廉耻②的说法。上文我们也引述过荀子说的:"不达到一定的富裕是无法养成人们的高尚情操的。"由此可见,国家和人民的富足是一切的基础。

那末,如何才能使国家和人民富足呢? 除了上面提到过的治国理政方面的一般性的仁政德治等等外,荀子还特别在经济管理方面提出了不少有价值的意见。如他说,使国家和人民富足的重要方法是:"节用裕民,而善臧(藏)其馀。"这里说的"节用",主要是针对国家官吏和行政方面的费用而言的。所以他说,要"节用以礼",即按照严格礼制的规定,限制各级官吏和行政部门的费用,而不至于过度③。这里说的"裕民",则是说要给百姓以优厚的政策,

---

① 《汉书·元帝纪》:"孝元皇帝,…柔仁好儒,见宣帝所用多文法吏,以刑名绳下。……尝侍燕,从容曰:'陛下持刑太深,宜用儒生。'宣帝作色曰:'汉家自有制度,本以霸王道杂之,奈何纯任德教,用周政乎?'"

② 《管子·牧民》:"仓廪实,则知礼节;衣食足,则知荣辱。"

③ 《荀子·富国》:"礼者,贵贱有等,长幼有差,贫富轻重皆有称者也。……德必称位,位必称禄,禄必称用。由士以上,则必以礼乐节之;众庶百姓,即必以法数制之。"

使他们得以富裕,所以叫做"裕民以政"。其具体内容则包括如:少收农田赋税,减轻交易市场的税收,减少经商者(增加从事农业生产人口),尽量少动用民工,绝不能误了农时等①。他认为,百姓得到优厚政策的保护,生产就会成百倍地增长,人民就会富裕,物产就会丰裕。这时,如果能以合理的政策,对百姓征收;而同时又能对各级官吏和行政部门的开支按照礼制的规定严格加以限制,那么物资就会节余下来,甚至多得可以堆成一座小山。这时,人们就应当很好地把它保存起来,以备不时之需。于是,他总结说:能够按照"节用裕民"方针去做的,就一定能获得仁义圣明的名声,而且会有充裕的财物。反之,不按照"节用裕民"方针去做,那么百姓就会陷于贫困,百姓贫困了,国家想征收也征收不到。如果再加上不严格限制官吏和行政部门的开支,则不仅会落得个巧取豪夺的名声,而且国家也一定是空虚匮乏到了极点②。

"节用裕民"的方针,荀子又称其为"节其流,开其源"。他认为,人民如果贫穷,国家就一定贫穷;只有人民富裕了,国家也才会富裕。所以搞好农业生产是获得财富的根本(从荀子的时代来讲是如此),而聚敛农产品来堆满仓库则是获得财富的末事。老百姓

---

①　《荀子·富国》:"轻田野之税,平关市之征,省商贾之数,罕兴力役,无夺农时。如是,则国富矣。夫是之谓以政裕民。"

②　本节意思概见《荀子·富国》:"足国之道,节用裕民,而善臧其余。节用以礼,裕民以政。彼裕民,故多余。裕民则民富,民富则田肥以易;田肥以易,则出实百倍。上以法取焉,而下以礼节用之。余若丘山,不时焚烧,无所臧之,夫君子奚患乎无余?故知节用裕民,则必有仁义圣良之名,而且有富厚丘山之积矣。此无它故焉,生于节用裕民也。不知节用裕民,则民贫;民贫,则田瘠以秽;田瘠以秽,则出实不半。上虽好取侵夺,犹将寡获也。而或以无礼节用之,则必有贪利纠谲之名,而且有空虚穷乏之实矣。此无它故焉,不知节用裕民也。"

20世纪儒学研究大系

得其天时,各种耕作事情都井然有序,这是获得货物的源泉;通过税收得来的则是货物的流通使用。所以,圣明的君主应当很好地把握天时,节制货物流通使用,开发获得货物的源泉。而且要随时根据情况的变化加以调整,使得老百姓们都有积余,国家也不愁没有充足的货物。这样,国家和百姓一起富足,货物多得无处可藏。荀子把他提出的这一"开源节流"的方针,赞誉为治国理财的最高明方针:"知(治)国计之极也。"①最后,荀子总结说:加强农业生产这个获得财富的根本,同时节省流通使用,那么即使是老天爷也没法使你贫穷。反之,如果荒废了农业生产,而使用又极其奢侈,那么老天爷也无法使你富裕②。

荀子提出的这一套藏富于民的"富民"政策,以及开发财源、节省消费的"开源节流"方针,在中国历史上深入人心,也是各级官吏的基本职责。而且应当说,直至今日,在指导国家理财方面也还是有积极的参考价值的。

其次,在开发财源的富国之道方面,儒家也十分强调要尊重自然规律,保护自然环境。如孟子说,不违背耕作时节,谷物就吃不完;不用细密的网去捕鱼,鱼鳖就吃不完;按照季节砍伐林木,木材就用不完③。荀子在这方面有更充分的论述。他也说,养育适时

---

① 《荀子·富国》:"下贫则上贫,下富则上富。故田野县鄙者,财之本也;垣窌仓廪者,财之末也。百姓时和,事业得叙者,货之源也;等赋府库者,货之流也。故明主必谨养其和,节其流,开其源,而时斟酌焉。潢然使天下必有余,而上尤不足。如是,则上下俱富,交无所藏之。是知国计之极也。"

② 《荀子·天论》:"强本而节用,则天不能贫,……本荒而用侈,则天不能使之富。"

③ 《孟子·梁惠王上》:"不违农时,谷不可胜食也;数罟不入洿池,鱼鳖不可胜食也;斧斤以时入山林,林木不可胜用也。谷与鱼鳖不可胜食,林木不可胜用,是使民养生丧死无憾也。养生丧死无憾,王道之始也。"

则六畜兴旺,砍伐适时则林木繁茂。草木正在生长开花结果的时候,不应当去砍伐;鱼鳖怀孕产卵的时候,不应当去捕捞。这样,林木鱼鳖就得以生长繁殖,而人们也就有了吃用不尽的鱼鳖林木。再加上春耕夏耘秋收冬藏,农业生产不失其时,那么粮食也就吃不完了①。这里,他们都把按照自然规律办事,保护自然资源的生长繁殖,看成是获得用不尽的物资的根本保证。

所以,荀子极有信心地说,只要把握住"天时"、"地利"、"人和"这几个最基本的因素,那么财物就会像泉水那样滚滚而来,堆积得像小山丘那样,多得无处可藏。所以说,如果人们真的能按照我们儒家所提供的方法去做,那么天下就一定能够很轻松地达到富足,很容易地取得成绩②。

六、修身为本

《礼记·大学》篇被宋代以后儒家学者推崇为儒家学派的最重要的经典之一。在这部著作中,它把儒家关于治国为人的基本理想和实行方法分别归纳为三个要点与八个步骤,后儒称之为"三纲领"、"八条目"。所谓"三纲领",即是《大学》开卷所言:"大学之道,在明明德,在亲民,在止于至善。"按照宋儒朱熹的解释,"明明德"

---

① 《荀子·王制》:"养长时,则六畜育;杀生时,则草木殖;……草木荣华滋硕之时,则斧斤不入山林,不夭其生,不绝其长也。鼋鼍鱼鳖鳅鳣孕别之时,罔罟毒药不入泽,不夭其生,不绝其长也。春耕夏耘秋收冬藏,四者不失时,故五谷不绝,而百姓有余食也。污池渊沼川泽,谨其时禁,故鱼鳖优多,而百姓有余用也。斩伐养长不失其时,故山林不童,而百姓有余材也。"

② 《荀子·富国》:"上得天时,下得地利,中得人和,则财货浑浑如泉源,汸汸如河海,暴暴如丘山。不时焚烧,无所藏之。夫天下何患乎不足也。故儒术诚行,则天下大(泰,悠然貌)而富,使(当作"佚")而功。"

是认识和恢复自己禀之于"天"的纯善清明的本性；"亲民"的"亲"字，当"新"字解释，"新民"的意思，就是要"推以及人"，使所有的人都恢复自己的本性；"止于至善"则是说对于"明明德"和"亲民"都应当达到最好的地步而不动摇①。所谓"八条目"，分别指："格物"、"致知"、"诚意"、"正心"、"修身"、"齐家"、"治国"、"平天下"。《大学》中说，古代的圣贤为了使天下的人都能够认识和恢复自己禀之于"天"的纯善清明的本性（"明明德"——天下的人都能"明明德"，也就达到了"平天下"的理想），就要先去治理好国家；而要治理好国家，就要先治理好家族（家庭）；要治理好家族（家庭），就要先把自身修养好；要把自身修养好，就要先端正自己的思想；要端正自己的思想，就要先有诚实的意愿；要有诚实的意愿，就要先扩充自己的知识；要扩充自己的知识，就要先认真地研究万物及其理。反过来，对于每一个人来说，为了达到"明明德"、"亲民"和"止于至善"的理想境地，那就需要从"格物"开始，一步一步地去达到"平天下"②。

在这八个条目中，以"修身"最为关键。可以这样说，"格物"、"致知"、"诚意"、"正心"是为了"修身"，而家能否齐、国能否治、天

---

①　朱熹《大学章句》："程子曰：'亲，当作新。'大学者，大人之学也。明，明之也。明德者，人之所得乎天，而虚灵不昧，以具众理而应万事者也。但为气禀所拘，人欲所蔽，则有时而昏，然其本体之明，则有未尝息者。故学者当因其所发而遂明之，以复其初也。新者，革其旧之谓也。言既自明其明德，又当推以及人，使之亦有以去其旧染之污也。止者，必至于是而不迁之意。至善，则事理当然之极也。言明明德、新民，皆当至于至善之地而不还。"

②　《大学》："古之欲明明德于天下者，先治其国；欲治其国者，先齐其家；欲齐其家者，先修其身；欲修其身者，先正其身；欲正其身者，先诚其意；欲诚其意者，先致其知；致知在格物。物格而后知至，知至而后意诚，意诚而后心正，心正而后身修，身修而后家齐，家齐而后国治，国治而后天下平。"

下能否平,则要看身能否修得好。所以,《大学》归结起来说,从天子以至于普通老百姓,都要以修身为根本①。又,在同样为宋以后儒家学者推崇为儒家学派最重要经典之一的《礼记·中庸》篇中,谈到治国的九条基本原则时,也把"修身"放在首位②。总之,"以修身为本"这一观念,贯彻于儒家的全部学说之中,不仅在治国理家、完善人格方面要以修身为本,即使是在认识天地万物、探求宇宙人生奥秘方面也要以修身为本。

　　上文我们已经说过,儒家在治国为政方面,是把人的因素放在第一位的。因此,他们也就很自然地把"修身为本"作为从政做官、为民父母者必需具备的一个最基本条件来要求。"修身为本"因而也就成了官僚文化的一个基础组成部分。荀子在回答关于如何治国的问题时说,我只听说怎样修身,而没有听说过怎样治国。君主像一支标竿,人民则像影子,只有标竿直了,影子才会直;君主又像一个盘子,人民则像水,只有盘子圆了,水才能圆③。这是说,君主是百姓的榜样,要想治理好国政,首先要自己修好身,能以身作则。荀子的这一思想是从孔子那里继承来的。孔子在解释"政"字的字义时说,"政"是"正"的意思,也就是说为政者必需首先身正。所以,他接着说,只要你为政者身正,那么还有谁敢胡来呢④? 又说,

---

①　《大学》:"自天子以至于庶人,壹是皆以修身为本。"

②　《中庸》:"凡为天下国家有九经,曰:修身也,尊贤也,亲亲也,敬大臣也,体群臣也,子庶民也,来百工也,柔远人也,怀诸侯也。"

③　《荀子·君道》:"请问为国。曰:闻修身,未尝闻为国也。君者,仪也;〔民者,景也〕;仪正而景正。君者,槃也;〔民者,水也〕;槃圆而水圆。"(烈按,"仪"指古代计时器日晷,文中意译为"标竿"。"民者,景也";"民者,水也"两句,据王念孙说补。)

④　《论语·颜渊》:"季康子问政于孔子。孔子对曰:'政者,正也。子帅以正,孰敢不正。'"

如果能够严格要求自己,使自己的行为端正,那么对于治理国政这样的事还有什么困难呢? 反之,如果连自身都不能端正,那还怎么去治理别人呢①? 孔子认为,为政者身教,是一种巨大的榜样力量,它比之于法令具有更大的社会实际效果。所以,他又说,只要为政者身正,那么不用下什么法令,人民也会照着去做。反之,为政者自身不正,那么再严厉的法令,人民也不会听从的②。

儒家所谓"修身"的含义是相当广泛的,其中既包括了道德品质的修养,也包括了一般的文化修养,乃至处理各种实际事务的能力,等等。《论语》中还记载着这样一件事:孔子弟子子路派一位名叫子羔的人到"费"这个地方去做官,孔子听到以后,批评子路说,你这不是存心误人子弟吗?(因为孔子认为子羔还没有学习好,还不具备治理政事的基本条件)子路回答说,我让他到实际工作中去锻炼不也是学习吗? 何必一定要读书,才算是学习呢? 孔子听了以后说,我就讨厌你这种狡辩③。这个故事说明,孔子儒家十分强调在从政做官前必需具备良好的基本教养。这也就是我们前面引到过的孔子弟子子夏讲的"学而优则仕"的意思。对此,荀子也表示过相同的看法。他认为,学习的目的和学习好的人,不一定为了出来做官,可是出来做官的人就一定要努力认真地学习④。

随着社会的进步与发展,对于国家政府各部门的各级管理者,

---

①　《论语·子路》:"子曰:'苟正其身矣,于从政乎何有? 不能正其身,如正人何?'"

②　《论语·子路》:"子曰:'其身正,不令而行;其身不正,虽令不从。'"

③　《论语·先进》:"子路使子羔为费宰。子曰:'贼夫人之子。'子路曰:'有民人焉,有社稷焉。何必读书,然后为学。'子曰:'是故恶夫佞者。'"

④　《荀子·大略》:"学者非必为仕,而仕者必如学。"(烈按,此处"如"字有两种解释:一作"往"解,正文即按此意释;一说作"似"解,则此句意为:要照你所学的那样去做官。此解,义也可通,故录以备考。)

尤其是高层官僚们的综合素质要求和自身修养要求,是越来越高了。如果我们善于吸收的话,儒家"以修身为本"的理念,乃不失为今日官僚文化的重要组成内容之一。

余　　论

在中国历史上,主要是宋以后还有许多儒者们编写过各种有关"官箴"、"官鉴"、"从政规范"等方面的著作①。其内容有,论述从政为官的一般原则、基本品德、各种处理事务的实际经验,乃至选录历代模范官吏的业绩或贪官污吏的劣迹等等,作为后人的戒鉴。这些书几乎全部是以儒家理念作为价值判断的准则的,可以说是研究儒家官僚文化的重要历史资料。对此,当另作专题之研究。

(选自北京大学中国传统文化研究中心《国学
研究》第二卷,北京大学出版社 1994 年版)

楼宇烈(1934—　　),浙江嵊县人。1960 年毕业于北京大学哲学系。现任北大哲学系教授、哲学系副主任兼东方哲学史教研室主任、中国哲学史学会副秘书长、北京市哲学会常务理事、《中国哲学》副主编、国务院古籍整理出版规划小组成

---

①　这方面的著作很多,其中比较著名的如:吕本中著《官箴》、朱熹著《朱文公政训》、真德秀著《政经》、许月卿著《百官箴》、张养浩著《牧民忠告》(以上宋人著作),薛瑄著《从政录》、吕坤著《实政录》(以上明人著作),李颙著《司牧宝鉴》、陆陇其著《莅政摘要》、陈宏谋编《从政遗规》、《在官法戒录》、徐栋辑、丁日昌重编《牧令书辑要》(以上清人著作)等。

员。著有《王弼集校释》、《中国佛教思想资料选编》、《康有为学术著作选》等。

　　本文选自《国学研究》第二卷。文章指出：自汉武帝以来，"历代统治者都是公开标榜以儒家理念作为治国理政的基本指导思想"，儒家观念"自然而然地就成了官僚文化的核心"，"从一定的视角来分析，儒家文化甚至可以说是一种主要为国家培养官僚的文化"。文章从"尚贤使能"、"民为邦本"、"仁政理想"、"隆礼重法"、"节用裕民"、"修身为本"六个方面，以孔子、孟子、荀子的思想为代表，深入探讨了儒家思想对于中国历史上官僚文化的极大影响。

国际政治需要儒学

牟钟鉴

本世纪的人类是从苦难中走过来的。前半期经历了两次世界大战,几千万生灵涂炭,大片家园沦为废墟,付出了这样惨重的代价之后,人类才赢得了半个世纪的和平。然而这个和平是紧张不安的。热战刚刚结束,冷战便告开始,剑拔弩张,时有流血,一晃又是四五十年。90年代以来,人类欣欣然,盼望从此步入坦途。好心的人们以为,随着社会生活全球化趋势的加速和地球村的形成,人们会很快抛弃冷战思维,在国际间学会和平共处,通过开放、对话、交流和合作,逐渐解决各种历史遗留下来的争端,建立起国际政治经济新秩序,共同走和平与发展的道路。虽然这些年局部战争和地区性族群冲突不断发生,多数人并未失望,觉得这些不是时代主流,大国的政治家们还是清醒的有远见的。不料科索沃战事突起,南联盟上空响起了北约的轰炸声,到处火光冲天,硝烟滚滚。人们震惊了,愤怒了,世界各地对这种毫无人性的狂轰滥炸发出强烈的声讨。这个事件确实是严重的:一是发生在素有火药桶之称的巴尔干半岛,处在欧洲文明的重要地带;二是代表欧美现代文明的发达国家一致参与,他们要以这种方式领导世界潮流;三是战火如继续蔓延会引起欧洲乃至世界大战,导致人类空前的大灾难。最近以美国为首的北约又悍然野蛮轰炸我驻南斯拉夫联盟大使馆,造成我人员伤亡,馆舍严重破坏,对中国人民犯下一桩滔天罪行,引起中国人民极大愤慨和全世界的同声谴责。这说明在世纪之交,世界仍然极不平静,发展与破坏同在,希望与危机并存,决不能掉以轻心。

西方现代工商文明有一个显著特点,即有强烈的勇猛开拓精神,其利在进取创新,其弊在强权霸道。在国际政治中,西方国家一贯奉行的是斗争哲学和实力政策,以强凌弱,以邻为壑,殖民扩张。本世纪中期受到社会革命的冲击和两大集团力量的制约,西方列强的霸权行径有所收敛,但骨子里并未改变。苏联东欧发生剧变,华沙条约随之瓦解,冷战宣告结束,这些本应成为促进世界和平的契机。可是西方列强无视世界走向多极化的事实,却认为这是建立世界一极化霸权的大好时机,于是北约不仅没有自动取消,反而实行东扩,同时以人权为借口干涉别国内政,以制裁或武力威胁为手段强迫别国接受他们的理念和要求,从防御战略转变为扩张战略。依此看来,北约对南联盟大打出手就不足奇怪了,那不过是他们的新战略的初试罢了。

然而这是非常残酷的倒行逆施,反乎潮流,违背人心,如老子所说:"不知常,妄作凶",必然碰得头破血流。第一,世界已经不是一百年前的样子,人们也不是半个世纪以前的心态,中国更不是以往的贫弱状态。亚非拉广大地区的国家已经独立,人们已经觉醒;欧美人民经历了两次世界大战的惨痛,不会允许新的大规模战争发生,也不希望有新的冷战。把大批青年裹胁到疯狂的侵略战争中去的时代已经结束。强权者若执迷不悟,会为此付出政治上道义上巨大的代价,人们不再相信他们关于"人权"、"人道"的甜言蜜语,失道寡助将伴随而来。第二,西方列强不具有称霸欧洲乃至世界的实力。它们的国力虽然比以前有所增强,但在世界多元发展的格局中,力量的比重相对减弱了,远不足以实现它们的野心。二战以来,还没有哪一个或几个大国单凭武力征服过任何一个弱小的然而有独立意志的国家,哪怕打着联合国的幌子。朝鲜战争、越南战争、阿富汗战争、索马里战争等等,其惨痛教训至今在欧美人们心中记忆犹新。小小的古巴就在美国大门口,独立存在四十余年而美国必欲除之而不能,便是最好的证明。北约领导人患了历史健忘症。南联盟也许一时会被北约严重摧毁,但人民不会被征服。第三,世界经济、政治和生活全球化的趋势不允许再发生洲级以上规模的武力对抗,否则人类将共同承受一场空前的大浩劫。八十年代以后,世界已经初步成为"地球村",国与国之间的共同利益开始超出它们之间的分歧和矛盾,形成一损俱损、一荣俱荣的新格局。任何一个地区的严重危机必将波及其他地区,那种以邻为壑的时代已经过去了。人类还面临着日益严重的生态危机,现代化武器的使用必将大量污染环境,受害者是不分国界族界的。如果有人使用核武器,那么后果更不堪设想。总的说来,霸权主义是损人而不利己的。问题在于,时代已经发生了深刻的变化,而北约领导集团的观念仍然停留在冷战思维的水平上,用霸道的理念作为行动准则,热衷于以力服人。这种观念既陈旧又危险,不应再成为左右世界局势的指导思想。人类迫切需要有一种新思维新观念,各国政治家迫切需要有一种共同认可的政治哲学,用以指导国际行为,以保证世界的和平安宁。我以为,孔子的智慧,具体地说,儒家的仁爱通和之学可以为新的政治哲学提供理论基础。

　　儒家仁爱通和之学有三个基本理念:一是仁爱,二是感通,三是贵和。仁爱是基础,感通是方法,贵和是原则。

　　人类既然只有一个地球,又面临共同的挑战,就必须也能够亲如一家,风雨同舟,休戚与共。孔子弟子子夏说:"四海之内皆兄弟也",这种愿望应该成为现实,因为人类内部没有根本的利害冲突;冲突是少数既得利益集团挑动起来的,结果是少数人得益,多数人受害。孔子所倡导的忠恕之道,就是人类仁爱之心在处理人际关系上的体现,它不仅应当是做人处世之道,还应该成为国际关系之道,因为它包含着博爱情怀、平等精神、人权理念,颇适合地球村的新格局。忠恕之道要求"己欲立而立人,己欲达而达人","己所不欲勿施于人",总之要帮助别人,尊重别人。人与人之间应是如此,国与国、族与族之间也应如此。人类的共同利益既然已经开始大于他们之间的分歧和矛盾,就必然是兼相爱则交相利,兼相害则交相损。可是就目前情况看,许多人能爱本国本族,但不能爱他国他族,在发生冲突的地方甚至有人用仇杀他国他族来表达爱本国本族之心。所以当务之急是用儒家推己及人之诚,使仁爱之心突破国家族群的界域,推广到全世界。没有爱心的人是野蛮人,没有爱心的国家是野蛮国家。由野蛮国家的野蛮领导人来决定国际大事,人类便要遭殃。所以国际政治家不仅要有政治谋略,更要有一颗仁爱之心,遵信忠恕之道,这样才不会滥用手中的权力,而能致力于世界和平。若出现冷酷的政治家,全世界都要起来抵制他,不能让他的冷酷政治图谋得逞。

　　由于地理环境、文化传统、价值理念和社会发展的差异,也由于历史遗留下来的种种纷争,世界各国之间、族群之间普遍存在着隔膜、误解、成见、歧视和对立,也就是说存在着塞而不通的现象,这就需要进行对话、沟通、交流、谈判和合作。人类相爱之道必须经过彼此沟通来实现,不沟通不会有真爱。有些强势国家不去虚心了解弱势国家的国情与民心,单方面把自己的价值理念和生活方式强加给他们,如不接受便要实行经济制裁、武力威胁,给对方造成莫大痛苦。儒家提出的沟通之道与此不同,它是《易传》所说的"感而遂通天下",一定要感通,硬通是通不了的。感通一要真诚,二要平等,三要理解,四要交流,五要合作,做到心灵和情感的沟通。国与国之间应是朋友关系,真挚、平等而和洽。孟子辨明王道与霸道。王道者以德服人,人们心悦而诚服;霸道者以力服人,虽假借仁义之名,而人们并不心服;至于抛仁弃义,发动兼并战争,滥杀无辜而无悯恤,那就是暴政暴君,罪不容于死。当今之世,很像一个扩大范围了的战国时期,主张仁爱和平的王道和主张武力兼并的霸道正在进行着激烈的斗争。行王道者,感而遂通天下,给世界带来和平和安宁。行霸道者,损人而不利己,给世界带来冲突和战争。何去何从,人类要作出抉择。

孔子说:"君子和而不同",有子说:"礼之用,和为贵"。儒家"和"的概念不同于"斗"和"同"。"斗"就是用对抗的办法处理社会人际关系问题。"同"就是要求言论一律,要求人们随声附和,一味顺从。"斗"与"同"都是专横霸道者的心态和哲学。强行一律(即"同")行不通的时候,便要实行斗争,把对方压服,都是人际关系的病态。孔子"和而不同"的理念是理想与现实相结合的理念,是最健康最合乎理性的思想,它一方面承认和尊重事物的多样性,另一方面又主张并推动多样性事物之间形成和谐互补的关系。把它运用到国际关系上,便是国家之间在交流合作中彼此尊重政治与文化的多元选择,又在多元发展中加强彼此的友谊与协作,以实现共同的进步。目前人类实际生活的全球化和政治力量的多极化是同时存在的两个过程,不论什么国家和集团,实行自我封闭政策或者实行宰制全球政策都是不得人心的反现代化的,只有开放和平等同时并举的政策才合乎时代的需要,只有多样性的和谐才是人类的光明前途。目前发生的科索沃战事,更加说明,国际政治需要儒学,世界政治家需要孔子的智慧。我们应当把儒家仁爱通和之学推向全世界,让孔子的思想成为人类和平与发展道路上一面鲜艳的旗帜。

(选自《孔子研究》1999 年第 3 期)

　　牟钟鉴(1939—　　),山东烟台人。1962 年毕业于北京大学哲学系,1965 年北大中国哲学史专业研究生毕业,1966—1987 年在中国社会科学院世界宗教研究所工作,1987 年至今在中央民族学院哲学系任教授、孔子基金会理事、中国宗教学会理事、世界宗教所学术委员。著有《〈吕氏春秋〉与〈淮南子〉思想研究》、《中国宗教与文化》、《中华文明史》第一卷等。

　　本文选自《孔子研究》1999 年第 3 期。本文从分析 90 年代爆发的科索沃战争引发对当前国际政治之思考,认为我们应大力提倡孔子"和而不同"的思想,并指出:"国际政治需要儒学,世界政治家需要孔子的智慧。我们应当把儒家仁爱通和之学推向全世界,让孔子的思想成为人类和平与发展道路上一面鲜艳的旗帜。"

公 羊 学 散 论（节选）

蒋　庆

儒家大一统的政治智慧与中国政治文化的重建

中国传统文化中究竟有没有政治智慧？如果有,这种政治智慧在中国政治文化的重建中还有无价值？还需不需要继承发展？从中国近百年的思想历程来看,国内学人基本上对此都持否定的态度。"五四"时期"打倒孔家店"的反传统人物自然不论,就连许多对传统文化深表同情的人士也认为中国的传统文化只在生命的领域有价值(如安身立命,成圣成德),而在政治的领域则无价值,甚至是反价值(如维护君主专制,充当统治阶级的意识形态)。这种倾向导致了半个多世纪以来治国学者多推崇宋学(宋明儒学),而反对汉学(以春秋公羊学为代表的今文经学)。结果,研究宋学人才辈出,硕果累累,从梁(漱溟)、熊(十力)、唐(君毅)、牟(宗三)的新儒学到冯友兰的新理学、贺麟的新心学,真是一浪逐一浪,蔚为大观;而研究汉学则人才匮乏,成果寥寥,以至春秋公羊学自康(有为)崔(适)以后竟成了绝学！这种崇宋黜汉的流风所至,一直影响到近年来海内外盛行的中国文化热,如有的海外学人把汉儒看作只是鼓吹君尊臣卑的法家化的儒学,有的则认为在中国今后的政治发展中传统文化没有可资借鉴的制度资源;又如有的国内学者认为现代儒学只能是一种"为己之学"而不应再具有社会的功能,有的则认为在今天的多元社会中儒家文化只能作为多元文化中的一支而不能指导当代的政治生活。总之,这些看法或明或暗地以一个假定为前提,即中国传统文化中没有政治智慧,或者中国传统文化中的政治智慧已经过时。如果这一假定是真实的,那么,我们就只能得出一个结论:在中国政治文化的重建中没有传统的资源可资借鉴。这一结论的言外之意非常明显,那就是:中国今后的政治发展只有一条路——全盘西化。

中国传统文化中真的没有政治智慧吗? 如果有,这种政治智慧真的过时了吗? 在政治的领域中中国真的没有任何传统的资源可资借鉴吗? 中国今后的政治发展真的只能全盘西化吗? 通过笔者近年来的研究,得出来的结论是否定的。笔者认为中国传统文化中特别是儒家文化中含藏着非常丰富深刻的政治智慧,这种政治智慧在中国古代的政治文化中起到了非常积极有益的作用;设计出了中国古代(汉以后)沿用两千年的一整套政治礼法制度,即以礼乐刑政为基本架构的文物典章制度,这套制度的先进性在当时只有罗马帝国在地中海沿岸建立的政治法律制度才能与之相比。笔者还认为,这种政治智慧在今天虽然遭到了各种谩骂、攻击、歪曲和误解,虽然有些地方已经不能适应现代生活,但并未完全过时,只要我们能够带着谦虚崇敬的心情来体认、接受这种智慧,并在此基础上按照现代生活的需要来创造性地转化这种智慧,这种智慧就能够为今天中国政治文化的重建服务,从而在政治发展上建成中国独特的政治文化。那么,这种中国传统文化中的政治智慧体现在什么地方呢? 这种政治智慧主要体现在汉代的显学——今文经学中的春秋公羊学中。春秋公羊学开创于孔子,经过好几代孔子后学的承传发展,到汉代发扬光大,董何集其大成。春秋公羊学所关心的最大问题是经过春秋至汉几百年的动乱后怎样建立起一个合法的政治秩序的问题。公羊学中的政治智慧很丰富,可以继承的思想很多,本文不拟一一涉及,只就公羊学中误解最深、影响最大的大一统思想来展开论述,企图阐明大一统思想的真实价值和现代意义,起到抛砖引玉的作用。

(一)大一统思想的本来含义

在春秋公羊学中,现代人误解最深的恐怕要算大一统思想了。从纵的方面来看,现代人把大一统理解为自上而下进行的君主专制统治;从横的方面来看,现代人把大一统理解为从中央到地方(以至四夷)建立起的庞大的集权体系。也就是说,在现代人的心目中,大一统就是要建立起一个地域宽广、民族众多、君主专制、中央集权的庞大帝国。大一统的"大"被现代人理解为"大小"的"大",即理解为一个形容词;"一统"则被理解为政治上的整齐划一,即"统一"。照这样的理解,大一统的思想就自然成了为封建王朝建立庞大划一的帝国统治的工具了。如新近编的《哲学辞典·中国哲学史卷》解"大一统"为"思想和法度的统一",是"汉王朝要保持政治法纪的大一统"(《哲学大辞典·中国哲学史卷》,上海辞书出版社,1985年12月版,第25页)。就连对公羊学很有研究的杨向奎先生也认为:"在《公羊》中大一统的境界是'王者无外'","公羊发展了'一天下'的说法而倡'大一统'","所见世则夷狄进于爵而王者无外,无外为大,是为'大中国',亦即'大一统'"。(杨向奎著《大一统与儒家思想》,人民友谊出版公司,1989年6月版,第35、44、49页)但是,大一统的本义真的如此吗? 只要我们深入细心地去考察原典,我们就会发现大一统的本义并非如此,大一统的思想自有其更深刻的本来含义,下面,我们就作一番简短的考察。

"大一统"这个词最早是出现在《春秋公羊传》的传文中。《春秋》经开篇首书:"元年春王正月",公羊子传"王正月"曰:"何言乎

王正月,大一统也。"何休解大一统曰:

"统者,始也。摠系之辞,天王者始受命改制,布政施教于天下,自公侯至于庶人,自山川至于草木昆虫,莫不一一系于正月,故云政教之始。"

又解曰:

"政莫大于正始,故春秋以元之气正天之端,以天之端正王之政,以王之政正诸侯之即位,以诸侯之即位正境内之治。诸侯不上奉王之政则不得即位,故先言正月而后言即位。政不由王出则不得为政,故先言王而后言正月也。王者不承天以制号令则无法,故先言春而后言王。天不深正其元则不能成其化,故先言元而后言春。五者同日并见,相须成体,乃天人之大本,万物之所系,不可不察也。"

徐彦疏大一统曰:

"所以书正月者,王者受命制正月以统天下,令万物无不一一皆奉之以为始,故言大一统也。"

董仲舒在《三代改制质文》一文中解大一统曰:

"何以谓之'王正月'?曰:王者必受命而后王。王者必改正朔,易服色,制礼乐,一统于天下,所以明易姓非继人,通以己受之于天也。"

从以上引文中我们可以看出几个问题:

1. 传文中大一统的"大"字不是形容词"大小"之"大",而是动词"尊大"之"大",用今天的话来说就是"推崇"的意思,大一统就是"推崇一统"。"大"字的这一动词用法在《公羊传》中用得很多,如大居正,大复仇,大其为中国追等,均是用的尊大之义,而非大小之义。可见,大一统的"大"字并不含有地域宽广,民族众多,权力无边、帝国庞大的意思。现代人把大一统的"大"字理解为大小之"大"不只是对"大"字词性的误解,更关涉到对整个大一统思想的误解。这一误解由来已久,现代尤甚,鉴于本文的目的不是专门澄清大一统思想的历史误解,故在此不予详论,笔者以后拟专文论述。

2.传文中大一统的"一统"是自下而上的立元正始,而不是自上而下的整齐划一,即"统一"。从公羊家的解释来看,一是元,统是始,一统就是元始,元始就是万物(包括政治社会)的形上根基,或者说本体。政治社会以至山川草木都必须系于此本体,才有存在的价值,故何休解"统"为"揔系之辞""政教之始",是"天人之大本,万物之所系",徐彦疏为"万物无不一一皆奉之(自下而上)以为始(本体)"。董仲舒在《春秋繁露》中讲春秋变一为元,圣人属万物为一而系之元,讲春秋一元大始,立元崇本,贵元重始,均是此意。由此可见,公羊学所讲的"一统"的本义是指政治社会必须自下而上地归依(系于)一个形上的本体,从而使这一政治社会获得一个超越的存在价值,而不是自上而下地以一个最高权力为中心来进行政治范围的集中统一。

3.通过上面的两点辩析我们可以看出,《公羊传》中所说的大一统是指必须自下而上地推崇政治社会以及万事万物的形上本体,而不是现代人所认为的自上而下地建立一个地域宽广、民族众多、高度集中、整齐划一的庞大帝国。那么,为什么要推崇政治社会以及万事万物的形上本体呢?这个问题涉及到政治秩序合法化的问题,是经历了自春秋战国到秦汉几百年战乱之苦的公羊家们最焦虑的问题。我们知道,自春秋开始,周文疲敝,收拾不住政治社会,政治秩序陷入混乱。混乱既久,人心思定,故当时各流派学派都主张政治统一,如孟子讲"定于一",荀子讲"一天下",墨子讲"尚同",法家更是公开主张用武力建立统一的政治秩序。但公羊家与其他学派不同,最关注政治秩序合法化的基础的问题,因为在公羊家看来,"定于一"是历史发展的必然趋势(文质再复),谁也阻挡不住,但这种"定于一"的政治秩序应具有的合法基础究竟何在则一直未能解决。法家企图纯任暴力来建立政治秩序的合法基础,墨家试图用人格的天来建立政治秩序的合法基础,孟子似乎依人性来建立政治秩序的合法基础,但公羊家认为这些努力均达不到建立政治秩序合法基础的目的。如果某一政治秩序找不到一个合法的基础,政治秩序就缺乏一个稳固的根基,统一了的政治秩序马上又会崩溃,政治社会又会重新陷入混乱,如暴秦所为。鉴于此,一代代公羊家们都把自己思考的重心放在寻找政治秩序合法化基础的努力上,建立了自己关于政治秩序合法化的思想,即大一统的思想。

(二)大一统思想的真实价值

任何政治秩序都必须具有合法化的基础,否则,人们就不会从内心深处服从这一政治秩序,这一政治秩序就迟早会崩溃。政治秩序合法化的基础问题实际上就是解决政治权威的来源问题,即人们以什么样的最终理由服从某一政治权威的问题。公羊家认为法家纯任暴力建立的政治秩序伤仁害义,决无合法性可言,人们无服从的理由;墨家崇天志以恢复古代人格神的权威,又不符合经周文洗礼过的人文传统;孟子倡心性本善,但公羊家认为心性乃经验的产物,无超越性可言,故不能作为政治秩序合法化的基础。鉴于此,公羊家认为政治秩序合法化的基础必须具有仁义之德,必须符合人文的精神,又必须具有超越性。在公羊家看来,这种政治秩序合法化的基础只能是天,因为只有天含摄了以上三种德性。不过,由于公羊家主张变周之文从殷之质,在一定程度上接受了墨子有意志的天,而不像孟子的天是纯义理的天。这样,公羊家所依据的天就成了义理意志融合的天。公羊家认为,只有以这种充满仁义而又超越的义理意志之天来作为政治秩序的基础,政治秩序才具有一个超越而神圣的形上本源，人们才会认为政治秩序具有正当性与权威性，因而才会心悦诚服地服从，也就是说，政治秩序才有合法性可言。公羊家这种把政治秩序合法化的基础建立在形上本源上的思想主要体现在春秋大一统的思想中，下面我们就通过具体分析前面所引的话来进行说明。

何休解大一统时说：王者受命改制，布政施教于天下，必系之于正月，这叫政教之始。这段话说明了政治秩序必须有一个根源（统、始）。何休进而指出，政莫大于正始（政治秩序的关键在于根源必须纯正），为什么呢？因为只有政治秩序的根源纯正，整个政治秩序才会纯正，即才会合理合法。所以何休说春秋以元之气正天之端，以天之端正王之政，以王之政正诸侯之即位，以诸侯之即位正境内之治。如果政治秩序的根源不正，整体政治秩序就不可能产生，更不可能合理合法。所以何休又反过来说，天不深正其元则不能成其化，王者不承天以制号令则无法，政不由王出则不得为政，诸侯不上奉王之政则不能即位。那么，使政治秩序合理合法的纯正根源又是什么呢？何休认为就是深正其元以后的天（不深正其元的天只是自然之天，此天具物质性，无形上性，亦无神圣性，故不纯正，不能作为政教万物的基始，只有深正其元的天才具形上性、神圣性，才能作为政教万物的本体）。所谓春秋大一统，就是说《春秋》这部经推崇这种作为政治秩序合法化基础的纯正神圣的形上之天。公羊学这种关于以纯正神圣形上之天作为政治秩序合法化基础的大一统思想，董仲舒说得更具体。董仲舒在解"王正月"时说，王者必受命而后王，这说明不受命（天命）而王的王者统治不合法。王者受命而王后其政治秩序就有了一个纯正的开始（一统），因而就具有了合法性。但是，这种合法性不能只存在于抽象的心灵认同中，还必须在具体的政治秩序中体现出来，才具有实际的政治意义。所以，董仲舒认为王者受命而王后必须改正朔、易服色、制礼乐,使实际的政治能够一统于天(得到天的认可),从而证明新建立的政治秩序的合法性非来自于人,而是来自于天("所以明易姓非继人,通以己受之于天也")。

　　从以上我们对大一统思想的具体分析中可以看到,大一统思想所要解决的是政治秩序合法化基础的问题,其解决的方法是建立一个形上、神圣、纯正、本体的天来规范实际的政治秩序,使实际的政治秩序获得一个合理的存在基础与超越的价值源头,从而赋予实际的政治秩序以合法的权威性,达到以天之仁德而不是以暴力来稳定社会的目的。从学理上来看,公羊家的这种大一统思想确实智慧深邃,义理精微;从历史上来看,公羊家的这种大一统思想还对中国政治产生了极其深远的巨大影响。我们甚至可以说,汉以后中国沿用了两千年的一整套礼乐刑政的政治法律制度就是由公羊家这种大一统思想开出来的。公羊家的大一统思想在中国古代的历史条件下建立了适应于当时社会的合法的政治秩序,使中国古代的政治以一种稳定的特殊形态存续下来,一直延续到近代。尽管中国古代亦经常发生篡权与战乱,但如果没有公羊家提供的这种大一统思想,政治秩序的合法性就不会确立,中国古代的政治动乱将不知如何收拾,强权人物将为所欲为,国家将没有合法权威,社会将处于无政府状态,人民将无法生活! 由是观之,只要社会还存在一天,政治秩序就必须具有合法性,而这种合法性的基础又必须是超越于人的形上实在,因为只有这种形上实在所具有的神圣性才足以使人诚心服从政治权威,从而维系住政治秩序的合法存在。我们可以设想,假如汉初没有公羊家的大一统思想来规范汉家的政治秩序,化解这一政治秩序中非理性的残暴因素,汉家的政治秩序又必如强秦纯任暴力,没有任何合法性可言,其结果必然又是人民不堪,天下再度陷入大乱,汉家几百年的安宁不复可得,不知又有多少生灵要遭受涂炭蹂躏! 明乎此,公羊家大一统思想的真实价值可见矣。

（选自蒋庆《公羊学引论》，辽宁教育出版社 1995 年版）

蒋庆（1953—　），1982 年毕业于重庆西南政法学院法学系。现任深圳行政学院行政学研究所副教授。著有《公羊学引论》，译有《基督的人生观》、《政治神学文选》等。

本文选自《公羊学引论》。作者以公羊学中影响最大的"大一统思想"为切入点，层层展开论述。指出："中国传统文化中特别是儒家文化中含藏着非常深刻的政治智慧，这种政治智慧在中国古代的政治文化中起到了非常积极有益的作用"，而且"这种政治智慧在今天并未完全过时"，它还"能够为今天中国政治文化的重建服务，从而在政治发展上建成中国独特的政治文化"。

论著目录索引

著　作

梁启超　饮冰室丛著　商务印书馆 1917 年

吴　虞　吴虞文录　亚东图书馆 1921 年

张君劢　国宪议　上海时事新报馆 1922 年

康有为　孔子改制考　万木草堂 1922 年

陈顾远　孟子政治哲学　泰东图书局 1922 年

梁启超　先秦政治思想史　商务印书馆 1923 年

谢无量　古代政治思想研究　商务印书馆 1923 年

陶师承　荀子研究　上海：大东书局 1926 年

王治心　孟子研究　群学社 1928 年

梁漱溟　村治　村治月刊社 1930 年

胡　适　胡适论学近著　商务印书馆 1930 年

杨筠如　荀子研究　商务印书馆 1931 年

李慎言　孟子政治思想及经济思想　易社 1931 年

康有为　新学伪经考　文化学社 1931 年

王桐龄　儒墨之异同　北平文化学社 1931 年

陈安仁　中国政治思想史大纲　商务印书馆 1932 年

嵇文甫　先秦政治思想史　开拓社 1932 年

　　　　先秦诸子政治社会思想述要及附录　开拓社 1932 年

李麦麦　中国古代政治哲学批判　上海新生命书局 1933 年

陈寅恪　隋唐制度渊源略论稿　商务印书馆 1946 年

冯友兰　新理学　商务印书馆 1946 年

　　　　新世训　开明书店 1947 年

陈寅恪　唐代政治史述论稿　商务印书馆 1947 年

熊十力　新唯识论　商务印书馆 1947 年

杨熙时　中国政治制度史　商务印书馆 1947 年

钱　穆　中国文化史导论　正中书局 1947 年

葛存念、刘伯瀛　中国最高政治哲学　北平：大同出版社 1947 年

贺麟等　儒家思想新论　正中书局 1948 年

萧公权　中国政治思想史　商务印书馆 1948 年

费孝通　乡土重建　观察社 1948 年

吕振羽　中国政治思想史　人民出版社 1949 年

费孝通　乡土中国　观察社 1949 年

吴　晗、费孝通　皇权与绅权　观察社 1949 年

钱　穆　中国历代政治得失　香港自印行世 1952 年

梁园东　中国政治社会史　上海群联出版社 1954 年

谢扶雅　中国政治思想史纲　台湾正中书局 1954 年

张其昀　中国政治思想与制度史论集　台北中华文化出版事业委
　　　　员会 1955 年

孙中山　孙中山选集　人民出版社 1956 年

熊十力　原儒　龙门书局 1956 年

中国社会科学院近代史研究所　五四运动文选　三联书店 1959
　　　　年

高　準　黄梨洲政治思想研究　台湾阳明山华冈文化书局 1967
　　　　年

齐益寿　陶渊明的政治立场与政治思想　台湾大学文学院 1968
　　　　年

20世纪儒学研究大系

王云五　　先秦政治思想　台湾商务印书馆 1968 年
王尔敏　　晚清政治思想史论　台北学生书局 1969 年
王云五　　两汉三国政治思想　台湾商务印书馆 1969 年
　　　　　晋唐政治思想　台湾商务印书馆 1969 年
　　　　　宋元政治思想　台湾商务印书馆 1969 年
　　　　　明代政治思想　台湾商务印书馆 1969 年
　　　　　清代政治思想　台湾商务印书馆 1970 年
徐复观　　中国人性论史·先秦篇　台北：台湾商务印书馆 1969 年
张君劢　　立国之道　台北：商务印书馆 1971 年
杨荣国　　中国古代思想史　人民出版社 1973 年
冯友兰　　论孔丘　人民出版社 1975 年
章太炎　　章太炎政论选集　中华书局 1977 年
黄俊杰　　春秋战国时代尚贤政治的理论与实际　台北市问学出版
　　　　　社 1977 年
仲崇亲　　先秦儒学政治思想研究　台北市华冈出版社 1977 年
李福登　　王阳明的政治思想　私立台南家政专科学校 1977 年
邓璞磊　　司马迁政治思想之研究　台北市华冈出版公司 1977 年
牟宗三　　道德的理想主义　台北：台湾学生书局 1978 年
唐林泉　　孟子政治思想新论　台湾商务印书馆 1978 年
谢信尧　　宋元民权思想研究　台北市正中书局 1979 年
蔡　韦　　五四时期马克思主义反对反马克思主义思潮的斗争　上
　　　　　海人民出版社 1979 年
徐复观　　学术与政治之间　台北：台湾学生书局 1980 年
王亚南　　中国官僚政治研究　中国社会科学出版社 1981 年
康有为　　康有为政论集　中华书局 1981 年
蔡尚思　　孔子思想体系　上海人民出版社 1982 年
　　　　　中国现代思想史资料简编　浙江人民出版社 1982 年

杨天石　朱熹及其哲学　中华书局1982年

郭沫若　郭沫若全集(历史编)　人民出版社1982年

彭　明　中国现代政治思想史　浙江省中共党史学会1982年

萨孟武　儒家政论衍义——先秦儒家政治思想的体系及其演变　东大图书公司1982年

朱维铮　周予同经学史论著选集[增订本]　上海人民出版社1983年

邵德门　中国近代政治思想史　法律出版社1983年

高　军、李慎兆等　中国现代政治思想史资料选辑　四川人民出版社1983年

何信全　晚清公羊学派的政治思想　台北:经世出版社1984年

梁启超　梁启超选集　上海人民出版社1984年

刘泽华　先秦政治思想史　南开大学出版社1984年

林茂生、王维礼、王桧林　中国现代政治思想史　黑龙江人民出版社1984年

蔡元培　蔡元培政治论著　河北人民出版社1985年

吴　虞　吴虞集　四川人民出版社1985年

匡亚明　孔子评传　齐鲁书社1985年

严怀儒、高　军、刘家宾　中国现代政治思想史简编　北京出版社1985年

蔡尚思　中国近现代学术思想史论　广东人民出版社1986年

萧功秦　儒家文化的困境　四川人民出版社1986年

中共中央党校文史教研室中国近代史组编　中国近现代政治思想论著选辑　中华书局1986年

熊月之　中国近代民主思想史　上海人民出版社1986年

彭　明　中国现代政治思想史十讲　河南人民出版社1986年

桑成之、林翘翘　中国近代政治思想史　中国人民大学出版社

　　　　　1986 年

张君劢　中国专制君主政制之评议　台北弘文馆 1986 年

张金鉴　中国政治制度史　台北:三民书局 1986 年

刘述先　文化与哲学的探索　台北学生书局 1986 年

左言东　中国政治制度史　浙江古籍出版社 1986 年

朱日耀等　论中国传统政治文化　吉林大学出版社 1987 年

曹德本　宋元明清政治思想研究　辽宁大学出版社 1987 年

牟宗三　政道与治道　台北:台湾学生书局 1987 年

刘泽华　中国传统政治思想反思　生活·读书·新知三联书店
　　　　　1987 年

王作坤、柏福临　中国现代政治思想史　黑龙江教育出版社 1988
　　　　　年

徐复观　儒家政治思想与民主自由人权　台北:台湾学生书局
　　　　　1988 年

林毓生　中国传统的创造性转化　北京:三联书店 1988 年
　　　　　中国意识的危机　贵州人民出版社 1988 年

柳诒徵　中国文化史　中国大百科全书出版社 1988 年

殷海光　中国文化的展望　中国和平出版社 1988 年

吴剑杰　中国近代思潮及其演进　武汉大学出版社 1989 年

林毓生　政治秩序与多元社会　台北:联经出版公司 1989 年

罗义俊　评新儒家　上海人民出版社 1989 年

宋　仁　梁启超政治法律思想研究　学苑出版社 1990 年

许光枨、林浣芬　中国近现代政治思想史　南京大学出版社 1990
　　　　　年

李　侃　近代传统与思想文化　文化艺术出版社 1990 年

朱日耀　中国近代政治思想史　吉林大学出版社 1990 年

〔美〕成中英　文化·伦理与管理　贵州人民出版社 1991 年

20世纪儒学研究大系

刘泽华　中国传统政治思维　吉林教育出版社 1991 年

陈少明　儒学的现代转折　辽宁大学出版社 1992 年

陈远宁　中国古代政治观的批判总结——王船山政治观研究　湖
　　　　南出版社 1992 年

刘泽华　中国古代政治思想史　南开大学出版社 1992 年

李明辉　当代儒学之自我转化　台北：中央研究院中国文哲研究
　　　　所 1994 年

〔美〕詹姆斯·R·汤森　中国政治　江苏人民出版社 1994 年

萧功秦　萧功秦集　黑龙江教育出版社 1995 年

张耀南　知识与文化——张东荪文化论著辑要　中国广播电视出
　　　　版社 1995 年

杨　深　走出东方——陈序经文化论著辑要　中国广播电视出版
　　　　社 1995 年

温儒敏、丁晓萍　时代之波——战国策派文化论著辑要　中国广
　　　　播电视出版社 1995 年

孙尚扬、郭兰芳　国故新知论——学衡派文化论著辑要　中国广
　　　　播电视出版社 1995 年

郑家栋、叶海烟　新儒家评论　中国广播电视出版社 1995 年

蒋　庆　公羊学引论　辽宁教育出版社 1995 年

〔美〕安乐哲　主术——中国古代政治艺术之研究　北京大学出版
　　　　社 1995 年

〔美〕杜维明　儒家思想新论——创造性转换的自我　江苏人民出
　　　　版社 1996 年

崔龙水、马振铎主编　马克思主义与儒学　当代中国出版社 1996
　　　　年

朱维铮　周予同经学史论著选集　上海人民出版社 1996 年

中国孔子基金会编　儒学与廿一世纪　华夏出版社 1996 年

刘泽华　中国政治思想史　浙江人民出版社 1996 年

〔美〕墨子刻、颜世安　摆脱困境——新儒学与中国政治文化的演进　江苏人民出版社 1996 年

熊月之　中国近代民主思想史　上海人民出版社 1996 年

蒋　庆　政治儒学中的责任伦理资源　三联书店 1996 年

〔美〕杜维明　现代精神与儒家传统　三联书店 1997 年

郭湛波　近五十年中国思想史　山东人民出版社 1997 年

崔薇圃　中国近代社会政治思潮研究　泰山出版社 1997 年

方克立　现代新儒学与中国现代化　天津人民出版社 1997 年

萧公权　近代中国与新世界:康有为变法与大同思想研究　江苏人民出版社 1997 年

李泽厚　世纪新梦　安徽文艺出版社 1998 年

朱义禄、张　劲　中国近现代政治思潮研究　上海社会科学院出版社 1998 年

陈哲夫、江荣海、谢庆奎、张　晔　现代中国政治思想流派　当代中国出版社 1998 年

颜炳罡　当代新儒学引论　北京图书馆出版社 1998 年

刘军宁　共和·民主·宪政　三联书店 1998 年

彭　明　近代中国的思想历程(1840—1949)　中国人民大学出版社 1999 年

张岱年、敏　泽主编　回读百年——20 世纪中国社会人文论争　大象出版社 1999 年

〔澳〕李瑞智、黎华伦　儒学的复兴　商务印书馆 1999 年

肖　滨　传统中国与自由理念　广东人民出版社 1999 年

张荫麟　中国史纲　上海古籍出版社 1999 年

关海庭　中国近现代政治发展史稿　北京大学出版社 2000 年

洪晓楠　文化哲学思潮简论　上海三联书店 2000 年

朱文华　"再造文明"的奠基石——"五四"新文化运动三大思想家
　　　　散论　上海教育出版社 2000 年

石元康　从中国文化到现代化:典范转移　三联书店 2000 年

李慎之、何家栋　中国的道路　南方时报出版社 2000 年

论　文

梁启超　论政府与人民之权限　《新民丛报》第三号,1902 年 3 月
　　　　10 日

　　　　中国专制政治进化史论　《新民丛报》第八号、第九号、第
　　　　十七号,1902 年 5 月 22 日、6 月 20 日、10 月 2 日

　　　　儒家之帝王思想　《新民丛报》第七号,1902 年 5 月 8 日

康有为　南海先生辩革命书　《新民丛报》第 16 号,1902 年 9 月
　　　　26 日

章太炎　驳康有为书　《苏报》1903 年 6 月

梁启超　开明专制论　《新民丛报》第 73 号、74 号、77 号,1906 年
　　　　1 月 25 日、2 月 8 日、3 月 25 日

　　　　申论种族革命与政治革命之得失　《新民丛报》第 76 号,
　　　　1906 年 3 月 9 日

　　　　暴动与外国干涉《新民丛报》第 82 号,1906 年 7 月 6 日

刘师培　无政府主义之平等观　《天义报》1907 年 7 月 25 日、8
　　　　月 10 日、9 月 15 日

李度权　提倡孔教与政治之关系论　《祖国文明报·孔圣会旬报·
　　　　孔圣会星期报》第 116 期,1910 年 6 月 12 日

李不懈　以孔教救国当求实功勿求速效　《祖国文明报·孔圣会旬
　　　　报·孔圣会星期报》第 118 期,1910 年 6 月 26 日

伍宪子　孔子救国两精义　《祖国文明报·孔圣会旬报·孔圣会星
　　　　期报》第 118 期,1910 年 6 月 26 日

20 世 纪 儒 学 研 究 大 系

月 15 日

陈独秀　今日中国之政治问题　《新青年》第 5 卷第 1 号,1918 年 7
月 15 日

偶像破坏论　《新青年》第 5 卷第 2 号,1918 年 8 月 15 日

唐　俟　我之节烈观　《新青年》第 5 卷第 2 号,1918 年 8 月 15 日

胡　适　武力解决与解决武力　《新青年》第 5 卷第 6 号,1918 年
12 月 5 日

吴　虞　吃人与礼教　《新青年》第 6 卷第 6 号,1919 年 11 月 1
日

陈独秀　实行民治的基础　《新青年》第 7 卷第 1 号,1919 年 12
月 1 日

蔡元培　洪水与猛兽　《新青年》第 7 卷第 5 号,1920 年 4 月 12

陈独秀　谈政治　《新青年》第 8 卷第 1 号,1920 年 6 月 12 日

傅斯年　论孔子学说所以适应于秦汉以来的社会的缘故　国立中
山大学《语言历史研究所周刊》第 1 集第 6 期,1927 年 11
月

胡　适　我们走那条路　《胡适论学近著》,商务印书馆 1930 年

梅思平　春秋时代的政治和孔子的政治思想　《古史辨》第二册中
编,朴社 1930 年

钱　穆　孟子之政治思想　《孟子研究》,大华书局 1934 年

王国维　殷周制度论　《海宁王静安先生遗书》,商务印书馆 1940
年

钱　穆　如何解脱人生之苦痛　《民主评论》3:11 卷,1941 年 5 月

李　雄　中国儒家王道政治的研究与批评(上、下)　《民主宪政》
7:6 卷、7:7 卷,1943 年 10 月、11 月

徐复观　中国知识分子的历史性格及其历史的命运　《民主评论》

5:8 卷,1943 年 4 月

陈代锷　王阳明的修身教育　《教育通讯》5:6 卷,1943 年 2 月

钱　穆　如何获得我们的自由　《人生》9:4 卷,1944 年 1 月

陈蒙父　宋代理学家的政治才能　《民主宪政》9:9 卷,1945 年 1 月

唐君毅　说"仁"　《人生》12:1 卷,1945 年 5 月

朱世龙　说仁　《人生》14:5 卷,1946 年 7 月

冯友兰　孔孟　《新原道》,商务印书馆 1946 年

伍宪子　孔门教育即政治　《人生》14:7 卷,1946 年 9 月

萧公权　圣教与异端——从政治思想论孔子在中国文化史中的地位　《观察》第 10、11、12 期,1946 年

罗聊络　释"忠恕"　《人生》15:7 卷,1947 年 2 月

李　震　由中国智识份子一书窥钱穆先生的人文主义　《新铎声》第 16 卷,1947 年 3 月

徐复观　中国孝道思想的形成、演变及其在历史中的诸问题　《民主评论》10:18 卷、10:19 卷,1948 年 9 月、1948 年 10 月

周世辅　朱子的智识哲学与政治教育思想　《革命思想》6:3 卷,1948 年 3 月

廖维藩　论康有为思想与"人民公社"　《学粹》2:1 卷,1948 年 12 月

钱　穆　中国传统政治与儒家思想　《儒家思想新论》,正中书局 1948 年

金耀基　新儒学之本质及其在思想上的地位　《民主中国》3:8 卷,1949 年 4 月

陈大齐　孟子学说中的仁与义　《政大学报》4 卷,1950 年 12 月

徐复观　儒家政治思想的构造及其转进　《民主评论》3:1 卷,1951 年 12 月

20 世纪儒学研究大系

李　震　（泛）论唐君毅的理想的人文主义　《现代学人》5 卷，
　　　　　1951 年 5 月

寒　爵　董仲舒的事功和思想　《反攻》255 卷，1952 年 6 月

沈兼士　孔孟学说与民主政治　《孔孟月刊》1:6 卷，1952 年 2 月

唐君毅　自由、人文与孔子精神　《民主评论》3:20 卷、3:21 卷，
　　　　　1952 年 10 月

赵龙文　孔孟忠恕思想　《现代政治》10:9 卷，1952 年 9 月

张其昀　孔子学说对民主政治之贡献　《台湾新生报》1953 年 9
　　　　　月 29 日

正　存　孔子的著述对于中国政教思想上的影响及要义(1—3)
　　　　　《民主中国》第 8 卷第 7—9 期，1953 年 12 月—1954 年 1
　　　　　月

李　达　胡适的政治思想批判　《人民日报》1954 年 12 月 31 日

周世辅　孔孟学说与民生主义　《孔孟月刊》4:2 卷，1954 年 10 月

胡　绳　论胡适派腐朽的资产阶级人生观　《新建设》1955 年第 3
　　　　　期

吴景超　批判梁漱溟的乡村建设理论　《新建设》1955 年第 7 期

张晋藩　批判胡适关于宪法问题的胡说　《政法研究》1955 年第 4
　　　　　期

黎　澍　胡适派所谓民主政治的反动的实质　《学习》1955 年第 3
　　　　　期

任继愈　批判梁漱溟的反动的文化观　《哲学研究》1955 年第 3
　　　　　期

千家驹　梁漱溟的乡村建设运动究竟为谁服务？《学习》1955 年
　　　　　第 9 期

赖炎元　董仲舒的仁义学说　《孔孟月刊》5:2 卷，1955 年 10 月

徐复观　孔子德治思想发微　《孔孟月刊》4:12 卷，1955 年 8 月

侯外庐　批判梁漱溟反动的历史观点及其复古主义　《历史研究》1956 年第 1 期

洪　治　对我国古代儒家政治思想之探讨　《淡江学报》6 卷，1956 年 11 月

龚乐群　孟子与荀子的天人思想　《孔孟月刊》6：3 卷，1956 年 11 月

万世章　荀子之礼治政治论　《革命思想》23：5 卷，1956 年 11 月

胡秋原　伟大的爱国者和思想家黄梨洲　《中华杂志》5：6 卷，1956 年 6 月

周世辅　国父政治思想与孔孟学说　《孔孟月刊》6：3 卷，1956 年 11 月

孙中山　五权宪法　《孙中山选集》，人民出版社 1956 年

熊望权　孔子大同学说　《中央日报》1956 年 9 月 28 日

张铁君　今儒学的伦理论　《学园》3：5 卷，1957 年 1 月

〔美〕陈荣捷　康有为论仁　《人生》33：3 卷，1957 年 7 月

石万松　论孟轲政治主张的二重性及其碰壁的原因　《开封师院学生科学习作》1957 年第 1 期

王　明　董仲舒及其政治思想　《历史教学》1958 年第 3 期

欧文龙　孔子思想与三民主义　《国魂》第 172 期，1959 年 9 月

冯友兰　论孔子关于"仁"的思想　《哲学研究》1961 年第 5 期

罗联络　孔门的人文精神　《人生》第 21 卷第 12 期，1961 年 5 月

魏钦吾　略论孔子的政治思想　《孔子讨论文集》（第一集），山东人民出版社 1961 年

北　哲　关于张载哲学思想和政治立场的争论　《北京大学学报》1961 年第 1 期

蔡爱仁　孔子的大同学说　《中央日报》1961 年 9 月 28 日

车　载　论孔子的"为政以德"　《哲学研究》1962 年第 6 期

蔡尚思　论章炳麟思想的阶级性　《历史研究》1962 年第 1 期

谢善继　苏轼的政治思想和苏轼的艺术成就　《江汉学报》1962
年第 4 期

张其光　略论朱执信的政治思想　《学术研究》1962 年第 4 期

卫仲璠　对韩愈政治思想倾向的一点看法　《合肥师范学院学报》
1962 年第 4 期

刘毓璜　孟子的政治观点和哲学思想　《江海学刊》1962 年第 11
期

周世辅　孔孟学说与中山先生思想　《孔孟月刊》第 1 卷第 2 期，
1962 年 10 月

张广志　孔子的阶级立场和他的政治主张　《青海师院论文集》
1962 年第 2 期

周自强　从"堕三都"看孔子进步的政治立场　《光明日报》1962
年 6 月 1 日

衷尔钜　试论孔子的政治学说和阶级立场——与关锋、林聿时同
志商榷　《光明日报》1962 年 10 月 21、22 日

广东师院历史系学术通讯组　广东师范学院历史系探讨孔子政治
思想问题　《历史研究》1962 年第 5 期

杨国宜　省历史学会座谈孔子的政治思想　《安徽日报》1962 年 2
月 3 日

李毅夫　孔子的时代、阶级和政治思想的进步性　《山东史学通
讯》1962 年第 1 期

郑鸿献　董仲舒论孔子政治思想　《历史研究》1962 年第 1 期

张海鹏　论孔子的政治思想　《合肥师范学院学报》1962 年第 1
期

洪家义　论孔子的阶级立场和政治观点　《江海学刊》1962 年第 2
期

蔡尚思　康有为黄金时代的思想体系和评价　《学术月报》1963
年第 9 期

徐中舒　孔子的政治思想　《成都晚报》1963 年 1 月 3 日

辛　研　从荀子礼学的核心来看政治思想的实质　《学术通讯》
1963 年第 6 期

吴孟复　试论韩愈的政治思想——兼与王芸先生商榷　《新建设》
1963 年第 8 期

王永兴　关于柳宗元的政治思想　《学术通讯》1963 年第 5 期

刘炳福　司马迁的政治思想　《学术月刊》1963 年第 11 期

伍占芝　关于王阳明政治思想及其哲学思想的讨论　《文汇报》
1963 年 1 月 20 日

吴泽等　顾炎武的社会政治思想和爱国思想　《文汇报》1963 年 6
月 23 日

王知常　论章学诚学术思想中的政治观点　《学术月刊》1963 年
第 1 期

沈兼士　孔孟学说与民主政治　《孔孟月刊》第 1 卷第 6 期,1963
年 2 月

莫德惠　孔孟学说与选贤任能　《孔孟月刊》第 1 卷第 6 期,1963
年 2 月

陈大齐　孔子思想与立国两大需要　《中华日报》1964 年 9 月 28
日

赵金钰　论章炳麟的政治思想　《历史研究》1964 年第 1 期

李　星　关于司马迁的政治思想——与刘炳福同志商榷　《学术
月刊》1964 年第 6 期

刘泽华　董仲舒的政治思想　《历史教学》1965 年第 6 期

周世辅　孔孟学说与民生主义　《孔孟月刊》第 4 卷第 2 期,1965
年 10 月

20世纪儒学研究大系

孔孟学说与民权主义之关系兼论尧舜禅让与汤武革命
《中国一周》第 811 期,1965 年 11 月

贺凌虚　王莽改制与西汉儒家政治思想　《社会科学论丛》1966
年第 16 期

〔美〕成中英　论孔子的正名思想　《出版月刊》第 22 期,1967 年 3
月

罗　光　论语的人文主义　《孔孟月刊》第 6 卷第 3 期,1967 年 11
月

孙　科　孔子学说与国父思想　《中华日报》1967 年 9 月 29 日

林　兢　孔子治鲁之道　《畅流》第 36 卷第 3 期,1967 年 9 月

缪全言　孔子君臣主义　《中山学术文化集刊》1968 年 3 月

吴　康　孟子之政治思想　《孔孟学报》第 19 期,1970 年 4 月

张　群　简论儒家学说与三民主义的关系——七月二日接受韩国
成均馆大学名誉政治科学博士学位致词　《中央日报》
1971 年 7 月 3 日

梁寒操　孔孟学说与三民主义　《中央日报》1971 年 11 月 12 日

杨荣国　孔子——顽固地维护奴隶制的思想家　《人民日报》1973
年 8 月 7 日

哲学系资料组　孔子反动的政治立场和政治思想　《四川大学校
刊》1973 年第 7 期

南开大学历史系　孔子的"仁"的反动实质　《天津日报》1973 年 9
月 20 日

开封师院历史系大批判组　批判孔子的反动统治纲领　《河南日
报》1973 年 10 月 8 日

苗桂林等　揭穿"中庸之道"的反动实质　《大众日报》1974 年 1
月 18 日

方克立　孟子"仁政"学说的反动实质　《天津日报》1974 年 2 月 9

日

杨希胜等　彻底批判孔子的"天命观"　《宁夏日报》1974 年 1 月
　　30 日

章　群　孔子和秦始皇问题　《明报》第 9 卷第 2 期,1974 年 2 月
　　论孔子和秦始皇问题　《文史学报》第 10 卷,1974 年 10
　　月

罗振廷　孔子的治国之道　《孔孟月刊》第 13 卷第 4 期,1974 年
　　12 月

高绪价　孔子的政治思想　《新竹师专学报》第 1 期,1974 年 12
　　月

北京师院大批判组　孔老二的"智、仁、勇"是"复礼"的反动说教
　　《北京日报》1974 年 4 月 19 日

宋锡正　孔子的政治思想　《中华文化复兴月刊》第 8 卷第 9 期,
　　1975 年 9 月

傅　亢　体认孔子的大同思想　《革命思想》第 39 卷第 3 期,1975
　　年 9 月

伍安娜　孔子之人文精神　《孔孟学报》第 29 期,1975 年 4 月

丁　迪　孔子主义与秦始皇主义之比较　《孔孟月刊》第 13 卷第
　　5 期,1975 年 1 月
　　国父的尊孔批秦思想　《革命思想》第 38 卷第 2 期,1975
　　年 2 月

黄傅源　三民主义与孔孟学说　《训育研究》第 13 卷第 4 期,1975
　　年 3 月

颜维扬、陈佳德　三民主义与孔孟学说　《孔孟月刊》第 13 卷第 8
　　期,1975 年 4 月

陈卧龙　论孔孟思想与三民主义　《政治评论》第 33 卷第 4 期,
　　1975 年 5 月

林昌炫　三民主义与孔孟学说　《孔孟月刊》第 13 卷第 9 期,1975
年 5 月

黄良瑞　周伟贤　三民主义与孔孟学说　《孔孟月刊》第 13 卷第
10 期,1975 年 6 月

林汉楼　三民主义与孔孟学说　《革命思想》第 38 卷第 6 期,1975
年 6 月

曾为惠　三民主义与孔孟学说　《生力》第 8 卷第 96 期,1975 年 9
月

汪孔辰　三民主义与孔孟学说　《国魂》第 358 期,1975 年 9 月

丁　迪　从国父遗教看孔子是中华民族文化的典型　《革命思想》
第 39 卷第 5 期,1975 年 11 月

林汉楼　三民主义与孔孟学说　《文艺复兴》第 72 期,1976 年 5
月

罗有桂　国父思想与孔孟学说的关系　《训育研究》第 15 卷第 1
期,1976 年 7 月

浦薛凤　孔孟儒家对于"暴横"所采之立场　《华冈学报》第 10 期、
第 46 期,1975 年 10 月

曲阜师院大批判组　论孔丘的反动"仁学"　《历史研究》1976 年
第 4 期

高　明　孔子政治思想综论　《孔孟学报》第 32 期,1976 年 9 月

林继平　孔子奠定中国人文思想之基础　《国魂》第 367 期,1976
年 6 月

林桂圃　孔子的政治思想　《东方杂志》第 10 卷第 9 期,1977 年 3
月

秦学明　孔子的政治思想　《东方杂志》第 10 卷第 10 期,1977 年
4 月

陈则东　孔子的政治思想及其治术　《生力》第 10 卷第 116、117

期,1977 年 5、6 月

孔子的政治观念与军事思想　《古今谈》第 147 期,1977 年 8 月

张其昀　孔子的政治哲学　《文艺复兴》第 86 期,1977 年 10 月

陈则东　孔子的贤人政治思想　《新出路》第 13 卷 8 期,1978 年 2 月

熊望权　孔子政治思想新论　《国立编译馆馆刊》第 7 卷第 1 期,1978 年 6 月

陈则东　孔子的政治观念与军事思想　《民主宪政》第 50 卷第 5 期,1978 年 9 月

刘正浩　孔子"正名"考　《孔孟学报》第 36 期,1978 年 9 月

蔡庆贤等　总统蒋公曾说"孔孟学说的精义与国父三民主义的崇高理想契合无间"试阐其理　《孔孟月刊》第 16 卷第 8 期,1978 年 4 月

马　政　三民主义与孔子思想　《三民主义学报》(台师大)第 2 期,1978 年 6 月

胡　勉　孔子的统一思想与民族主义(上、下)　《革命思想》第 45 卷第 3、4 期,1978 年 9 月

宋锡正　孔子的政治思想　《新动力》第 30 卷第 10 期,1978 年 10 月

范文澜　儒家谈德治　《中国通史》第二册,人民出版社 1978 年

徐复观　良知的迷惘——钱穆先生的史学　《华侨日报》1978 年 12 月 16—20 日

朱靖华　论苏轼政治思想的发展——兼驳罗思鼎的谬论　《历史研究》1978 年第 8 期

朱大成　苏轼政治思想初探　《沈阳师范学院学报》1979 年第 1、2 期

杨运泰　略论苏轼的政治道路　《学习与探索》1979 年第 3 期

曾枣庄　论苏轼政治主张的一致性　《文学评论丛刊》第 3 期,中
国社会科学出版社 1979 年

邱俊鹏　苏轼政治思想管见　《四川大学学报》1979 年第 4 期

匡　扶　苏轼的政治思想和他对人民的态度　《甘肃师大学报》
1979 年第 4 期

陈玉璟　魏源富国强兵的政治思想　《安徽师大学报》1979 年第 1
期

朱维铮　《民报》时期章太炎的政治思想　《复旦学报》1979 年第 5
期

黄德馨　试谈章太炎政治思想的阶级属性　《武汉师范学院学报》
1979 年第 3 期

陈哲夫　唐甄的政治思想　《北京大学学报》1979 年第 6 期

郑昌淦　"克己复礼"辨　《历史教学》1979 年第 2 期

张文熊　论孔子的正名学说　《甘肃师大学报》1979 年第 3 期

李启谦　关于孔子评价中的一个问题——"君子、小人"辨　《郑州
大学学报》1979 年第 3 期

杨剑虹等　(孔子)"堕三都"新证　《历史教学》1979 年第 11 期

张明凯　孔孟政治军事思想研究　《古今谈》第 164、165 期,1979
年 1、2 月

陈淑仪　孔孟的政治思想对中国政治的贡献　《孔孟月刊》第 17
卷第 10 期,1979 年 6 月

陈则东　孔子的贤人政治思想　《孔孟月刊》第 17 卷第 10 期,
1979 年 6 月

傅启学　孔子与孙中山先生　《孔孟月刊》第 17 卷第 11 期,1979
年 7 月

陈德诚　三民主义与孔子思想　《革命思想》第 47 卷第 2 期,1979

年 8 月

吴寄萍　　三民主义与孔孟学说之融贯　《孔孟学报》第 38 期,1979
年 9 月

傅　亢　　孔学与三民主义　《中央日报》1979 年 12 月 31 日

陈明凯　　孔孟政治军事思想研究　《古今谈》第 172 期,1979 年 9
月

陈则东　　孔子的政治观念与军事思想　《现代国家》第 176 期,
1979 年 9 月

刘树远　　孔子的爱国思想　《建设》第 28 卷第 5 期,1979 年 10
月

林远琪　　孔子的正名主义与政治思想　《孔孟月刊》第 18 卷第 2
期,1979 年 10 月

陈则东　　孔子的政治思想及其治术　《孔孟月刊》第 18 卷第 6 期,
1980 年 2 月

孔惟勤　　从《论语》看孔子的政治思想　《自由青年》第 63 卷第 4
期,1980 年 4 月

周学根　　孔子的政治思想及其评价问题　《华中师院学报》1980
年第 4 期

李启谦　　孔子评价中的一个问题——人、民辨　《山东师范学报》
1980 年第 4 期

任卓宣　　国父底民生哲学与孔子学说底关系　《三民主义学报》
(师大)第 4 期,1980 年 6 月

孔服农　　孔孟学说与国父的民族思想　《孔孟月刊》第 18 卷第 12
期,1980 年 8 月

谢维扬　　"礼不下庶人,刑不上大夫"辨　《学术月刊》1980 年第 8
期

贺卓君　　释"如有用我者,吾其为东周乎"　《学术月刊》1980 年第

11 期

郭惠青　试析章太炎的政治立场　《昆明师院学报》1980 年第 6
期

陈寅恪　冯友兰《中国哲学史》下册审查报告　《金明馆丛稿二
编》,上海古籍出版社 1980 年

罗　明　试论《民报》时期章炳麟的政治思想和经济思想　《清史
研究集》第 1 期,中国人民大学出版社 1980 年

陈德述　试论唐甄的政治思想　《西南师院学报》1980 年第 1 期

赵宗正　论颜元的政治思想　《辽宁大学学报》1980 年第 4 期

曾枣庄　论苏轼的政治革新主张　《社会科学研究》1980 年第 2
期

吴桂就　苏轼的政治主张及其民生观　《古典文学论丛》第 1 期,
齐鲁书社 1980 年

鲍　叔　柳宗元的政治品质　《北方论丛》1980 年第 4 期

施　丁　司马迁与董仲舒政治思想相通论　《中国史研究》1981
年第 2 期

王邦雄　《论语》儒学的人文理想(上、下)　《中央日报》1981 年 12
月 23、24 日

来新夏　从《史记》看司马迁的政治思想　《文史哲》1981 年第 2
期

施　丁　试论司马迁的政治观——关于"稽其成败兴坏之理"
《东岳论丛》1981 年第 4 期

王伯英　论苏轼的政治态度　《学习与探索》1981 年第 2 期

杨　堪　评谭嗣同反封建的政治法律思想　《法律史论丛》第 1
期,中国社会科学出版社 1981 年

王左峰　试论梁启超的反封建的社会政治思想　《中山大学研究
生学刊》1981 年第 2 期

黎振国　章太炎前期的政治思想　《中山大学研究生学刊》1981年第 2 期

樊树志　朱熹:作为政治家的评价　《复旦学报》1981 年第 3 期

陈则东　孔子的学说与国父思想　《民主宪政》第 53 卷第 1 期,1981 年 5 月

首萍津　国父伦理思想与孔孟学说　《淡江学报》第 18 期,1981 年 5 月

陈立夫　从国父思想更认识孔子的伟大　《孔孟月刊》第 20 卷第 2 期,1981 年 10 月

周世辅　孔孟学说与民生主义　《自由青年》第 66 卷第 4 期,1981 年 10 月

朱宗震　章太炎的政治摇摆简析　《四川师范学院学报》1981 年第 3 期

周炳荣　试论孔子的理想社会　《沈阳师范学院学报》1981 年第 1 期

矛　锋　谈孔子的治国方法　《大连师专学报》1981 年第 2 期

周庆义　孔子、孟子"法先王"辨　《中国哲学史论》,山西人民出版社 1981 年版

李元庆　试论孔子政治立场的二重性　《晋阳学刊》1981 年第 3 期

简松兴　孔子"正名"观念析探　《孔孟月刊》第 19 卷第 5 期,1981 年 1 月

赵光贤　驳孔子要恢复奴隶制说　《辽宁大学学报》1981 年第 3 期

于成武　孔子对传统思想的继承、发展和他的政治观点　《孔子研究论文集》,曲阜师范学院孔子研究室 1981 年编印

徐志祥　浅谈孔子的时代及其政治思想　《孔子研究论文集》,曲

阜师范学院孔子研究室 1981 年编印

李启谦　"季氏八佾舞于庭"新释　《学术月刊》1982 年第 8 期

陈玉云　孔孟学说与国父思想　《中华文化复兴月刊》第 15 卷第 9 期,1982 年 9 月

吕兴光　应该正确评价"克己复礼"　《山西师院学报》1982 年第 1 期

王好立　从戊戌到辛亥梁启超的民主政治思想　《历史研究》1982 年第 1 期

戴玉斌　"克己复礼"辨证　《江淮论坛》1982 年第 2 期

刘蕙孙　孔子政治思想重探　《东岳论丛》1982 年第 2 期

张润民　孔子的政治伦理思想　《昆明师专学报》1982 年第 2 期

熊铁基　评朱熹的政治思想　《华中师院学报》1982 年第 2 期

张文熊　再论孔子正名学说　《西北师范学院学报》1982 年第 3 期

王海源等　孔子政治思想浅谈　《晋中社联通讯》1982 年第 4 期

杜任之等　孔子政治学说精华探索　《晋阳学刊》1982 年第 5 期

张岱年　孟子"民为贵"疏释　《中国哲学史研究集刊》第 2 期,上海人民出版社 1982 年

李锦全　董仲舒的政治思想和哲学体系都是进步的吗?——与张春波同志商榷　《中国哲学史研究集刊》第 2 期,上海人民出版社 1982 年

吴　光　论董仲舒的政治学说及其进步历史作用——兼论其王道理论与天道观的关系　《浙江学刊》1982 年第 4 期

王春庭　试论韩、柳政治上的共同点　《江西师院学报》1982 年第 1 期

骆宝善　关于章炳麟政治立场转变的几篇佚文　《历史研究》1982 年第 5 期

李耀仙　试论章炳麟在辛亥革命时期的政治思想　《西南师范学院学报》1982 年第 2 期

孔祥吉　从《波兰分灭记》看康有为戊戌变法时期的政治主张　《人文杂志》1982 年第 5 期

魏宗禹等　试论傅山的政治思想　《晋阳学刊》1982 年第 3 期

陈启汉　苏轼的政治态度剖析　《学术论坛》1982 年第 3 期

石声淮等　巨笔屠龙手——论苏轼的政治主张　《华中师院学报》1982 年第 1 期

胡玉衡等　论荀况的政治思想　《荀况思想研究》,中州书画社 1983 年

陈立夫　从孔子之道认识国父之伟大　《孔孟月刊》第 21 卷第 5 期,1983 年 1 月

张升星等　孔孟学说何以为三民主义之基础　《孔孟月刊》第 21 卷第 8 期,1983 年 4 月

赵淡元　略论贾谊的政治思想　《中国历史文献研究集刊》第 3 期,岳麓书社 1983 年

吴家莹　从"启发现代人生智慧"的观点试诠释"孔子人文主义之内涵"　《花莲师专学报》第 14 期,1983 年 10 月

肖　黎　论司马迁的政治思想　《北方论丛》1983 年第 5 期

杨亮功　论正名　《中山学术文化集刊》第 29 期,1983 年 3 月

许抗生　王守仁的政治思想与教育思想　《论宋明理学》,浙江人民出版社 1983 年

沈兼士　孔孟学说与民主政治　《道德论丛》第 6 期,1983 年 2 月

韩凌霄　孔子的正名主义与春秋大义　《孔孟月刊》第 21 卷第 10 期,1983 年 6 月

陈立夫　从孔子之道认识国父之伟大　《孔孟月刊》第 21 卷第 5 期,1983 年 1 月

20世纪儒学研究大系

陈曼平等　李贽政治思想异议　《求是学刊》1983 年 6 月

吕彦博　康有为"三世说"的历史观　《学术研究丛刊》1983 年第 1 期

〔日〕崛川哲男　谭嗣同的政治思想　《河北师院学报》1983 年第 4 期

宝成关　论梁启超民国初年的政治思想　《史学集刊》1983 年第 4 期

郭化民等　孔丘的政治思想初探——《论语》研究札记　《青海社会科学》1983 年第 1 期

刘百顺　"季氏八佾舞于庭"不是维护周训——与李启谦同志商榷　《学术月刊》1983 年第 2 期

唐嘉弘　略论孔子的政治思想　《历史教学问题》1984 年第 3 期

洪加义　孔子的政治理论及实践　《安徽史学》1984 年第 6 期

朱　活　孔夫子与爱国传统　《教学与科研》1984 年第 4 期

吴维宗　孔孟学说为三民主义的主要思想源流　《中山学报》第 5 期,1984 年 2 月

江荣海　孟子"民贵君轻"思想述评　《齐鲁学刊》1984 年第 5 期

李泽厚　秦汉思想简议　《中国社会科学》1984 年第 2 期

王应常　大同小异的儒家大一统思想——孟荀政治思想的比较研究　《学术论坛》1984 年第 6 期

顾全芳　司马光的政治思想　《河南大学学报》1984 年第 4 期

王晓秋　戊戌维新时期康有为的政治主张再探讨　《社会科学研究》1984 年第 4 期

刘毓璜　孟子的政治观点和哲学思想　《孟子研究论文集》,山东大学出版社 1984 年

张金鉴　孔子的正名思想　《中原文献》第 17 卷第 7 期,1985 年 7 月

黄　素　孔孟学说与国父思想　《反攻》第 445、446 期,1985 年 6 月

朱言明　孔学精华与三民主义之契合　《中华文化复兴月刊》第 18 卷第 10 期,1985 年 10 月

张金鉴　孔子的人文思想　《宪政评论》第 16 卷第 4 期,1985 年 4 月

罗祖基　论孔子思想中礼、仁与中庸的关系　《史学集刊》1986 年第 3 期

江宗洋　孔孟学说何以为三民主义的基础　《孔孟月刊》第 24 卷第 5 期,1986 年 1 月

黄朴民　略论孟子政治思想的历史地位　《杭州大学学报》1986 年第 1 期

〔美〕成中英　孔子的正名思想　《中国哲学思想论集》第二册,台北水牛出版社 1986 年

谢幼伟　孔子伦理中的个人地位　《中国哲学思想论集》第二册,台北水牛出版社 1986 年

杨慧杰　孟子论仁　《中国哲学思想论集》第二册,台北水牛出版社 1986 年

徐高阮　胡适之与全盘西化　《中国哲学思想论集》第七册,台北水牛出版社 1986 年

胡　适　充分世界化与全盘西化　《中国哲学思想论集》第七册,台北水牛出版社 1986 年

　　　　个人自由与社会进步　《中国哲学思想论集》第七册,台北水牛出版社 1986 年

　　　　自由主义是什么　《中国哲学思想论集》第七册,台北水牛出版社 1986 年

梁漱溟　孔子学说的重光　《中国哲学思想论集》第七册,台北水

牛出版社 1986 年

张君劢　中国现代化与儒家思想复兴　《中国哲学思想论集》第七册,台北水牛出版社 1986 年

民主方法　《中国哲学思想论集》第七册,台北水牛出版社 1986 年

中国新宪法起草经过　《中国哲学思想论集》第七册,台北水牛出版社 1986 年

傅斯年　现实政治　《中国哲学思想论集》第七册,台北水牛出版社 1986 年

王　立　孔子政治思想初探　《山西师大学报》1987 年第 1 期

邹纪孟　政者也:试论孔子的领导思想　《中国青年政治学院学报》1987 年第 3 期

朱绍侯　王符经济、政治、哲学思想论略　《河南大学学报》1987 年第 1 期

祁凤山　评黄宗羲的政治思想　《北方论丛》1987 年第 2 期

南炳文　黄宗羲政治思想的一个方面——肯定封建君主专制制度 《清史研究通讯》1987 年第 1 期

王应常　孟轲政治思想的继承与发展:唐甄政治思想简评　《广西社会科学》1987 年第 1 期

张岱年　黄梨洲与中国古代的民主思想　《浙江学刊》1987 年第 1 期

高　準　黄梨洲政治思想的贡献与缺点　《中国哲学思想论集》第五册,台北水牛出版社 1988 年

孙会文　政治家的梁启超　《中国哲学思想论集》第六册,台北水牛出版社 1988 年

梁启超　保教非所以尊孔论　《中国哲学思想论集》第六册,台北水牛出版社 1988 年

论权利与自由 《中国哲学思想论集》第六册,台北水牛
出版社 1988 年

李叔毅 漫说孔子的人生观和社会政治观 《信阳师范学院学报》
1988 年第 2 期

岑 明 孟子社会政治思想剖析 《中国社会科学院研究生院学
报》1988 年第 5 期

刘 凌 论董仲舒的政治思想 《天津师大学报》1988 年第 3 期

于首奎 董仲舒的政治思想刍议 《孔子研究》1988 年第 1 期

马 序 论颜元的社会政治思想 《河北学刊》1988 年第 2 期〗

罗耀九、郑剑顺 林则徐与龚、魏政治思想之比较 《厦门大学学
报》1988 年第 2 期

朱玉湘 试论梁漱溟与孔学:兼评"乡建派"的政治思想 《山东大
学学报》1988 年第 1 期

王向群 从中国社会主义现代化看孔子政治思想体系 《东北师
大学报》1989 年第 5 期

宋集成 孔子举贤治国思想刍议 《江海学刊》1990 年第 3 期

田大庆 孔子的政治思想与领导哲学 《江淮论坛》1990 年第 5
期

黄开国 扬雄的社会政治学说 《新时代论坛》1990 年第 1 期

张荣明 稷下儒家政治学说的特点及历史地位 《天津社会科学》
1990 年第 6 期

刘知渐 略论孟轲的政治经济思想 《重庆师院学报》1990 年第 4
期

刘福琪 论孔子的政治思想 《河北大学学报》1991 年第 1 期

陈延斌 孟子政治伦理观初探 《江苏社会科学》1991 年第 5 期

佟春林 荀子廉政思想初探 《沈阳大学学报》1991 年第 1 期

王其俊 论孟子的国与天下观 《东岳论丛》1992 年第 4 期

马亮宽　荀子思想与秦汉政治　《管子学刊》1992 年第 1 期

易孟醇　曾国藩的礼治思想　《求索》1992 年第 6 期

李文义　康有为经世思想及其特点　《齐鲁学刊》1992 年第 6 期

李明德　略论程朱理学中的人治思想　《孔子研究》1993 年第 4 期

高　翔　论清初理学的政治影响　《清史研究》1993 年第 3 期

解见伟　张君劢的新儒家政治哲学　《南开学报》1994 年第 5 期

颜炳罡　徐复观的政治理念：兼论徐、牟政治理念之异同　《齐鲁学刊》1994 年第 6 期

于首奎　董仲舒的"仁学"刍议　《齐鲁学刊》1994 年第 1 期

马育良　汉初政治与贾谊的礼治思想　《中国哲学史》1994 年第 2 期

郑杭生、郭星华　荀子社会治乱思想探析　《中国人民大学学报》1994 年第 5 期

张奇伟　论孟子的仁学　《管子学刊》1994 年第 1 期

徐　进　"民贵君轻"论辨析：兼论孟子的民本思想和民主思想　《齐鲁学刊》1994 年第 2 期

傅允生　论孔子道德政治的逻辑体系　《浙江学刊》1994 年第 5 期

裴　然　孔子廉政思想初探　《文史杂志》1994 年第 5 期

楼宇烈　儒家思想与官僚文化　《国学研究》第 2 卷，北京大学出版社 1994 年

乔　健　孔子政治思想体系中"礼"内涵新探　《兰州大学学报》1994 年第 3 期

李晓勇　传统儒学的天人观与政治哲学　《华侨大学学报》1994 年第 3 期

汤一介　评亨廷顿的《文明的冲突？》　《哲学研究》1994 年第 3 期

邢志第　孔孟的廉政思想　《大众日报》1995 年 5 月 31 日

刘厚琴　论先秦儒家的忠君思想　《山东师大学报》1995 年增刊

林存光　先秦儒家政治思想简论　《管子学刊》1995 年第 3 期

吕明灼　儒学与中国封建政治　《齐鲁学刊》1995 年第 5 期

沈金浩　孟子为政学说的现代检视　《炎黄世界》1995 年第 2 期

吴昕春　"定于一"命题与孟子的政治思想　《学术界》1995 年第 3
期

沈顺福　荀子的政治哲学　《山东社会科学》1995 年第 2 期

陈寒鸣　王艮、何心隐世俗化的儒学政治思想　《晋阳学刊》1995
年第 3 期

钱宗范　儒家举贤才思想的科学内涵及对当代社会的指导意义
《史林》1995 年第 3 期

陈少明　徐复观:政治儒学的重建　《中山大学学报》1996 年第 6
期

罗祖基　孟子"民贵君轻"说评析:兼论孔孟政治思想异同　《安庆
师院社会科学学报》1996 年第 4 期

龚喜春　孔子的德治思想与企业管理　《昆明社科》1996 年第 6
期

欧阳矩明　孔子执政思想刍议　《武汉大学学报》1996 年第 6 期

胡　适　儒教在汉代被确立为国教考　沈寂主编《胡适研究》,东
方出版社 1996 年

王一侬　先秦儒家人文精神与传统中国社会政治之关系　《上海
大学学报》1996 年第 6 期

蒋　庆　政治儒学中的责任伦理资源　《市场社会与市场秩序》,
三联书店 1996 年

金景芳　谈礼　《历史研究》1996 年第 6 期

叶赋桂　韩愈之道:社会政治与人生的统一　《清华大学学报》

1996 年第 1 期

李　森　董仲舒政治哲学蠡测　《郑州大学学报》1996 年第 6 期

徐淑贞　孟子的"仁政"思想　《河北师范大学学报》1996 年第 3
期

孔桂春　浅谈《左传》中孔子的礼治思想　《中国古籍与文化》1996
年第 3 期

赵骏河　孔子的"仁"和"礼"　《孔子研究》1996 年第 4 期

戴哲人　略论孔子的政治思想　《安徽教育学报》1996 年第 1 期

茅金康　试论孔孟思想中的"权"　《东北师大学报》1996 年第 4
期

黄俊杰　儒学与人权:古典孟子学的观点　《儒家思想与现代世
界》,台北:中央研究院中国文哲研究所筹务处 1997 年

宋惠昌　论儒学政治哲学中的权变思想　《中共中央党校学报》
1997 年第 1 期

刘献琛　先秦儒家的民本思想　《大众日报》1997 年 4 月 14 日

杜振吉、万昌华　孔子政治道德规范学说述论　《西南师范大学学
报》1997 年第 1 期

金景芳、吴绍纲　释"克己复礼为仁"　《中国哲学史》1997 年第 1
期

邓思平　"克己复礼"是为和谐　《南京大学学报》1997 年第 2 期

周永学　荀子的尚贤使能思想浅说　《大众日报》1997 年 11 月 3
日

刘志敏　董仲舒"德治"思想与现代化建设　《社会科学论坛》1997
年第 5 期

汪高鑫　论董仲舒对道家政治思想的吸收　《江淮论坛》1997 年
第 5 期

　　　　试论董仲舒的大一统政治观　《辽宁教育学院学报》1997

年第 4 期

肖　滨　　评徐复观对儒家道德政治理想的现代转进　《学术研究》
　　　　　1997 年第 9 期

王　进　　为政以德——孔子的为政观　《人文杂志》1997 年第 6
　　　　　期

孙洪涛　　董仲舒政治思想管窥　《河北大学学报》1997 年第 4 期

许纪霖　　内圣外王：一个现代的个案　《寻求意义》，三联书店
　　　　　1997 年

刘小枫　　儒家革命精神源流考　《个体信仰与文化理论》，四川人
　　　　　民出版社 1997 年

任剑涛　　给政治以伦理化解释：孟子道德政治哲学主题分析　《中
　　　　　国哲学史》1998 年第 3 期

肖起来　　浅析王船山以德为本的政治观　《船山学刊》1998 年第 1
　　　　　期

陈克守　　孔子的政策思想初探　《文史哲》1998 年第 3 期

江荣海　　儒家不主张君主独裁专制　《国学研究》第五卷，北京大
　　　　　学出版社 1998 年

王　确　　论儒家的救世精神　《齐鲁学刊》1998 年第 3 期

钱维道　　试论先秦儒家贤人治国思想　《安徽大学学报》1998 年
　　　　　第 4 期

马仲扬　　儒学德治与现代管理　《光明日报》1998 年 11 月 8 日

牟钟鉴　　国际政治需要儒学　《孔子研究》1999 年第 3 期

钱　逊　　儒学与做人　《文史知识》1999 年第 9 期

张岱年　　儒家的人生理想与现代文明　《文史知识》1999 年第 9
　　　　　期

刘保富　　简论儒家的民本思想　《理论学刊》1999 年第 2 期

郭　泉　　孔孟社会政治学说的思维逻辑　《南京社会科学》1999

20世纪儒学研究大系

年第 8 期

刘忠阳　论孟子的"人权"思想　《湘潭师范学院学报》1999 年第 4
　　　　期

宋志明　荀子的政治哲学　《中国人民大学学报》1999 年第 3 期

李亮子　荀子的礼学思想与社会历史观　《史学史研究》1999 年
　　　　第 2 期

陈效鸿　孔子的政治理想与现实主张纵议　《孔子研究》1999 年
　　　　第 4 期

龙佳解　"德治"能否消解政治:评徐复观对儒学德治主义的现代
　　　　诠释　《求索》2000 年第 1 期

王玉强　浅析董仲舒的政治和文化主张　《黑龙江教育学院学报》
　　　　2000 年第 1 期

陈延庆、谢星江　试论荀子的人性论和政治思想及其现实意义
　　　　《聊师学报》2000 年第 4 期

王　杰　荀子政治哲学的理论诠释　《理论学刊》2000 年第 5 期

田兆阳　论孟子的贵无思想　《光明日报》2000 年 7 月 4 日

刘韶军　试论儒士的政治理念　《华中师范大学学报》2000 年第 4
　　　　期

贾海涛　儒家政治思想与中国历史的循环　《暨南学报》2000 年
　　　　第 4 期

白　奚　儒家礼治思想的合理因素与现代价值　《哲学研究》2000
　　　　年第 2 期